正易과 天文曆

정역과 천문력

저　　자 : 권영원
발행일 : 2013년 1월 25일 초판발행

발행인 : 안중건

발행처 : 상생출판

전화 : 070-8644-3161

팩스 : 0505-116-9308

E-mail : sangsaengbooks@sangsaengbooks.co.kr

출판등록 : 2005년 3월 11일(제175호)

ⓒ 2013 상생출판

ISBN　978-89-94295-47-3

正易과 天文曆

三正 權寧遠 著

상생출판

차 례

自序

易曰 仰而觀於天文하고 俯而察於地理하며 … 於是에 始作八卦하여 以通神明之德이라 하니, 이에서 作易聖人의 뜻을 알 수 있다.

또한 易曰 乾坤은 易의 門이라 했다. 乾坤이 成列하면 易이 그 中에 定立하게 되니 易이 없으면 乾坤이 或 거의 消息하게 된다는 것이다. 그러므로 易의 入門은 乾坤으로부터라고 한다. 그래서 六十四卦의 門은 乾坤에서부터라 한다. 易은 易簡의 原則과 變易의 원칙, 또는 不易의 원칙 등 세 가지가 있어서 이 自然의 論理가 明德, 親民, 至善의 倫理로 전개된다. 明德은 온 天下에, 親民은 治國에, 至善은 나의 修身에서 나온다. 易은 이를 대변하는 方法이다. 이에서 仰而觀於天文은 河圖로 정리하고 俯而察於地理는 洛書로 처리하고 於是에 始作八卦라 하니 이것이 易道이다.

易을 배우는 시작은 乾坤門에서 시작하여 易則 易知오 簡則 易從이오 易簡이 天下之理를 얻게 된다는 것이다.

이에서 周易을 배우는 순서는 乾坤에서부터 入門하여 繫辭 說卦 序卦 雜卦를 거쳐 屯蒙需訟 ……으로 읽는다.

그리하여 天文曆에까지 이른다.

그리고 易에는 육갑이 있어서 天文에 曆을 쓰이는 것이니 그러므로 大易序에 曰易者는 曆也니 無曆이면 無聖이오 無聖이면 無易이라 하였으니 是故로 初初之易과 來來之易을 所以作也라 하였다.

이러한 易序를 지음에 君子 所居而安者는 易之序也오 所樂而玩者는 爻之辭也라고 한데서 序를 붙인다.

2013. 1. 13

著者 識.

일러두기

1. 본서는 2005년 4월부터 약 2년여 동안 반룡학회 회원 10여명과 함께 대전 등지에서 《주역》과 《정역》에 대해 강의한 내용을 정리한 책이다.

2. 《정역》은 구한말 일부一夫 김항金恒 선생께서 《주역》의 비의를 통해 후천의 십역十易이 어떻게 전개될 것인지에 대해 기록한 서적이다. 《정역》을 이해하기 위해서는 선천역인 《주역》의 전반적인 내용을 먼저 검토해야 한다. 따라서 본강의에서는 《주역》의 건괘乾卦와 곤괘坤卦의 내용을 먼저 살펴보고, 〈계사전〉, 〈설괘전〉, 〈서괘전〉, 〈잡괘전〉등을 살펴보기로 하였다.

3. 《정역》은 축약된 언어로 그 내용이 심오하면서도 천문과 역법 등을 포함한 광범위한 내용을 다루고 있어서 일반 독자들이 읽기에는 매우 난해한 책으로 알려져 있다. 본 강의에서는 본문의 한 글자, 한 구절에 내포되어 있는 의미를 상세하게 해설하려고 하였으며, 동양의 천문·역법에 대한 기초내용을 쉽게 설명하였으므로 《정역》을 공부하려는 입문자들에게 많은 도움이 될 것이라 생각된다.

4. 본서의 구성에서 《주역》과 《정역》의 원문은 별색처리하여 독자들이 구분하여 읽기에 편리하도록 하였다. 《정역》의 내용에 대해서는 강의내용과 함께 《정역구해》의 해당내용은 **교** 표시와 함께 삽입하여 이해를 돕도록 하였다.

5. 본서에 설명되어 있는 수지상수手指象數는 역易을 이해하는 방법 중에서도 매우 긴요한 수단이지만, 이 분야에 대해 수업하고 연구한 사람이 드물어 지금은 거의 그 맥이 끊어지려는 실정이다. 다행히 본서를 통해서 다시 후대에 전해질 수 있어서 매우 감사하게 생각한다. 다만, 본서를 통하여 독자들이 수지상수手指象數를 이해하기 쉽도록 많은 그림과 손도수 치는 방법을 자세히 기록해야 하겠지만, 저자의 부족으로 상세한 그림을 많이 삽입하지 못하였고, 그림 역시 조잡함을 면치 못하여 아쉬운 점이 있다.

6. 이 책의 편집과정에서 원고를 처음부터 끝까지 꼼꼼하게 교정을 봐준 상생문화연구소 楊在鶴 박사와 全宰佑 실장의 도움 또한 고마웠다. 아무쪼록 이 책으로 正易을 공부하는데 도움이 된다면 더 없는 다행으로 여길 뿐이다.

7. 끝으로 본서의 편집과 간행을 위해 애써주신 상생출판사 임직원 일동에게 감사를 드린다.

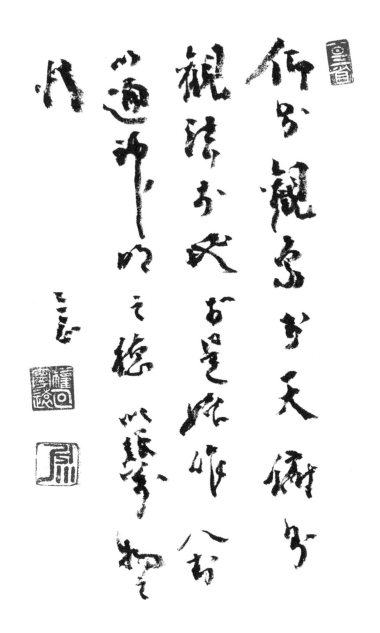

• 三正 權寧遠선생의 글씨(초서체). 仰則觀象於天, 俯則觀法於地,⋯ 於是始作八卦, 以通神明之德, 以類萬物之情.《周易》〈繫辭下〉

周易

주역

易敍說
역　　서　　설

시골에 가면 '여뀌(苦蔘)'라는 풀을 흔하게 볼 수 있다. 물고기가 이 풀을 먹으면 죽기 때문에 예전부터 강에서 물고기를 잡을 때에 잎과 줄기를 짓이겨 물에 풀어 놓아 천렵을 하곤 하였다. 그런데 물고기는 이 '여뀌'풀을 먹으면 죽지만, 한편으로 그것만을 먹고 사는 벌레[1]도 있다. 오늘날에《주역》이나《정역》을 배운다고 하면 별로 쓸모가 없을 뿐더러 세상에 특별한 영향을 끼치지도 못하지만, 그런데도 이 학문을 공부하는 것은 '여뀌벌레'처럼 나는 그것 아니면 안 된다고 하는 것과 마찬가지이다.[2]

여러분들이 많이 부족한 사람인 내게《정역》에 대해 한 번 들어보겠다는 마음으로 모든 것을 제쳐두고 이렇게 멀리까지 찾아 온 것을 보면 특별한 인연이 아닐까하는 생각을 갖게 된다.《맹자》에 제선왕齊宣王이 "어떻게 해야 세상을 잘 다스릴 수 있겠습니까?"하고 물었을 때 맹자가 "나는 그런 것은 듣지도 못했고 배우지도 못해서 잘 모릅니다. 그저 왕도에 대해서나 이야기하라고 하면 말하겠습니다."하고 대답하는 대목이 있다.[3] 나도 마찬가지로 다른 것은 모르지만, 내가 먼저 배워서 여러분에게 전해줄 수 있는 것이 있기 때문에 그에 대해 이야기 하고 싶을 뿐이다.

《주역》은 여러 가지 입장에서 다양하게 연구되어 왔고, 중국에서는 지

---

1 "요충부지고(蓼蟲不知苦)"라는 말이 있다. "여뀌"를 먹는 벌레는 쓴 맛을 모른다는 뜻이다. 이는 제각기 즐기는 것, 좋아하는 것이 있다는 뜻이다. "여뀌"는 개울가에 나는 풀로 그 잎은 매우 맵고 쓰다. 그래서 예전엔 쇠풀로도 뜯지 않았다. 요충(蓼蟲)을 사탕수수 밭에 두면 살지 못할 것이다.

2 일본속담에 "蓼食う虫も好き好き(たでくうむしもすきずき)" 라는 말이 있는데 우리말로 표현하면 "여뀌 먹는 벌레도 제멋"이라는 뜻이다. 매운 여뀌를 먹는 벌레가 있듯이 사람의 기호도 가지가지이다.

3 齊宣王問曰, "齊桓 晉文之事可得聞乎. "孟子對曰, "仲尼之徒無道桓文之事者, 是以後世無傳焉. 臣未之聞也. 無以則王乎."《孟子》〈梁惠王章句上〉

금도 많은 학자들이 연구를 계속하고 있다. 우리나라에서는 정자程子의 전전傳과 주자朱子의 본의本義를 한데 묶은 《전의대전傳義大典》을 위주로 하고, 퇴계가 언해諺解를 만들어서 간행된 내각장판의 《전의대전》을 기준으로 연구되어 왔다. 조선시대의 과거시험에는 이 판본을 교과로 삼았었다. 이 전통이 조선말까지 그대로 내려 오다가, 지금부터 약 180년 전에 연산의 일부一夫 김항金恒(1826~1898)이라는 분이 독특한 내용의 《정역》이라는 책을 내서 지금의 세상에 전해지게 되었다.

일부一夫 선생님께 배운 제자들 중에는 덕당, 청탄, 귀련 등 문장가들이 많이 있었고, 그 다음으로 이정호 선생님 같은 분들이 계셨다. 나는 세 번째로 이정호 선생님께 《정역》에 대해서 배우게 되었고, 그런 연유로 이정호 선생님이 내게 삼정三正이라는 호를 붙여 주셨다. 지금은 선배들이 대부분 돌아가시고, 제일 못난 나만 남아 있게 되었다. 나도 이제 나이가 80이 넘어서 잊어버리는 것도 많고, 아직 후학에게 전해주질 못했기 때문에 이것을 어찌하는가 하는 걱정이 많다.

우리가 공부할 것은 '수지상수手指象數'이다. 수지상수란 손으로 도수度數를 쳐서 《주역》과 《정역》을 연구하는 학문인데 지금은 그 맥이 거의 끊어질 형편이다. 이제 얼마 안가서 나마저 죽고 나면 이 학문을 전할 수 있는 길이 없어지게 될 위기에 처해 있는 상황이다. 나하고 같이 배운 사람 중에는 유승국, 육종철, 유남상, 김근수, 이용희, 강삼봉, 한장경, 백문섭, 김경운, 한동석, 정성장 등 10여명이 있었는데 그 분들도 나이가 나보다 많아서 늘 걱정을 하곤 하였다. 이런 급박한 상황에서 여러분들이 《정역》과 수지상수手指象數에 대해서 배워보겠다고 먼 길을 마다않고 이렇게 모인 것을 보면 한편으로는 너무 반가우면서도 다른 한편으로는 두려운 마음이 들기도 한다. 반가운 것은 없어지려고 하는 것을 다시 살릴 수 있게 돼서 기쁜 것이고, 두렵다고 하는 것은 내가 정밀하게 다 알지 못해서 알고 있는 범위내에서 밖에 전하지 못한다는 것이다.

우리나라에는《주역》을 연구하는 사람들이 많이 있었지만 대부분《전의대전》을 위주로 연구하여 왔고, 소강절邵康節이나 왕필王弼 등의 주해서는 거의 읽지 않았었다. 지금까지《주역》을 연구해 온 여러 주가들 중에서 대표적인 사람들을 보면 다음과 같다.

- 왕필王弼(226~249)　　　　상象을 중심으로 해석
- 한강백韓康伯(332~380)　　운韻과 문학文學의 입장에서 해석
- 소강절邵康節(1011~1077)　수數의 입장에서 해석
- 정자程子(1033~1107)　　　성리性理의 입장에서 해석
- 주자朱子(1130~1200)　　　점占=本義이라는 입장에서 해석
- 강희康熙황제(재위; 1661~1722) 정치적인 입장에서 해석.《역학절중》

이 강의에서는 여러 책에 들어 있는 내용 외에, 책에 들어 있지 않은 선후천의 변화관계가 어떤 것인지, 후천이 오면 어떤 변화가 일어날 것인지, 변화가 언제 일어 날 것인지, 그런 변화의 바탕이 어디에 있는지, 천문天文과 조수潮水의 변화를 어떻게 알 수 있는지 등에 대해서 이야기하게 될 것이다.

강의를 진행하는 순서는 제일 먼저《주역》의 건괘乾卦와 곤괘坤卦를 살펴보고, 다음에 〈계사전〉, 〈설괘전〉, 〈서괘전〉, 〈잡괘전〉 등을 검토한 다음에《정역》을 전체적으로 살펴보도록 하겠다.《정역》을 한 번 다 보고 나서 시간이 허락된다면 다시《주역》의 둔屯·몽蒙·수需·송訟·사師·비比 등 64괘를 차례대로 살펴보도록 하겠다.

《논어》와《맹자》를 포함한 사서四書와《주역》을 비교해 보면《주역》이 오히려 문리는 훨씬 쉽지만, 그 속에는 다른 뜻이 들어 있기 때문에 본 뜻을 이해하기가 매우 어렵다. 사서는 문리대로 흐르듯이 읽어 내려가면 그 뜻을 이해할 수 있지만,《주역》은 행간에 숨어 있는 의미를 반복해서 생각하지 않으면 전체를 이해하지 못한다. 한의학의 의서醫書 중에도《주

역》을 응용한 서적을 많이 볼 수 있다.《상한론》을 쓴 장중경張仲景은 의성醫聖으로 추앙받고, 명나라 때의 장개빈張介賓은 의학을 팔괘에 의해서 다루었다.

이천李梴이 쓴《의학입문》을 보면 "學易而後에 可以言醫라(易을 배운 연후라야 醫를 말할 수 있다)."[4]고 하였는데 나는 그것을 뒤집어서 "言醫然後에 學易이라(의학을 이야기하고 한 연후에 易을 배워야 한다)"고 말하고 싶다. 왜냐하면 역易이라는 것은 "근취저신近取諸身, 원취저물遠取諸物"[5]하는 것이기 때문이다. 가까이는 내 몸에서 상을 취하고, 멀리는 만물 즉 대자연에서 상을 취하는 것이라고 하였다. 역易과 의학醫學은 상대적으로 관련이 매우 깊다고 생각한다. 우리나라의 이제마李濟馬 같은 사람은 태음·태양·소음·소양의 사상四象을 가지고 사람의 체질을 분류한 사상의학을 만들었다.

팔괘는 건乾, 태兌, 리離, 진震, 손巽, 감坎, 간艮, 곤坤의 여덟괘를 말한다. 〈설괘전〉을 보면 건은 머리(首), 곤은 배(腹), 진은 다리(足), 손은 고(股), 감은 귀(耳), 리는 눈(目), 태는 입(口), 간은 손(手)에 해당한다.[6]

八卦	乾	坤	震	巽	坎	離	艮	兌
卦象	☰	☷	☳	☴	☵	☲	☶	☱
近取諸身	首	腹	足	股	耳	目	口	手

표 1. 팔괘(八卦)의 상(象)과 〈설괘전〉에 기록된 근취저신(近取諸身)의 예

---

4 先天圖說 : 學易而後, 可以言醫, 非學乎畫也, 學乎爻也, 試觀之心, 果有畫乎, 果有爻乎? 元理元氣渾合無間而已矣, 生天生地, 生人生物, 皆由此造化, 以爲之主也. 願生者知此, 則自然懲忿窒慾, 而水火交泰, 濟人者知此, 則自然辨物居方, 而沈疴頓復. 圈之於首, 以便不識字者, 開卷肅然, 至簡至, 易而玩之有趣耳. 敢曰, 且於羲皇心地上, 着力, 以竊軒岐之微意哉! 是爲說.《醫學入門》

5 古者包羲氏之王天下也, 仰則觀象於天, 俯則觀法於地, 觀鳥獸之文, 與(天)地之宜, 近取諸身, 遠取諸物, 於是始作八卦, 以通神明之德, 以類萬物之情.《周易》〈繫辭下〉

6 乾爲首, 地爲腹, 震爲足, 巽爲股, 坎爲耳, 離爲目, 艮爲手, 兌爲口.《周易》〈說卦傳〉

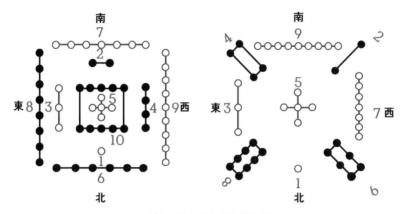

그림 1. 하도(河圖)와 낙서(洛書)

《주역》이라는 책이 있기 전에, 그리고 건곤乾坤이라는 괘가 있기 전에 먼저 있었던 것이 하도河圖와 낙서洛書이다. 《주역》에서 하도는 선천이고, 낙서는 후천이라고 한다. 하지만 《정역》에서는 이것이 뒤집혀서 낙서를 선천이라고 하고, 하도를 후천이라고 한다. 선후천이라는 것은 항상 시간적인 관념이고, 괘라는 것은 항상 공간적인 관념을 나타낸다. 하도와 낙서는 수數의 원리이며, 이 세상은 모든 것이 수數로 되어 있다고 할 수 있다.

하도와 낙서는 문자 이전의 학문이다. 하도는 북방에서 하나(1)와 여섯(6)이 상대가 되고, 남방에서 둘(2)과 일곱(7)이 상대가 되고, 동방에서 셋(3)과 여덟(8)이 상대가 되고, 서방에서 넷(4)과 아홉(9)이 상대가 되고, 중앙에서 다섯(5)과 열(10)이 상대가 되어 있다. 이것을 손도수로 치면 다음과 같다.

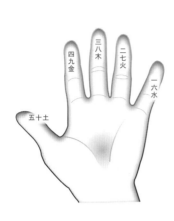 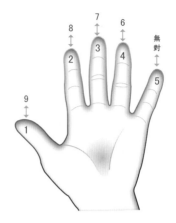

그림 2. 하도수(河圖數)　　　그림 3. 낙서수(洛書數)

·하나 (1) — 여섯(6) 〈제 5지 신전〉	·하나 (1) — 아홉(9) 〈제 1지 굴곡〉
·둘　(2) — 일곱(7) 〈제 4지 신전〉	·둘　(2) — 여덟(8) 〈제 2지 굴곡〉
·셋　(3) — 여덟(8) 〈제 3지 신전〉	·셋　(3) — 일곱(7) 〈제 3지 굴곡〉
·넷　(4) — 아홉(9) 〈제 2지 신전〉	·넷　(4) — 여섯(6) 〈제 4지 굴곡〉
·다섯 (5) — 열 (10) 〈제 1지 신전〉	·다섯 (5) — 열 (10) 〈제 5지 굴곡〉

　즉, 하나(1)는 다섯(5)을 얻어서 여섯(6)이 되고(一六水), 둘(2)은 다섯(5)를 얻어서 일곱(7)이 되고(二七火), 셋(3)은 다섯(5)을 얻어서 여덟(8)이 되고(三八木), 넷(4)은 다섯(5)을 얻어서 아홉(9)이 되고(四九金), 다섯(5)은 다섯(5)을 얻어서 열(10)이 되는 것이다(五十土). 이렇게 "1 2 3 4 5 6 7 8 9 10"의 수는 천지의 도수度數이며, 〈계사전〉에 나오는 "天一地二, 天三地四, 天五地六, 天七地八, 天九地十. 天數五, 地數五, 五位相得, 而各有合, 天數二十有五, 地數三十, 凡天地之數五十有五, 此所以成變化而行鬼神也."라는 것이 바로 이것을 말한다. 이처럼 하도는 십수十數로 이루어져 있다.

　반면에 낙서는 하나(1)와 아홉(9)이 상대가 되고, 둘(2)과 여덟(8)이 상대가 되고, 셋(3)과 일곱(7)이 상대가 되고, 넷(4)과 여섯(6)이 서로 상대가 되며, 다섯(5)은 상대가 없기 때문에 이것을 낙서라고 한다. 그래서 낙서는 구궁수九宮數로 이루어져 있다. 이것을 손도수로 치면 다음의 그림과 같다. 수지상수手之象數에서는 손가락을 모두 구부려 오므린 상태를 선천이라 하고, 손가락을 모두 편 상태를 후천이라 한다.

하도를 토대로 해서 복희팔괘伏羲八卦가 생기게 된다. 복희팔괘는 태극太極에서 양의兩儀가 생하고, 양의에서 사상四象이 생하고, 사상에서 팔괘八卦가 생성되는 원리에 따라 순차적으로 만들어진다. 반면에 낙서를 토대로 생긴 것이 문왕팔괘文王八卦이다.

番號	01	02	03	04	05	06	07	08
八卦	一乾天	二兌澤	三離火	四震雷	五巽風	六坎水	七艮山	八坤地
卦象	☰	☱	☲	☳	☴	☵	☶	☷

표 2. 복희팔괘(伏羲八卦)의 생성지차(生成之次)

番號	01	02	03	04	05	06	07	08	09
八卦	一坎水	二坤地	三震雷	四巽風	五中	六乾天	七兌澤	八艮山	九離火
卦象	☵	☷	☳	☴	○	☰	☱	☶	☲

표 3. 문왕팔괘(文王八卦)의 생성지차(生成之次)

정역팔괘正易八卦는 복희팔괘나 문왕팔괘와는 다른 순서를 나타낸다.

番號	01	02	03	04	05	06	07	08	09	10
八卦	八艮山	九離火	十乾天	一巽風	二天	三兌澤	四坎水	五坤地	六震雷	七地
卦象	☶	☲	☰	☴	重天	☱	☵	☷	☳	重地

표 4. 정역팔괘(正易八卦)의 생성지차(生成之次)

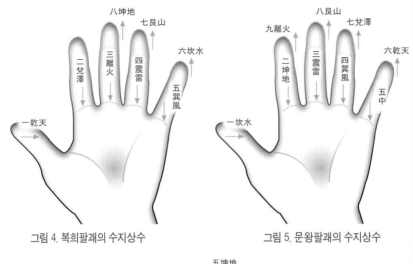

그림 4. 복희팔괘의 수지상수   그림 5. 문왕팔괘의 수지상수

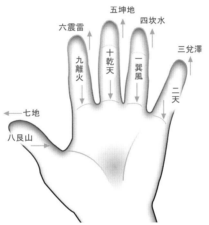

그림 6. 정역팔괘의 수지상수

　오행에 대한 언급으로는 《서경》의 〈홍범洪範〉에 기록되어 있는 "一曰水, 二曰火, 三曰木, 四曰金, 五曰土."라는 것이 최초이다. 《주역》에서는 모든 것을 음양陰陽으로 말하고, 《서전》에서는 오행五行으로 말하고 있다. 음양오행을 합해서 상象으로 볼 때에는 수상手象으로 위와 같이 볼 수 있다는 것이다.

　하도와 낙서는 선후천의 시간적인 개념이고, 팔괘는 공간적인 개념을 말한다. 복희팔괘와 문왕팔괘를 비교하는 경우에는 복희팔괘가 선천이 되고 문왕팔괘가 후천이 되지만, 문왕팔괘와 정역팔괘를 비교할 경우에는 문왕팔괘가 선천이 되고 정역팔괘가 후천이 된다. 이렇게 선천과 후천을 구분하는 것은 시간적인 관점에서 바라본 것이고, 천지지도天地之道를 말할 때의 도道라든가 팔괘의 괘卦를 말할 때는 공간적인 것을 말한다. 언제든지 공간이 있으면 그 속에 시간이 있고, 시간이 있으면 그 속에 공간이 있는 것이지 공간과 시간이 따로 존재하는 것이 아니다.

복희팔괘에서 일건천一乾天이라고 할 때의 '일一'은 수數이며 시간을 말하고, '건천乾天'은 공간을 말한다. 또 그 중에서도 '건乾'은 성정性情을 말하고, '천天'은 형체를 말하는 것이다. 복희팔괘가 어떻게 해서 이런 모양을 갖게 되는지 살펴보면 다음과 같다.

08	07	06	05	04	03	02	01	番號
八坤地	七艮山	六坎水	五巽風	四震雷	三離火	二兌澤	一乾天	八卦
☷	☶	☵	☴	☳	☲	☱	☰	
								四象
								太極
無極								無極

표 5. 복희팔괘차서지도(伏羲八卦次序之圖)

천지가 아직 음양으로 갈라지지 않아서 온통 하나로 되어 있는 것을 태극太極이 라고 하며, 태극 이전을 무극無極이라고 한다. 다른 말로 하면 무극에서 음양이라는 상대가 생긴 상태를 태극이라고 하는 것이다. 그 위로 올라가면서 분화되면 태극에서 사상四象으로 변하게 된다. 즉 음양에서 또 음양으로 나뉘고, 다시 양에서 또 음양으로 나뉘고 음에서 또 음양으로 나뉘게 된다. 사상에서 또 음양이 나뉘면 팔괘가 생기게 된다. 하나에서 둘로, 둘에서 넷으로, 넷에서 여덟이 되어 팔괘가 되는 것인데 이런 순서로 만들어졌기 때문에 "일건천一乾天, 이태택二兌澤, 삼리화三離火, 사진뢰四震雷, 오손풍五巽風, 육감수六坎水, 칠간산七艮山, 팔곤지八坤地"

의 순서가 되는 것이다. 평면적으로 보면 그렇지만, 이것을 입체적으로
보면 태극도가 된다.

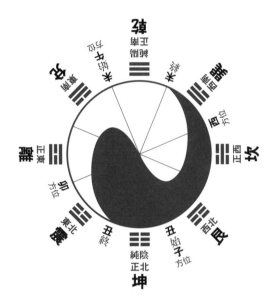

그림 7. 고태극도(古太極圖)

태극이 이렇게 둘로 나뉘어 오른쪽이 음이 되고 왼쪽은 양이 된다. 남
방을 건乾, 북방을 곤坤, 동방을 리離, 서방을 감坎이라고 한다. 여기에서
건乾은 하지夏至를 나타내고, 곤坤은 동지冬至, 리離는 봄, 감坎은 가을을
나타낸다. 사시四時의 변화하는 방향을 나타내는 것인데 감坎·리離에 해
당하는 춘분과 추분에서는 주야晝夜의 길이가 똑같아지고, 하지가 되면
낮이 가장 길어지고 동지에는 밤이 가장 길어지는데, 아무리 길어져도
낮과 밤의 비율이 6 : 4를 넘지는 않는다. 그래서 춘분과 추분이 밤낮의
비율이 5 : 5이고, 동지와 하지에는 6 : 4가 되는 것이다.

이와 같이 천지생성의 과정이 흘러가는 것을 나타낸 것이 바로 태극도
이다. 《주역》〈계사전〉에 "易有太極, 是生兩儀, 兩儀生四象, 四象生八
卦, 八卦定吉凶, 吉凶生大業"이라고 한 것이 바로 이것을 말한다. 〈계사
전〉에는 "天一地二, 天三地四, 天五地六, 天七地八, 天九地十"라는 말이

있는데, 이렇게 천지를 십수十數로 나누어 놓은 것이 하도와 낙서이다. 천지를 십수十數로 나누어서 일삼오칠구一三五七九는 양陽이라 하고, 이사육팔십二四六八十은 음陰이라고 하여 개념을 묶어 놓았다.

　정자程子와 주자朱子의 《주역》에는 〈계사전〉에 "天一地二, 天三地四, 天五地六, 天七地八, 天九地十"라는 구절이 기록되어 있지만, 다른 사람들이 풀어 놓은 《주역》에는 그 내용이 빠져 있다. 공자孔子 시대에는 종이가 없었기 때문에 대나무에다가 글자를 써서 가죽 끈으로 엮어서 보았다. 그것을 '말을 권'자를 써서 '권卷'이라고도 하고, '책冊'이라고도 하였다. 대나무에 기록해 놓은 것을 말았다 폈다 하면서 보는 것인데, 공자가 《주역》을 하도 많이 보아서 그 가죽끈이 세 번이나 끊어졌다는 이야기가 사마천의 《사기》에 나온다. 이처럼 대나무를 엮은 끈이 끊어져서 없어지거나 순서가 뒤바뀌게 되는 것을 착간錯簡이라 한다.

　이렇게 《주역》에 대해 말하는 사람들이 모두 다른 관점을 가지고 이야기 한다.

　예를 들면 건괘乾卦의 괘사卦辭에서 정자는 "乾은 元코, 亨코, 利코, 貞하느니라"라고 해석하였지만, 주자는 그와 달리 "乾은 元亨코, 利貞하느니라"라고 해석하였다. 주자는 《주역》의 내용이 전부 길흉吉凶에 관한 것이라고 보았기 때문에 원형元亨과 이정利貞으로 해석했던 것이다. 우리나라에서는 주자의 선생이 정자라고 흔히 말하고 있지만, 사실은 이연평이 주자의 스승이고, 연평의 스승이 정자이다. 그런데 중간의 연평은 학자들이 인정해주지 않고 그냥 정자와 주자만을 숭상하여 정주程朱라고만 일컬어 왔던 것이다. 우리나라에서는 심지어 정자도 별로 안치고, 공자 다음에 바로 주자의 순배를 치기도 한다. 어쨌든 주자는 길흉吉凶을 위주로 보았고, 정자는 회린悔吝을 위주로 보고 《주역》을 해설하였다. 정자는 뉘우치고 인색한데서 길흉이 생기는 것이기 때문에 결과인 길흉 이전에 회린悔吝이 더 중요하다고 보는 것이다. 인색하면 흉凶으로 가게 되고, 뉘우치고 참회하면 길吉로 가게 된다는 말이다.

그런데 괘卦라는 것은 어떻게 만들어진 것일까? 이 세상에는 본래 무한성과 유한성이라는 두 가지 속성밖에 없다. 무한성이라는 것은 끊임없이 나아가는 것이며, 그것을 하나의 이어진 선으로 짧게 표현한 것이 바로 양효(ー)이다. 반면에 유한성이란 지속적으로 나아가지 못하며, 그래서 그것을 끊어진 선으로 짧게 표현한 것이 바로 음효(--)이다. 즉, 무한성과 유한성을 간단한 부호로 나타낸 것이 바로 음陰(--)과 양陽(ー)인 것이다.

얼굴에서 양미간을 인당印堂이라고 하는데, 사람이 생각하는 것은 바로 여기에서 하는 것이다. 여기에서 생각을 하기 때문에 참선을 많이 한 사람들은 인당 부위가 밝게 되지만, 근심이 있게 되면 인당이 탁해지고 검은 빛이 난다. 이 인당을 기준으로 하여 남자들은 왼쪽 눈썹을 무한성 즉 양陽이라 하고, 오른쪽 눈썹을 유한성 즉 음陰이라 한다. 반대로 여자들은 왼쪽 눈썹이 유한성을 나타내는 음陰이고, 오른쪽 눈썹이 무한성을 나타내는 양陽이 된다. 무한성과 유한성이 이렇게 대비가 된다. 무한성과 유한성이라는 것은 인간에게만 적용되는 것이 아니라 하늘에서도 나타나고, 땅에서도 그대로 나타난다. 그래서 천·지·인天·地·人 셋을 삼재三才라고 말한다. 삼재三才라는 말은 인간에게도 천지와 동등한 자격을 부여한다는 것을 의미한다. 이렇게 천지인天地人 삼재三才의 무한성과 유한성을 표시한 것이 바로 괘상卦象이다.

그러므로 역易이란 바로 사람의 몸뚱이를 나타내는 것이다. 역易이란 나의 형상과 나의 심리를 그려서 말한 것이지, 역이 따로 있고 인간이 따로 있는 것이 아니라는 말이다. 그러므로 인간이 바로 역易이라고 말할 수 있다. 이것은 공자가 한 말이다. 《주역》은 점서占書이고, 점괘가 어떻게 나왔다는 것은 신神이 나온 것이다. "신神은 방위方位가 없고, 역易은 체體가 없다."[7]고 하였다. "체방용원體方用圓"이나 "채원용방體圓用方"이라

---

7 易與天地準, 故能彌綸天地之道, 仰以觀於天文, 俯以察於地理. 是故知幽明之故, 原始反終. 故知死生之說, 精氣爲物, 遊魂爲變. 是故知鬼神之情狀. 與天地相似, 故不違, 知周乎萬

는 것은 하도와 낙서에 대한 표현이다. 방원지리方圓之理에서 원圓은 하도를 가리키고, 방方은 낙서를 가리키는 말이다. 또 방方은 유한한 것이고, 원圓은 무한한 것을 말한다.

※우주변화의 시간(하도)과 공간(낙서=오행)

하도수河圖數에 의해 소강절의 원회운세수元會運世數를 대조해 보면,

12時는 1日,
30日은 1月,
30年은 1世,
12世는 1運(12×30=360年),
30運은 1會(30×360=10,800年),
12會는 1元(12×10,800=129,600年)
12元은 1,555,200年이다.

하도河圖는 시간을 표상하는 도상이고, 낙서洛書는 공간(=오행)을 표상하는 도상이다. 소강절의 원회운세元會運世의 이론적 근거는 하도수河圖數에서 발견 할 수 있다.

즉, 12元은 1,555,200年인데, 이 수數는 하도수河圖數의 북방 1수(○), 중앙 수는 아래로부터 무극의 5수(●●●●●), 황극의 5수(⊗⊗⊗), 무극의 5수(●●●●●)와 남방 2수(●●)로 구성되어 있다.

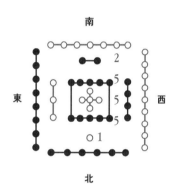

하도河圖 (시간)

1백 5십 5만 5천 2백

낙서洛書 (공간=오행)

物而道濟天下, 故不過, 旁行而不流, 樂天知命, 故不憂, 安土敦乎仁, 故能愛. 範圍天地之化而不過, 曲成萬物而不遺, 通乎晝夜之道而知. 故神无方而易无體.《周易》〈繫辭上〉第四章.

25

《周易》

乾卦 ☰ 重天乾

乾은 元코 亨코 利코 貞ᄒ니라.

"乾은 元코 亨코 利코 貞ᄒ니라"는 것은 건괘의 사상四象이다. 주자는 "乾은 元亨ᄒ고 利貞ᄒ니라"라고 해석하였지만, 정자가 "乾은 元코 亨코 利코 貞ᄒ니라"로 해석한 것은 사덕四德으로 본 것이다. 이 부분이 바로 건괘의 괘사卦辭이다. 본래《주역》의 편제가 지금처럼 〈괘사〉 밑에 바로 단왈彖曰과 상왈象曰이 있고, 효사爻辭 밑에 바로 상왈象曰이 있는 것이 아니라, 본래는 괘사卦辭, 효사爻辭, 단사彖辭, 상왈象曰 등이 모두 제각각 한 편으로 따로따로 있었는데 주자 등이 공부하기 좋도록 지금의 모양으로 편집을 해놓은 것이다.

괘卦는 복희伏羲씨가 그은 것이고, 괘사卦辭는 문왕文王이 썼다고 한다. 문왕 이전에는 문자 이전의 시대이었기 때문에 '☰'이라든가 '☷'이라든가 하는 형상만 표현되어 있었을 뿐 '건乾'·'곤坤'과 같은 괘의 이름조차 있지 않았다. 단지 매듭을 지어서(結繩) 표현을 했을 것인데, 그것을 〈계사〉에서는 그것을 "결승이치結繩而治"[8]라고 하였다. 그런 복희씨의 시대를 지나서 황제黃帝때에 와서야 글자가 나왔다고 한다. 창힐蒼頡[9]이라

---

8 上古結繩而治, 後世聖人易之以書契, 百官以治, 萬民以察, 蓋取諸夬.《周易》〈繫辭下〉
9 창힐(蒼頡)은 중국 고대의 전설적인 제왕인 황제(黃帝) 때에 사관(史官)으로 눈이 4개였고 매우 총명하였다고 한다. 새와 짐승의 발자국을 본떠 문자를 만들어 그때까지 새끼의 매듭으로 기호를 만들어 쓰던 불편을 덜어주었다. 창힐에 관한 전설은 전국시대(戰國時代) 후기의《순자(荀子)》에 기록이 있으며, 한(漢)나라 때 내용이 거의 완성되었다. 창힐이란 이름이 붙은 서적명이《한서》〈예문지〉에 남아 있다. 한편 진(秦)나라 이사(李斯)가 창힐의 이름을 따《창힐편》이라는 초보자용 사전을 만들었다고 하나 전하지 않는다.

는 사람이 있어서 새와 짐승의 발자국을 상형하여 비로소 글자를 만들었다고 전하는데, 복희씨 때의 신하라는 말도 있고 황제 때의 신하라는 말도 있어서 분명하지 않다. 이렇게 글자가 만들어지고 나서 3천년이 지난 다음에 문왕文王에 이르러서야 "乾元亨利貞"이라는 괘사가 지어지게 된 것이다.

"단왈象曰"이라는 것은 공자가 괘사의 뜻을 단象으로 표시한 것이다. 또 주공周公이 효사爻辭를 말하였는데, 공자가 다시 "단왈象曰"이라고 해서 주공이 쓴 효사를 풀이하였다. 예를 들면 주공이 "初九 潛龍勿用"이라고 말했는데, 공자가 "잠룡물용潛龍勿用"이 무슨 뜻인지를 "상왈象曰"이라고 하면서 풀어 쓴 것이 바로 소상小象이다. 이 네 가지를 '괘卦·효爻·단象·상象'이라고 한다. 상象에는 대상大象과 소상小象이 있는데, 주공이 쓴 효爻에 대한 설명을 소상小象이라 하고, 문왕이 쓴 괘卦에 대한 설명을 대상大象이라고 한다.

손도수로 보면 손가락을 모두 오므린 것이 건乾의 형상이고, 손가락을 다 편 것이 곤坤의 형상이다. 건乾은 곤坤에서 시작하고, 곤坤은 건乾에서 시작하는 것이다. "乾은 元·亨·利·貞하니라"고 할 때는 엄지손가락에서부터 시작하고, "坤은 元·亨·利·牝馬之貞하니라"고 할 때는 둘째손가락에서 시작한다.

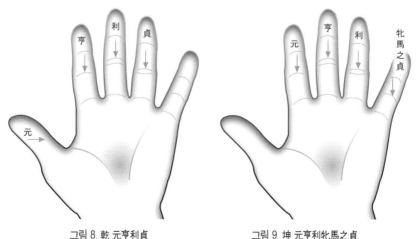

그림 8. 乾 元亨利貞   그림 9. 坤 元亨利牝馬之貞

하늘에 원형이정元亨利貞이 있기 때문에 땅에 춘하추동春夏秋冬이 있는 것이고, 땅에 춘하추동이 있는 것처럼 인간에게는 인예의지仁禮義智가 있으므로 하나가 셋으로 나뉘게 되는 것이다. 또 하늘에는 음양陰陽이 있고, 땅에는 강유剛柔가 있으며, 인간에게는 인의仁義가 있다. 이렇게 하늘과 땅과 인간에게 각각 둘씩이 있어서 육효六爻를 이루게 된다. 하나에서 셋인 삼재三才가 나오고, 셋은 둘씩 해서 여섯인 육효六爻가 만들어지는 것이다.

初九는 潛龍이니 勿用이니라

이 말은 바로 형상에 대한 설명이다. 《주역》에서는 양을 '구九'라 하고 음을 '육六'이라 한다. 64괘를 전체적으로 보면 효가 각각 6개씩해서 도합 384효가 된다. 384효 중에서 양효陽爻가 192개, 음효陰爻가 192개이다. 또 길흉吉凶으로 나누어 보아도 길吉이 192효이고, 흉凶이 192효이다. 이와 같이 모든 것이 다 반반으로 구성되어 있다. 그런데 개체로 보면 양효는 "초구初九, 구이九二, 구삼九三, 구사九四, 구오九五, 상구上九"라고 말하고, 음효는 "초육初六, 육이六二, 육삼六三, 육사六四, 육오六五, 상육上六"이라고 말한다. 기계적으로 볼 수 있도록 이름을 붙여 놓은 것이다.

손도수로 칠 때는 육갑六甲을 사용한다. 육갑은 십간十干과 십이지十二支의 조합으로 되어 있다. 천간天干은 "갑甲, 을乙, 병丙, 정丁, 무戊, 기己, 경庚, 신辛, 임壬, 계癸"인데, 이것은 "1, 2, 3, 4, 5, 6, 7, 8, 9, 10"이라는 수數에 이름을 붙여 놓은 것이다. 1에서 10까지의 수數이거나 갑甲에서 계癸까지의 천간天干이거나 똑같이 보는 것이다. 굳이 이렇게 육갑으로 치는 이유는 시간과 공간을 통합해서 보기 위해서이다. 수數에는 시간적인 의미가 들어 있으며, 십간十干에는 공간적인 의미도 들어 있다.

갑甲과 을乙은 동방의 목木에 속해 있고, 병丙과 정丁은 남방의 화火에 속해 있고, 무戊와 기己는 중앙의 토土에 속해 있고, 경庚과 신辛은 서방의 금

金에 속해 있고, 임壬과 계癸는 북방의 수水에 속해 있다. 이것을 다시 나누어 보면 갑甲은 삼목三木, 을乙은 팔목八木, 병丙은 칠화七火, 정丁은 이화二火, 무戊는 오토五土, 기己는 십토十土, 경庚은 사금四金, 신辛은 구금九金, 임壬은 일수一水, 계癸는 육수六水가 된다.

番號	01	02	03	04	05	06	07	08	09	10
天干	甲	乙	丙	丁	戊	己	庚	辛	壬	癸
五行	三木	八木	七火	二火	五土	十土	四金	九金	一水	六水
	甲乙木		丙丁火		戊己土		庚辛金		壬癸水	

표 6. 천간지수(天干之數)와 오행(五行)

갑을甲乙은 푸른 기운, 병정丙丁은 붉은 기운, 무기戊己는 누런 기운, 경신庚辛은 흰 기운, 임계壬癸는 검은 기운이다. 갑을甲乙의 푸른 기운 다음에는 병정丙丁의 붉은 기운이 오고, 다음에는 무기戊己의 누런 기운이 오고, 다음에는 경신庚辛의 흰 기운이 오고, 다음에는 임계壬癸의 검은 기운으로 이어진다. 이것을 1년으로 보면 봄에는 푸른 기운, 여름은 붉은 기운, 장하長夏는 누런 기운, 가을은 흰 기운, 겨울은 검은 기운이 된다. 이렇게 움직이는 것이 자연세계의 변화이다. 푸른 기운은 검은 기운에서 나오는데, 검은 기운이 변하면 푸르게 되고, 푸른 기운이 변하면 누렇게 되고, 이 청靑·적赤·황黃의 본색本色이 다 합해지면 흰 색이 되고, 이것이 변하면 검게 된다. 빛이 이렇게 변해가듯이 모든 천지변화가 이런 순서로 운행하고 있는 것이다.

천지가 변화하는데 그 주기의 진법이 다 다르게 나타난다. 12진법에 따라 변화하는 것이 있고, 15진법·30진법·60진법에 따라 변화하는 것이 있다. 그것은 천지가 운행하는 법칙이 다 다르기 때문이다. 사람은 60이 되면 환갑이라고 하는데, 60갑자甲子를 한 바퀴 돈 것을 "수를 얻었다(得壽)"고 한다. 상수는 120살을 말하고, 중수는 100살이고, 60살은 하수라고 한다. 이렇게 수壽를 얻었다고 하여 잔치를 하는 것이다. 30세 이전에 죽으면 요절이라고 하고, 50에 죽으면 요절은 면했다고 말한다. 요절을 면해서 60이 되면 수壽를 얻었다 하고, 중수가 되면 100살이 된 것인데, 이

때가 되면 기약할 '기期'자를 써서 100살 기期가 되는 것이다. 그래서 1세기를 100년으로 치게 된 것이다.

지지地支는 "자子, 축丑, 인寅, 묘卯, 진辰, 사巳, 오午, 미未, 신申, 유酉, 술戌, 해亥"이고, 여기에 수를 대입하면 자일수子一水, 축십토丑十土, 인삼목寅三木, 묘팔목卯八木, 진오토辰五土, 사이화巳二火, 오칠화午七火, 미팔목未八木, 신구금申九金, 유사금酉四金, 술오토戌五土, 해육수亥六水가 된다.

番號	01	02	03	04	05	06	07	08	09	10	11	12
地支	子	丑	寅	卯	辰	巳	午	未	申	酉	戌	亥
五行	子一水	丑十土	寅三木	卯八木	辰五土	巳二火	午七火	未八木	申九金	酉四金	戌五土	亥六水

표 7. 지지지수(地支之數)와 오행(五行)

천간天干은 수數이기 때문에 갑을목甲乙木에서 목생화木生火하여 병정화丙丁火가 나오고, 화생토火生土하여 무기토戊己土가 나오고, 토생금土生金하여 경신금庚辛金이 나오고, 금생수金生水하여 임계수壬癸水가 나오고, 다시 수생목水生木하는 상생의 순서로 진행한다.

반면에 지지地支는 방위方位를 나타낸다. 지지地支는 정북인 자방子方을 중심으로 해자축亥子丑, 정동인 묘방卯方을 중심으로 해서 인묘진寅卯辰, 정남방인 오방午方을 중심으로 해서 사오미巳午未, 정서방인 유방酉方을 중심으로 해서 신유술申酉戌이 자리를 잡고 있다. 이렇게 평면적으로 보는 것과 입체적으로 보는 것을 모두 잘 알아야 한다.

그것을 손에다 올리면 다음과 같이 되는데 사주보는 사람들도 다 이것을 이용한다. 넷째손가락의 본절本節에서부터 자子로 시작해서 우선하면서 축丑, 인寅, 묘卯, 진辰, 사巳, 오午, 미未, 신申, 유酉, 술戌, 해亥로 넘어간다. 이것이 바로 〈계사전〉에 나오는 "천지설위天地設位"[10]이다. 설위設

10 子曰, 易其至矣乎! 夫易, 聖人所以崇德而廣業也. 知崇禮卑, 崇效天卑法地. 天地設位, 而易行乎其中矣. 成性存存, 道義之門.《周易》〈繫辭上〉

位라는 것은 위位를 베푼다는 뜻이므로 자子, 축丑, 인寅, 묘卯, 진辰, 사巳, 오午, 미未, 신申, 유酉, 술戌, 해亥는 고정된 방위를 나타낸다. 이것을 4정방 四正方인 자子·오午·묘卯·유酉를 중심으로 하면 해자축亥子丑, 인묘진寅卯辰, 사오미巳午未, 신유술申酉戌이 되는 것이다.

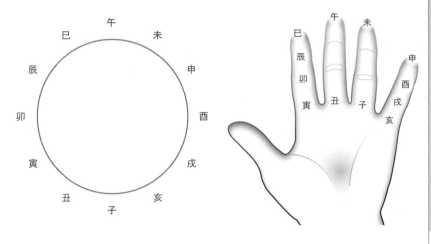

그림 10. 십이지지 방위도   그림 11. 천지설위의 수지상수

28수宿를 볼 때도 손에 올려서 보게 되는데, 그때에도 "해자축亥子丑, 인묘진寅卯辰, 사오미巳午未, 신유술申酉戌"로 익혀두어야 편리하다. 서양 사람들은 위쪽을 북쪽으로 보지만 동양에서는 남쪽을 위쪽으로 본다. 그림을 거꾸로 하면 똑 같아지지만 서양의 입장하고 동양의 입장은 완전히 다르다.

"해자축亥子丑, 인묘진寅卯辰, 사오미巳午未, 신유술申酉戌"이것은 하나의 체體이다. 천체가 그렇게 되어 있다. 28수宿를 손에 올려놓고 볼 때도 이것을 이용하고, 단군원년이 무진戊辰년이라는 것도 이것을 이용하여 증명할 수가 있다. 28수宿나 수백천만년의 갑자甲子를 따지는 방법은 나중에 자세히 다루겠지만, 우선은 입과 손에 익숙해지도록 반복해서 익혀야 한다.

지지地支를 손도수로 치는 방법에는 두 가지가 있다. 앞에서처럼 "해자축亥子丑, 인묘진寅卯辰, 사오미巳午未, 신유술申酉戌"로 보는 것은 방위를 보는 것이고 체體이며, "유술해酉戌亥, 자축인子丑寅, 묘진사卯辰巳, 오미신午未申"으로 보는 것이 용用이다. 이 두 가지를 모두 손과 입에 익숙해지도록 익혀야 한다.

가야금은 12줄로 되어 있은데, 이 12줄이 12월月의 음音을 나타낸다. 동짓달인 자월子月이 제일 낮은 소리가 되며, 그 소리를 황종黃鐘이라고 한다. 황종黃鐘에서부터 대려大呂, 태주太簇, 협종夾鐘, 고선姑洗, 중려仲呂, 유빈蕤賓, 임종林鐘, 이칙夷則, 남려南呂, 무역無射, 응종應鐘의 순으로 음의 높이가 올라가는데, 이에 관한 내용은 《예기》의 〈악기편〉에 나와 있으며 이것을 '율려律呂'라고 한다. 가야금을 연주하는 사람들이 보지 않고서도 12월의 음을 잘 연주할 수 있는 것처럼 지지地支를 손에 올려서 보는 법을 눈을 감고도 할 수 있을 정도로 익혀야 한다.

律呂	番號	01	02	03	04	05	06
律	十二支	子	寅	辰	午	申	戌
	十二音	黃鐘	太簇	姑洗	蕤賓	夷則	無射
呂	十二支	丑	卯	巳	未	酉	亥
	十二音	大呂	夾鐘	仲呂	林鐘	南呂	應鐘

표 8. 십이율려도(十二律呂圖)

건괘乾卦 초효의 괘사는 "初九는 潛龍이니 勿用이니라"이다. 육효 중에서 제일 밑에 있는 효이기 때문에 잠룡潛龍이라고 말했다. "乾은 元코 亨코 利코 貞ᄒ니라"라고 할 때 어떻게 해서 "元코 亨코 利코 貞ᄒ니라"가 되는 것인지를 따지는 것이 육갑이다.

손도수로 올려서 보면, 천지설위天地設位의 측면에서 보면 제 5지의 무진戊辰이 초효가 된다. 제 2지의 신유辛酉로 시작하여 임술壬戌, 계해癸亥, 갑자甲子, 을축乙丑, 병인丙寅, 정묘丁卯, 무진戊辰까지 추산해 보면 제 5지가 무진戊辰으로 초효에 해당하며, 진辰의 자리이기 때문에 용龍이라는 말이 나올 수 있는 것이다. 그러므로 무진戊辰의 용은 잠룡潛龍이므로 쓰지 말아야 한다는 뜻이 된다.

임금이 되기 전에 살던 집을 '잠저潛邸'라고 한다 조선을 창건한 이성계가 임금이 되기 전에 살았던 그 집을 잠저潛邸라고 불렀다. 건괘의 초구初九는 잠룡潛龍, 구이九二는 현룡見龍, 구삼九三은 군자君子, 구사九四는 약룡躍龍, 구오九五는 비룡飛龍, 상구上九는 항룡亢龍이라고 이름을 붙였다. 이런 것들이 입에 발려야할 뿐만 아니라 손으로도 익숙해져야 한다.

우리나라에 정인지가 지었다고 하는《용비어천가》의 첫 장을 보면 "海東 六龍이 ᄂᆞᄅᆞ샤 일마다 天福이시니 古聖이 同符ᄒᆞ시니"[11]라고 기록되어 있는데, 여기서의 해동육룡海東六龍은 건괘乾卦를 노래한 것이고, 용龍은 임금을 상징한다.

番號	01	02	03	04	05	06	07	08	09	10
01	癸亥	甲子	乙丑	丙寅	丁卯	戊辰	己巳	庚午	辛未	壬申
02	癸酉	甲戌	乙亥	丙子	丁丑	戊寅	己卯	庚辰	辛巳	壬午
03	癸未	甲申	乙酉	丙戌	丁亥	戊子	己丑	庚寅	辛卯	壬辰
04	癸巳	甲午	乙未	丙申	丁酉	戊戌	己亥	庚子	辛丑	壬寅
05	癸卯	甲辰	乙巳	丙午	丁未	戊申	己酉	庚戌	辛亥	壬子
06	癸丑	甲寅	乙卯	丙辰	丁巳	戊午	己未	庚申	辛酉	壬戌

표 9. 육십갑자(六十甲子) 일람표

신유辛酉에서 출발하여 무진戊辰이 초구初九, 경진庚辰이 구이九二, 임진壬辰이 구삼九三, 갑진甲辰이 구사九四, 병진丙辰이 구오九五, 다시 무진戊辰이 상구上九가 된다.

계유癸酉는 천근궁天根宮이라 하고, 을유乙酉는 육십사괘궁六十四卦宮이라 하고, 정유丁酉는 하도궁河圖宮이라 하고, 기유己酉는 이십팔수궁二十八宿宮

11 [제1장] 海東 六龍이 ᄂᆞᄅᆞ샤 일마다 天福이시니 古聖이 同符(동부)ᄒᆞ시니. [제2장] 불휘기 픈 남ᄀᆞᆫ ᄇᆞᄅᆞ매 아니 뮐씨 곶 됴코 여름 하ᄂᆞ니 ᄉᆡ미 기픈 므른 ᄀᆞᄆᆞ래 아니 그츨씨 내히 이러 바ᄅᆞ래 가ᄂᆞ니…《龍飛御天歌》

이라 하며, 신유辛酉는 낙서궁洛書宮 또는 종시궁終始宮이라 한다.

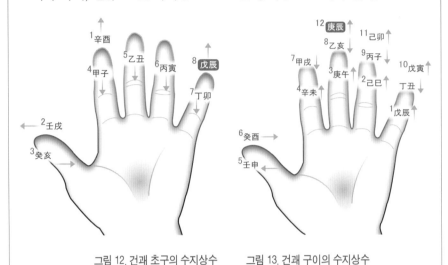

그림 12. 건괘 초구의 수지상수   그림 13. 건괘 구이의 수지상수

九二는 見龍在田이니 利見大人이니라.

구이九二는 현룡見龍이 밭에 가 있으니 대인大人을 보는 것이 이롭다고 하였다. 이효二爻는 무진戊辰에서부터 시작하여 기사己巳, 경오庚午, 신미辛未, 임신壬申, 계유癸酉, 갑술甲戌, 을해乙亥, 병자丙子, 정축丁丑, 무인戊寅, 기묘己卯, 경진庚辰까지 가서 경진庚辰이 구이九二가 된다.

九三은 君子 | 終日乾乾ᄒ야 夕惕若ᄒ면 厲ᄒ나 无咎 | 리라.

구삼九三은 경진庚辰에서부터 신사辛巳, 임오壬午, 계미癸未, 갑신甲申, 을유乙酉, 병술丙戌, 정해丁亥, 무자戊子, 기축己丑, 경인庚寅, 신묘辛卯, 임진壬辰까지 가서 임진壬辰이 군자君子의 자리가 된다. 다시 말하면 구삼九三은 임진壬辰이고, 임진壬辰은 군자君子이며, 군자가 바로 용龍이다.

64괘는 모두 육효로 구성되어 있는데, 육효를 삼효三爻씩 작게 보면 아래는 선천이 되고 위는 후천이 된다. 즉, 초효·이효·삼효로 구성된 하괘下卦(內卦)는 선천이고, 사효·오효·상효로 구성된 상괘上卦(外卦)는 후천이다.

"종일건건終日乾乾"은 종일토록 건건乾乾하다는 뜻이다. 괘상卦象을 보고서 이런 말과 이런 소리가 어떻게 해서 나오게 되었는지를 따져봐야 하고, 그렇게 하는 것이 공부다. 건괘의 구이九二에서 "현룡見龍"이라는 말이 어떻게 나왔는지, 구삼九三에서 "종일終日"이란 말이 어디에서 나왔고 "건건乾乾"이란 말이 어디서 나왔는지를 따져봐야 한다. 주공周公이 괘상卦象을 보고서 어떻게 그런 말을 할 수 있었는지를 알아내는 것이 공부이다.

여기에서 보면 "종일終日"이란 말은 구삼九三이 선천인 하괘下卦의 끝이고 마지막이기 때문에 종일終日이라는 말이 나올 수 있는 것이고, "건건乾乾"이란 힘쓴다는 뜻인데 이렇게 건건乾乾이라는 말을 할 수 있는 것은 앞(上卦)에도 건乾(☰)이 있고 지나온 것(下卦)도 건乾(☰)이기 때문에 건건乾乾이라는 말이 나올 수 있는 것이다. 또 제 삼효는 선천의 끝이고, 하루로 보면 저녁이기 때문에 "석척약夕惕若"이라는 말이 나올 수 있다. 그래서 려厲, 즉 힘쓸 것 같으면 허물이 없으리라는 말이 나올 수 있는 것이다.

또 다음에 자세하게 공부하겠지만, 체용體用으로 보았을 때 1·2·3효로 구성된 하괘下卦는 체體가 되고, 4·5·6효로 구성된 상괘上卦는 용用이 된다.

九四는 或躍在淵하면 无咎ㅣ리라.

사효四爻로 가면 갑진甲辰이 된다. 임진壬辰의 군자에서부터 시작하여 계사癸巳, 갑오甲午, 을미乙未, 병신丙申, 정유丁酉, 무술戊戌, 기해己亥, 경자庚子, 신축辛丑, 임인壬寅, 계묘癸卯, 갑진甲辰까지 간다. 구사九四에서 "약룡躍龍"이라고 한 것은 삼효三爻까지는 선천인데, 선천의 마지막에서 후천으로 뛰어서 넘어왔기 때문이다. 그것을 '약躍'이라고 표현한 것이다. 또 구오九五를 "비룡飛龍"이라고 하는데, 비룡飛龍이라는 말도 바로 여기에서 나온 것이다. "혹或"은 의심하는 뜻이다. 용龍이 하늘로 오르다가 떨어질 수도 있기 때문에, 그래서 혹 시험 삼아 뛰어서 연못에 있으면 허물이 없으리라는 것이다.

九五는 飛龍在天이니 利見大人이니라.

구오九五는 구사九四의 갑진甲辰에서부터 시작하여 을사乙巳, 병오丙午, 정미丁未, 무신戊申, 기유己酉, 경술庚戌, 신해辛亥, 임자壬子, 계축癸丑, 갑인甲寅, 을묘乙卯, 다음에 병진丙辰까지 간다. 병진丙辰이 곧 비룡飛龍이라는 말이다. 비룡飛龍이라는 말은 임금이 잠룡潛龍에서부터 점차 성장해 오면서 결국 비룡이 되었다는 뜻을 가지고 있다. 《용비어천가》도 일반인에서 시작해서 비룡이 돼서 목적을 이루었다는 것을 노래한 것이다.

구이九二의 괘사에도 "이견대인利見大人"이 있고, 구오九五의 괘사에도 "이견대인利見大人"이 나온다. 구이九二의 이견대인利見大人은 문명文明을 말하고, 구오九五의 이견대인利見大人은 문화文化를 말한다. 다시 말하면 오효五爻는 정신문화이고, 이효二爻는 과학문명이다. 대개 과학문명이라고 하지 과학문화라고 말하지는 않는다. 정신적으로 이루어진 것을 "비룡재천飛龍在天"이라고 하는 것이다. 그래서 구이九二는 구오九五를 바라보고, 구오九五는 구이九二를 보고 있는 상황이 된다.

천자天子의 나라에는 비碑에 '용트림'이라는 것이 있다. 비석에 이수귀부螭首龜趺라는 것이 있는데, 머리는 이무기 '이螭'자를 쓰고, 밑에는 '귀부龜趺'를 써서 용과 거북이를 상대로 만들어 놓는다. 그리고 그 비碑의 발이 몇 개인지를 세어보면 그 사람의 계급을 알 수가 있다. 일반 군자는 발이 셋이고, 임금과 제후는 넷이고, 천자는 다섯이다. 만약 일반인이나 제후의 집안에서 발을 다섯 개 쓰면 큰일이 나게 된다. 경회루 같은 곳에 가보면 용이 올라가는 모양이 있는데 발이 네 개밖에 없다. 우리나라는 천자 노릇은 못하고 제후 노릇밖에 못했다는 것이다. 모든 제도가 은근히 그렇게 정해져 있다.

계룡산鷄龍山이라는 이름은 매우 특이하다. 닭은 미물에 불과하고 용은 조화를 부리는 영물이기 때문에 이 두 가지는 상대적으로 어울리지 않아 보인다. 그렇지만 자세히 살펴보면 그 이름에는 깊은 뜻이 있다는 것을 알 수 있다. 닭은 때를 말하는 것이다. "계명축시鷄鳴丑時"라는 말이 있듯이 닭이라는 동물은 시간에 따라서 울기 때문에 곧 시간을 의미한다. 용은 조화를 부리는 영물이므로 변화무쌍한 재주를 뜻한다. 그러나 아무리 변화무쌍한 재주를 가지고 있는 용이라 하더라도 때를 못 만나면 천자가 될 수가 없는 법이다. 또 때를 잘 만났어도 조화를 부리는 재주가 없으면 헛일이 된다. 한편으로는 때가 이르고 또 한편으로는 조화가 이루어져서 서로 만나게 되는 것을 '지평地平'이라고 한다. 《서전》에 보면 "지평천성地平天成"[12]이라는 말이 나오는데, 때가 더 늦어도 안 되고 더 일러도 안 되고 꼭 맞추어서 때가 이르는 것을 말한다. 조화를 가진 사람, 인심을 많이 얻은 사람, 그 사람이 그 때를 만나야 비룡飛龍의 형상이 정해지는 것이다. 그것이 바로 "비룡재천飛龍在天"하는 것이다. 계鷄와 용龍은 때와 조화를 상징하는 말이다.

上九는 亢龍이니 有悔리라.

제 6효는 구륙九六이라 하지 않고 상구上九라고 한다. 상구上九는 무진戊辰이다. 전체적으로 다시 보면 초구는 무진戊辰, 구이는 경진庚辰, 구삼은 임진壬辰, 구사는 갑진甲辰, 구오는 병진丙辰, 상구는 다시 무진戊辰이 된다. 다시 무진戊辰이 됐다는 것은 초구와 상구가 똑같아졌다는 말이다. 초효의 무진戊辰이나 상효의 무진戊辰이나 똑같다. 항룡亢龍은 다한 용으로 더 갈 곳이 없기 때문에 그 형상을 "항룡亢龍이니 후회가 있으리라"고 말한 것이다.

괘卦를 보는 방법에는 여러 가지가 있다. '응효應爻'라는 것은 하괘下卦와 상괘上卦의 효가 서로 짝이 되어 응應하는 것을 말한다. 초효初爻는 사

---

12 帝曰 兪, 地平天成, 六府三事, 允治. 萬世永賴, 時乃功 《書經》〈虞書·大禹謨〉

효四爻와 짝이 되고, 이효二爻는 오효五爻와 짝이 되고, 삼효三爻는 상효上爻와 짝이 되는 것을 응효應爻라고 한다. 또 '비효比爻'라는 것이 있다. 초효初爻는 이효二爻하고 비기고, 이효二爻는 삼효三爻하고 비기고, 삼효三爻는 사효四爻하고 비기고, 사효四爻는 오효五爻하고 비기고, 오효五爻는 상효上爻하고 비기는데 같이 이웃하고 있기 때문에 친하다는 말이고, 이것을 비효比爻라고 한다.

만약 건괘에서 초효가 변해서 곤坤으로 되면 천풍구天風姤가 된다.《주역》은 순전히 괘 놀음이라고도 할 수 있다. 초효와 이효가 모두 변하면 천산돈天山遯이 되고, 삼효까지 변하면 천지비天地否가 된다.

本卦	爻變		之卦	
䷀乾	初爻, 二爻, 三爻 變	⇨	䷋	天地否
	初爻, 二爻 變	⇨	䷠	天山遯
	初爻 變	⇨	䷫	天風姤

표 10. 건괘(乾卦)에서 지괘(之卦)의 예

이 세상은 선천과 후천이 있는데 선천은 천지비天地否(䷋)이고, 후천은 지천태地天泰(䷊)이다. 이렇게 상괘와 하괘가 뒤집히는 것을 '교괘交卦'라고 한다. 1·2·3하고 4·5·6이 아래위가 바뀌는 것이 교交이다. 선천에서는 천지비天地否(䷋)로 비색否塞해 있는데, 그걸 뒤집으면 후천의 지천태地天泰(䷊)로 태평太平하게 바뀌는 것이다. 선천과 후천을 공간적으로 나누는 형태가 바로 천지비天地否와 지천태地天泰의 괘로 나타난다.

그것을 사람에 비하여도 똑같이 적용된다. 사람이 배속에 있을 때는 머리가 아래를 향하여 거꾸로 있다. 사람의 얼굴에서 코와 입술 사이를 인중人中이라고 한다. 인중人中이라는 말은 사람 몸의 중심이라는 말이다. 사람 몸의 중심을 가리키라고 하면 허리 근처나 배꼽이 전체로 보면 인중人中이 되어야 할 것이다. 그러나 용用으로 보면 코와 입술사이가 인중이 된다. 위로는 눈·코·귀가 모두 두 개씩 있고, 아래에 있는 입·생식기·항문이 모두 한 개씩밖에 없다. 그러므로 위에는 짝이 되는 것이 세 개가 있고(☷), 아래에는 기수奇數인 것이 세 개가 있는 셈이다(☰). 사람이 태중에서는 거꾸로 있으므로 사람은 인중을 중심으로 보면 지천태地天泰(䷊)가 된다. 그래서 사람은 지천태地天泰의 형상을 간직하고 있다고 볼 수 있다.

위에 있는 코·눈·귀가 항상 양심이라는 것을 살피고 있으면서 아래의 입·생식기·항문에서 일어나는 식색食色의 욕심과 항상 싸우고 있는 형상이다. 사람이 천해지고 욕을 얻어먹는 것은 모두 인중人中의 밑에서 일어나는 일이다. 위에서는 안 된다고 하고, 아래서는 된다고 하면서 항상 싸우고 있는 것이다. 그래서 이 인중에서 아래와 위의 싸움을 판단하고 제도를 만들어 조절하여 법의 역할을 하게 된다. 인중이 하나의 법이기 때문에 인중의 양 옆을 법령法領이라고 하는 것이다. 즉, 아래와 위를 연결에서 하나의 법·제도를 만드는 것이 법령이다. 관상을 볼 때도 법령이 잘생겼으면 "저 사람은 법 없이도 살 사람이다"라고 판단 할 수 있고, 법령이 별 수 없이 생겼으면 "저 사람은 법을 잘 어기기 쉬운 사람이겠다"라고 생각할 수 있는 것이다. 가령 이름난 부자들은 하나같이 법령이 넓고 아주 좋게 생긴 것을 볼 수 있다. 만약 법령이 양쪽 입가를 따라 입술 속으로 들어가면 "이 사람은 죽을 때에 굶어죽겠구나"라고 보기도 한다. 그런 것이 다 역학易學에 겸해져 있는 것이다.

用九는 見羣龍호되 无首하면 吉하리라.

용구用九는 양효를 쓰는 것을 말한다. 곤괘坤卦에서는 용육用六이라고 한다. 상효까지 가서 머리가 있으면 흉凶이 되므로 머리가 없으면 길吉하다고 한 것이다. 본래 오효까지만 가는 것이 정상이다. 전체가 열인 경우에 열까지 다 차면 그건 흉凶하고, 한 두 개 여유를 두고서 팔부 정도가지만 가는 것이 길吉하다는 뜻이다. 즉, 오효까지만 가는 것이 길吉하다는 것을 형상하는 말이다. 머리 꼭대기까지 가서 십十을 채우려 하지 말고 구九를 써야 한다는 말이다.

그래서 역易을 쓸 때에는 초효하고 상효는 쓰지 않는다. 건괘에서도 초효는 잠룡潛龍이라 쓰지 못하고, 상효는 항룡亢龍이라 쓰지 못하기 때문에 이효에서 오효까지의 중中으로만 쓰는 것이다. 중中은 어째서 중中이냐 하면 1·2·3효에서는 2효가 중中이 되고, 4·5·6효에서는 5효가 중中이 된다. 그리고 두 효씩 묶어서 보면 3효와 4효가 중中이 된다. 그래서 2·3·4·5효가 다 중中이 된다. 〈계사전〉에 보면 "非其中爻이면 不備하리라"[13]라는 말이 있다. 다음에 "단왈彖曰"이 나오는 데 이것은 공자가 괘사를 해설하는 말이다. 단彖이란 쇠처럼 강한 것을 끊을 수 있을 정도로 확실하게 판정한다는 뜻이다.

彖曰; 大哉라 乾元이여. 萬物이 資始하느니 乃統天이로다. 雲行雨施하야 品物이 流形하나니라. 大明終始하면 六位時成하느니 時乘六龍하야 以御天하느니라. 乾道ㅣ 變化에 各正性命하느니 保合大和하야 乃利貞하니라. 首出庶物에 萬國이 咸寧하느니라.

"大哉라 乾元이여 萬物이 資始하느니 乃統天이로다."앞에서는 "乾은 元亨利貞하니라"고 했는데 여기서는 "건원乾元"이라고 했다. 소강절은 이것을 "건원일기乾元一氣"로 해석하였다. 건원乾元이라는 것이 따로 있고 원형이정元亨利貞이라는 것이 따로 있어서, 개체로 보면 원元·형亨·이利·정貞이고 하나로 보면 건원乾元이라고 보는 것이다. 어쨌든 건원乾元이라고 하는 것은 만물이 여기서 비롯된다고 하였으므로 통천統天이라고 말한 것이다. 또 통천統天은 무진戊辰(初九), 경진庚辰(九二), 임진壬辰(九三), 갑진甲辰(九四), 병진丙辰(九五), 무진戊辰(上九)으로 나와서 하늘을 통솔하는 그

---

13 易之爲書也, 原始要終, 以爲質也, 六爻相雜, 唯其時物也. 其初難知, 其上易知, 本末也. 初辭擬之, 卒成之終. 若夫雜物撰德, 辨是與非, 則非其中爻不備.《周易》〈繫辭下〉

형상을 풀어서 말한 것이다.

"雲行雨施ᄒᆞ야 品物이 流形ᄒᆞ나니라." 무진戊辰에서부터 경진庚辰·임진壬辰·갑진甲辰·병진丙辰으로 가고 다시 무진戊辰으로 변화하는 것이 운행우시雲行雨施하는 형상을 말한다. 운종룡雲從龍하기 때문에 이런 말이 나올 수 있는 것이다. 품물品物이 유형流形한다는 것은 십이지十二支의 품물品物이 그것을 따라서 형상이 되었다는 말이다

"乾道變化에 各正性命ᄒᆞ나니 保合大和ᄒᆞ야, 乃利貞ᄒᆞ나니라." 이 구절은 괘사를 풀어서 설명하는 말이다. 손가락을 모두 구부린 것이 건도乾道이고, 손가락을 모두 편 것이 곤도坤道이다. 변變과 화化는 다른 것이다. 음에서 양으로 가는 것은 변變이고, 양에서 음으로 가는 것이 화化이다. 보합대화保合大和한다는 것은 계해癸亥에서 갑자甲子, 을축乙丑, 병인丙寅 등으로 계속해서 나아가는 것을 말한다.

"首出庶物에 萬國咸寧ᄒᆞ나니라." 머리에서 서물庶物을 내는 것은 육갑을 낸다는 소리이다. 엄지손가락에서부터 계해癸亥 갑자甲子 을축乙丑 병인丙寅 등으로 나아가던지, 또는 제 2지에서부터 신유辛酉 임술壬戌 계해癸亥 갑자甲子 등으로 나아가면서 육갑을 내는 것이 바로 수출서물首出庶物의 뜻이다. 육갑속에는 만물이 다 들어있기 때문에 그런 말을 할 수 있는 것이고, 그리하면 만국萬國이 모두 평안해지게 된다.

象曰; 天行이 健ᄒᆞ니 君子ㅣ 以ᄒᆞ야 自彊不息ᄒᆞ나니라.

상象에는 괘사를 설명하는 대상大象과 효사를 설명하는 소상小象이 있는데, 여기서의 상象은 대상大象이다. 단왈彖曰이라는 것은 괘사를 풀이한 것이고, 그것을 다시 풀어서 상왈象曰이라 하고 설명을 하는 것이다.

64괘를 모두 보면 "以ᄒᆞ야"라는 말이 많이 나온다. "君子 以ᄒᆞ야"는 53군데로 가장 많고, "后 以ᄒᆞ야"라는 것도 있고, "大人 以ᄒᆞ야"라는 것도 있는데 각각 쓰이는 뜻이 다르다. 이 글은 천행天行이 건健한 것을 군자가

그대로 본받아서 자강불식自彊不息한다는 뜻이다. 천행天行은 본래 건健한데 인간이 그것을 따라 하려니까 스스로 강彊해서 쉬지 않는 그런 형상이라는 말이다.

潛龍勿用은 陽在下也ㅣ오. 見龍在田은 德施普也ㅣ오. 終日乾乾은 反復道也ㅣ오. 或躍在淵은 進이 无咎也ㅣ오. 飛龍在天은 大人造也ㅣ오. 亢龍有悔는 盈不可久也ㅣ오. 用九는 天德은 不可爲首也ㅣ라.

"潛龍勿用은 陽在下也오 見龍在田은 德施普也ㅣ오."아래에 있는 것이라는 말은 건괘에서 초효初爻의 형상적인 면을 말한 것이다. 그리고 초효의 잠룡潛龍은 따로 설명하지 않아도 육갑으로 치면 무진용戊辰龍이라는 것을 알아야 한다. 마찬가지로 이효의 현룡見龍은 경진용庚辰龍이고, 군자君子는 임진군자壬辰君子이고, 약룡躍龍은 갑진용甲辰龍이고, 비룡飛龍은 병진용丙辰龍이고, 항룡亢龍은 다시 무진용戊辰龍이 된다. 사서四書의 《논어》 《맹자》 등은 글대로 따라 읽으면 그 뜻을 통하지만, 《주역》은 글 밖에 따로 뜻이 있기 때문에 깊이 생각하면서 보아야 한다.

"終日乾乾은 反復道也ㅣ오"라고 한 것은 삼효이기 때문이고, 임진군자壬辰君子를 말한다. 반복한다는 것은 하나에서부터 시작하여 '1, 2, 3, 4, 5, 6, 7, 8, 9, 10'까지 하고, 다시 '10, 9, 8, 7, 6, 5, 4, 3, 2, 1'까지 하여 반복하는 도道라는 말이다.

"或躍在淵은 進无咎也오"는 혹 뛰어서 못에 있다는 것은 나아가는 것이 허물이 없다는 뜻이고, 시험 삼아서 나가 보는 것이다.《주역》에는 성인聖人이 있고, 대인大人이 있다. 성인보다 위를 대인이라고 하는데, 대인은 천지조화를 부릴 수 있는 사람이다. 건괘의 〈문언전〉에 "夫大人者는 與天地合其德하며 與日月合其明하며 與四時合其序하며 與鬼神合其吉凶하야 先天而天弗違하며 後天而奉天時하나니"라고 하였다. 그것이 대인大人이다. 성인은 세상을 잘 다스리는 일은 할 수 있지만, 대인처럼 조화를 부리지는 못한다.《논어》에 "君子有三畏하니 畏天命하며, 畏大人하며, 畏聖人之言하며"[14]라는 말이 있는 것을 보아도 군자君子와 성인聖人과 대인大人이 다르다는 것을 알 수 있다.

"亢龍有悔는 盈不可久也ㅣ오. 用九는 天德은 不可爲首也ㅣ라." 무진용戊辰龍인 항룡亢龍은 차서 오래할 수가 없고, 오래할 수 없기 때문에 뉘우치게 된다. 용구用九는 무수無首하면 길吉하다고 했으므로 천덕天德은 머리해서는 안 된다는 말이다. 다음에는 〈문언〉이 나오는데, 〈문언〉은 64괘중에서 다른 괘에는 없고 오직 건괘와 곤괘에만 있다.

文言曰; 元者는 善之長也ㅣ오. 亨者는 嘉之會也ㅣ오. 利者는 義之和也ㅣ오. 貞者는 事之幹也ㅣ니, 君子ㅣ 體仁이 足以長人이며, 嘉會ㅣ 足以合禮ㅣ며, 利物이 足以和義ㅣ며, 貞固ㅣ 足以幹事ㅣ니, 君子ㅣ 行此四德이라. 故로 曰乾元亨利貞이라.

원元은 모든 것을 잘 기르기 때문에 어른이 될 만하고, 형亨이란 아름답게 모이는 것이오, 이利라는 것은 의義가 화和한 것이오, 정貞이란 일을 주관하는 것이다. 군자君子가 인仁을 본받아서 사람을 잘 기르며, 아름답게 모인다는 것은 예禮에 합하여, 이물利物은 족히 의義에 화和할 것이며, 정고貞固하는 것이 족히 써 일을 주관하는 것이니, 군자는 이 네 가지 덕德을 잘 행하는 사람이다. 그러므로 이것을 일러 "乾 元亨利貞"이라 말한 것이다.

하늘의 "원형이정元亨利貞"을 본받아서 사람이 "인의예지仁義禮智"를 행한다는 뜻이다. 역易이라는 것은 이미 하늘에 원형이정이 있어서 인간이 인의예지를 행하는 것이 아니라, 인간이 인의예지를 행하기 위해서 건乾을 원형이정으로 쪼갠 것이다. 그래서 역易이 인간중심이라는 말이고, 그

---

14 孔子曰, 君子有三畏하니 畏天命하며 畏大人하며 畏聖人之言이니라. 小人은 不知天命而不畏라 狎大人하며 侮聖人之言이니라.《論語》〈季氏〉

렇기 때문에 맨 끝에 "故로 曰乾元亨利貞이라"는 말로 결론을 지은 것이다. 다음에는 육효六爻를 각각 〈문언〉의 입장에서 다시 설명하고 있다.

初九曰 潛龍勿用은 何謂也오 子ㅣ曰龍德而隱者也ㅣ니 不易乎世ㅎ며 不成乎名ㅎ야 遯世无悶ㅎ며 不見是而无悶ㅎ야 樂則行之ㅎ고 憂則違之ㅎ야 確乎其不可拔이 潛龍也라.

잠룡물용潛龍勿用이라는 말은 용덕龍德, 즉 용의 생김새가 숨겨져 있음을 뜻한다. 초효라고 하면 언제든지 무진戊辰이라는 뜻을 갖고 있다. 〈계사하〉에는 "八卦成列하니 象在其中矣"[15]라는 말이 있다. 팔괘가 배열되어 위치를 정하게 되면 상象이 그 가운데에 있다는 뜻이다. 무진戊辰 경진庚辰 임진壬辰 갑진甲辰 병진丙辰 무진戊辰이 각각의 효爻 속에 들어 있다는 것이 바로 "상재기중象在其中"이라는 말의 의미이다.

"不易乎世ㅎ며 不成乎名ㅎ야 遯世无悶ㅎ며 不見是而无悶ㅎ야 樂則行之ㅎ고 憂則違之ㅎ야 確乎其不可拔이 潛龍也라."지위가 낮기 때문에 세상을 바꾸려고 하지 않고, 아무려면 어떠냐 하고 명성을 이루려고 하지도 않고, 위位가 얕기 때문에 세상에서 도망해도 민망할 것이 하나도 없으며, 옳은 것을 보지 않아도 민망할 것이 하나도 없다는 뜻이다. 지위가 있어야 책임이 있는 것인데 나는 지위도 없으니 어떻게 하겠느냐는 말이다. 그래서 즐거우면 그것을 행하고, 세상이 근심스러우면 그것을 어겨도 괜찮다. "確乎其不可拔이 潛龍也라."확실히 발하지 않은 것, 그것이 잠룡潛龍이라는 말이다. 잠룡潛龍의 형상을 덕으로 풀어서 말하면 이렇게 된다는 것이다.

九二曰 見龍在田利見大人은 何謂也오 子ㅣ曰龍德而正中者也

---

15 八卦成列, 象在其中矣, 因而重之, 爻在其中矣, 剛柔相推, 變在其中矣, 繫辭焉而命之, 動在其中矣.《周易》〈繫辭下〉

ㅣ니 庸言之信하며 庸行之謹하야 閑邪存其誠하며 善世而不伐하며
德博而化ㅣ니 易曰見龍在田利見大人이라하니 君德也ㅣ라.

　그렇다면 경진용庚辰龍, 즉 "見龍在田 利見大人"이란 무엇을 말하는가?
"子曰 龍德而正中者也"그 용의 덕이 정중正中한 것이다. 구이는 1·2·3효에
서 보면 정중正中한 것이다. 《주역》에는 "정중지도正中之道"가 있고, "중정
지도中正之道"가 있다. 정중正中이란 말과 중정中正이라는 말은 다른 뜻이
다. 중정中正은 오효를 말하고, 정중正中은 이효를 말한다. 중中은 정正을
겸할 수 있어도 정正은 중中을 겸할 수 없다. 오효는 이효를 겸할 수가 있
어도 이효는 오효를 겸할 수 없다. 천자는 제후를 겸할 수가 있어도 제후
는 천자를 겸할 수 없다.

　"庸言之信하며 庸行之謹하야 閑邪存其誠하며 善世而不伐하며 德博而化
ㅣ니 易曰見龍在田利見大人이라하니 君德也ㅣ라." 떳떳한 말을 믿게 하며,
떳떳한 행실을 삼가고, 간사한 것을 막고 그 정성을 두어서, 세상을 잘
다스려도 자랑할 것이 없으며, 덕이 널리 펼쳐져서 조화를 이루니, "見龍
在田 利見大人"이라는 것은 천덕天德이 아니라 군덕君德이라는 말이다. 이
효의 형상이 이렇다는 것을 말하고 있다.

九三曰 君子終日乾乾夕惕若厲无咎는 何謂也오 子ㅣ 曰君子ㅣ
進德脩業하느니 忠信이 所以進德也ㅣ오 脩辭立其誠이 所以居業
也ㅣ라. 知至至之라 可與幾也ㅣ며 知終終之라 可與存義也ㅣ니 是
故로 居上位而不驕하며 在下位而不憂하느니 故로 乾乾하야 因其時
而惕하면 雖危나 无咎矣리라.

　구삼九三에서 말한 "君子終日乾乾 夕惕若 厲无咎"라는 것은 무엇을 말
하는가? "子曰君子進德脩業하느니 忠信이 所以進德也오 脩辭立其誠이 所以
居業也라." 군자가 덕에 나아가서 업을 다듬는 것이니 충신忠信이 진덕進
德하는 까닭이다. 말을 잘 다듬어서 그 정성을 세우는 것이 업에 거하는

것이다. "知至至之라 可與幾也며 知終終之라 可與存義也니" 이를 줄을 알아서 이르는 것을 말한다. 삼효까지 오면 아래에서는 끝이다. 후천으로 넘어가는 경계이기 때문에 하는 소리이다. 여기까지 이를 줄을 알아서 이른다는 것이다. 그래서 후천으로 넘어가는 사효의 기미를 볼 것이라는 말이다. 여기가 선천의 마치는 곳이기 때문에 마칠 줄을 알아서 마친다는 말이 나온 것이고, 그렇기 때문에 가히 의義를 둘 수 있다는 말이다.

"是故로 居上位而不驕ᄒ며 在下位而不憂ᄒ느니" 아래의 하괘에서 보면 상上에 거한 것이기 때문에 상위上位에 거居했다는 것이고, 상괘에서 보면 아래에 있기 때문에 하위下位에 재在했다는 말을 하는 것이다. 상위에 거하면서도 교만하지 않으며, 하위에 있어도 근심하지 않는다.

"故로 乾乾ᄒ야 因其時而惕ᄒ면 雖危나 无咎矣리라." 그러므로 건건乾乾하여 후천이 이르는 때를 인하여서 경건하면 비록 자리는 위태로워도 허물은 없을 것이라는 이치를 말하고 있다.

九四曰 或躍在淵天咎는 何謂也오 子ㅣ曰上下无常이 非爲邪也ㅣ며 進退无恒이 非離羣也ㅣ라 君子ㅣ進德修業은 欲及時也ㅣ니 故로 无咎ㅣ니라.

구사에서 말한 "或躍在淵天咎"는 무슨 뜻인가? "子曰 上下无常이 非爲邪也며 進退无恒이 非離羣也라" 사효는 위에서 보면 아래이고 아래에서 보면 위이기 때문에 상하上下가 무상无常하다는 소리가 나올 수 있다. 상하무상上下无常한 것이 간사한 것이 되지 않으며, 진퇴무항進退无恒이 무리를 떠나지 않는다. 초효에서 사효까지 왔으므로 진進이라 하였지만, 상효에서부터 보면 퇴退가 된다. 그러므로 진퇴進退라고 말할 수 있는 것이다. 이러한 위치이기 때문에 상하진퇴上下進退가 항상恒常할 수 없는 것이다.

"君子 進德修業은 欲及時也니 故로 无咎니라." 군자의 진덕수업進德修業이라는 것은 그 때를 미치고자 하는 것이니, 즉 후천의 때에 미치고자 하는 것이기 때문에 허물이 없는 것이다.

九五曰 飛龍在天利見大人은 何謂也ㅣ오 子ㅣ日同聲相應하며 同氣相求하야 水流濕하며 火就燥하며 雲從龍하며 風從虎ㅣ라. 聖人이 作而萬物이 覩하나니 本乎天者는 親上하고 本乎地者는 親下하나니 則各從其類也ㅣ니라.

　구오에서 말한 "飛龍在天 利見大人"이란 무슨 뜻인가? "子曰同聲相應하며 同氣相求하야 水流濕하며 火就燥하며 雲從龍하며 風從虎라." 같은 소리가 서로 응하고 같은 기운이 서로 구하는 것이기 때문에 수류습水流濕하고 화취조火就燥하는 것이다. 이것은 구오가 병진丙辰자리이기 때문에 이런 소리를 할 수 있는 것이다. 여기서 상하가 갈리게 된다. 구름이 용을 따르며 바람이 범을 따른다. 즉, 육갑도수로 표현하면 운종룡雲從龍은 사감수四坎水의 구름이 병진용丙辰龍을 따르는 것이고, 풍종호風從虎는 일손풍一巽風의 바람이 병인丙寅(辛酉 壬戌 癸亥 甲子 乙丑 丙寅)과 임인壬寅(丁酉 戊戌 己亥 庚子 辛丑 壬寅)의 범을 따른다는 것이다.

　"聖人이 作而萬物이 覩하나니 本乎天者는 親上하고 本乎地者는 親下하나니 則各從其類也니라" 성인이 팔괘를 지어서 만물을 다 볼 수가 있게 되었다. 하늘에 근본한 것은 위로 올라가고, 땅에 근본한 것은 아래로 내려가므로 각각 그 류類를 따르는 것이다. 여기서도 역시 아래 위가 갈린다.

　"雲從龍, 風從虎"라고 하였다. 육갑으로 보았을 때 신유辛酉는 낙서궁이고, 정유丁酉는 하도궁이다. 신유궁辛酉宮에서 정유궁丁酉宮으로 넘어가는 것이 36년이다. 또 병인丙寅에서 임인壬寅까지가 36년이 된다. 진辰은 용이고 인寅은 범이다. 그래서 운종룡雲從龍 풍종호風從虎라는 말이 여기에서 나온 것이다(地支). 《정역》에서 보면 구름은 사감수四坎水 자리이므로 구름이 용을 따르는 것이고, 바람은 일손풍一巽風이므로 바람이 범을 따르는 것이다. 복잡하지만 우선은 그렇다는 정도로만 알아두고 다음에 자세히 살펴보도록 하겠다.

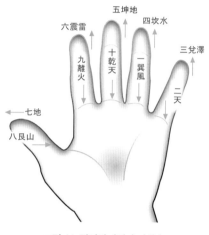

그림 14. 정역팔괘의 수지상수

'괘사卦辭'라고 할 때 '사辭'자는 육갑의 '사辭'자를 말한다. 그래서 거기다가 육갑을 단 것이다. 만물은 육갑에 의해서 변화가 되는 것이고, 육갑이 아니면 변화가 있을 수가 없다. 오행이 육갑이고, 육갑이 오행이기 때문이다.

上九曰 亢龍有悔는 何謂也로 子ㅣ曰貴而无位하며 高而无民하며 賢人ㅣ在下位而无輔ㅣ라 是以動而有悔也ㅣ니라.

상구에서 말한 "亢龍有悔"란 무엇을 뜻하는가? "子曰貴而无位하며 高而无民하며 賢人在下位而无輔라." 귀해도 지위가 없고, 아무리 높아도 또 백성이 없으며, 어진이가 하위에 있어서 도울 수가 없다. "是以動而有悔也니라." 그래서 동動하여 뉘우침이 있게 되는 형상이라는 것을 설명하고 있다. 다음에는 다시 형상으로 육효를 설명한다.

潛龍勿用은 下也ㅣ오. 見龍在田은 時舍也ㅣ오. 終日乾乾은 行事

也ㅣ오. 或躍在淵은 自試也ㅣ오. 飛龍在天은 上治也ㅣ오. 亢龍有悔
는 窮之災也ㅣ오. 乾元用九는 天下ㅣ治也ㅣ오.

　잠룡潛龍은 괘의 형상으로 볼 때에 아래에 있고, 구이의 현룡見龍은 때
가 아직 먼 것이고, 구삼의 종일건건終日乾乾이란 말은 일을 행하는 것이
다. 행사行事는 선천에서 후천으로 나가는 그런 일을 한다는 말이다. 갑진
용甲辰龍은 스스로 한번 시험해 보는 것이기 때문에 혹약재연或躍在淵이라고
하였고, 비룡飛龍은 위에서 다스리는 것이고, 항룡유회亢龍有悔는 너무 끝까
지 갔기 때문에 그 재앙이 궁극에 당한 재앙이라는 말이다. 건원용구乾元用
九라는 것은 천하를 다스리는 것이다. 다시 또 육효六爻를 설명한다.

潛龍勿用은 陽氣潛藏이오. 見龍在田은 天下文明이오. 終日乾乾은
與時偕行이오. 或躍在淵은 乾道ㅣ乃革이오. 飛龍在天은 乃位乎天
德이오. 亢龍有悔는 與時偕極이오. 乾元用九는 乃見天則이라.

　잠룡물용潛龍勿用은 양기陽氣가 잠겨서 숨어 있는 것이요, 현룡재전見龍
在田은 세상에 문명한 위치요, 종일건건終日乾乾은 때가 더불어 같이 함께
행하는 것이요, 혹약재연或躍在淵은 이제 사회로 나갔으니까 건도乾道를
혁명하는 것이요, 비룡재천飛龍在天은 이에 천덕天德에 위하는 것이요, 항
룡유회亢龍有悔는 때로 더불어 같이 그 극極에 간 것이요, 건원용구乾元用九
는 천칙天則을 보는 것이다.

乾元者는 始而亨者也ㅣ오 利貞者는 性情也ㅣ라. 乾始ㅣ能以美利
로 利天下ㅣ라 不言所利하니 大矣哉ㅣ라. 大哉라 乾乎여 剛健中正
純粹ㅣ精也오. 六爻發揮는 旁通情也ㅣ오. 時乘六龍하야 以御天也
ㅣ니 雲行雨施ㅣ라 天下ㅣ平也ㅣ라.

　건원乾元이라는 것은 비로소 형통하는 것이요. 이정利貞이라는 것은 성
정이다. 이 말은 원형元亨과 이정利貞을 이렇게 다시 한 번 풀이한 것이다.

건乾은 처음부터 아름답고 이롭게 하는 것으로서 천하를 이롭게 하는 것이다. 그러므로 그 이롭게 하는 것이 말할 수 없이 크다는 말이다. 그래서 "대의재大矣哉"라고 하였다. 건乾에서는 "대재건원大哉乾元"이라고 하였지만 곤坤에서는 "지재곤원至哉坤元"이라고 한다. 강건하고 중정하고 순수한 것이 정밀하다. 건괘의 6효를 이렇게 평하여 말하는 것이다. 육효발휘六爻發揮는 이렇게 해서 정情을 통하는 것이고, 때로 육룡六龍을 타서 하늘을 어御하는 것이니 운행우시雲行雨施하여 천하가 평화롭다. 육룡六龍은 초효의 무진戊辰, 2효의 경진庚辰, 3효의 임진壬辰, 4효의 갑진甲辰, 5효의 병진丙辰, 상효의 무진戊辰을 말한다. 다시 또 건괘 육효六爻의 효사爻辭를 설명한다.

君子ㅣ 以成德爲行ㅎㄴ니 日可見之ㅣ 行也ㅣ라. 潛之爲言也ᄂ 隱而未見ㅎ며 行而未成이라 是以君子ㅣ 弗用也ㅎㄴ니라.

군자君子는 이룬 덕으로서 행동을 삼고, 날로 가히 그것을 보고서 행하느니라. 잠潛이라고 말한 것은 은밀하면서 나타나지 않고, 행行하면서 이루지 못하는 것을 뜻한다. 이러므로 군자가 쓰지 않는 것이다. 잠룡潛龍의 처지가 그렇다는 말이다.

君子ㅣ 學而聚之ㅎ고 問以辯之ㅎ며 寬以居之ㅎ고 仁以行之ㅎㄴ니 易曰 見龍在田利見大人이라ㅎ니 君德也ㅣ라.

군자는 배워서 모으고, 물어서 분변하고, 너그럽게 해서 세상에 거하고, 인仁으로 그것을 행하니 《역》에 "見龍在田, 利見大人"이라 하니 그것을 군덕君德이라 한다.

九三은 重剛而不中ㅎ야 上不在天ㅎ며 下不在田이라. 故로 乾乾ㅎ야 因其時而惕ㅎ면 雖危나 无咎矣리라.

구삼은 아래쪽도 강剛이고 위쪽도 강剛이어서 중강重剛이지만 중中은 아니다. 위로 가서 하늘에 있는 것도 아니고 아래에서는 땅에 있는 것도 아니다. 그러므로 건건乾乾하여 그 때로 인하여 조심하면 비록 위태하지만 허물은 없을 것이다.

九四는 重剛而不中하야 上不在天하며 下不在田하며 中不在人이라. 故로 或之하니 或之者는 疑之也ㅣ니 故无咎ㅣ라.

구사의 갑진甲辰 자리에서도 역시 아래위로 거듭 강剛하지만 중中은 아니다. 또 위에서는 하늘에 있지 않고, 아래에서도 땅에 있지 않고, 중中에 있어서도 사람에 있지 않다. 사람은 삼효에 해당하기 때문이다. 그러므로 혹시나 해서 의심하는 것이며, 의심하기 때문에 허물이 없는 것이다.

夫大人者는 與天地合其德하며 與日月合其明하며 與四時合其序하며 與鬼神合其吉凶하야 先天而天弗違하며 後天而奉天時하나니 天且弗違은 而況於人乎ㅣ며 況於鬼神乎ㅣ여.

성인聖人보다 더 위가 대인大人이다. 대인大人이란 천지天地와 더불어 그 덕德에 합하며, 일월日月과 더불어 그 밝음에 합하며, 사시四時와 더불어 그 차례에 합하여, 귀신鬼神과 더불어 그 길흉을 합해서 하늘보다 먼저 하더라도 하늘이 어기지 않고, 하늘보다 뒤로 하더라도 천시天時를 받들기 때문에 하늘이 또한 그에 어기지지 않는 것이다. 그런데 하물며 사람이나 귀신이 그것을 어길 수가 있겠느냐는 말이다.

亢之爲言也는 知進而不知退하며 知存而不知亡하며 知得而不知喪이니 其唯聖人乎아 知進退存亡而不失其正者ㅣ 其唯聖人乎ㄴ뎌.

항亢이라는 말은 나아갈 줄만 알고 물러남을 모르고, 있을 줄만 알고 없어짐을 모르고, 얻으려는 것만 알고 잃어버리는 것을 모르는 것이다.

성인聖人이란 나아가고 물러나는 것을 알아서 그 바름을 잃지 않는 것, 그것이 성인이다. 이렇게 해야 건도乾道를 다 행하게 된다.

〈문언전〉에서는 건괘를 가지고서 여섯 번을 되풀이해서 설명했다. 각 효爻마다 육갑六甲을 붙여서 초효는 무진戊辰, 2효는 경진庚辰, 3효는 임진壬辰, 4효는 갑진甲辰, 5효는 병진丙辰, 상효는 다시 무진戊辰이라고 했다. 이 것은 건괘乾卦뿐만 아니라 곤괘坤卦에도 적용되고, 다른 64괘에 모두 해당된다. 이렇게 공통된 것으로 마치 기차가 레일을 타고 가는 것처럼 육갑六甲을 타고 가는 것이라서 이 길 말고 다른 길로는 갈 수가 없는 것이다. 그것이 어디를 가나 다 팔괘를 응해서 가는 것과 마찬가지로 육효六爻가 발휘되는 것은 선천이건 후천이건 간에 모두 육갑六甲의 도수를 따라서 가게 되어 있다.

번호	六爻	卦象	六爻	六甲
01	上爻		上九	戊辰
02	五爻		九五	丙辰
0.3	四爻		九四	甲辰
04	三爻		九三	壬辰
05	二爻		九二	庚辰
06	初爻		初九	戊辰

표 11. 건괘(乾卦)의 육효(六爻)와 육갑(六甲)의 대응

왜냐하면 춘하추동이 갑甲 을乙 병丙 정丁 무戊 기己 경庚 신辛 임壬 계癸의 순서로 가는 것처럼 하루를 가던, 한 시간을 가던, 일 년을 가던 모두 그런 순서와 질서를 따라서 가는 것이다. 그래서 그것을 "감상"이라고 한다. 그것이 인도人道로 치면 인의예지仁義禮智이고, 천도天道로 치면 원형이정元亨利貞이고, 땅으로 치면 춘하추동春夏秋冬이다. 어떤 괘사를 보던지 붙박이로 무진戊辰 경진庚辰 임진壬辰 갑진甲辰 병진丙辰 무진戊辰이 정해진 것으로 본다.

또한 그 육갑이 어떻게 변화하고, 육갑이 무엇을 타고 있는가 하면 하늘의 28수宿를 타고 있다. 28수란 하늘에 있는 항성을 말하는데《정역》

에서는 이 28수를 육갑으로 변화해서 보고 있다.

인간의 일생에서도 무진생戊辰生이 10년이 지나면 무인戊寅, 20년이면 무자戊子, 30년이면 무술戊戌, 40년이면 무신戊申, 50년이면 무오戊午, 60년이면 무진戊辰이 되어서 61세가 도로 환갑이라고 하여 잔치를 한다. 마찬가지로 건괘의 생애가 초효의 무진용戊辰龍이 2효, 3효, 4효, 5효, 상효로 커가면서 그 일생을 마치는 것이다. 64괘라는 것은 64인이 각기 그 경우를 달리 하는 환경에서의 일생을 비유한 것이다. 공자는《논어》에서 인간의 일생을 다음과 같이 말하였다.

번호	《주역》	《논어》
01	初九爻, 潛龍勿用	十有五, 志于學君子
02	九二爻, 見龍在田	三十, 立志君子
03	九三爻, 終日乾乾君子	四十, 不惑君子
04	九四爻, 躍龍在淵	五十, 知天命君子
05	九五爻, 飛龍在天	六十, 耳順君子
06	上九爻, 亢龍有悔	七十, 從心所欲不踰矩

표 12.《주역》건괘의 육룡(六龍)과《논어》의 군자(君子)

천문과 28수宿에 대해서는 나중에《정역》을 공부하면서 자세히 다루게 되겠지만 우선 간략하게 소개하면 다음과 같다.

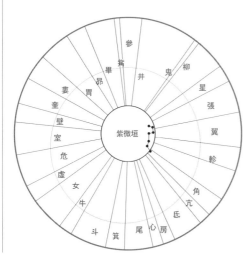

그림 15. 28수의 별자리

각 방사선의 선은 28수 각각의 별자리가 주도하는 영역이다. 28수의 각각의 도수를 다 합하면 약 365도와 1/4로서 황도상 태양이 지나는 일년의 도수와 같아진다.

번호	방위	28수(宿)
01	동방 7수(宿)	角亢氐房心尾箕 / 각항저방심미기
02	북방 7수(宿)	斗牛女虛危室壁 / 두우녀허위실벽
03	서방 7수(宿)	奎婁胃昴畢觜參 / 규루위묘필자삼
04	남방 7수(宿)	井鬼柳星張翼軫 / 정귀유성장익진

표 13. 동서남북으로 구분하여 본 28수(宿)

28수는 황도를 중심으로 배열되어 있다. 각角은 2개의 별이고, 항亢은 4개의 별로 되어 있고, 저氐도 4개의 별로 형성되어 있다. 이처럼 28수에 해당하는 모든 별을 합하면 총 165개의 별이 된다. 옛날에는 상식적으로 28수의 이름 정도는 다 알고 있었다. "각항저방심미기角亢氐房心尾箕 두우녀허위실벽斗牛女虛危室壁 규루위묘필자삼奎婁胃昴畢觜參 정귀유성장익진井鬼柳星張翼軫"라고 노래처럼 외우고 다녔다. 옛날에는 도깨비가 많았는데, 이 28수의 이름을 거꾸로 해서 "진익장성류귀정 삼자필묘위루규 벽실위허여우두 기미심방저항각"하고 외워서 도깨비를 쫓아냈다고 한다.

북두칠성北斗七星은 하나의 성좌이다. 7개의 별이 하나의 성좌를 이루고 있으며, 북두北斗라는 이름은 말박같이 생겼기 때문에 붙여진 것이다. 북두칠성의 상대편에는 팔곡八穀이 있는데, 이 팔곡八穀을 북두北斗로 된다는 의미가 있다. 동양에서는 북극성을 천황대제天皇大帝라고 부른다. 대제大帝이므로 반대편의 별들은 모두 신하가 되어 군신君臣의 도道를 이루게 된다. 북두칠성은 북극성을 중심으로 원을 그리며 도는데, 하루에 한 바퀴를 조금 더 돈다. 매일 13°와 7/19°을 더 돌고 있다. 매일 이렇게 조금씩 더 가서 30일이 쌓이면 그것이 1°를 더 가는 것이 된다. 마치 시계의 분침과 시침의 관계와 비슷하다. 북두칠성은 태양이 도는 방향과 반대로 돈다.

《논어》[16]에서 말하는 북신北辰이 바로 천황대제天皇大帝이다. "위정이덕爲政以德"에 대해 말하면서 북신北辰은 제 위치에 가만히 있지만 뭇 별들이 거기에 조공하는 것 같다고 북신北辰을 가지고 비유를 하였다.

---

16 子曰, 爲政以德이 譬如北辰이 居其所이어든 而衆星共之니라.《論語》〈爲政〉

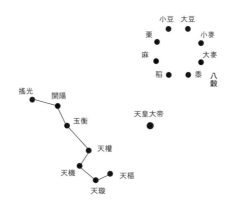

그림 16. 북두칠성(北斗七星)과 팔곡(八穀)

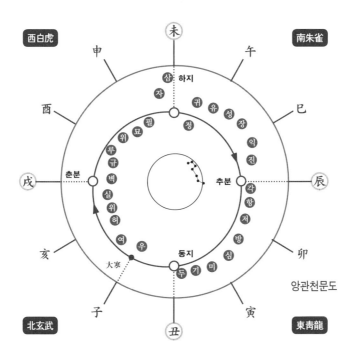

그림 17. 십이지지(十二地支)와 북두칠성

표준시라는 것이 있는데 하늘은 밤의 술시戌時(9시)가 표준이 되고, 땅은 새벽의 묘시卯時가 표준이 된다. 즉, 태양은 묘시卯時가 표준이고 달은 술시戌時가 표준이 되는 것이다. '땅금'이라는 것은 이때를 말한다. 저녁에 황혼 무렵이면 하늘이 어두워지기 시작하다가 어느 순간에 갑자기 아주 깜깜해졌다가 다시 환해지고 나서 점차 어두워지게 된다. 이렇게 갑자기 어두워지는 때를 저녁 땅금이라고 하는데 그때가 바로 9시(戌時)이다. 또 날이 샐 적에도 인시寅時에 여명이 와서 어두워졌다가 다시 더 환해지는데 그때를 새벽 땅금이라고 한다. 땅금이 하루에 두 번 있는데 저녁 땅금은 술시戌時이고, 새벽 땅금은 묘시卯時이다.

술시戌時에 하늘 보았을 때 북두칠성의 자루(斗柄)가 인방寅方을 가리키면 그 때가 인월寅月 즉 정월이 되는 것이다. 묘방卯方을 가리키면 2월이 되고, 진방辰方을 가리키면 3월, 사방巳方을 가리키면 4월이 된다. 이것을 '두병건월斗柄建月'이라 한다.

사실은 28수나 태양은 모두 항성이기 때문에 가만히 있고 땅이 도는 것이지만, 동양에서는 그렇게 보지 않고 땅은 가만히 있고 태양과 별이 도는 것으로 본다. 28수가 황도를 중심으로 돌아서 북두칠성의 두병斗柄이 정월에는 인방寅方을 가리키고, 2월에는 묘방卯方을 가리키고, 3월에는 진방辰方을 가리키고, 4월에는 사방巳方을 가리키고, 5월에는 오방午方을 가리키면서 한 바퀴를 돈다. 28수를 그려 놓은 천문도가 바로 그것을 나타내는 것이다.

《서전》의 〈홍범〉에도 달이 필수畢宿에 있으면 비가 많이 오고, 기수箕宿에 있으면 바람이 많이 분다는 등의 말이 기록되어 있다. 예전부터 달의 운행에 따라서 지구의 기후가 어떻게 변화할 것인지를 그렇게 점을 쳤었다. 천운天運에 의해서 변화가 일어나고, 육갑六甲이 조화를 부리는 것이다. 28수와 64괘를 조합해서 보는 것이 바로 동양의 천문학天文學이다.

공자가 지은 〈계사전〉은 《주역》의 64괘로 보는 방법을 안내해주는 개

설이다. 변화지도에 따라서 군자君子의 자리로 처處하려면 어떻게 이 시점을 변화시킬 수 있을까 하는 내용이다. 불교의 《금강경》을 보면 맨 처음에 "여시아문如是我聞"이라는 말이 나오는데,[17] 내가 알아서 지껄이는 것이 아니라 스승이 말한 것을 "나는 이렇게 들었다", "도통연원에 대해서 나는 이렇게 들었다"는 말로 시작된다. 나도 이렇게 배우고 들었으니까 말을 하는 것이지 내가 알아서 지껄이는 것이 아니라는 말이다.

기독교에서는 말세라는 말을 많이 하는데,《주역》식으로 하면 말세가 아니다. 유가에서는 말세론末世論이 아니라 종시론終始論이다. 대명종시大明終始라고도 하는데, 종시론終始論이란 마치고서 끝나는 날 다시 시작하는 것이다. 시작하고서 끝에 마치는 것이 아니라, 끝마치고 나서 시작하는 것이다. 술위戌位에서 마치고나서 묘위卯位에서 다시 시작하는 것이다. 임진군자壬辰君子의 자리에서 갑진甲辰의 혹약재연或躍在淵하는 자리로 넘어가는 그런 과정을 말한다. 공자도 사실은 그런 꿈을 꾸었었다. 언젠가 좋은 때가 올 것인데, 후천이라는 것이 있는데 도대체 언제 올 것인가 하고 꿈을 꾸었던 것이다. 생각해보고 생각해봐도 안 오니까《논어》에 "子曰, 鳳鳥不至하며 河不出圖하니 吾已矣夫인저."[18]라고 한 것이 바로 그것을 두고 하는 말이다.

공자가 애공哀公 14년에《춘추》를 쓰고 있을 적에, 어떤 사람이 이상한 짐승을 잡았는데 여러 사람에게 물어보아도 그 짐승이 도대체 무엇인지 알지 못하였다. 그래서 공자라면 알겠구나 싶어서 공자에게 "이것이 무슨 짐승입니까?"하고 물어보았다. 공자가 그 짐승을 보니 기린이었다. 공자가 자세히 살펴보니 기린의 다리가 부러져 있었다. 이것을 나쁜 조짐으로 보고 공자가 바로 절필絕筆하였다는 이야기가 있다. 그래서《춘추》가 그냥 "哀公 十四年…"으로 끝이 난 것이다. 그러니까 공자도 은근히

17 如是我聞一時佛在舍衛國祇樹給孤獨園與大比丘衆千二百五十人俱爾時世尊食時着衣持鉢入舍衛大城乞食於其城中次第乞已還至本處飯食訖收衣鉢洗足已敷座而坐 《金剛般若波羅蜜經》〈1〉法會因由分
18 子曰 鳳鳥不至 河不出圖 吾已矣夫인저.《論語》〈子罕〉

그런 때를 기다렸다는 것을 알 수 있다.

운기運氣를 보는 데는 육갑이 중요하다. 사주를 볼 때에도 연월일시年月日時를 육갑으로 본다.《정역》에서는 천지天地에도 사주가 있다고 보고 연월일시年月日時를 육갑으로 쓴다. 지금도 유가 식으로 제사를 지내는 곳에서는 축문祝文에 연월일시를 모두 육갑으로 쓰고 있다.

우리나라의 실학자인 이성호가 중국에서《천문天文》,《성경聖經》,《천주실의天主實義》등을 가지고 와서 고증을 하여 "성인이 다시 살아나셔도 이 말을 옳다고 할 것이다"라고 하면서 양력을 받아들이게 되었는데 지금까지도 그 책력을 사용하고 있다. 이전에는 28수를 책력에 사용하였는데 일상생활에 아무런 도움이 안된다고 하여 없애버렸다. 일력日曆에서는 아직도 달력에 28수를 기록하는 곳도 있지만, 일반인들이 중요하게 여기지 않으므로 지금은 거의 없어졌다. 양력과 음력이 무엇이 다른가 하면 양력은 태양력이고 음력은 태음력이다. 태양력은 태양을 기준으로 하는 것이고, 태음력은 달을 기준으로 책력을 만든 것으로 음력에는 운기運氣가 들어 있다. 육갑은 고대의 황제黃帝가 처음으로 마련해서 쓰기 시작하였다.

우리가 지금도 쓰고 있는 일주일의 요일은 일日·월月·화火·수水·목木·금金·토土의 순서로 정해져 있는데, 이 순서가 어떻게 만들어졌는지 알려면 일월日月의 형形·정精·기氣를 알아야 한다.《동의보감》에서 인신人身을 살필 때에는 정精·기氣·신神의 순서로 나가는 것처럼, 일월日月을 볼 때는 형形·정精·기氣으로 본다. 일월日月을 형形으로 볼 때는 태양과 달이고, 일월을 정精으로 보면 태양의 정기는 화火이고 달의 정기는 수水가 된다.《정역》에는 달을 수금水金의 기운이라고 하고, 태양을 화목火木의 기운이라고 기록하고 있다. 일월의 기氣로 말하면 목木·금金이 되는데 태양은 목기木氣이므로 그 빛깔은 푸른 것이고, 태음은 금기金氣로 그 빛깔은 하얀 색이 된다. 토土는 지구를 말하고 그 중심이 된다. 이와 같은 순서에 따라 일日·월

月·화火·수水·목木·금金·토土가 정해지게 된 것이다.

하늘에 있는 28수를 땅의 동서남북에 응용하여 좌청룡左靑龍, 우백호右白虎, 북현무北玄武, 남주작南朱雀이라고 하였다. 경도經度와 위도緯度도 마찬가지로 하늘에 있는 28수를 땅위에 응용한 것이다. 《정역》에는 "기강경위紀綱經緯"라는 말이 있다. 우리가 동경 127°에 있다든지, 우리나라의 38°선, 대전이 36°선에 있다든지 하는 것들이 모두 하늘에 있는 28수를 땅에 응용해서 쓰는 것이다.

동방창룡칠수東方蒼龍七宿인 각항저방심미기角亢氏房心尾箕에서는 가운데에 있는 방房이 동쪽의 중심이 되고, 북방현무칠수北方玄武七宿인 두우녀허위실벽斗牛女虛危室壁에서는 허虛가 북쪽의 중심이 되고, 서방백호칠수西方白虎七宿인 규루위묘필자삼奎婁胃昴畢觜參에서는 묘昴가 서방의 중심이 되고, 남방주작칠수南方朱雀七宿인 정귀유성장익진井鬼柳星張翼軫에서는 성星이 남방의 중심이 된다. 그래서 방房·허虛·묘昴·성星이 사정방四正方이 된다. 《서경》에 순舜 임금이 순수巡守할 적에 묘방昴方에 있을 때는 동방東方으로 순수하고, 허虛에 있을 때는 북방으로 순수하였다는 말이 있다. 천자가 제후국을 순수할 때에도 28수를 응용한 것이다.

경회루 안의 돌에 천문도가 새겨져 있는 것을 발견하였는데, 그 그림을 이해하고 아는 사람이 지금은 거의 없다. 계룡산에 올라가 보면 별이 많이 보인다. 별에는 밝기에 따라 1등성에서부터 6등성까지 있고, 서양 천문학은 사자자리, 큰곰자리, 작은곰자리 등 개개의 성좌를 위주로 보고 각기 소속된 전설도 있지만 통합적인 관점은 찾아보기 힘들다. 동양 천문학에서는 전체를 조직으로 통일시켜서 하나의 정치형태처럼 파악하였다. 그래서 28수가 정해지고 나서 동서남북을 정하여, 북극성을 천황대제라 하고 북두칠성을 대신으로 보았다.

周易──주역

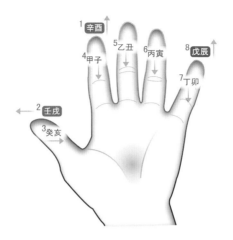

그림 18. 무진용(戊辰龍)의 체용(體用)

지난번에 건괘乾卦를 육갑으로 볼 때에 엄지손가락을 구부리는 것에서 부터 추산하여 계해癸亥 갑자甲子 을축乙丑 병인丙寅 정묘丁卯 무진戊辰으로 해서 진辰을 주장했었다. 이처럼 계해癸亥에서 시작하여 무진戊辰까지 가서 "乾은 元코 亨코 利코 貞하니라."라고 해석하는데, 실제로 무진戊辰을 쓸 때에는 그렇게 치지 않고 둘째손가락을 펴는 것에서부터 추산하여 신유辛酉 임술壬戌 계해癸亥 갑자甲子 을축乙丑 병인丙寅 정묘丁卯 무진戊辰으로 친다. 다시 말하면 "계해癸亥 갑자甲子 을축乙丑 병인丙寅 정묘丁卯 무진戊辰"으로 치는 것은 체體를 말하는 것이고, "신유辛酉 임술壬戌 계해癸亥 갑자甲子 을축乙丑 병인丙寅 정묘丁卯 무진戊辰"으로 치는 것은 용用을 말하는 것이다.

하늘에서 보면 원형이정元亨利貞인데, 그것을 땅에서 보면 춘하추동春夏秋冬이 되고, 사람에서 보면 인예의지仁禮義智가 되어 천지인天地人의 삼재三才를 구성한다. 이렇게 셋으로 구분되지만 셋이 아니라 하나인 것이다. 다시 말하면 땅의 춘하추동은 하늘의 원형이정에서 나왔다는 말이다. 동양의 성리학은 여기에서부터 시작된다. 자사子思는 《중용》에서 "天命之謂性이오, 率性之謂道요, 修道之謂敎니라. 道也者는 不可須臾離也니, 可離면 非道也라"[19]라고 하였다. 여기에 성리性理가 나오는데 그 성性이 바로 원

---

19 天命之謂性, 率性之謂道, 修道之謂敎. 道也者, 不可須臾離也, 可離非道也. 是故君子戒

형이정元亨利貞이다. 하늘의 성성性은 원형이정이고, 사람의 성性 즉 본성은 인의예지이고, 땅의 본성은 춘하추동이다. 그러니까 원형이정도 되고, 인의예지도 되고, 춘하추동도 되는 이 세 가지를 하나로 묶어서 보는 것이다.

땅의 춘하추동은 하늘의 원형이정에서 나왔는데, 그렇다면 원형이정元亨利貞은 어디에서 나왔는가? 그것은 바로 건원乾元에서 나온 것이다. 소강절이나 우리나라의 서화담 같은 사람들은 건원일기乾元一氣라는 말을 써서 설명했다. 즉 건원일기乾元一氣에서 건乾의 원형이정元亨利貞이 나왔다는 말이다.

북극성을 북신北辰이라고 한다. 《논어》에 보면 "子曰, 爲政以德, 譬如北辰, 居其所而衆星共之."라는 구절이 있는데, 덕德으로써 정치하는 것을 비유하자면 북신北辰이 그 자리에 거하고 있으면 모든 별들이 공손히 받드는 것과 같다. 그래서 북극성을 천황대제天皇大帝라고 한다. 북위 60°이상을 북극권이라고 한다. 북극권에 들어가면 남북을 가리키는 지남석이 말을 듣지 않는다. 그것은 북극권뿐만 아니라 남극권도 마찬가지이다. 그래서 신辰을 위주로 주장하는 것은 이 신辰 안에 모든 것이 들어 있기 때문이다. 즉 북신北辰 안에 다 들어 있다는 말이다.

《용비어천가》의 "해동육룡海東六龍"이라는 것도 《주역》의 건괘에서 나오는 여섯 용을 응용한 것이다. 임금이 초구初九(戊辰)에 있을 때부터, 2효에서는 경진庚辰, 3효에서는 임진壬辰, 4효에서는 갑진甲辰, 5효에서는 병진丙辰, 그리고 상효에서는 다시 무진戊辰까지 지나가는 것이다. 계해癸亥 갑자甲子 을축乙丑 병인丙寅 정묘丁卯 무진戊辰해서 통천統天하는 자리[20]이니 바로 '정묘丁卯'를 "내통천乃統天"이라 하고, 무진戊辰에서부터 무진戊

愼乎其所不睹, 恐懼乎其所不聞, 莫見乎隱, 莫顯乎微, 故君子愼其獨也. 喜怒哀樂之未發謂之中, 發而皆中節謂之和. 中也者天下之大本也, 和也者天下之達道也, 致中和, 天地位焉, 萬物育焉.《中庸》

[20] 象曰, 大哉乾元 萬物資始, 乃統天. 雲行雨施, 品物流形. 大明終始, 六位時成, 時乘六龍, 以御天. 乾道變化, 各正性命, 保合大和, 乃利貞. 首出庶物, 萬國咸寧.《周易》〈乾卦〉

辰 기사己巳 경오庚午 신미辛未 임신壬申 계유癸酉 갑술甲戌 을해乙亥 병자丙子 정축丁丑 무인戊寅 기묘己卯 경진庚辰까지 가는데 '기묘己卯'는 "이어천以御天"하는 자리가 된다. 육갑에서는 유酉와 진辰이 특히 중요한데 그 이유는 진辰은 용을 말하고 유酉는 닭이므로 계룡鷄龍의 의미가 그 속에 잠재되어 있기 때문이다.

곤坤에 가면 건乾에서처럼 하지 않고, 거꾸로 하게 된다. "오午·미未·신申·유酉…"의 순서로 나가지 않고 거꾸로 "유酉·신申·미未·오午…"의 순서로 나가게 된다. 건乾에서는 원元·형亨·이利·정貞이지만 곤坤에서는 원元·형亨·이利·빈마지정牝馬之貞이 된다. 또한 건乾에서는 진辰으로 했지만, 곤坤에서는 낙서 수에 의해 유酉·신申·미未·오午로 해서 오午로 하게 된다. 제 2지를 펴는 것에서부터 계해癸亥로 시작하여 갑자甲子 을축乙丑 병인丙寅 정묘丁卯 무진戊辰 기사己巳 경오庚午 로 추산해서 말(午)로 보는 것이다.

하도와 낙서를 말할 때는 하도는 건乾의 육룡六龍을 다스렸지만, 곤坤의 육룡六龍은 낙서에 해당한다. 낙서는 하나 하면 아홉이 상대되고, 둘 하면 여덟이 상대되고, 셋 하면 일곱이 상대되고, 넷 하면 여섯이 상대되고, 다섯 하면 상대가 없기 때문에 손가락을 다 굽혀서 이것을 낙서라고 하는 것이다. 하도는 1·6이 북방에 같이 있고, 2·7은 남방에 같이 있고, 3·8은 동방에 같이 있고, 4·9가 서방에 같이 있고, 5·10은 중앙에 같이 있어서 합습이 된다. 낙서는 서로 상대적 대대적으로 나누어 보았는데, 하도는 합으로 본다. 이것이 오행을 보는 기본이다. 그러니까 북방에서부터 상생으로 나가는 것은 하도이고, 상극으로 나가는 것은 낙서이다.

坤卦 ䷁ 重地坤

坤은 元코 亨코 利코 牝馬之貞이니라.

　이것은 괘사卦辭이고, 괘사는 문왕文王이 말한 것이다. 건乾은 엄지손가락을 구부리는 것에서부터 "元코 亨코 利코 貞ᄒ니라"라고 해서 여섯 형상을 보았는데, 곤坤에서는 둘째손가락에서부터 시작하여 "元코 亨코 利코 牝馬之貞이니라"라고 한다.

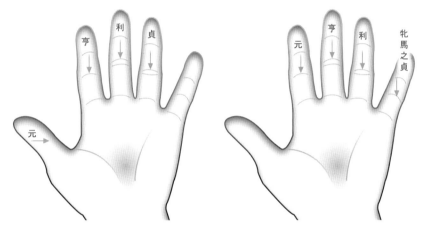

그림 19. 乾 元亨利貞　　　　　　　그림 20. 坤 元亨利牝馬之貞

　손도수로 칠 때 건乾과 곤坤을 다르게 치는 이유는《정역》을 공부해야 알 수 있게 된다. 하나는 태양을 형상하는 것이고, 다른 하나는 태음을 형상하는 것이기 때문이다. 지금부터《정역》을 보면 너무 어려울 것이고, 먼저《주역》을 대체로 보고 난 후에《정역》을 보는 것이 이해하기 좋다.《정역》은《주역》과 책력도 다르고 선천과 후천도 다르기 때문에 무척 어려울 것이다.

　선천은 365¼°로 그 추이가 만들어지지만,《정역》의 후천에서는 360°

가 된다. 후천이 되면서 선천은 365¼°에서 5와 ¼을 떼어버리고 360이 된다는 말이다. 그것이 후천이다. 360°가 되면 춘하추동의 입장이 달라진다. 세상이 달라지는 것이다. 그것을 일부一夫가 능히 말한 것이 바로《정역》이다.

그 세상이 어떤 세상이기에 그런가? 그런 것을 밝히는 것이다. 주자朱子는《역》을 길흉吉凶으로 보았기 때문에 인간의 길흉사가 어떻게 될 것인가를 위주로 보았고, 정자程子는 성리性理의 입장에서 인간과 만물의 인의예지仁義禮智가 어떻게 나오게 되는가를 위주로 보았는데, 일부一夫의《정역》에서는《역》을 천지변화天地變化로 본 것이다. 천지변화의 순으로 처음 말을 한 사람이 우리나라 미수眉叟 허목許穆[21]이다.

후천이 되면서 천지변화가 어떻게 될 것인가? 책력은 어떻게 만들어졌는가? 지금 우리가 쓰고 있는 책력은 어떻게 나온 것인가? 하는 것들이《정역》에 다 기록되어 있다. 건지책乾之策은 216이 되고, 곤지책坤之策은 144가 되어서 합하면 360이 된다. 본래 책력이 365¼°인 것은 선천인데, 후천은 360°가 되어야 한다는 논리가《정역》에 나온다.《주역》도 후천의 360°가 될 것을 전제로 하고 글이 쓰여 있다. 건괘乾卦에서 나온 "대명종시大明終始"라는 말도 후천의 변화에 대해서 말하고 있는 것이다.

番號	01	02	03	04	05	06	07	08	09	10	11	12
01	癸亥	甲子	乙丑	丙寅	丁卯	戊辰	己巳	庚午	辛未	壬申	癸酉	甲戌
02	乙亥	丙子	丁丑	戊寅	己卯	庚辰	辛巳	壬午	癸未	甲申	乙酉	丙戌
03	丁亥	戊子	己丑	庚寅	辛卯	壬辰	癸巳	甲午	乙未	丙申	丁酉	戊戌
04	己亥	庚子	辛丑	壬寅	癸卯	甲辰	乙巳	丙午	丁未	戊申	己酉	庚戌
05	辛亥	壬子	癸丑	甲寅	乙卯	丙辰	丁巳	戊午	己未	庚申	辛酉	壬戌

표 14. 육십갑자(六十甲子) 일람표 (癸亥 甲子 乙丑 丙寅 丁卯 戊辰 己巳 庚午…)

---

21 허목(許穆, 1595~1682) : 조선 중기 학자 겸 문신이다. 본관 양천. 자 문보(文甫) 화보(和甫). 호 미수(眉叟). 시호(文正). 현감 허교(許喬)의 아들이며 이원익(李元翼)의 손녀사위이다. 경기도 연천의 향리이고 서울에서 성장하였지만 영남 남인의 거두 정구(鄭逑)에게 학문을 배웠다. 사상적으로 이황, 정구의 학통을 이어받아 이익에게 연결시킴으로써 기호 남인선구이며 남인 실학파의 기반이 되었다. 전서(篆書)에 독보적 경지를 이루었다. 문집《기언(記言)》, 역사서《동사(東事)》등을 편집하였다.

어쨌든, 곤坤이 "元코 亨코 利코 牝馬之貞이라"고 하는 것은 유酉·신申·미未·오午로 해서 경오庚午로 나아간다. 2효는 경오庚午에서부터 신미辛未 임신壬申 계유癸酉 갑술甲戌 을해乙亥 병자丙子 정축丁丑 무인戊寅 기묘己卯 경진庚辰 신사辛巳 임오壬午로 가고, 3효는 갑오甲午로, 4효는 병오丙午로, 5효는 무오戊午로 가고, 상효는 다시 경오庚午로 돌아간다. 건乾의 발자국은 진辰(龍)으로 갔지만, 곤坤의 발자국은 오午(牝馬)로 가는 것이다.

君子의 有攸往이니라. 先하면 迷하고 後하면 得하리니 主利하니라.

군자가 가는 바가 있다. 먼저 하면 희미하고 나중에 하면 얻는 것이 있으니 주리主利하니라. 여기서의 군자君子는 건乾의 군자를 말하는 것이며, 건乾의 진辰(龍)인 군자君子가 경오庚午의 말을 타고서 가는 것이다. 먼저 한다는 것을 "오午·미未·신申·유酉"의 순으로 꼽는 것이고, 나중 한다는 것은 "유酉·신申·미未·오午"의 순으로 꼽는 것이니, 나중에 하면 득得하리니 주리主利한다는 뜻을 된다.

'득得'과 '주리主利'에 대해서는 학자에 따라서 말이 많다. "得하여 主利하리라"라고 보는 견해도 있고, "得主하여 利하리라"라고 보는 견해도 있다.

西南은 得朋이오 東北은 喪朋이니 安貞하야 吉하니라.

손도수로 보면 손가락을 다 편 것을 서남西南이라 하고, 손가락을 다 구부린 것을 동북東北이라 한다. 또 건乾은 손가락을 다 구부린 것이고, 곤坤은 손가락을 모두 편 것이다.

정역팔괘에서는 손으로 팔괘를 칠 때 처음에 손을 모두 편 상태에서 엄지손가락을 구부리는 것에서부터 시작하여 "팔간산八艮山 구리화九離火 십건천十乾天 일손풍一巽風 이천二天 삼태택三兌澤 사감수四坎水 오곤지五坤地 육진뢰六震雷 칠지七地"로 하는데, 그렇게 하는 이유는 손의 형상을 보면 알 수 있다. 손가락을 펴는 것은 음이고 손가락을 구부리는 것은 양이다. 십건천十乾天의 손 모양을 보면 1·2·3지를 굽힌 것인데, 이는 양이 세 개 있는 것이므로 건괘乾卦를 상징한다. 또 이천二天의 자리는 다섯 손가락을 모두 굽힌 모양이므로 중천건重天乾을 상징하게 된다. 반대로 오곤지五坤地의 손 모양은 5·4·3지를 편 것인데 음이 세 개이므로 곤괘坤卦를 나타내고, 칠지七地는 손가락을 모두 편 모양이므로 중지곤重地坤을 나타내는 것이다. 이와 같이 음양이 모두 손에 달려 있다. 사람이 태어날 때에 주먹을 꼭 주고 있는 것은 태극太極의 형상이고, 손을 편 것은 음이고, 손을 굽힌 것은 양이 된다. 아기가 태어나서 7일이 되어야 손가락을 펼 수 있다. 그 전에는 손을 굽혀서 주먹을 쥐고 펴지를 못한다. 이것은 사람이 태극太極의 형상을 지니고 태어난다는 것을 말해주고 있다.

손가락을 펴면 서남西南이니 벗을 얻고, 손가락을 굽히면 동북東北이니 벗을 잃을 것이니 안정安貞해서 길吉하게 될 것이다.

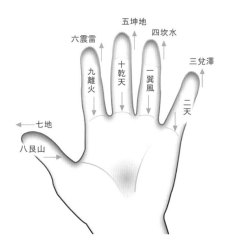

그림 21. 정역팔괘의 수지상수

彖曰; 至哉라 坤元이여. 萬物이 資生ᄒᆞ느니 乃順承天이니 坤厚載物이 德合无疆ᄒᆞ며 含弘光大ᄒᆞ야 品物이 咸亨ᄒᆞ느니라.

단彖은 공자가 괘사를 풀어서 설명한 것이다. 지극하도다! 곤원坤元이여. 만물이 자생資生하므로 하늘(天, 乾)을 잇는다는 것이니 곤坤의 후厚

함이 물건을 실은 것이 덕德을 합해서 지경이 없으며, 큰 것을 머금어서 광光하고 대大하여 품물品物(六甲)이 형통할 것이다. 건乾에서는 대재大哉라고 했고 곤坤에서는 지재至哉라고 하였다. 건乾은 자시資始라고 했는데, 곤坤에서는 자생資生이라 하였다. 곤坤이 하늘을 잇는다는 것은 건乾을 잇는다는 것이다. 품물品物이나 계사繫辭의 사辭는 다 육갑을 말한다.

牝馬는 地類ㅣ니 行地无疆ᄒ며 柔順利貞이 君子攸行이라. 先ᄒ면 迷ᄒ야 失道ᄒ고 後ᄒ면 順ᄒ야 得常ᄒ리니 西南得朋은 乃與類行이오 東北喪朋은 乃終有慶ᄒ리니 安貞之吉이 應地无疆이니라.

빈마牝馬는 땅의 류類이니 땅을 행하는 것이 지경이 없다. 이것이 군자가 행할 바라는 것이다. 손가락을 펴면 곤坤이 되므로 유순柔順이고 손가락을 굽히면 건乾이 되므로 강건剛健이다.

먼저 하면 미迷해서 도道를 잃고, 나중에 하면 순順해서 떳떳함을 얻으리니, 서남득붕西南得朋은 류類와 더불어 행하는 것이고, 동북상붕西南得朋은 마침내 경사가 있으리니 안정지길安貞之吉이 땅에 응해서 지경이 없는 것이다. 곤괘坤卦의 괘사를 쓴 문왕의 뜻이 이렇다고 공자가 설명한 것이다. 이런 소리는 다 괘상卦象을 보고서 하는 말이다.

象曰; 地勢ㅣ坤이니 君子ㅣ以ᄒ야 厚德으로 載物ᄒ느니라.

이것은 곤坤의 대상大象이다. 64괘마다 다 처음에 대상大象이 있고, 효사마다 소상小象이 있다. 땅의 형세가 곤坤이니 군자가 써서 후厚한 덕德으로 만물을 싣는다. 후덕재물厚德載物이 바로 곤坤의 형상이라는 말이다. 《주역》을 통틀어 보면 "君子가 以ᄒ야"라는 말이 53번 나온다.

初六은 履霜ᄒ면 堅氷이 至ᄒᄂ니라.

象曰, 履霜堅氷은 陰始凝也ㅣ니 馴致其道ᄒ야 至堅氷也ᄒᄂ니라.

곤괘의 육효는 경오庚午 임오壬午 갑오甲午 병오丙午 무오戊午 경오庚午로 나가게 된다. 모든 64괘에 표준이 되는 것이다 64괘에는 모두 음과 양이 섞여 있는데, 음은 경오庚午로부터 치고 양은 무진戊辰으로부터 쳐서 진辰과 오午가 갈라지게 된다. 곤坤 속에는 진辰이 있어서 군자君子가 말을 타고 가는 셈이다.

서리를 밟으면 굳은 얼음이 이른다. 초육初六에서부터 가을에 그것을 밟기 시작하면 겨울이 되면서 얼음이 얼게 된다고 한 것은 천지변화가 일시에 느닷없이 되는 것이 아니라 차차로 변화하게 된다는 것을 말한다. "리상견빙履霜堅氷"은 음이 처음으로 어는 것이다. 그 길을 길들이는데 이르러서 견빙堅氷하는 데까지 이르게 된다는 말이다.

여기서 "리상견빙履霜堅氷"이라는 것에 대해서는 학자들이 말이 많다. 한강백韓康伯[22]은《주역》이 모두 운韻으로 되어 있다고 보았는데,《역운易韻》이라는 책을 써서《주역》을 운에 맞추어서 표기를 하였다. 우리나라의 언해본은 전부 한강백을 중심으로 하였다. 건괘乾卦의 초효에서 "잠룡물용潛龍勿用"이라는 구절도 용龍과 용用이 같은 운으로 되어 있다고 보는 것이다. 한강백은 문체로 봐서 "履霜은 陰始凝也"라고 하면 되는 것이지 "履霜堅氷"이라고 하여 뒤에 나오는 "堅氷"과 중첩해서 쓸 이유가 없다고 주장하였다. 그래서 "履霜堅氷"에서 "堅氷"은 없애야 한다는 말이다. 대부분의 학자들은《주역》이라는 이름에 주눅 들어서 책에 적혀 있는 그대로 그런가보다 하는데, 한강백은 그걸 꼬집어서 말할 만큼 문학적으로 상당히 높다고 할 수 있다.

중국의《강희자전康熙字典》에는 글자가 4만 5천자 정도가 실려 있는데, 우리나라의 권병훈權丙勳(1867~1943)이라는 사람이 쓴《육서심원六書尋

---

22 한강백(韓康伯)은 晉代의 사람으로 왕필(王弼)의 제자라고 함.

源》이라는 책에는 8만자가 넘게 실려 있다. 중국의 갑골학자甲骨學者인 동작빈董作賓이 이 책을 보고 세계적인 것이라고 평하기도 했다. 매 글자마다 어떤 책에 나온다는 것을 고증해가면서 설명을 해놓았기 때문에 설명이 안 되는 글자가 별로 없게 만들어져 있다. 8만자나 되는 글자를 모두 증거를 대가면서 설명해 놓았다. 8만자나 되는 글자에는 글자마다 높낮이가 다 정해져 있다. 가령 거룩할 성聖자를 쓰는 성인聖人과 이룰성成자를 쓰는 성인成人은 한글로 쓰면 똑같이 '성인'으로 글자는 똑같지만 성인聖人을 말할 때는 "성~인"이라고 길게 발음하고, 다 큰 성인成人을 말할 때는 "성인"이라고 짧게 발음한다. 중국에서는 높낮이가 있는데, 우리나라에서는 장단이 있다. 얕은 글자는 짧게 말하고, 높은 글자는 길게 말한다.

《육서심원》에서는 8만자나 되는 글자를 모두 30운韻으로 분류하였다. 그 분류한 방법을 보면 "동東, 동冬, 강江, 지支, 미微, 어魚, 우虞, 제齊, 가佳, 회灰, 진眞, 문文, 원元, 한寒, 책刪, 선先, 소蕭, 효肴, 호豪, 가歌, 마麻, 양陽, 경庚, 청靑, 증蒸, 우尤, 침侵, 담覃, 염鹽, 함咸"등의 30운韻이다. 가령 동녘 동東자의 밑에 "공公, 공工, 공功, 홍弘, 공空, 동同" 등의 류類를 다 모아 놓았다. 동東과 동冬의 차이를 보면 동東자는 가볍게 살짝 '동'이라고 발음하지만, 동冬자는 힘주어서 '동'이라고 세게 발음한다.

한글도 "가 나 다 라 마 바 사…"의 순으로 쓰게 된 이유가 다 운韻에 맞추려고 했기 때문이다. 본래 처음부터 세종대왕이 그런 순서로 쓴 것이 아니라 음운학자인 최세진崔世珍(?~1542)이라는 사람이 "가 나 다 라 마 바 사…"라는 운韻을 만든 이후부터 그렇게 쓰기 시작한 것이다. 처음 세종대왕이 한글을 만들 때에는 하도식河圖式으로 만들었었다. 그런데 연산군 때에 자기 모친에 관한 방을 한글로 써 붙여 놓은 것을 보고 '백성들이 다 알게 되면 안 되겠다'하여 한글을 폐지하고, 한글 책을 가지고 있는 사람들을 전부 귀양을 보낸 적이 있었다. 그러던 것이 중종 때에 최세진이 한글을 "가 나 다 라…"의 운韻으로 만들어서 다시 쓰기 시작하게 되었다.

　세종대왕이 만든 방법은 "으 이 오 아 우 어 요 야 유 여", "그 기 고 가 구 거 교 갸 규 겨"와 같은 방식이었다. 훈민정음은 그런 식으로 해석 한 것이다. 하도河圖는 안쪽에는 1·2·3·4·5의 생수生數가 있고, 바깥쪽에는 6·7·8·9·10의 성수成數가 배열되어 있다. 하도와 한글을 형상적으로 연관시 켜 보면, 북방의 일육수一六水는 '오'의 형상이고, 동방의 삼팔목三八木은 '아'의 형상이고, 남방의 이칠화二七火는 '우'의 형상이고, 서방의 사구금 四九金은 '어'의 형상이 된다. 하도에서 만들어져 처음에 '우 아 오 어'가 된 것이다. 처음에 모음은 하나의 점(•)이 'ㅣ'·'ㅡ'·'•'가 되고, '•'가 돌아 다니면서 다른 모든 글자를 만들어낸다. 하나의 점이 'ㅇ'도 만들고, 'ㄱ' 자도 만들고 'ㄴ'자도 말들어 내는 것이다. 마치 컴퓨터의 마우스가 돌아 다니면서 글자를 만드는 것과 같다. 그렇게 구성되어 있는 것을 최세진이 "가 나 다 라 마 바 사 아…"로 변경해서 발표를 했기 때문에 지금까지 그대로 내려오는 것이다. 그러니까 오늘날 "가 나 다 라…"라고 운을 따 라 노래하는 것은 세종대왕이 아니라 최세진의 공인 셈이다.

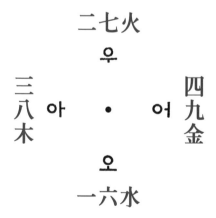

그림 22. 훈민정음과 하도

　《동국정운東國正韻》이라는 6권짜리 책이 있었는데 대부분 잃어버리고 제 1권과 제 6권만 전해져 오다가, 1960년도에 강원도에서 전질을 가지고 있는 사람이 나타나서 지금은 6권 전질을 다 볼 수 있게 되었다. 세종대왕 때에 중국의 황찬黃瓚이라는 뛰어난 학자가 심양에서 귀양살이를 하고 있었다. 세종대왕이 하늘 '天'자의 정확한 음을 '천'이라고 해야 할 지 '텬'이라고 해야 할 지를 정하기 위해서 집현전의 신숙주·정인지 등을 13번이나 황찬을 찾아가서 물어보게 하였다고 한다. 한글을 몰라서가 아니라 어떤 음이 정확한 것인지를 고증하고 실증하기 위해서 그렇게 한 것이다. 한편으로는《훈민정음》을 만들어서 한글을 일반에게 쓸 수 있도록 하고, 한편으로는《동국정운》을 지어서 한문을 우리말로 옮길 때에 정확한 발음을 달아서 고증할 수 있도록 하였다. 그러므로 이 두 가지가 쌍벽을 이루고 있기 때문에《동국정운》만 있어서도 안 되고《훈민정음》만 있어서도 안 되는 것이다.

六二는 直方大라 不習이라도 无不利하니라.
象曰, 六二之動이 直以方也ㅣ니 不習无不利는 地道ㅣ 光也ㅣ라.

육이六二는 곧고 모지고 크다. 익히지 않더라도 이롭지 않음이 없다. 이것은 이효는 하괘의 중中이다. 건괘로 보면 "見龍在田 利見大人"에 대응되는 구절이다. 직방대直方大는 완전하다는 것이다. 또 그냥 "이롭다"라고 하지 않고 "이롭지 않음이 없다"라고 하는 것은 훨씬 더 강조하는 말이다. 그것을 철학에서는 부정적인 긍정이라고 한다. '이 종이는 희다'라고 하는 것보다 '이 종이는 검지 않다'라고 말하는 그것이 문장의 묘미이다.

육이의 움직이는 것이 곧고 또 모지다. 곧은 것은 양이고, 모진 것은 음이다. "불습무불리不習无不利"라는 말은 천도天道가 아니라 지도地道가 빛난다는 뜻이다.

六三은 含章可貞이니 或從王事ᄒ야 无成有終이니라.

象曰, 含章可貞이나 以時發也ㅣ오 或從王事는 知光大也ㅣ라.

육삼六三은 글장, 즉 빛나는 것을 머금어서 가히 정할 수 있으니 혹 왕사王事를 따라서 이룸은 없어도 마침은 있을 것이다. 육삼은 임진壬辰자리가 갑오甲午로 온 것이다. 3효이기 때문에 '혹或'자가 있을 수 있다. 건乾은 대성大成할 수 있는 능력을 가지고 있지만, 곤坤은 대성大成할만한 능력이 없고 다만 종終을 가질 수는 있다. 즉 그 한계가 정해져 있다는 것이다. 글장을 머금어서 가히 정 할 수 있다는 것은 때로써 발하는 것이다. "혹종왕사或從王事"는 광대光大를 알아서 그렇다는 것이다. 즉 양을 알아서 그렇다는 것이다.

六四는 括囊이면 无咎ㅣ며 无譽ㅣ리라.

象曰, 括囊无咎는 愼不害也ㅣ라.

육사六四는 괄낭括囊의 형상이다. 허물도 없지만 명예도 없다. 주머니를 옭아맨 형상이라는 말이다. 주머니를 옭아맨 것처럼 알아도 말로 발표를 하지 않는 것이다. "괄낭무구括囊无咎"라는 것은 삼가야 해가 없다는 뜻이다.

六五는 黃裳이면 元吉이리라.

象曰, 黃裳元吉은 文在中也ㅣ라.

황상黃裳이면 원길元吉할 것이다. 육오六五는 상괘의 중中이고, 또 전체의 중정中正이기 때문에 "황黃"이라 하였고 곤坤이 음이기 때문에 "상裳"이라 한 것이다. 괘상을 보고서 이런 말을 하는 것이다. "황상원길黃裳元吉"은 문文이 중中에 있어서 그렇다는 말이다.

上六은 龍戰于野ᄒ니 其血이 玄黃이로다.

象曰, 龍戰于野는 其道ㅣ 窮也ㅣ라.

　용龍이 들에서 싸우니 그 피가 현황玄黃하다. 상육上六을 들로 본 것은 육
오六五까지는 중中인데 상上은 중中이 아니라 맨 끄트머리라서 들로 본 것이
다. "용전우야龍戰于野"라는 것은 그 도道가 궁극에 가서 그렇다는 것이다.

用六은 利永貞ᄒ니라.

象曰, 用六永貞은 以大終也ㅣ라.

　육六을 쓰는 것은 영정永貞하는 것이 이롭다. "용육영정用六永貞"은 크게
마치는 것, 대종大終하는 것이다. 하괘의 곤坤에서 소종小終하는 것이 아
니라 전체의 끄트머리에서 대종大終하는 까닭이라는 말이다.

文言曰; 坤은 至柔而動也ㅣ 剛ᄒ고 至靜而德方ᄒ니 後得ᄒ야 主
利而有常ᄒ며 含萬物而化ㅣ 光ᄒ니 坤道ㅣ 其順乎인뎌. 承天而時
行ᄒᄂ니라.

　곤坤은 지극히 유柔하지만 움직임은 강剛한 것이고, 지극히 정밀하지만
덕德이 모지다. "後得ᄒ야 主利而有常ᄒ며"에 대해 어떤 사람은 "後得主利,
而有常"으로 해석하기도 한다. 후득後得은 뒤로 가는 것이다. "유酉·신申·미
未·오午…"를 따라서 뒤로 가는 것을 말한다. 이렇게 손을 굽히면 건乾이
고, 이렇게 손을 펴면 곤坤이다.

　"含萬物而化ㅣ 光ᄒ니"만물을 머금어서 화化하고 빛이 난다. 육갑이 바
로 만물이다. "坤道ㅣ 其順乎인뎌. 承天而時行ᄒᄂ니라."곤도坤道가 순순順하다
고 하는 것은 하늘을 이어서 때로 행하기 때문이다.

積善之家는 必有餘慶ᄒ고 積不善之家는 必有餘殃ᄒᄂ니 臣弑其

君ᄒ며 子弑其父ㅣ 非一朝一夕之故ㅣ라 其所由來者ㅣ 漸矣니 由
辯之不早辯也ㅣ라 易曰履霜堅氷至라ᄒ니 蓋言順也ㅣ라.

선善을 쌓는 집안은 반드시 나머지 경사가 있을 것이고, 불선不善을 쌓
은 집안은 반드시 나머지 재앙이 있을 것이다. 신하가 임금을 죽이고 아
들이 아버지를 죽이는 것은 하루 아침저녁의 연고가 아니라 그 유래가
점차적으로 온 것임에도 분변을 일찍 하지 못했기 때문이다. 이것을 비
유하지면《역》에서 "리상견빙지履霜堅氷至"라고 말한 것과 같으니 순順함
을 말하는 것이다. '순順'이라고 한 것은 저절로 도수度數에 따라서 움직
여지는 것이지 금방 돌변한 것이 아니라는 말이다. 천지는 돌변하는 것
이 아니다.

적선지가積善之家와 적불선지가積不善之家를 비교해서 평했는데, 적선지
가積善之家는 양적인 것이고, 적불선지가積不善之家는 음적인 것이다. '반드
시'라는 말은 틀림없이 그렇다는 말이다. 죽인다고 할 때 '살殺'자 하고
'시弑'자는 다르게 쓴다. 맞적수로 죽이는 것은 '살殺'이라 하고, 아랫사람
이 윗사람을 죽이는 것은 '시弑'라고 한다. 요즘 시대를 아무리 복지사회
라고 떠들어도 아들이 아비를 죽이고 아비가 아들을 죽이는 일이 많다.
특히 아비가 아들을 죽이는 일이 더 많다. 아들만 낳겠다고 아들이 아니
면 도려내는데 그것이 아비가 아들을 죽이는 일이다.

直은 其正也ㅣ오 方은 其義也ㅣ니 君子ㅣ 敬以直內ᄒ고 義以方外ᄒ
야 敬義立而德不孤ᄒᄂ니 直方大不習无不利는 則不疑其所行也
ㅣ라.

육이六二에 와서는, 직直은 바른 것을 말하고 방方은 그 의義를 말한다.
군자가 공경으로서 안을 곧게 하고 의로서 밖을 모지게 하여 경敬과 의義
가 선 다음에야 덕이 외롭지 않게 된다. "직방대直方大 불습무불리不習无不
利"는 그 행하는 바를 의심하지 않게 하는 것이다. 의심하지 않는다는 것

은 틀림없다는 말이다. 정의正義라는 말이 이렇게 역사가 오래된 말이다. 3천년 이상 오래된 글이다.《논어》의 "子曰 德不孤라 必有隣이니라"[23]라는 말도 여기서 나온 것이다.

陰雖有美나 含之ᄒᆞ야 以從王事ᄒᆞ야 弗敢成也ㅣ니 地道也ㅣ며 妻道 也ㅣ며 臣道也ㅣ니 地道는 无成而代有終也ㅣ라.

　육삼六三을 설명하는 말이다. 음이 비록 아름다움이 있으나 양을 머금 음으로써 왕사王事를 따라서 감히 이루지 못한다. 왜 그러냐 하면 지도地 道이며 처도妻道이며 신도臣道이기 때문이다. 지도地道라는 것은 이룸은 없지만 대신에 종終이 있는 것이다. 이룸이 있다는 것은 바로 왕사王事이 다. 음陰으로서는 앞에서 "이대종야以大終也", "무성유종无成有終"이라고 말했던 것처럼 감히 이루지 못하는 것이다.

天地變化ᄒᆞ면 草木이 蕃ᄒᆞ고 天地閉ᄒᆞ면 賢人이 隱ᄒᆞᄂᆞ니 易曰括囊 无咎无譽ㅣ라ᄒᆞ니 蓋言謹也ㅣ라.

　육사六四의 형상을 보면, 천지가 변화하면 초목이 번성하고 천지가 폐 閉하면 현인賢人이 숨는다. 그래서《역》에 "괄낭무구무예括囊无咎无譽"라고 한 것이니 그것은 대개 삼가라는 말이다.

君子ㅣ 黃中通理ᄒᆞ야 正位居體ᄒᆞ야 美在其中而暢於四支ᄒᆞ며 發 於事業ᄒᆞᄂᆞ니 美之至也ㅣ라.

　오효五爻의 상을 보면 군자君子가 황중黃中의 이치를 통해서 위位가 바르 고 체體에 살아서 아름다움이 그 가운데 있어서 동서남북의 사지四支에 화창하고 사업에 발하니 아름다움이 이르게 되는 것이다. 가운데의 중 심을 황중黃中이라고 한 것이다.

23《論語》〈里仁 第四〉

陰疑於陽ᄒ면 必戰ᄒᄂ니 爲其嫌於无陽也ㅣ라 故로 稱龍焉ᄒ고 猶
未離其類也ㅣ라 故로 稱血焉ᄒ니 夫玄黃者ᄂ 天地之雜也ㅣ니 天
玄而地黃ᄒ니라.

상효上爻에 대한 설명이다. 음이 양에 의심하면 반드시 전쟁을 하게 된
다. 왜냐하면 '나는 양陽이 없는가?'하고 혐의하기 때문이다. 그래서 용龍
이라고 칭하였지만, 그래도 그 류類(陰)를 벗어나지는 않기 때문에 혈血
이라고 칭한 것이다. 하늘은 검고 땅은 누르다. 현황玄黃이라는 말은 천지
가 섞여있는 것이다.

"음의어양陰疑於陽"은 '내가 양인데 왜 음이라고 하나?'하고 의심하는
것이다. 즉, 음이 양인가 하고 의심하는 것을 말한다. 왜 그러냐 하면 양
이 무진戊辰 경진庚辰 임진壬辰 갑진甲辰 병진丙辰 무진戊辰 이렇게 온 것처럼
자기도 경오庚午 임오壬午 갑오甲午 병오丙午 무오戊午 이렇게 왔기 때문에
양인가 하고 의심한다는 말이다.

"필전必戰"은 반드시 전쟁을 하게 된다는 말이다. 모든 전쟁이 이치로
말하면 음의어양陰疑於陽하기 때문이다. 하극상으로 아랫사람이 윗사람
을 베고, 자식이 아비를 베는 일들이 음의어양陰疑於陽과 마찬가지라는
말이다. 이것을 윤리로 따지면 앞에서 말한 "積不善之家, 必有餘殃. 臣
弑其君, 子弑其父, 非一朝一夕之故"이고, 논리로 말하면 전부 "음의어양
陰疑於陽"이다.

왜 그러냐면 '나는 양陽이 없는가?', '나도 다 했는데 왜 양陽이 없겠는
가?'하고 혐의하기 때문이다. 그래서 용이라고 칭했다는 것이다. 그래서
곤坤인데도 용이라고 칭한 것이다. 곤坤은 본래 빈마牝馬인데 그걸 다듬기
위해서 "칭용언稱龍焉"하는 것이다. 그랬으면서도 그 류類를 떠나지 않는
것은 아무리 양노릇을 하려고 해도 음은 음이기 때문이라는 것이다. 별
수 없이 음을 떠나지 못하기 때문에 혈血이라고 칭한다.

《천자문》의 천지현황天地玄黃이 이 글을 보고 지은 것이다. 옛날에 주흥사라는 사람이 있었는데 왕이 그 사람을 죽이려고 하니까 주위에서 '왜 그런 천재를 죽이려고 하십니까?'라고 만류를 하였다. 그런데 왕이 '그 사람이 천재인지 아닌지 내가 어떻게 아느냐?'하고 의심하면서 '그러면 내일 아침 날이 새기 전까지 천자千字를 운을 따라서 지어 보라'라고 했다. 주흥사가 밤새도록 《천자문》을 만들어서 가지고 왔는데, 왕이 보니까 밤새도록 얼마나 속을 썩였던지 머리카락이 하얗게 변해버렸다고 한다. 그래서 그 책을 《백수문白首文》이라고도 부른다.

곤괘坤卦를 다 보았는데, 곤괘는 건乾에 준하지만 건乾처럼 용龍의 길을 밟지 않고 빈마牝馬로 육효를 설명했다. 그렇지만 그 결과는 "군자유행君子攸行"으로 건乾의 군자(辰)가 곤坤의 빈마牝馬를 타고 가는 것이다. 내용으로는 진辰이 가고 있는 것이지만 용龍이 가는 것이라고 하지는 않고, 껍데기로 보이는 말이 갔다고 말하는 것이다.

繫辭傳·上
계　사　전

　　《주역》의 64괘중에서 건곤乾坤에 대한 것만 간략하게 살펴보았고, 먼저 〈계사〉, 〈설괘〉, 〈서괘〉, 〈잡괘〉를 보고 나서《정역》을 공부한 다음에 나머지 괘卦에 대해 살펴보도록 하겠다.

　　본래《역》이란 것, 즉 괘卦는 문자 이전의 학문이다. 그림으로 그려진 괘卦만 보아도 다 알 수 있다고 하였는데, 우리는 글을 보고도 알기가 어렵다. 처음에 복희씨가 획畫을 그은 팔괘와 육십사괘는 글은 없고 그림만 있었는데, 문왕文王이 그림으로 그려진 괘를 보고서 이것은 '건乾'이고 이것은 '곤坤'이다 하고, "乾 元亨利貞"이라는 괘사卦辭를 적어 놓은 것이다. 그 후에 다시 주공周公이 각 괘마다 효사爻辭를 적어 놓았고, 공자孔子가 문왕의 괘사卦辭에 대해서는 '단왈彖曰'과 '상왈象曰'로 설명하고 주공의 효사爻辭에 대해서는 '상왈象曰'로 설명을 붙여 놓았다. 공자는 이렇게 '상왈象曰, 단왈彖曰'로만 말한 것이 아니라, 또 〈문언전〉과 〈계사전〉 등을 들어서 설명을 해 놓았는데, 이것이 바로 공자의 십익十翼이라는 것이다.

　　우리는 변화를 잘 모르니까 이렇게 공자가 준 힌트를 가지고 스무고개 넘기를 하듯이 왜 그런 말을 했는지 생각하면서 읽어야 한다. 공자가 말한 십익十翼은 모두 괘卦와 괘사卦辭, 그리고 효사爻辭를 어떻게 이해해야 하는지를 설명해주는 안내서와 같다.《주역》의 개념이 어떤 것인지, 그것을 어떻게 보아야 하는지 등에 대한 개설이 바로 〈계사〉라는 말이다.

　　〈문언〉은 건곤乾坤에만 있고 나머지 괘에는 없는데, 그것은 '이를테면 이런 것이다'하고 한두 가지만 예를 들고 나머지는 생략한 것이라고 볼 수 있다. 〈계사·하〉에 "八卦成列하면 象在其中矣오"라 한 것은 팔괘八卦가 성열成列되어 있는 것만 보면 다 알 수 있는 것이지 어떻게 일일이 다 설명하겠느냐는 말이다. 그리고 〈계사〉는 육갑六甲을 달아서 보아야만 그 변화를 볼 수 있다는 것에 유의 하여야 한다.

"건乾(䷀), 곤坤(䷁), 둔屯(䷂), 몽蒙(䷃), 수需(䷄), 송訟(䷅), 사師(䷆), 비比(䷇)……"등은 천지가 개벽하고 변화하는 순서를 말하는 것이다.[24] 둔屯(䷂)은 비가 오려고 주둔하는 형상이라서 둔屯이고, 몽蒙(䷃)은 처음이니까 어린 것이라서 몽蒙이고, 어린 것을 먹여 살려야 하니까 수需(䷄)가 온다. 수需는 음식지도飮食之道이다. 먹을 것이 없으면 아무 일도 없이 조용할 텐데 먹을 것이 있기 때문에 싸움이 생기게 된다 그래서 음식 다음에 송訟(䷅)이 오고, 송사를 하다보니까 너무 지나쳐서 군대를 움직이게 되어 사師(䷆)가 오고, 군사를 움직이는데 그대로 두면 안 되니까 대화를 하는 비比(䷇)가 오는 것이다. 대화하고 화해해서 전쟁을 그만두고 친해지고 나면 세상이 저축을 해야 되니까 그 다음에 소축小畜(䷈)이 온다. 소축小畜해서 쌓아 놓으면 질서를 밟아서 같이 써야 하니까 리履(䷉)가 온다. 그럼으로써 천하가 태평하게 되므로 태泰(䷊)가 온다. 천지가 변화하고 인류가 발달하는 것이 꼭 이런 식으로 된다는 말이다.

요즈음에 제3 물결 제4물결이라고 하는 것처럼 다음의 물결이 필연적으로 오는 것인데 다가오는 물결에 어떻게 대비해야 하는가?《주역》을 통해서 다음엔 무슨 물결이 올 것인지, 그리고 이 물결이 지나면 또 어떤 물결이 올 것인지를 예측하고 대비해야 하는 것이다. 대비를 해야 안정을 할 수 있기 때문이다. 천하는 항상恒常 된 것이 없고, 항상 변화한다. 그 변화가 바로《주역》이다.

태泰까지 온 뒤에는 태평하다고 해서 마음을 놓으면 안 된다. 왜냐하면 태泰 다음에는 천지비天地否(䷋)가 오기 때문이다. 비否에서 태泰로 가는 것이 아니라 태泰 다음에 비否가 온다. 그래서 태괘泰卦에서는 괘사卦辭는

---

24 64괘의 순서 : 乾·坤·屯·蒙·需·訟·師·比·小畜·履·泰·否·同人·大有·謙·豫·隨·蠱·臨·觀·噬嗑·賁·剝·復·无妄·大畜·頤·大過·坎·離·咸·恒·遯·大壯·晉·明夷·家人·睽·蹇·解·損·益·夬·姤·萃·升·困·井·革·鼎·震·艮·漸·歸妹·豐·旅·巽·兌·渙·節·中孚·小過·旣濟·未濟.

좋지만 효사爻辭는 오히려 불안하고 나쁜데, 비괘否卦는 비색否塞해서 나쁜 것이지만 효사爻辭는 오히려 좋은 말이 적혀 있다. 길흉吉凶이란 회린悔吝에 의해서 만들어 지는 것이다. 뉘우치는 참회를 하면 길吉로 가고, 인색하면 흉凶으로 가게 되어 있다. 그러므로 참회할 줄 알아야 하고, 인색하지 말아야 하는 것이다. 곤괘坤卦의 초효初爻에 나오는 "臣弒其君, 子弒其父, 非一朝一夕之故, 其所由來者漸矣"라는 말이 그것이다. 새옹지마塞翁之馬라는 말이 있듯이 지금은 아무리 나빠도 언제 좋아질지 모르는 일이고, 지금은 좋아도 언제 나빠질지 모르는 것이 세상일이라는 것이다.

《주역》이 64괘에 384효인데, 384효 중에서 192효는 길하고 192효는 흉하다. 전 세계의 인구가 60억이면 30억은 여자고 30억은 남자이다. 나라로 쳐도 우리나라 남북을 합해서 7천만이면 3천5백만은 여자고 3천5백만은 남자이고, 또 대전이 150만이면 75만은 여자고 75만은 남자이고, 한동네 100명을 쳐도 50명은 여자고 50명은 남자인데, 그렇게 되는 것이 우주의 신비라는 것이다. 아무도 모르는 불가사의고 전혀 알 수가 없는 것이다.

한 번 전쟁이 나면 그 다음에는 남자 아이가 많이 태어난다. 전쟁에서 죽은 남자수를 채우려고 남자 아이가 많이 나오게 되는 것이다. 6·25 사변 이후에 베이비붐이 일어서 많이 아이들을 쏟아냈는데 박정희가 생각할 적에 이렇게 인구가 늘면 안 되겠으니까 산아제한을 하는 것이 좋겠다고 하여 가족계획을 하였었다. 그런데 가족계획을 한지 얼마 안 돼서 지금은 여자가 너무 많아지고 군대에 갈 젊은이들이 없어서 걱정할 지경이 되었다.

강희황제 같은 사람은 《주역》을 정치문제로 따져서 '정치가 이렇게 변할 것이다.', 또는 '물결이 이렇게 올 것이다'하는 것을 예측해서 대비하려고 했다. 기제既濟(䷾)·미제未濟(䷿)의 괘에까지 가면 기제既濟에 "思患而豫防"이라는 말이 있고, 《서전》에도 같은 말이 나오는데 근심을 생각해서 미리 예방하여야 한다는 것을 말한다.

그것을 어떻게 예방하느냐? 천지변화가 오면 그것을 우리가 어떻게 대비할 것이냐? 《정역》을 보면 후천이 되면 365¼°에서 360°로 변화하게 된다. 지구가 자전과 공전을 하는데 지구의 둘레가 10만리이기 때문에 자전을 하는 것은 10만리밖에 갈 수가 없지만, 공전은 하루에 600만리를 간다. 그렇게 빨리 공전으로 갈 수 있는 것은 자전이 있기 때문이다. 자전이 없으면 공전도 없어지게 된다. 자전을 해야지 저절로 공전이 되는 것이다.

이와 같이 세상을 보는 방법, 세상을 다스리는 방법, 다가올 미래를 예비하는 방법 등을 배우고 익히는 것이 《주역》을 공부하는 것이지, 그렇지 않고 점이나 보고 그냥 문학으로 노래나 하는 것은 학문으로서의 가치가 없다. 이런 것을 배워서 과거에는 어떻게 했으며, 우리는 무엇으로 대비를 하여야 하는지 등에 대해서 생각하고 연구할 때에 학문의 가치가 있는 것이다.

철학이라고 하는 것은 논리학을 안 연후에 철학을 하는 것이지, 논리학을 모르고 하는 것은 철학이 아니다. 그 철학을 알아야 종교로 넘어갈 수 있는 것이다. 종교라는 것은 반드시 희생이 있어야 한다. 희생이 없는 것은 종교가 될 수 없다. 희생을 짊어져야 종교가 종교노릇을 하는 것이지, 난리나 피하고 휴거까지 생각하는 그런 것은 종교라고 할 수 없는 것이다. 마찬가지로 자기 요행만 생각하는 것이 아니라, 나보다 남을 먼저 생각하고, 또 이웃보다 나라를 생각하고, 모든 세계 인류를 생각해야 한다. 자기가 못할지언정 권위 있는 사람한테 일러줘서 그대로 행하게 할 수 있는 것, 그것이 학자의 도리이다. 공자가 철환천하해서 어디를 가도 벼슬을 하지 못하고, 또 하지 않은 것은 왕도王道를 행하기 위해서 그런 것이지 자기 영달을 위한 것이 아니었기 때문이다. 때에 따라서 자기의 몫이 다 따로 있는 법인데 그 이상으로 하는 것도 역시 종교가 아니다.

그런 것을 질서 있게 천지는 어떤 식으로 변하는데 인간은 어떤 식으로 방도를 세워야 하는지를 생각해야 한다. 맹자는 그것을 왕도정치로 내세웠고, 공자는 그것을 문학으로 한 것이다. 맹자는 세상을 다스리는데 가장 먼저 해야 할 것은 경제라고 하였다. "五畝之宅에 樹之以桑이면 五十者可以衣帛矣니라"[25]라고 했는데, 오무지택五畝之宅에 뽕나무를 심고 보리를 심어서 가정을 잘 일깨워서 근심 없이 해주는 것이 가정에서는 왕도王道인 것이다. 나에 있어서 왕도는 자기의 앞길을 인도해주는 것이다. 장자는 "衣食足而知禮節"이라고 해서 의식이 족한 연후에 예절을 아는 것이지, 자기가 굶어 죽게 생겼는데 세상 다스리는 것만 생각하고 있으면 어떻게 하느냐고 하였다.

맹자는 왕도王道를 밝히는 것에 대해서 두 가지로 말했다. 첫째는 경제이다. 오무지택五畝之宅에 뽕나무를 심어서 우선 자기 경제를 살리고, 국가경제를 살려야한다. 그 다음에 학교(庠序)를 세워서 인륜지도를 교육하는 그것이 맹자의 목표이다. 사람에게는 도道가 있는데, 배불리 먹이고 따뜻하게 입히고 나서 가르치지 않으면 짐승과 다를 것이 없다고 하였다. 순임금이 설契이라는 신하를, 요즈음으로 말하면 문교부장관에 해당하는 사도司徒로 임명하여 인도人道를 가르치게 하였는데, 그 때의 가르침이 바로 부자유친父子有親, 군신유의君臣有義, 부부유별夫婦有別, 장유유서長幼有序, 붕우유신朋友有信의 오륜五倫이다. 이 말은 《맹자》에서 처음 나오는 말인데,[26] 맹자가 이렇게 말하지 않았으면 요순堯舜이 언제 그런 말을 했었는지 어떻게 알겠는가? 맹자는 성선性善에 대해 말하기만 하면

---

25 五畝之宅, 樹之以桑, 五十者可以衣帛矣. 雞豚狗彘之畜, 無失其時, 七十者可以食肉矣. 百畝之田, 勿奪其時, 數口之家可以無飢矣. 謹庠序之敎, 申之以孝悌之養, 頒白者不負戴於道路矣. 七十者衣帛食肉, 黎民不飢不寒, 然而不王者, 未之有也. 狗彘食人食而不知檢, 塗有餓莩而不知發. 人死, 則曰非我也歲也. 是何異於刺人而殺之, 曰非我也兵也. 王無罪歲, 斯天下之民至焉《孟子》〈梁惠王章句上〉

26 后稷敎民稼穡. 樹藝五穀, 五穀熟而民人育. 人之有道也, 飽食, 煖衣, 逸居而無敎, 則近於禽獸. 聖人有憂之, 使契爲司徒, 敎以人倫. 父子有親, 君臣有義, 夫婦有別, 長幼有序, 朋友有信.《孟子》〈滕文公章句〉

항상 요순堯舜을 들어서 말했다고 한다.[27] 인간은 누구나 다 착한데 이것을 본받아서 금수禽獸에 미끄러지지 않게 대비하는 것이 왕도지종이라는 것이다. 후대에 와서 동중서가 부자유친父子有親, 군신유의君臣有義, 부부유별夫婦有別, 장유유서長幼有序, 붕우유신朋友有信의 오륜五倫에다 부위자강父爲子綱, 군위신강君爲臣綱, 부위부강夫爲婦綱이라는 삼강三綱을 덧붙여서 삼강오륜三綱五倫이라고 불렀다. 그런데 이 삼강三綱이라는 것은 정치적으로 자신이 정권을 잡으려고 억지를 쓴 것인지, 오륜五倫 외에 반드시 필요해서 만든 말이 아니라는 것을 알 수 있다.

《주역》에는 운韻이 들어 있다. 《시경》은 전부 운으로 되어 있는데 나중에 운을 배워서 시詩를 짓는 연습도 해보아야 하겠다. 이태백李太白을 시선詩仙이라고 하고 두보杜甫를 시성詩聖이라고 하는데, 내가 시를 지어보고 이태백의 시와 비교해보면 같은 문장을 가지고서도 세상을 평하는 것이 얼마나 다른지를 알 수 있다. 두보가 시에 있어서는 최고이다. 세상에 남긴 것만 해도 3천수가 넘는다. 세상에 내놓은 것만 쳐도 3천수가 넘으니 내버린 것은 또 얼마나 많았겠는가? 시를 3백수만 지어도 어지간한 선비는 된다고 하는데 두보는 세상에 내놓은 것만 쳐도 3천수가 넘는다. 두보나 이태백은 그렇게 시를 많이 써서 남겼는데도 둘 다 환갑을 못살았다. 각각 57세와 58세로 환갑을 못 넘기고 죽었지만 세상이 흠모하고, 시에서는 그들보다 더 앞선 사람이 나오질 않았다. 왕필王弼이라는 사람도 《주역》을 주해하고 《장자익莊子翼》이나 《노자익老子翼》이란 책도 저술하였지만, 그 사람은 24세에 벌써 죽어버렸다. 24세에 죽었어도 세상 사람들이 그가 말한 것이 옳다고 여기고, 그가 쓴 책이 오늘날까지 남아서 읽히고 있다. 이런 책들을 다 보려면 한이 없을 것이다. 또 그런 것은 아무리 내가 재주가 있다하더라도 할 수가 없다. 못난 사람이 세상에 남아서 살아가는 것이고, 본받을 법을 세우는 사람은 또 따로 있는 것이다. 아성亞聖으로 추앙받는 맹자조차도 옛 성인들은 후대사람의 법이 되게 하였

---

27 滕文公爲世子, 將之楚, 過宋而見孟子. 孟子道性善, 言必稱堯舜.《孟子》〈滕文公章句〉

는데 자신은 촌놈을 넘지 못했으니 이것이 걱정이라는 말을 하였다.

天尊地卑ᄒ니 乾坤이 定矣오 卑高以陳ᄒ니 貴賤이 位矣오 動靜有常ᄒ니 剛柔ㅣ 斷矣오 方以類聚코 物以群分ᄒ니 吉凶이 生矣오 在天成象코 在地成形ᄒ니 變化ㅣ 見矣라.

   하늘은 높고 땅은 낮아서 건곤乾坤이 정해지고, 낮고 높은 것이 배열되어 귀천貴賤이 위치하고 동정動靜에 각기 떳떳함이 있어서 강유剛柔가 결단되고, 방方은 그 류類로서 모이고 물物은 그 무리로 나누어져서 길흉吉凶이 정해지고, 하늘에 있어서는 상象을 이루고 땅에 있어서는 형形을 이루게 되므로 변화變化가 나타나는 것이다.

   "천존지비天尊地卑"는 세상이 똑같이 고르게 되어 있지는 않다는 것을 밝힌 말이다. 인간 세상에는 항상 존비尊卑가 있기 마련이다. 인간을 넘어서 천지도 존비尊卑가 있는데 어떻게 평등한 세상이 있을 수 있겠는가? 그래서 건곤乾坤이 정해지는 것이다.

   "비고이진卑高以陳"은 64개의 괘상卦象에 선후가 있다는 말이다. 또 높은데서 낮은 곳으로 가는 것이 아니라 낮은데서 높은 곳으로 간다는 것을 밝혔다. 즉, 하나의 괘로 말할 때에는 아래에 있는 초효에서부터 상효로 나아가는 것이다. 아래는 낮고 위는 높다. 점占으로 볼 때는 하괘는 체體가 되고 상괘는 용用이 된다. 1·2·3효를 하괘下卦 또는 내괘內卦라 하고 4·5·6효를 상괘上卦 또는 외괘外卦라 하는데 이런 것이 바로 천존지비天尊地卑의 사상이다. 효爻를 적을 때에도 초효에서부터 위로 그려 나가는데 이것이 바로 "비고이진卑高以陳"이다. 그래서 아래 것은 천賤하고 위의 것은 귀貴하다는 귀천貴賤이 생긴다. 사회질서도 마찬가지이다. 부처님이 "一切物性이 悉有佛性"이라 말했고, 또 아무리 남녀가 평등하다고 주장해도 다 귀천貴賤과 존비尊卑가 있고 질서가 있는 법이다. 밑에 있는 사람이 치켜 올라가려고 떠드는 소리지 그 질서는 바꿀 수도 없고 없앨 수도 없는 것이다. 아무리 요순堯舜과 같은 성인이 정치를 하더라도 그것은 마찬가지이다.

"동정유상動靜有常"은 동적인 것이나 정적인 것이나 다 이유가 있다는 말이다. 거기서 강유剛柔가 결단된다. "방이유취方以類聚, 물이군분物以群分, 길흉생의吉凶生矣"에서 류類라는 것은 '떼'를 말한다. 사람은 인류로, 물고기는 어류로 같은 류類를 찾아서 모이고, 물物은 물物대로 그 무리를 따라서 나누어지게 마련이다. 그러니까 거기서 길흉吉凶이 생기는 것이다.

"재천성상在天成象, 재지성형在地成形, 변화현의變化見矣" '상象'자는 형상이 없는 것을 뜻한다. 보이지 않는 것인데 보이는 것을 상象이라고 한다. 천기天氣를 살피는 것을 기상氣象을 본다고 하지 기형氣形을 본다고는 말하지 않은 것과 같다. 상象은 형이상학적形而上學的인 것이고, 형形은 형이하학적形而下學的인 것이다. 그러니까 형이상학적인 것은 하늘에 있고, 형이하학적인 것은 땅에 있다는 말이다. 그래서 하늘에서는 성상成象하고 땅에서는 성형成形하여 변화가 나타나게 되는 것이다.

이 구절은 64괘를 보는 통론적인 방법에 대하여 설명해주고 있다. 이런 방법으로 64괘를 보라는 말이다. 예를 들면 수뢰둔水雷屯(䷂) 괘를 볼 때에 귀천貴賤이 어디에 있고, 어디가 중심이 되는지, 초효初爻가 주主가 되는지 상효上爻가 주主가 되는지 등을 따져 보라는 것을 설명해주는 말이다.

是故로 剛柔ㅣ相摩ᄒ며 八卦ㅣ相盪ᄒ야 鼓之以雷霆ᄒ며 潤之以風雨ᄒ며 日月이 運行ᄒ며 一寒一暑ᄒ야

그러므로 강유剛柔가 서로 섞여 있고, 팔괘八卦도 서로 섞여 있는 것이다. 도수로 정역팔괘正易八卦를 손에 올리면 둘째손가락이 뇌정雷霆이고, 넷째손가락이 풍우風雨에 해당한다. 육진뢰六震雷와 구리화九離火가 둘째손가락 한 곳에 있고, 일손풍一巽風과 사감수四坎水가 넷째손가락 한 곳에 모여 있다. 일부一夫선생 같은 분이 이렇게 묘하게 맞춰 놓고서 후세사람

들에게 보라고 하니까 우리는 그저 묘하게만 여길 뿐이다. 일월日月이 운항하여 한 번은 춥고 한 번은 덥게 된다.

정역팔괘正易八卦의 형상을 손에 올려서 보면 먼저 엄지손가락을 구부리면서 "팔간산八艮山(1指) → 구리화九離火(2指) → 십건천十乾天(3指) → 일손풍一巽風(4指) → 이천二天(5指) → 삼태택三兌澤(6指) → 사감수四坎水(7指) → 오곤지五坤地(8指) → 육진뢰六震雷(9指) → 칠지七地(10指)"로 진행한다. 손가락을 굽히면 하늘이고, 펴면 땅이 된다. 1·2·3를 굽히면 단건單乾이고 다섯손가락을 다 굽히면 중건重乾이 되고, 3·4·5를 펴면 단곤單坤이고 다섯손가락을 다 펴면 중곤重坤이 된다.

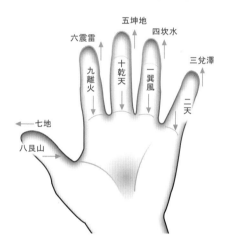

그림 23. 정역팔괘의 수지상수

정역팔괘를 보면 육진뢰六震雷에서 칠지七地, 팔간산八艮山으로 넘어가므로 우레라는 것이 땅에서부터 산으로, 하늘로 올라가는 형상이라는 것을 알 수 있다. 우레는 본래 하늘에 있는 것이 아니라 땅 속에 있는 것이다. 땅 속에서부터 하늘로 올라가서 천기天氣와 마찰이 되면 소리가 나는 것이 천둥이다. "뇌출지분雷出地奮"이라는 것이 바로 이를 두고 하는 말이다.

반면에 바람(風)은 하늘에서 불어 내려오는 것이다. 육진뢰六震雷부터 시작해서 칠지七地, 팔간산八艮山으로 땅속에서부터 산山으로 올라가고, 더 올라가면 태양이 되니까 구리화九離火가 되고, 태양에서 더 올라가면 하늘이므로 십건천十乾天이 된다. 다 올라가고 나면 다시 내려와야 하는데 그것이 바로 일손풍一巽風이다. 그래서 바람은 하늘 속에서부터 땅으로 내려온다고 하는 것이다. 하늘의 이천二天을 지나 땅으로 내려와 못이 되면 삼태택三兌澤이다. 고여 있는 물이 못이고, 흐르는 물은 사감수四坎水이다. 다시 땅인 오곤지五坤地가 되는 것이 바로 정역팔괘의 순서이다. 그래서 바람은 하늘 속에서부터 땅으로 내려가는 형상이다. 십건천十乾天인 하늘에서 땅에 닿게 하는 것이 바로 일손풍一巽風이다. 하늘이라는 것도 아주 높이 있는 것만 하늘이 아니고 땅에서 조금만 뜨면 그곳이 바로 하늘이다. 그 사이에 있는 것이 사람이고, 그래서 사이 '간間'자를 써서 인간人間이라고 하는 것이다. 육효에서 보면 삼효가 사람의 형상이다. 그래서 삼효가 군자君子의 자리가 되는 것이다.

천지의 변화는 평평한 것이 아니라 육진뢰六震雷 칠지七地 팔간산八艮山 구리화九離火 십건천十乾天 일손풍一巽風 이천二天 삼태택三兌澤 사감수四坎水 오곤지五坤地로 나아가듯이 출렁거리면서 가는 것이다. 그것이 바로 율려律呂이다 1년 12월도 그 소리가 다 다르고, 태양이나 태음이나 다 출렁거리면서 가고 있는 것이다. 하루가 24시간이라고 하는 것은 인간이 그렇게 정한 것이지 천지는 자기가 가고 싶은 대로 출렁거리면서 가고 있을 뿐이다. 오늘이 24시간이라고 해서 내일도 꼭 24시간이 되는 것은 아니다. 24시간이 넘는 날도 있고 24시간에 모자란 날도 있는데 그걸 평균해서 24시간이라고 하는 것일 뿐이다. 천지의 변화는 이처럼 기계적으로 돌아가는 것이 아닌데도 인간이 그것을 기계적인 것으로 바라보는 것이다.

천도니 운명이니 하는 것도 다 마찬가지이다. 일평생이 비운인 것처럼 느껴져도 누구나 길운은 있는 법이다. 어느 누구든지 반은 흉凶하고 반은 길吉하다. 아무리 죽을 일이 있더라도 그 사람이 살아날 운명을 반은 타고 나기 마련이다. 그러니까 착하면 복 받고 악하면 벌을 받는다는 것은 후천적인 자기 수양에 달린 것이다. 부모에게서 타고난 것은 형상이지만, 그 형상에서 수양하고 노력해서 공을 쌓는 것이 인생이지, 운명대로만 된다면 누가 힘쓰고 애를 쓰겠는가?

진晉나라 때에 곽박郭璞(276~324)이라는 관상을 아주 잘 보는 사람이 있었다. 곽박이 공부할 적에 사주공부를 먼저 했었는데, 사주를 공부하고 나면 우선 '나부터 보아야겠다.'하고 자신의 사주를 보았는데 아무 날 아무 시에 자기가 천자가 된다고 나온 것이다. 그래서 자기한테 유리하게만 해석하고 그날이 될 때까지 기다리기만 하였다. 천자가 될 터인데 아무 노력도 할 필요가 없어진 것이다. 양식이 떨어져서 부인은 머리를 깎아서 양식을 대고 갖은 고생을 하는데도 종일 잠만 자고, 마누라가 원망을 해도 천기누설이라고 하면서 아무 얘기도 해주지 않았다. 어지간히 시간이 지나서 그 때가 다가오는데 주위에 아무런 변화가 없으니까 궁금해져서 서울인 연경을 찾아가 보았다. 가보니까 대궐을 청소한다고 많은 백성들이 부산하게 움직이고 있는 것이다.

곽박이 혼자 '나만 용한 줄 알았더니 백성들이 다 용해서 내가 올 줄을 알고 이렇게 미리 청소를 하는구나.'라고 생각하면서 한 백성한테 '며칠 후면 내가 천자가 될 것인데 어떻게 백성들이 알고 청소를 하고 있느냐?'하고 물어보니까 그 사람이 '내일 모레면 우리 태자께서 등극하시는 날이라 청소를 하는 것이지, 너 같은 거지새끼가 무슨 헛소리를 하는 것이냐'라고 말하는 것이었다. 그제야 절망을 느끼고 자기가 공부한 것을 되돌아보게 되었는데, 자기와 같은 사주를 가진 사람이 몇 백 명이 될지 어떻게 알겠는가? 그래서 나중에 《하락리수河洛理數》라는 책을 내게 된 것이다.

이 책에는 두 가지 내용이 있는데, 인간이 자기가 노력하는 데에 따라서 자기의 운명을 개척하는 것이지 운명만 바라보고 있으면 운명의 졸개가 돼서 만원이 생길 것이 십원도 안 생기게 된다. 십원이 생기면 좋다고 여길 것이지 그 이상 천자가 되리라는 등 허황된 생각을 가지면 안 되는 것이다.《주역》도 마찬가지이다. 평화스러울 적에 망할 적을 생각하라는 것이다. 태비泰否라는 것도 지천태地天泰 다음에 천당에 올라가는 것이 아니라 천지비天地否가 온다는 말이다. 공영달孔穎達 같은 이도 다 그렇게 보았다.

乾道ㅣ 成男ᄒᆞ고 坤道ㅣ成女ᄒᆞ니

건도乾道는 남자를 이루고, 곤도坤道는 여자를 이룬다. 천원지방天圓地方이라는 말은 천도天道가 원圓이고 지도地道가 방方이라는 말이지, 그 생긴 것이 하늘은 둥글고 땅이 모지다는 것이 아니다. 도道가 모지고 둥글다는 말이다. 곤괘에 직방대直方大라는 말이 있는데 곧아야 원圓이 된다. 하늘의 은하수도 직선으로 쭉 뻗어 나갔지만 그렇게 가야 둥글게 되는 것이다.

건곤은 부모이고, 각각 삼남·삼녀를 둔 하나의 가족을 이루고 있다. "건도성남乾道成男"이라는 것은 진괘震卦, 감괘坎卦, 간괘艮卦를 말하고, "곤도성녀坤道成女"는 손괘巽卦, 리괘離卦, 태괘兌卦를 말한다. 그렇게 만들어졌다는 것이다. "剛柔相摩, 八卦相盪, 鼓之以雷霆, 潤之以風雨, 日月運行, 一寒一暑, 乾道成男, 坤道成女"는 우주가 그런 식으로 창조되었다는 것을 설명하는 말이다.

父母	乾 ☰			坤 ☷		
男女	☶ 少男 艮	☵ 中男 坎	☳ 長男 震	☱ 少女 兌	☲ 中女 離	☴ 長女 巽

표 15. 건도성남(乾道成男) 곤도성녀(坤道成女)

그림 24. 북두칠성과 보필(輔弼)

이 세상에는 여러 세계가 있다. 지구는 수십억 년 전에 생겨서 사람이 생로병사를 지난 것처럼 어느 지경에 이르면 하나의 수명으로 다하게 된다. 이렇게 나서 걸어가는 것이 은하계 우주이지만, 이 우주는 한이 없다. 우주가 얼마나 광대한지는 북두칠성에 딸린 보성輔星과 필성弼星을 보면 알 수 있다.

북두칠성의 일곱 개 별에는 각각 이름이 붙어 있는데 머리 쪽부터 천추天樞 천선天璇 천기天機 천권天權 옥형玉衡 개양開陽 요광搖光이라고 부른다. 그 중에서 자루에 있는 두 번째 별인 개양開陽 옆에 보면 두 개의 별이 있다. 옛날에는 군대에 들어가면서 화살을 쏘던지 총을 쏘던지 하려면 눈이 좋아야 하기 때문에 시력을 검사했는데, 이 두 개의 별 즉 보성輔星과 필성弼星을 육안으로 구별할 수 있는지를 가지고 판정을 하였다고 한다. 지금처럼 시력을 1.2니 1.5니 하는 것은 일부 나라의 표준일 뿐이다. 몽고 같은 평원지역에서는 지평선이 보이지 않고 푸른 초원지대가 많기 때문에 그곳의 사람들은 우리나라의 기준으로 보면 시력이 2.5를 넘어간다. 어쨌든 옛날에는 시력감식표가 없었으므로 이 개양開陽 옆을 보아서 별이 두 개라고 그러면 합격이고, 하나라고 하면 불합격으로 총을 쏠 자격이 없어지게 된다. 지금 기준으로 보면 1.2정도이면 두 개가 다 보이지만 0.9 이하이면 아무리 봐도 하나로 보인다.

그런데 그렇게 붙어 있는 별의 거리가 상상 이상으로 멀다. 지구와 태양의 사이가 8분 20촉광(광년), 1억 5천만 킬로미터이고 북극성은 45광년 떨어져 있는데, 이 두 별 사이의 거리가 지구와 태양 사이의 거리보다 16만 배나 된다. 그렇게 가깝게 붙어 있는 것으로 보이는 두 별의 거리가 이 정도인데 우주 전체로 보면 얼마나 넓다는 것인지 상상하기도 어려울 것이다. 이 두 별 중에서 바깥에 있는 것이 보성輔星이라 하고, 다른 쪽은 필성弼星이다. 지금 우리가 쓰고 있는 보필輔弼이라는 말이 여기에서 나왔다. 겉으로 나타나서 도와주는 것을 보輔라고 하고, 보이지 않는 안에서 내조하는 것을 필弼이라고 한다. 그런 우주가 5천 개가 넘는다고 한다.

"팔간산八艮山 구리화九離火 십건천十乾天 일손풍一巽風 이천二天 삼태택三兌澤 사감수四坎水 오곤지五坤地 육진뢰六震雷 칠지七地"는 우주의 체體를 말한다. 뇌풍雷風은 하늘의 정사를 담당하고, 감리坎離는 일월日月이고, 산택山澤은 천지의 형상形象을 말한다.

乾知大始오 **坤作成物**이라.

건乾에서 대시大始를 알고, 곤坤에서 물건을 만들어 이룬다. 건곤乾坤이 이렇게 역할을 분담한다는 말이다.

乾以易知오 **坤以簡能**이니 **易則易知**오 **簡則易從**이오 **易知則有親**이오 **易從則有功**이오 **有親則可久**ㅣ오 **有功則可大**오 **可久則賢人之德**이오 **可大則賢人之業**이니 **易簡而天下之理**ㅣ **得矣**니 **天下之理**ㅣ **得而成位乎其中矣**니라. 右第一章.

건乾은 쉬움으로써 알고, 곤坤은 간략한 것으로 능能하다. 쉬우면 알기 쉽고, 간략하면 따르기 쉽고, 알기가 쉬우므로 친함이 있고, 따르기 쉬우므로 공功이 있는 것이다. 친함이 있으므로 오래가고, 공이 있으므로 크고, 가히 오래할 수 있으면 현인의 덕德이고, 가히 크게 할 수 있으면 현인의 업業이다 그 이간易簡으로서 덕업德業을 이룰 수 있다는 말이다. 이간易簡함으로 천하의 이치를 얻은 연후에 그 중中을 이룰 수 있는 것이다.

본래 이치는 이간易簡으로서 하는 것이지 어렵고 복잡하면 이치가 아니다. 맹자가 말한 오륜五倫도 마찬가지이다. 배불리 먹고 따뜻하게 입었으면 반드시 사람으로서 알고 행해야 하는 도道가 있는데, 그것이 바로 부자유친父子有親, 군신유의君臣有義, 부부유별夫婦有別, 장유유서長幼有序, 붕우유신朋友有信의 오륜이다. 오륜五倫이란 기본적인 사회질서이고, 맹자는 그것을 가지고 혁명을 하려고 했던 것이다. 지금의 민주주의라고 해서 군신유의君臣有義가 없는 것은 아니다. 말이 다를 뿐이지 지금도 그대로 적용이 된다. 군신지간君臣之間은 의義가 맞아야 하는 것이고, 의義가 틀리면 할 수 없는 것이다. 부자유친父子有親을 보아도 부자지간父子之間보다 가까운 것은 없다. 내가 가정을 꾸리면서 미래를 걱정하는 것은 아들과 상의해야지 마누라는 소용이 없다. 부부유별夫婦有別은 내 마누라와 너의 마누라를 분별하라는 것인데, 그것을 구분하지 않고 닥치는 대로 하니까 문제가 생기는 것이다. 그래서 부부유별夫婦有別이 필요한 것인데 그런 구별을 못하고 무질서해지면 오늘날 같이 세상이 타락하게 되는 것이다. 사회가 타락하는 제일 첫 번째 이유가 바로 부부유별夫婦有別이 안 되기 때문이다. 이런 이치들이 다 이간지도易簡之道에서 나오는 것이다.

우리나라 조선 초에 황희黃喜(1363~1452, 공민왕12년~문종2년) 정승 같은 분도 행정을 시작하면서 남녀의 타락을 가장 먼저 바로 잡으려고 했다. 《실록》에 보면 "행정칠일行政七日에 남녀이도~"라고 기록되어 있다. 고려 말의 말세에 여자들이 남자를 끌어다가 밤새도록 희롱하고 녹초를 만들어서 내보내곤 하였는데 여자세상이라 그랬던 것이다. 그렇게까지 극치에 간 것을 황희 정승이 바로 잡은 것이다. 공자는 행정칠일行政七日에 노魯나라의 대부인 소정묘少正卯(?~BCE 496)[28]를 베었다. 소정묘는 나라의 권신인데 왜 그런 사람을 베느냐고 사람들이 놀라서 물어보니까 공자가 그 사람은 불효하기 때문이라고 대답하였다. 지도자가 불효하면 그것부터 잡아야 한다는 것이다. 황희는 남녀男女의 무질서부터 잡은 것이고,

---

28 소정묘(少正卯, ?~BCE 496) : 중국 춘추시대 노(魯)나라의 대부(大夫). 소정은 관명(官名), 묘는 이름이다. BCE 496년 노나라의 사법·치안을 통괄하는 대사구(大司寇)에 취임하여 재상의 직무를 대행하게 된 공자(孔子)에게 '위정을 어지럽히는 자'로 지목되어 주살되었다고 전한다. 공자는 대사구 취임 7일째 되던 날 그를 죽였는데, 문인(子貢)이 힐문하자, 공자는 그 이유로 인간이 지닌 악은 도둑질을 제외하고 5가지 악을 열거할 수 있다고 했다. 그 가운데 하나만 있어도 도리를 숙지한 군자의 주벌을 면할 수 없는데, 소정묘는 그 모두를 지니고 있다고 지적하였다.

공자孔子는 불효不孝부터 잡은 것이다

고려 말에는 개가를 하려고 본 남편을 죽이고서 다시 시집을 가는 예가 많았다고 한다. 그런 폐단을 잡기 위해서 황희 정승이 어떻게 했느냐면 처첩의 소생들은 대과를 보지 못하게 법을 만들었다. 처첩소생을 서얼庶孼이라고 하는데, 서자庶子는 같이 데려온 첩의 자식이고 얼자孼子는 종에게서 난 자식이다. 특히 얼자孼子들은 홍길동처럼 아버지를 아버지라고 부르지도 못한다. 개가를 많이 하고 남녀관계가 문란해지는 것을 막기 위해서 처첩의 소생들은 자손만이 아니라 자자손손까지 대과를 보지 못하게 법으로 만들어 버렸다. 그런데 그것이 오히려 폐단이 되어서 오늘날까지 내려오고 있다. 그러다가 영조 때에 일부 고쳤다고는 하지만 영조 자신이 무수리의 아들이었기 때문에 자기가 필요한 만큼만 손을 본 것이지 거의 바뀌지 않았다.

〈계사〉는 본래 제 1장, 제 2장 등으로 나누어져 있지 않았는데, 주자朱子가 정리를 하면서 그렇게 편집해 놓은 것이다. 원래의 《주역》은 복희의 괘卦는 괘대로, 문왕의 괘사卦辭는 괘사대로, 주공의 효사爻辭는 효사대로, 공자의 단彖·상象은 단·상대로 제각기 구분되어 있었는데 주자가 후학들이 배우기 쉽고 알기 쉽고 비교하기 쉽도록 편집해 놓은 것이 오늘날의 《주역》의 편제이다. 《중용》도 주자가 33장으로 나누어 놓았다. 그런데 그에 처음으로 반대를 들고 나온 사람이 윤휴尹鑴(1674~1737, 현종15년~영조13년)이다. 윤휴는 《중용》을 33장으로 나눈 것은 주자가 잘못 본 것이라고 지적하고, 굳이 나누려면 8장으로는 나눌 수 있을 것이라고 주장하였다. 그런데 우리나라의 풍토에서는 주자가 틀렸다고 말하면 바로 사문난적이 되었었다. 우암이 이 말을 듣고 그것을 사문난적으로 몰아버린 것이다.

우암 송시열의 제자 중에 서포 김만중金萬重(1637~1692, 인조15년~숙종18년)이 있는데, 그의 문집을 보면 사서四書를 주자가 《대학》·《중용》·

《논어》·《맹자》로 정해 놓은 것은 잘못이라고 주장하였다. 《대학》이 아니라 《효경》을 배워야 한다고 하면서 사서四書를 바꾸어야 한다고 주장하였다. 주자가 《대학》을 사서四書에 집어넣은 것은 나라를 지키는 방법을 생각해서 넣은 것이기 때문이다. 《효경》은 주자가 보기에는 무정부주의로 흐르기 쉽기 때문에 안 된다고 판단한 것이다. 《효경》은 "以順天下"[29]하는 것이 목적으로 되어 있은데, 그건 천자天子나 할 일이지 제후 나라에서 할 일이 아니라고 본 것이다. 그래서 《효경》을 《대학》으로 바꾸어서 천하를 다스리는 방법론으로 선택한 것이다. 우리는 책을 보면서 주자의 힘이 어디까지 미치고 있는 것인지, 어디까지가 경서經書인지를 알아야 한다.

聖人이 設卦ᄒ야 觀象繫辭焉ᄒ야 而明吉凶ᄒ며 剛柔ㅣ 相推ᄒ야 而生變化ᄒ니 是故로 吉凶者는 失得之象也ㅣ오 悔吝者ㅣ는 憂虞之象也ㅣ오 變化者는 進退之象也ㅣ오 剛柔者는 晝夜之象也ㅣ오 六爻之動은 三極之道也ㅣ니

성인이 설괘設卦하여 상象을 보고 계사繫辭하여 길흉吉凶을 밝혔다. 설괘設卦는 성인聖人이 하는 것이지 현인賢人이 할 수 있는 것이 아니다. 계사繫辭는 육갑六甲을 말한다. 계사繫辭에서 말로만 하면 길흉을 알 수 없으니까 육갑을 달아야 하고, 육갑을 달아야 길흉이 나오게 된다.

강유剛柔가 서로 미루어서 변화變化가 생기니, 이러므로 길흉吉凶이라는 것은 실득지상失得之象이오, 회린悔吝이라는 것은 염려하고 걱정하는 상象이다. 변화變化라는 것은 진퇴進退의 상象이고, 강유剛柔는 주야晝夜의 상象이고, 육효六爻가 움직이는 것은 삼극지도三極之道이다. 삼극三極은 무극無極·태극太極·황극皇極을 말한다.

---

29 曾子曰, 甚哉 孝之大也. 子曰, 夫孝 天之經也 地之義也. 民之行也 天地之經 而民是則之, 則天之明 因地之利 以順天下 是以其敎 不肅而成 其政不嚴而治 先王 見敎之可以化民也. 是故 先之以博愛 而民莫遺其親 陳之於德義 而民興行 先之以敬讓而民不爭 導之以禮樂 而民和睦 示之以好惡 而民知禁. 詩云 赫赫師尹 民具爾瞻. 《孝經》 〈三才章〉

是故로 君子ㅣ 所居而安者는 易之序也ㅣ오 所樂而玩者는 爻之辭也ㅣ니 是故로 君子ㅣ 居則觀其象而玩其辭하고 動則觀其變而玩其占하느니 是以自天佑之하야 吉無不利니라. 右第二章.

이러므로 군자君子가 거居하여 편안하다고 하는 것은 역易의 차례를 보기 때문이고, 소락이완所樂而玩하는 것은 효爻의 말을 가지고서 할 수 있다는 것이다. 역易을 가지고 앞으로 올 물결을 어떻게 변할 것인지를 알아야 하는 것이다. 이러므로 군자君子가 거居하면 그 상象을 보고서 그 사辭를 구경하는 것이고, 움직이면 그 변하는 것을 보고서 그 점占을 구경하는 것이다. 이래서 "자천우지自天佑之, 길무불리吉无不利"라는 말이 있는 것이다. 대유大有(䷍)의 상효를 보면 "자천우지自天佑之, 길무불리吉无不利"라는 말이 있는데, 그것은 자기가 당해보지 않고서는 알 수 없는 일이다. 거居와 처處는 다르다. 거居하는 것은 자기가 그곳에 사는 것이고, 처處하는 것은 왔다 갔다 하면서 직장을 삼는 것이다.

彖者는 言乎象者也ㅣ오 爻者는 言乎變者也ㅣ오 吉凶者는 言乎其失得也ㅣ오 悔吝者는 言乎其小疵也ㅣ오 无咎者는 善補過也ㅣ니

단彖이란 괘상卦象을 말하는 것이고, 효爻란 것은 변화變化를 말하는 것이다. 길흉吉凶이란 잃고 얻음을 말하는 것이고, 회린悔吝이란 조금 하자가 있는 것 트집 잡는 것을 말하고, 무구无咎란 허물을 잘 깁는 것을 말한다. 《주역》 64괘를 보면 이런 말들이 나오는데 그럴 때는 이런 뜻으로 보라는 설명이다.

是故로 列貴賤者는 存乎位하고 齊小大者는 存乎卦하고 辯吉凶者는 存乎辭하고

이러므로 귀천貴賤을 벌려놓는 것은 초효·이효·삼효 등의 위位에 있는 것이고, 작고 큰 것을 가지런하게 하는 것은 괘卦에 있는 것이고, 길흉을

분별하는 것은 사辭에 있는 것이다.

憂悔吝者는 存乎介하고 震无咎者는 存乎悔하니

회린悔吝을 걱정하는 것은 분개分介하는데 있는 것이고, 진震의 무구无咎라는 것은 회悔에 있는 것이다. '개介'자는 지남철을 말한다. 남쪽인지 북쪽인지의 기미를 가르는 것이다.

是故로 卦有小大하야 辭有險易하니 辭也者는 各指其所之라. 右第三章.

이러하므로 괘卦에는 적고 큰 것이 있고, 사辭에는 험하고 쉬운 것이 있다. 사辭라고 하는 것은 각각 가는 바를 가리키는 것이다.

易이 與天地準이라 故로 能彌綸天地之道하나니

역易이 천지天地와 더불어 같다. 그러므로 천지의 도道와 얽혀있는 것이다. 천지와 더불어 같은 역易이라는 말이므로 인간도 역시 역易과 다른 것이 아니라는 말이다. 그러므로 근취저신近取諸身하면 건乾은 머리이고, 곤坤은배, 손巽은 살, 진震은 다리, 리離는 눈, 감坎은 귀, 간艮은 손, 태兌는 입이 된다. 이것이 다 근취저신近取諸身해서 역易으로 나를 보라는 말이다.

불교의 가람 같은 큰 절을 보면 처음에 들어가는 곳에 일주문一柱門이 있다. 그곳에서 먼저 마음을 다져보라는 뜻에서 일주문一柱門이 제일 앞에 있는 것이고, 그 문을 지나고 나면 사천왕문四天王門이 나온다. 창을 가지고 있는 괴수가 음악을 타면서 사람의 목을 밟고 있다. 사천왕문을 지나면 대웅전大雄殿이 나오고, 그 서쪽에는 명부전冥府殿이 있다. 서쪽은 의義에 해당하므로 명부전이 있어서 극락으로 갈지 지옥으로 갈지를 최판관이 판단해주는 곳이고, 동쪽에는 공부를 하는 도방道房이 있다. 서

북쪽에는 산신당山神堂이 있는데 이것은 본래 불교에는 들어있지 않은 것이지만 우리나라의 샤머니즘에 속한 전통을 불교가 포용하고 있다는 것을 나타낸다. 대웅전이 중심에 있는 것은 부처인 사람이 중심이 된다는 것을 나타내는 표어이고, 대웅전을 중심으로 사방에 배열된 것은 다 인의예지仁義禮智를 나타내는 표어이다.

우리나라 대궐을 안치하는 것도 마찬가지이다. 동대문이나 서대문이라고 부르는 것은 일본 사람들이 그렇게 만든 것이고, 본래는 동쪽에는 흥인지문興仁之門, 남쪽에는 숭례문崇禮門, 서쪽에는 돈의문敦義門, 북쪽에는 자하문紫霞門이 배치되어 있다.

하늘의 북극권에 천황대제(북극성)가 있는 권역을 자미원紫微垣이라하고, 사람이 배속에서 나올 때 보를 쓰고 나오는데 그것을 자하거紫河車라고 한다. 임금이 나오는 곳을 자하紫河라고 부른다. 중국에서 사신이올 때에도 자기가 천자를 대신해서 왔다고 북쪽 문으로 드나들었다. 백성들은 반대로 남쪽의 과천에서부터 기었다고 한다.

남쪽은 특이하게 숭례문崇禮門의 현판을 세로로 써 놓았는데, 그것은 남쪽에 있는 관악산이 불타오르는 화기火氣를 상징하기 때문이고, 그 화기火氣가 너무 강해지는 것을 경계하기 위해서 해태를 갖다 놓은 것이다. 동쪽에는 태자가 거하는 동궁東宮이 있다. 동서남북에 대문을 배열하고 그 가운데에 보신각普信閣을 세워 놓았다. 그곳이 한국의 중심이라는 뜻이다. 그런데 일본 사람들이 들어와서 제일 먼저 한 일이 보신각의 자리를 옮겨놓은 것이다. 자리를 옮겨 놓고서 4km(10리)로 만들어 버렸다. 10리에 5.2km를 4km로 만든 것이다. 우리나라가 5.2km의 10리인 3천리인데, 4km(10리)짜리의 3천리로 축소해 놓았던 것이다. 말하자면 뿌리를 뽑은 것이다.

仰以觀於天文하고 俯以察於地理라. 是故로 知幽明之故ㅣ하며 原

始反終이라. 故로 知死生之說하며 精氣爲物이오 游魂爲變이라. 是故로 知鬼神之情狀하느니라.

위로 우러러서 천문天文을 보고, 아래로 지리地理를 굽어보라는 것이다. 그래서 죽고 사는 연고를 알고, 원시반종原始反終이라. 그렇게 해서 사생지설死生之說을 아는 것이다. 정기精氣는 물物이 되고 유혼遊魂은 변變이 되므로 귀신鬼神의 정상情狀을 알 수 있는 것이다.

관찰觀察에서 관觀은 위로 우러러보는 것이고, 찰察은 아래로 굽어보는 것이다. 변화變化에서 변變은 음에서 양으로 변하는 것이고, 화化는 양에서 음으로 변하는 것이다. 그래서 죽을 '사死'자의 밑에 '화化'자가 들어 있는 것이다. 원시반종原始反終은 "해亥 자子 축丑 인寅 묘卯 진辰 사巳 오午 미未 신申 유酉 술戌" 이렇게 해서 닫힌 것을 여는 것을 원시반종原始反終이라고 한다.

與天地相似ㅣ라 故로 不違하느니 知周乎萬物而道濟天下ㅣ라 故로 不過하며 旁行而不流하야 樂天知命이라 故로 不憂하며 安土하야 敦乎仁이라 故로 能愛하느니라

역易이 천지로 더불어 서로 같기 때문에 그 범위를 어기지 않는다. 만물이 두루 도道로써 천하를 건지는 것이다. 그러므로 법도에 지나지 않으며, 곁에서 행해서 법도에 흐르지 않아서 천명天命의 즐거움을 알게 된다. 그러므로 걱정하지 않으며 안토安土하야 인仁에 도타우니, 그러므로 사랑할 수 있는 것이다.

範圍天地之化而不過하며 曲成萬物而不遺하며 通乎晝夜之道而知라 故로 神无方而易无體하느니라. 右第四章.

천지지화天地之化를 범위로 해서 법도를 지나지 않으며, 만물을 곡진하게 이루어서 흘리지 않으며, 모든 것은 주야지도晝夜之道(先天后天, 河圖

洛書)를 통해서 알게 되는 것이다. 그러므로 신神은 방위方位가 없고 역易
은 체體가 없는 것이다.

一陰一陽之謂ㅣ 道니 繼之者ㅣ 善也오 成之者ㅣ 性也ㅣ라

  한 번은 음陰했다 한 번은 양陽했다 하는 것이 도道이다. 하나는 양陽이
고 하나는 음陰이라는 말이 아니라, 한 번 밤이면 한 번 낮이고, 한 번 음
陰하면 한 번은 양陽하는 것으로 그렇게 움직이는 것이 도道라는 말이다.
도道라는 것은 가만히 있는 것이 아니다. 그 도道를 이어가는 것이 선善이
고, 그 도道를 이룬 것이 성性이다. 본성本性이라는 말이다.

仁者ㅣ 見之애 謂之仁ᄒ며 知者ㅣ 見之애 謂之知오 百姓은 日用不
知라 故君子之道ㅣ 鮮矣니라. 顯諸仁ᄒ며 藏諸用ᄒ야 鼓萬物而不
與聖人同憂ᄒᄂ니 盛德大業이 至矣哉라.

  그래서 어진 사람이 보면 그것을 인仁이라 하고, 지혜로운 사람이 보면
그것을 지知라고 하는데, 백성들은 날마다 쓰면서도 그 까닭을 알지 못
한다. 그래서 군자지도君子之道를 아는 자가 적은 것이다. 인仁에서 나타나
고 쓰는데서 감춘다. 그래서 만물을 두드려서 성인聖人과 더불어 같이 걱
정하지 않나니 성덕盛德과 대업大業이 참으로 지극하구나.

富有之謂ㅣ 大業이오 日新之謂ㅣ 盛德이오 生生之謂ㅣ 易이오 成
象之謂ㅣ 乾이오 效法之謂ㅣ 坤이오 極數知來之謂ㅣ 占이오 通
變之謂ㅣ 事ㅣ오 陰陽不測之謂ㅣ 神이니라. 右第五章.

  부유하다는 것이 바로 대업大業이고, 날마다 새로운 것이 바로 성덕盛
德이다. 그래서 성덕군자盛德君子라는 말이 있는 것이다. 낳고 또 낳는 것
이 역易이다. 태극太極에서 양의兩儀를 생하고, 양의兩儀에서 사상四象을 생
하고, 사상四象에서 팔괘八卦를 생한다. 상象을 이룬 것이 건乾이요, 덕德을

본받는 것이 곤坤이다. 십수十數를 다 하여서 미래를 아는 것이 점占이요, 통변通變하는 것이 사事이다. 음양불측陰陽不測하는 것을 신神이라 한다.

《주역》에 나오는 괘사卦辭나 효사爻辭를 볼 때 이런 뜻으로 보면 된다는 말이다. 예를 들면 〈설괘전〉에 "神也者, 妙萬物而爲言者也"라고 나오는데 여기서의 신神이란 음양불측陰陽不測한 것을 뜻한다는 말이다.

夫易이 廣矣大矣라 以言乎遠則不御ㅎ고 以言乎邇則靜而正ㅎ고 以言乎天地之間則備矣라.

역易이라는 것이 넓고 크다. 먼데까지 말하면 막힘이 없고, 가까이 말하면 고요하고 바르고, 천지天地의 사이에서 말하면 다 갖추어져 있다. 천지지간天地之間은 인간人間을 말한다.

夫乾은 其靜也ㅣ 專ㅣㅎ고 其動也ㅣ 直이라 是以大ㅣ 生焉ㅎ며
夫坤은 其靜也ㅣ 翕ㅎ고 其動也ㅣ 闢이라 是以廣이 生焉ㅎ느니

왜냐하면 건乾이라고 하는 것은 고요하면 온전하고, 움직이면 곧다. 그래서 큼이 생기는 것이다. 직直해야 원圓이 된다. 손으로 보면 손가락을 편 것이 건乾의 형상이고, 손가락을 굽힌 것이 곤坤의 형상이다. 곤坤이라는 것은 고요하면 이렇게 합하고, 움직이면 열린다. 손을 편 것이 건乾인데 건乾은 곤坤(손가락을 굽힌 것)에서 나왔고, 손을 굽힌 것이 곤坤인데 곤坤은 건乾(손을 편 것)에서 나왔다. 이와 같이 서로가 서로의 뿌리가 된다 하도河圖와 낙서洛書도 마찬가지로 하도를 쓸 적에는 낙서를 근본해서 쓰고, 낙서를 쓸 적에는 하도를 근본해서 낙서를 쓰는 것이다. 서로 엇갈리면서 서로 근본이 된다.

廣大는 配天地ㅎ고 變通은 配四時ㅎ고 陰陽之義는 配日月ㅎ고 易

簡之善은 配至德하니라. 右第六章.

광대廣大는 천지天地와 짝하는 것이고, 변통變通은 사시四時와 짝하고, 음양지의陰陽之義는 일월日月과 짝하고, 이간지선易簡之善은 지덕至德과 짝한다.

子曰, 易이 其至矣乎신뎌. 夫易은 聖人이 所以崇德而廣業也ㅣ니 知는 崇코 禮는 卑하니 崇은 效天하고 卑는 法地하니라.

공자께서 말씀하시길 역易이란 것이 지극하다. 역易은 성인聖人이 숭덕광업崇德廣業하는 까닭을 말하는 것이다. 지知는 높은 것이고, 예禮는 낮은 것이다. 왜냐하면 숭崇은 하늘을 본받은 것이고 비卑는 땅을 본받은 것이기 때문이다.

여기에 "자왈子曰"이라는 말이 있기 때문에 청나라 때의 고증학자들은 〈계사〉는 공자가 직접 지은 것이 아니라고 보았다. 공자의 저작이라면 "자왈子曰"이라는 말이 없어야 한다는 것이다. 후인이 지었기 때문에 "자왈子曰"이라고 말했다는 것이다. 고증은 그렇게 했지만 이런 문장은 공자가 아니면 쓸 수 없다. 문장에는 다 솜씨가 있다. 정자程子는 정자의 글 솜씨가 있고, 주자朱子는 주자의 글 솜씨가 다 있다. 글이라고 하는 것은 정情이 붙어서 그 정이 아무리 살을 붙여도 다 다르기 마련이다. 그래서 나중에 오강吳綱 등의 학자들이 주장한 것처럼 다시 〈계사〉는 공자의 글이라고 보고 있다.

天地ㅣ 設位어든 而易이 行乎其中矣ㅣ니 成性存存이 道義之門이라. 右第七章.

천지설위天地設位라는 것은 손도수 치면 "해亥 자子 축丑 인寅 묘卯 진辰 사巳 오午 미未 신申 유酉 술戌", 또는 "9, 10, 1, 2, 3, 4, 5, 6, 7, 8"로 치는 것으로 이는 방위를 평면적으로 본 것이다. 천지설위天地設位를 입체적으

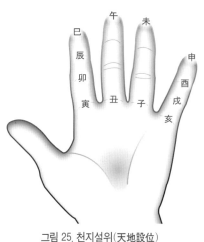

그림 25. 천지설위(天地設位)

로 보려면 "해자축亥子丑 인묘진寅卯辰 사오미巳午未 신유술申酉戌"로 해서 보아야 한다.

"성성존존成性存存"이라는 것은 "1, 2, 3, 4, 5, 6, 7, 8, 9"하는 것으로 낙서洛書의 수를 세는 것이다. 낙서는 하도에서 나오고, 하도는 낙서에서 나온 것이므로 서로 연결이 된다. 엄지손가락에서부터 "10, 9, 8, 7, 6, 5, 4, 3, 2, 1"의 순으로 가는 것은 하도河圖이고, 엄지손가락에서부터 "1, 2, 3, 4, 5, 6, 7, 8, 9"의 역으로 가는 것은 낙서洛書이다. 하도에서의 열(10) 자리가 낙서는 아홉(9) 되므로 낙서를 구궁수九宮數라 하기도 한다. 다시 말해서 "10, 9, 8, 7, 6, 5, 4, 3, 2, 1"로 보는 것은 건괘乾卦 식이고, "1, 2, 3, 4, 5, 6, 7, 8, 9"로 보는 것은 곤괘坤卦 식이다.

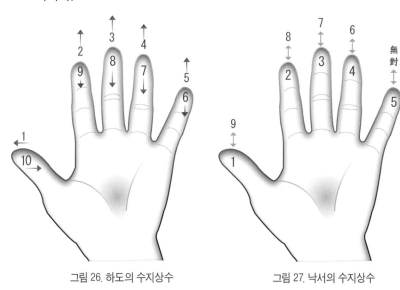

그림 26. 하도의 수지상수   그림 27. 낙서의 수지상수

聖人이 有以見天下之蹟ㅎ야 而擬諸其形容ㅎ며 象其物宜라 是故로 謂之象이오. 聖人이 有以見天下之動ㅎ야 而觀其會通ㅎ야 以行其典禮ㅎ며 繫辭焉ㅎ야 以斷其吉凶이라 是故로 謂之爻ㅣ니

성인聖人이 천하의 궁벽한데까지 보아서 그 형용을 다 짓이겨서 물건에 마땅한 것을 형상해서 만든 것이므로 상象이라고 하는 것이다. 이런 말들이 꾸며대는 것 같지만 세상에 꾸며지지 않은 것이 무엇이 있겠는가?

성인聖人이 천하의 움직이는 것과 그 서로 화통하는 것을 보고 그것을 가지고 전례와 법전을 행하였으며, 거기에다가 계사繫辭 즉 육갑六甲을 달아서 길흉吉凶을 판단하였다. 이런 까닭에 효爻라고 한 것이다.

言天下之至蹟호디 而不可惡也ㅣ며 言天下之至動호디 而不可亂也ㅣ니 擬之而后에 言ㅎ고 議之而后에 動이니 擬議ㅎ야 以成其變化ㅎ니라

그래서 천하의 지극히 궁벽한데를 말하여도 꺼려할 수 없고, 천하의 지극히 움직이는 것에 대해 말하더라도 난亂까지 가서는 안 된다. 인간이 아는 것도 한계가 있다. 그것을 연구해보고 그런 연후에 말하고, 또 의논한 후에 움직여야 하는 것이다. 그래서 의논하고 연구한 연후에 변화를 이루는 것이다.

鳴鶴이 在陰이어늘 其子ㅣ和之로다. 我有好爵ㅎ야 吾與爾靡之라ㅎ니 子曰 君子ㅣ居其室ㅣㅎ야 出其言에 善이면 則千里之外ㅣ應之ㅎ나니 況其邇者乎여. 居其室ㅎ야 出其言에 不善이면 則千里之外ㅣ違之ㅎ나니 況其邇者乎여. 言出乎身ㅎ야 加乎民ㅎ며 行發乎邇ㅎ야 見乎遠ㅎ나니 言行은 君子之樞機니 樞機之發이 榮辱之主也ㅣ라. 言行은 君子之所以動天地也ㅣ니 可不愼乎아.

풍택중부風澤中孚(䷼)의 이효의 효사에 "鳴鶴이 在陰이어늘 其子ㅣ和之

로다. **我有好爵**ᄒ야 **吾與爾靡之라**"는 말이 나오는데, 이 말뜻을 이를테면 이런 식으로 해석할 수도 있다는 것이다. 글자 그대로 곧이곧대로 해석하지 말고 공자의 말처럼 해석하여야 한다는 것이다. 명학재음鳴鶴在陰은 "유술해酉戌亥 자축인子丑寅 묘진사卯辰巳 오미신午未申"할 때의 유酉(제2지)가 있기 때문에 나오는 소리이다. "**我有好爵**ᄒ야 **吾與爾靡之라**"는 내게 좋은 잔이 있어서 나와 너로 더불어 먹고 쓰러진다는 뜻이다. 작爵은 벼슬을 뜻하는 글자인데 술잔하고도 뜻이 통한다.

공자가 말하기를, 군자君子가 그 집에 거해서 말을 내는데 잘 하면 천리 밖에서도 다 응해주는데 더군다나 가까운데서야 더할 것 아니겠는가? 그 실室에서 거하여 말을 내는데 잘하지 못하면 천리 밖에서도 어기니 더군다나 가까운데서야 더 어길 것이 아니겠는가? 그러니까 말이라는 것은 몸에서 나와서 백성에게 가는 것이고, 행行은 가까운데서 발해서 멀리까지 나타나는 것이다. 그러므로 언행言行이라는 것은 군자의 추기樞機, 문지도리, 돌쩌귀가 되는 것이다. 추기樞機에 발하는 것이 영욕지주榮辱之主이다. 잘하면 영예가 되고 잘못하면 욕이 된다. 언행言行은 군자君子가 천지天地를 움직이는 방법이니 가히 삼가지 않을 수 있는가?

효사爻辭에는 "鳴鶴在陰, 其子和之, 我有好爵, 吾與爾靡之"라고 적혀 있는데, 공자가 볼 적에는 이렇게 언행言行으로 비약이 된 것이다. 우리 소견에 보면 이렇게까지 엄청나게 생각을 비약할 수가 없다. 이를테면 그렇다는 것일 뿐인데, 공자 외에는 이렇게까지 발견한 사람이 아직도 없다.

同人이 **先號**咷**而後笑**ㅣ라ᄒ니 **子曰 君子之道**ㅣ **或出或處或默或語**ㅣ나 **二人**이 **同心**ᄒ니 **其利**ㅣ **斷金**이로다. **同心之言**이 **其臭**ㅣ **如蘭**이로다.

동인同人이 먼저 부르짖어 울고서 뒤에 웃는다. 군자君子의 도는 혹은 나가기도 하고, 혹 처處하기도 하고, 혹 아무 말도 없이 묵묵하기도 하고,

혹 말하기도 한다. 그렇지만 두 사람이 동심同心이면 그 예리한 것이 금金을 끊을 수 있고, 동심同心으로 말하는 것은 냄새가 난초처럼 향기롭다. 이런 해석도 역시 공자가 아니면 할 수가 없다. 예를 들면 이렇다는 말인데 그걸로 끝나지, 이렇게 공자처럼 풀 재주가 있는 사람이 없다

　초연수焦延壽라고 하는 사람이 점법을 기록한 책을 지었는데 참 명문이다. 그리고 그 사람의 제자인 경방京房이 화갑花甲[30]이라는 것을 지어서 발전시켰는데 초연수가 그것을 보고 '나의 도道는 제자 아무개가 망쳐 놓았다'면서 한탄을 했다고 한다. 그것 때문에 세상이 어지러워졌다고 하는 말이다. 화갑花甲이란 "갑자을축해중금甲子乙丑海中金, 병인정묘노중화丙寅丁卯爐中火, 무진기사대림목戊辰己巳大林木……" 이렇게 나가는 것인데 이것을 점쟁이들이 궁합을 보는데 쓰고 있다. 궁합에 "갑자을축해중금甲子乙丑海中金 병인정묘노중화丙寅丁卯爐中火"라고 나오면 화극금火克金하기 때문에 궁합이 좋지 않다고 하는 것이다.

　초연수는 괘사卦辭에 대해서 말했는데, 운韻을 달아서 사자시四字詩로 지은 것이 명문이다. 그 문장이 좋아서 많이 인용되기도 하였다 우리나라에서도 임진왜란 때에 초연수법으로 '이 난리가 언제 끝나랴?' 하고 점을 쳤는데, 그 점괘가 '그 전장 때 난 아들이 자기 아버지가 누구인지 모르게 되고, 그런 연후에 이 난리가 끝난다.'라고 나와서 칠 년 동안 간 것이 맞았다는 이야기가 이긍익이 쓴 《연려실기술》에 나온다.

初六藉用白茅ㅣ니 无咎ㅣ라하니 子曰 苟錯諸地라도 而可矣어늘 藉之用茅하니 何咎之有ㅣ리요 愼之至也ㅣ라. 夫茅之爲物이 薄而用은

---

30 60 花甲子

甲子乙丑海中金	丙寅丁卯爐中火	戊辰己巳大林木	庚午辛未路傍土	壬申癸酉劍鋒金
甲戌乙亥山頭火	丙子丁丑澗下水	戊寅己卯城頭土	庚辰辛巳白蠟金	壬午癸未楊柳木
甲申乙酉泉中水	丙戌丁亥屋上土	戊子己丑霹靂火	庚寅辛卯松柏木	壬辰癸巳長流水
甲午乙未沙中金	丙申丁酉山下火	戊戌己亥平地木	庚子辛丑壁上土	壬寅癸卯金箔金
甲辰乙巳覆燈火	丙午丁未天河水	戊申己酉大驛土	庚戌辛亥釵釧金	壬子癸丑桑柘木
甲寅乙卯大溪水	丙辰丁巳沙中土	戊午己未天上火	庚申辛酉石榴木	壬戌癸亥大海水

周易 —— 주역

可重也ㅣ니 愼斯術也ㅎ야 以往이면 其无所失矣리라.

이것은 대과大過(䷛)의 초효를 이렇게 또 풍속으로 풀어 본 것이다. "제사지내는데 짚인 백모白茅를 깔고 하면 무구无咎라"라는 말이 있는데 공자가 이 효사爻辭를 보고 풍속으로 풀어 쓴 것이다. 진실로 땅에 그냥 제물을 놓아도 괜찮은데 띠를 써서 깐다면 무슨 두려움이 있으리오. 그냥 해도 되는데 거기다가 띠를 깔고 한다는 것은 삼가는 것이 지극한 것이다. 풍속에 초이레, 두이레, 세이레 마다 방에서 삼신三神에게 비는 것이 있는데 빌 때에 짚을 깔고 한다. 그것이 바로 이런 풍속이다. 띠라고 하는 물건이 지극히 박절한 것이지만 쓰는 데는 가히 중하다고 할 수 있다. 이처럼 삼가서 가면 잃는 바가 이렇게까지 없다는 말이다.

勞謙이니 君子ㅣ 有終이니 吉이라ᄒ니 子曰 勞而不伐ᄒ며 有功而不德이 厚之至也ㅣ니 語以其功下人者也ㅣ라 德言盛이오 禮言恭이니 謙也者ᄂ 致恭ᄒ야 以存其位者也ㅣ라.

겸괘謙卦(䷎) 삼효에 이런 효사가 있다. 자기가 공로가 있어도 자랑하지 않고, 공이 있어도 그것을 내 덕이라고 안하는 그것이 후厚함이 지극하다. 왜냐하면 그 공을 남보다 내리는 것이기 때문이다. 덕德이라고 하는 것은 성盛한 것을 말하지만 례禮라는 것은 공손함을 말하는 것이다. 겸손이라고 하는 것은 공을 이루게 해서 그 자기 위치를 보존하는 것이다. 이렇게 여러 가지 예를 들어서 해석하는 방법을 이야기해주고 있다.

亢龍이니 有悔라ᄒ니 子曰 貴而无位ᄒ며 高而无民ᄒ며 賢人이 在下位而无輔ㅣ라 是以動而有悔也ㅣ니라.

건괘乾卦 상효에 "亢龍有悔"라는 말이 있는데, 공자께서는 아무리 귀하더라도 위치가 없고 높아도 백성이 없다고 하였다. 나라를 돕고 천자를 돕는 사람을 현인賢人이라고 하는데, 현인賢人이 오효나 사효나 삼효에 있어야 되는데 제일 밑에 있으니까 도와지질 않는다. 이래서 움직여서 뉘우치는 데로 간다는 것이다.

不出戸庭이면 无咎ㅣ라ᄒᆞ니 子曰 亂之所生也ㅣ 則言語ㅣ 以爲階니 君不密則失臣ᄒᆞ며 臣不密則失身ᄒᆞ며 幾事ㅣ 不密則害成ᄒᆞᄂᆞ니 是以君子ㅣ 愼密而不出也ᄒᆞᄂᆞ니라.

절괘節卦(☲)에 있는 말이다. 어지러운 세상에서는 언어言語에 계층이 있다. 어디까지는 말을 해도 되지만 어디까지는 일반에게 공개하지 말아야 하는 단계가 있는 것이다. 왜냐하면 임금이 비밀이 없으면 신하를 잃고, 신하가 비밀이 없으면 몸을 잃고, 기미를 보는 일이 치밀하지 못할 것 같으면 이루는데 해롭다. 그래서 군자는 비밀을 삼가서 밖으로 내지를 않는 것이다.

공자의 제자 중에 자공子貢 같은 사람은 말도 잘하고 부자인데 매번 공자보고 자기한테는 다 말하지 않고 숨긴다고 불평을 하였다. 그래서 공자가 '내가 숨길 것이 무엇이 있겠느냐. 말을 한다면 다 적절히 말하는 것이지 숨기는 것은 없다'라고 대답하였다. 그런데도 자공子貢은 '저한테는 여러 가지 다 말씀하셨지만 성性과 천도天道에 대해서는 말씀하지 않으셨습니다.'[31]라고 하면서 공자에게 원망 아닌 원망을 하였다는 이야기가 《논어》에 나온다.

子曰 作易者ㅣ 其知盜乎ㄴ뎌 易曰負且乘이라 致寇至라ᄒᆞ니 負也者ᄂᆞᆫ 小人之事也ㅣ오 乘也者ᄂᆞᆫ 君子之器也ㅣ니 小人而乘君子之器라 盜ㅣ 思奪之矣며 上을 慢코 下를 暴ㅣ라 盜ㅣ 思伐之矣니 慢藏이 誨盜ㅣ며 冶容이 誨淫이니 易曰負且乘致寇至라ᄒᆞ니 盜之招也ㅣ라.

右第八章.

---

31 子貢曰, 夫子之文章, 可得而聞也. 夫子之言性與天道. 不可得而聞也,《論語》〈公冶長〉

《역》을 지은 자聖라야만 도적을 알 수 있다는 것은 몰래 하는 것을 알 수 있다는 말이다. 《역》에 말하기를 지고 또 타기 때문에 도적에 이르게 만드는 것이다. 앞의 '치致'자는 이르게 하는 것이고, 뒤의 '지至'자는 거기까지 이른 것을 말한다. 진다는 것은 소인小人의 일이고 말을 타는 것은 군자君子의 그릇인데 소인이 군자의 그릇을 탄다는 것이므로 도적이 뺏을 것을 생각하고, 상上에는 거만하게 하고 하下에는 난폭하게 한다. 행정기관에 있거나 정치기관에 있으면 윗사람에게는 비벼대고 아랫사람에게는 난폭하게 하는 것이 상례이다. 그렇기 때문에 도적이 칠 것을 생각하게 된다

감추는 것을 게을리 하는 것은 도적을 부르는 것이다. 말하자면 대문을 닫지 않는 것은 도적을 오라고 부르는 것과 마찬가지라는 말이다. 또 모양을 꾸미는 것은 음란함을 부르는 것이다. '야冶'라는 것은 야금술이라는 말이 있는 것처럼 다스리고 모양을 만지작거리는 것을 말한다. 즉 그것은 음란함을 가리키는 것이다. 여자들이 모양을 내고 혼란하게 하는 것은 나한테 음란하게 해도 괜찮으니까 한번이라도 더 쳐다보고서 어떻게 해보라는 그런 말과 같다. 그것이 야용회음冶容誨淫의 뜻이다. 《역》에 "부차승치구지負且乘致寇至"라는 말이 있으니 그것은 도적을 부르는 일이라는 뜻이다.

天一地二天三地四天五地六天七地八天九地十이니

이 내용은 주자의 책에나 있지, 소강절 같은 사람들이 쓴 《역》에는 없다. 본문의 내용과 관련이 없는 연문이라고 하여 없애버린 책이 많다. 하지만 이것은 분명히 팔괘의 기본이 되는 하도수河圖數를 말하는 것이다. "1, 3, 5, 7, 9", "2, 4, 6, 8, 10"으로 수數를 음양으로 가른 것이다. 홀수인 "1, 3, 5, 7, 9"는 천天이고, 짝수인 "2, 4, 6, 8, 10"은 지地이다. 그래서 천수天數는 천수天數대로 지수地數는 지수地數대로 나누어지고, 하도와 낙서도

그렇게 갈라진다.

天數ㅣ 五오 地數ㅣ 五ㅣ니 五位相得ᄒ며 而各有合ᄒ니 天數ㅣ 二十
有五ㅣ오 地數ㅣ 三十이라 凡天地之數ㅣ 五十有五ㅣ니ㅣ 此ㅣ 所以成
變化ᄒ며 而行鬼神也ㅣ라.

　천수天數는 다섯이고, 지수地數가 또한 다섯이다. 오위五位를 서로 얻어
서 각각 합合함이 있으니 천수天數는 "1, 3, 5, 7, 9"로 합하면 25가 되고, 지
수地數는 "2, 4, 6, 8, 10"으로 합하면 30이 된다. 그래서 천지지수天地之數
가 55가 되는 것이니 이것이 소위 변화變化를 이루고 귀신鬼神을 행行하게
된다. 귀鬼는 낙서이고, 신神은 하도이다.

大衍之數ㅣ 五十이니 其用은 四十有九ㅣ라 分而爲二ᄒ야 以象兩
ᄒ고 掛一ᄒ야 以象三ᄒ고 揲之以四ᄒ야 以象四時ᄒ고 歸奇於扐ᄒ
야 以象閏ᄒᄂ니 五歲에 再閏이라 故再扐而後에 掛ᄒᄂ니라. 乾之策
이 二百一十有六이오 坤之策이 百四十有四ㅣ라 凡三百有六十이니
當期之日ᄒ고

　대연지수大衍之數는 50인데, 그 용用은 하나를 뺀 49이다. 이것은 점치는
방법을 말하는 것이다. 수數를 세는 대가치를 50개 갖다가 실제로 실험
을 해봐야 한다. 점은 치지는 않을지언정 그 방법은 알고 있어야 한다. 옛
날에는 시초점蓍草占이라고 했는데, 시초蓍草는 보풀같은 젓가락같이 피
는 풀로 하나에 백 개의 가지가 나온다. 신초神草라고도 하는데 그것을
가지고 점을 친다.

※ 하도(河圖)와 낙서(洛書)

건곤乾坤 이전에 하도와 낙서가 있었는데 "10, 9, 8, 7, 6, 5, 4, 3, 2, 1"의 순으로 수數가 순순順으로 된 것은 하도이고, "1, 2, 3, 4, 5, 6, 7, 8, 9"의 순으로 역逆으로 가는 것은 낙서이다. 낙서는 하도를 근본으로 하고, 하도는 낙서를 근본으로 한다. 하도와 낙서는 선천과 후천의 관계이며, 언제든지 하도와 낙서는 떨어질 수 없는 것이다. 낙서洛書시대하고 하도河圖시대가 따로 구분되지는 않는다. 이 두 가지는 언제든지 하나는 체體가 되고, 하나는 용用이 되는 것이다. 하도는 "2, 4, 6, 8, 10"의 우수偶數가 기본이고, 낙서는 "1, 3, 5, 7, 9"의 기수奇數가 기본이 된다. "2, 4, 6, 8, 10"은 방方이 되고, "1, 3, 5, 7, 9"는 원圓이 된다.

천지가 어떻게 창조되는지를 《정역》의 입장에서 보면 처음은 열(10)에서 시작된다. 십건천十乾天으로 하늘이 먼저 생기고, 그 다음에 아홉(9)은 구리화九離火, 즉 태양이 생긴다. 여덟(8)과 일곱(7)은 성신星辰으로 소양과 소음에 해당된다. 그 다음에 여섯(6)은 태음인 달이 생기는 것이다. '9'는 용구用九로 태양(해)이고 '6'은 용육用六으로 태음(달)이다. 이렇게 하늘에 태양이 생기고, 성신星辰이 생기고, 달이 생기는 것이다.《주역》〈계사〉상에 "在天成象코 在地成形하니 變化見矣라."라는 말이 있는데, 이것은 그 중에서 재천성상在天成象에 대한 설명이다.

그 다음 재지성형在地成形은 다섯(5)에서부터 넷(4)으로 금석金石이 먼저 생긴다. 용암이 흘러서 제일 먼저 금석金石으로 굳어진 것이다. 금석金石이 생긴 연후에 삼팔목三八木으로 식물이 생기고, 다시 이칠화二七火인 금수禽獸가 생긴다. 금석金石과 초목草木으로 먹고 살 것이 마련된 다음에 짐승이 생긴 것이다. 하나(1)는 인간人間이다. 인간이 제일 나중에 생겼다. 천지창조의 순서를 《정역》의 입장에서 보면 이와 같다.

팔괘八卦를 외울 때에는 그냥 말로만 아는 것이 아니라, 보이지 않는 괘상卦象까지 외우고 있어야 한다. 예를 들면 복희팔괘伏羲八卦에서 "일건천

一乾天 이태택二兌澤 삼리화三離火 사진뢰四震雷 오손풍五巽風 육감수六坎水 칠간산七艮山 팔곤지八坤地"라고 할 때 건乾·곤坤·감坎·리離 등은 그 괘의 성정性情을 말하는 것이고, 천天·택澤·화火·뢰雷 등은 그 괘의 형체를 말하는 것이다. 즉, 천지일월天地日月은 형체形體를 말하고, 건곤감리乾坤坎離는 성정性情을 말하는 것이다. 또한 그 괘의 형상이 어떻게 생겼는지, 어떤 의미를 가지고 있는지를 같이 외우고 있어야 한다.

64괘의 경우도 마찬가지이다. 64괘를 순서대로 외우면 "건乾·곤坤·둔屯·몽蒙·수需·송訟·사師·비比·소축小畜·리履·태泰·비否·동인同人·대유大有·겸謙·예豫·수隨·고蠱·림臨·관觀·서합噬嗑·비賁·박剝·복復·무망无妄·대축大畜·이頤·대과大過·감坎·리離·함咸·항恒·돈遯·대장大壯·진晉·명이明夷·가인家人·규睽·건蹇·해解·손損·익益·쾌夬·구姤·췌萃·승升·곤困·정井·혁革·정鼎·진震·간艮·점漸·귀매歸妹·풍豊·려旅·손巽·태兌·환渙·절節·중부中孚·소과小過·기제既濟·미제未濟"이다. 둔괘屯卦를 외울 때에는 반드시 수뢰둔水雷屯, 즉 감수坎水와 진뢰震雷가 합해져서 둔괘屯卦가 되었다는 것을 알고 있어야 한다. 성리학性理學이라는 말도 성性은 건곤감리乾坤坎離의 성정을 말하는 것이다, 리理는 수리數理를 말하는 것이다.

乾	坤	屯	蒙	需	訟	師		比	小	畜	兮	履	泰	否
同	人	大	有	謙	豫	隨		蠱	臨	觀	兮	噬	嗑	賁
剝	復	无	妄	大	畜	頤		大	過	坎	離	三	十	備
咸	恒	遯	兮	及	大	壯		晉	與	明	夷	家	人	睽
蹇	解	損	益	夬	姤	萃		升	困	井	革	鼎	震	繼
艮	漸	歸	妹	豊	旅	巽		兌	渙	節	兮	中	孚	至
小	過	旣	濟	兼	未	濟		是	爲	下	經	三	十	四

표 16. 육십사괘차서가(六十四卦次序歌)

二篇之策이 萬有一千五百二十이니 當萬物之數也ᄒᆞ니 是故로 四營而成易ᄒᆞ고 十有八變而成卦ᄒᆞ니 八卦而小成ᄒᆞ야 引而伸之ᄒᆞ며 觸類而長之ᄒᆞ면 天下之能事ㅣ 畢矣리니 顯道ᄒᆞ고 神德行이라 是故로 可與酬酢이며 可與祐神矣니 子曰知變化之道者ㅣ 其知神之所爲乎ㄴ뎌. 右九章

易有聖人之道ㅣ 四焉ᄒᆞ니 以言者ᄂᆞᆫ 尙其辭ᄒᆞ고 以動者ᄂᆞᆫ 尙其變ᄒᆞ고 以制器者ᄂᆞᆫ 尙其象ᄒᆞ고 以卜筮者ᄂᆞᆫ 尙其占ᄒᆞᄂᆞ니

《역》에 성인聖人이 세상을 다스리는 방법에는 네 가지가 있는데 말로써 하는 것, 움직임으로써 하는 것, 무엇을 만듦으로써 하는 것, 복서卜筮로써 하는 것이 있다. 즉, 네 가지 명분을 가지고서 세상을 다스리는 방법이 있다는 뜻이다. 말로써 하는 까닭은 그 사辭를 숭상하는 것이고, 움직이는 것으로써 하는 것은 그 변화를 숭상하는 것이고, 기구를 만드는 것으로써 하는 것은 그 상象을 숭상하는 것이고, 복서卜筮로써 하는 것은 그 점을 숭상하기 위한 것이다. 이 네 가지는 세상을 다스리는 방법이다.

※ 천명미상(天命靡常)

여기서 '이以'자는 '써'라는 말인데 '까닭'이라는 뜻이다. '자者'자는 '~것'이라고 해석한다. 그러므로 "이언자以言者"는 '말로써 하는 것'이라고 해석해야 한다. 우리나라에서는 한문을 볼 때 무조건 많이 읽으면 문리가 난다고 글자의 용법은 가르치지 않았다. 그것이 우리나라의 잘못된 전통이다. 글자의 뜻과 용법을 다 구분해서 읽을 줄 알면 1년만 배워도 다 읽을 수가 있을 텐데, 무조건 읽으라고만 하니까 남이 지어 놓은 것만 읽을 줄 알지 창작을 할 수 없는 것이다. 내가 글을 지어서 창작을 할 수가 없는 것은 한문의 원칙을 배우지 않아서 모르기 때문이다.

《주역》에서는 '기其'자가 중요하다. "苟非其人이면 道不虛行ㅎㄴ니라."[32]
그 사람이 아니면 도道가 헛되이도 행해지지 않는다고 했다. 천지는 도수
에 의해 행해지고, 그 도수를 칠 줄 아는 사람이 아무리 많아도 바로 '그
사람'이 아니면 안 된다는 것이다. 그것을 천명天命이라고 하는데, 그 천
명天命을 가진 사람이라야 한다는 것이다. 공자라야 이런 말을 할 수 있
고, 예수라야 그런 행동을 할 수 있고, 석가라야 그런 것을 밟을 수 있는
것이다. 석가 이후에 수많은 사람들이 석가 이상으로 수련을 했지만 석
가가 못되고, 모두 그 밑에 있지 않는가? 공자는 그것을 천명미상天命靡常
이라 했고, 《시전》에도 그런 말이 있다. 그렇다고 천명天命이 떳떳한 것만
은 아니다. 그 사람만 천명天命을 받으라는 법은 없다. 어디로 갈지 아무
도 알지 못하는 것이다.

《시전》[33]에 보면 은殷나라가 한없이 지속될 줄 알았는데, 은殷나라 말
의 임금 주紂가 호랑방탕하게 정치를 해서 망하게 되었다. 무왕武王이 무
기로 쳐서 은殷나라가 망했는데, 망해가는 은나라를 붙잡으려고 나선 이
가 백이伯夷와 숙제叔弟다. 은나라는 동쪽에서 서쪽으로 먹은 패국이고,
서쪽에서 동쪽으로 먹은 패국은 주周나라이다. 그래서 하夏나라와 은殷
나라는 동이지인東夷之人이라 하고, 주周나라는 서이지인西夷之人이라고 한
다. 역사적으로 보면 당시의 동서 싸움이라고 할 수 있다. 주나라가 은나
라를 칠 때에 북쪽을 치면 남쪽의 백성들이 '왜 우리부터 쳐주지 않느냐'
하면서 원망하고, 동쪽을 치면 서쪽의 백성들이 원망하였다고 한다.《맹

---

32 易之爲書也, 不可遠, 爲道也, 屢遷. 變動不居, 周流六虛, 上下无常, 剛柔相易, 不可爲曲
要, 唯變所遍, 其出入以度, 外內, 使知懼, 又明於憂患與故, 无有師保, 如臨父母, 初率其辭而
揆其方, 旣有曲常, 苟非其人, 道不虛行.《周易》〈繫辭下傳〉

33 文王在上 於昭于天 周雖舊邦 其命維新 有周不顯 帝命不時 文王陟降 在帝左右 亹亹文
王 令聞不已 陳錫哉周 侯文王孫子 文王孫子 本支百世 凡周之士 不顯亦世 世之不顯 厥猶翼
翼 思皇多士 生此王國 王國克生 維周之楨 濟濟多士 文王以寧 穆穆文王 於緝熙敬止 假哉天
命 有商孫子 商之孫子 其麗不億 上帝旣命 侯于周服 侯服于周 天命靡常 殷士膚敏 祼將于京
厥作祼將 常服黼哻 王之藎臣 無念爾祖 無念爾祖 聿修厥德 永言配命 自求多福 殷之未喪師
克配上帝 宜鑑于殷 駿命不易 命之不易 無遏爾躬 宣昭義問 有虞殷自天 上天之載 無聲無臭
儀刑文王 萬邦作孚《詩經》〈大雅〉

자》에 보면 그것을 "유해도현猶解倒懸"[34]이라고 하였다. 비록 무력정치로 나라를 바꾸었더라도 천시天時가 있어서 천명天命이 주周나라로 간 것이다. 천명미상天命靡常하기 때문에 천명天命이 은殷나라에서 주周나라로 움직여갔다는 말이다.

은나라 이전의 황제黃帝 때에도 황제黃帝와 치우蚩尤의 싸움이 있었다. 치우하고 황제는 본래 사촌 간이었다. 치우는 심양 위쪽의 만주족이었는데, 얼마나 치열하게 싸워서 사람이 얼마나 많이 죽었는지 도구대가 흐르는 피에 떠내려갈 정도였다고 한다. 그 싸움에서 치우가 지고, 황제가 이겨서 도통연원이 황제로부터 내려오게된 것이다. 중국의 황노黃老사상에서는 그렇게 본다. 그런 것을 천명미상天命靡常이라고 하는 것이다. 그래서 이성계가 고려를 쳐서 역성혁명을 하고서, 그 명분을 주나라의 무왕이 천하를 통일한 데서 찾은 것이다. 정인지 등이 《용비어천가》를 지어서 주나라가 은나라를 쳐서 천하를 통일한 것을 들어서 이씨가 고려를 친 것도 의리에 합당한 것이라는 명분을 구한 것이다. 그것을 합리화시키고, 백성들에서 조선의 정당성을 인식시켜주기 위해 만든 것이《용비어천가》이다.

지금도 마찬가지이다. 예나 지금이나 인심을 바꾸려면 20세 이전의 관동冠童을 죽여서 백성한테 보이면 인심이 뒤집히게 되어 있다. 그래서 신라 때에도 백제와 전쟁을 하면서 16살 밖에 안 된 관창이라는 소년장수를 내보내서 죽게 했던 것이다. 처음에 백제 쪽으로 관창을 보냈을 때에는 계백장군이 보고 너무 어리니까 아까워서 그냥 살려 보냈는데, 다시 신라에서 관창을 보내 싸움을 걸어오니까 할 수 없이 죽여서 말꼬리에 목을 매달아 되돌려 보냈다. 신라에서는 그것을 가지고 백제라는 나라가 이렇게 비인도적이고 나쁘다하면서 선전하여서 인심을 홀딱 뒤집은 것이다. 언제든지 관동冠童을 죽이면 인심이 그렇게 변하게 되어 있다. 그

---

34 孔子曰, 「德之流行, 速於置郵而傳命」, 當今之時, 萬乘之國行仁政, 民之悅之, 猶解倒懸也. 故事半古之人, 功必倍之, 惟此時爲然.《孟子》〈公孫丑章句上〉

正易과 天文曆

114

런 것이 하나의 비법이라고 할 수 있다.

※ 성정(性情)에 대하여

성性에서 처음 나오는 것이 정情이다. 생각 없이 불쑥 나오는 것이 바로 정情이다. 수數로 치면 성性은 열(10)이고 정情은 하나(1)이다. 정情에 푸를 '청靑'자가 들어 있는 것을 보면 아무 색깔이 없던 성性에서 색깔이 생긴 것을 정情이라고 한다는 것을 알 수 있다. '정情이 있다', '정情이 없다'고 하는 것처럼 마음이 갈라지는 것, 갈라질 수 있는 것이 정情이다. 맹자는 사람의 성性이 본래 착한 것이라고 했다.[性善說] 반면에 순자荀子는 성악설性惡說을 주장했다. 기독교에서 말하는 원죄와 마찬가지인데,《묵자》를 읽어보면 기독교 사상하고 똑같다. 어디까지가 기독교 하나님 사상인지 구분이 안 될 정도이다. 묵자墨子는 귀신을 잘 보았다고 한다. 금수이건 사람이건 모든 이들이 남의 아들도 내 아들처럼 여기고, 남의 부모도 내 부모처럼 여겨야 한다고 했는데, 그것을 "겸애兼愛"라고 한다. 양주楊朱는 순 이기주의이다. 내 몸의 머리카락을 하나 뽑아주면 천하가 이롭게 된다고 하더라도 뽑아주지 않겠다는 아주 독선적인 이기주의이다. 당시에 묵자墨子의 겸애주의와 양주楊朱의 이기주의가 대립이 되고 있었는데 그것을 맹자의 성선설性善說로 절충한 것이다.

맹자는 성性, 즉 사람의 본성은 착한 것인데 살아가면서 점차 죄의 씨앗인 물욕이 생기게 되는 것이니까 본성으로 돌아가야 한다고 주장하였다. 물로 말하면, 아무것도 없이 맑은 물이 성性이고, 거기에 검거나 빨갛거나 파란 색깔을 타면 그것이 바로 정情이 되는 것이다. 그래서 다시 원래의 맑은 물로 돌아가자는 말이다. 불가佛家에서는 그것을 '견성見性'이라고 한다. 지금 내가 악惡에 절어 있는데 그것을 수련을 통해 본래의 맑은 데로 돌아가자는 것이다. 맑은 데로 가면 그것이 바로 견성見性이다. 도가道家에서는 그것을 '련성鍊性'이라고 한다.

유가儒家에서는 본래의 처음으로 돌아가자는 주의이다 그 처음이 무엇이냐면 세 살 이전의 순수한 어린애로 돌아가자는 것이다. '래복기초來復其初' 또는 '복귀설復歸說'이라고 한다. 《대학》에 "大學之道는 在明明德 하며 在新民하며 在止於至善이니라."[35]라고 하여 지선至善한데까지 가서 그치자고 말하였다. 맹자는 자기의 스승인 자사子思가 한 말을 보고 성선설性善說을 주장한 것이다. 그래서 《맹자》에도 "孟子ㅣ 道性善하샤되 言必稱堯舜이러시다."[36]라는 기록이 있다. 성선性善을 말하되 말끝마다 반드시 요순堯舜을 말했다는 것이다. 그러니까 맹자는 항상 요순지도堯舜之道에 근거를 두었는데, 요순지도堯舜之道가 바로 성선설性善說이고, 그래서 복귀설復歸說이라고 하는 것이다. 세상을 다스리는 방법에 대한 사상이 이런 식으로 전개되어 왔다.

다시 말하면 사람의 본바탕인 '성性'에서 불쑥 생각 없이 어떤 색깔로 나온 것이 '정情'이고, 거기서 더 상량商量해서 '이것을 어떻게 할까?', '이렇게 하는 것이 좋은 길일까, 저렇게 하는 것이 좋은 길일까?'이렇게 선택의 여지를 주는 것, 마음이 두 갈래로 나오는 것을 '의意'라고 하며, '이렇게 하는 것이 옳은 길이겠다'하고 확정하는 것이 '지志'이다. 그래서 애국지사愛國志士라고는 해도 애국의사愛國意士나 애국정사愛國情士라고는 말하지 않는 것이다.

※ 존(存)과 재(在)의 자의(字意)

'있다'라는 우리말에 해당하는 한자漢子에 '존存', '재在', 그리고 '유有' 자가 있는데 그 의미가 다 다르다. '존存'자는 '살아 있다'는 뜻이다. 꼭 살아 있어야 존存이라는 말을 쓸 수 있다. 생존生存이라고는 하지만 생유生有라거나 생재生在라고는 말하지 않는다. '재在'자는 그저 있다는 뜻이다. 여기에 있다는 의미로 "재차在此"라고 할 때 쓰는 글자이다. '유有'자는 소유한다는 뜻이다. 글자를 보면 'ㄨ' 밑에 '肉'이 있어서 손을 벌려서 살

---

35 大學之道, 在明明德, 在新民, 在止於至善.《大學》〈首章〉
36 滕文公爲世子, 將之楚, 過宋而見孟子, 孟子道性善, 言必稱堯舜.《孟子》〈滕文公章〉

점을 가지고 있다는 뜻이 된다. 대유괘大有卦는 큰 것을 소유하고 있다는 뜻이다.

※ 허자(虛字). "언(焉)", "호(乎)"

'언焉'이란 글자는 '~ 그럴 껄'이라는 약간의 의심의 뜻이 들어있는 허자虛字이다. 만약 보다 강한 의심을 가지고 말하는 경우에는 '호乎' 자를 쓴다. '온 호'라고 하는데 '온'이라는 우리말이 지금은 없어지고, 한자인 '어조사'라는 말로 쓰고 있다. 어조사를 뜻하는 '온'이라는 글자가 없어진 것처럼 한문이 들어오면서 없어진 우리말 글자가 아주 많다. 한문에서는 이런 허자虛字가 중요하다. 그러니까 "是有聖人之道ㅣ 四焉ㅎ니"를 우리말로 번역할 때에는 "성인聖人의 도道에는 네 가지 있을 터이니" 하는 식으로 말꼬리에 약간 의심을 두고 번역을 해야 한다. 말꼬리를 어디로 흘릴 것인지가 번역에서는 매우 중요하다. '의矣'자는 '그러리라', '그럴 것이지'라는 뜻이다. '그럴까?'하고 의심하다가 '확실히 그럴 것이다'는 뜻을 나타낼 경우에 '의矣'자를 쓴다.

한문을 쓰는 세 가지 원칙이 있다. 첫 번째는 명사자名詞字이다. 요堯임금·순舜임금과 같은 말은 그 사람, 그 물건 이외에는 쓸 수 없는 그런 글자이다. 두 번째는 행위자行爲字이다. 다닐 행行, 할 위爲, 써 이以, 변할 변變과 같은 글자를 말한다. 세 번째는 허자虛字이다. 이 세 가지를 집약해서 쓰는 것이 한문이다.

※ 언(言)·어(語)·논(論)과 사(辭)의 자의(字意)

사辭와 언言은 쓰임이 다르다. 혼자 말하는 것은 '언言'이라고 하고 둘이 말하는 것은 '어語'라고 한다. 어語자는 나를 뜻하는 '오吾'와 말씀을 뜻하는 '언言'이 합해진 글자이다. 또 '논論'은 갑론을박하는 것을 말한다. 갑론을박이 없으면 논論이 안 된다. 그래서 《논어》라고 하는 것이다. 《정역》에서는 "십오일언十五一言"이라고 했다. 사辭는 《주역》에서는 대부분 육갑을 말한다. 복서卜筮에서 복卜은 거북점을 말하고, 서筮는 쑥대는 대가 치로 치는 점을 말한다. 그래서 대 '대(竹)'밑에 무당 '무(巫)'자를 합해 서 쓴 것이다.

是以君子ㅣ 將有爲也ᄒ며 將以有行也애 問焉而以言ᄒ거든 其受 命也ㅣ 如嚮ᄒ야 无有遠近幽深히 遂知來物ᄒᄂ니 非天下之至精이 면 其孰能與於此ㅣ리오.

이 구절은 위의 네 가지를 다시 풀어서 설명하는 말이다. "以言者ᄂ 尙 其辭ᄒ고"라고 했으므로 이런 까닭에 군자가 장차 함이 있고, 장차 행함 이 있는데 물어서 말로써 대답하거든 그 명을 받는 것이 향하는 것 같이 꼭 맞아서 있든지 없든지, 멀든지 가깝든지, 그윽하든지 깊든지 그런 것 이 드디어 오는 물리를 알게 되는 것이니 이것이 천하의 지극히 정밀한 것이 아니면 누가 여기에 참여하리오. 점치는 것이 곡 맞아야지 어떤 것 은 맞고, 어떤 것은 틀리고 하면 누가 여기에 참여하겠느냐 하는 말이다.

※ 거북점과 우족점(牛足占)

은허殷墟문자를 보면 모든 것이 점치는 것과 관련되어 있다. 은나라 임 금의 이름은 모두 천간天干으로 되어 있다. '제을帝乙'이니, '무정武丁'이니 하는 임금의 이름이 모두 "갑을병정무기경신임계甲乙丙丁戊己庚辛壬癸"로 이름을 삼았다. 1910년 이전에는 청나라의 고증학자들이 은나라에는 글 이 없었고, 주나라 때부터 글자가 생겼다고 했었다. 그러나 은나라 터(殷 墟)에서 발견 된 것을 보면 거북이 배 껍질에 쓴 것(갑문)도 있고, 소뼈에 새긴 것(수문)도 있다. 거북이 배에 새긴 것을 '갑문甲文', 소뼈에 새긴 것 을 '골문骨文'이라고 한다.

우리나라에서는 거북이보다는 소뼈로 점치는 일이 많았다. 가령 시제 사·기제사 등을 지낼 때 소족으로 제사를 지냈다. 상을 차릴 때에 보통

'밥 먹는 것'하고, '진지', '수라'라고 하는 것이 다 다르다. 밥 먹는다고 할 때는 고추장 간장 된장하고 김치만 놓고, 살기 위해서 먹는 것으로 그게 기본이 된다. '진지'라고 할 때는 찌게가 상 위에 올라가야 한다. 그것이 오첩반상이다. '수라'라고 하면 임금이 먹는 상인데, 구첩반상으로 올린다. 그래서 제사 지낼 때에는 칠첩반상으로 올리는 것이다. 맨 앞에 과줄을 놓고, 그 다음에 찬 한 줄, 적 두 줄, 떡과 면 한 줄, 반갱 한 줄로 해서 일곱 줄을 올려놓는다. 그 가운데 적을 놓은 곳에 소적을 올린다. 이렇게 뼈다귀만 있는 소족을 제사상에 올리는 풍습이 굉장히 오래된 것이다. 《삼국유사》에도 나오는데, 관가에서 제사를 지낼 때에 소족을 삶아서 갈라지면 흉한 것이고, 합해지면 길한 것으로 보았다. 전쟁을 나간다든지 할 때에 제사를 지내면서 소족이 갈라지면 흉하기 때문에 전쟁을 나가지 않고, 소족이 합해지면 길하므로 전쟁을 실행하였다. 제사도 사가에서 지내는 것과 관가에서 지내는 것이 다르다. 사람이 죽어서 죽은 사람을 제사지내는 것은 사가에서 하는 일이고, 관가에서 지내는 제사는 전쟁 등과 같은 큰일을 앞두고 길흉을 살피기 위해 지내는 것이다.

參伍以變하며 **錯綜其數**하야 **通其變**하야 **遂成天地之文**하며 **極其數**하야 **遂定天下之象**하니 **非天下之至變**이면 **其孰能與於此**ㅣ리오.

이 구절은 위의 "以動者는 尙其變하고"에 대한 설명이다. 셋이 다섯으로 변하고, 그 수를 착종錯綜하여 그 변하는 것을 통해서 드디어 천지의 문채를 이루고, 그 수의 끝까지 가서 천하지상天下之象을 정하니, 이것이 천하의 지극한 변화가 아니라면 누가 참여 하리오.

과학자나 알고 일반인들이 모르는 것이라면 아무리 천지가 변동한다고 한들 백성들이 그것을 어떻게 알아서 참여하겠는가. 지금 인도네시아에서 지진이 일어나서 커다란 천재지변이 생겼지만 거기 사람들이나 알지, 세계 사람들이 다 알고 그렇게 놀라지 않는다. 《역》에서 말하는 천하의 지극한 변화라는 것은 그런 것이 아니다. 이 세상은 엄청난 변화가 몇 번 일어나게 되어 있다. 이를테면 1차원, 2차원, 3차원으로 지금은 3차원 세계인데 앞으로 4차원 세계가 오게 되어 있다. 그렇게 낮이 밤이 되던지, 해가 동서로 거꾸로 뜨던지 해서 누가 보아도 '이건 정말로 세상이 변했구나!'라고 할 정도로 변한 것이 아니라면 누가 곧이듣고 여기에 참여하겠느냐는 말이다.

※ 삼오이변(參伍以變)

삼오이변參伍以變에 대해서는 주자朱子나 우리나라의 다른 선비들은 '참오이변'으로 해석했는데, 일부一夫 선생님은 '삼오이변'으로 해석하셨다. '삼오이변'이라는 것은 '건곤교乾坤橋'를 기본으로 설명한 것이다. 《주역》의 팔괘에 기본이 되어 하도河圖와 낙서洛書가 있으면서도 글로 나타나지 않은 것처럼 《정역》에는 그 기본이 되는 건곤교乾坤橋라는 것이 있어서 글로 나타나지 않고 육갑으로 나타난다.

易은 无思也하며 无爲也하야 寂然不動이라가 感而遂通天下之故하나니 非天下之至神이면 其孰能與於此ㅣ리오.

"易은 无思也"하다는 것은 참선하는 방법을 말한다. 참선하려면 생각을 말아야 하고, 참선한다는 의식도 없어서 고요하게 움직이지 않다가 천지를 느껴서 천하의 연고를 통해야 한다. 그렇게 해서 천하의 지극히 신비로운 것이 아니면 누가 여기에 참여하리오.

이 구절은 위의 "以卜筮者는 尙其占하나니"에 대한 설명이다. 참선이라는 것도 이런 데에서 나오는 것이다. 눈을 감고 고요하게 마음을 들여다보아 맑음을 보는 것이 참선이다. 참선하면 마음이 맑아져서 명경지수처럼 된다. 물이 흐르다가 조용한 곳에 이르면 맑은 거울처럼 내 얼굴이 비춰는 것같이 되는 것을 참선이라 하고, 그것을 이룬 것이 견성見性이다.

※《논어》와 《주역》의 관련

《논어》의 주인공은 안연顔淵이다. 공자의 제자가 삼천이나 되었어도 안자顔子를 있게 하기 위해서《논어》를 만든 것이다. 공자의 제자 중에서 자로子路는 재주가 많고 부자이면서 기운도 세서 공자를 경호하기를 잘했고, 말을 잘 해서 다른 나라가 쳐들어오려는 것을 말리는 것은 자공子貢이 잘 했고, 안연顔淵은 도道를 잘 알았다. 그래서《주역》에도 "子曰, 顔氏之子, 其殆庶幾乎."[37] 즉, 안자顔子가 그것을 거의 알았다는 말이 있고,《논어》에도 안자가 죽었을 때 공자가 "子哭之慟"[38]하였다는 말이 있다. 안자를 그렇게 드러낸 것은 인仁 때문이다.《논어》에 여러 가지 말이 많지만 결국은 안연을 나타내기 위한 것이고, 안연을 주인으로 삼은 것은 바로 인仁을 드러내기 위한 것이다.

안연이 인仁에 대해서 물었을 때 공자가 "一日克己復禮면 天下歸仁焉"이라고 대답하였다. 어떻게 하루 극기복례克己復禮한다고 천하가 돌아가겠는가. 안연이 무슨 말인지 알아듣지 못하고 다시 물었다. 공자가 다시 "非禮勿視하며 非禮勿聽하며 非禮勿言하며 非禮勿動이니라."라고 하여 시視 · 청聽 · 언言 · 동動의 네가지를 들어서 설명하였다.[39] 이 속에는《주역》의 도수가 들어 있다. 무슨 말이냐면 문왕팔괘를 말하는 것이다. 문왕팔괘는 사정방四正方이 감坎 · 리離 · 진震 · 태兌로 되어 있고, 감坎은 귀(耳), 리離는 눈(目), 진震은 발(足), 태兌는 말(口 · 言)이다. 비례물시非禮勿視는 리괘離卦를 말하고, 비례물청非禮勿聽은 감괘坎卦를 말하고, 비례물언非禮勿言은 태괘兌卦를 말하고, 비례물동非禮勿動은 진괘震卦를 말한다. 즉, 공자가 문왕팔괘를 생각하면서 시視 · 청聽 · 언言 · 동動을 들어서 설명하는 것이다.

---

37 子曰, 顔氏之子, 其殆庶幾乎. 有不善, 未嘗不知, 知之, 未嘗復行也, 易曰不遠復, 无祗悔, 元吉.《周易》〈繫辭下傳〉

38 顔淵死, 子哭之慟. 從者曰, 子慟矣. 曰, 有慟乎, 非夫人之爲慟, 而誰爲.《論語》〈先進〉

39 顔淵問仁, 子曰, 克己復禮爲仁, 一日克己復禮, 天下歸仁焉, 爲仁由己, 而由人乎哉. 顔淵曰, 請問其目. 子曰, 非禮勿視, 非禮勿聽, 非禮勿言, 非禮勿動. 顔淵曰, 回雖不敏, 請事斯語矣.《論語》〈顔淵〉

《논어》의 처음부분도 《주역》의 육효六爻를 염두에 두고 말하는 것이다. 맨 처음에 "學而時習之면 不亦說乎아. 有朋이 自遠方來면 不亦樂乎아. 人不知而不慍이면 不亦君子乎아."라고 한 것이 바로 초효初爻·이효二爻·삼효三爻를 말하는 것이고, 끝에 가서 "不知命이면 無以爲君子也오. 不知禮면 無以立也오. 不知言이면 無以知人也니라."라고 한 것은 앞부분을 이어서 말한 것이다. "不知命이면 無以爲君子也오." 명을 알지 못하면 군자가 될 수 없다는 것은 "人不知而不慍이면 不亦君子乎아."를 받아서 하는 말이고, "不知禮면 無以立也오." 예禮를 알지 못하면 설 수 없다는 것은 "有朋이 自遠方來면 不亦樂乎아."를 받아서 하는 말이고, "不知言이면 無以知人也니라." 말을 알지 못하면 사람을 알 수 없다는 말은 "學而時習之면 不亦說乎아."를 이어서 하는 말이다. 이런 식으로 《논어》의 군데군데에 《주역》을 집어서 말한 곳이 많이 있다.

또 사람이 배워서 익히는데 언제부터 시작해야 하는 지에 대해서 말하였다.[40] 공자가 말하기를 나는 15세에 학문에 뜻을 두었고(初爻), 30에 입지立志하고(二爻), 40에 불혹不惑하고(三爻), 50에 천명天命을 알고(四爻), 60에 이순耳順하여 사람을 이해할 수 있고 세상에 거스르지 않을 수 있게 되었고(五爻), 70에 종심소욕從心所欲하여도 법도에 어긋나지 않게 되었다(上爻)고 하였다. 인간이 배워서 나아가는 것이 이런 순서가 있다는 말이다.

夫易은 聖人之所以極深而研幾也ㅣ니 惟深也故로 能通天下之志하며 惟幾也故로 能成天下之務하며 惟神也故로 不疾而速하며 不行而至하느니 子曰易有聖人之道四焉者ㅣ 此之謂也ㅣ라. 右第十章.

대저[41]《역》이라고 하는 것은 성인이 지극히 깊은 데에서 그 기미를 연

---

40 子曰, 吾十有五而志于學, 三十而立, 四十而不惑, 五十而知天命, 六十而耳順, 七十而從心所欲不踰矩.《論語》〈爲政〉

41 '夫'는 '대저, 대체로'라는 뜻으로 해석하고, 모든 것을 포함해서 말할 때에는 '凡'이라고 한다. '夫'字는 '대개 개(蓋)' 字하고 똑같이 쓴다.

구하는 것이다. 오직 깊게 함으로 능히 천하의 뜻을 통하고, 오직 기미를 보는 까닭으로 능히 천하의 업무를 이루고, 오직 신비스러운 까닭으로 빨리 가지 않아도 빠르고 행하지 않는 것 같아도 이르게 된다.[42] 그래서 결론적으로 성인聖人의 도道에는 네 가지가 있다고 했는데 이상의 것을 말한 것이다.

子曰夫易은 何爲者也ㅣ오. 夫易은 開物成務ㅎ야 冒天下之道ㅎ니 如斯而已者也ㅣ라. 是故로 聖人이 以通天下之志ㅎ며 以定天下之業ㅎ며 以斷天下之疑ㅎㄴ니라.

대저 역易이라고 하는 것은 무엇을 하는 것이냐? 대저 역이라는 것은 물건을 열어서 업무를 이루는 것이다. 천하의 도를 써서 이와 같이 할 따름인 것이다. 이러므로 성인이 천하의 뜻(志)을 통하고, 천하의 업을 정하고, 천하의 의심나는 것을 단정하는 것이다. 천하天下의 도道를 무릅쓴다는 것은 천하天下의 도道가 안 들어가는 곳이 없어 다 들어갔다는 말이다.

"夫易은 ～也"라고 하면 결정사를 맺는 것이다. "夫易은 ～邪"라고 하면 의심을 붙이는 뜻이 된다. 한문을 번역할 때에 '시고是故'와 '시이是以'가 다르다는 것을 알아야 한다. '시이是以'는 '이럼으로'의 뜻으로 문장을 다 말하고서 문제를 밑으로 내려 보내서 아래에서 해결하는 것이다. '이런 까닭으로'라는 뜻으로 위 문장을 가지고서 아래의 문제를 해결할 경우에 쓴다. 조그만 대목을 넘어 갈 때에는 '이러므로'을 뜻을 가지고 있는 '시고是故'를 쓰고, 큰 대목으로 넘어갈 때에는 '시이是以'를 쓴다.

〈역서易序〉[43]는 정자程子가 썼다고 하지만 실제로는 소강절邵康節이 썼다고 전해지고 있다. 개물성무開物成務는 〈역서〉에 보면 "易之爲書 卦爻

---

42 '후천이 언제 올 것이냐'하고 조급하게 생각하는 것은 인간의 욕심이다. 하늘은 빠르게 않은 것 같아도 빠르고, 행하지 않는 것 같아도 이르게 된다.

43 《大全》의 凡例에도 '程子二序'라 하여 程伊川이 지은 것으로 보았으며, 《二程全書》에도 실려 있으나 잘못 전해진 것으로 著者未詳이라 한다. 一說에는 朱子가 지었다 하나 이 역시 확실하지 않다. 《懸吐完譯 周易傳義》成白曉 譯註.

象象之義備而天地萬物之情見하니 聖人之憂天下來世 其至矣신저. 先天下而開其物하고 後天下而成其務라." 성인聖人이 천하내세天下來世를 걱정함이 지극하도다. 선천하先天下하여 개기물開其物하고, 후천하後天下하여 성기무成其務한다라는 말이 나온다.

是故로 蓍之德은 圓而神이오 卦之德은 方以知오 六爻之義는 易以貢이니 聖人이 以此로 洗心하야 退藏於密하며 吉凶에 與民同患하야 神以知來코 知以藏往하나니 其孰能與於此哉ㅣ리오 古之聰明睿知神武而不殺者夫ㄴ뎌.

이러므로 시지덕蓍之德은 둥글고 신비스럽고, 괘지덕卦之德은 모짐으로서 그 덕을 알 수 있다. 육효六爻의 의리義理는 바꿈으로서 이바지하는 것이니, 성인이 이것으로써 마음을 씻어서 물러가서는 비밀스러운 자리에 감추고, 좋고 흉한 데에서는 백성과 더불어 걱정을 같이 한다. 그래서 신비스러운 것으로써 오는 것을 알고, 지혜(知=智)로써 지나간 일을 감춘다. 그러므로 누가 능히 여기에 참석하리오. 누가 참석하느냐면 옛날에 총명하고 예지叡智하고 신무神武한 사람이 어기지지 않고 꼭 그런 사람이 이것을 했다는 말이다. '殺'은 죽일 '살'자가 아니고 어기질 '쇄'자로 읽는다.

是以明於天之道而察於民之故하야 是興神物하야 以前民用하니 聖人이 以此齋戒하야 以神明其德夫ㄴ뎌.

이런 까닭에 하늘의 도에 밝고 백성이 보살펴서 이것으로써 신물을 일으켜서 백성보다 먼저 알아서 쓰는 것이니 성인이 이것으로써 재계를 해서 신명으로써 그 덕을 밝힌다. 신神은 하도이고, 물物은 낙서이다.

是故로 闔戶를 謂之坤이오 闢戶를 謂之乾이오 一闔一闢을 謂之變이오 往來不窮을 謂之通이오 見을 乃謂之象이오 形을 乃謂之器오

制而用之를 謂之法이오 利用出入ᄒᆞ야 民咸用之를 謂之神이라

이러므로 호戶를 닫는 것을 곤坤이라고 하고, 호戶를 여는 것을 건乾이라고 한다. 일합일벽一闔一闢을 변變이라고 하고, 왕래하여 끝이 없는 것을 통通이라 하고, 나타난 것을 상象이라 하고, 형상한 것을 기器라 하고, 그것을 지어서 쓰는 것을 법法이라 하고, 출입하는데 이용해서 백성이 다 쓰는 것을 신神이라고 한다.

손도수를 보면 다섯 손가락을 오므리는 것이 합호闔戶이고, 손가락을 다 편 것이 벽호闢戶이다. 손가락을 편 것이 하도이고, 손가락을 오므린 것이 낙서이다. 합호闔戶를 곤坤이라 하고, 벽호闢戶를 건乾이라고 했지만 실제로는 손가락을 오므린 것이 건乾이고, 손가락을 편 것이 곤坤이다.

是故로 易有太極ᄒᆞ야 是生兩儀ᄒᆞ고 兩儀ㅣ 生四象ᄒᆞ고 四象이 生八卦ᄒᆞ니 八卦ㅣ 定吉凶ᄒᆞ고 吉凶히 生大業ᄒᆞᄂᆞ니라.

이러므로 역易에 태극太極이 있으니 양의兩儀가 생기고, 양의가 사상四象을 낳고, 사상이 팔괘八卦를 낳으니, 팔괘가 길흉吉凶을 정하고 길흉이 대업大業을 생한다. 태극太極을 그리기를 지금은 이렇게 ◑ 그리는데, 원래는 이렇게 ◐ 그린다. 복희팔괘에서는 남쪽이 건乾이고, 북쪽이 곤坤이고, 동쪽이 리離이고, 서쪽이 감坎이 된다. 한 덩어리인 태극에서 음양의 양의兩儀가 생기는 것이다. 복희팔괘의 건乾·곤坤·감坎·리離는 수數를 위주로 하고, 문왕팔괘의 감坎·리離·진震·태兌는 방위를 위주로 하는 것이다. 수數라고 하면 시간적인 것을 말하고, 괘卦라고 하면 공간적인 것을 말한다.

是故로 法象이 莫大乎天地ᄒᆞ고 變通이 莫大乎四時ᄒᆞ고 縣象著明이 莫在乎日月ᄒᆞ고 崇高ㅣ 莫大乎富貴ᄒᆞ고 備物ᄒᆞ며 致用ᄒᆞ며 立成器ᄒᆞ야 以爲天下利ㅣ 莫大乎聖人ᄒᆞ고 探賾索隱ᄒᆞ며 鉤探致遠ᄒᆞ야 以定天下之吉凶ᄒᆞ며 成天下之亹亹者ㅣ 莫大乎蓍龜ᄒᆞ니라.

이러므로 상象을 법 받은 것은 천지天地보다 더 큰 것이 없고, 변통變通하는 것은 춘하추동의 사시四時보다 더 큰 것이 없고, 상象에 매달려서 밝음이 나타는 것은 일월日月보다 더 큰 것이 없고, 숭상하고 높이는 것은 부귀富貴보다 더 큰 것이 없고, 물건을 감추고 쓰는 것을 이르게 하고 이룬 기구器具를 세우고 천하의 이익을 삼는 것이 성인聖人보다 더 큰 것이 없고, 구석진 곳에 있는 감춰져 있는 것을 어루만져서 끄집어내고 숨은 것을 찾아서 깊은 것을 건드려서 먼데까지 가게 하는 것으로써 천하의 길흉을 정하고, 천하의 아름답고 아름다운 것을 이루는 것이 시귀蓍龜보다 더 큰 것이 없다.

성인의 역할이 바로 비물備物하고 치용致用하고 입성기立成器하여 천하를 이롭게 하는 것이라는 말이다. 맹자도 "요순堯舜은 후세의 법이 되게 행동했는데, 나는 촌놈을 면하지 못하니 이것이 걱정이다"[44] 라고 하였다. 미미亹亹라고 하는 것이 하도·낙서이고, 시귀蓍龜에서 시蓍는 하도고 귀龜는 낙서를 말한다.

是故로 天生神物이어늘 聖人이 則之ᄒ며 天地變化ㅣ어늘 聖人이 效之ᄒ며 天垂象ᄒ야 見吉凶이어늘 聖人이 象之ᄒ며 河出圖ᄒ며 洛出書ㅣ어늘 聖人이 則之ᄒ니

이러므로 하늘이 신물神物을 냈는데 성인이 이것을 법 받았으며, 천지가 변화하거늘 성인이 그것을 본받았으며, 하늘의 상을 내리워서 길흉을 보이거늘 성인이 그것을 본받았으며, 하수河水에서 도圖가 나오고 낙수洛水에서 서書가 나왔는데 성인이 그걸 법 받았다.

복희 때에 하수河水에서 용마龍馬가 나왔는데 보니까 등에 그림이 있어서 그것을 본받아서 하도를 만들고 그것으로써 세상을 다스리는 법을

---

44 是故君子有終身之憂. 無一朝之患也. 乃若所憂則有之: 舜人也, 我亦人也. 舜爲法於天下, 可傳於後世, 我由未免爲鄕人也, 是則可憂也. 憂之如何? 如舜而已矣. 若夫君子所患則亡矣. 非仁無爲也, 非禮無行也. 如有一朝之患, 則君子不患矣.《孟子》〈離婁章句下〉

세우고, 또 몇 천년후에 하나라의 낙수洛水에서 거북이가 나왔는데 그것을 보고서 낙서를 만들고 그것으로 홍범洪範 구주九州를 만들었다. 이것을 성인이 신물神物(하도·낙서)을 보고서 법 받았다고 하는 말이다.

나중에 주렴계가 나와서 《태극도설》을 말하고, 우리나라에서는 그것을 이어서 조선 초에 장현광張顯光(旅軒)이 《역학도설》을 만들고, 그것으로 인해서 퇴계가 《성학십도》를 만들고, 그것으로 인해서 또 율곡이 《성학집요》를 만들었다. 《성학집요》를 들어가기 위해서 또 《격몽요결》을 만들어서 역학易學에 들어가는 입문서를 삼았다. 또 인조 때 박세무라는 사람이 《동몽선습》을 만들었는데, 《동몽선습》에 보면 맨 끝에 단군에 대해서 처음으로 언급을 하였다.[45] "東方에 初無君長이러니"하면서 단군이 나와서 처음으로 정치를 하였다고 기록하였다. 이 책의 서문을 우암이 쓰고, 이두식으로 토를 달아 이 책을 많이 읽게 하였다. 그런데 따지고 보면 이것이 큰 잘못이다. 《삼국유사》에 보면 단군이 하늘에서 내려온 것이 아니라 환웅이 내려온 것이다. 단군이 홍익인간을 말한 것이 아니라 환웅이 말한 것이다. 고증을 잘못한 것인데도 그냥 그대로 죽 읽혀 내려온 것이다.

소강절이 요堯임금의 원년을 갑진甲辰으로 시작해서, 요임금 25년이 단군의 무진戊辰 원년이 된다고 해놓았다. 단군원년이 무진년戊辰年이 된다는 것을 확인 할 수 있는 법도가 있다. 예수 원년도 처음에는 기원 1년(辛酉年)으로 했었는데 120년 후에 역사가들이 잘못 계산되었다고 해서 3년을 더 쳐서 기미년己未年으로 따지게 되었다.

---

45 東方에 初無君長이러니 有神人이 降于太白山檀木下어늘 國人이 立以爲君하니 與堯로 並立하야 國號를 朝鮮이라하니 是爲檀君이라 周武王이 封箕子于朝鮮하신대 教民禮儀하야 設八條之教하시니 有仁賢之化러라 燕人衛滿이 因盧綰亂하야 亡命來하야 誘逐箕準하고 據王儉城이러니 至孫右渠하야 漢武帝 討滅之하고 分其地하야 置樂浪臨屯玄菟眞蕃四郡하다 昭帝 以平那玄菟로 爲平州하고 臨屯樂浪으로 爲東府二都督府하다 箕準이 避衛滿하야 浮海以南하야 居金馬郡하니 是爲馬韓이라 秦亡人이 避入韓이어늘 韓이 割東界하야 以與하니 是爲辰韓이라 弁韓則立國於韓地하니 不知其始祖年代라 是爲三韓이라《童蒙先習》

易有四象은 所以示也ㅣ오 繫辭焉은 所以告也ㅣ오 定之以吉凶은 所以斷也ㅣ라. 右第十一章.

"역유사상易有四象"이라는 것은 하늘이 보이는 까닭이요, 계사繫辭 즉, 육갑六甲을 단다는 것은 가르쳐 준다는 것이요, 길흉을 정한다는 것은 그 소이所以를 판단하는 것이다.

易曰 自天祐之라 吉无不利라ᄒᆞ니 子曰祐者ᄂᆞᆫ 助也ㅣ니 天之所助者ㅣ 順也ㅣ오 人之所助者ㅣ 信也ㅣ니 履信思乎順ᄒᆞ고 又以尙賢也ㅣ라 是以自天祐之吉无不利也ㅣ니라

이것은 대유괘大有卦 상효의 효사爻辭에 대한 설명이다. 《역》에 "自天祐之라 吉无不利라"하였는데 우祐는 돕는다는 뜻이다. 하늘이 돕는 것은 순順하게 하는 것이고, 사람이 돕는다는 것은 믿는다는 것이니, 믿음을 이행해서 순順에 생각하고 어진 이를 높이는 것이다. 이런 까닭으로 대유괘의 상효에 "自天祐之라 吉无不利라"는 말이 있는 것이다.

《효경》에서는 "이순천하以順天下"즉, 천하를 순하게 하는 방법을 효孝라고 하였다. 《효경》은 공자가 증자曾子에게 말한 것으로 본래는 《논어》《맹자》《효경》《이아》가 사서四書로 내려왔었다. 그런데 남송南宋 때에 주자朱子가 본래 13경經 중의 하나인 《예기》의 편명篇名으로 들어 있던 《중용》과 《대학》을 따로 빼내어서 《효경》과 《이아》를 빼버리고 《논어》《맹자》《대학》《중용》을 사서四書로 만든 것이다. 주자의 말에 의하면 맹자를 아성亞聖으로 친다면 맹자의 스승이 자사子思이고, 자사의 스승은 증자曾子이고, 증자의 스승이 공자孔子인데 어떻게 자사子思의 말인 《대학》과 증자曾子의 말인 《중용》을 《예기》의 한 편명으로 남겨둘 수 있겠는가 라고 하면서 따로 빼낸 것이다. 주자는 이순천하以順天下하는 것은 천자天子의 도道이지 제후나 백성을 가르치는 도道가 될 수 없으며, 나라를 지키려면 "修身齊家, 治國平天下"하는 도리를 가르치면 되는 것이지 천자나

할 수 있는 "이순천하以順天下"하는 도道를 가르칠 수는 없는 것이라고 주장하였다.

우리나라 학자 중에서는 《구운몽》을 쓴 서포 김만중이 주자의 사서四書를 비평했다. 김만중은 다시 《대학》을 빼고 《효경》을 넣어야 한다고 제안하였다. 그런데 종래의 것을 고집해서 주자의 사서四書를 그대도 쓰게 된 것은 우암 때문이다.

중국에서는 유학의 연원이 공자부터 시작되는데, 우리나라에서는 중국의 유학이 들어온 이후에 정몽주鄭夢周(圃隱)(1337~1392)를 종宗으로 삼고 있다. 조선이 시작되면서 정몽주가 역적이기 때문에 그를 따르지 못하다가, 200년이 지난 후에야 정몽주를 조광조가 다시 일으켜 세웠다. 또 조광조가 역적으로 죽은 후에 다시 200년이 지나서 해서 김인후가 조광조를 복구시키고, 김인후가 죽고 나서 200년 후에 우암이 하서를 다시 일으킨 것이다.

子曰 書不盡言ㅎ며 言不盡意니라 然則聖人之意를 其不可見乎아. 子曰聖人이 立象ㅎ야 以盡意ㅎ며 設卦ㅎ야 以盡情僞ㅎ며 繫辭焉ㅎ야 以盡其言ㅎ며 變而通之ㅎ야 以盡利ㅎ며 鼓之舞之ㅎ야 以盡神ㅎ니라.

서書에는 말을 다할 수가 없고, 말로 해서는 뜻을 다할 수가 없다. 그렇다면 성인의 뜻을 볼 수 없는 것인가? 아니다. 성인이 상象을 세워서 그 뜻을 다하고, 괘卦를 베풀어서 진정과 거짓을 다하고, 육갑六甲을 달아서 그 말을 다하고, 분변하고 통해서 그 이로움을 다하고, 두드리고 춤추고 해서 신神을 다 하는 것이다. 이것은 역易으로 나가는 방법이다.

乾坤은 其易之縕耶ㄴ뎌 乾坤이 成列而易이 立乎其中矣니 乾坤이 毁則无以見易이요 易을 不可見則乾坤이 或幾乎息矣리라.

건곤乾坤은 역易의 얽어 놓은 문과 같다. 건곤乾坤이 열列을 이루어서 역易이 그 가운데 서는 것인데, 건곤乾坤이 훼상하면 역易을 볼 수가 없게 된다. 역易을 볼 수가 없다면 건곤乾坤도 혹 거의 쉬게 될 것이다.

是故로 形而上者를 謂之道ㅣ오 形而下者를 謂之器오 化而裁之를 謂之變이오 推而行之를 謂之通이오 擧而錯之天下之民을 謂之事業이라.

이러므로 형상의 위로 하는 것을 도道라고 하고, 형상의 아래로 하는 것을 기器라고 하고, 그것을 화化해서 마름질하는 것을 변變이라 하고, 미루어서 행하는 것을 통通이라고 하고, 들어서 천하백성들한테 두는 것을 사업事業이라고 한다. "易簡이 賢人의 德이오. 賢人의 業이다"라고 말했던 것을 갈무리하는 말이다. 다른 곳에서는 "一陰一陽之謂道"라고 했다. 하나의 음陰과 하나의 양陽이 도道가 아니라, 한 번 음陰했으면 한 번 양陽해서 끊임없이 변화해서 움직이는 것을 도道라고 하는 것이다. 그러므로 역易은 음양陰陽의 도道가 된다.

是故로 夫象은 聖人이 有以見天下之賾ᄒ야 而擬諸其形容ᄒ며 象其物宜ㅣ라 是故謂之象이오 聖人이 有以見天下之動ᄒ야 而觀其會通ᄒ야 以行其典禮ᄒ며 繫辭焉ᄒ야 以斷其吉凶이라 是故謂之爻ㅣ니 極天下之賾者는 存乎卦ᄒ고 鼓天下之動者는 存乎辭ᄒ고 化而裁之는 存乎變ᄒ고 推而行之는 存乎通ᄒ고 神而明之는 存乎其人ᄒ고 默而成之ᄒ며 不言而信은 存乎德行ᄒ니라. 右第十二章.

이러므로 상象이라고 하는 것은 성인이 천하의 궁벽한데를 봐서 그 형용에 연구를 해서 그 물건의 마땅한 데를 상하는 것이라 이것을 상象이라고 하는 것이고, 성인이 천하의 움직이는 것을 보고서 모였다 통했다 하는 것을 보고서 그것으로 전례를 삼고 육갑을 달아서 그 길흉을 판단하는 것이라 이것을 효爻라고 하는 것이다. 그러므로 천하의 궁벽한 곳까지 극진하게 다하는 것은 괘卦를 가지고 하는 것이고, 천하의 움직이는 것을 두드려서 하는 것은 육갑六甲에 있는 것이다. 가령 인간이 아이를 낳았는데 정월초하루에 낳았다고 하면, 정월초하루라는 것은 수數이고, 일진日辰이 무엇이고 무슨 시에 낳았다고 육갑六甲을 다는 것은 그 길흉을 보는 것이다.

그것을 화化해서 마름질하는 것은 변變에 있는 것이고, 그것을 미루어서 행하는 것을 통通에 있는 것이고, 그걸 신비로서 밝게 하는 것은 그 사람에 있는 것이다. 묵묵히 해서 알고 말하지 않아도 믿는 것을 덕행德行이라고 한다.[46]

46 "默而成之 不言而信 存乎德行." 이것은 은근히 공자를 가리켜서 하는 말이다.

繫辭傳·上……

周易 —— 주역

131

繫辭傳·下
계 사 전

八卦成列ᄒ니 **象在其中矣**오 **因而重之**ᄒ니 **爻在其中矣**오

　팔괘가 열렬列을 이루니 그 가운데에 상象이 있는 것이고, 인하여 거듭해서 삼효三爻에서 육효六爻가 되니 효효가 그 가운데 있는 것이다. 이것은 상象이고, 저것은 효爻라고 말할 필요가 없다는 것이다. 즉, 팔괘성열八卦成列하여 일건천一乾天 이태택二兌澤 삼리화三離火 사진뢰四震雷 오손풍五巽風 육감수六坎水 칠간산七艮山 팔곤지八坤地라고 말하면 그만이지, 거기에 또 상象은 무엇이고 효爻는 무엇이다라고 말할 필요가 없는 것이다.

　《주역》은 "건乾 곤坤 둔屯 몽蒙 수需 송訟 사師 비比~"등의 이름을 외우는 것이 아니고, 그 상象을 외워야 한다. 사서四書를 읽을 때에는 그 말을 따라 읽고 외우면 뜻이 통하지만, 《주역》을 그렇게 공부하는 것은 어릴 때 몽학蒙學의 일이다. 학자의 일은 "둔屯 몽蒙 수需 송訟 사師 비比~"하면서도 그 속에는 수뢰둔水雷屯 산수몽山水蒙의 상象을 그리면서 외워야 한다. 《주역》을 사서四書를 읽듯이 하면 백번을 읽어도 통할 수가 없다.

　하늘은 보이기만 하는 것이 아니라 여러 가지 작용을 하고 있다. 선악과 길흉을 그 속에서 분별하고, 그 속에서 계산을 해서 답이 나올 수 있게 하는 것이다. 그런 것들을 머리를 써서 공부하는 것인데, 그것이 손으로 다 나타난다. 손은 제이의 두뇌이다. "열 아홉 여덟 일곱 여섯"이라고 하면 "하늘 태양 성신 달"이라는 것을 같이 생각할 수 있어야 한다. 그렇게 하는 것이 역학자의 학문이다.

　지식과 상식은 다른 것이다. 사서四書는 생활의 상식이고, 지식知識은 전문적인 지식이다. 상식은 유식한데 지식은 무식한 사람도 많고, 지식은 유식한데 상식은 무식해서 상식 이하의 노릇을 하는 사람도 많다.

正易과 天文曆

"형이하자위지기形而下者謂之器"라고 하는 것은 상식이고, "형이상자위지도形而上者謂之道"라고 하는 것은 지식이다. 제도·민법·헌법 등의 법이란 상식 안에서 다스려지게 하는 것이고, 그 상식이 어디서부터 나와서 그렇게 하는 것인지를 연구하는 것이 지식이다. 상식과 지식은 항상 교체되는 것이다. 그것을 수數로 표현한 것이 하도와 낙서이다. "열 아홉 여덟 일곱 여섯 다섯 넷 셋 둘 하나"의 순順으로 가는 것이 하도河圖이고, "하나 둘 셋 넷 다섯 여섯 일곱 여덟 아홉"의 역逆으로 가는 것이 낙서洛書이다. 그리고 하도 속에는 낙서가 들어 있고, 낙서 속에는 하도가 들어 있다.

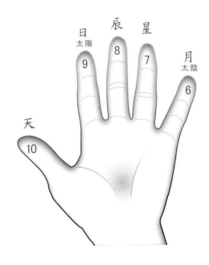

그림 28. 일월성신과 수지상수

《시경》에서 시詩를 하는 데에도 세 가지 원칙이 있다. 홍興·비比·부賦가 그것이다. 홍법興法이란 먼저 다른 것을 말하고서 실제를 말하는 것이다. 상대방이나 대중을 홍감시키기 위해서 먼저 다른 물건을 들어서 비유를 하고, 그 비유에 걸맞은 말을 하는 것이다. 《시전》에 "關關雎鳩 在河之洲로다. 窈窕淑女 君子好逑로다"[47]라는 시詩가 있다. 관관저구關關雎鳩라는 물새가 있는데 한 번 남녀의 짝을 맺고나면 하나가 죽어도 평생 정

---

47 關關雎鳩 在河之洲 窈窕淑女 君子好逑 參差荇菜 左右流之 窈窕淑女 寤寐求之 求之不得 寤寐思服 悠哉悠哉 輾轉反側 參差荇菜 左右采之 窈窕淑女 琴瑟友之 參差荇菜 左右芼之 窈窕淑女 鍾鼓樂之.《詩經》〈國風〉

조를 지키면서 혼자 산다고 한다. 그런데 왜 느닷없이 이런 소리가 나오느냐면, 바로 뒤의 요조숙녀窈窕淑女라야 군자君子의 좋은 짝이 된다는 말을 하기 위해서이다. 이런 말을 감명 깊게 상대방을 흥감시키려면 이런 식으로 말해야 대중들이 잘 알아듣기 때문이다. 이런 방법을 흥법興法이라고 한다. 그런데 법은 그렇게 하지 않는다. "대한민국은 민주공화국이다" 하는 식으로 말하고자 하는 내용을 곧이곧대로 하면 그것으로 족하지 헛소리를 하나도 섞지 않는다. 그것을 부법賦法이라고 한다. 비법比法은 처음부터 끝까지 비유로 시작해서 비유로 끝나는 것이다. 《주역》은 비比가 많다. 그래야 알아듣고, 그래야 흥감이 간다.

剛柔ㅣ相推ᄒᆞ니 變在其中矣오 繫辭焉而命之ᄒᆞ니 動在其中矣라.

강유剛柔가 서로 미루니 변變이 그 가운데에 있고, 육갑六甲을 달아서 그렇게 명명해서 정하니 움직임이 그 가운데에 있는 것이다.

吉凶悔吝者ᄂᆞᆫ 生乎動者也ㅣ오 剛柔者ᄂᆞᆫ 立本者也ㅣ오 變通者ᄂᆞᆫ 趣時者也ㅣ라.

길흉회린吉凶悔吝이라는 것은 움직이는 중에 생하는 것이다. 움직이지 않으면 길흉회린이 없다. 주자는 길흉吉凶의 점으로 해석하고, 정자는 회린悔吝과 성정性情으로 해석했고, 소강절은 수數의 입장에서 다루었다. 왕필은 상象으로 말했고, 청나라의 강희황제는 정치적인 입장에서 말했다. 《주역》은 미래에 올 것을 말하는 것이지 현재를 말하는 것이 아니다. 강유剛柔는 근본을 세우는 것이고, 변통變通은 그 때에 나아가는 것이다.

"온고이지신溫故而知新"이라는 말은 옛 것을 터득해서 미래를 안다는 뜻이다. 새 것이 아니라 미래이다. 과거·현재·미래라고 할 때 지나간 것은 과거고, 오지 않은 것은 미래이고, 현재는 단지 하나의 점일 뿐이다. 지금은 현재라고 하면 벌써 지나가서 과거가 되어 버린다. 현재는 하나의 점일 뿐이고, 그 점이 흘러가는 것이다. 그래서 과거와 미래만 있는 것이지 현재란 없는 것과 마찬가지이다. 과거의 '과過'자는 '허물 과'라고 한다. 허물이라는 것은 허물어지는 것이다. 허물어져버리는 것이 과거이다. 미래는 아직 오지 않은 것이다. 현재는 나타나 있는 이 순간이지 내가 살아 있는 동안의 현재가 아니다.

吉凶者는 貞勝者也니 天地之道는 貞觀者也ㅣ오 日月之道는 貞明者也ㅣ오 天下之動은 貞夫一者也ㅣ라.

길흉吉凶은 굳고 바르게 이겨나가는 것이다. 그래서 천지지도天地之道는 고요하고 정갈하게 보는 것이고, 일월지도日月之道는 정갈하게 밝은 것이고, 천하의 움직임은 굳건히 하나가 되는 것이다.

※ 대동(大同)

본래 세상은 하나로 되게 되어 있다. 여러 가지로 갈라지는 것이 아니다. 결국 세계는 일가一家가 될 것인데 백가지로 해석하고 있는 것이다. 그것이 하늘의 뜻이다. 남북이 통일할 것이 아니라 세계가 통일할 것이다. 그것이 대동大同이다. 《예기》에 대동大同이라는 말이 나온다. 세계대동사상. 대동大同하는 방법을 동인괘同人卦에서 보면 여러 가지 방법이 있다. 가정에서 대동하는 것도 있고, 종가에서 대동하는 것도 있지만, 동인同人의 원칙은 "동인우야同人于野"이다. 들에서, 즉 세계 전체에서 동인同人하는 것이다.

하늘의 목표는 후천이 언제 될지 모르지만, 후천이 되는 것은 통일이 되어서 일가一家가 되는 것이다. 결국 사해일가四海一家가 되는 것이다. 《주역》에서도 "개물성무開物成務"라고 하여 선천하先天下하여 물건을 열고 후천하后天下하여 업무를 이루는 것이라고 하였다.

천하가 결국은 갈라지지 않고 하나로 가게 되는데 그것을 어떻게 다스리는냐 하면, 유럽이 하나로 되고 미국이 48주로 통일되어 있는 것이 후천으로 가는 표본이 된다. 유럽은 나라가 거의 없어졌다. 전에는 기차를 타고 지나가면 국경에서 돈도 새로 바꾸고 통행증도 새로 만들어야 했는데 지금은 그럴 필요가 없어졌다. 돈도 유로화로 통일이 되어 있다. 미국 48주도 마찬가지이다. 인공위성에서 지구를 광역으로 나누는 것처럼 유럽광역, 미국광역, 아세아광역 등으로 나라마다 차지하는 광역으로 구분할 뿐이다. 이렇게 세계를 하나로 통일하고 형식적인 광역으로 구분한다.

우리나라는 8도道도 크다고 남북으로 나누고, 남북도 크다고 조그만 군단위, 면단위로 쪼개고 있다. 이런 것은 필요가 없는 것이다. 광역화라면 영남, 호남, 강동, 경기 이렇게 크게 나누면 될 것이다. 그렇게 하는 것이 어려운 것은 자기 자리를 차지하려는 욕심 때문이다. 대학도 마찬가지다. 역사를 공부하면 사학과 하나면 족하지, 그것을 고대사·중세사·현대사 등으로 갈기갈기 찢어서 전문화한다고 하는 것은 모두 가지 욕심으로 자기 집 짓는 것에 불과하다. 역사를 공부하려면 선사시대부터 지금까지 다 통틀어서 할 일이지 그것을 세분하는 것은 죄다 자기 자리를 차지하려는 욕심 때문이다.

이처럼 되는 것은 다 위정자爲政者가 학자를 이용하기 때문이다. 그것을 뒤엎으려면 학자가 학문을 넓혀서 만능이 되어야 한다. 조그만 하게 나눠서 "나는 뭐가 전문이다"라고 하는 것은 벌레나 하는 짓이고, 사람이라면 만능이 되어야 한다.

夫乾은 確然히니 示人易矣이오 夫坤은 隤然히니 示人簡矣니.

대저 건乾이라는 것은 확연한 것이니 누구든지 보아서 알 수 있는 것이다. 처음에 이간易簡에서 나와서 다시 이간易簡으로 되짚어서 말하는 것이다.

※ 역지선용자(易之善用者)는 맹자(孟子)이다.

소강절이 말하기를 "孟子는 易之善用者요"라고 했다. 그런데 《맹자》에는 역易이라는 말이 하나도 없다. 역易의 문자를 걸어서 한 말은 하나도 없지만, 모두 역易이 아닌 것이 없다. 《맹자》[48]에 호연지기浩然之氣를 보자. 맹자 자신의 사상을 가장 잘 나타내 보이는 것이 호연지기浩然之氣·부동심不動心이다. "孟子曰否, 我四十不動心." 나는 40에 부동심을 갖게 되었다고 하였는데, 부동심不動心이 바로 호연지기浩然之氣이다. 북궁유北宮黝에서 공자孔子에 이르는 용맹을 여섯 등급으로 구분해서 말하고 있는데, 이것은 《역》의 여섯 효爻를 사용해서 말하는 것이다.

처음의 초효初爻는 북궁유의 용맹이다. 눈을 찡그리고 똑바로 쳐다보면서 '네가 어찌 나를 당하리오'하는 것이 깡패의 용맹이다. 그 다음에 이효二爻는 고자告子의 용맹이고, 삼효三爻는 증자曾子의 용맹으로 '내가 의에 맞으면 천만인이 있는 곳이라도 나가지만 의에 틀리면 하나한테도 나갈 수 없다'하는 수약守約의 용맹이다. 그 다음에 사효四爻는 백이와 숙제의 용맹이다. 백이와 숙제에까지 이르게 되어서 공손추가 맹자에게 "그러면 선생님은 무엇을 주장하십니까?"라고 물으니까 맹자는 "나는 말을 알며, 호연지기를 잘 기를 수 있는 뿐이다"라고 대답하였다. 공손추가 다시 "그러면 선생님은 성인이십니다"라고 말하니 맹자가 "내가 어찌 성인까지 될 수 있겠느냐. 나는 단지 공자를 사숙하고 있은 뿐이다."라고 대답하였다. 공자를 사숙한다고 하는 것은 슬쩍 자기를 오효五爻에다 올려 놓겠다 는 말이다. 그래서 맹자를 아성亞聖이라고 하는 것이다. 공자는 상효上爻에 올려놓고, 자기는 슬쩍 오효五爻에 놓은 것이다. 이렇게 아무런 티도 안내고 매끄럽게 《주역》을 썼기 때문에 소강절이 맹자를 두고 역易을 잘 쓴다고 말한 것이다.

---

48 《孟子》卷三 〈公孫丑章句上〉

爻也者는 效此者也ㅣ오 象也者는 像此者也ㅣ라.

효爻라고 하는 것[49]은 이것을 본받는 것이고, 상象이라고 하는 것은 이 것을 형상한 것이다.

爻象은 動乎內하고 吉凶은 見乎外하고 功業은 見乎變하고 聖人之 情은 見乎辭하나니라.

효상爻象은 안에서 움직이고 것이고, 길흉吉凶은 바깥에서 나타나는 것 이며, 공업功業은 변화에서 나타나는 것이고, 성인지정聖人之情은 육갑六甲 에서 나타나는 것이다.

사주四柱라는 것은 진도남이 시작한 것인데. 예를 들면 정월 몇일, 몇 시에 태어났다고 하면 그것만으로는 길흉吉凶이 나타나지 않는다. 태세 수太歲數 · 월건수月建數 · 일진수日辰數 · 시수時數를 붙여서 네 기둥을 만들 어야 길흉吉凶이 나타나게 된다. 거기다가 상생 · 상극에 따라서 상생이 되면 좋고, 상극이 되면 나쁘다고 보는 것이다.

태세太歲는 부모를 상징하고, 월건月建은 형제를 상징하고, 일진日辰은 자기를 상징하고, 시時는 자손을 상징한다. 그래서 일진日辰이 갑자甲子이 고 태세수太歲數가 계해癸亥가 되던지 할 때에 상생相生이 되면 부모 복이 있고, 상극相剋이 되면 조실부모할 운명이라고 따지는 것이다. 육갑六甲이 그런 역할을 하는 것이다. 오행의 상생 · 상극으로 따지는 것인데, 육갑은 싹 빼놓고서 사리만 나타내기 때문에 속임수도 많이 생기는 것이다. 그 것이 운명이다. 하지만 맹자가 분명히 말했다. "莫之爲而爲者, 天也"[50] 하 지 않으려고 해도 해지는 것이 바로 천명天命이라는 말이다.

---

49 '爻者'라고 하면 '爻는'이라고 해석하지만, '爻也者'라고 하면 '爻라고 하는 것은'이라 고 해석해야 한다.

50 丹朱之不肖, 舜之子亦不肖, 舜之相堯, 禹之相舜也, 歷年多, 施澤於民久. 啓賢, 能敬承繼 禹之道. 益之相禹也, 歷年少, 施澤於民未久. 舜 禹 益相去久遠, 其子之賢不肖, 皆天也, 非人 之所能爲也. 莫之爲而爲者, 天也; 莫之致而至者, 命也.《孟子》〈萬章章句上〉

天地之大德曰生이오 聖人之大寶曰位니 何以守位오. 曰仁이오.
何以聚人고. 曰財ㅣ니 理財하며 正辭하며 禁民爲非ㅣ 曰義라. 右第一章.

　천지의 큰 덕德을 생生이라 하고, 성인의 큰 보배를 위位(天子)라고 하
니 어떻게 자리를 지키겠는가? 인仁으로 지키는 것이다. 어떻게 사람을
모으겠는가? 재물로 한다. 그러므로 재財를 잘 다스리고 말을 바르게 하
고 백성이 그르게 하는 것을 금하는 것을 의義라고 한다. 인仁과 의義를
그렇게 맞춘 것이다.

　《대보잠大寶箴》이라는 책이 있다. 천자가 되던지 임금이 되던지 하려면
이 책을 읽어보아야 자기의 범위가 어떤지 정해지는 표준으로 삼을 수
있는 책이다. 사람을 모으려면 재물이 아니면 안 된다. 사람을 백 명이라
도 모으려면 입이 문제이다. 그래서 인구人口라고 한다. 세계 인구人口이건
식구食口이건 사람이 모이면 입이 문제가 되는데, 그것이 바로 재財이다.

古者包犧氏之王天下也애 仰則觀象於天하고 俯則觀法於地하며
觀鳥獸之文과 與天地之宜하며 近取諸身하고 遠取諸物하야 於是에
始作八卦하야 以通神明之德하며 以類萬物之情하니

　여기서부터는 역易의 역사를 말하고 있다. 역易이 어떻게 생기게 되었
는지의 역사적인 흐름을 말하고 있는 것이다. 포희씨包犧氏가 옛날에 천
하의 왕 노릇을 할 때에 우러러서 하늘의 상을 보고 엎드려서 땅의 법 받
음을 살폈고, 그래서 조수鳥獸의 발자국 같은 것을 보고 땅에 마땅한 것
을 더불어서 하며, 가까이는 몸에서 취하고 멀리서는 물건에서 취하여
비로서 팔괘八卦를 지어서 신명神明의 덕德을 통通해서 만물지정萬物之情을
류類대로 나누어 놓았다. 그렇게 한 것이 바로 역易이라는 말이다.

　근취저신近取諸身이란 말은 건乾은 머리, 곤坤은 복腹, 손巽은 사타구니,
진震은 발, 감坎은 귀, 리離는 눈, 간艮은 손, 태兌는 입과 같다고 보는 것이

周易──주역

139

다. 그것이 의학으로도 사용되고, 사용 안 되는 곳이 없다.

　사람이라고 하는 것은 속으로는 오장으로 성립되는 것인데, 오장은 비^脾·폐^肺·간^肝·심^心·신^腎이다. 그것이 "열·아홉·여덟·일곱·여섯"에 해당한다. 열(10)이라는 수는 오십토^{五十土}이니까 비장^{脾臟}이고, 아홉(9)은 사구금^{四九金}이니까 폐^肺, 여덟(8)은 삼팔목^{三八木}이니까 간^肝, 일곱(7)은 이칠화^{二七火}니까 심장^{心臟}, 여섯(6)은 일육수^{一六水}이니까 신장^{腎臟}이다. 인간의 생명은 이 오장을 통해서 사는 것이다. 오줌만 싸지 못해도 죽고, 심장에서 경색이 생겨도 죽고, 간이나 폐에 염증이 생겨도 죽는다. 특히 그 오장 중에서도 비^脾라고 하는 것이 제일 주가 된다. 비^脾에서 모든 것이 변해서 이루어지는 것이다. 이와 같이 모든 것이 수^數로 조직되어 있다. 이런 것을 근취저신^{近取諸身}이라고 하는 것이다.

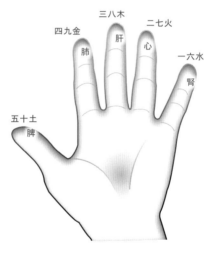

그림 29. 오장과 수지상수

作結繩而爲網罟^{ㅎ야} 以佃以漁^{ㅎ니} 蓋取諸離^{ㅎ고}

　복희 시절의 정치를 '결승지정^{結繩之政}'이라고 한다. 결승지정^{結繩之政}이라는 것은 매듭정치를 말한다. 빨간 줄, 까만 줄, 흰 줄에 따라 오행^{五行}으로 구분해서 정치를 했었다. 그것을 기강경위紀綱經緯로 했다.

경위經緯는 경도經度(세로줄)와 위도緯度(가로줄)를 말하고, 기紀는 맨 위의 북쪽에 있는 것이고 강綱은 맨 아래의 남쪽에 있는 것을 말한다. 그 물로 투망을 친 것이다. 사람은 경위經緯가 없어도 못살고, 기강紀綱이 없어도 못산다. 기강경위紀綱經緯를 그물에 비유한 것이다. 천렵할 '전佃'자와 고기 잡을 '어漁'자로 식생활을 이야기하고 있다. 이런 것은 대개 리괘離卦에서 취했다. "離는 麗也라"에서 리麗는 걸린다는 뜻이다.

包犧氏沒커늘 神農氏作ᄒ야 斲木爲耜ᄒ고 揉木爲耒ᄒ야 耒耨之利로 以敎天下ᄒ니 蓋取諸益ᄒ고

그 후에 포희씨包犧氏가 죽거늘 신농씨神農氏가 일어나서 나무를 깎아서 따비를 만들고 나무를 휘어서 또 따비를 만들어서 농경사회를 시작한 것이다. 그래서 천하를 가르쳤으니 이것이 대개 풍뢰익風雷益괘에서 취한 것이다.

日中爲市ᄒ야 致天下之民ᄒ며 聚天下之貨ᄒ야 交易而退ᄒ야 各得其所케ᄒ니 蓋取諸噬嗑ᄒ고

점심때가 되면 저자(시장)을 만들어서 천하의 백성이 이르게 하고 천하의 보화를 모이게 해서 물물교환이 되게 교역을 하게 해서 물러가서 각기 그 생활하는데 필요한 것을 얻게 하니 이런 것을 서합噬嗑괘에서 취한 것이다.

神農氏沒커늘 皇帝堯舜氏作ᄒ야 通其變ᄒ야 使民不倦ᄒ며 神而化之ᄒ야 使民宜之ᄒ니 易이 窮則變ᄒ고 變則通ᄒ고 通則久ㅣ라. 是以自天祐之ᄒ야 吉无不利니 黃帝堯舜이 垂衣裳而天下治ᄒ니 蓋取

諸乾坤등고

신농씨神農氏가 죽고 황제黃帝와 요순씨堯舜氏가 일어나서 그 변화에 통해서 백성들로 하여금 게으르지 않게 하고, 그것을 신이화지神而化之해서 백성으로 하여금 마땅하게 하니, 역易이라는 것은 궁하면 변하고 변하면 통하고(窮則通) 통하면 오래가는 것이다. 그러므로 "自天祐之등야 吉无不利"하는 것이니 황제黃帝와 요순堯舜은 의상만 드리우고서도 천하가 다스려졌으니 이것은 건곤乾坤의 괘에서 취한 것이다. 즉, 황제와 요순은 건곤乾坤의 원칙을 알고 있었다는 말이다.

세상은 궁窮하면 변變하고, 변變하면 통通하면서 오래도록 가는 것이다. 그런데 소강절은 《황극경세서》에서 세상이 129,600년의 광명세상이 다 지나고 나면 다시 또 암흑이 오고, 암흑이 지나면 다시 밝은 세상이 와서 기계적으로 왔다 갔다 한다고 했다. 하지만 실제로 세상은 그렇게 기계적으로 왔다 갔다 하는 것이 아니다. 《정역》은 개물성무지도開物成務之道로 된다고 말했다. 선천하면 개물開物하고 후천하면 성무成務하여서 영구히 좋은 세상으로 가는 것이지 소강절의 말처럼 기계적으로 왔다 갔다 하는 것이 아니다. 지금의 과학도 하나의 우주를 생각하면, 우주가 탄생해서 성장하다가 사람이 수명이 다하면 죽는 것처럼 그렇게 가는 것이지, 다시 어두워졌다 밝았다 하는 것이 아니라는 것을 알고 있다.

황제黃帝와 요순堯舜은 그냥 도포만 입고서 가만히 있어도 천하가 다스려졌다고 하는데, 개울에 다리만 놓아주면 될 것을 정자산鄭子産처럼 백성을 하나씩 업어서 건네주는 것은 좋은 지도자라고 할 수가 없다. 정자산을 바라보고 평하는 입장이 맹자와 공자가 다르다. 맹자[51]는 정자산을 보고 "惠而不知爲政"이라고 했다. 은혜는 베풀지만 정치는 할 줄 모르는 사람이라는 말이다. 그 강을 무한하게 오는 백성을 언제 다 업어서 건네

---

51 子産聽鄭國之政, 以其乘輿濟人於溱洧. 孟子曰, 惠而不知爲政. 歲十一月徒杠成, 十二月輿梁成, 民未病涉也. 君子平其政, 行辟人可也. 焉得人人而濟之. 故爲政者, 每人而悅之. 日亦不足矣.《孟子》〈離婁章句下〉

주겠는가. 임금의 힘으로 다리만 놓아주면 될 것을 자기가 업어 건네주면 얼마나 업어주겠는가. 그래서 맹자는 그것을 평하기를 "惠而不知爲政"라고 했다. 그런데 공자는 그 사람을 보고 "有君子之道四焉"[52]이라고 했다. 그 사람은 그래도 네 가지는 쓸 만한 것이 있다. 이 말은 사람이 쓸모가 있으면 수 십 가지가 있을 것인데, 정자산은 겨우 네 가지 밖에 쓸모가 없다는 말이다. 정자산 하나를 평하는데 맹자는 "惠而不知爲政"이라고 하고, 공자는 "有君子之道四焉"이라고 하였다.

剡木爲舟ㅎ고 剡木爲楫ㅎ야 舟楫之利로 以濟不通ㅎ야 致遠以利天下ㅎ니 蓋取諸渙ㅎ고

나무를 파서 통 배를 만들고, 나무를 휘어서 돛대를 만들어서 주즙지리舟楫之利로 불통不通한 것을 구제해서 멀리 천하를 이롭게 하는 데까지 이르렀으니, 그것은 풍수환風水渙괘에서 취한 것이다.

服牛乘馬ㅎ야 引重致遠ㅎ야 以利天下ㅎ니 蓋取諸隨ㅎ고

소를 감복시키고 말을 타고서 무거운 것을 이끌어가지고서 먼데까지 이르러서 천하를 이롭게 하였으니 이것은 택뢰수澤雷隨괘에서 취한 것이다.

重門擊柝ㅎ야 以待暴客ㅎ니 蓋取諸豫ㅎ고

중문격탁重門擊柝하여 사나운 도둑을 기다렸으니 이것은 예豫괘에서 취한 것이다. 사나운 도둑을 폭객暴客이라고 하였다.

이 문장을 보면 중문격탁重門擊柝의 역사가 얼마나 오래된 것인지를 알 수 있다. 말하자면 숙직하는 사람이 궁내를 순행하면서 초경(9시)부터, 이경, 삼경(12시), 사경, 오경이 될 때까지 돌아다니면서 초경이면 "초경

---

52 子謂子産, 有君子之道四焉, 其行己也恭, 其事上也敬, 其養民也惠, 其使民也義《論語》〈公冶長〉

이요~"하면서 나무대기를 두드리면서 돌아다녔다. 도둑놈이 그 소리를 듣고 도망하기 마련이고, 순행하는 사람은 지금 순행한다는 것을 표시하기 위해서 나무대기를 '딱딱'치고 다니는 것을 중문격탁重門擊柝이라고 한다.

斷木爲杵ᄒ고 掘地爲臼ᄒ야 臼杵之利로 萬民이 以濟ᄒ니 蓋取諸小過ᄒ고

　나무를 끊어 도구대를 만들고 땅을 파서 절구통을 만들어서 구저지리臼杵之利로 만민이 구제되니 이것은 소과小過괘에서 취한 것이다. 여기에서도 구저지리臼杵之利라는 것이 얼마나 오래 된 것인지를 알 수 있다. 천문에도 구저臼杵가 있다. 또 황제黃帝가 치우蚩尤와 싸울 때에 피를 얼마나 흘렸는지 도구대가 떠내려갈 정도였다고 하는 이야기도 있다.

弦木爲弧ᄒ고 剡木爲矢ᄒ야 弧矢之利로 以威天下ᄒ니 蓋取諸睽ᄒ고

　나무를 휘어서 활을 만들고 나무를 깎아서 화살을 만들어서 호시지리弧矢之利로 천하를 위협하게 했으니 이것은 대개 규睽괘에서 취한 것이다.

上古에 穴居而野處ㅣ러니 後世聖人이 易之以宮室ᄒ야 上棟下宇ᄒ야 以待風雨ᄒ니 蓋取諸大壯ᄒ고

　인류의 발달사가 이렇게 내려왔다는 이야기이다. 상고上古에는 모두 굴을 파고서 들에 처했었는데, 후세 성인들이 변혁해서 궁실로 바꾸어서 위에는 대들보를 놓고 밑에는 기둥을 놓고서 풍우風雨를 대비했으니 이것은 대장大壯괘에서 취한 것이다.

古之葬者는 厚衣之以薪ᄒ야 葬之中野ᄒ야 不封不樹ᄒ며 喪期无

數ㅣ러니 後世聖人이 易之以棺槨ᄒ니 蓋取諸大過ᄒ고

　옛날에 장사지낼 때에는 섶으로서 옷을 후厚하게 하여 들에서 장사를 지냈는데 봉封하지도 않고 나무도 심지 않았으며, 상기喪期에 수數도 없었는데, 후세의 성인이 관곽棺槨으로 바꾸었으니 이것은 대개 대과大過괘에서 취한 것이다.

　옛날에는 장사지내는 법(葬法)이 없었다. 《주례》에도 나오지만 옷을 후하게 한다는 것은 섶을 두텁게 깐다는 것을 말한다. 그래서 장사지낼 '장葬'자가 풀 초艸자 밑에 죽을 사死가 있고, 죽을 사死자 밑에 또 초艸자가 있는 것이다. 또 상喪을 치르는 연수年數도 정해진 것이 없었다.

　장법葬法은 공자시대에 와서야 성행하게 된 것이다. 공자시대에는 사척지봉四尺之封(넉자로 봉을 쌓는 것)을 하였다. 그리고 공자묘에 가보면 홰나무라는 나무가 서 있는데, 홰나무는 전봇대처럼 꽂꽂이 서서 자라는 나무이다. 그래서 글자를 쓸 때 초서처럼 흘려 쓰는 글씨 말고, 정자正字로 쓰는 것을 '해자楷字'라고 한다. 곽槨은 관棺 위에 또 곽을 만드는 것인데 나무의 두께를 7촌으로 하였다.

上古앤 結繩而治러니 後世聖人이 易之以書契ᄒ야 百官이 以治ᄒ며 萬民이 以察ᄒ니 蓋取諸夬나라. 右第二章.

　상고上古에는 결승結繩해서 다스렸는데 후세의 성인들이 그것을 바꿔서 서글書契로 해서 백관이 그것으로 다스리고 만민이 그것으로 살피니 이것은 모두 쾌夬괘에서 취한 것이다.

　"서글書契"은 '서계'로 읽지 않고 '서글'로 읽어야 한다. 우리말의 '거란(글란, 契丹)'이라는 말도 여기서 나왔다. 순임금의 신하 글契이라는 사람이 글자를 만들어서 인민을 가르쳤다고 했는데, 거기서는 '글'이라고 읽어야 한다. "夬는 決也라"라고 했다. 문서로 할 때에는 결재를 맡았다는 말이다.

是故로 易者는 象也ㅣ니 象也者는 像也ㅣ오 彖者는 材也ㅣ오 爻也 者는 效天下之動也ㅣ니 是故로 吉凶이 生而悔吝이 著也ㅣ니라. _{右第} _{三章.}

이러므로 역易은 상象인데 상象이란 것은 형상形象을 말하는 것이다. 단 彖은 재료材料를 말한다. 효爻라는 것은 천하의 움직이는 것을 본받은 것이다.

이러므로 길흉吉凶이 나고 회린悔吝이 드러나는 것이다. 회린悔吝이 길흉吉凶을 낳은 것이지, 길흉이 회린을 낳은 것이 아니다. 인색한 것은 흉凶으로 가는 길이고, 뉘우치는 것은 길吉로 가는 길이다. 정자는 회린悔吝을 위주로 보았고, 주자는 길흉吉凶을 위주로 보았다.

陽卦는 多陰하고 陰卦는 多陽하니 其故는 何也오. 陽卦는 奇오 陰卦 는 耦ㄹ새라.

양괘陽卦는 음이 많은 것이고, 음괘陰卦는 양陽이 많은 것이다. 가령 감괘坎卦(☵)를 보면 음효陰爻가 많기 때문에 양괘陽卦이고, 리괘離卦(☲)는 양효陽爻가 많으므로 음괘陰卦가 된다.

그 까닭은 무엇인가? 양괘陽卦는 기奇로 되는 것이고, 음괘陰卦는 짝이 되는 것으로 형식이 다르다는 것이다,

其德行은 何也오. 陽은 一君而二民이니 君子之道也ㅣ오 陰ㅣ은 二 君而一民이니 小人之道也ㅣ라. _{右第四章.}

그 작용德行은 무엇인가? 양陽은 군君이라 하고 음陰은 백성이라고 하는데, 양은 일군이이민一君而二民이니 군자君子의 도道라고 하고, 음은 이군이일민二君而一民이니 소인小人의 도道라고 한다. 군자와 소인의 음양을 그렇게 나누어 보아야 한다는 말이다.

易曰憧憧往來면 朋從爾思ㅣ라ᄒᆞ니 子曰天下ㅣ 何思何慮ㅣ리오. 天下ㅣ 同歸而殊塗ᄒᆞ며 一致而百慮ㅣ니 天下ㅣ 何思何慮ㅣ리오.

함咸괘 사효四爻[53]에 "憧憧往來하면 벗이 너를 따르리라"는 말이 있다. 이 말을 어떻게 해석해야 되는지를 공자가 말해주는 것이다. 천하가 무엇을 걱정하고 무엇을 염려하리오. 천하는 한 군데로 돌아갈 것이지만 길이 다르며, 일치하게 될 것인데 백가지로 걱정을 하고 있으니, 천하가 무엇을 생각하고 무엇을 염려하리오. 이렇게 해석하라는 말이다.

日往則月來ᄒᆞ고 月往則日來ᄒᆞ야 日月이 相推而明生焉ᄒᆞ여 寒往則暑來ᄒᆞ고 暑往則寒來ㅣᄒᆞ야 寒暑ㅣ 相推而歲成焉ᄒᆞ니 往者ᄂᆞᆫ 屈也ㅣ오 來者ᄂᆞᆫ 信也ㅣ니 屈信이 相感而利生焉ᄒᆞ니라.

해가 가면 달이 오고, 달이 가면 해가 오고, 그래서 일월日月이 서로 미루어서 밝음이 생하는 것이다. 찬 것이 가면 더운 것이 오고, 더운 것이 가면 찬 것이 오고, 그래서 차갑고 더운 것이 서로 미루어서 한 해가 되는 것이다. 간다는 것은 굴屈하는 것이고, 온다는 것은 펴는 것이니 굴신屈伸이 서로 느껴서 리利가 거기서 생기는 것이다. '신信'자는 믿는다는 뜻이 아니고 편다는 뜻으로 읽어야 한다.

尺蠖之屈은 以求信也ㅣ오 龍蛇之蟄은 以存身也ㅣ오 精義入神은 以致用也ㅣ오 利用安身ㅣ은 以崇德也ㅣ니

자벌레는 앞에 발 네 개가 있고 꼬랑지에 가서 발 네 개가 있어서 앞으로 나가려면 몸을 구부렸다가 펴면서 나가는데 그것을 척확尺蠖이라고 한다. 그러니까 자벌레가 구부리는 것은 펴는 것을 구하는 것이다. 용사龍蛇가 움츠리고 것은 몸을 보존하기 위한 것이다. 정의입신精義入神하는

---

[53] 九四, 貞吉, 悔亡, 憧憧往來, 朋從爾思. 象曰, 貞吉悔亡, 未感害也, 憧憧往來, 未光大也. 《周易》咸卦

것은 쓰는 것을 이용하는 데에 이르게 하는 것이고, 이용안신利用安身하는 것은 덕을 높이는 것이다.[54]

過此以往은 未之或知也ㅣ니 窮神知化ㅣ 德之盛也ㅣ라.

　이것을 지나서 간 것(그 이상을 말하는 것)은 혹 알지 못하니, 신神을 궁구해서 화化를 아는 것은 덕德이 성盛한 것이다.

易曰 困于石ᄒ며 據於蒺藜ㅣ라 入于其宮이라도 不見其妻ㅣ니 凶이라ᄒ니 子曰非所困而困焉ᄒ니 名必辱ᄒ고 非所據而據焉ᄒ니 身必危ᄒ리니 旣辱且危ᄒ야 死期將至이니 妻其可得見邪아.

　곤困괘에 보면 "돌에 곤困하고 가시에 의거해서 자기 집에 들어가서도 그 아내를 볼 수가 없으니 흉凶이라"라는 말이 있다. 공자가 말하였다. 곤困할 바가 아닌데 피곤하게 하면 자기 명예를 반드시 욕되게 하고, 의거할 바가 아닌데 의거하면 몸이 반드시 위태로운 데에 빠뜨릴 것이니, 이미 욕되고 또 위태로운 데에 빠뜨려서 사기死期가 장차 이르니 처를 어떻게 얻어 볼 수가 있겠는가.

易曰 公用射隼于高墉之上ᄒ야 獲之니 无不利라ᄒ니 子曰隼者는 禽也ㅣ오 弓矢者는 器也ㅣ오 射之者는 人也ㅣ니 君子ㅣ 藏器於身ᄒ야 待時而動이면 何不利之有ㅣ리오. 動而不括이라 是以出耳不獲ᄒ느니 語成器而動者也ㅣ라.

　해解괘의 상효上爻에 보면 "높은 곳(高墉之上)에서 새매를 쏴서 얻는 것이니 이롭지 않음이 없다"는 말이 있다. 공자가 말하였다. 준隼은 금禽이고, 궁시弓矢는 기器이고, 쏘는 것은 사람이다. 군자가 그릇을 몸에 감추어서 그 때를 기다려서 움직이면 어찌 이롭지 않음이 있으리오. 움직여서 확실히 나가지 않은지라. 그래서 나가서 얻을 수 없으리니 이것은 자기 그릇을 이루고 나서 움직이는 것을 말한다.

子曰 小人은 不恥不仁ᄒ며 不畏不義라 不見利면 不勸ᄒ며 不威면 不懲ᄒ느니 小懲而大誡ㅣ 此ㅣ 小人之福也ㅣ라. 易曰履校ᄒ야 滅趾니 无咎ㅣ라ᄒ니 此之謂也ㅣ라

소인小人은 불인不仁한 것을 부끄럽게 여기지도 않고, 불의不義도 두려워하지 않는다. 그래서 이롭지 않은 것을 권하면 열심히 하지 않고, 위엄이 있지 않으면 경계도 하지 않는다. 그런데 조금 경계해서 큰 것을 경계하면 이것은 소인小人의 복이다. 《역》에 "형틀을 밟아서 발꿈치를 멸하니 허물이 없다"라고 한 것이 이것을 말하는 것이다. '교校'는 형틀을 뜻하고, '멸지滅趾'는 발꿈치를 멸하는 형벌을 뜻한다. 옛날에 오형五刑이라는 것이 있었는데 피부에 자자刺字하는 묵墨, 코를 베는 의, 발뒤꿈치를 베는 비, 거세를 하는 궁宮, 목을 베는 대벽을 말한다. 그 중에서 멸지滅趾하는 것이 가장 가벼운 형벌이다.

善不積이면 不足以成名이오 惡不積이면 不足以滅身이니 小人은 以小善으로 爲无益而弗爲也ᄒ며 以小惡으로 爲无傷而弗去也ㅣ라. 故로 惡積而不可掩이며 罪大而不可解니 易曰何校ᄒ야 滅耳니 凶이라ᄒ니라.

선善을 쌓지 못하면 명성을 이루지 못하고, 악惡을 쌓지 않으면 몸을 멸하지 않는다. 그런데 소인小人이 조금 착한 것으로써 무익하다고 해서 하지 않고, 또 조그만 악惡으로써 상할 것이 없다고 하여 버리지 않기 때문

에 악이 쌓여서 나중에 가릴 수가 없고 죄가 커서 풀 수도 없게 되는 것이다. 그래서《역》에 "큰칼을 씌워서 귀를 가려서 듣지 못하는 것이니 흉하다"라는 말이 있는 것이다. '하何'자는 멜 '자荷'자하고 같은 뜻이다. 큰칼을 씌우는 것을 하교何校라고 한다.

子曰 危者는 安其位者也ㅣ오 亡者는 保其存者也ㅣ오 亂者는 有其治者也ㅣ니 是故로 君子ㅣ 安而不忘危ᄒ며 存而不忘亡ᄒ며 治而不忘亂이라. 是以身安而國家를 可保也ㅣ니 易曰其亡其亡이라야 繫于苞桑이라ᄒ니라.

위태할까 염려하는 것은 자기 위치를 편하게 하기 위한 것이고, 망할까 염려하는 것은 그 생존하는 것을 보존하는 것이고, 어지러울까 염려하는 것은 그 다스리는 것을 두는 것이다. 이러므로 군자君子는 편안할 때에 위태한 것을 잊지 않으며, 생존 할 때에는 망할 것을 잊지 않으며, 다스릴 적에는 어지럽게 될 것을 잊지 않는 것이다. 평소에 그렇게 해야 한다는 말이다. 이래서 자기 자신이 편안해야 국가를 가히 보존할 수가 있는 것이다. 그래서《역》천지비天地否괘의 상효上爻에 "망할까 망할까 염려해야 단단한 뽕나무에 걸을 수 있을 것이다"라는 말이 있다.

子曰 德薄而位尊ᄒ며 知小而謀大ᄒ며 力小而任重ᄒ면 鮮不及矣ᄂ니 易曰鼎이 折足ᄒ야 覆公餗ᄒ니 其形이 渥이라 凶이라ᄒ니 言不勝其任也ㅣ라.

덕德은 박薄한데 위位가 높고, 지혜는 작은데 큰 것을 꾀하고, 힘은 적은데 무거운 것을 책임지게 되면 재앙이 미치지 않는 자가 적다. 그래서《역》정鼎괘의 상효上爻에 "솥의 다리가 끊어지고 엎어져서 부수어지니 그 형상이 악渥하고 흉하다"라는 말이 있는 것이니 그 책임을 이기지 못한다는 말이다. 정鼎은 발이 세 개 달린 솥을 말하는데, 도기陶器의 다리에 구멍을 뚫어서 정鼎을 상징해서 제기로 쓴다. 일반 선비의 제기는 일정一鼎, 관은 삼정三鼎, 제후는 오정五鼎을 가지고 있다.

子曰 知幾ㅣ 其神乎ㄴ뎌 君子ㅣ 上交不諂ㅎ며 下交下瀆ㅎ나니 其知幾乎ㄴ뎌. 幾者는 動之微니 吉之先見者也ㅣ니 君子ㅣ 見幾而作ㅎ야 不俟終日이니 易曰介于石이라 不終日이니 貞코 吉타ㅎ니 介如石焉커니 寧用終日이리오 斷可識矣로다. 君子ㅣ 知微知彰知柔知剛ㅎ나니 萬夫之望이라.

　그 기미幾微를 아는 것이 신령스럽도다. 군자君子는 위를 사귈 때에는 아첨하지 않고 아래를 사귈 때에는 더럽히지 않으니 그 기미를 알기 때문이다. 기幾란 움직이는 데 작고 미세한 것이며 길吉보다 먼저 나타나는 것이니 군자는 기미를 보고서 일어나서 종일을 기다리지 않는다. 종일까지 기다리지 않아도 알 수 있다는 말이다. 그래서《역》뇌지예雷地豫괘의 이효에 "지남석을 분개分介해서 날을 마치지 않고 정貞코 길吉하다"고 한 것이니 지남석을 분개하는 것 같이 어찌 종일까지 쓰리오, 가히 단정해서 알 것이다. 왜 그러냐면 "군자君子는 미세한 것을 알고 화창한 것을 알며 부드러운 것을 알고 강한 것을 아니 만인들이 바라는 바인 것이다."

子曰 顔氏之子ㅣ 其殆庶幾乎ㄴ뎌 有不善이면 未嘗不知ㅎ며 知之면 未嘗復行也ㅎ나니 易曰不遠復이라 无祗悔니 元吉이라ㅎ니라.

　《주역》에는 안씨顔氏의 아들이 거의 기幾를 알았다고 하였다. 잘하지 못한 것이 있으면 알지 못하는 것이 없고, 알면 다시는 행하지 않았다. 《역》복復괘의 초효初爻에 보면 "멀지 않아서 회복할 것이라야 회悔하는 데까지 이르지 않으니 원길元吉이라"는 말이 있다.

天地ㅣ 絪縕애 萬物이 化醇ㅎ고 男女ㅣ 構精애 萬物이 化生ㅎ나니 易

曰三人行앤 則損一人코 一人行앤 則得其友ㅣ라ᄒ니 言致一也ㅣ라.

천지天地가 얽어서는 만물이 화순하고, 남녀가 정을 얽어서는 만물이
화생한다. 《역》의 손巽괘에 "삼인三人이 행할 때에는 한 사람을 잃고, 한
사람이 행할 때에는 벗을 얻는다"고 하였으니 이것은 치일致一하는 것을
말한다. 셋일 때에는 하나를 손損하니까 둘이 되고, 혼자 행할 때에는 벗
을 얻으니까 또 둘이 돼서 치일致一하는 것이다.

子曰君子ㅣ 安其身而後에아 動ᄒ며 易其心而後에아 語ᄒ며 定其交
而後에아 求ᄒᄂ니 君子ㅣ 脩此三者故로 全也ᄒᄂ니 危以動ᄒ면 則
民不與也코 懼以語ᄒ면 則民不應也코 无交而求ᄒ면 則民不與也
ᄒᄂ니 莫之與ᄒ면 則傷之者ㅣ 至矣ᄂ니 易曰莫益之라 或擊之러니
立心勿恒이니 凶이라ᄒ니라. 右第五章.

군자는 그 몸을 편안하게 놓은 연후에 움직이고, 그 마음을 쉽게 알게
한 연후에 말하고, 그 교제를 정定한 연후에 구하니, 군자가 이 세 가지를
다듬어서 하기 때문에 온전한 것이다. 그런데 만약 위태하게 움직일 것
같으면 백성이 더불지 않고, 두렵게 해서 말하면 백성이 응하지 않고, 교
제하지 않고 구하면 백성이 더불지 않는다. 더불지 않으면 상하는 것이
이를 것이다. 《역》 리離괘의 상효上爻에 "유익함이 없으니라, 혹 치리니
마음 세우기를 항상되게 하지 않아서 흉하리라"는 말이 있다.

子曰乾坤은 其易之門邪ㄴ뎌 乾은 陽物也ㅣ오 坤은 陰物也ㅣ니 陰陽
이 合德ᄒ야 而剛柔ㅣ 有體라 以體天地之撰ᄒ며 以通神明之德ᄒ니

건곤乾坤은 역易의 문이다. 건乾 곤坤 둔屯 몽蒙 수需 송訟 사師 비比로 나
가는 64괘의 우두머리이고, 문門과 같다는 말이다. 건乾은 양물陽物이고,
곤坤은 음물陰物이니 음양이 합덕合德하여 강유剛柔에 체체가 있어서 그
체體로써 천지를 가리며, 신명지덕神明之德을 통하는 것이다.

其稱名也ㅣ 雜而不越ㅎ니 於稽其類앤 其衰世之意耶ㄴ뎌.

　그 명예를 일컫는 것이 섞여 있어도 법도에는 넘어가지 않으니, 그 류類를 상고해 볼 것 같으면 역易이란 것이 쇠衰한 세상을 다스리기 위한 뜻이라는 것이지 평화스러운 세상을 다스리기 위한 것이 아니라는 말이다.

夫易은 彰往而察來ㅎ며 微顯而闡幽ㅎ며 開而當名ㅎ며 辨物ㅎ며 正言ㅎ며 斷辭ㅎ니 則備矣라.

　대저 역易이라는 것은 가는 것을 빛내가지고서 오는 것을 살피며, 나타난 것은 적게 하고 그윽한 것은 나타나게 하고, 그것을 열어서 이름에 마땅하게 하고, 물건을 변론하고 말을 바르게 하고, 육갑六甲을 단정하니 그렇게 하면 대개 갖추어진다는 것이다.

其稱名也ㅣ 小ㅎ나 其取類也ㅣ 大ㅎ며 其旨ㅣ 遠ㅎ며 其辭ㅣ 文ㅎ며 其言이 曲而中ㅎ며 其事ㅣ 肆而隱ㅎ니 因貳以濟民行ㅎ야 以明失得之報ㅣ니라. 右第六章.

　그 명예를 일컫는 것은 적지만 그 류類를 취하는 것은 크고, 그 취지는 멀리까지 가며, 그 사辭는 문채가 있으며, 그 말은 곡진해서 꼭꼭 맞고, 그 일은 늘어져 있어도 숨겨지고, 둘로 인해서 백성이 행하는 것을 건져서 잃고 얻는 통보를 밝히는 것이 역易이라는 말이다.

易之興也ㅣ 其於中古乎ㄴ뎌. 作易者ㅣ 其有憂患乎ㄴ뎌.

　역易이 흥하게 된 것은 중고中古에서 흥한 것이다. 중고中古는 문왕文王에서부터 무왕武王, 주공周公에 이르는 때를 말한다. 역易을 만든 것도 그 우환 때문에 하는 것이지 평화를 위해서 만든 것이 아니다.

是故로 履는 德之基也ㅣ오 謙은 德之柄也ㅣ오 復은 德之本也ㅣ오 恒은 德之固也ㅣ오 損은 德之修也ㅣ오 益은 德之裕也ㅣ오 困은 德之辨也ㅣ오 井은 德之地也ㅣ오 巽은 德之制也ㅣ라.

이러므로 리履괘는 덕의 기반이고, 겸謙괘는 덕의 자루이고, 복復괘는 덕의 근본이고, 항恒괘는 덕의 굳은 것이고, 손損괘는 덕을 다듬는 것이고, 익益괘에서는 덕이 넉넉한 것이고, 곤困괘에서는 덕이 변론한 것이고, 정井괘에서는 덕의 지위를 말하는 것이고, 손巽괘는 덕의 제도를 말하는 것이다. 이것을 구괘九卦라고 한다.

履는 和而至하고 謙은 尊而光하고 復은 小而辨於物하고 恒은 雜而不厭하고 損은 先難而後易하고 益은 長裕而不設하고 困은 窮而通하고 井은 居其所而遷하고 巽은 稱而隱하니라.

리履는 화해서 이른 것이고, 겸謙은 높여서 빛난 것이고, 복復은 작아도 물건에 분변하는 것이고, 항恒은 잡雜해도 싫어하지 않은 것이고, 손損은 먼저 어려워도 나중에 쉬운 것이고, 익益은 장차 넉넉한데서 설設하지 않은 것이고, 곤困은 궁하되 통하는 것이고, 정井은 그 바에 거해서 움직이는 것이고, 손巽은 자칭해서 숨는 것이다.

履以和行코 謙以制禮코 復以自知코 恒以一德코 損以遠害코 益以興利코 困以寡怨코 井以辨義코 巽以行權하느니라. 右第七章.

리履는 화和로써 행하고, 겸謙은 례로써 짓고, 복復은 스스로 알게 하고, 항恒은 한결같은 덕으로서 하는 것이고, 손損은 해를 멀리하는 것이고, 익益은 리利를 흥하게 하는 것이고, 곤困은 원망을 적게 하는 것이고, 정井은 의義를 분변하는 것이고, 손巽은 권리를 행하는 것이다.

번호	九卦	德	性	用
01	履	德之基也	和而至	履以和行
02	謙	德之柄也	尊而光	謙以制禮
03	復	德之本也	小而辨於物	復以自知
04	恒	德之固也	雜而不厭	恒以一德
05	損	德之修也	先難而後易	損以遠害
06	益	德之裕也	長裕而不設	益以興利
07	困	德之辨也	窮而通	困以寡怨
08	井	德之地也	居其所而遷	井以辨義
09	巽	德之制也	稱而隱	巽以行權

표 17. 구괘(九卦)

易之爲書也ㅣ 不可遠이오 爲道也ㅣ 屢遷이라 變動不居ᄒ야 周流六虛ᄒ야 上下ㅣ 无常ᄒ며 剛柔相易ᄒ야 不可爲典要ㅣ오 唯變所適이니

역易의 글된 것이 멀리할 수도 없고, 도道를 한 것이 여러 번 변했다. 그래서 변동이 거기에 그대로 거하지 않고 상하사방(六虛)에 두루 흘러서 상하가 떳떳한 것(恒常)이 없으며, 강유가 서로 바뀌어서 그것으로 전요典要를 삼을 수가 없으니, 그래서 오직 변하는 것으로 꼭 맞게 하는 것이다.

其出入以度ᄒ야 外內에 使知懼ᄒ며

그래서 그 출입하는 것을 도수로 해서, 안이나 바깥이나 다 두려움을 알게 하는 것이다.

又明於憂患與故ㅣ라 无有師保ㅣ나 如臨父母ᄒ니

또 우환과 연고를 밝혀서 사보師保가 있지 않지만 신령스러운 것이 부모와 같이 임하고 있는 것이다. 우리가 아무것도 못보고 있지만 신명은 어디에나 있어서 부모가 임한 것 같다는 말이다.

初率其辭而揆其方컨댄 旣有典常이어니와 苟非其人이면 道不虛行
하느니라. 右第八章

처음으로 그 육갑六甲을 거느려서 그 방법을 헤아리면 이미 그 전상典常
은 있을 것이지만, 진실로 그 사람이 아니면 도道가 헛되이도 행하지 않
는다. 천명天命이 있는 사람이라야 행할 수 있다는 뜻이다.

易之爲書也ㅣ 原始要終하야 以爲質也코 六爻相雜은 唯其時物也
ㅣ라.

역易의 글된 것이 원시原始에서도 종終을 요하는 것이어서(艮), 그것으
로써 바탕을 삼고, 육효六爻가 서로 섞이는 것은 오직 그 때와 물건으로
하는 것이다.

其初는 難知오 其上은 易知니 本末也ㅣ라 初辭擬之하고 卒成之終
하니라.

그런데 그 초효는 알기가 어렵고, 그 상효는 알기가 쉬우니, 그것이 근
본과 말단이 된다. 처음에 육갑六甲을 헤아려서 마침내는 그 마침을 이루
는 것이다.

若夫雜物과 撰德과 辨是與非는 則非其中爻ㅣ면 不備하리라.

만일 섞여져 있는 물건과 가려진 덕과 옳은 것과 그른 것을 분변하는
것은 그 중효中爻가 아니면 갖추지 못하는 것이다. 초효와 상효는 중中이
아니고, 이효와 오효는 각각 상괘와 하괘의 중효中爻이고, 삼효와 사효는
전체의 중효中爻가 된다.

噫라. 亦要存亡吉凶인댄 則居可知矣어니와 知者ㅣ 觀其彖辭하면

則思過半矣리라.

　아! 존망길흉存亡吉凶을 알고자 할진데 거擧해서 알 수 있지만, 아는 자가 그 단사彖辭만 보아도 생각이 그 반을 알 수 있을 것이다.

二與四ㅣ 同功而異位ᄒ야 其善이 不同ᄒ니 二多譽코 四多懼는 近也ㄹ새니 柔之爲道ㅣ 不利遠者컨마는 其要无咎는 其用柔中也ㄹ새라.

　이효와 사효는 공은 같아도 위치는 달라서 그 잘하는 것이 같지 않으니, 이효는 명예가 많고 사효는 두려운 것이 많다. 왜냐하면 사효는 오효에 가깝기 때문이다. 부드러움이 도道가 된 것이 먼 것까지 이롭게 하지는 않건마는 그 사효에 무구无咎라는 것을 요하는 것은 유柔의 중中을 쓴 까닭이라는 말이다.

三與五ㅣ 同功而異位ᄒ야 三多凶코 五多功은 貴賤之等也ㄹ새니 其柔는 危코 其剛은 勝耶ㄴ져. 右第九章.

　삼효와 오효는 공은 같은데 위치가 달라서 삼효는 흉凶하다는 말이 많고 오효는 공功이 많다. 왜냐하면 귀천貴賤이 다르기 때문이다. 그 유柔는 위태롭고 그 강剛은 승勝함에 있어서 그런 것이다.

※ 우리나라 유학(幼學)의 도통연원(道統淵源)

　《주역》의 〈계사전〉을 지금의 12장으로 나눈 것은 주자가 한 일이다. 대개 동양에서는 1·3·5·7·9의 숫자를 좋아하고, 12지에 맞추어서 12장으로 나누고,《중용》을 33장으로 나누기는 하지만 학자에 따라서는 그렇게 하지 않는 사람도 있다. "天一地二天三地四天五地六天七地八天九地十이니"하는 이 말은 하도와 낙서를 상징하는 말인데, 주자가 편찬한 책 외에 다른 책에는 들어있지 않다. 주자도 이것은 연문衍文이라고만 하고 자세히 모르겠다고 말했다. 주자 외에 다른 학자들은 이 문장을 다 빼버렸는데, 우리나라는 정주程朱 일색이라 그대로 지금까지 내려오고 있다. 강희황제나 소자의 역학易學을 보면 다 다르다.

우리나라는 주자를 공부해야지 주자가 아니면 안 되었다. 그래서 양명학陽明學도 우리나라에는 들어오지 못한 것이다. 우리나라에 양명학陽明學이 들어올 때 퇴계의 제자인 유성룡이 극구 반대를 해서 결국 일본으로 넘어가서 꽃을 피웠다. 유성룡의 문집을 보면 그가 평생 동안 양명학陽明學을 반대하였다는 것을 알 수 있다. 우리나라에서 주자학朱子學을 하는데 우암 송시열 만한 사람이 없다. 본래 정자의 제자는 이연평이고, 이연평의 제자가 주자인데 연평은 빼고 정자와 주자만 숭상해왔다. 어쨌든 주자를 제일 흠모하였던 사람이 퇴계와 율곡이었고, 퇴계와 율곡을 학문의 종장宗匠으로 삼고 있다.

우리나라에서 유교의 종장宗匠으로 삼고 있는 사람은 정포은이다. 고려 말에 안향安珦(1243~1306, 고종30~충렬왕32)이 들여왔고, 그 분의 제자가 백이정(1247~1323, 고종34~충숙왕10)이고, 백이정의 제자 권양춘(權溥, 1262~1346)으로 전해지다가 정포은까지 내려온다. 정포은은 문무를 겸비하고 시문에 있어서는 그를 따를 만한 사람이 없었다. 그와 동시대의 사람인 목은(李穡 1328~1396, 충숙왕15~태조5)이 평하기를 "橫說竪說이 莫非當理"고 하였다.

횡설수설橫說竪說이라는 말은 어디서 나왔느냐면, 전국시대에 나라를 통일해야 한다는 입장과 지방자치를 해야 한다는 입장 사이에서 논쟁이 벌어졌는데, 그것을 주장한 사람이 소진과 장의이다. 소진蘇秦(?~BCE 317)이 나서서 천하를 통일해야 한다고 말하면 다른 제후들이 다 나와서 그렇게 해야 한다고 하고, 장의張儀(?~BCE 309)가 나와서 하夏·은殷·주周부터 시작해서 수 천년동안 통일된 나라로 내려왔지만 잘된 것이 뭐가 있느냐, 그로 인한 폐단 때문에 이렇게 어지러워진 것 아니냐하고 주장하면 또 다 따라서 입장을 바꿨다. 거기에서 횡설수설橫說竪說이라는 말이 유래된 것이다.

정포은이 죄인으로 죽은 후에는 아무는 그를 따르지 못하고, 200년이 지나서 조선 인조 때에 조광조가 정포은을 현인으로 되살려냈다. 조광조가 또 을사사화로 인해 죄인으로 죽고, 150년가량 지난 뒤에 김하서金麟厚(1510~1560, 중종5~명종15)가 그를 살려내었다. 또 하서 김인후가 죽고 세월이 흐른 뒤에 우암이 그 맥을 살리고, 우암이 죽은 후에 영조 대에 이르러서 역사를 다시 쓴다고 정리를 했는데 사실은 영조가 못하고 정조가 정리를 다 했다. 우리나라 28 임금 중에서 현군賢君이라고 부를 수 있는 분은 세종대왕과 정조대왕 밖에 없다. 다른 임금은 모두 싸움질에 당파싸움하느라 세월 다 보내고 권모술수에 죽었다. 우리나라 유학의 도통연원을 간략하게 살펴보면 이와 같다.

※ 역(易)과 인간(人間) : 《주역》은 모든 제례(制禮)의 기본이다.

성리학性理學을 하면 리학理學이라고, 공리공론만 하고 백성들의 실생활에 소용되는 것이 하나도 없다고 여겨서 나온 것이 예학禮學이다. 예설禮說을 만드는데 동양의 모든 제례의 기본은 《주역》에 있다. 제례制禮라는 것은 관혼상제를 말하는데, 관혼은 그냥 물건 갖추는 정도만 해도 되는 것이고, 상례喪禮와 제례祭禮를 중요하게 여겼다.

그 제례祭禮의 근거가 모두 《주역》에 있다. 제례祭禮에서 몇 대까지 제사를 지내야 하느냐? 사대봉사四代奉祀를 하는데 무슨 근거로 그렇게 하느냐? 그것은 《주역》의 팔괘에 그 근거를 두고 있다. 증조曾祖는 부모보다 더 했다고 해서 더할 '증增'자에서 '토土'를 빼고 '증曾'자만 쓰는 것이다. '나'가 부모 조상의 대표이다. 태극太極에서 양의兩儀를 낳고, 양의가 사상四象을 낳고, 사상이 팔괘八卦를 낳은 것에서 근거를 따온 것이다. 이 팔고조도八高祖圖는 소동파가 만든 것이다. 이것이 10대를 올라가면 10만 명이 넘는다. 10만 명이 나를 낳은 것이니까 따져보면 관계 안 되는 이가 없다.

그것으로 민족이라는 개체가 만들어진다. 팔괘八卦가 있으니까 팔고조도八高祖圖를 한 가정으로 정한 것이다.

母 父 母 父 母 父 母 父 母 父 母 父 母 父 母 父		易
母 父 母 父 母 父 母 父	高祖	
母 父 母 父	曾祖	四象生八卦
母 父	祖	兩儀生四象
母 父	考	是生兩儀
我		易有太極

표 18. 팔고조도(八高祖圖)와《주역》

팔괘八卦에서 인이중지因而重之하면 64괘가 되듯이 고조高祖에서 3대를 더 올라가면 64인이 된다. 사가私家에서는 사대봉사四代奉祀를 하지만, 임금은 7대까지 올라간다. 7대 고조가 64인이다.《서전》에 보면 "七世之廟 可以觀德. 萬夫之長 可以觀政."라는 말이 나온다. 이렇게 64인의 위패를 모시는 곳이 종묘宗廟이다. 64인의 조상을 모시는 것은 은殷나라의 탕湯임금 때부터 시작된 것이다. 제후까지 이렇게 지내고, 천자天子가 되면 천제天際를 지낸다. 종묘사직宗廟社稷이라고 하면 64인의 조상과 땅 귀신에게 제사를 지내는 것을 말한다. 하늘에 제사를 지내는 것은 천자天子만이 할 수 있다. 사직社稷은 지신地神을 말하는데 마을 단위, 군 단위마다 다 있고, 유교에서는 그것을 려단厲壇이라고 부른다. 이 려단厲壇은 반드시 서북쪽에 위치한다. 천자가 산에서 천제天際를 지내는 것을 '제사禘祭'라고 한다. 사직제사를 지낼 때는 제사지낸 고기를 땅에다 묻는데, 제사禘祭를 지낼 때는 화덕 불 위에 고기를 놓고 태워서 연기가 하늘로 올라가게 한다.

《주역》에 "易之興也, 其於中古乎"라는 말이 있다. 역易이 복희伏羲 때부터 나온 것이긴 하지만 흥한 것은 중고中古인 주周나라 때이다. 그래서 례禮에서 가장 오래된 것이《주례》이다.《의례儀禮》는 3천 가지이고,《예기》는 3백 가지이다.《의례》와《예기》는 모두 흩어져 있던 것을 한나라 때에 대성戴聖과 대덕戴德이 모아서 만든 것이다. 이 두 사람은 숙질간이고, 대덕의 삼촌이 대성이다. 본래《중용》과《대학》은《예기》속의 편명이었다. 그런 것을 주자가 맹자의 스승인 자사와 자사의 스승인 증자가 쓴 것을 어떻게《예기》의 편명으로 둘 수가 있겠느냐며 따로 빼내서《논어》《맹자》와 함께 사서四書로 만든 것이다. 우리나라에서도 주자의 사서四書에 대해 반대한 사람이 있었다. 바로 서포 김만중이 주자의 사서四書에 반대하면서 원래 사서四書에 있던《효경》과《이아》를 사서四書로 하여 공부해야 한다고 주장했다.《이아爾雅》는 주공周公이 지은 것으로 옛날 사전이다.

우리나라의 대궐을 보면 동서남북에 각각 흥인지문興仁之門, 돈의문敦義門, 숭례문崇禮門, 자하문紫霞門이 설치되어 있고, 중앙에 보신각普信閣이 있다. 그것이 바로 동서남북의 인예의지仁禮義智이고, 중앙에 보신각普信閣이 신신에 해당하는 것이다.

오행은《서경》의 홍범洪範에 "一曰水, 二曰火, 三曰木, 四曰金, 五曰土"라고 기록된 것이 처음이다. 인예의지仁禮義知는 하늘의 원형이정元亨利貞에서 나온 것이다. 하늘에는 원형이정이 있고, 땅에는 춘하추동의 사시가 있고, 사람에게는 인예의지가 있다.

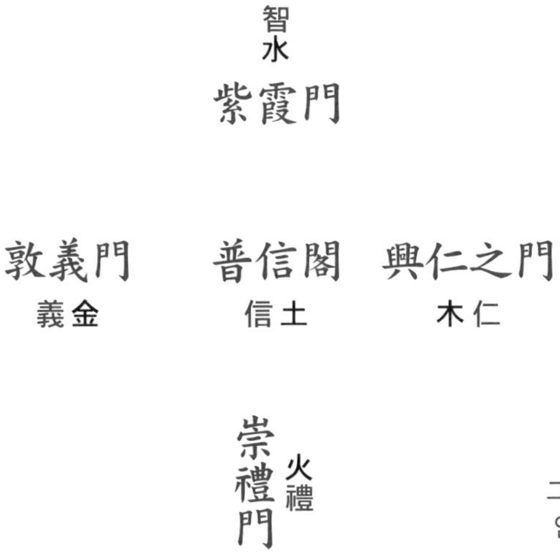

智
水
紫霞門

敦義門　　普信閣　　興仁之門
義金　　　　信土　　　　木仁

崇禮門
火禮

그림 30. 사대문과
인예의지의 배치

불교가 우리나라에 들어와서 절의 구조를 만들 때도 마찬가지이다. 절에 가면 처음 들어가는 곳이 일주문一柱門이다. 기둥이 두 개 있는 문이지만 이주문二柱門이라고 안하고, 일주문一柱門이라고 한다. 그 다음에 사천왕문四天王門이 나오는데 사사스러운 것은 못 들어오게 막는 뜻으로 한 손에는 악기를 들고 다른 한 손에는 창을 들고 발로 사람의 목을 짓누르고 있는 형상을 하고 있다. 더 들어가면 대웅전大雄殿이 있다. 대웅전은 인간의 대표를 상징한다. 불교는 평등주의이다. 유가에서 인간의 대표는 성인聖人이고, 불교에서는 인간의 대표가 부처이다. 대궐과 마찬가지로 서쪽에는 명부전冥府殿이 있다. 명부전에는 최판관이 있어서 염라대왕이 죽은 사람을 데리고 오면 최판관이 보고 선악을 보고서 악행이 많았으면 지옥으로 보내고 선이 많았으면 극락에 보낸다는 민담이 있다. 동쪽에는 도방道房이 있다. 도방道房은 공부방인데, 궁궐에는 동궁東宮이 있어서 태자가 될 사람이 거하면서 공부를 하는 곳이다. 또 서북방에 산신당山神堂이 있는데, 유교로 말하면 려단厲壇과 같다. 산신당은 임자 없는 귀신으로 제사 밥도 못 얻어먹는 귀신에게 일 년에 한 번씩 제사를 지내주는 곳이다. 불교가 우리나라에서 전통적으로 내려오는 샤머니즘을 배척하지 않고 포용한다는 의미로 절 안에 산신당을 들여놓은 것이다. 이런 것이 다 은근히 주역에 근거하고 있는 것이다.

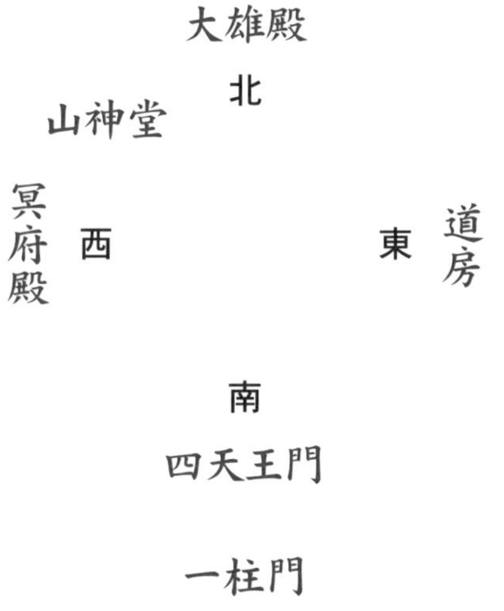

大雄殿

北

山神堂

冥府殿　西　　　東　道房

南

四天王門

그림 31. 불사와
산신당의 배치

一柱門

正易과 天文曆

《논어》에서 《주역》을 써먹은 예를 보면, 안연이 "세상을 다스리는데 무엇으로 하는 것이 좋겠습니까?"하고 물어보니까 공자가 "一日克己復禮면 天下歸仁焉"이라고 대답했다. 그런데 안연이 알아듣지 못하고 "자세히 좀 말씀해주십시오"하니까 공자가 "非禮勿視하며 非禮勿聽하며 非禮勿言하며 非禮勿動이니라"라고 하여 시視·청聽·언言·동動의 네 가지를 들어서 설명하였다.

가정에 집을 지으면 간방艮方에 가묘家廟를 들여 놓는다. 《주역》에서는 간방艮方을 귀방鬼方이라고도 한다. 이처럼 역易이 아닌 것이 없다. 역易과 인간을 어떻게 접촉시키느냐? 복희씨가 왕천하王天下할 때에 근취저신近取諸身하고 원취저물遠取諸物했다고 했다. 제례制禮를 만들 때에 그 근거를 《주역》에다 두는 것이다. 그런 역易과 인간人間이 어떤 관계인가 하는 것을 지금까지 이야기 한 것이다.

易之爲書也ㅣ 廣大悉備ᄒ야 有天道焉ᄒ며 有人道焉ᄒ며 有地道焉ᄒ니 兼三才而兩之라 故로 六이니 六者는 非他也ㅣ라 三才之道也ㅣ니

역서易書에는 광대한 것이 다 갖추어져서 천도天道도 있고, 인도人道도 있고, 지도地道도 있는 것이다. 광廣은 곤坤이고, 대大는 건乾이다. 삼재三才를 겸해서 둘 씩 하여 육효가 되는 것이니, 육六이라는 것은 다른 것이 아니라 삼재지도三才之道이다.

삼재지도三才之道라는 말은 지극히 큰 말이다. 하늘과 땅과 인간이 똑같다는 말이다. "역유천지易有天地"라고 할 때의 천지天地와 인간人間이 똑같다는 말이다. 동양에서 처음으로 인간을 존중해야 한다는 것이 바로 "삼재지도三才之道"라는 말에 드러나 있다.

道有變動이라 故曰爻ㅣ오 爻有等이라 故曰物이오 物相雜이라 故曰

文이오 文不當이라 故로 吉凶이 生焉하니라. 右第十章.

도道라는 것은 변하고 움직이는 것이다. "일음일양지위도一陰一陽之謂道"
는 하나의 음陰과 하나의 양陽이 도道라는 말이 아니고, 한 번 음陰했으면
반드시 한 번은 양陽해서 끊임없이 움직이고 나가는 것을 도道라고 하는
것인데, 그것을 효爻라고 말한 것이다. 효爻란 본받는 것인데 등급이 있다.
등급이 있다는 것은 물物이고, 물物이 섞여 있는 것이 문채가 있다고 한
다. 문文은 문紋과 똑같은 말이다. 문文이 언제든지 꼭 당하는 것이 아니
기 때문에 문채가 나고 길흉이 생기는 것이다.

※ 문채와 기승전결(起承轉結)

문채란 알록달록한 모양이다. 문장은 문채 있게 쓰려면 기승전결起承轉
結이 있어야 한다. 시詩에는 반드시 기승전결起承轉結이 있다. 기起는 문제
제기를 하는 것이고, 문제제기한 것을 이어 나가는 것이 승承이고, 전轉
은 처음에 문제제기했던 것과 관계없이 보이는 것을 불러서 다른 소리를
하는 것이다. 결結은 처음 문제제기했던 것으로 다시 돌아가 결론을 내
는 것이다. 그런 기승전결起承轉結이 어디에 근거를 두었느냐면 바로 인예
의지仁禮義智이다.

우리나라의 애국가를 보면 기승전결이 완연히 나타난다. 본래는 무궁
화 노래였고, 비슷한 노래가 10여개나 되었던 것을 안익태가 그 중에서
하나를 골라서 애국가로 만든 것이다. 1절의 "동해물과 백두산이 마르
고 닳도록 하느님이 보우하사 우리나라 만세" 이것은 문제제기이다. 여
기서 동해물과 백두산은 남이장군의 시詩[55]에서 힌트를 얻었다. 그 다
음에 2절에 "남산위의 저 소나무 철갑을 두른 듯 바람소리 불변함은 우

---

55 남이 장군의 시 〈북정(北征)〉
　백두산석마도진(白頭山石磨刀盡) / 백두산 돌은 칼 갈아 다하고
　두만강수음마무(豆滿江水飮馬無) / 두만강 물은 말 먹여 없앤다
　남아이십미평국(男兒二十未平國) / 남아 스무 살에 나라를 평안케 못한다면
　후세수칭대장부(後世雖稱大丈夫) / 후세에 누가 대장부라 일컬으랴

164

리 기상일세"는 백두산에서 궁궐이 있는 서울로 온 것이다. 1절을 이어서 말하는 것이다. 3절은 우리나라 얘기가 아니다. "가을 하늘 공활한데 높고 구름 없이~" 하늘을 얘기했지 우리나라를 얘기하지 않았다. 그리고 4절에 오면 "이 기상과 이 마음으로 충성을 다하여~"는 처음으로 돌아가서 결론을 내린 것이다. 아리랑도 마찬가지이다. 처음에 "아리랑 아리랑 아라리오"는 문제제기이고, 두 번째 "아리랑 고개로 넘어간다", 세 번째로 "나를 버리고 가시는 님은"은 아리랑 고개와 상관없는 얘기이고, 마지막으로 "십리도 못가서 발병 난다"는 못가고 다시 처음의 아리랑으로 돌아오는 것이다.

易之興也ㅣ 其當殷之末世周之盛德邪ㄴ뎌 當文王與紂之事邪ㄴ뎌 是故로 其辭ㅣ 危ᄒ야 危者를 使平ᄒ고 易者를 使傾ᄒ니 其道ㅣ 甚大ᄒ야 百物을 不廢ᄒ나 懼以終始면 其要ㅣ 无咎ㅣ리니 此之謂易之道也ㅣ라. 右第十一章.

　역易이 흥한 것은 은나라의 말세와 주나라의 성덕盛德일 때이다. 사람으로 말하면 문왕文王과 주공周公 때이다. 《주역》의 문장은 그 때 다 이루어졌다. 《주역》을 풍속사로 보면 거기에서 풍속의 역사가 나오고, 정치사로 보면 정치가 거기에서 다 나온다. 보는 대로 다 다르다. 그러므로 그 사辭가 위태해서, 위태한 것은 평하게 만들고, 쉬운 것은 기울게 만들고, 그래서 그 도道가 매우 커서 백물百物을 불폐不廢하나 두려움으로 종시終始하면 그 요점은 무구无咎를 하기위한 것이니 이것이 역易의 변혁하는 도道이다. 역도易道라는 것은 평형을 잡는 것이다. 《중용》이 그것을 취하였다. 위자危者를 사평使平하고 이자易者를 사경使傾하여 중용中庸을 이루는 것이다.

夫乾은 天下之至健也ㅣ니 德行이 恒易以知險ᄒ고 夫坤은 天下之

至順也ㅣ니 德行이 恒簡以知阻ㅎᄂ니

대체로 건곤乾坤을 들어서 말하는 것이다. 건乾이라는 것은 천하의 지극히 건장한 것이니 덕행이 항상 쉬운데서 험한 것을 알고, 곤坤이라는 것은 천하의 지극히 순한 것이니 덕행이 항상 간략하지만 그러더라도 그 막힘을 안다.

能說諸心ㅎ며 能研諸侯之慮ㅎ야 定天下之吉凶ㅎ며 成天下之亹亹者ㅣ니

능히 마음이 기쁘고 후지려侯之慮를 능연能研하여 천하의 길흉을 정하고 천하의 아름답고 아름다운 것을 이룬다.

是故로 變化云爲애 吉事ㅣ 有祥이라 象事ㅎ야 知器ㅎ며 占事ㅎ야 知來ㅎᄂ니

이런 까닭에 변화라고 말하는 것은 좋은 일이 있으면 반드시 그 전에 상서로운 것이 있다. 일을 형상해서 그 기구를 알고, 일을 점쳐서 오는 것을 안다. 미리 아는 것이다. 《맹자》[56]에도 "하늘에 비가 오기 전에 장마를 대비해서 철피상토徹彼桑土하여 주무유호綢繆牖戶하면 누가 나를 빤히 볼 것이냐?"라는 말이 《시전》에 있는데 공자가 이 시詩를 보고 "도道를 하나 알게 되었구나!"라고 말했다는 구절이 있다.

역易을 공부하는 이유는 천지가 변하고 인사가 변천되는데 항상 일정한 법칙이 있고, 그 법칙을 알아서 다가올 미래를 예측하기 위한 것이다. 모든 사물은 법칙대로 움직인다. 덩굴식물을 예로 들면 모든 넝쿨은 예외 없이 외로 감아 올라간다. 칡넝쿨이건 당쟁이 넝쿨이건 바로 감는 것이 하나도 없다. 왼쪽으로만 돌아가면서 감아 오른다. 또 소나무 가지로

---

56 詩云, 迨天之未陰雨, 徹彼桑土, 綢繆牖戶, 今此下民, 或敢侮予. 孔子曰, 爲此詩者, 其知道乎! 能治其國家, 誰敢侮之.《孟子》〈公孫丑章句上〉

지게를 만들 때 지게의 한 쪽 다리는 양지쪽에서 다른 한 쪽의 다리는 음지쪽에 있는 것을 갖다가 만들어야 한다. 양지쪽의 가지는 왼쪽으로 돌아가고, 음지쪽의 가지는 오른쪽으로 돌아가기 때문이다. 만약 둘 다 양지쪽의 가지로만 지게를 만들면 한쪽으로 기울어 버린다. 그렇게 좌우로 다 나누어져 있는 것이 '물지정物之情'이다.

天地設位에 **聖人**이 **成能**ᄒ니 **人謀鬼謀**애 **百姓**이 **與能**ᄒᄂ니라.

　천지설위天地設位라는 것은 방위方位를 설정하는 것이다 12방에서 24방이 나오고, 24방을 더 펼치면 28수가 된다.

※천지설위(天地設位)

　하늘에 있는 28수 중에서 각항저방심미기角亢氐房心尾箕는 동방창룡칠수이고, 두우녀허위실벽斗牛女虛危室壁은 북방현무칠수이고, 규루위묘필자삼奎婁胃昴畢觜參은 서방백호칠수이고, 정귀유성장익진井鬼柳星張翼軫은 남방주작칠수이다.

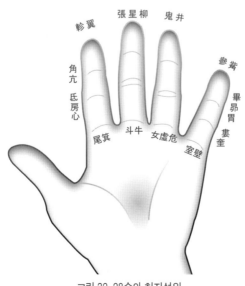

그림 32. 28수와 천지설위

청룡靑龍, 백호白虎, 주작朱雀, 현무玄武는 본래 하늘에 있는 것이고, 그 걸 땅에다 응용해서 써먹는 것이다. 우리나라는 옛날부터 해당 분야分野 가 28수宿중에서 기방箕方에 해당한다. 그래서 우리나라 지도를 '기성도 箕星圖'라고 한다. 기성箕星이 우리나라의 별이다. 왜냐하면 중국에서 볼 때 동북간에 있기 때문이다. 동방칠수東方七宿 중에서 가운데 있는 별이 방房이고, 북방은 허虛, 서방은 묘昴, 남방은 성星이다. 이 네 별이 사정방 四正方에 있는데, 방허묘성房虛昴星은 신기하게도 일요일이다. 서양의 요일 하고 비교해 보면 일요일이 방허묘성房虛昴星하고 같다.

《서전》을 보면 요순임금이 사방의 제후나라를 순수할 때에 이 방위를 택해서 갔다고 한다. 임금이 순수하는 시기를 28수宿에 근거하여 택한 것이다. 28수가 하늘의 직신直神이고, 땅의 직신直神은 육갑六甲으로 나간 다. 사람이 무진년戊辰年 생이면 용띠라고 하는데, 이 띠라는 것이 직신直 神이다. 이렇게 일상생활에 쓰이지 않는 곳이 없다. 써먹고 있으면서도 백 성은 알지 못하고, 그래서 군자君子의 도道가 드문 것이다. "人謀鬼謀애 百 姓이 與能하느니라."라는 말에 그 뜻이 포함되어 있는 것이다.

八卦는 以象告하고 爻象은 以情言하니 剛柔ㅣ 雜居而吉凶을 可見矣라.
　팔괘는 상象으로써 알려준다. 상象으로 알 수 있는 것은 괘卦라는 말이 다. 공간적인 깃은 괘卦로 하고 시간적인 것은 수數로 한다. 효爻와 단彖이 라는 것은 정情으로써 말하는 것이다. 정情이라는 것은 선악이 들어있는 것, 미운 정 고운 정이 섞여있는 것이다. 강유剛柔가 섞여서 거居하고 있어 서 길흉吉凶을 볼 수가 있는 것이다. 강유剛柔는 땅의 음양이다.

變動은 以利言하고 吉凶은 以情遷이라. 是故로 愛惡ㅣ 相攻而吉凶 이 生하며 遠近이 相取而悔吝이 生하며 情僞ㅣ 相感而利害ㅣ 生하니 凡易之情이 近而不相得하면 則凶或害之하며 悔且吝하느니라.

변동變動은 리利로써 말하고, 길흉吉凶은 정情으로써 옮기는 것이다. 그러므로 애오愛惡가 서로 공격하여 길흉이 생긴다. 사랑하면 미움이 있고 미워하면 사랑이 그 속에 있는 것이다. 그런 것에 애오상공愛惡相功이라고 한다. 그래서 멀고 가까운 것이 서로 취해서 회린悔吝이 거기서 생기게 된다. 회린悔吝으로 인해 결과적으로 길흉이 생긴다. 뉘우치고 참회하면 길吉로 가고, 인색하면 흉凶으로 갈 수 밖에 없다. 길흉으로 가기 전에 회린悔吝이 작용해서 가는 것이다. 그러니까 회린悔吝이 길흉의 전조이다. 참정과 거짓이 서로 감동해서 거기서 이해利害가 생기는 것이니 무릇 역易의 정情(爻로 표시하는 것)이 가까이해서 서로 얻지 못하면 그것이 흉凶하거나 해害하게 되며 그래서 회悔하고 인吝이 생기는 것이다.

將叛者는 其辭ㅣ 慙하고 中心疑者는 其辭ㅣ 枝하고 吉人之辭는 寡하고 躁人之辭는 多하고 誣善之人은 其辭ㅣ 游하고 失其守者는 其辭ㅣ 屈하니라. 右第十二章.

교제를 할 때에 그 사람의 말을 통해서 어떤 사람인지 미리 알 수 있다. 그것을 여섯 가지로 설명하는 것이다. 장차 배반할 사람은 그 말에 참소하고, 중심에 의심이 있는 사람(이럴까 저럴까 줏대를 잡지 못하는 사람)은 그 말에 가지가 있다. 한 가지로 말하지 못하고 두 가지로 말을 한다. 말이 두 갈래로 갈라진다는 뜻이다. 좋은 사람은 말이 적다. 사람이 말수가 적으면 괜찮은 사람이라는 뜻이다. 조급한 사람은 말이 많다. 속임수를 잘 하는 사람은 그 말이 흐른다. 놀리는 불필요한 말을 많이 한다. 자기를 지키지 못하는 사람은 그 말이 굴屈한다. 좋은 것을 말해도 "예", 나쁜 것을 말해도 "예, 그렇습니다"라고 말한다.

說卦傳
설   괘   전

〈설괘전〉은 괘卦에 대해서 설명을 하는 말이다.

昔者聖人之作易也애 幽贊於神明而生蓍하고

옛날에 성인聖人이 역易을 만들 때에 그윽한데서 신명神明의 도움을 받아 시초蓍草를 낳았다. 시蓍는 점치는데 쓰는 풀인데, 한 포기에서 가지가 백 개씩이나 나와서 신초神草라고 부르기도 한다.

參天兩地而倚數하고

그림 33. 參天兩地

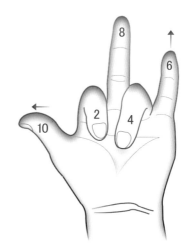

그림 34. 參地兩天

삼천양지三天兩地는 "1, 3, 5, 7, 9"이고 양수陽數이며, 삼지양천三地兩天은 "2, 4, 6, 8, 10"이고 음수陰數이다. "1, 3, 5, 7, 9"는 초효·삼효·오효이고, "2, 4, 6, 8, 10"은 이효·사효·상효이다.

※ 길흉(吉凶)과 위(位)

가령 기제旣濟괘와 미제未濟괘를 예를 들어 보자.

上下卦	旣濟	六爻-吉凶	六爻-吉凶	未濟	上下卦
坎·水 離·火	䷾	上六-吉 九五-吉 六四-吉 九三-吉 六二-吉 初九-吉	凶-上九 凶-六五 凶-九四 凶-六三 凶-九二 凶-初六	䷿	火·離 水·坎

표 19. 기제(旣濟)괘와 미제(未濟)괘의 길흉(吉凶)

인간과 만물은 모두 수數에서 나서 수數에서 살다가 수數로 가는 것이다. 모든 문명의 발달이 수數로 시작해서 수數로 끝이 난다. 육효 중에서 2·3·4·5효가 중효中爻이다. 기제旣濟에서 내괘內卦(下卦)는 리화離火이고, 외괘外卦(上卦)는 감수坎水이다. 초효와 상효는 쓰지 않는데, 그 이유는 초효는 "잠룡물룡潛龍勿用"이라고 했고 상효는 "항룡유회亢龍有悔"라고 하였기 때문이다. 그래서 초효하고 상효를 빼고 나면 나머지는 다 중효中爻가 된다. 이효는 내괘에서 중中이고, 오효는 외괘에서 중中이고, 삼효와 사효는 삼재지도三才之道로 보면 중中이 된다.

괘卦만 보고서 길흉吉凶을 어떻게 아느냐? 이것은 수數로 보는 것이다. 이효는 우수이므로 음효陰爻가 있어야 제자리에 오는 것이고 길吉이 되고, 이효에 양효陽爻가 있으면 흉凶한 것이다. 이것은 문자 이전의 학문이므로 주공이나 공자의 설명이 없이 복희 때로 돌아가서 아무것도 없이 괘卦만 보고 알아내야 한다.

음이 음의 자리에 있고 양이 양의 자리에 있으면 길吉하고, 음이 양의 자리에 있고 양이 음의 자리에 있으면 흉凶한 것이다. 64괘가 다 그렇다. 그래서 기제旣濟는 육효六爻가 다 길吉하고, 그렇기 때문에 괘卦이름을 기제旣濟라고 하는 것이다. 다 구제해 주었다는 뜻이다. 순서가 이것과 반대되는 것이 있는데, 그것이 이 미제未濟이다. 미제未濟는 육효가 모두 양효

陽爻는 음위陰位에 있고 음효陰爻는 양위陽位에 있어서 전부 흉凶하다. 즉, 환경이 모두 안 맞는 것이다. 그래서 이 괘를 미제未濟라고 하는 것이다. 64괘는 건곤乾坤으로 시작해서 미제未濟로 끝이 난다. 미제未濟로 끝나야 무궁한 것이다. 어떤 일이든지 다 기제既濟 미제未濟, 기결既決 미결未決이 있다.

괘를 보는 것이 64괘에 384효이고, 384효 중의 192효는 음이고 192효는 양이다. 구조가 그렇게 되어 있다. 그러므로 괘상卦象만 보더라도 여기서 길吉할 것인지, 아니면 흉凶할 것인지가 다 나오게 되어 있다.

'☷☰'을 지천태地天泰라 하고, '☰☷'을 천지비天地否라 한다. 천지天地는 형체形體를 말하고, 건곤乾坤은 성정性情을 말한다. 성질이라는 것은 '품品'과 같다. 제 1품, 제 2품이라고 하듯이 품위品位를 말하는 것이다. 괘사卦辭를 보기 전에 괘형卦形을 봐서, '여긴 흉凶이 몇 개 있고 길吉이 몇 개 있다'이렇게 보는 것이다. 괘상卦象만 봐도 어떤 것이 길吉하고 어떤 것이 흉凶한지를 알 수 있어야 한다.

각 괘마다 주관이 다 있는데 그것을 주효主爻라고 한다. 산지박山地剝의 주관은 상효이고, 지뢰복地雷復의 주관은 초효이다. 이런 것도 다 괘에서 길흉을 따져 보는 방법이다. 공자나 주공이라야만 할 수 있는 것이 아니다. 나도 이렇게 해보면 어떤 결론이 나올 수 있어야지《주역》을 잘 하는 것이다. 그 길흉과 회린悔吝이 라는 것이 만들어진 과정, 환경이라는 것이 어떻게 그렇게 되는지를 아는 것이 역易을 공부하는 방법이다. 역易 따로 있고, 인간이 따로 있는 것이 아니다. 내가 점을 치더라도《주역》에 의해서 384가지의 환경, 처지를 관찰하는 것이다. 그것이 변하면 무엇으로 변하게 될 것이냐를 예측하는 것이 바로 역易이다.

"건乾·곤坤·둔屯·몽蒙·수需·송訟·사師·비比~"이렇게 외우면서 속으로는 괘상卦象이 어떻게 생겼고, 그 성정性情과 형체形體가 어떤 것이고, 어떤 뜻을 가지고 있는지 등을 생각해야 한다. 사람을 셀 때 하나·둘·셋·넷 숫자만 세는 것이 아니라 한 사람 한 사람마다 이름이 무엇이고, 그 사람의 품위가 어떤지 생각하면서 세는 것과 같다. 또 하나의 괘에서 변효變爻가 하나 생기면 어떤 괘가 되는지도 바로 알 수 있어야 한다.

그런 것을 '통通'이라고 한다. 통달通達하고 달達이 다르다. 통달通達은 십十에서 일一로 가는 것이고, 달통達通은 일一에서 구九로 가는 것이다. 수數로 치면 그렇게 다르다. 통달通達은 육조스님같이 아무것도 배우지 못했어도 시詩를 지으면 기막히게 짓는 것과 같다. 그것이 통通한 사람이 거기까지 달達 해서 보는 것, 즉 통달通達한 것이다. 반대로 초등학교, 중학교, 고등학교, 대학교 이렇게 차근차근 배우고 익혀서 깨닫는 것은 달통達通이라고 한다. 그러면 어느 정도 해야 통通이고, 어느 정도 해야 달達이라고 할 수 있으냐? "가나다라마바사아~"하듯이 아무 생각을 하지 않아도 입이 앞질러 나가는 것이 통달通達이고 달통達通이다.

觀變於陰陽而立卦하고 發揮於剛柔而生爻하니

음양陰陽에 변하는 것을 보아서 괘卦를 세우고, 강유剛柔에 발휘되어서 효爻를 생한다. 음효와 양효를 보면, 음(--)은 유한한 표시이고, 양(―)은 무한한 표시를 한 것이다. 하나에서 유한한 것과 무한한 것이 나오는 것이다.

※ 인중(人中)과 지천태(地天泰)·천지비(天地否)

사람의 얼굴에서 인당印堂이 정신집중을 하는 곳이다. 그 사람의 속을 인당만 보아도 알 수 있다. 속이 찌부러 들었으면 인당印堂에 내 '천川'자를 그리고 속이 편해지면 인당印堂이 펴진다. 좋고 나쁜 표시를 인당에서 하는 것이다. 인당의 말을 눈이 하고, 눈의 말을 입이 한다. 왜 코와 입 사이를 인중人中이라고 하냐면, 위에 있는 귀가 둘이고, 눈도 둘이고, 코 구멍도 둘인데, 아래의 입·항문·생식기는 하나이다. 그러므로 인중人中을 중심으로 위는 ☷이 되고 아래는 ☰이 되어 지천태地天泰가 된다. 사람이 배속에 있을 때는 거꾸로 있어서 천지비天地否인데, 세상에 나와서 걷게 되면 지천태地天泰가 된다. 그렇게 꾸미려고 그런 것이 아니라 저절로 그렇게 되어 있는 것이다. 그래서 인중人中이 있는 곳에서 갈라지는 것이다. 사람이 천지비天地否에서 지천태地天泰가 된다는 말이다.

※ 귀와 운명

생일을 귀빠진 날이라고 하는데, 왜 머리 빠진 날이라고 하지 않고 귀빠진 날이라고 하는가? 사람의 귀는 태반의 모양과 똑같다. 태반을 반으로 가른 모양이 바로 귀이다. 귀를 보면 그 사람의 태반이 어떻게 생겼었는지를 알 수 있다.

사람의 운명은 14살까지는 귀를 보면 알 수 있다. 왼쪽 귀의 윗부분에서부터 아래로 내려오면서 1세에서부터 7세 까지의 운명을 보고, 오른쪽 귀의 윗부분에서부터 아래로 내려가면서 8세에서부터 14세까지의 운명을 본다. 15세부터는 이마의 발제髮際에서부터 아래로 내려가면서 본다. 공자가 《논어》에서 15세에 "지우학志于學"하고, 70세에 "종심소욕불위구從心所慾不違矩"하는 것은 이마에 나타나는 것이다. 그런 것이 근취저신近取諸身한 역易이다. 미래를 짐작하는 것이 바로 역易이다. 설괘說卦라는 것은 바로 설신說身, 자기 몸에 베풀어지는 것이다.

그림 35. 귀와 운명

和順於道德而理於義하며 窮理盡性하야 以至於命하니라. 右第一章.

도덕道德에 화순和順해서 의의義義에 다스려지며 궁리진성窮理盡性하여 명命
에 이르게 된다.

어떤 나라이던지 흥망성쇠가 있는데, 망亡하는 것이 무슨 이유 때문이
겠는가? 나라가 망하려면 첫째 정치에서 망하는 것이다. 원칙 없는 정치
를 하면 나라가 망하게 되어 있다. 둘째는 도덕성 없는 경제를 하면 나라
가 망한다. 《맹자》에 보면 양혜왕梁惠王이 맹자를 보고 "천리를 멀다 않
고 내 나라에 오셨으니 장차 무엇으로 이 나라를 이롭게 하겠습니까?"하
고 물으니까 맹자가 화가 나서 "왕은 어째서 하필이면 리利만 말씀하십
니까? 인의仁義가 있을 따름인데 하필 리利만 말씀하십니까?[57]라고 하였
다. 이런 대화를 보고 말로만 보면 안 되고, 그것으로 당시의 인심을 알
수 있어야 한다. 당시에는 이권이 이렇게 팽배할 때라는 것을 알 수 있어
야 한다. 그것을 이기기 위해 맹자가 인의仁義를 강조하였다는 것을 알아
야 하는 것이다.

"萬乘之國. 弑其君者, 必千乘之家, 千乘之國, 弑其君者, 必百乘之家,
萬取千焉, 千取百焉, 不爲不多矣, 苟爲後義而先利, 不奪不饜." 그렇게
리利만 탐하면 결국 밑의 사람이 윗사람을 죽이게 되어 있다는 말을 하
는 것이다. 또 맹자가 말하기를 "未有仁而遺其親者也, 未有義而後其君者
也." 인仁을 가지고서 그 어버이를 뒤로 하는 사람이 하나도 없고, 의의義
를 가지고서 그 임금을 뒤로 하는 사람은 하나도 없다. 인의仁義로 하면
이렇게 된다고 삼단논법으로 말을 하고 있다. 그래서 "王亦曰仁義而已
矣, 何必曰利."라는 말로 결론을 지었다.

원칙이 없는 정치, 도덕성이 없는 경제, 인격이 없는 교육, 인간성이 없

---

57 孟子見梁惠王. 王曰叟不遠千里而來, 亦將有以利吾國乎. 孟子對曰王, 何必曰利, 亦有仁
義而已矣. 王曰何以利吾國, 大夫曰何以利吾家, 士庶人曰何以利吾身, 上下交征利, 而國危矣.
萬乘之國, 弑其君者必千乘之家. 千乘之國, 弑其君者必百乘之家. 萬取千焉, 千取百焉, 不爲
不多矣, 苟爲後義而先利, 不奪不饜. 未有仁而遺其親者也, 未有義而後其君者也. 王亦曰仁義
而已矣, 何必曰利《孟子》〈梁惠王章句上〉

는 과학, 양심이 없는 쾌락, 희생이 없는 종교, 이런 것들이 나라를 망하
게 하는 것들이다.

昔者聖人之作易也는 將以順性命之理니 是以立天之道曰陰與
陽이오 立地之道曰柔與剛이오 立人之道曰仁與義니 兼三才而兩
之라. 故로 易이 六畫而成卦하고 分陰分陽하며 迭用柔剛이라. 故로
易이 六位而成章하니라. 右第二章.

　옛날에 성인이 역을 만들 때에 장차 어떻게 될 것인지를 생각하는 것이
다. 성명지리性命之理를 순하게 해서 이런 까닭에 하늘의 도를 세우는
것을 음陰과 양陽으로 하고, 땅에 있어서는 유柔와 강剛으로 세우고, 인간
의 도를 세우는 것은 인仁과 의義로 하였으니, 큰 것으로 삼재三才를 둘씩
해서 역易이 육획六畫을 만들어서 괘卦를 이루고, 그것을 가지고 음효陰爻
와 양효陽爻를 분간하고 서로 강剛과 유柔를 이용하였다. 그러므로 역易이
육위六位를 만든 것이다.

　학자에 따라서는 공자는 인仁을 밝혔고, 맹자는 인의仁義를 밝혔다고
말하는데, 그것은 그렇지 않다. 역易을 보면 인의仁義가 벌써 나왔는데 맹
자에서 인의仁義가 처음 나왔다는 것은 말도 안 된다.

天地ㅣ 定位하며 山澤이 通氣하며 雷風이 相薄하며 水火ㅣ 不相射하여
八卦相錯하니 數往者는 順코 知來者는 逆하니 是故로 易은 逆數也
ㅣ라. 右第三章.

　천지天地는 위위를 바르게 한다는 것은 천지비天地否가 지천태地天泰로
변하는 것이다. 산택山澤이 기氣를 통하고, 뇌풍雷風이 상박相薄하고, 수화
水火가 불상석不相射하여 팔괘가 서로 상착相錯하게 된다. 수화水火는 서로
찌르지 않으므로 충돌이 생기지 않는다는 말이다.

　수數로 가는 것은 순順이니 "열·아홉·여덟·일곱·여섯·다섯·넷·셋·

둘·하나"로 가는 것도 하도수河圖數이다. 올 것을 아는 것은 거스르는 것
이다. 그러므로 역易은 역수逆數로 가는 것이라는 말이다.

雷以動之코 風以散之코 雨以潤之코 日以烜之코 艮以止之코
兌以說之코 乾以君之코 坤以藏之ᄒᆞ느니라. <small>右第四章.</small>

　이것은 대체적인 작용을 말하는 것이다. 우레는 움직이는 것으로써 하
고, 바람은 퍼뜨리는 것으로써 하고, 비는 만물을 윤택하게 하고, 태양은
쪼여서 말리는 것이고, 간艮은 그치는 것으로 하고, 태兌는 기쁜 것으로
하고, 건乾은 주관하는 군君이 되는 것으로 하고, 곤坤은 감추는 것으로
한다. 이것은 복희팔괘伏羲八卦의 상象이다.

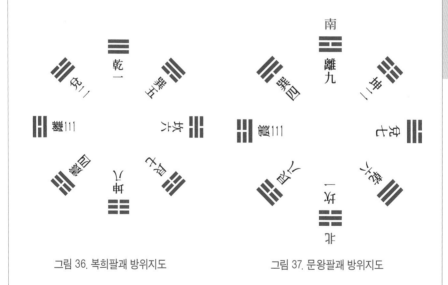

그림 36. 복희팔괘 방위지도　　　　그림 37. 문왕팔괘 방위지도

帝出乎震ᄒᆞ야 齊乎巽ᄒᆞ고 相見乎離ᄒᆞ고 致役乎坤ᄒᆞ고 說言乎兌ᄒᆞ
고 戰乎乾ᄒᆞ고 勞乎坎ᄒᆞ고 成言乎艮ᄒᆞ나라. 萬物이 出乎震ᄒᆞ니 震은
東方也ㅣ라. 齊乎巽ᄒᆞ니 巽은 東南也ㅣ니 齊也者는 言萬物之潔齊
也ㅣ라. 離也者는 明也ㅣ니 萬物이 皆相見ᄒᆞᆯ새니 南方之卦也ㅣ니 聖

人이 南面而聽天下ᄒᆞ야 嚮明而治ᄒᆞ니 蓋取諸此也ㅣ라. 坤也者ᄂᆞᆫ
地也ㅣ니 萬物이 皆致養焉ᄒᆞᆯ새 故로 曰致役乎坤이라. 兌ᄂᆞᆫ 正秋也
ㅣ니 萬物之所說也ㅣᆯ새 故로 曰說言乎兌라. 戰乎乾ᄒᆞ니 乾은 西北
之卦也ㅣ니 言陰陽相薄也ㅣ라. 坎者ᄂᆞᆫ 水也ㅣ니 正北方之卦也ㅣ니
勞卦也ㅣ니 萬物之所歸也ㅣᆯ새 故로 曰勞乎坎이라. 艮은 東北之卦
也ㅣ니 萬物之所成終而所成始也ㅣᆯ새 故로 曰成言乎艮이라. <small>右第五章.</small>

이것은 문왕팔괘의 상象이다. 진震에서부터 나와서 손巽·리離·곤坤·태兌·
건乾·감坎·간艮의 순으로 한 바퀴 도는 것이다.

만물이 진震에서 나오니 진震은 동방의 괘이고, 손巽에서 가지런해지
니 손巽은 동남의 괘이고, 제齊라는 것은 만물이 똑같이 깨끗해지는 것이
고, 리離는 밝은 것인데 만물이 서로 보아서 남쪽의 괘이니 성인이 남면
南面해서 천하의 말을 잘 들어주어서 밝은 것을 향해서 다스리는 것이니
모두 리離괘에서 취한 것이다.

곤坤이라는 것은 땅이니 만물이 길러지므로 곤坤에서 치역致役한다고
말하는 것이다. 태兌는 가을이니 만물이 서로 기뻐하는 것이므로 태兌에
서 기쁘게 한다고 말한 것이다. 건乾에서 싸우는데 건乾은 서북의 괘이니
음양이 서로 부딪히는 것을 말한다. 감坎은 물이니 북방의 괘이며 수고로
운 괘이니 만물이 다 돌아가는 것이기 때문에 노호감勞乎坎이라고 말하
였다. 간艮은 동북의 괘이니 만물이 여기에서 마침도 이루고 시작됨도 이
루어져 간艮에서 말을 이룬다고 말하는 것이다.

神也者ᄂᆞᆫ 妙萬物而爲言者也ㅣ라 動萬物者ㅣ 莫疾乎雷ᄒᆞ고 橈萬
物者ㅣ 莫疾乎風ᄒᆞ고 燥萬物者ㅣ 莫熯乎火ᄒᆞ고 說萬物者ㅣ 莫說
乎澤ᄒᆞ고 潤萬物者ㅣ 莫潤乎水ᄒᆞ고 終萬物始萬物者ㅣ 莫盛乎艮
ᄒᆞ니 故로 水火ㅣ 相逮ᄒᆞ며 雷風이 不相悖ᄒᆞ며 山澤이 通氣然後에야
能變化ᄒᆞ여 旣成萬物也ᄒᆞ니라. <small>右第六章.</small>

앞에서는 제帝를 이야기했고, 여기서는 묘용妙用으로써의 신神을 말하
였다. 신神이라는 것은 만물을 묘하게 해서 말하는 것이다. 만물을 움직
이는 것은 우뢰보다 더 빠른 것이 없다. 지금 세상의 과학으로도 가장
빠른 것이 빛이라고 한다. 만물을 휘게 하는 것은 바람보다 더 빠른 것
이 없고, 만물을 마르게 만드는 것이 불보다 더 뜨거운 것이 없고, 만물
을 기쁘게 하는 것이 못보다 더 기쁘게 하는 것이 없고, 만물을 윤택하
게 하는 것이 물보다 더 윤택하게 하는 것이 없고, 만물을 마치고 만물
을 시작하는 것은 간艮보다 더 성한 것이 없다. 그러므로 수화水火가 서로
미치고 뇌풍雷風이 서로 어기지 않고 산택山澤이 기운을 통한 연후에 변
화를 해서 만물을 이루게 된 것이다.

乾은 健也ㅣ오 坤은 順也ㅣ오 震은 動也ㅣ오 巽은 入也ㅣ오 坎은 陷
也ㅣ오 離는 麗也ㅣ오 艮은 止也ㅣ오 兌는 說也ㅣ라. 右第七章.

건乾은 건장한 것이고, 곤坤은 순한 것이고, 진震은 움직이는 것이고,
손巽은 들어가는 것이고, 감坎은 빠지는 것이고, 리離는 걸리는 것이고,
간艮은 그치는 것이고, 태兌는 기쁘게 하는 것이다.

乾爲馬ㅣ오 坤爲牛ㅣ오 震爲龍이오 巽爲雞오 坎爲豕오 離爲雉오
艮爲狗오 兌爲羊이라. 右第八章.

원취저물遠取諸物하면 건乾은 말이고, 곤坤은 소이다. 말은 힘을 쓰려고
하면 고개를 하늘로 올려야 힘을 쓸 수 있고, 소는 고개를 땅으로 내려
야 힘을 쓸 수가 있다. 물건이 서로 그렇게 생겼다. 진震은 용이 되고, 손
巽은 닭이 되고, 감坎은 돼지가 되고, 리離는 꿩이 되고, 간艮은 개가 되고,
태兌는 양이 된다. 그런 짐승의 성질들이 팔괘에 비유하면 가깝다는 말
이다.

乾爲首ㅣ오 坤爲腹이오 震爲足이오 巽爲股ㅣ오 坎爲耳ㅣ오 離爲目
이오 艮爲手ㅣ오 兌爲口라. 右第九章.

　근취저신近取諸身하면 건乾은 머리가 되는데, 머리는 머리위에서 목 밑
의 쭉지가 있는 부분까지를 말한다. 곤坤은 배(腹)가 되고, 진震은 발이
되고, 손巽은 살(股)이 되고, 감坎은 귀가 되고, 리離는 눈이 되고, 간艮은
손(手)이 되고, 태兌는 입이 된다. 코는 간艮이다.

乾은 天也ㅣ라 故로 稱乎父ㅣ오 坤ㅣ은 地也ㅣ라 故로 稱乎母ㅣ오. 震
은 一索而得男이라 故로 謂之長男이오. 巽은 一索而得女ㅣ라 故로
謂之長女ㅣ오. 坎은 再索而得男이라 故로 謂之中男이오. 離再索而
得女ㅣ라 故로 謂之中女ㅣ오. 艮은 三索而得男이라 故로 謂之少男
이오. 兌는 三索而得女ㅣ라 故로 謂之少女ㅣ라. 右第十章.

　건乾은 하늘이므로 아비가 되고, 곤坤은 땅이므로 어미가 된다. 진震은
한번 찾아서 남男을 얻어서 장남長男이 되고, 손巽은 한번 찾아서 여女를
얻어 장녀長女가 된다. 감坎은 두 번째 찾아 남을 얻어 중남中男이라 하고,
리離는 두 번째 찾아 여를 얻어 중녀中女라고 하고, 간艮은 세 번째 찾아
남을 얻어 소남少男이라 하고, 태兌는 세 번째 찾아 여를 얻어 소녀少女라
한다.

乾은 爲天 爲圜 爲君 爲父 爲玉 爲金 爲寒 爲氷 爲大赤 爲良
馬 爲老馬 爲瘠馬 爲駁馬 爲木果ㅣ라.
坤은 爲地 爲母 爲布 爲釜 爲吝嗇 爲均 爲子母牛 爲大輿 爲
文 爲衆 爲柄이오 其於地也애 爲黑이라.
震은 爲雷 爲龍 爲玄黃 爲旉 爲大塗 爲長子 爲決躁 爲蒼莨竹
爲萑葦오 其於馬也애 爲善鳴 爲馵足 爲作足 爲的顙이오 其於
稼也애 爲反生이오 其究ㅣ 爲健이오 爲蕃鮮이라.

180

巽은 爲木 爲風 爲長女 爲繩直 爲工 爲白 爲長 爲高 爲進退 爲不果 爲臭 其於人也애 爲寡髮 爲廣顙 爲多白眼 爲近利市 三倍오 其究ㅣ 爲躁卦라.

坎은 爲水 爲溝瀆 爲隱伏 爲矯輮 爲弓輪이오 其於人也애 爲加憂 爲心病 爲耳痛 爲血卦 爲赤이오 其於馬也애 爲美脊 爲亟心 爲下首 爲薄蹄 爲曳오 其於輿也애 爲多眚이오 爲通 爲月 爲盜ㅣ오 其於木也애 爲堅多心이라.

離는 爲火 爲日 爲電 爲中女 爲甲冑 爲戈兵이오 其於人也애 爲大腹이오 爲乾卦 爲鼈 爲蟹 爲蠃 爲蚌 爲龜오 其於木也애 爲科上槁ㅣ라.

艮은 爲山 爲徑路 爲小石 爲門闕 爲果蓏 爲閽寺 爲指 爲狗 爲鼠 爲黔喙之屬이오 其於木也애 爲堅多節이라.

兌는 爲澤 爲少女 爲巫 爲口舌 爲毁折 爲附決이오 其於地也애 爲剛鹵ㅣ오 爲妾爲羊이라. 右第十一章.

　이상以上은 팔괘의 원취저물遠取諸物해서 더 멀리 넓게 보면 위와 같은 것들을 포함한다는 말이다.

序卦傳
서　괘　전

〈서괘전〉은 괘卦은 배열순서에 대해서 설명을 하는 말이다.

有天地然後애 萬物이 生焉ㅎ니 盈天地之間者ㅣ 唯萬物이라 故로
受之以屯ㅎ니 屯者는 盈也ㅣ니 屯者는 物之始生也ㅣ라. 物生必蒙
이라 故로 受之以蒙ㅎ니 蒙者는 蒙也ㅣ니 物之穉也ㅣ라 物穉不可不
養也ㅣ라 故로 受之以需ㅎ니 需者는 飮食之道也ㅣ라.

　천지天地가 있은 연후에 만물이 나왔느니, 천지의 사이에 가득한 것이
만물이다. 그러므로 둔屯으로써 받았으니, 둔屯은 가득함이니 둔屯은 물
건이 처음 나온 것이다. 물건이 나면 반드시 어리므로 몽蒙으로써 받았으
니, 몽蒙은 어림이니, 물건이 어린 것이다. 물건이 어리면 기르지 않을 수
없으므로 수需로써 받았으니, 수需는 음식의 도道이다.

※《동몽선습》과 단군이야기

　박세무가 지은《동몽선습》이라는 책은 조선시대에 아이들을 위한 교
과서로 사용 되던 책이다. 그 전에는 고려 시대에 추적秋適이 지은《명심
보감》이라는 책이 있었는데, 이 책에는 유불선儒佛仙이 모두 들어 있었
다. 장자의 말도 있고, 유가의 말도 있고, 소씨의 말도 들어 있었다. 그런
데 박세무는 조선시대의 광해조 때 사람이라《동몽선습》에는 유가에 관
한 글만 들어 있다. 이《동몽선습》을 교과서로 삼으려고 우암이 서문을
썼다.

　이 책의 끝부분에 단군에 관한 이야기가 나온다. "東方에 初無君長이러
니 有神人이 降于太白山檀木下어늘 國人이 立以爲君하니라 與堯로 並立하야

國號를 朝鮮이라하니 是爲檀君이라"⁵⁸그리고 홍익인간弘益人間이라는 말을 단군이 처음으로 했다고 씌어 있다. 그런데 이것은 잘못된 것이다.《삼국 유사》를 보면 단군이 아니라 환웅桓雄이 처음 하늘에서 내려와 홍익인간 弘益人間이라는 말을 처음으로 했다고 적혀 있다.

어쨌든 유가에서 글을 배울 때 이《동몽선습》을 처음으로 배우게 했는 데, 제일 앞에 "天地之間萬物之中에 惟人이 最貴하니 所貴乎人者는 以其有 五倫也라 是故로 孟子曰 父子有親하며 君臣有義하며 夫婦有別하며 長幼有序 하며 朋友有信이라 하시니 人而不知有五常則其違禽獸 不遠矣리라 然則父慈 子孝하며 君義臣忠하며 夫和婦順하며 兄友弟恭하며 朋友輔仁然後에 方可謂 之人矣니라"라고 적혀 있다. 오륜五倫이라는 말은《맹자》에 처음으로 나오 는 말이고, 맹자는 순舜임금한테 들었다고 하였다. 그것을 맹자의 말로 써 박세무가 전하고 있는 것이다.

飮食必有訟이라 故로 受之以訟ㅎ고 訟必有衆起라 故로 受之以師 ㅎ고 師者는 衆也ㅣ니 衆必有所比라 故로 受之以比ㅎ고 比者는 比 也ㅣ니 比必有所畜이라 故로 受之以小畜ㅎ고 物畜然後애 有禮라 故로 受之以履ㅎ고 履而泰然後애 安이라 故로 受之以泰ㅎ고

음식에는 반드시 분쟁이 있으므로 송訟으로써 받았고, 분쟁은 반드시 여럿이 일어남이 있으므로 사師로써 받았으며, 사師는 무리이니 무리는 반드시 친한 바가 있으므로 비比로써 받았고, 비比는 친함이니 친하면 반 드시 모이는 바가 있으므로 소축小畜으로써 받았으며, 물건이 모인 뒤에 예禮가 있으므로 리履로써 받았고, 예禮를 행하여 형통한 뒤에 편안하므

---

58 東方에 初無君長이러니 有神人이 降于太白山檀木下어늘 國人이 立以爲君하니 與堯로 竝立하야 國號를 朝鮮이라하니 是爲檀君이라 周武王이 封箕子于朝鮮하신대 敎民禮儀하 야 設八條之敎하시니 有仁賢之化러라 燕人衛滿이 因盧綰亂하야 亡命來하야 誘逐箕準하고 據王儉城이러니 至孫右渠하야 漢武帝 討滅之하고 分其地하야 置樂浪臨屯玄菟眞蕃四郡하 다 昭帝 以平那玄菟로 爲平州하고 臨屯樂浪으로 爲東府二郡督府하다 箕準이 避衛滿하야 浮海以南하야 居金馬郡하니 是爲馬韓이라 秦亡人이 避入韓이어늘 韓이 割東界하야 以與하 니 是爲辰韓이라 弁韓則立國於韓地하니 不知其始祖年代라 是爲三韓이라.《童蒙先習》

로 태泰로써 받은 것이다.

泰者는 通也ㅣ니 物不可以終通이라 故로 受之以否ㅎ고 物不可以
終否라 故로 受之以同人ㅎ고 與人同者는 物必歸焉이라 故로 受之
以大有ㅎ고 有大者는 不可以盈이라 故로 受之以謙ㅎ고

　태泰는 통通함이니 사물은 끝내 통할 수 없으므로 비否로써 받았고, 물
건은 끝내 비색否塞할 수 없으므로 동인同人으로써 받았고, 남과 함께 하
는 자는 물건이 반드시 돌아오므로 대유大有로써 받았고, 큰 것을 소유한
자는 가득한 체 해서는 안 되므로 겸謙으로써 받았다.

有大而能謙이 必豫라 故로 受之以豫ㅎ고 豫必有隨ㅣ라 故로 受之
以隨ㅎ고 以喜隨人者ㅣ 必有事ㅣ라 故로 受之以蠱ㅎ고 蠱者는 事
也ㅣ니 有事而後애 可大라 故로 受之以臨ㅎ고

　큰 것을 소유하고도 겸손하면 반드시 즐거우므로 예豫로써 받았고, 즐
거우면 반드시 따름이 있으므로 수隨로써 받았고, 기쁨으로써 남을 따르
는 자는 반드시 일이 있으므로 고蠱로써 받았고, 고蠱는 일이니 일이 있
은 뒤에 커질 수 있으므로 임臨으로써 받았다.

臨者는 大也ㅣ니 物大然後애 可觀이라 故로 受之以觀ㅎ고 可觀而
後애 有所合이라 故로 受之以噬嗑ㅎ고 嗑者는 合也ㅣ니 物不可以
苟合而已라 故로 受之以賁ㅎ고 賁者는 飾也ㅣ니 致飾然後애 亨則
盡矣라 故로 受之以剝ㅎ고 剝者는 剝也ㅣ니 物不可以終盡이니 剝이
窮上反下라 故로 受之以復ㅎ고

　임臨은 큼이니 물건이 커진 뒤에 볼 만하므로 관觀으로써 받았고, 볼 만
한 뒤에 합함이 있으므로 서합噬嗑으로써 받았고, 합嗑은 합함이니 물건

은 구차히 합할 뿐일 수 없으므로 비賁[59]는 꾸밈이니 꾸밈을 지극히 한 뒤에 형통하면 다하므로 박剝으로써 받았고, 박剝은 깎여서 다하는 것인 바 사물은 끝내 다할 수 없으니, 박剝은 위에서 다하면 아래로 돌아오기 때문에 복復으로써 받았다.

궁상반하窮上反下하므로 복復이라고 한다. 사람이 죽으면 그 사람이 입던 웃옷을 들고 지붕 위에 올라가 "복復~ 복復~ 복復~"이라고 길게 소리를 지른다. 다시 돌아오라고 죽은 사람의 혼을 불러 보는 풍습이다.

復則不妄矣라 故로 受之以无妄ᄒ고 有无妄然後애 可畜이라 故로 受之以大畜ᄒ고 物畜然後애 可養이라 故로 受之以頤ᄒ고 頤者는 養也ㅣ니 不養則不可動이라 故로 受之以大過ᄒ고 物不可以終過ㅣ라 故로 受之以坎ᄒ고 坎者는 陷也ㅣ니 陷必有所麗ㅣ라 故로 受之以離ᄒ니 離者는 麗也ㅣ라. 右上篇.

돌아오면 망령되지 않기 때문에 무망无妄으로써 받았고, 무망无妄이 있은 뒤에 크게 모일 수 있으므로 대축大畜으로써 받았고, 물건이 크게 모인 뒤에 기를 수 있으므로 이頤로써 받았고, 이頤는 기름이니 기르지 않으면 동할 수 없으므로 대과大過로써 받았고, 사물은 끝내 지나칠 수 없으므로 감坎으로써 받았고, 감坎은 빠짐이니 빠지면 반드시 걸리는 바가 있으므로 리離로써 받았으니 리離는 걸림이다.

'려, 리麗'자는 '곱다'는 뜻일 때는 '려'로 읽고, 나라이름이나 걸린다는 뜻일 때는 '리'라고 읽어야 한다 '高麗'는 원래 '고리'로 읽어야 맞는데, 국어학자가 교과서에 '고려'라고 토를 달아서 지금은 모두 '고려'라고 읽고 있다. 고려高麗의 장군이었던 강감찬姜邯贊(948~1031, 정종3~현종22)도 원래 '강한찬'으로 읽어야 맞는데, '한邯'자에 달 '감甘'자가 들어 있어서 그냥 '강감찬'이라고 읽게 되었다. 그래서 지금은 '강한찬'이라고 말하

---

59 '賁'은 본래는 '분'자인데 꾸민다고 할 때는 '비'라고 읽는다.

면 아무도 모르고, '강감찬'이라고 해야 알아듣는다.

有天地然後애 有萬物ᄒᆞ고 有萬物然後애 有男女ᄒᆞ고 有男女然後애 有夫婦ᄒᆞ고 有夫婦然後애 有父子ᄒᆞ고 有父子然後애 有君臣ᄒᆞ고 有君臣然後애 有上下ᄒᆞ고 有上下然後애 禮義有所錯ㅣ니라.

　천지가 있은 뒤에 만물이 있고, 만물이 있은 뒤에 남녀가 있고, 남녀가 있은 뒤에 부부가 있고, 부부가 있은 뒤에 부자가 있고, 부자가 있은 뒤에 군신이 있고, 군신이 있은 뒤에 상하가 있고, 상하가 있은 뒤에 예의禮儀가 둘 곳이 있는 것이다. 예의禮儀를 말하려고 천지질서를 말한 것이다.

※ 군신지도(君臣之道)와 부부지도(夫婦之道)

　《주역》의 상편上篇은 군신지도君臣之道이고, 하편下篇은 부부지도夫婦之道를 말하고 있다. 동양의 천문에서 보면 북극성과 북두칠성은 군신지도君臣之道로 보고, 견우와 직녀는 부부지도夫婦之道로 본다. 견우와 직녀가 7월에 만난다는 것도 다 천문을 가지고 말하는 것이다. 북극성을 천황대제天皇大帝라고 하며 북두칠성이 신하로써 그 주위를 돌고 있다. 북위 60° 이상을 북극권이라고 한다. 지구에는 경도와 위도가 있고, 지구의 북극과 지남석이 가리키는 북극이 다르다. 지남석이 가리키는 북극은 북극성을 향하고 있고, 지축이 가리키는 북극은 직녀성을 가리키고 있다. 그래서 지축이 23.27° 만큼 서북쪽으로 기울어져 있다. 적도와 황도도 마찬가지로 23.27° 벌어져 있다. 직녀를 중심으로 할 때에는 7월 15일을 백중百中이라고 하는데, 백중百中이라는 것은 모든 것의 중심이라는 말이다.

夫婦之道ㅣ 不可以不久也ㅣ라 故로 受之以恒ᄒᆞ고 恒者ᄂᆞᆫ 久也ㅣ니 物不可以久居其所ㅣ라 故로 受之以遯ᄒᆞ고 遯者ᄂᆞᆫ 退也ㅣ니 物不可終遯이라 故로 受之以大壯ᄒᆞ고 物不可以終壯이라 故로 受之以

晉ᄒ고 晉者ᄂ 進也ㅣ니 進必有所傷이라 故로 受之以明夷ᄒ고

부부의 도는 오래하지 않을 수 없으므로 항恒으로써 받았고, 항恒은 오래함이니 물건은 한 곳에 오랫동안 머물 수 없으므로 돈遯으로써 받았고, 돈遯은 물러감이니 물건은 끝내 물러갈 수 없으므로 대장大壯으로써 받았고, 물건은 끝내 장성할 수 없으므로 진晉으로써 받았고, 진晉은 나아감이니 나아가면 반드시 상상傷하는 바가 있으므로 명이明夷로써 받았다.

夷者ᄂ 傷也ㅣ니 傷於外者ㅣ 必反其家ㅣ라 故로 受之以家人ᄒ고 家道ㅣ 窮必乖라 故로 受之以睽ᄒ고 睽者ᄂ 乖也ㅣ니 乖必有難이라 故로 受之以蹇ᄒ고 蹇者ᄂ 難也ㅣ니 物不可終難이라 故로 受之以解ᄒ고 解者ᄂ 緩也ㅣ니 緩必有所失이라 故로 受之以損ᄒ고 損而不已면 必益이라 故로 受之以益ᄒ고 益而不已면 必決이라 故로 受之以夬ᄒ고 夬者ᄂ 決也ㅣ니 決必有所遇ㅣ라 故로 受之以姤ᄒ고 姤者ᄂ 遇也ㅣ니 物相遇而後애 聚라 故로 受之以萃ᄒ고

이夷는 상상傷함이니 밖에서 상상傷한 자는 반드시 집으로 돌아오므로 가인家人으로써 받았고, 가도家道는 궁하면 반드시 어그러지므로 규睽로써 받았고, 규睽는 어그러짐이니 어그러지면 반드시 어려움이 있으므로 건蹇으로써 받았고, 건蹇은 어려움이니 물건은 끝내 어려울 수 없으므로 해解로써 받았고, 해解는 늦춰짐이니 늦춰지면 반드시 잃는 바가 있으므로 손損으로써 받았고, 덜고 그치지 않으면 반드시 더하므로 익益으로써 받았고, 더하고 그치지 않으면 반드시 터지므로 쾌夬로써 받았고, 쾌夬는 터짐이니 반드시 만나는 바가 있으므로 구姤로써 받았고, 구姤는 만남이니 물건이 서로 만난 뒤에 모이므로 췌萃로써 받았다.

萃者ᄂ 聚也ㅣ니 聚而上者ㅣ 謂之升이라 故로 受之以升ᄒ고 升而不已면 必困이라 故로 受之以困ᄒ고 困乎上者ㅣ 必反下ㅣ라 故로

受之以井$_{하고}$ 井道ㅣ 不可不革$_{이라}$ 故$_로$ 受之以革$_{하고}$ 革物者ㅣ
莫若鼎$_{이라}$ 故$_로$ 受之以鼎$_{하고}$ 主器者ㅣ 莫若長子ㅣ$_라$ 故$_로$ 受之
以震$_{하고}$

췌萃는 모임이니 모여서 올라감을 승升이라 이르므로 승升으로써 받았
고, 올라가고 그치지 않으면 반드시 곤困하므로 곤困으로써 받았고, 위에
곤困한 자는 반드시 아래로 돌아오므로 정井으로써 받았고, 우물의 도는
변혁하지 않을 수 없으므로 혁革으로써 받았고, 물건을 변혁함을 가마솥
만함이 없으므로 정鼎으로써 받았고, 기물器物을 주관하는 자는 장자長子
만한 자가 없으므로 진震으로써 받았다.

※ 종손(宗孫)과 적서(嫡庶)

우리나라에서 모든 가산을 아들에게 물려줄 때에 장자 중심으로 하는
것이 여기에 근거를 둔 것이다. 하夏나라 때부터 솥이 있어서 나라의 상
징으로 삼고 있었는데, 수도를 바꾸어서 천자天子가 옮겨가면 솥도 같이
옮겼다. 하나라 때 만들어 놓은 그 솥을 들어 올릴 수 있는 사람이 없었
는데, 사마천이 지은 《사기》를 보면 항우項羽가 그 솥을 처음으로 들었다
고 한다. 주周나라 때에는 선비는 일정一鼎, 대부는 삼정三鼎, 제후는 오정
五鼎, 천자는 칠정七鼎으로 하는 그런 제도가 있었다. 그러던 것이 진시황
때에 와서 나라의 상징을 정鼎에서 옥새로 바꾸었다.

사가私家에는 종손宗孫제도라는 것이 있다. 집안의 장자長子라고 해서
모두 종손宗孫이 되는 것은 아니다. 고조高祖까지 제사지내는 것을 사대
봉사四代奉祀라고 하는데, 고조에 가면 '파종破宗'이 된다. 파종破宗을 해서
일가一家를 벗어나면 문중門中이라고 하는데, 장자長子를 내려왔다고 해서
다 종중宗中이 되는 것은 아니다. 문중門中에 종손宗孫이 있을 때에만 종중
宗中이라고 한다. 종손宗孫이 없으면 모두 문중門中이라고 한다. 종손宗孫은
국가에서 시호諡號를 얻고 불천지위不遷之位를 얻은 사람이 있고, 그 사람
으로부터 내려온 장손長孫을 종손宗孫이라고 하는 것이다. 5대이건 10대

이건 우암, 동춘, 퇴계, 율곡처럼 나라에서 시호諡號를 얻고 불천지위不遷之位를 얻어야만 종손宗孫이 될 수 있다. 그러니까 불천지위不遷之位 사당祠堂이 없는 집은 종손이 될 수 없는 것이다. 불천지위不遷之位 사당을 얻으면 서원書院에 올라갈 수가 있다. 그리고 사당은 한 군데의 서원에만 있는 것이 아니라 여기저기에 모실 수 있다. 제일 많은 사람이 우암인데, 우암의 사당은 38곳의 서원에서 모시고 있다고 한다. 그러니까 우암의 종손은 물론 사대봉사를 하면서 우암의 기제사를 따로 지낸다.

그리고 적서嫡庶의 구분은 황희 때에 만들어진 것이다. 고려 말까지는 그런 구분이 별로 없었는데, 고려 말에 사회가 문란해져서 부인들이 남편을 죽이고 새로 시집을 가는 일이 많았다고 한다. 황희 정승이 이런 폐단을 없애기 위해서 적서嫡庶의 구분을 만들게 된 것이다. 정실에게서 나지 않고 첩이나 종에게서 난 자식을 서얼庶孼이라고 하는데 첩에게서 나은 자식은 서자庶子라고 하고, 종에게서 나은 자식은 얼자孼子라고 한다. 얼자孼子는 아버지를 아버지라고 부르지 못한다.

또 집을 지을 때도 양반집을 짓는 제도가 있다. 대과를 본 집은 솟을대문을 만들고, 사랑채를 짓고, 안채가 있고, 가묘가 있고, 등등의 제도가 정해져 있다. 호戶는 문짝 하나만 있는 것이고, 문門은 문짝이 두 개 있는 것이다. 솟을 대문은 가마를 들고 바로 들어갈 수 있도록 하기 위해서 대문을 높인 것이다. 마당에는 세 층이 있다. 바깥에 나갔다가 집에 돌아왔을 때 아버지에게 절을 하는데, 절을 할 때는 원래 방안에서 하는 것이 아니고, 마루에서 절을 하고 들어가는 것이다. 윗 마루는 아들이 절하고, 그 밑은 서자庶子들이 절하고, 그 밑은 얼자孼子들이 절하고, 그 밑은 종들이 절하는 곳이다.

※ 혁(革)과 정(鼎)

혁革은 옛 잘못을 없애서 버리는 것이고, 다시 고쳐서 쓸 수 있게 하는 것은 정鼎이라고 한다. 그래서 "혁고정신革故鼎新"이라고 한다. 솥으로 밥을 하듯이 써먹을 수 있게 고치는 것을 정鼎이라고 하고, 못써먹게 고치는 것을 혁革이라고 한다.

震者는 動也ㅣ니 物不可以終動ᄒ야 止之라 故로 受之以艮ᄒ고 艮者는 止也ㅣ니 物不可以終止라 故로 受之以漸ᄒ고 漸者는 進也ㅣ니 進必有所歸라 故로 受之以歸妹ᄒ고 得其所歸者ㅣ 必大ㅣ라 故로 受之以豊ᄒ고 豊者는 大也ㅣ니 窮大者ㅣ 必失其居ㅣ라 故로 受之以旅ᄒ고 旅而無所容이라 故로 受之以巽ᄒ고 巽者는 入也ㅣ니 入而後애 說之라 故로 受之以兌ᄒ고

진震은 동함이니 물건은 끝내 동할 수 없어 멈추므로 간艮으로써 받았고, 간艮은 멈춤이니 물건은 끝내 멈출 수 없으므로 점漸으로써 받았고, 점漸은 나아감이니 나아가면 반드시 돌아오는 바가 있으므로 귀매歸妹로써 받았고, 돌아갈 곳을 얻은 자는 반드시 커지므로 풍豊으로써 받았고, 풍豊은 큼이니 큼을 궁극히 하는자는 반드시 그 거처를 잃으므로 려旅로써 받았고, 나그네가 되면 용납할 곳이 없으므로 손巽으로써 받았고, 손巽은 들어감이니 들어간 뒤에 기뻐하므로 태兌로써 받았다.

兌者는 說也ㅣ니 說而後애 散之라 故로 受之以渙ᄒ고 渙者는 離也ㅣ니 物不可以終離라 故로 受之以節ᄒ고 節而信之라 故로 受之以中孚ᄒ고 有其信者는 必行之라 故로 受之以小過ᄒ고 有過物者는 必濟라 故로 受之旣濟ᄒ고 物不可窮也ㅣ라 故로 受之以未濟ᄒ야 終焉ᄒ니라. 右下篇.

태兌는 기뻐함이니 기뻐한 뒤에 흩어지므로 환渙으로써 받았고, 환渙은 떠남이니 물건은 끝내 떠날 수 없으므로 절節로써 받았고, 절제하여 믿으므로 중부中孚로써 받았고, 자신하는 마음이 있는 자는 반드시 결행하므로 소과小過로써 받았고, 남보다 지나침이 있는 자는 반드시 구제하

므로 기제既濟로써 받았고, 사물은 궁극히 할 수 없으므로 미제未濟로서 받아 마친 것이다. 기제既濟로 종終하는 것이 아니라 미제未濟로 종終하기 때문에 미래가 있는 것이다.

雜卦傳
잡　　괘　　전

〈잡괘전〉은 괘卦의 성질에 대해 설명해 놓은 것이다.

乾剛坤柔ㅣ오 比樂師憂ㅣ라 臨觀之義는 或與或求ㅣ라. 屯은 見而
不失其居ㅣ오 蒙은 雜而著ㅣ라. 震은 起也ㅣ오 艮은 止也ㅣ라 損益
은 盛衰之始也ㅣ라. 大畜은 時也ㅣ오 无妄은 災也ㅣ라. 萃는 聚而升
은 不來也ㅣ라. 謙은 輕而豫는 怠也ㅣ라. 噬嗑은 食也ㅣ오 賁는 无色也
ㅣ라.

건乾은 강剛하고 곤坤은 유柔하고, 비比는 즐겁고 사師는 근심한다. 임臨
과 관觀의 뜻은 혹은 내가 가서 상대하고 혹은 상대방이 와서 구하는 것
이다. 둔屯은 나타나서 그 거처를 잃지 않고, 몽蒙은 섞이나 드러난다. 진
震은 일어남이요, 간艮은 그침이다. 손巽과 익益은 성쇠의 시작이다. 대축
大畜은 때이고, 무망无妄은 재앙이 오는 것이다. 췌萃는 모임이요, 승升은
오지 않음이다. 겸謙은 자기를 가벼이 여기는 것이요, 예豫는 태만히 하
는 것이다. 서합噬嗑은 먹는 것이요, 비賁는 색이 없는 것이다.

兌는 見而巽ㅣ은 伏也ㅣ라. 隨는 無故也ㅣ오 蠱則飭也ㅣ라. 剝은 爛
也ㅣ오 復은 反也ㅣ라. 晉은 晝也ㅣ오 明夷는 誅也ㅣ라. 井은 通而困
은 相遇也ㅣ라. 咸은 速也ㅣ오 恒은 久也ㅣ라. 渙은 離也ㅣ오 節은 止
也ㅣ라. 解는 緩也ㅣ오 蹇은 難也ㅣ라. 睽는 外也ㅣ오 家人은 內也ㅣ라.
否泰는 反其類也ㅣ라. 大壯則止오 遯則退也ㅣ라.

태兌는 나타남이요, 손巽은 엎드림이다. 수隨는 연고가 없는 것이요, 고
蠱는 삼가는 것이다. 박은 물크러짐이요, 복復은 돌아옴이다. 진晉은 낮
이요, 명이明夷는 상傷함이다. 정井은 통함이요, 곤困은 서로 만남이다. 함

咸은 속함이요, 항恒은 오램이다. 환渙은 떠남이요, 절節은 그침이다. 해解는 늦춰짐이요, 건蹇은 어려움이다. 규睽는 밖이요, 가인家人은 안이다. 비否와 태泰는 그 류를 뒤집어 놓은 것이요. 대장大壯은 멈춤이요, 돈遯은 물러남이다.

大有는 衆也ㅣ오 同人은 親也ㅣ라. 革은 去故也ㅣ오 鼎은 取新也ㅣ라. 小過는 過也ㅣ오 中孚는 信也ㅣ라. 豐은 多故ㅣ오 親寡는 旅也ㅣ라. 離는 上而坎은 下也ㅣ라. 小畜은 寡也ㅣ오 履는 不處也ㅣ라.

　대유大有는 많음이요, 동인同人은 친함이다. 혁革은 옛 것을 버림이요, 정鼎은 새것을 취함이다. 소과小過는 과함이요, 중부中孚는 믿음이다. 풍豐은 연고가 많음이요, 친한 사람이 적음은 려旅이다. 리離는 올라가고 감坎은 내려온다. 소축小畜은 적음이요, 리履는 한 곳에 머물지 않는 것이다.

需는 不進也ㅣ오 訟은 不親也ㅣ라. 大過는 顚也ㅣ라. 姤는 遇也ㅣ니 柔遇剛也ㅣ오 漸은 女歸니 待男行也ㅣ라. 頤는 養正也ㅣ오 旣濟는 定也ㅣ라. 歸妹는 女之終也ㅣ오 未濟는 男之窮也ㅣ라. 夬는 決也ㅣ라. 剛決柔也라니 君子道長이오 小人道憂也ㅣ라.

　수需는 나아가지 않음이요, 송訟은 친하지 않음이다. 대과大過는 넘어짐이요, 구姤는 만남이니 유柔가 강剛을 만남이요, 점漸은 여자가 시집감이니 남자를 기다려 가는 것이다. 이頤는 바름을 가름이요, 기제旣濟는 정함이다. 귀매歸妹는 여자의 종終이요, 미제未濟는 남자의 궁窮함이다. 쾌夬는 터놓음이니 강剛이 유柔를 터놓은 것이니, 군자君子의 도道는 자라나고 소인小人의 도道는 근심스럽다.

※ 가감승제(加減乘除)와 이목비구(耳目鼻口)
– 사서(四書)와 주역(周易)

가감승제加減乘除의 기초는 이목비구耳目鼻口에서 나온 것이다. 귀는 소리를 하나밖에 못 듣는다. 양쪽에서 다른 소리가 나면 두 가지를 같이 듣지 못하고 한 쪽에서 들리는 소리를 먼저 인식하고 나서 다른 쪽의 소리를 들어야 한다. 하나씩 듣는 것이 바로 더하기이다. 빼는 것은 코가 한다. 숨을 들이마시면 들이마시는 대로 없어지기 때문에 그것으로 뺄셈을 상징하는 것이다. 곱하기는 눈이 한다. 눈은 한꺼번에 본다. 글을 읽을 때는 더하기 식으로 하나씩 차례대로 보아야 하지만, 그림을 볼 때는 한꺼번에 보아야 한다. 나누기는 입이 한다. 입으로 하나를 먹어서 씹으면 두 개가 되고, 또 씹으면 네 개가 되는 것처럼 그렇게 갈라지는 것이 나누기이다. 그리고 미적분이나 대수 등은 가감승제를 기본으로 해서 없는 것을 생각하면서 계산하는 것이다. 면적을 내거나 방정식을 쓰는 것은 없는 것을 생각해놓고, 그것을 이용해서 답을 구하는 것이다.

번호	가감승제	이목구비
01	加	耳
02	減	目
03	乘	鼻
04	除	口

표 20. 가감승제(加減乘除)와 이목비구(耳目鼻口)

마찬가지로 사서삼경四書三經에서 사서四書는 가감승제를 배우는 것이지만, 삼경三經을 사서四書 읽는 것처럼 보면 껍데기 밖에 모르게 된다. 《주역》도 그냥 글을 읽듯이 보면 알 수가 없다. "건乾·곤坤·둔屯·몽蒙~"이렇게 읽지만 그 속에는 괘의 상象과 변變을 생각하면서 읽어나가야 한다. 말 밖에 따로 뜻이 또 있다. 건乾을 볼 때에 그 속에는 하늘이라는 형체가 있고, 건乾이라는 성정이 있고, 중천건重天乾이라는 괘형卦形이 있다는 것을 알아야 한다.

사서四書의 안목에서 세상을 보는 것은 피지배자의 입장에서 보는 것이고,《주역》의 안목에서 세상을 보는 것은 지배자의 입장에서 보는 것이다. 동물이 자식을 키우고 가르칠 때도 호랑이와 토끼가 자식을 키우는 방법이 다르다. 토끼는 잡아먹히는 입장이고, 호랑이는 잡아먹는 입장이다. 개는 새끼를 낳으면 끌어안고 떼로 다니지만, 호랑이는 새끼를 떼어놓고 새끼가 어떻게 하는지 몰래 숨어서 관찰한다. 독립심을 길러주는 것이다.

역易에는 사문난적이 없다고 한다. 역易은 미래를 앞질러 아는 것이지만, 보는 사람의 입장에 따라 다르게 나타난다. 정치, 점, 성정, 수리 등에 따라 역易을 다르게 해석하고 거기에 따라 많은 책이 나와 있다. 그래서 역易에는 사문난적斯文亂賊이 없다고 한다.

※ 근취저신(近取諸身)

내가 충남대에 있을 때 인체 해부하는 것을 본 적이 있다. 오장五臟을 보니까 묘하게 신장腎臟은 검은 색이 많았다. 검은색은 수水의 색이다. 또 폐肺에는 흰 점이 많고, 간肝은 푸른 점이 많고, 심장心臟은 빨갛게 변해 있었다. 그리고 이제마의 사상의학을 생각하고 보니까 태음인이겠다 싶은 사람은 간肝이 크고, 소양인으로 보이는 사람은 폐肺가 크고, 소음인으로 보이는 사람은 신장腎臟이 컸다. 소양인은 폐肺가 크니까 어깨가 넓을 것이고, 소음인은 신장腎臟이 크니까 아랫도리가 발달되는 것이라는 생각이 들었다.

사람이 발생할 때도 계란 같던 것이 쭉쭉 찢어지면서 커 나가는데, 제일 먼저 생기는 기관이 코이다. 시조始祖를 비조鼻祖라고도 하는 이유가 여기에 있지 않은가 생각된다. 제일 나중에 인중人中이 생긴다. 입은 본래는 좌우가 분리되어 있다가 합쳐지면서 인중이 생기는 것이다.《주역》에 보면 코(鼻)는 간艮이고, 입(口)은 태兌이다. 역리易理를 보면 이런 재미가 있다. 역리易理를 근취저신近取諸身해서 인간이 어떻게 변하고 어떻게 되겠구나 하는 것을 연구하면 상상할 수 없는 좋은 결과가 나오지 않을까 하는 생각을 해볼 수도 있다.

또 지역에 따라서 북쪽에 사는 사람들은 상한傷寒에 걸리는 사람이 많기 때문에 그쪽에서는 상한傷寒에 대한 연구가 많아서 장중경이 상한傷寒을 잘 보는 명의가 될 수 있었던 것이다. 반면에 남쪽은 습기가 많아서 위장병이 많이 생기므로 장경악이 그것을 많이 연구해서 명의가 되었다. 장경악은 팔진八陳으로 치료법을 분류하여 팔괘八卦와 연결하였는데, 건乾—보補, 곤坤—화和, 진震—공攻, 손巽—산散, 감坎—한寒, 리離—열熱, 간艮—고固, 태兌—인因으로 연결시켰다.

正易

정역

〈正易〉
정 역

  《정역》을 쓰신 분은 김항金恒(1826~1898, 순조26~고종35)이라는 분인데 1826년 충남 논산에서 출생하였고, 이름은 재일在一이고, 호號는 일부一夫라고 한다. 연산 양촌의 담곡리라는 곳에서 평생을 지내시면서《정역》이라는 책을 내셨다.《주역》이 상象으로 푼 것이라면《정역》은 이치와 도수로 표현한 것이다. 종래의《주역》을 보는 것과는 전혀 다른 입장에서 역易을 보는 것이다.

그림 38. 일부 선생님이 쓰신 초서체의〈大易序〉

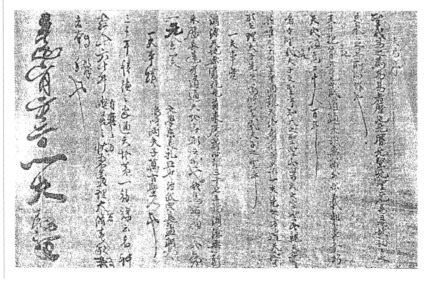

그림 39. 일부 선생님이 쓰신 초서체의〈一夫事實〉〈一夫事蹟〉

이 초서草書는 일부一夫 선생님이 직접 쓰신 글씨이다.《정역》의 서문격인 〈대역서〉와 〈일부사실〉과 〈일부사적〉을 써 놓은 것이다. 그 분의 손자가 이것을 가지고 있어서 그 복사본이 지금 내려오고 있다. 글씨를 보면 굉장히 활달하고 힘이 있을 뿐만 아니라 문장도 보통 글이 아니다.

※ 초서(草書)와 사성(四聲)

우리나라에서 초서草書는 일제강점기에 일본 사람이 자기들만 알고 우리나라 사람들에게는 가르치지 않아서 지금은 거의 없어지게 되었다. 일본에 히라가나와 가타카나가 있고, 영어에 대문자 소문자 필기체가 있는 것처럼 한문에도 정자正字가 있고 초서草書가 있다. 일본글의 히라가나 글자를 보면, 'あ'자는 한자의 '매每'자를 본 뜬 것이고, 'い'자는 한자의 '인仁'자를 본 뜬 것이다.

한글에서도 1935년에 조선어학회에서 표준말을 정리하면서 점찍는 것을 없애버렸다. 조선 후기에 신경준申景濬(1712~1781, 숙종38~정조5)이라는 분이《훈민정음》을 번역할 때에 적어 놓은 것을 보면 글자마다 점이 찍혀 있다. 한문에는 "평상거입平上去入"이라는 사성四聲이 있는데, 보통의 낮은 소리는 평성平聲이고, 평성보다 높게 올려서 소리를 내는 것이 상성上聲이고, 평성보다 더 낮게 내려간 것이 거성去聲이고, 입성入聲은 들어가게 말하는 것이다. 한글에서도 글자 옆에 점을 찍어서 이 사성四聲을 다 썼었다. 예를 들면 글자 옆에 ':훈'처럼 점 두개를 찍어 놓으면 상성上聲이고, '훈'처럼 아무 표시가 없으면 평성平聲이고, '·훈'처럼 하나의 점을 찍으면 거성去聲이나 입성入聲을 표시하는 것이다.

한글(훈민정음)은 새소리를 비롯한 어떤 소리라도 다 표현할 수 있다고 했는데, 점을 없앤 연후부터는 그런 것을 알지 못하게 되었다. 지금의 충청도 말은 거의 평성이라서 높낮이가 별로 없이 미끈하게 나가는데, 경상도 말에는 아직도 고저가 많이 남아 있다.

  이렇게 음陰의 높낮이도 없애고, 초서草書도 없어져서 지금은 아는 사람이 별로 없다. 지금은 사용하지 않아도 이런 것들은 다 알고 있어야 한다. 초서라는 것이 아무렇게나 흘려서 쓴다고 다 초서가 아니고, 일정한 법칙에 따라 쓰는 것이기 때문에 아무리 오래 되어도 다 읽을 수가 있다. 지금 서예가들은 그림처럼 보기 좋게 그릴뿐이지 법칙을 알지 못하기 때문에 자기가 쓰고도 잘 모르는 경우가 많다.

大易序

대 역 서

聖哉라 易之爲易이여

성스럽도다. 역易이 역易됨이며.

이 말은 "역易이라는 것은 무엇인가?"라는 뜻이다.

正 역지위역〈易之爲易〉: 역易이라고 할 수 있는 역易 됨이여 라고 함. 주역周易에서는 역위서易之爲書라 하여 역易의 문장文章됨을 말하였고 주역周易은 공자孔子가 십이익지十而翼之하고 일이관지一而貫之한 것이므로 공자孔子를 문학종장文學宗長 만고문장萬古文章이라 하였지만 정역正易에는 역지위서易之爲書가 문제가 아니라 역지위역易之爲易이 문제여서 역易의 역易됨이여! 「역易이란 것은 력曆이다」라고 설파說破한 것이며 또 역易은 정역正易이 되어야 역易을 역易이라 할 수 있다고 하였다. 역위역易爲易은 역易을 역易이라 하는 것이라면 역지위역易之爲易은 역易이라 하는 역易이 됨은 이라고 해석된다.

易者는 曆也니

역易이란 역曆을 말하는 것이니.

"역曆"자는 책력을 뜻하는 글자이고, "역歷"자는 역사를 뜻하는 글자이다. 역사를 "역歷"(止)은 죽 가다가 여기에서 그쳤다는 말이다. 과거에서부터 지나오다가 오늘날에 와서 그친 것이 역사歷史이다. 책력을 말하는 "역曆"(日)은 태양이 한없이 가듯이 그치지 않고 계속해서 나아간다는 뜻이다. 그러므로 역易이라는 것은 한없이 가는 것이다. 역易에서 가장 중요한 것이 책력이다. 이 세상이 언제부터 시작을 해서 어디까지 갈 것인지를 보는 것이 역易이다.

正 역자역야〈易者曆也〉: 역易이란 력曆을 말하는 것이라고 한다. 그리고 역易은 성인聖人의 차원次元에서 하여야 한다는 것으로서 「无曆无聖 无聖无易」이라 하

여 력曆이 없다면 성인聖人도 없고 성인聖人이 없으면 역易도 있을 수가 없다고 하였다. 정자程子는 그 역전서易傳序에서 「易變易也 隨時而變易 以從道也」라고 하였으며 주역周易에서는 「易者 象也」라고 하였고 서경書經에서는 역易을 력曆으로 뜻하는 말로서 「天之曆數在爾躬 允執厥中⋯⋯⋯」이라고 하였다.

※《춘추(春秋)》와 책력

공자가 역사서인《춘추》를 쓴 것은 자신의 나라인 노魯나라의 은공隱公 원년에서부터 애공哀公 14년까지이다.《서전》을 보면 〈요전堯典〉과 〈순전舜典〉이 있다. 이 두 가지를 이전二典이라고도 하고, 우서虞書라고도 한다. 인류가 시작된 것으로 보면 요순堯舜 보다 훨씬 이전부터 시작이 되었고, 요순堯舜 이전의 시대에 대한 기록도 많이 있었다. 〈요전堯典〉과 〈순전舜典〉 외에 삼전三典이 더 있어서 그것을 모두 합쳐서《오전五典》이라 하며, 그 외에도《팔색八索》이 있었다.《정역》을 보아도 요순堯舜 이전에 반고盤古, 천황天皇, 지황地皇, 인황人黃, 복희伏羲, 신농神農, 황제黃帝 등이 있었다는 것을 알 수 있다.

그런데도 공자가 역사를 쓸 때 그 이전 것은 다 없애버리고 요堯 임금부터 시작했다.《중용》의 뒷부분에 보면 "仲尼는 祖述堯舜하고 憲章文武하시니"[60]라는 말이 나온다. 예전부터《오전》과《팔색》등이 있는데도 공자가 요 임금 때부터 역사를 기록하기 시작한 이유는 책력이 요 임금 때부터 시작했기 때문이다. 요 임금시대에 명협蓂莢이라는 풀이 있었는데, 보름 동안은 하루에 하나씩 자라다가 보름이 지나면 다시 하루에 하나씩 지는 것을 보고 책력을 만들었다고 한다. 책력이 있어야 그것을 기본으로 역사를 쓸 수 있는 것인데, 요 임금 이전에는 책력이 없었기 때문에 역사를 쓰지 않은 것이다. 공자가《춘추》를 쓸 때에 그 당시 120나라의 기록을 갖다 놓고서 썼다고 한다.

---

60 仲尼, 祖述堯舜, 憲章文武, 上律天時, 下襲水土, 辟如天地之無不持載, 無不覆幬, 辟如四時之錯行, 如日月之代明, 萬物竝育而不相害, 道竝行而不相悖, 小德川流, 大德敦化, 此天地之所以爲大也.《中庸》

요 임금의 원년은 갑진甲辰이고, 단군 원년은 무진戊辰이다. 고대사를 보면 "여요병립與堯并立"이라고 했으므로 요 임금을 섬긴 것은 아니라는 것을 알 수 있다. 갑진甲辰에서 무진戊辰까지는 25년 차이가 난다. 공자가 편년체로 역사를 기술했기 때문에 《춘추》를 보려면 반드시 육갑六甲을 외우고 있어야 한다.

無曆이면 **無聖**이요 **無聖**이면 **無易**이라. **是故**로 **初初之易**과 **來來之易**이 **所以作也**시니라.

역曆이 없으면 성인聖人도 없고, 성인이 없으면 역易도 없는 것이다. 이런 까닭으로 초초지역初初之易과 내래지역來來之易이 만들어진 것이다.

正 무역무성 무성무역〈无曆无聖无聖无易〉: 역易은 력曆이니 십역만력十易萬曆이다. 즉 십수역十數易은 만세萬世나 내려갈 력曆이다. 즉 무량력无量曆이다. 이러한 역易 만력萬曆이 없으면 성인聖人도 없다. 성인聖人이 없으니 역易이 있을 리가 없다. 역리易理의 차례에 의하여 열위성인列位聖人이 나셨으니 성인聖人이 없으면 역易이 있을 수 없다. 천생신물天生神物 성인측지聖人則之란 역易이 있으니 성인聖人이 있다는 뜻이오. 원강성인元降聖人 시지신물示之神物이란 성인聖人이 있으니, 역易이 있다는 뜻이다. 즉 유역유성유성유역有易有聖有聖有易을 강조하는 말로서 무역무성무성무역无曆无聖无聖无易을 말하였다.

正 초초지역 내내지역〈初初之易 來來之易〉: 초초역初初易은 선천先天의 윤역閏易을 말하고, 래래역來來易은 후천后天의 정역正易을 말한다.

※ 초초지역(初初之易)과 내래지역(來來之易)

"초초지역初初之易"과 "내래지역來來之易"을 이해하려면 '시각時刻'에 대해서 알아야 한다. 1일日은 96각刻으로 되어 있고, 8각刻이 1시時가 된다. 만세력이나 천세력이나 모두 각刻으로 기록되어 있다. 1시時의 8각刻을 그냥 순서대로 "1각 → 2각 → 3각 → 4각 → 5각 → 6각 → 7각 → 8각"으로 치는 것이 아니라 선천과 후천으로 나누어서 본다.

'초초初初'는 선천이고, '내래來來'는 후천을 말한다. 한 시각에서도 이렇게 선천과 후천이 나누어진다. '정오正午'라는 말은 정각 12시를 말한다. 오전 11시에서 오후 2시까지를 오시午時라고 하는데 초초각初初刻, 초일각初一刻, 초이각初二刻, 초삼각初三刻을 지나 정초각正初刻이 되었을 때가 바로 정오正午가 되는 것이다.

번호	01	02	03	04	05	06	07	08
8刻	1刻	2刻	3刻	4刻	5刻	6刻	7刻	8刻
初正	初初刻	初一刻	初二刻	初三刻	正初刻	正一刻	正二刻	正三刻
先後天	先天			正午		後天		

표 21. 1시(時) 8각(刻)의 선천과 후천

또 밤은 유시酉時에부터 인시寅時까지를 다섯으로 나누어 '오경五更'이라고 한다. 초경初更 이경二更 삼경三更 사경四更 오경五更이라고 하는데 삼경三更이 밤 12시가 된다. 그리고 낮은 다시 묘시卯時에서 시작해서 신시申時까지 다섯으로 나누어서, 하루를 10으로 나눈다. 그래서 야삼경夜三更이라고 하면 정 야반夜半이 되는 것이다. "초초지역初初之易"과 "내래지역來來之易"은 이렇게 이해해야 한다.

夫子親筆吾已藏하니

공자의 친필親筆을 내 안에 간직하니.

부자夫子는 공자를 가리킨다. 공자의 친필을 내안에 간직하고 있다는 것은 일부一夫 선생님이 공자의 글씨를 배워서 내 것으로 삼았다는 뜻이다.

正 부자친필오기장〈夫子親筆吾己藏〉: 공부자孔夫子의 친필親筆을 내 몸에 지녔다는 것이니 이 말은 공부자孔夫子의 십익정신十翼精神을 내 몸에 지녔다는 뜻이다.

🔲친필〈親筆〉: 손수 쓴 글. 공부자孔夫子가 손수 쓰신 글은 십익+翼과 춘추春秋인데 이 친필親筆 십익+翼을 내 몸에 지녔다 함.

道通天地无形外라

도道가 천지天地의 형상形象이 없는 밖에까지 통通했다. 우주의 무중벽无中碧을 통찰하셨으니 후천의 십수역+數易이라 한다.

🔲도통천지무형외〈道通天地无形外〉: 이는 정명도程明道시에서도 이른바

閒來無事不從容　睡覺東聰日已紅　萬物靜觀皆自得　四時佳興與人同

道通天地有形外　思入風雲變態中　富貴不隱貧賤樂　男兒到此是豪雄

이라고 한데서 취한 구절이다. 정역正易에서는 이 뜻과는 달리 도道를 천지天地의 형상없는 밖으로 통通했다 하니 이는 곧 우주宇宙의 무중벽无中碧을 고요히 관찰하는 일이나 천지天地의 무형외无形外를 통通하는 일이나 십십일일++一一의 공空(无形外)과 중中이 상통相通하는 말이다.

伏羲粗畫하시고 文王巧하시니

복희씨는 거칠고 간략하게 획을 그었고, 문왕이 교묘하게 만드셨으니.

🔲복희조획문왕교〈伏羲粗劃文王巧〉: 복희氏伏羲氏는 팔괘八卦를 간략하게 그린 것을 문왕文王은 정교精巧하게 그렸다는 것이다. 이러한 팔괘원리八卦原理에 의해서 이 천지天地가 이천팔백년二千八百年 동안 축軸이 기울어져 위태롭게 살아야 했다는 것이 「天地傾危 二千八百年」에서 밝혀진다.

복희가 팔괘의 획을 그었는데 거칠게 그었다. 문화文化라는 것은 빤질빤질하게 다듬은 것이 좋은 것이 아니라 거칠고 순수한 것이 좋은 것이다. 문화의 초고조를 '고졸古拙'이라고 한다. 글씨를 보아도 추사체 같은 것을 보면 한 글자씩 보면 아무 것도 아닌데 전체로 보면 여러 글씨가 서

206

로 어울려서 보기 좋다. 추사秋史 김정희金正喜(1786~1856)는 중국에 가서 완원阮元한테 배웠다. 피키소 그림도 마찬가지로 상상화로 그려놓아서 그냥 보면 전혀 알 수가 없다. 문화가 빤질빤질하게 달은 것이 아니라 순수하고 거칠고 소박함으로 돌아간 것이 문화의 극치이고 그것을 고졸古拙이라고 한다. 그것이 바로 "복희조회伏羲粗畫"의 뜻이다. 그것이 문왕文王에 와서는 상극相克이 돼서 문왕팔괘文王八卦를 그리고 괘사卦辭를 쓰기 시작하면서 '교巧'를 했다는 말이다. 교巧는 고졸古拙하지 않고, 순순하지 않고 꾸밈이 있는 것을 말한다.

※ 지혜와 꾀. 직(直)과 편벽(偏僻)

지혜와 꾀는 다른 것이다. 그냥 보면 꾀로 하는 것인지 지혜로 하는 것인지 구분할 수가 없지만, 지혜라는 것은 법도에 맞게 원칙에 따라 하는 것이고 꾀는 임시방편으로 하는 것이기 때문에 다르게 나타난다. 그래서 공자가 사람을 평할 때에《논어》〈계씨季氏〉에 보면 "孔子曰, 益者三友, 損者三友. 友直, 友諒, 友多聞, 益矣. 友便辟, 友善柔, 友便佞, 損矣."라고 했다. 여기서 곧은 것(直)이나 편벽된 것이나 비슷한 것이다. 편벽하다는 것은 상대방의 말을 들어보지도 않고 고집스럽게 하는 것인데 마치 곧은 것(直)으로 하는 것처럼 보이기도 한다. 자기도 그것을 잘 모른다. 자기 고집대로 편벽하게 하면서 그것을 정직으로 알고 있고, 다른 사람들도 그렇게 속게 되는 것을《맹자》는 '사이비似而非'[61]라고 하였다.

天地傾危二千八百年이라.

천지가 기울어서 어지러워진 것이 2,800년이 갈 것이다.

교 천지경위이천팔백년〈天地傾危二千八百年〉: 복희씨伏羲氏가 괘卦를 대략 긋고, 문왕文王이 정교精巧하게 그린 뒤로 천지天地가 기울어져 위태롭게 됨이 이천팔백

---

61 孔子曰: 惡似而非者: 惡莠, 恐其亂苗也; 惡佞, 恐其亂義也; 惡利口, 恐其亂信也; 惡鄭聲, 恐其亂樂也; 惡紫, 恐其亂朱也; 惡鄕原, 恐其亂德也.《孟子》〈盡心章句下〉

년二千八百年이 됐다는 것이다. 이는 노자老子의 「大道廢而由仁義………」 라고 한 것이나, 맹자孟子의 「幽厲興則 民好暴」 「春秋作而亂臣賊子懼」 라고 한 것으로 보아 인류역사人類歷史는 공자孔子가 춘추春秋를 지은 노은공魯隱公 때부터 세상이 어지러워진 것이 사실事實이다. 맹자孟子가 왕도王道를 주창主唱하는 동시에 윤리사상倫理思想의 중추中樞가 될 수 있는 인륜人倫을 말하여 「人之有道也 飽食煖衣 逸居而無敎則 近於禽獸 聖人有憂之 使契爲使徒 敎以人倫 父子有親 君臣有義 夫婦有別 長幼有序 朋友有信」 이라고 한 이후 현일달사賢人達士들이 이말을 표범標範하여 오륜五倫 또는 오상五常의 도道로 대칭對稱하여 교화에 힘써 왔음에도 불구하고 사회社會는 점점 어지러워 맹자孟子의 말대로 인장상식人將相食의 패역상悖逆相을 면치 못하였다. 이것이 하나의 천지경위天地傾危의 현상이다.

※ 유한과 무한

《주역》은 유한(--)과 무한(一)으로 표현된 것이다. 문자가 나오기 전의 복희伏羲시대에는 무한하다는 표시를 '一'이렇게 밖에 할 수가 없고, 유한하다는 표시를 '--'이렇게 밖에 할 수 없었을 것이다. ☰ 이렇게 셋을 만들면 하늘·인간·땅을 상징해서 삼재지도三才之道가 있는 것이고, 하늘에는 음양陰陽이 있고 사람에게는 인의仁義가 있고 땅에는 강유剛柔가 있어서 3×2하면 육효六爻가 된다. 그러므로 6효爻가 다른 것이 아니라 삼재지도三才之道라는 말을 한 것이다.

이렇게 무한(一)과 유한(--)을 역易으로 표현해 놓은 것이 '괘卦'이다. '괘卦'라는 것은 나무에 거는 것을 말한다. 걸어 놓아서 사람들에 보이게 하는 것이다. 거문고나 가야금의 줄 밑에 고여 놓은 것도 괘卦라고 한다. 괘卦는 괘卦하고 같은 말이다. 그러므로 걸어 놓아서 팔괘八卦를 만들었다는 말이 된다. 유한한 것은 선천이고, 무한한 것은 후천이다.

소강절이 《주역》 64괘를 가지고 따진 것은 전체를 유한한 것으로 보는 것이다. 소강절은 129,000년이 되면 이 세상이 끝나고 암흑세계가 온다고 했다. '10,800년×12회'가 되면 129,600년이 된다. 자회운子會運 129,600년이 지나면 다시 축회운丑會運 129,600년이 오고, 이렇게 한없이 반복된다고 하였다. 그런데 그 수數가 하도河圖에서 나왔다고 한다. 하도 그림을 보면 아래에서부터 "1백 5십 5만 5천 2백"이 된다. 천지종시天地終始의 수數가 그렇게 나온다는 것이다.

《정역》으로 보면 무한하다. "막막막무량莫莫莫無量"이라고 하였다. 무량無量이란 수數의 극치이다. 수數의 단위를 보면 "단單 → 십十 → 백百 → 천千 → 만萬 → 억億 → 조兆 → 경京 → 해垓 → 식秭 → 양穰 → 구溝 → 간澗 → 정正 → 재載 → 극極 → 항하사恒河沙 → 아승지阿僧祗 → 나유타那由他 → 불가사의不可思議 → 무량無量"으로 무량無量이 끝이다. 이와 같은 수의 단위를 알아야 무량無量이 어떤 정도인지를 알 수가 있다. 소수점 이하도 마찬가지이다 "분分 → 리釐 → 모毛 → 사絲 → 홀忽 → 미微 → 섬纖 → 사紗 → 진塵 → 애埃 → 묘眇 → 막漠 → 모호模糊 → 준순浚巡 → 수유須臾 → 순식瞬息 → 탄지彈指 → 찰나刹那 → 육덕六德 → 청정淸淨 → 공허空虛"의 순으로 작아진다. 수數의 극치인 무량無量과 공허空虛까지 가는 것이 《정역》의 논법이다.

※ 천지경위이천팔백년(天地傾危二千八百年)

그런데 천지경위天地傾危가 2,800년이라고 했는데 언제부터 언제까지가 2,800년인가? 문왕팔괘文王八卦를 보면 감·리·진·태坎·離·震·兌가 사정방四正方에 위치하고 건乾은 서북방에, 곤坤은 서남방에 위치해 있다. 건곤乾坤이 정위定位하지 않고 기울어져 있다.

《논어》에 안연顔淵이 인仁에 대해 물으니까 공자가 "一日克己復禮, 天下歸仁焉"이라고 대답했다. 안연이 알아듣지 못하고 "어떻게 하루 극기복례한다고 천하가 인仁으로 돌아가겠습니까? 다시 자세히 좀 말씀해주십시오"하고 다시 물었다. 공자가 다시 대답하여 말하기를 "非禮勿視하며 非禮勿聽하며 非禮勿言하며 非禮勿動이니라."라고 하여 시視·청廳·언言·동動의 네 가지를 들어서 설명하였다. 이 속에는 《주역》의 도수가 들어 있다. 무슨 말이냐면 문왕팔괘文王八卦를 말하는 것이다. 문왕팔괘에는 사정방이 감坎·리離·진震·태兌로 되어 있다. 감坎은 귀(耳), 리離는 눈(目), 진震은 발(足), 태兌는 입(口, 言)이다. 비례물시非禮勿視는 리괘離卦를 말하고, 비례물청非禮勿聽은 감괘坎卦를 말하고, 비례물언非禮勿言은 태괘兌卦를 말하고, 비례물동非禮勿動은 진괘震卦를 말한다. 즉, 공자가 문왕팔괘를 생각하면서 시視·청聽·언言·동動을 들어서 설명하는 것이다. 이것이 선천의 큰 도道이다. 시청언동視聽言動을 잘해서 극기복례克己復禮하면 천하가 편안해질 것이라는 말이다.

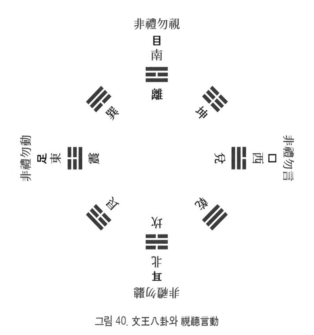

그림 40. 文王八卦와 視聽言動

사람의 정신이라는 것은 1분을 유지하지 못한다. 어느 한 가지에 대해서 1분을 생각하려고 해도 금방 엉뚱한 생각을 하기 마련이다. 그것을 잊으려고 참선을 하는 것이다. 화두를 받아서 생각을 하는데, 예를 들면 바를 정正자를 생각하면서 참선을 하고 있으면 1분도 되기 전에 다른 생각을 하게 된다. 그러므로 하루만 극기복례克己復禮를 해도 천하가 인仁으로 돌아간다고 말할 수 있는 것이다. 안회는 3개월 동안 인仁을 어기지 않았다고 하니 엄청난 것이다.

천지경위天地傾危의 선천이 언제부터인가? 중국의 고대古代를 이제삼황
二帝三皇시대라고 하는데 이제二帝는 요堯·순舜이고, 삼황三皇은 하夏·은
殷·주周의 삼대三代를 말한다. 그러니까 요堯·순舜·우禹·탕蕩·문文·무
武·주공周公·공자孔子의 순으로 내려온다. 그 외에는 난세이다. 요순堯舜
시대가 가장 태평성세였고, 그 다음으로 하은주夏殷周까지는 그래도 괜
찮았는데 그 이후부터는 난세가 되어 천지가 기울어진 것과 똑같다고 보
는 것이다. 주周나라가 동천東遷62한 때부터 공화정치를 하였는데 이때부
터 난세가 되어 춘추전국시대가 시작된다.

춘추전국시대라는 것은 춘추시대와 전국시대를 붙여서 하는 말이다.
춘추시대를 공자가 쓴《춘추》가 노魯나라 은공隱公 원년元年에서부터 애
공哀公 14년까지의 기록에 따른 242년간을 말하고, 전국시대는 유향劉向
이 쓴《전국책》에 약 200년의 기록을 따른 것이다. 춘추시대와 전국시대
를 합해서 약 500년에 이르는 시기를 춘추전국시대라고 한다. 우리나라
도 고려시대라고 하면《고려사》에 있는 시대이고 조선시대라고 하면《조
선사》에 있는 시대인데, 일본 사람들이 우리를 깔보게 하려고 '이씨조선
李氏朝鮮'또는 '이조李朝'라는 말을 썼다. 우리나라의 왕조를 인정하지 않
고 마치 사가私家의 종족처럼 취급하는 말이다. 그러므로 이조李朝라는
말은 쓰지 말아야 하겠다. 또 우리의 역사가들이 잘못하고 있는 것이 있
다. 나중에 조선을 그냥 '조선朝鮮'이라고 하고, 고대의 조선을 '고조선古
朝鮮'이라고 부른다. 원래 있던 조선은 단군 기자로부터 해서 2천년이 넘
는 긴 기간 동안 지속되었고, 나중에 생긴 조선은 고작 500년이니까 나
중에 생긴 조선을 '후조선後朝鮮'이라고 하고, 옛날의 고조선古朝鮮을 그냥
'조선朝鮮'이라고 불러야 맞는 것이다. 그런데 옛날 조선을 고조선古朝鮮이

---

62 은나라는 周나라에 의하여 멸망되었는데 周나라는 왕권의 확립과 사회의 안정에 따라
諸子百家와 같은 문화가 발달하였다. 周나라는 BCE 770년 수도를 洛邑(지금의 洛陽縣)으
로 옮겼다. 周나라의 東遷 後 춘추(春秋 : BCE 770~BCE 403)시대를 거쳐 전국(戰國 : BCE
403~BCE 221)을 거쳤고 BCE 221년, 진(秦)나라의 시황제(始皇帝)가 천하를 통일하였다.

라 부르고 있다. 그런 것은 언제든지 바로 잡아야 한다.

2,800년이라고 한 것은 주周나라의 동천東遷 이후부터 천지가 경위傾危된 것으로 보고, 그때부터 치기 시작하면 지금이 거의 2,800년이 되기 때문에 곧 후천이 올지도 모르겠다고 생각해 볼 수도 있다.

嗚呼聖哉라 **夫子之聖乎**인져.

아! 성스럽도다. 공부자孔夫子의 성인聖人되심이여.

知天之聖도 **聖也**오 **樂天之聖**도 **聖也**이니 **親天之聖**은 **其惟夫子之聖乎**인져.

하늘을 알았던 복희씨도 성인이오, 하늘을 즐거워하신 문왕도 성인이니, 하늘을 친하여 어버이로 삼은 성인은 오직 공자뿐인가 한다.

지천지성知天之聖은 복희씨이고, 락천지성樂天之聖은 문왕이고, 친천지성親天之聖은 공자이다. 문왕의 시대에 천하가 삼분三分되었을 때에도 세상 민심의 2/3는 문왕에 돌아갔었다. 그것을 락천지성樂天之聖이라고 한 것이다. 지천지성知天之聖과 락천지성樂天之聖과 친천지성親天之聖이 다 다르다.

正지천지성〈知天之聖〉: 이는 복희씨伏羲氏를 가리킨 말이다. 대역서大易序에 이른바 지천지성知天之聖은 복희씨伏羲氏를, 낙천지성樂天之聖은 문왕文王을, 친천지성親天之聖은 공자孔子를 가리킨 말이다.

正락천지성〈樂天之聖〉: 하늘을 즐거워 하신 성인聖人. 즉 문왕文王을 가르킨 말이다. 문왕은 맹자孟子가 말하는 바 以大事小者 樂天者也 라고 하여 세력勢力이 큰 나라로서 세력勢力이 작은 나라를 섬기는 것은 하늘을 즐거워함이라고 하였다. 정역正易에서는 낙천지성樂天之聖 외에 지천지성知天之聖・친천지성親天之聖이란 말이 있는데, 지천지성知天之聖은 복희씨伏羲氏를 가르킨 것이오, 친천지성親天之聖은 공자孔子를 가르킨 것이다.

正 친천지성〈親天之聖〉: 하늘을 친親한 성인聖人. 또는 하늘을 어버이로 하는 성인聖人. 자공子貢은 공부자孔夫子에 대해 '天縱之將聖'이라고 하였다. 이 또한 친천親天의 성인聖人이신 하나의 증거라 하겠다.

洞觀天地無形之景은 一夫能之하고 方達天地有形之理는 夫子先之니라.

천지의 무형無形한 경지를 통관洞觀하는 것은 일부一夫가 능하고, 천지의 유형有形한 이치를 방달方達하는 것은 부자夫子가 먼저 했다.

천지의 형상이 없는 경지를 통관洞觀하는 것과 형상이 있는 이치를 방달方達하는 것을 구분하여 말하고 있다. 공자는 유형지리有形之理로 하나에서 열까지 올라가서 무형無形을 보게 되는 것이고, 일부一夫는 무형지경無形之景으로 열(10)에서 하나(1)로 가서 유형有形을 보는 것이다.

正 통관천지무형지경〈洞觀天地无形之景〉: 천지天地의 무형无形한 경개景槪를 통관洞觀한 것은 일부一夫가 능히 하였다는 말이다.

正 방달천지유형지리〈方達天地有形之理〉: 십十자리에서 거꾸로 이二·일一까지 통通한 경지를 통관通觀이라 하고 일一자리에서 거슬러 구九·십十까지 상달上達하는 수리를 방달方達이라 한다. 그리고 십十을 무형한 경지(无形之景)라 한다면 구九는 유형한 이치(有形之理)라고 할 수 있다. 천지天地의 유형有形한 이치理致를 막 도달함은 공부자孔夫子가 먼저 깨달았다.

正 유형지리〈有形之理〉: 유형有形한 속에 들어있는 이치理致, 즉 바야흐로 이 천지天地에 통달通達할 유형有形한 속의 이치理致는 우리 공부자孔夫子가 선각先覺하셨고 천지天地의 무형无形한 경지景地를 통관通觀함은 일부一夫가 능통能通하였다하니 유형有形에서 무형无形한 리리理致를 통달함과 무형无形에서 유형有形한 경景을 능통能通함은 역시 유이무有而无 무위유无而有의 이치理致라 하겠다.

嗚呼라 **聖哉**라 **夫子之聖乎**인져.

아! 거룩하도다. 공부자孔夫子의 성聖이시여!

文學宗長은 **孔丘是也**시며 **治政宗長**은 **孟軻是也**시니라.

문학文學의 종장宗長은 공자이고, 치정治政의 종장宗長은 맹자이시다. 문학에서 공자보다[63] 높은 사람이 없다. 그래서 공자를 집대성이라고 한다. 《주역》은 복희·문왕·주공·공자의 네 성인이 합작을 해서 만들어진 것이다. 공자가 복희·문왕·주공이 만들어 놓은 것을 겸해서 "상왈象曰·단왈象曰"로 설명을 하였기 때문에 공자를 집대성集大成이라고 하는 것이다.

🅟 문학종장〈文學宗長〉: 문학文學의 우두머리. 종장宗長은 종장宗匠으로도 쓰이니 경학經學에 밝고 글을 잘하는 사람이다. 공자孔子는 문학文學에 종장宗長이신 만고성인萬古聖人이라고 밝힌 일은 정역正易에서 처음 보인다.

🅟 치정종장〈治政宗長〉: 정치政治에 종사宗師가 될만한 장長은 맹가孟軻라고 하였다.

嗚呼라 **兩夫子**시여 **萬古聖人也**이시니라.

아! 공자와 맹자는 만고萬古의 성인聖人이시다.

---

63 '孔丘'는 공자의 이름을 함부로 부르는 것을 꺼려서 '공구'라고 읽지 않고 '공모'라고 읽는다. '孟軻'도 마찬가지로 '맹가'라고 읽지 않고 '맹모'라고 읽는다.

一夫事實
일　부　사　실

正 일부사실〈一夫事實〉：일부一夫의 학통學統 연원淵源과 혈통血統 내역來歷의 사실事實을 말한 것이다.

淵源은 天地無窮化无翁이며 來歷은 新羅三十七王孫이라 淵源은 無窮하고 來歷은 長遠兮애 道通天地無形之外也이니라.
我馬頭通天地第一元은 金一夫이니라.

　일부一夫 선생의 학문연원學文淵源은 천지무궁天地無窮한 화무옹化无翁에서 유래하였고, 혈통내력血統來歷은 저 신라의 김씨 37왕의 후손이시니, 도학道學의 연원淵源은 무궁하고 조상의 내력은 장원長遠하심에 도道를 천지의 형상 없는 밖에까지 통했다. 아마도 천지를 통하여 제일가는 으뜸은 김일부金一夫일 것이다.

　연원淵源과 내력來歷은 다르다. 연원淵源은 학문의 도통연원道統淵源을 말하고, 내력은 시조에서부터 지금의 나까지 내려온 내력을 말한다. 연원은 천지무궁한 화무옹化无翁에 닿아 있고, 내력은 신라의 37왕의 후손이라는 말이다. 그래서 천지무형天地無形의 밖까지 도道가 통했다는 것이다. 화무옹化无翁은 하나님이다. 주재主宰의 입장에서 말할 때는 '상제上帝'라 하고, 신비와 묘용의 입장에서 말할 때는 '신神'이라 하고, 교육적인 입장에서 말할 때는 '화무옹化无翁'이라 한다. 아마두我馬頭는 학문이 아니라 "아마도"라는 뜻의 이두식 우리말이다. 그것은 김일부金一夫 자신이 스스로를 치켜세우는 것이 아니라 하느님이 일러준 것이라는 뜻이다.

正 화무옹〈化无翁〉：화옹化翁. 화화옹化化翁과 함께 화무옹化无翁도 물론 조화옹造

化翁이시다. 정역正易에는 하나님의 별칭이 다섯가지가 있으니, 이 또한 오행五行에 상응相應되는 것일까? 이를 도표로 하면 다음과 같다.

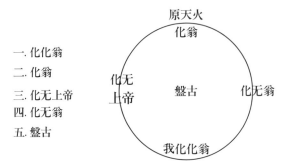

一. 化化翁
二. 化翁
三. 化无上帝
四. 化无翁
五. 盤古

반고盤古는 중앙 오황극五皇極에서 덕화만방德化萬方으로 화化하는 일을 하고, 화무상제化无上帝는 동방東方에서 제림호간帝臨乎艮으로 분부하시었고, 화옹化翁은 남방南方에서 원천화原天火로, 화무옹化无翁은 서방西方에서, 화화옹化化翁은 북방北方에서 위치하신 것으로 보면 한 분이 오방五方을 섭리攝理하심에 따라 이와 같이 일컬는 이름이 달라진다고 하겠다. 물론 이것은 하나의 천착穿鑿이다.

正 통천지제일원〈通天地第一元〉: 천지天地를 통通하여 제일第一가는 으뜸은 김일부金一夫라는 데서 온 말.

一夫事蹟
일 부 사 적

일부사적〈一夫事蹟〉: 삼천년三千年이나 적덕積德한 가정에 태어나 천하天下에서 제일가는 복록福祿을 누릴만한 일을 하였고, 육십년六十年동안 솔성한 공(率性之工)으로 의리義理를 잡아 크게 춘추春秋에 나타낼 일을 한 공적功蹟을 말하는 데서 일부사적一夫事蹟이라 한 것이다. 일부사실一夫事實이 주로 주어진 처지를 말한 것이라면 일부사적一夫事蹟은 주로 당신이 평생에 하신 업적業績을 말한 것이라고 하겠다.

三千年積德之家에 通天地第一福祿云者는 神告也오 六十年率性之工에 秉義理大著春秋事者는 上教也시니라. 一夫가 敬書하니 庶幾逃罪乎인져. 辛巳六月二十二日 一夫.

3천년 동안 덕德을 쌓아온 집안의 천지를 통하여 보더라도 제일가는 복록福祿을 누린다는 것은 신神이 가르쳐 주신 것이고, 60년 동안 솔성率性의 공부를 하여 의리義理를 잡아서 춘추대의春秋大義로 일한 것은 상제上帝가 가르쳐 주신 것이다. 그래서 일부一夫가 경건히 썼으니 천리天理를 거슬리는 죄罪를 면할 수 있을까 한다. 신사년辛巳年 6월 22일에 일부一夫가 기록하였다.

신라 때부터 3천년을 내려오면서 덕德을 쌓아온 집안이라는 것은《주역》곤괘坤卦〈문언文言〉에서 "積善之家 必有餘慶 積不善之家 必有餘殃…"이라고 한데서 빌려온 말이다. 천지를 통하여 제일가는 복록福祿을 누리는 것은 신神이 가르쳐 주신 것이라는 말은 일부성인一夫聖人이 무량복록无量福祿을 누릴 것을 천지신명天地神明을 통하여 예고한 것이다. '고告'는 가르친다는 '교教'와 같은 말이다.

《춘추》는 공자가 노魯나라 역사를 편년체編年體로 쓴 것이다. 노魯나라 은공隱公 원년으로부터 애공哀公 14년까지 242년간 정치사政治史 및 왕통王

統에 관한 역사를 춘春 하夏 추秋 동冬의 사시四時로 구분하여 편년체編年體를 엮었다. 당시 칠웅七雄이 난립亂立하여 난상패륜亂常悖倫이 극도에 달했을 때에 여러 나라 제후국을 "공公 후侯 백佰 자子 남男"으로 등급을 나누어 포폄褒貶하였다. 이는 공자가 아니면 할 수 없는 일이다. 천자天子라야 등급을 정하고 포폄褒貶을 가하는 것인데 필부匹夫로서 공자가 이것을 한 것이 《춘추》의 대의명분이다. 그러므로 《맹자》에 "知我者 其唯春秋乎, 罪我者 其唯春秋乎"라고 한 것이다. 일부一夫 선생이 60평생에 솔성지공率性之工으로 의리義理를 잡아 춘추대의春秋大義에 나타나는 일은 위에서 가르치신 바라고 한 것이다.

이와 같이 천지에서 제일가는 복록福祿을 받고 춘추대의春秋大義에 나타나는 일을 하는 것은 모두 하늘이 가르쳐 주신 것이어서 경건한 마음으로 글을 쓰는 것이니 천리天理를 거슬리는 죄는 면할 수 있지 않겠느냐는 말이다. 신사년辛巳年 6월 22일에 일부一夫가 초서草書로 기록한 것이다.

正 의리대저〈義理大著〉: 주역설괘전周易說卦傳에 인간은 도道를 정립定立하는 것은 인仁과 의義라고 하며 도덕에 화순和順하고 의義에 합리合理하게 한다고 하였다. 성리性理는 이론理論을 말하는 것이요, 의리義理는 행위行爲를 말하는 것이라 하겠다. 즉 사람으로서 지켜야할 옳은 도리道理를 말하는 것이다. 의리대저義理大著란 서경經書의 훈고訓詁에 구애拘碍되지 않고 오로지 성인聖人의 도리道理를 연구硏究하여 저술著述한 춘추사春秋事라는 것이다.

正 솔성지공〈率性之工〉: 공자孔子의 손孫 자사子思는 중용中庸에서, 「天命之謂性 率性之謂道 修道之謂教」라 하여 「명수命數대로 타고난 천품天品을 성性이라 하고 그 성性대로 잘 따르는 일을 도道라 하고, 그 도道를 수양修養하는 것을 교敎라고 한다」고 하였다. 이에 솔성지공率性之工이란 곧 그 성性대로 따르는 공부를 말한다. 역易에는 이르기를, 「一陰一陽之謂道 繼之者善也 成之者性也」라고 하였다. 맹자孟子가 말하는 성선설性善說은 이에서 근거根據를 둔다. 역도易道는 일음일양지위一陰一陽之謂라지만 인간人間의 도道는 솔성지위率性之謂라 한다. 일부一夫가 육십년六十年동안 천성天性대로 따르는 공부를 하고 의리義理를 크게 잡아서 춘추대의春秋大義로 일한 것은 위에서 가르치신 바라고 하였다.

正易敍說
정 역 서 설

　《대역서》와 〈일부사실〉, 〈일부사적〉에서는 대체적인 것을 이야기하였다. 실제로 서문에 해당되는 것은 "聖哉라 易之爲易이여. 易者는 曆也이니 無曆이면 無聖이고 無聖이면 無易이라. 是故로 初初之易과 來來之易을 所以作也이니라."라고 한 것이다. 그 뒤에는 천지경위天地傾危가 언제까지 갈 것인지를 예언한 것이나 마찬가지이다. 선천이 언제까지 가느냐면 2천 8백년 갈 것이라는 말이다. 2천 8백년이 지나면 후천이 올 것인데 언제부터 언제까지가 2천 8백년인지는 밝히지 않았다. 우리가 그것을 대강 따져보면 주周나라가 동천東遷하고 공화정치를 한 때부터 난세가 되었으므로 그때부터 치면 오늘날까지 거의 2천 8백년이 되었으리라 여기고, 후천이 얼마 남지 않았다고 보는 것이다. 세계 현상으로 보아도 그렇고, 이제 후천이 얼마 남지 않았다고 본다.

　선천과 후천에서는 달력을 만드는 법도 다르다.《정역》에는 후천의 달력을 만드는 법까지 밝혀 놓았다. 그뿐만 아니라 일월日月의 변천이 어떻게 되고, 조수潮水가 어떻게 변천이 될 것인지도 말하였다 "일부능언一夫能言"이라 하여 일부一夫가 능히 말하는 것이니 곧이 들으라 하였으므로 후천이 올 때까지 견뎌 볼 일이다.

　《맹자》에 보면 운명에 대해서 말하기를, 〈만장장구상萬章章句上〉에서 "莫之爲而爲者, 天也. 莫之致而至者, 命也."라고 하였다. 내가 하려고 한 것도 아닌데 어떻게 하다 보니까 그렇게 된 것이 운運이고, 내가 이르려고 한 것도 아닌데 어떻게 하다 보니까 이르게 된 것이 명命이라고 하였다. 《중용》에서는 "天命之謂性, 率性之謂道"라 하였다. 성性이란 자기의 바탕이 되는 품성을 말하는 것인데, 성性은 하늘에게서 받은 것이지 자기가 익히고 배워서 만들어지는 것이 아니라는 말이다.《시전》과《서전》

에도 "천명미상天命靡常"이라는 말이 있다. 누구든지 민심을 얻는 자가 왕이 되는 것이지 아무나 왕이 되는 것이 아니다. 그런 것이 운運을 타고나서 명命을 받은 것이다. 그것이 운명運命이다.

일부一夫 선생님이 그렇다. 자신이 성인聖人이 되려고 한 것도 아니고, 자신이 무엇을 하려고 한 것도 아닌데 저절로 그렇게 된 것이다. 하늘에서 그에게로 떨어진 것이다. 하늘이 나를 지목해서 가르침을 주고 제일가는 복록福祿을 주어서 그렇게 되었다는 것이다. 일부一夫 선생이 처음에 정역팔괘正易八卦를 받을 때에 눈을 감거나 하늘을 올려보거나 온통 괘卦로 가득 차 있었다고 한다. 자신이 허약해져서 그런 줄 알고 보신을 하려고 개고기를 많이 먹었지만 그래도 없어지지 않았다. 그래서 이상하게 생각하고 당시에 같이 지내던 김국현 씨로 하여금 그리게 하였다. 그려 놓고 보니 복희팔괘伏羲八卦도 아니고 문왕팔괘文王八卦도 아니었다. 그렇게 해서 정역팔괘正易八卦가 그려졌고, 공부하면서 글을 써서 정리를 하게 된 것이다.

《정역》이 그렇게 해서 만들어졌는데, 지금의 판본으로 이렇게 나오게 된 것은 광산 김씨 일가에서 사계문집을 낼 때(1923년)에 남은 부분이 있어서 거기에 처음 실리게 된 것이다. 그 사계문집 판하고 《정역구해》에 있는 판하고 같은 것이다. 사계문집 판은 도에서 문화재로 지정이 되었는데 방점이 없이 나온 것이 첫 판이고, 그 후에 방점을 넣어서 두 번째 판을 만들었다.

《정역》을 연구하는 방향은 세 갈래로 나뉘었다. 첫 번째 손도수로 치는 것은 일부一夫 선생님의 제자 중에서 덕당 김홍현이라는 분을 통해서 전해진 것이다. 손도수로 배워서 손으로 전하는 것이다. 손도수로 보는 것은 여기 밖에 없다. 똑같이 《정역》을 연구한다고 해도 다른 데서는 알지 못한다. 두 번째 영가咏歌로 하는 것인데 하심부라는 사람이 배워서 전한 것이다. 영가를 하는 사람 중에 염삼화는 〈일부찬영가〉, 〈공자찬영가〉, 〈예수찬영가〉 니 하는 것을 지었는데 명문이다. 어떻게 그렇게 청산유수로 글이 나가는지 대단한 문장가이다. 세 번째는 김청탄으로 윷말판을 하도와 마찬가지로 보고 연구하는 갈래가 있는데 지금은 거의 없어졌다. 손도수로 치는 것도 내가 없어지면 더 전할 사람이 없다. 이런 지경에 와 있다.

내가 전에도 《정역》을 들어서 배우기는 했지만 28세 때에 처음으로 국사봉에 올라갔었다. 이정호 선생님과 함께 일부一夫 선생님이 6년 동안 거기서 공부했다고 하니까 한 번 가보자하는 마음으로 올라갔는데, 가서 보니까 상당히 좋고 또 공부를 할 만하다고 여겨졌었다. 당시에 이정호 선생님이 우적골에 있던 집을 뜯어다가 국사봉에 옮겨 지은 것이 지금의 '향적산방'으로 오늘날까지 내려오고 있는 것이다. 그 당시 이정호, 권영원, 유승국, 육종철, 유남상, 김근수, 이용희, 강삼봉, 한장경, 백문섭, 김경운, 한동석, 정성장 등 10여명 되는 사람들이 같이 공부를 했다. 대부분 상당한 학자들로 학자급에 올라간 분들과 같이 배웠다. 한동석 씨도 같이 있었는데 근래에 《우주변화의 원리》라는 책을 내서 바람을 일으키기도 했다. 사실 그 안에는 잘못된 것이 많이 들어 있다. 다른 사람들이 다 죽어서 묻히게 되니까 그가 드러나게 된 것이다.

그 당시 공부할 때에 천문에 관한 책이 100여권 되었는데 그 책을 대부분 다 보았고, 밤이면 국사봉 상봉에 올라가서 천문도와 하늘의 별을 비교해가면서 공부하였다. 국사봉에 올라가면 구름과 안개가 저 밑으로 깔려 있어서 하늘의 별이 훨씬 더 잘 보인다. 그런 것도 이제 내가 없으면 없어질 지경이 되었다.

천문도天文圖는 고려시대에서 조선에 걸쳐 살았던 권근權近(1352~1409)이 그린 것으로 경회루를 지을 때 그 앞의 큰 돌에다가 새겨 두었던 것이 지금까지 내려 온 것이다. 28수宿는 책력을 만드는 것과 밀접한 관련이 있다.

북극성은 천황대제天皇大帝라 하고 북두칠성은 신하가 되어 군신君臣의 관계를 이루고 있다. 북두칠성을 '북두北斗'라고 부르는 것은 말박같이 생겼기 때문이다. 옛날에는 쓰던 말박에는 자루가 있었다. 지금도 이북에서는 자루가 달려 있는 말박을 쓰고 있다. 북쪽에 말박같이 생긴 일곱 개의 별이기 때문에 '북두칠성北斗七星'이라고 부르는 것이다. 북두칠성에는 각각 이름이 붙어 있다. 머리 부분부터 천추天樞, 천선天璇, 천기天璣, 천권天權, 옥형玉衡, 개양開陽, 요광搖光이라고 부른다.

북극성을 찾을 때는 북두칠성 중에서 천선天璇과 천추天樞를 잇는 선의 5배를 올라가면 북극성이 있다. 그리고 오른쪽 위에 팔곡八穀이라는 여덟 개의 별이 동그랗게 모여 있다. 하늘의 별은 사람의 안력眼力대로 봐서 일등성에서 육등성까지 있는데 북두칠성은 모두 일등성이다.

육합六合이라는 것은 상하上下와 사방四方을 합해서 말하는 것이다. 곡식의 양을 재는 단위를 보면 제일 작은 것이 홉(合)이고, 10홉(合)이 1되(升)가 되고, 10되(升)가 1말(斗)이 되고, 15말(斗)이 1석(石)이 되고, 15석(石)이 1위(斛)가 된 나중에는 20말(斗)가 1석(石)으로 바뀌었다. 육합지내六合之內라고 하는 것은 두 손을 모아서 눈앞에 대면 세상이 다 들어오기 때문이다. 두 손을 눈앞에 대고 북극성을 중심으로 보면 보이는 영역이 다 북방이 된다. 손의 가장자리에서 다른 쪽 손의 가장자리까지 보이는 부분이 정확히 90°이다. 마찬가지로 동서남북의 정방正方을 향하여 서서 두 손을 모아 쳐다보면 각각 보이는 만큼 90°가 된다. 그렇게 동서남북을 정확하게 구분할 수 있다.

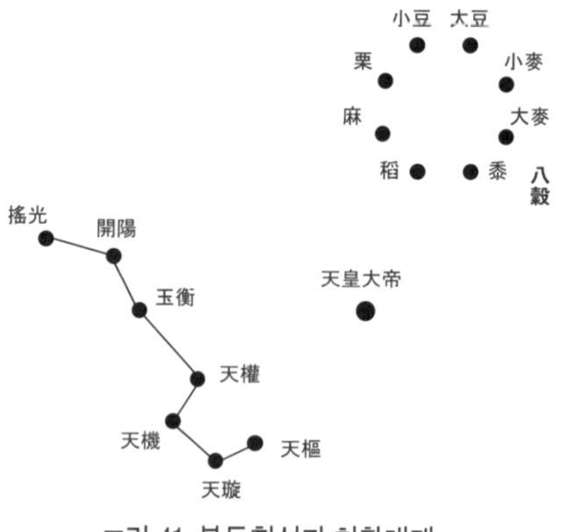

북두칠성이 북극성을 중심으로 시계 반대방향으로 돌고 있는데 하

그림 41. 북두칠성과 천황대제

루에 한 바퀴하고 또 13°와 7/19°를 더 돈다. 술시戌時를 표준으로 삼아서
보는데 매일 13°와 7/19°씩 더 돌기 때문에 30일이 되면 전체의 1/12을 더
가게 된다.

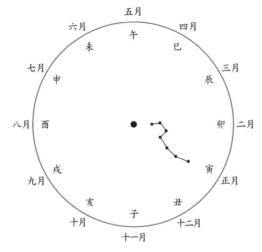

그림 42. 斗柄建寅頭의 모식도

술시戌時에 보았을 때 북두칠성의 자루 부분이 인방寅方을 가리킬 때를
인월寅月(정월)이라고 하고, 묘방卯方을 가리키면 묘월卯月(2월)이라고 하
고, 진방辰方을 가리키면 진월辰月(3월)이라고 한다. 시계 맞추듯이 1월부
터 12월까지 각각에 해당하는 방위를 가리키게 되는 것이다. 북두칠성의
자루가 인寅을 가리키고 있는 것을 '두병건인두斗柄建寅頭'라고 한다.

책력은 시대에 따라 변천이 있었는데 주周나라 때에는 자월子月로 세수
歲首하였고, 은殷나라 때에는 축월丑月로 세수歲首하였고, 하夏나라 때에는
인월寅月로 세수歲首하였다. 하夏나라가 인월세수寅月歲首한 것은 사람(人)
을 중심으로 한 것이고, 은殷나라가 축월세수丑月歲首한 것은 땅(地)을 중
심으로 한 것이고, 주周나라가 자월세수子月歲首한 것은 하늘(天)을 중심
으로 한 것이다. 《정역》의 후천에서는 지금의 2월인 묘월卯月을 세수歲首
로 하게 된다.

자석이 가리키는 북극은 북극성北極星을 향하는데, 지구의 북극은 서북쪽으로 기울어져 있어서 직녀성織女星을 가리키고 있다. 지구의 북극과 자석의 북극이 이루는 각이 23.27°이므로 적도와 황도가 이루는 각도 23.27°가 된다. 우리나라에서는 예전부터 '집신할머니'니 '좀생이'니 하는 말을 써 왔는데, '좀생이'는 바로 일곱 개의 별이 조그마하게 모여 있는 묘성昴星을 말한다. 이런 이름이 아직도 남아 있는 것을 보면 우리나라가 천문에 얼마나 관심이 많았었는지를 짐작할 수 있다.

《정역》은 선천과 후천을 통틀어서 말하고 있을 뿐만 아니라 선천과 후천을 포함한 원천原天까지 말하고 있다. 원천原天의 입장에서 보면 선천은 365°와 1/4로 가고, 후천은 360°로 간다. 하늘은 술시戌時를 중심으로 본다면 조수潮水는 묘시卯時를 중심으로 본다.《정역》에 "묘술卯戌이 공空"이라는 말이 있는데 공空이란 중심 즉, center와 같은 말이다. 다시 말하면 묘술卯戌에서부터 시작한다는 말이다. 묘卯는 태양이고, 술戌은 태음이다. 태양과 태음의 운동에 의해 조류가 생기는데 조수潮水는 묘시卯時를 기준으로 본다는 말이다.

지구를 놓고 보면 해류海流와 조류潮流가 있다. 해류는 적도를 기준으로 항상 동쪽에서 서쪽으로 일정하게 흐르기 때문에 시간에 따른 변화가 없다. 해류는 언제나 같은 흐름을 유지하고 있다. 반면에 조류는 남북으로 가고, 변화가 있기 때문에 조류에서 시간이 생긴다.

음력으로 초하루(1일) 초이틀(2일) 초삼일(3일)은 묘시卯時에 물이 차오르고, 유시酉時에 또 물이 들어온다. 하루에 두 번씩 물이 들어오는데 그것을 '사리'라고 한다. '사리'는 '리방離方을 쏜다'는 말이다. 초하루에는 묘시초卯時初, 초이틀은 묘시중卯時中, 초사흘은 묘시말卯時末에 사리가 되는데 매일 약 40분씩 늦어진다. 오늘 8시에 사리로 물이 가득 찼으면 내일은 8시 40분에 물이 들어오게 된다. 자꾸 늦어져서 보름이 지나면 아침 조수가 저녁 조수가 되므로 보름마다 아침·저녁의 조수가 뒤바뀌게 된다.

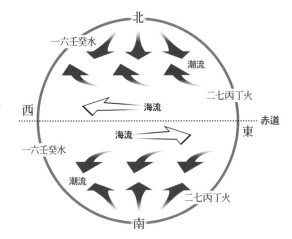

그림 43. 해류(海流)와 조류(潮流)

날짜	1 2 3	4 5 6	7 8 9	10	11 12	13 14 15	16
아침사리	卯時	辰時	巳時	午時 (없음) 子時	未時	申時	酉時
저녁사리	酉時	戌時	亥時		丑時	寅時	卯時

표 22. 음력 날짜에 따른 아침·저녁의 사리 시간

　달은 그것보다 이틀이 앞선다. 8일은 상현上弦(☽)이라고 하고, 23일은 하현下弦(☾)이라고 한다. 신비스럽게도 지구상에 있는 갑옷을 덮은 벌레들은 달의 변화에 정확하게 반응한다. 바다 게 같은 것들은 음력 8일(上弦)이 되면 모두 육지로 올라와서 보름동안 머물다가 23일(下弦)이 되면 다시 물속으로 들어간다. 호주에 있는 크리스마드 섬에 가보면 8일이 되는 날에 빨갛고 커다란 게들이 수억만 마리가 육지로 올라온다. 발로 밟거나 차로 밟고 지나가도 상관없이 다 올라온다. 그러다가 보름이 지나서 23일 되면 한 마리도 남김없이 전부 바다로 돌아간다.

　8일과 23일은 《정역》에서 보면 팔간산八艮山과 삼태택三兌澤에 해당된다. 팔간산八艮山과 삼태택三兌澤이므로 8과 3을 더하면 11이 된다. 《정역》의 〈십일일언〉은 팔간산八艮山과 삼태택三兌澤의 간태艮兌 운동이고, 〈십오일언〉은 십건천十乾天과 오곤지五坤地의 건곤乾坤 운동을 말하는 것이다.

《정역》에는 '건곤교乾坤橋'라는 것이 있다. 《주역》에 하도와 낙서가 보이지 않는 곳에 따로 있는 것처럼 《정역》에는 건곤교가 따로 있다. 건곤교는 덕당 선생계열로 내려와서 손으로 치는 것이다. 건괘乾卦를 볼 때 초구는 무진戊辰이요, 구이는 경진庚辰이요, 구삼은 임진壬辰이요, 구사는 갑진甲辰이요, 구오는 병진丙辰이요, 상구는 무진戊辰이라고 하는 것은 이 건곤교가 아니면 알 수가 없는 것이다.

건곤교乾坤橋를 치는 방법은 신유辛酉에서부터 시작하여 "신유辛酉 임술壬戌 계해癸亥 갑자甲子 을축乙丑 병인丙寅 정묘丁卯"까지 하고, 정묘丁卯 다음에는 육갑六甲의 순서대로 하면 무진戊辰인데 무진戊辰으로 가지 않고 정유丁酉로 홀쩍 뛰어 넘는다. 그리고 다시 "정유丁酉 무술戊戌 기해己亥 경자庚子 신축辛丑 임인壬寅 계묘癸卯 갑진甲辰"하고 갑진甲辰에서 또 무진戊辰으로 다리를 건너뛴다. 이처럼 다리를 건너뛰기 때문에 건곤교乾坤橋라고 이름을 붙인 것이다. 왜 그런지는 잘 모르고, 그렇게 하라고 배웠으니까 그렇게 외우고 있을 뿐이다.

육갑을 칠 때는 천간天干(十干)이 기준이 되고 지지地支가 따라 다니는데, 건곤교를 칠 때는 지지地支(十二支)가 기준이 되고 천간天干이 따라 다닌다. 손으로 칠 때 두 번째 손가락은 언제든지 유酉의 자리이고, 새끼 손가락은 언제든지 진辰의 자리가 된다. 왜 그렇게 하는 건지는 몰라도, 이렇게 쳐서 외우고 있으면 통하고 터득되는 것이 생긴다.

이렇게 적어 놓은 것은 그 속에 다 뜻이 있다. 가령 처음의 신유辛酉는 낙서궁洛書宮이고, 그 다음의 정유丁酉는 하도궁河圖宮이다. 그래서 처음에 하도와 낙서를 이야기하는 것이다. 그 다음에 계유癸酉는 천근궁天根宮(하늘뿌리)이고, 기유己酉는 28수궁宿宮이고, 을유乙酉는 64괘궁卦宮이 된다. 이것을 가지고 천지변화天地變化를 헤아리는 것이다.

※ 乾坤橋(건곤교)

辛酉 1	壬戌 2	癸亥 3	甲子 4	乙丑 5	丙寅 6	丁卯 7						
丁酉 8	戊戌 9	己亥 10	庚子 11	辛丑 12	壬寅 13	癸卯 14	甲辰 15					(30)
							戊辰 16	己巳 17	庚午 18	辛未 19	壬申 20	(24)
癸酉 21	甲戌 22	乙亥 23	丙子 24	丁丑 25	戊寅 26	己卯 27	庚辰 28	辛巳 29	壬午 30	癸未 31	甲申 32	(36)
											庚申 33	
辛酉 34	壬戌 35	癸亥 36	甲子 37	乙丑 38	丙寅 39	丁卯 40	戊辰 41					
							甲辰 42	乙巳 43	丙午 44	丁未 45	戊申 46	36
己酉 47	庚戌 48	辛亥 49	壬子 50	癸丑 51	甲寅 52	乙卯 53	丙辰				丙申 54	40
丁酉 55	戊戌 56	己亥 57	庚子 58	辛丑 59	壬寅 60	癸卯 61	甲辰 62	乙巳 63	丙午 64	丁未 65	戊申 66	
己酉 67	庚戌 68	辛亥 69	壬子 70	癸丑 71	甲寅 72	乙卯 73	丙辰 74	丁巳 75	戊午 76	己未 77	庚申 78	
辛酉 79	壬戌 80	癸亥 81	甲子 82	乙丑 83	丙寅 84	丁卯 85	戊辰 86	己巳 87	庚午 88	辛未 89	壬申 90	20
							壬辰	癸巳 91	甲午 92	乙未 93	丙申 94	20
							丙辰	丁巳 95	戊午 96	己未 97	庚申 98	20
							庚辰	辛巳 99	壬午 100	癸未 101	甲申 102	20
乙酉 103	丙戌 104	丁亥 105	戊子 106	己丑 107	庚寅 108	辛卯 109	壬辰 110	癸巳 111	甲午 112	乙未 113	丙申 114	20
							丙辰	丁巳 115	戊午 116	己未 117	庚申 118	20
辛酉 119	壬戌 120	癸亥 121	甲子 122	乙丑 123	丙寅 124	丁卯 125	戊辰 126	己巳 127	庚午 128	辛未 129	壬申 130	20
							壬辰	癸巳 131	甲午 132	乙未 133	丙申 134	20
							丙辰	丁巳 135	戊午 136	己未 137	庚申 138	20
							庚辰	辛巳 139	壬午 140	癸未 141	甲申 142	20
乙酉 143	丙戌 144											=216

번호	순번	六甲	宮
01	1	辛酉	洛書宮
02	8	丁酉	河圖宮
03	21	癸酉	天根宮
04	47	己酉	二十八宿宮
05	103	乙酉	六十四卦宮

표 23. 둘째손가락의 유(酉)와 궁(宮)

또한, 갑진甲辰(15번째)이 무진戊辰(16번째)으로 건너뛰는 것이 '삼오이변參伍以變'이고, 신유辛酉(첫 번째)에서 정유丁酉(8번째)로 넘어가는 것이 '구이착종九二錯綜'이다. 갑진甲辰은 삼갑목三甲木이고 무진戊辰은 무오토戊五土이며, 신유辛酉는 신구금辛九金이고 정유丁酉는 정이화丁二火이다. 구이착종九二錯綜하면 신구금辛九金의 자리에 정이화丁二火가 온 것이고, 삼오이변參伍以變은 갑진甲辰이 무진戊辰으로 간 것을 말한다. 이것이 변變이다. 변變은 음에서 양으로 가는 것이고, 화化는 양에서 음으로 가는 것이다. 변變은 음에서 양으로 가는 것이므로 사는 방향이고, 화化는 양에서 음으로 가는 것이므로 죽는 방향이다. 죽을 '사死'자를 보면 한 '일一'자 밑에 저녁 '석夕'자가 있고 화化의 반쪽인 '비匕'자가 들어 있다.

또한 무진戊辰에서 갑진甲辰으로 가면 36도를 넘어가는 것이다. 선천에서 후천으로 넘어가는 것이 36도를 넘어간다. 또 병진丙辰에서 병신丙申으로 넘어가면 40년을 뛰고, 그 다음부터는 정규적으로 20년을 뛰어넘는다. 임신壬申이 임진壬辰으로, 병신丙申이 병진丙辰으로, 경신庚申이 경진庚辰으로, 병신丙申이 병진丙辰으로, 임신壬申이 임진壬辰으로, 병신丙申이 병진丙辰으로, 경신庚申이 경진庚辰으로 넘어가는 것이 전부 20도씩이다. 그것은 후천이라는 것이다.

육갑을 칠 때에는 "갑자甲子 을축乙丑 병인丙寅 정묘丁卯 무진戊辰 기사己巳 경오庚午……"처럼 천간天干이 고정적으로 있는데, 건곤교乾坤橋를 칠 때에는 지지地支가 고정적이고 천간天干이 따라 다니면서 변한다. 《주역》은 하도·낙서가 기본이 되어서 수數가 만들어지지만, 《정역》은 건곤교乾坤橋에 의해서 변화가 만들어진다.

구분	六甲									합계
六甲	戊辰↓甲辰	丙辰↓丙申	壬申↓壬辰	丙申↓丙辰	庚申↓庚辰	丙申↓丙辰	壬申↓壬辰	丙申↓丙辰	庚申↓庚辰	都合 216度 乾之策216
度數	36	40	20	20	20	20	20	20	20	

표 24. 건지책(乾之策)과 건곤교(乾坤橋)

우리나라는 중국에서 들여온 유교사상으로 도덕을 세우고 성리학을 연구하고 했지만 우리나라의 본래 사상은 따로 있다. 도술도 아니고 샤머니즘 비슷하게 내려오는 것이 있는데 서경덕徐敬德(花潭, 1489~1546)에서 시작된다. 서화담에서 겸암謙菴(柳雲龍, 1539~1601), 이토정李土亭(李之函, 1517~1578), 이서구李書九(薑山, 1754~1825)로 전해져서 내려오는데 일부一夫 선생님도 그런 류類이다. 특이한 도수度數를 치는 그런 학문이 원래 있었다.

十五一言
십 오 일 언

　십오일언十五一言이라는 글을 읽기 전에 육갑을 먼저 따져봐야 한다. 십오일언十五一言이란 기축己丑에서 무술戊戌까지, 무술戊戌에서 임인壬寅까지의 도수를 말하는 것이기도 한다.

　기축己丑을 보면 기己도 십十이고 축丑도 십十이다. 기축己丑에서 따져가면 경인庚寅, 신묘辛卯, 임진壬辰, 계사癸巳, 갑오甲午, 을미乙未, 병신丙申, 정유丁酉, 무술戊戌로 무술戊戌이 10번 째가 된다. 무술戊戌을 보면 무戊도 오五이고 술戌도 오五이다. 무술戊戌에서 계산하면 기해己亥 경자庚子 신축辛丑 임인壬寅으로 임인壬寅이 5번째가 된다.

　상원上元의 기축己丑(十)에서 시작하여 무술戊戌(五)로 갔다가 임인壬寅(一)에서 마치는 것을 십오일언十五一言이라고 한다. 글을 읽기 전에 무엇이 십오일언十五一言인지를 알아야 한다. 임인壬寅은 아래의 반고화盤古化 원년이 된다.

十五一言	干支	六甲
十	己(十) 丑(十)	己丑 庚寅 辛卯 壬辰 癸巳 甲午 乙未 丙申 丁酉 戊戌
五	戊(五) 戌(五)	戊戌 己亥 庚子 辛丑 壬寅
一	壬(一) 寅(一)	壬寅
言		

표 25. 〈십오일언〉의 육갑도수

　《정역》의 맨 처음에 나오는 말이 '십오일언十五一言'이다. 역사를 말하는 것인데 반고盤古를 비롯한 15 성인聖人으로부터 일호일부一乎一夫까지의 역사를 말하는 것이다. 역사는 반드시 인사人事가 들어가야 역사가 된다.

자연은 하나의 공空일 뿐이지 역사가 없다. 그 하나의 공空에서 역사가 생기는 것이다.

〈계사전〉에서는 "易有太極, 易生兩儀"라고 하였다.

그림　무극(无極)　　　　　태극太極

正 십오일언〈十五一言〉：정역正易에서는 십오일언十五一言이 상편上篇, 십일일언十一一言이 하편下篇이 되어 상편上篇인 십오일언十五一言은 기축己丑에서 무술戊戌까지의 십十과 무술戊戌에서 임인壬寅까지의 오五를 합合하여 십오十五를 한 말씀으로 말한 것이다. 정역正易에는 십오일언十五一言을 비롯하여 언言을 말한 것이 다음 도표와 같이 십오十五 내지 십일十一곳이니 이 또한 십오일언十五一言이 곧 십일일언十一一言의 바탕이라는 뜻도 있는 것이 아닌가 생각된다.

1	十五一言	………………	1
2	豈一夫敢言時命	………………	2
3	一夫能言	………………	3
4	天不言	………………	4
5	地從言	………………	5
6	天地有言		6
7	一夫敢言		
8	天地言		7
9	一夫言		
10	一夫言		
11	天地言		
12	上帝言	………………	8
13	上帝重言	………………	9
14	十一一言	………………	10
15	吾一言	………………	11

〈十五一言과 十一一言圖〉

길흉吉凶을 알려면 육갑六甲을 달아야 한다. 양력은 길흉이 없다. 음력으로 육갑六甲을 따져야 길흉이 생긴다. 《정역》에 보면 "太陽恒常 性全理直 太陰消長 數盈氣虛"[64]라고 했다. 태양이라는 것은 항상恒常되기 때문에 길吉하거나 흉凶할 것이 없다. 밝다는 것도 마찬가지이다. 태양은 광光, 빛 그 자체이기 때문에 밝고 말고 할 것이 없다.

'명明'자를 보면 옛날에는 '䀛'이란 글자로 썼다. 앞의 '사四'는 창을 의미하는데, 창을 통해서 달빛이 들어오는 것을 밝다고 한 것이다. 태양은 빛 자체이므로 밝다고 말하지 않는다. '저 달이 참 밝구나'라는 것은 말이 되지만, '태양이 참 밝다'라고 하는 것은 말이 안 된다. 그러므로 태양에는 명암이 없지만, 달에는 명암이 있다. 우리말을 보면 달이 지구를 한 바퀴 돈 것을 '한 달'이라고 하고, 지구가 해를 한 바퀴 돈 것을 '한 해'라고 한다.

그것을 인간에 적용시키면 선악善惡이 된다. 악한 것은 어두운 것이고, 밝은 것은 선한 것이다. 욕심에도 의욕意慾과 정욕情慾이 다르다. 의욕은 공적인 것을 말하고, 정욕은 사사로운 것을 말한다. 의욕과 정욕은 시작과 결말은 다르지만 중간은 다 똑같다. 맹자는 그것을 '양심良心'이라고 했다.

문자가 나오기 전에는 모든 것을 수數로 했는데 그것이 바로 하도河圖와 낙서洛書이다. 수數의 움직임을 그렇게 그려놓은 것이다. 하도에서 "10 → 9 → 8 → 7 → 6 → 5 → 4 → 3 → 2 → 1" 순으로 세는 것은 하도의 용用이고, "1 → 2 → 3 → 4 → 5 → 6 → 7 → 8 → 9 → 10"의 순으로 세는 것은 하도의 체體이다. 하도는 하늘의 도道 즉, 천도天道이다. 《주역》〈계사〉에 "天一地二, 天三地四, 天五地六, 天七地八, 天九地十. 天數五, 地數五, 五位相得, 而各有合, 天數二十有五, 地數三十; 凡天地之數五十有五, 此所以成變化而行鬼神也."라고 말한 것이 바로 이를 두고 한 말이다.

---

64 《正易》〈一歲周天 律呂度數〉

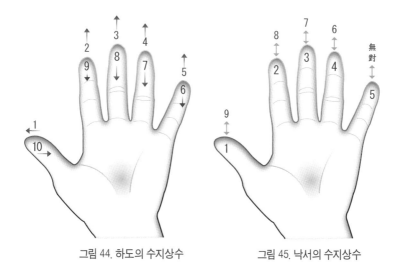

그림 44. 하도의 수지상수　　　　그림 45. 낙서의 수지상수

　낙서는 하나(1)하면 아홉(9)이 상대가 되고, 둘(2)은 여덟(8)이 상대가
되고, 셋(3)은 일곱(7)하고 상대되고, 넷(4)은 여섯(6)하고 상대되고, 다
섯(5)은 상대가 없다. 그래서 이것을 낙서라고 한다. 또 손가락을 다 편
것이 하도의 체體이고, 손가락을 다 구부린 것이 낙서의 용用이 된다.

　십오일언十五一言에는 이런 도수가 매겨진다. 인류의 역사를 반고화盤古
化에 일호일부一乎一夫까지 십오성인十五聖人을 도수를 매겨서 본다. 성인
聖人이나 부처나 모두 인간의 대표를 말한다. 인류의 시작은 반고盤古에
서 비롯된다. 반고가 땅을 밟은 최초의 인간으로 그 이상으로 올라갈 수
는 없다. 반고화盤古化하고 나서 다음에 천황天皇, 지황地皇, 인황人皇으로
이어진다. 《주역》 둔괘屯卦의 초구 효사에 "반환磐桓"[65]이 나온다. 학자
에 따라서는 이 반환磐桓의 '환桓'자를 환검桓儉으로 보는 사람도 있다. 박
세무朴世茂가 쓴《동몽선습》에서는 우리나라의 역사가 단군檀君에서부터
시작했다고 하였지만, 본래는 환웅桓雄에서부터 시작했다. 홍익인간弘益
人間이라는 말도 단군이 한 것이 아니라 환웅이 한 말이다. 그것은 박세
무가 잘못 쓴 것이다《동몽선습》의 끝부분에 보면 "東方에 初無君長이러
니 有神人이 降于太白山檀木下이어늘…"라고 써 있는데, 곰이 마늘을 먹고

---

[65] 初九, 磐桓, 利居貞, 利建侯. 象曰, 雖磐桓, 志行正也. 以貴下賤, 大得民也. 《周易》〈屯卦〉

사람이 되었는데 그가 바로 단군이라는 것이다. 이 이야기는《위지魏志》에 나오는 말인데, 위魏나라에서 남의 나라 일을 어떻게 그렇게 자세히 알았겠는가? 떠돌이 말을 역사로 쓴 것이나 마찬가지이다.

또 우리 역사가 3천 년 전에 신라에서 박혁거세가 알에서 나왔다는 이야기가 있는데, 그것도 역사를 잘못 쓴 것이다. 조선 후기에 오광운吳光運(1689~1745)이라는 사람이 박혁거세가 알에서 나왔다는 얘기는 잘못된 것이라고 그의 문집에 발표를 했다. 오광운에 의하면 선도성모仙桃聖母가 중국에서 배를 타고 가다가 표류해서 우리나라에 왔는데, 거기서 난 것이 박혁거세라고 하였다《한서漢書》에도 그렇게 기록되어 있다. 그런데 왜 알을 까고 나왔다고 했느냐? 일정시대에 일본사람들이 우리나라를 점거해서 우리나라를 미약하게 만들기 위해서 알 속에서 나왔다는 이야기를 교과서에 싣고, 그것이 그대로 내려온 것이다. 이런 잘못된 것들을 빨리 고쳐야 하는데 아직도 고치지 못하고 있다.

단군이야기도 보통 신화로만 알고 있었는데, 그것이 신화가 아니고 실화라는 것을 유승국씨가 세계학자대회에서 발표를 했다. 우리나라에는 갑골문을 연구하는 사람이 없어서, 중국에 가서 갑골문을 배워가지고 와서 1960년경에 단군 이야기가 신화가 아니라 실화라는 사실을 밝혔다. 그것을 교과서에 싣는데 6년이 걸렸다. 그렇게 기존의 관행을 고치기가 힘들다. 틀린 이야기를 하였더라도, 이미 쓴 사람은 그것을 정당화하기 위해서 변명할 때까지 변명을 하고 있는데, 그 틈을 비집고 이기는 것은 정말 힘든 일이다. 그것이 문학의 세력이고 텃세이다.

어쨌든 십오성인十五聖人이 도통연원이 된다. 예전에는 요堯·순舜·우禹·탕蕩·문文·무武·주공周公·공자孔子… 이렇게 애들까지도 다 알 수 있게 외웠다. 《중용》에서는 "祖述堯舜하시고 憲章文武하시니"라는 말도 있다. 도가道家에서는 황제黃帝까지 올라가서 노자老子와 함께 도통연원을 삼아서 황노사상黃老思想이라고 한다. 육갑六甲이라고 하는 것이 바로 황제黃帝 때에 나왔다고 한다.

　유가儒家에서는 공자가 《춘추》라는 역사책을 쓰면서 요순堯舜 이전에는 책력이 없기 때문에 모두 없애버리고, 요순堯舜 이전二典부터 쓰기 시작했다. 그 이전에 요순堯舜 이전二典 외에 삼전三典이 더 있어서 《오전五典》이라 하고, 또 《팔색八索》이라는 경전이 있었는데 책력이 없었다는 이유로 다 없애 버렸다. 그런 이야기가 사마천 《사기》〈백이열전伯夷列傳〉에 기록되어 있다. 책력이 생긴 요순堯舜 때부터 역사를 쓰기 시작했는데, 요堯 임금의 원년이 갑진甲辰이다. 그래서 《정역》에 "神堯日月甲辰이로다"라고 말한 것이다. 단군의 원년은 무진戊辰이다.

※ 역사인식에 대하여

　김부식이 《삼국사기》를 쓰고, 그 보다 70년이 앞선 때에 일연이 《삼국유사》를 썼다. 《삼국유사》는 일연이 썼다고도 하고, 학자에 따라서는 최치원이 썼다고 하기도 하는데 아직 누가 썼는지 미결로 남겨둔 학자들도 있다. 역사라는 것은 왕王이 명해서 써야 일반에게 효력을 나타낸다. 왕王의 명이 없이 쓴 것은 정사正史로 인정받지 못한다. 《고려사》의 경우에도 세종의 왕명을 받아서 정인지가 쓴 것[66]이 정통으로 내려오고 있지만, 그 전에도 이존오李存吾(1341~1371)가 쓴 《고려사》가 있었는데 이존오가 쓴 《고려사》는 다 버리고, 정인지를 시켜서 완전히 새로 쓰게 한 것이다. 조선 후기에 《동사강목》을 쓴 안정복安鼎福(1712~1791)이 말하기를 '정인지가 쓴 《고려사》 내용대로 같으면 그 나라가 어떻게 500년이나 유지할 수 있었겠느냐?' 500년이나 간 나라의 역사를 그렇게 나쁘게만 쓴 것은 위정자의 눈과 귀를 좋게 하기 위해서이지 역사를 바르게 쓴 것이 아니라고 비평을 하였다. 그러면 그것이 누구의 죄냐? 그것은 정인지의 죄도 아니고 식자지죄識者之罪라고 하였다. 김부식이 쓴 《삼국사기》에

---

66 고려사(高麗史) : 고려시대의 역사서. 1449년(세종 31)에 편찬하기 시작하여 1451년(문종 1)에 완성되었는데 고려시대의 역사·문화 등의 내용을 기전체(紀傳體)로 정리한 책으로 고려시대 역사연구의 기본자료이다.

대해서도 자기 경주김씨의 가승이지 그것이 어떻게 역사라고 할 수 있느냐? 왜냐하면 경주김씨에 관한 얘기는 사소한 것도 다 들어가고 그보다 더 굵고 중요한 일인데도 기록하지 않는 것이 많다. 뿐만 아니라 삼국시대 때에는 가야伽倻라는 나라도 있고, 고구려의 유민들이 세운 발해渤海도 있는데 그런 것은 모두 없애 버리고 중국의《삼국지》를 모방해서 썼다는 것이다. 가야는 신라가 시작했을 때부터 백제가 망할 때까지 500년의 역사가 있는데 그것을 전부 빼버렸다. 그렇게 때문에 전쟁에 지면 전쟁에서 진 것이 억울한 것이 아니라, 역사가 없어지는 것이 억울한 것이다. 고구려에는 악성이라 불리는 왕산악王山岳이 있었고, 가야에는 우륵于勒이라는 사람이 있었다. 우륵은 가야의 진천사람이고, 오현금을 칠현금의 가야금으로 만든 사람이다. 그런 정도의 악사가 나타날 정도면 그 나라의 문화수준이 얼마나 발전했는지 짐작할 수 있다. 그런데 우륵을 신라사람으로 만든 것은 가야의 역사를 없애기 위한 것이다.

그 외에도 지광한池光翰이 쓴《지씨홍사池氏鴻史》, 서거정徐居正(1420~1488)이 쓴《동국통감》, 순암 안정복이 쓴《동사강목》등이 있는데,《지씨홍사》같은 것은 인정을 안 해준다. 삼국시대 이전에는 삼한三韓이 있었는데 그 때의 역사도 묻혀있다. 요즘 학자들은 그 때를 원삼국시대라고 한다. 삼한三韓은 진한·변한·마한을 말하는데 앞으로 역사를 다시 쓸 때에 고증을 잘해야 할 것이다.

역사라는 것은 승리자, 위정자의 것이다. 공자가《춘추》를 쓸 때에 벼슬하지 않고 남산골샌님 같을 때에 쓴 글인데도, 공자가 뭐라 했느냐면 제후를 공公·후侯·백伯·자子·남男의 5 등급으로 구분했다. 그 당시의 7후 나라의 역사를 쓴 것인데 자기 나라인 노魯나라의 임금은 은공隱公·애공哀公이라고 등급을 매기고, 제齊나라가 노魯나라보다 세지만 제후齊侯라 하고, 정鄭나라는 더 세고 힘이 많은데도 정백鄭伯이라 하고, 송宋나라의 임금은 자子·남男이라고 등급을 매겼다. 그리고 "齊一變至於魯, 魯一變至於道"라고 했다. 여기에 대해서 맹자가 어떻게 변명을 했는가 하

正易과 天文曆

면, 지금은 경제가 강한 나라가 선진국이지만 공자시대에는 도덕이 있는 나라가 선진이라는 것이다. 그래서 공자의 노魯나라는 그래도 도道가 많이 남아 있었기 때문에 나라의 힘은 미약하지만 '공公'이라 했다는 것이다.

사실 이렇게 제후에 등급을 매기는 일은 천자天子가 하는 일지지, 남산골샌님 같았던 공자가 감당하기에는 벅찬 일이었다. 《춘추》는 '생살生殺'을 의미하기도 한다. 봄에 만물이 살아나오는 기운과 가을의 숙살하는 기운을 뜻하므로 생살권을 가졌다는 뜻이 들어있다. 그래서 맹자는《춘추》가 생살권生殺權을 가졌기 때문에 천자지서天子之書라고 말했다.《맹자》에 보면 "孔子懼, 作春秋. 春秋, 天子之事也. 是故孔子曰, 知我者其惟春秋乎! 罪我者其惟春秋乎!"[67]라고 했다. 나를 아는 것도《춘추》를 통해서이고, 나를 죄지은 것도《춘추》라는 말이다.

중국의《삼국지》에는 진수가 쓴 것이 있고 나관중이 쓴 것이 있다. 나관중이 쓴 것이 시나 문장이 훨씬 좋고 재미있게 쓰여 있기 때문에 우리나라는 대부분 나관중이 쓴 것을 읽어 왔다. 진수가 쓴 것은 유관장의 유비을 중심으로 쓴 것이고, 나관중이 쓴 것은 조조를 중심으로 쓴 것이다. 주자가《자치통감강목》을 쓴 이유는 정통을 바로 잡겠다는 의도에서이다. 중국역사의 정통이 조조가 아니라 유비라는 것을 주장하기 위해서이다.

그런데 보통은《삼국지》에 나오는 배경이 중국 전체일 줄 알고 있는 사람들이 많다.《삼국지》에 나오는 대부분의 전쟁터와 적벽대전의 배경은 양자강 유역이다. 중국에서 양자강은 지류支流이고 원류原流는 황하黃河이다. 이 지류의 역사를 '지나支那'라고 부르기도 한다.

원류인 황하黃河의 역사는 우리나라의 역사이다. 황제黃帝도 만주족인데, 황제하고 치우蚩尤가 싸울 때에 얼마나 많은 사람이 죽었는지 그 피에 도구대가 흘러갈 정도였다고 한다(血流流杵). 황제黃帝하고 치우蚩尤

67《孟子》〈勝文公章句下〉

는 본래 사촌 간이었다. 만약 그 싸움에서 치우蚩尤가 이겼더라면 우리나라의 역사가 한참 올라갔을 것이다.

우리나라에도 지금 남북이 갈라져 있는데 나중에 통일이 되면 정통을 어떻게 할 것인지가 큰 숙제이다. "조선"으로 할 것인지, "대한민국"으로 할 것인지 학자들이 고민하고 해결해야 할 몫이다. 북쪽은 조선왕조를 이은 정통성이 자기들에게 있기 때문에 "조선"이라는 이름을 그대로 이었다고 한다. 반면에 남쪽에서는 조선이라는 나라는 이미 망했고, 고종·순종 때에 비록 일본사람들에 의한 것이지만 어쨌든 황제가 되었으니까 "대한제국"이고, 대한제국에서 지금은 "대한민국"이 되었다고 말한다. 지금의 중국도 마찬가지이다. 중국이 손문孫文(1866~1925)의 삼민주의에 의해 통일되었다가 모택동과 장개석으로 분리되었는데, 모택동은 하나의 중국이라는 의미로 "중화민국"이라고 이름을 붙였다. 반면에 장개석은 삼민주의 신해혁명辛亥革命에 근거를 두고 신해년辛亥年(1911)을 "자유중국"의 원년으로 삼았고, 옛날 문왕文王이 사방 40리로 왕王 노릇을 했었는데, 지금의 자유중국은 40리 이상이고 중국을 통일 할 수 있는 희망이 있다고 주장하는 것이다. 중국이나 우리나라나 그런 숙제가 남아 있다.

嗚呼라 盤古化하시니 天皇无爲시고 地皇載德하시니 人皇作이로다.

앞에서 "기축己丑 경인庚寅 신묘辛卯 임진壬辰 계사癸巳 갑오甲午 을미乙未 병신丙申 정유丁酉 무술戊戌", "무술戊戌 기해己亥 경자庚子 신축辛丑 임인壬寅"이라고 한 것이 하나의 탯줄이다. 그 탯줄 내에서 "盤古化하시고 天皇无爲하시고 地皇載德하시니 人皇作이로다"하는 것이다.

正 반고〈盤古〉: 반고盤古는 상원上元의 원원元元인 기축己丑이오, 태극太極이오, 음양陰陽의 비롯이오, 천지만물天地萬物의 시조始祖요, 태고太古의 기반基盤이라면 화化는 원화元和의 중추中樞요, 기축己丑에서 무술戊戌이오, 무극이태극无極而太極이오,

십변시태극十便是太極이다. 정역正易에는 반고盤古 상제上帝 화옹化翁 세가지 존칭이
있는데 이는 하나님 한 분을 세가지로 부른 것이다. 즉 부모父母의 입장에서 보면
반고盤古요, 군주君主의 입장에서 보면 상제上帝요, 스승의 입장에서 보면 화옹化翁
이시다. 화옹化翁은 무위无位시고 원천화元天火라 하니 이에 무극체위无極體位인 기
사己巳 무진戊辰 기해己亥 무술戊戌이 되었고, 반고盤古가 화化하시니 이 기축己丑에서
무술戊戌로 황극체위皇極體位인 무술戊戌 기해己亥 무진戊辰 기사己巳가 되었으며, 상
제上帝가 월기복상月起復上 월기황중月起皇中하는 일월정사日月政事를 행行하니 일극
체위日極體位인 병오丙午 갑인甲寅 무오戊午 병인丙寅 임인壬寅 신해辛亥와 월극체위月極
體位인 경자庚子 무신戊申 임자壬子 경신庚申 기사己巳가 나오게 되었다고 본다. 이를
도표로 알아 보기로 한다.

〈君師父一體親政圖〉				
師傅格	化翁	无位	无極體位度數 己巳 戊辰 己亥 戊戌	監化之道로 用한다
父母格	盤古	化生	皇極體位度數 戊戌 己亥 戊辰 己巳	化生之德으로 用한다
君主格	上帝	月起	月極體位度數 庚子 戊申 壬子 庚申 己巳 日極體位度數 丙午 甲寅 戊午 丙寅 壬寅 辛亥	日月之德으로 用한다

화옹化翁은 무위无位시니 하늘에서 감화監化의 도道로 용用한다면 반고盤古는 화化하
시니 땅에서 화생化生하는 덕德으로 용用하며, 상제上帝는 복상復上 황중皇中에 월기
月起하시니 일월정사日月政事로 용用한다고 보여진다.

正 반고화〈盤古化〉: 화옹化翁이 하늘에 입장 또 스승에 입장에서 감화監化의 도道
로 한다면 반고화盤古化는 땅의(地十) 입장에서 또 부모父母의 입장에서 만물萬物을
화생化生하는 덕德 즉 호생지덕好生之德으로 한다고 보는 것이다.

正 천황무위〈天皇无爲〉: 무위无爲란 노자老子·도덕경道德經에 「爲无爲則 無不治」
라 하였고, 논어論語에 순순임금의 정치政治를 말하여 「無爲而治者 其舜也歟」인
져 라고 하였으며, 소동파蘇東坡는 무위无爲에 대하여 「古之帝王 皆聖人也 其道以

無爲爲宗」이라고 하니 무위无爲가 어떠한 것인가를 알만하다. 무위无爲는 또 건곤乾坤의 도道이다. 그러므로 황제黃帝와 요堯·순舜이 정치政治를 무위无爲로 하였다는 일을 주역周易에서 밝힌 바 「黃帝堯舜 垂衣裳而天下治 蓋取諸乾坤」이라고 하였다. 정역正易의 도정道政은 천황무위天皇无爲에서 시작始作하여 상제조림上帝照臨하여 호호무량好好无量으로 끝을 맺으니 소동파蘇東坡가 말한 바와 같이 그 도道는 무위无爲로 종宗을 삼은 것이니 성인聖人의 대도大道이다. 노자老子가 「大道廢而由仁義」라고 한 것은 무위정치无爲政治가 폐지廢止되었음을 한탄한 말을 심하게한 것뿐이다.

正 **지황재덕〈地皇載德〉**: 지황씨地皇氏는 용상마제龍顙馬蹄의 형상으로 생겼다고 한다. 지황地皇이 재덕載德이라하여 덕德을 실었다는 것은 곤괘坤卦에 「坤厚載物 德合无疆」이라고 한데서 온 것이다.

正 **인황작〈人皇作〉**: 인황씨人皇氏는 「人面龍身 身有九章(原覽)」이라고 전傳한다. 옛날 삼황三皇중에 하나이다. 삼황三皇은 천황씨天皇氏 지황씨地皇氏 인황씨人皇氏인데 인류人類의 조상祖上은 이 인황씨人皇氏에서 비롯된 것으로 해석解析된다. 작作은 곧 시작始作 또는 작위作爲의 뜻이다.

케냐라는 나라에서 산사태가 나서 사람의 뼈가 화석으로 발견되었는데, 이 발견으로 인류의 역사가 300만년이나 거슬러 올라가게 되었다. 《정역》에는 반고오화원년盤古五化元年인 임인壬寅에서 대청大靑 광서光緖 10년인 갑신甲申까지가 118,643년이라는 말이 있다. 임인壬寅에서 시작했다고 하는데 따져 보면 임인壬寅이 아니고 임술壬戌이다. 태양이 생하는 것이 21도度에서 생하는데, 임술壬戌에서 임인壬寅가지가 21도度이다. 118,643년을 거슬러 계산해보면 반고오화盤古五化의 원년은 임술壬戌이 되지만, 그 전에 21도度가 더 있는 것이다. 임인壬寅은 원초적인 것이고, 천지가 창조되는데 21도度를 거쳐서 임술壬戌에서 개벽을 하는 것이다.

有巢旣巢하시고

유소씨有巢氏가 이미 소거巢居하는 법을 가르쳤다고 한다. 전에는 인류가 다 동굴에서 살았었는데 동굴에서 벗어나서 집을 짓고 살기 시작한 것이다.《주역》〈계사전〉에도 "上古에 穴居而野處러니 後世聖人이 易之以宮室ᄒ야 上棟下宇ᄒ야 以待風雨ᄒ니 蓋取諸大壯ᄒ고"라는 말이 있다. "유소기소有巢旣巢"는 원형이정元亨利貞의 네 기둥을 세웠다는 뜻을 포함하고 있다.

正 유소기소〈有巢旣巢〉: 유소시有巢氏가 이미 소거巢居하는 것을 가르쳤다고 한다. 사기史記의 삼황기三皇紀에는 「人皇以後 有有巢氏」라고 하여 인황人皇 이후에 유소시有巢氏가 있었다고 하였으며, 노사路史의 유소씨기有巢氏紀에는 「昔在上世人 固多難 有聖人者 敎之巢居 冬則營窟 夏則居層巢 以避難而人說之 號曰 有巢氏」라고 하였고, 주역周易에는 「上古穴居而野處 後世聖人 易之以宮室 上棟下宇 以待風雨 蓋取諸大壯」이라고 하여 혈거穴居에서 소거巢居로 바꾸는 일을 유소시有巢氏가 하였다고 한다.

燧人乃燧로다.

수인내수燧人乃燧는 제 5지가 이천二天자리이고, 이二는 화火이다. 그래서 이때부터 화식火食을 시작한 것이다. 제 5지가 수인내수燧人乃燧의 자리이다. 손가락마다 다 맡은 자리가 있어서 다른 데로 옮기면 안 된다.

正 수인내수〈燧人乃燧〉: 수인씨燧人氏는 태고시대太古時代의 화식火食을 발명했다는 성인聖人이라고 전傳한다. 원람原覽에는 「古世食木實飲血茹毛 燧人氏 鑽木取火 敎烹炊」라 하였고 서간徐幹의 중론中論에도 이른 바 「太昊 觀天地而劃卦 燧人 察時令而觀火 帝軒 聞鳳鳴而調律 倉頡 觀鳥跡而作書 斯大聖之學乎」라고 하였다.

神哉伏羲劃結하시고

正 복희획결〈伏羲劃結〉: 복희씨伏羲氏가 팔괘八卦를 그려서 왕천하王天下하는 원리原理를 밝혔고, 결승結繩을 하여 그물을 만들어 짐승과 고기를 잡게 하였을 뿐만 아니라 문자文字가 없었던 옛 정치처사政治處事를 결승結繩으로써 기사記事를 쓰게 하였다. 이러한 일들을 신비롭다고 하였다.

聖哉神農耕市로다.

正 신농경시〈神農耕市〉: 신농씨神農氏는 인신우수대미人身牛首大眉라 하며 재위在位 140년年을 지냈으며 농사農事짓는 방법方法을 가르쳤다는 일로서 주역周易에 이르기를, 「斲木爲耜 楺木爲耒 耒耨之利 以敎天下(繫辭下)」라 하고 이밖에 의학醫學의 시조始祖가 되기도 하다. 신농본초경神農本草經은 후세後世의 위작僞作이라 하나 어쨌든 그의 뜻을 이어 의학醫學을 가르친 것만은 사실事實이다. 그리고 주역周易에 또 이르기를, 「日中爲市 聚天下之貨 交易而退 各得其所 蓋取諸噬嗑(繫辭下)」이라고 하며 백성들에게 시장경영市場經營에 물물교환物物交易하는 일을 하게 하였다하니 신농경시神農耕市는 이러한 성업聖業을 말한 것이다.

黃帝甲子星斗이오

正 황제갑자성두〈黃帝甲子星斗〉: 황제黃帝때 천문天文과 육갑六甲을 발명하여 정치政治를 천도天道에 맞추어 썼다고 한다. 갑자甲子는 육십갑자六十甲子를 말한 것이며, 성두星斗는 북두北斗로서 천문天文을 말한다. 원람原覽에도 「命大撓 驗斗柄 初昏所指 月建 以天幹十 地枝十二 配爲六十甲子」라고 하니 갑자甲子란 육십갑자六十甲子를 말한다.

神堯日月甲辰이로다.

正 신요일월갑진〈神堯日月甲辰〉: 력曆을 쓰이기 시작始作은 요堯임금으로부터 였다고 한다. 그러므로 서경書經에 「帝堯之朞 三百有六旬有六日」이라고 하여 요堯임금의 기朞 366일日이라는 것이 있고 그것을 신요일월神堯日月이라고 하였다. 갑진甲辰은 요堯임금의 재위원년在位元年이다.

帝舜七政玉衡하시고

正 제순칠정옥형〈帝舜七政玉衡〉: 우순虞舜이 일월日月과 오성五星이 각기 다른 운행 법칙法則을 살피고 정치政治를 하였다는 것으로서 서경書經에 「正月上日 受終于文祖 在璿璣玉衡 以齊七政 肆類于上帝」라 한데서 취한 말이다. 칠정七政은 일월日月과 오성五星(金木水火土星)의 정사요, 옥형玉衡은 옥玉으로 꾸민 천문관측기天文觀測器이다.

大禹九疇玄龜로다

正 대우구주현귀〈大禹九疇玄龜〉: 대우大禹가 천하天下를 구주九疇로 나누어 행정구역行政區域을 정할 때 낙수洛水에서 현귀玄龜가 등에 구주九疇의 형상을 지고 나온 것을 보고 그 이치理致대로 정치政治를 하였다고 전傳한다. 구주九疇의 이름은 서경書經 대우편禹貢篇에는 기冀·연兗·청靑·서徐·형荊·옹雍·예豫·양揚·량梁이라 함. 그러나 우禹의 구주九疇는 구주九州며 구주九疇는 기자箕子가 주周의 무왕武王의 물음에 가르친 바, 천하天下를 다스리는 아홉가지의 대법大法 곧 ①오행五行 ②오사五事 ③팔정八政 ④오기五紀 ⑤황극皇極 ⑥삼덕三德 ⑦계의稽疑 ⑧서징庶徵 ⑨오복五福인 구법九法이다.

殷廟可以觀德이오

正 은묘가이관덕〈殷廟可以觀德〉: 서경書經에 이른 바 「七世之廟 可以觀德 萬夫之長 可以觀政」이라고 한데서 취한 문구인 듯하다. 즉 은殷나라 종묘宗廟에서 성덕聖德을 볼 수 있다는 것이니 이는 탕湯임금의 성덕聖德을 추모追慕한 서경書經의 구절句節을 취하여 탕湯임금의 업적業績을 기린 것이다.

箕聖乃聖이시니

正 기성내성〈箕聖乃聖〉: 기자箕子 성인聖人이 이에서 성인聖人되시니, 주周나라 성덕盛德이 이에 있다는 데서 한 말이다.

周德在玆하야

正 주덕재자〈周德在玆〉: 주周나라의 성덕聖德이 여기에 있다는 것은 기자箕子의 홍범洪範으로 주周나라의 성치聖治를 하게 되었다하여 한 말이다.

二南七月이로다.

正 이남칠월〈二南七月〉: 시경詩經에 주남周南과 소남召南을 이남二南이라 하고 칠월七月은 빈풍豳風의 칠월장七月章을 말한다. 그러나 정역正易의 이남二南은 문왕文王의 덕화德化를 뜻하고, 칠월七月은 주공周公의 성덕聖德을 말한 것이다.

麟兮我聖이여

📕 인혜아성〈麟兮我聖〉: 우리 성인(我聖)이란 공자孔子를 가리킨 말이다. 공자孔子를 인성麟聖이라 함은 춘추春秋에 「哀公十四年 西狩獲麟 孔子絶筆………」이라한 데서 유래한다. 노魯나라 애공哀公이 서녁에서 사냥을 하다가 이상한 짐승을 잡았다. 이 짐승이 무슨 짐승인지를 몰라 공자孔子에게 물었을 때 공자孔子가 보시고 놀래며 이르기를 「이는 바로 기린麒麟이다」 하시고 마침내 쓰고 있던 춘추春秋를 중지 하였다 한다. 잡힌 기린麒麟은 이미 다리가 부러져 있었다. 공자孔子는 「인자한 기린麒麟이 저렇게 되었다니」하고 탄식歎息하였을 것이다. 어쨌든 이로부터 공자孔子를 인성麟聖이라고 일컬어 왔다.

乾坤中立하고

📕 건곤중립〈乾坤中立〉: 건과 곤이 어느 쪽에도 편들지 아니하고 남북 중앙에 슴.

上律下襲하시니 襲于今日이로다.

📕 상률하습습우금일〈上律下襲襲于今日〉: 위(天)로는 천시天時인 율력律曆을 밝히시고 아래(地)로 인습因襲하게 하니 오늘에 인습因襲이 되었다. 공자孔子가 율력律曆을 밝힌 일은 논어論語에서도 보인바, 「用夏之時………」 이 말을 인습因襲하여 오늘까지도 하력夏曆인 태음력太陰曆을 쓰고 있는 것이다. 그리하여 이 태음력太陰曆을 중국에서는 지금도 하력夏曆이라고 일컫는다. 오늘에 인습因襲된 하력夏曆, 즉 윤력閏曆이 일부(一乎一夫)에 의해 정역正易으로 됨은 공부자孔夫子가 건곤乾坤에 중립中立하여 상율하습上律下襲한 것이다.

嗚呼라. 今日今日이여

📕 금일금일〈今日今日〉: 오늘인가 오늘인가. 즉 미구未久에 닥칠 시각.

　십오일언十五一言의 십오성인十五聖人을 손에 올려서 보면 다음과 같다. "盤古化하시니 天皇无爲시고, 地皇載德하시니, 人皇作이로다. 有巢旣巢하시고, 燧人乃燧로다. 神哉伏羲劃結하시고, 聖哉神農耕市로다. 黃帝甲子星斗이오, 神堯日月甲辰이로다. 帝舜七政玉衡하시고"까지는 하도식河圖式으로 "10 9 8 7 6 5 4 3 2 1"의 순서로 가는 것이고, "大禹九疇玄龜"에서부터는 문왕팔괘식文王八卦式으로 간다. 순順으로 갔다가 역逆으로 "殷廟可以觀德"은 셋째 손가락, "箕聖乃聖"은 넷째 손가락, "周德在玆"는 다섯째 손가락을 보고 하는 것이다. "二南七月"이면 이천칠지二天七地를 말하는 것이고, "麟兮我聖 乾坤中立 上律下襲 襲于今日"하여 오늘날의 일부一夫까지 왔다는 말이다.

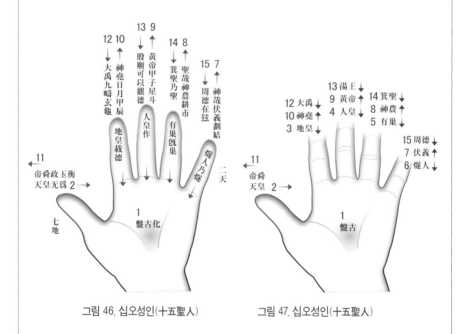

그림 46. 십오성인(十五聖人)　　　　그림 47. 십오성인(十五聖人)

六十三 七十二 八十一 一乎一夫이니라.

正 육십삼 칠십이 팔십일 일호일부〈六十三 七十二 八十一 一乎一夫〉: 이는 주역계사周易繫辭에서 말한 바, 「乾之策 二百一十有六 坤之策 百四十有四」라고 한 것을 그 건지책乾之策에서 분석한 수리數理인 바 「(7×9)+(8×9)+(9×9)=216」을 뜻하는 것이다. 이것이 일원추연수一元推衍數이며 정역正易 360일을 이루는 중요한 부분이다. 그리하여 이것이 일호일부一乎一夫, 즉 일부一夫에 귀일歸一되는 것이라고한 것이다.

擧便无極이니 **十**이니라　**十便是太極**이니 **一**이니라

正 거변무극〈擧便无極〉: 엄지(拇指)를 들으면 문득 무극无極임. 십十수를 말함.

正 무극〈无極〉: 우주에 선행先行하여 존재存在한 시원原始의 근본根本을 이루는 것. 정역正易에서는 무극无極은 십수十數를 말하는 것으로서 기십己十, 십건十乾 등과도 상통한다. 무无는 곧 십十을 의미意味한다면 극極은 곧 다(盡)함을 가르킨 것이라 하겠다. 그렇다면 극極은 무극无極 또는 태극太極 황극皇極 이 세가지니 태극太極의 극極은 한 덩어리 극極을 가르킨 것이며, 황극皇極의 극極은 대중大中을 가르킨 것으로 풀이 된다. 역易자가 일자삼의一字三義로 변역變易의 의의와 교역交易의 의의와 이간易簡의 의의가 다르듯이 극極자에 있어서도 무형无形의 극極, 태초太初의 극極, 황중皇中의 극極이 있다 하겠다.

正 태극〈太極〉: 주역周易에서는 「易有大極 是生兩儀 兩儀生四象 四象生八卦 八卦定吉凶 吉凶生大業」이라 하여 태극大極은 역易속에 들어 있는 우주宇宙의 생성生成의 원리原理이다. 이를 정역正易으로 표현하면 십무극十无極과 일태극一太極이 있어서 십十이 문득 이 태극(十便是太極)이라는 것이니 일一이라고 하였다. 일一은 십十이 없으면 체體가 없고, 십十은 일一이 없으면 용用이 없듯이 태극太極과 무극无極의 관계성도 일반이다. 그러므로 무극无極이로되 태극太極이니 수數는 십일十一이다. 우주만물宇宙萬物 생성生成의 근원根源이 되는 본체本體가 무극无極이라면 그 본체本體에서 운행되는 작용作用이 곧 태극太極이라 하겠다. 종래에 중국 송宋나라 이후 학자學者들이 주렴계周濂溪를 비롯하여 우리나라 이씨조선조李氏朝鮮朝 말기에 이르기까지 태극太極에 대한 이론理論이 분분紛紛하였으나 정역正易에서 표현한 것처럼 「十便是太極一」이라고 한마디로 정의定義한 것보다 더 간명한 말이 없었다는 것은 두말할 것도 없이 십十이 열리지 않았기 때문이라고 하겠다. 그러므로 선유先儒들은 역유대극易有大極의 이치理致는 알면서도 거변무극擧便无極이니 십十이요, 십변시태극十便是太極이니 일一이라는 것을 알지 못하였으니 이것은 무지拇指손가락을 꼽아보면 그대로 알 수 있는 태극太極의 소재所在를 상수象數는 무시無視하고 이기理氣만 존중尊重하여 이기설理氣說로 어수선하게 끝도 없이 시시비비是是非非를 계승하여 온 까닭이라 하겠다. 즉 「太極 理也 太極 心也」라는 등이 그 한 예이다.

一이 无十이면 无體요 十이 无一이면 无用이니 合하면 土라 居中이 五니 皇極이니라.

正 합토거중오황극〈合土居中五皇極〉: 십十과 일一이 합合하면 토土가 되며, 그 중심中心에는 오五가 있으니 이것이 황극皇極이 된다. 합合하면 토土라 함은 십十과 일一을 합合해보면 토土자가 된다고도 보이지만 이 토土는 십일十一을 합合한 토土보다는 오토五土 중천中天을 말한 것이다. 이것을 도표로 하여 보면 다음과 같다.

		屈					伸			
손도수:	1	2	3	4	5	6	7	8	9	10
河圖	十	九	八	七	六	五	四	三	二	一
洛書	十一	一	二	三	四	五	六	七	八	九

五居中位

合土居中五

皇極

地는 載天而方正하니 體요 天은 包地而圓環하니 影이니라.

땅은 하늘을 실어서 모지고 바르기 때문에 체體가 되고, 하늘은 땅을 감싸 안아서 둥글기 때문에 영影이라고 한다. 별이 북쪽에는 북쪽대로 돌고 남쪽에는 남쪽대로 도는데, 서로 반대 방향으로 돌지만 모두 땅을 꼭 싸안고 돈다. "포지이원환包地而圓環"이라는 말이 그냥 글자를 맞추기 위해서 하는 말이 아니라 별을 보고 있으면 하늘이 땅을 감싸면서 돌고 있다는 말이 실감이 난다. 공자를 친천지성親天之聖이라고 했는데, 그 상象을 보고 있으면 하늘하고 나하고 친親해지는 것을 느낄 수 있다. 땅을 감싸고 있다는 말은 바로 나를 감싸면서 돌고 있다는 말이다. 그런 친밀감을 느낄 수 있다.

하늘은 손을 모아서 나타내고, 땅은 손을 펴서 나타낸다. 정역팔괘正易八卦를 칠적에 손을 다 편 상태에서 처음에 엄지손가락을 구부리면서 팔간산八艮山으로 시작해서 구리화九離火 → 십건천十乾天 → 일손풍一巽風 → 이천二天까지 하면 손가락을 다 오므리게 되는데 그것이 바로 하늘이다. 또 제 5지를 펴면서 삼태택三兌澤으로 시작해서 사감수四坎水 → 오곤지五坤地 → 육진뢰六震雷 → 칠지七地까지 가면 손가락을 모두 펴게 되는데 그것이 바로 땅이다.

正 **재천이방정**〈載天而方正〉： 땅의 덕德은 하늘을 실코서 방정方正한 것이라 하며, 실체實體라는 것이다.

正 **원환**〈圓環〉： 원형圓形으로 된 환상環狀. 하늘은 땅을 포용包容하여 「원형圓形으로 된 환상環狀이니 그림자라」고 한데서 온 말이다.

나중에 28수宿를 공부하게 되겠지만, 하늘에 있는 28수宿를 비롯한 천문을 보는 법도 다 알아야 한다. 동양에서는 북극성을 천황대제라고 부른다. 군주의 위치에 있고 신하 격인 북두칠성이 그 주위를 돌고 있다. 서양에서는 북두칠성에 몇 개의 별을 더하여 대웅좌大雄座라고 하고, 북극성 옆에 보다 작은 북두칠성과 비슷하게 생긴 별들을 소웅좌小熊座라고 부른다. 북두칠성에는 각각의 이름이 따로 붙어 있다. 7개의 별은 각각 천추天樞 천선天璇 천기天璣 천권天權 옥형玉衡 개양開陽 요광搖光이라고 하며, 요광搖光이 바로 시계의 분침과 같다.

십이지지十二地支를 손에 올릴 때 왼쪽의 시계방향으로 "해자축亥子丑 인묘진寅卯辰 사오미巳午未 신유술申酉戌"로 하는 것은 십이지지의 방위를 설정하는 것으로 이른바 천지설위天地設位에 해당한다. 그런데 달이 운행하는 것으로 보면 오른쪽 시계반대방향으로 "해자축亥子丑 인묘진寅卯辰 사오미巳午未 신유술申酉戌"로 돌아간다. 인월寅月이 정월, 묘월卯月이 2월, 진월辰月이 3월이 되는 것이다 그래서 인寅과 해亥가 합合하고, 묘술卯戌이 합하고, 자축子丑이 합하는 이합관계二合關係가 형성된다.

방위와 운행	십이지지											
天地設位(左旋)	亥	子	丑	寅	卯	辰	巳	午	未	申	酉	戌
月之運行(右旋)	寅	丑	子	亥	戌	酉	申	未	午	巳	辰	卯
二合	亥 寅 合	子 丑 合	丑 子 合	寅 亥 合	卯 戌 合	辰 酉 合	巳 申 合	午 未 合	未 午 合	申 巳 合	酉 辰 合	戌 卯 合

표 26. 십이지지(十二地支)의 이합관계(二合關係)

천문도天文圖를 보면 북극성을 중심으로 한 북극권을 자미원권紫微垣圈이라고 하는데, 이 자미원紫微垣을 육대성좌가 둘러싸고 있고, 육대성좌를 28수宿가 다시 둘러싸고 있다.

육대성좌는 ① 태미원太微垣, ② 천시원天市垣, ③ 천진天津, ④ 각도閣道, ⑤ 오거五車, ⑥ 헌원軒轅을 말한다. 천문도에서 황도와 적도가 교차하는 지점 근처에 28수 중의

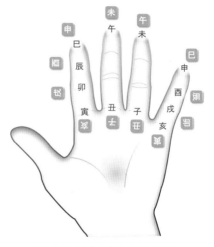

그림 48. 십이지지의 이합(二合)

하나인 각성角星이 있고, 그 안쪽으로 태미원太微垣이 있다. 태미원은 좌태미左太微 5개와 우태미右太微 5개의 별로 구성되어 있는 성좌이다. 태미원에서 오른쪽으로 조금 올라가면 좌천시원 11개 우천시원 11개로 총 22개의 별로 구성된 천시원天市垣이 있다. 천시원에서 조금 더 올라가서 북극성의 위쪽에 9개의 별로 구성된 천진天津이 있고, 북극성의 오른쪽으로 5개의 별로 구성된 오거五車가 있다. 천진天津과 오거五車의 중간 정도 되는 위치에 6개의 별로 구성된 각도閣道가 있고, 태미원의 바로 오른 쪽에 17개의 별로 구성된 헌원軒轅이 있다. 육대성좌와 28수는 모두 북극성을 중심으로 좌선하고 있다. 반지고리처럼 둥글게 돌아서 땅을 감싸 안고 있

는 원圓과 같다.

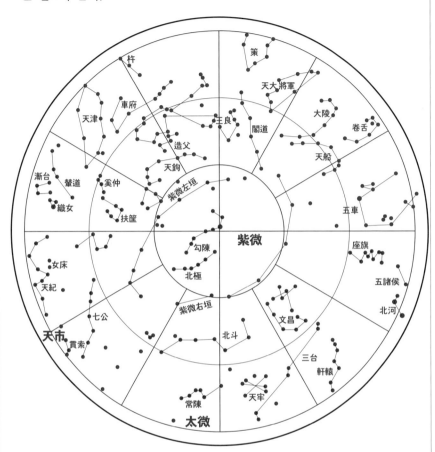

그림 49. 자미원(紫微垣)

호주와 같은 적도 이남의 남쪽에 가면 북극성이나 북두칠성 같은 별이 보이지 않는다. 남쪽에는 북두칠성의 위치에 해당하는 위치에 십자성이라는 별이 있다. 여섯 개의 별인데 보통의 일등성보다 훨씬 더 밝아서 마치 그것 때문에 지구가 환해지는 느낌을 받을 정도로 밝다.

그런데 우주가 얼마나 넓은지 느낄 수 있는가? 북두칠성에는 각기 이름이 있는데, 그 중 개양開陽의 옆에 붙어 있는 별이 두 개 있다. 앞쪽에

보輔라는 별이 있고, 잘 보이지
않고 뿌옇기만 한 별이 있는데
그것은 필弼이라고 한다. 보필輔
弼이라는 말이 여기서 나왔다.
'보輔'는 보이는데서 돕는 것이
고, '필弼'은 보이지 않는데서
돕는다는 뜻이다.

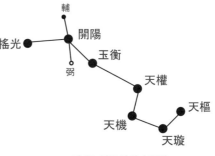

그림 50. 북두칠성과 보필

　동양에서는 활을 쏘는 군인의 눈 검사를 이것으로 했다. 눈이 좋은 사
람이 보면 이것이 두 개로 보이는데 눈이 나쁜 사람은 하나로 보인다. 이
두 개의 거리는 육안으로 거의 구분이 안 될 정도로 가까이 붙어 있는
것 같아 보이지만, 실제로는 지구에서 태양까지 거리의 16만 배나 된다.
그러니 우주가 얼마나 넓은 것인지 상상할 수가 없을 것이다.

大哉라 體影之道여 理氣囿焉하고 神明萃焉이니라.

　"대재大哉" "지재至哉" "성재聖哉" "신재神哉"의 표현이 다 다르다. 하늘
을 말할 때는 "대재大哉"고 하고, 땅을 말할 때는 "지재至哉"고 한다. "성
재聖哉"는 인간을 말하고, "신재神哉"는 인간 이상의 시간을 초월하는 것
을 말할 때 쓴다. 인간이 수양을 하고 덕을 갈고 닦아서 가고자 하는 목
표는 성인聖人이고, 성인이 가고자 하는 곳은 신神·천天이다. 《근사록近思
錄》과 《심경心經》을 보면 그런 말들이 나온다. "선비는 현인이 되기를 바
라고, 현인은 성인이 되기를 바라고, 성인은 하늘을 바란다(士希賢, 賢希
聖, 聖希天)."

교체영지도〈體影之道〉: 천지天地는 체體와 영影이다. 그러므로 십오일언十五一言
에 천지天地의 그 형체形體를 말하는 곳에서 「地載天而方正 體 天包地而圓環 影」
이라고 하였고, 십일일언十一一言에 천지天地의 그 성정性情 즉 정사政事를 말하는 곳
에서 「一八 復上月 影生數　(子運·天政) 五六 皇中月 體成數」(丑運·地政) 라고

하니, 체영지도體影之道는 천정天政과 지정地政을 나타내는 말이다. 이 체영지도體影
之道의 상象을 도표로 표시하면 다음과 같다.

				屈					伸			
손도수	倒	十	九	八	七	六	五	四	三	二	一	
	逆	一	二	三	四	五	六	七	八	九	十	
體와 影			天復 包上 地月 而影○ 圓生 環數 ○影						地皇 載中 天月 而體○ 方成 正數 ○體			

正 이기유언〈理氣囿焉〉: 송宋대 유학자儒學者들의 학설學說로서 리理는 우주宇宙의
본체本體요, 기氣는 그 현상現象을 말하고, 이기합일설理氣合一說에서 리理는 기氣의
조리條理이고 기氣는 리理의 운용運用이어서 그 보는 점에 따라 오직 이름은 다르
나 근원根源에 있어서는 하나라는 설說이다. 감여가堪輿家들이 말하는 이기理氣는
성상星象과 방위方位로써 길흉吉凶을 정定하는 것이 이기理氣라고 한다. 정역正易에서
는 수상數象과 도수度數, 정령政令과 율려律呂 등 이기理氣 아님이 없다고 한 것이다.
이에 손도수로 표현하면 다음과 같다.

氣:	屈 •	影生數	先天	氣東北	固守	閣
理:	伸 •	體成數	后天	理西南	交通	闢

이 모든 것이 체영體影의 도道에서 나온 것이니 이기理氣가 들어 있고 신명神明이
모였다고 한 것이다.

正 신명〈神明〉: 천지天地의 신령神靈을 신명神明이라 하는데 정역正易의 이기理氣와
대비對比하여 본다.

리理는 밝(明)은 것이오 기氣는 신비(神)한 것이라고 생각된다.

天地之理는 三元이니라.

🈁 천지지리삼원〈天地之理 三元〉: 천지天地의 이치理致는 복잡다단複雜多端하지만 결국은 삼원三元이니 삼원三元이란 천天·지地·인人 삼재三才의 뜻도 있지만 여기서는 하도河圖와 낙서洛書와 성인聖人, 이 세 가지를 가리킨다고 볼 수 있다.

元降聖人하시고 示之神物하시니 乃圖乃書로다.

　그 원元에서 성인聖人을 내리시고 신물(神=河圖, 物=洛書)을 보이시니 바로 하도와 낙서이다. 하늘에서 내리신 것이다. 예수만 하늘의 아들이 아니고 모두가 하늘의 아들이다. 성인만 하늘의 아들이 아니라 다 하늘의 아들이다. 그렇게 치면 앞의 "일호일부一乎一夫"라고 할 때 일부一夫는 일부一夫 선생님만 말하는 것이 아니라 누구든지 다 일부一夫가 될 수 있는 것이다.

🈁 원강성인〈元降聖人〉: 서경書經에 「天降聖人 作之君作之師」라 하여 「하늘에서 성인聖人을 내리어 임금노릇을 하게 하고 스승노릇을 하게 하였다.」고 하였다. 정역正易에서 원元이란 상원원원上元元元의 원元이니 이에서 성인聖人을 내리시고 신물神物을 보이시니 이것이 용도龍圖와 귀서龜書라는 것이다. 그러므로 여기서 말하는 원元은 주역周易에서 말하는 원형이정元亨利貞의 원元이 아니라 대재건원大哉乾元의 원元이며 내통천乃統天의 원元이다.

🈁 신물〈神物〉: 신물神物은 시초蓍草 신귀神龜 용마龍馬 등에서 나타나는 하도河圖와 낙서洛書를 말한다. 주역周易에서는 하늘이 신물神物을 냈는데 성인聖人이 법法받았다 하였고 정역正易에서는 이와 반대로 원元에서 성인聖人을 강생降生하사 신물神物을 보이셨다고 하였다. 이는 곧 무성无聖이면 무역无易이오, 무역无易이면 무성无聖이라는 것과 같은 뜻이다. 즉 성인聖人을 내리시지 않았으면 신물神物을 보이지도 않았을 것이며 신물神物을 내지 않았으면 성인聖人도 법받지 못했을 것이니 신물神物의 중요성重要性을 이에서 볼 수 있다. 원람原覽에 보면 「堯時 有草生庭 十五日以前 日生一葉以後 日落一葉 月小盡則 一葉厭而不落 觀知旬朔置閏月」이라 하였다. 이러한 풀이 있었다면 그것 또한 신물神物이다.

"大哉라 體影之道여 理氣囿焉하고 神明萃焉이니라. 天地之理는 三元이니라. 元降聖人하시고 示之神物하시니 乃圖乃書로다"는 천지창조의 논리를 말하는 것이다.《주역》〈설괘전〉[68]에 보면 "幽贊於神明而生蓍" 신명神明에 곁들여서 시(蓍, 河圖, 時)를 낳고, "觀變於陰陽而立卦" 음양陰陽을 관찰하여 괘(卦, 洛書, 方位)를 세웠다는 말이 있다.

하나는 본체이고, 하나는 그림자이다. '유囿'는 담장이 없어 퍼져 있는 것을 말한다. 이기理氣가 체영지도體影之道에서 나오고 신명神明은 이기理氣 속에 모여 있는 것이다. 천지지리天地之理에서 삼원三元이 나왔으며, 그 원元에서 성인聖人을 내리시고 신물神物을 보여주시니 그것이 바로 하도河圖와 낙서洛書이다. 리理는 수리數理로 치는 것을 말한다.

'원元'하고 '원原'은 다른 것이다. '원原'이라고 하는 것은 전체를 포함한 하나이다. 원천原天·원역原易은 선천과 후천을 포함한 것이다. 선천과 후천이라는 것은 상대적으로 말하는 것이고, 원천原天은 절대적인 것을 말한다. '원元'은 원형이정元亨利貞에서의 원元처럼 등급으로 해서 사덕四德의 맏이 되는 것을 말한다. 소강절은 건원일기乾元一氣라고 했으며, 우리나라에서는 소강절을 따른 사람으로 서화담이 있는데, 그는 기일원론氣一元論을 주장했다.

※ 도(道)와 기독교의 하느님

기독교의 성경을 보면, 100년 전에 중국을 거쳐서 처음으로 우리나라에 들어와서 우리말로 번역이 되었다. 그 때의 성경은 "예수님이 가라사대~"라고 번역을 해서 '가라사대 성경'이라고 부르기도 한다. 70년대에 와서 각계각층의 학자들을 모아서 다시 성경을 번역했는데, 그때 나도 교정의 한사람으로 채택이 되어서 팔자에도 없는 성경을 한 번 다 보게 되었다. 그 때 "예수님 가라사대 ~"라는 말을 전부 "예수님이 말씀하시

---

68 昔者聖人之作易也, 幽贊於神明而生蓍, 參天兩地而倚數, 觀變於陰陽而立卦, 發揮於剛柔而生爻, 和順於道德而理於義, 窮理盡性, 以至於命.《周易》〈說卦傳〉

기를 ~"이라고 바꾸었다. 그 중에서 기억나는 것이 요한계시록의 첫 장에 "하나님이 말씀이 되어 ~"라는 구절이 있었다. 그렇게 번역된 중국의 원문은 "元始有道, 道與上帝共在"이다. 원시元始를 하나님이라고 번역한 것이다. 동양에서는 정자程子가 상제上帝에 대해서 표현하기를 "主宰則上帝, 妙用則神"라고 했다. 하늘을 주재하는 입장에서 말할 때는 상제上帝라고 하고, 묘용妙用의 입장에서 보면 신神이라고 한다.

또 6장에 가보면 "말씀이 사람의 몸이 되어"라고 번역이 되었는데, 그 원문은 "道成人身"이다. 이것은 말이 안 된다. 어떻게 말씀이 사람이 되겠는가? "말씀이 사람이 된다"는 것과 "도道가 사람이 된다"는 것은 받아들이는 느낌이 완전히 다르다. 성경을 번역할 때 유가儒家 식으로 번역이 되었기 때문에 도가道家에서 말하는 '도道'라는 느낌을 피하기 위해서 '말씀'으로 번역한 것이다.

※ 일음일양지위도(一陰一陽之謂道)

천지창조의 이치를 보면 가장 먼저 생긴 것이 수數이다. 수數라는 것은 바로 음양오행陰陽五行이다. 음양은 상대적인 것으로 공간적인 개념을 가지고 있으며, 오행은 음양 속에 들어있는 것으로 시간적인 개념을 가지고 있다.《주역》〈계사전〉에 "一陰一陽之謂道"라는 말이 있는데, 이 말은 '하나의 음과 하나의 양을 도道라고 부른다'는 뜻이 아니라 '한 번 음陰했으면 반드시 한 번 양陽해서 끊임없이 변화하는 것을 도道라고 한다'는 뜻이다.

도道라는 것은 유한성과 무한성의 상대적인 것이다. '—'은 무한성이고, '--'은 유한성을 나타낸다. 이것은 문자文字 이전의 학문이기 때문에 이렇게 표현할 수밖에 없다. 이 무한성(—)과 유한성(--)이 천지인天地人으로 중복되면 하나의 괘卦가 된다. 무한성인 양효陽爻가 세 개로 겹쳐지면 건乾(☰)이 되고, 유한성인 음효陰爻가 세 개 겹쳐지면 곤坤(☷)이 된다. '괘卦'라는 것은 걸어 놓아서 남에게 보여준다는 뜻이다.《주역》에도 "河

出道, 洛出書, 聖人則之. 易有四象, 所以示也"[69]라는 말이 있다. 다시 하늘에는 음양陰陽이 있고, 땅에는 강유剛柔가 있고 사람에는 인의仁義가 있어서 둘 씩 "兼三才而兩之"[70]하면 육효六爻가 되므로, 이 육六이라는 것은 다른 것이 아니라 삼재지도三才之道일 뿐이라고 했다.

속성	一陰一陽之謂道			
	無限性		有限性	
爻	― 陽		-- 陰	
八卦	☰	天 地 人	☷	天 地 人
六十四卦	䷀	天有陰陽 人有仁義 地有剛柔	䷁	天有陰陽 人有仁義 地有剛柔

표 27. 일음일양지위도(一陰一陽之謂道)

　도道라는 것은 잠시도 쉬지 않고 끝없이 가는 것이다. 음과 양은 상대적인 것이며, 한 번 음陰하고 한 번 양陽해서 쉼 없이 가는 것이다. 〈계사〉에 "통호주야지도이지通乎晝夜之道而知"라고 하였는데 주야晝夜의 도道에 통해서 안다는 것은 주야가 끊임이 없어서 낮인가 하면 밤이 되고 밤인가 하면 낮이 되는 것이 바로 일음일양一陰一陽하는 것과 똑같기 때문이다. 그렇게 살아서 움직여 가는 것을 도道라고 하는 것이다.

　노자老子는 "도가도비상도道可道非常道"라는 말을 했다. 일음일양지위도一陰一陽之謂道라고 했지만, 그 도道에 집착을 하면 도道가 아니라는 말이다. 가령 백 명의 사람이 눈앞에 있어도 그 중에 애인이 하나 섞여 있으면 다른 사람은 하나도 안 보이고 애인만 보인다. 그런 것을 집착이라고 한다. 그렇게 하는 것은 공公이 아니다. '공公'은 '공空'과 통한다. 불교에서

---

69 是故, 天生神物, 聖人則之, 天地變化, 聖人效之, 天垂象, 見吉凶, 聖人象之, 河出圖, 洛出書, 聖人則之. 易有四象, 所以示也, 繫辭焉, 所以告也, 定之以吉凶, 所以斷也.《周易》〈繫辭上〉
70 易之爲書也, 廣大悉備, 有天道焉, 有人道焉, 有地道焉, 兼三才而兩之. 故六, 六者非他也, 三才之道也.《周易》〈繫辭下〉

는 나 자신도 버리고 생각도 버리고 모든 것을 다 버리라고 한다. 아주 버려서 못쓰게 내버리는 것이 아니라 하나만 가져서 하나로 집중되게 하는 것이다. 유가儒家에서는 그것을 "윤집궐중允執厥中"이라고 한다.《서전》[71]에 처음 나오는 말인데,《논어》에도 "允執厥中, 四海困窮, 天祿永終."[72]이라는 말이 있다. 진실로 그 중中을 잡아야 한다는 말이다.《정역》[73]에도 그런 말이 나온다.

그렇다면 '중中'이 무엇인가?《중용》[74]에서는 희노애락喜怒哀樂이 미발未發한 것을 중中이라고 했다. 희노애락喜怒哀樂은 정情이고, 정情은 성性에서 나오는 것이다 희노애락을 절도에 맞게 기쁠 때에는 기뻐하고 슬플 때는 슬퍼해야 하는데, 다른 사람은 부모가 죽어서 슬퍼하는데 거기서 기뻐하면 안 되는 것이다. 희노애락이 발發하기 전에 그 자체를 중中이라고 하는 것이다. 그러니까 중中이 천하지대본天下之大本이 되는 것이다.《중용》에서는 천하지대본天下之大本을 중中이라고 했는데,《정역》에 오면 그것을 '공空'이라고 한다.

《정역》의 수數는 공허空虛에서부터 무량無量까지 있다. 공허空虛는 소수점 이하의 가장 작은 수의 단위이고 무량無量은 가장 큰 수이다.《중용》에도 "道也者, 不可須臾離也, 可離非道也."라는 말이 있는데 수유須臾라는 말은 아주 짧은 순간을 말하는 수의 단위이다. 수數라는 것이 이렇게 우주 간에 얽혀있지 않은 곳이 없다.

노자老子는 "도가도비상도道可道非常道"라고 하고, 불가佛家에서는 모든 것을 다 버리라고 하지만 아무리 생각해도 도道라는 것은 "일음일양지위도一陰一陽之謂道"라고 밖에 할 수가 없다. 주야가 끊임없이 반복되는 것처

71《書經》〈虞書·大禹謨〉
72 堯曰, 咨. 爾舜. 天之曆數在爾躬. 允執厥中. 四海困窮. 天祿永終. 舜亦以命禹《論語》〈堯曰〉
73 中은 十十一一之空이니라. 堯舜之厥中之中이니라. 孔子時中之中이라.《正易》〈十一歸體詩〉
74 天命之謂性, 率性之謂道, 脩道之謂敎. 道也者, 不可須臾離也, 可離非道也. 是故君子戒愼乎其所不睹, 恐懼乎其所不聞. 莫見乎隱, 莫顯乎微, 故君子愼其獨也. 喜怒哀樂之未發, 謂之中, 發而皆中節, 謂之和. 中也者, 天下之大本也, 和也者, 天下之達道也. 致中和, 天地位焉, 萬物育焉.《中庸》

럼 일음일양一陰一陽이 살아서 움직이는 것이 도道이다. 시종론始終論을 보면 세상이 시작하여 말세의 끝이 있게 되지만, 종시론終始論은 끝이 없다. 마치면 다시 시작하고, 또 마치면 다시 또 시작한다. 그것이 일음일양지위도一陰一陽之謂道이다.

음양은 무한성과 유한성의 상대적인 것을 말한다. 무한성과 유한성이 공간적인 면을 대상으로 하는 것을 음양이라고 하는 것이다. 오행은 금목수화토金木水火土인데 육갑六甲을 통해서 가는 시간적인 면을 말한다. 건괘乾卦에 "시승육룡時乘六龍"이라는 말이 있는데, 용을 타고 간다는 것이 바로 육갑六甲을 타고 간다는 말이다. 초효는 무진戊辰, 2효는 경진庚辰, 3효는 임진壬辰, 4효는 갑진甲辰, 5효는 병진丙辰, 그리고 상효는 다시 무진戊辰을 타고 가는 것이 "시승육룡時乘六龍"의 의미이다. 육갑六甲이라고 하는 오행五行은 중국에서 많이 발달되었고, 우리나라에서는 음양陰陽이 많이 발달되었다

※ 책력 만드는 법

간오지구干五支九 · 간사지팔干四支八 · 간삼지칠干三支七

책력을 만들려면 반드시 육갑六甲으로 해야 한다. 금년 달력을 만들려면 9년 전의 책력을 가지고 금년 열두 달의 초하루를 먼저 정하여야 한다. 정월 초하루는 일진日辰이 무엇이고, 2월 초하루는 일진日辰이 무엇이라는 것을 9년 전의 책력을 보고 정한다. 초하루가 정해지면 그 달의 수를 세서 30일이 되면 큰 달(大月)이고, 29일이 되면 작은 달(小月)이 된다. 책력을 만들 때에는 항상 초하루가 기점이 된다.

대월大月인 경우에는 「간오지구干五支九」를 더한다. 예를 들면 9년 전의 정월 초하루의 일진이 '병인丙寅'이었다면 금년 정월 초하루의 일진은 '병丙'에서 5를 더하면 '경庚'이 되고, '인寅'에서 9를 더하면 '술戌'이 되므

로 '경술庚戌'이 되는 것이다. 소월小月의 경우에는 「간사지팔干四支八」을 더한다. 9년 전의 2월 초하루의 일진이 '갑자甲子'이었다면 금년 2월 초하루의 일진은 '갑甲'에서 4를 더하면 '정丁'이 되고, '자子'에서 8을 더하면 '미未'가 되므로 '정미丁未'가 된다. 24절기도 마찬가지이다. 9년 전의 책력을 보고 해당하는 절기의 간지干支에 「간삼지칠干三支七」을 더한다. 9년 전의 입춘立春이 '을축乙丑'이었다면 '을乙'에 3을 더하면 '정丁'이 되고 '축丑'에 7을 더하면 '미未'가 되므로 금년 입춘立春은 '정미丁未'가 된다.

윤월閏月은 3년에 1번, 5년에 2번, 19년에 7번이 온다. 24절기의 간지는 9년 전의 책력을 기준으로 「간삼지칠干三支七」로 해서 모두 정할 수가 있다. 24절기 중에 입춘立春·입하立夏·입추立秋·입동立冬을 '사립四立'이라고 하고, 춘분春分·하지夏至·추분秋分·동지冬至를 '이분이지二分二至'라고 한다. 이 사립四立과 이분이지二分二至가 일 년 24절기의 표준이 된다.

또 24절기에는 절節과 중中이 있다. 정월에서 입춘立春은 정월절正月節이라 하고, 우수雨水는 정월중正月中이라고 한다. 매월의 표준을 중中이라고 하고, 이제 들어오기 시작하는 것을 절節이라고 하는 것이다.

계절	절기		계절	절기	
봄	입춘 (立春)	正月節	가을	입추 (立秋)	七月節
	우수 (雨水)	正月中		처서 (處暑)	七月中
	경칩 (驚蟄)	二月節		백로 (白露)	八月節
	춘분 (春分)	二月中		추분 (秋分)	八月中
	청명 (淸明)	三月節		한로 (寒露)	九月節
	곡우 (穀雨)	三月中		상강 (霜降)	九月中
여름	입하 (立夏)	四月節	겨울	입동 (立冬)	十月節
	소만 (小滿)	四月中		소설 (小雪)	十月中
	망종 (芒種)	五月節		대설 (大雪)	十一月節
	하지 (夏至)	五月中		동지 (冬至)	十一月中
	소서 (小暑)	六月節		소한 (小寒)	十二月節
	대서 (大暑)	六月中		대한 (大寒)	十二月中

표 28. 이십사절기(二十四節氣)의 절후(節候)와 중기(中氣)

이렇게 24절후가 정해지는데 절節은 다 절후節候라 하고 중中은 중기中氣라고 한다 그런데 이렇게 정해 가다보면 중中이 없는 달이 생긴다. 그것을 공달이라고 하는데 절節만 있고 중中이 없는 것을 '윤閏'이라고 하며, 그런 윤월閏月이 생길 때는 윤년閏年이라고 하는 것이다. 이런 방법으로 책력을 만들기 때문에 「간오지구干五支九」, 「간사지팔干四支八」, 「간삼지칠干三支七」만 알고 있으면 수 백 년, 수 만 년이 된다 해도 다 책력을 만들 수가 있다. 맹자가 "千歲之日至, 可坐而致也"[75]라고 한 말이 그것을 말하는 것이다.

이 24절기는 반고班固(32~92)가 쓴 《한서》에 나오는 것인데, 사립四立과 이분이지二分二至가 팔절八節의 기준이 되고 나머지는 잡절雜節이라고 한다. 《한서》를 보면 우수雨水와 경칩驚蟄이 순서가 바뀌어 있다. 원래는 경칩驚蟄 다음이 우수雨水인데 뒤바뀐 것이다. 경칩驚蟄은 원래 계칩啓蟄이었는데 당시 한漢 무제武帝의 이름이 계啓였기 때문에 임금의 이름을 함부로 쓸 수 없어서, 임금이 다른 말로 고치라고 했더니 깜짝 놀라서 놀랠 '경驚'자를 써서 경칩驚蟄으로 바꾸었다고 한다. 청명淸明과 곡우穀雨도 원래는 곡우穀雨 다음이 청명淸明이었다. 그런데 일단 한 번 정해져서 발표가 되고 나면 그것을 고치지를 못한다. 틀린 것을 알면서도 일단 일반에게 발표가 되고 나면 고치지 못하고, 단지 주注를 달아서 고증할 수밖에 없다. 그래서 청명淸明과 곡우穀雨의 밑에 "今之穀雨, 古之淸明, 今之淸明, 古之穀雨"라고 주를 달아서 설명할 수밖에 없었던 것이다. 법·제도라는 것이 그렇게 무서운 것이다.

우리나라에서도 서울에 있는 이순신 장군 동상을 보면 분명히 오른 손에 칼집을 들고 있다. 이순신 장군이 왼손잡이가 아닌 다음에야 칼집을 왼손에 들고 있어야 하는데, 오른손에 들고 있다. 칼집을 오른손에 들고 있는 것은 본래 패장지도敗將之道이다. 그런 것도 잘못된 것이 분명하지만

---

[75] 孟子曰: 天下之言性也, 則故而已矣. 故者以利爲本. 所惡於智者, 爲其鑿也. 如智者若禹之行水也, 則無惡於智矣. 禹之行水也, 行其所無事也. 如智者亦行其所無事, 則智亦大矣. 天之高也, 星辰之遠也, 苟求其故, 千歲之日至, 可坐而致也.《孟子》〈離婁章句下〉

함부로 고치지 못한다. 우리나라의 화폐도 마찬가지이다. 천원권 지폐에 이퇴계의 화상이 그려져 있고, 5천원 지폐에 이율곡이 그려져 있다. 본래 퇴계의 화상이 그렇게 생기지 않았다. 마찬가지로 책력이라는 것도 한 번 잘못해 놓으면 고치질 못한다. 초하루가 그렇게 중요한 의미를 가지고 있다. 우리가 늘 쓰면서도 잘 모르고 지나간다. 제사를 지낼 때 쓰는 축문을 보면 "維歲次 丙戌 二月 甲子朔 十五日 戊戌 孝子○○"라고 쓴다. 보면 헛 글자가 하나도 없다. 갑자삭甲子朔이 기점이니까 그렇게 쓴 것이다. 갑자삭甲子朔이라는 말이 이렇게 두드러지는데도 왜 그런지 모르고 쓰고 있다.

圖書之理는 后天先天이오 天地之道는 旣濟未濟니

도서지리圖書之理가 후천선천后天先天이라는 것은 시간적으로 보는 것이고, 천지지도天地之道가 기제미제旣濟未濟라는 것은 공간적으로 보는 것이다. 괘卦는 공간적인 방위를 말하고, 수數는 시간을 말한다. 또 리理는 수리적인 면과 시간적인 면을 말하고, 도道는 인륜적인 면과 도학적인 면을 말한다.

그런데 기제旣濟와 미제未濟에는 숫자가 들어 있다. "10, 9, 8, 7, 6, 5, 4, 3, 2, 1"로 셀 때 7(火)·6(水)은 화수미제火水未濟가 되고, 반대로 "1, 2, 3, 4, 5, 6, 7, 8, 9"로 셀 때는 6(水)·7(火)이 수화기제水火旣濟가 된다. 화수미제火水未濟하고 수화기제水火旣濟가 그렇게 다른 것이다.

이정래씨 이름으로 나온 《의역한담醫易閑談》이라는 책이 있다. 《의학입문》에 "學易而後에 言醫"고 한 것처럼 의醫와 역易은 둘 다 근취저신近取諸身해서 보는 것이다. 의醫는 고장 났을 때 보는 것이고, 역易은 성했을 때 보는 것이다. 어떤 사람은 "醫者는 疑也"라고 한다. 《의역한담》을 낼 적에 내가 그 서문을 써 주었다. 책 이름은 한담閑談이지만 이것은 꼭 알아야 되겠다는 취지로 의醫와 역易이 어떤 관계에 있는지에 대한 이야기를 썼다.

正 도서지리〈圖書之理〉：도서圖書는 하도河圖와 낙서洛書이며, 도서지리圖書之理는 그 운행작용運行作用을 하는 원리原理이다.

正 천지지도 기제미제〈天地之道 旣濟未濟〉：천지天地의 도道는 기제미제旣濟未濟라 하였으니 괘상卦象을 말하는 것 같지만 이는 어디까지나 수리數理가 도역倒逆하는 사이에 수화水火와 화수火水의 상象을 형상한다는 것이다. 이를 도표로 보면

倒→										逆→									
十	九	八	七	六	五	四	三	二	一	一	二	三	四	五	六	七	八	九	十
		火 水				火 水		水 火				水 火							
		∨				∨		∨				∨							
		未濟				未濟		旣濟				旣濟							

이것이 천지지도天地之道의 상象이다.

龍圖는 未濟之象이 而倒生逆成하니 先天太極이라

　용도龍圖는 도서圖書중에서 하도이고 미제지상未濟之象이라는 것은 화수미제火水未濟로 손도수를 치면 "10, 9, 8, 7, 6, 5, 4, 3, 2, 1"할 때 '7·6'이다. 그러니까 시간이 공간에 붙어서 작용하는 것을 말한다. 도倒는 거꾸로 된 것이고, 역逆은 거슬러 올라가는 것이다. 그래서 도생역성倒生逆成이라는 것은 손도수로 치면 "10, 9, 8, 7, 6, 5, 4, 3, 2, 1"으로 하나로 만나는 것이다. 열(十)에서부터 시작해서 하나(一)로 이루어지는 것이다. 그것이 선천태극先天太極이라는 말이다.

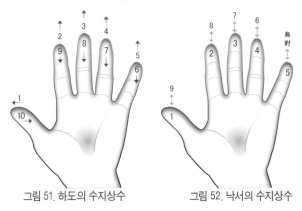

그림 51. 하도의 수지상수　　　　　그림 52. 낙서의 수지상수

正 미제지상〈未濟之象〉：정역正易에는 일一에서 구九까지 거슬러 올라가는 수수數를 기제지수既濟之數라 하고 십十에서 일一까지 거꾸로 내려오는 수수數를 미제지상未濟 之象이라 한다. 그 이유를 도표로 표시하여 보면 다음과 같다.

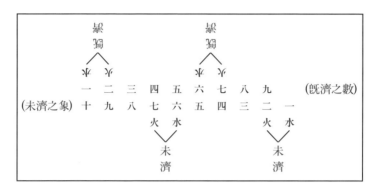

正 도생역성〈倒生逆成〉：십十에서 일一로 거꾸로 가는 수수數를 도倒라 하고 일一에서 십十으로 거슬러 가는 수수數를 역逆이라 하며, 시작始作을 생生이라 하고 끝남을 성成이라 한다. 그러므로 이에는 십十에서 시작始作하여 일一에서 끝난다는 말이다. 이것을 순수順數라고도 한다.

正 선천태극〈先天太極〉：후천后天의 극極은 무형无形의 극極이오 선천先天의 극極은 태초太初의 극極이다. 그러므로 태극太極은 곧 무극无極에서 수없이 꺾이어 이루어진 만절필동萬折必東의 인仁이며 화수미제火水未濟의 상象이라면 황극皇極은 곧 무극无極으로 수없이 구비쳐 만절우귀萬折于歸의 예지叡智이며 수화기제水火既濟의 수수數가 있는 것이다. 그러므로 인간人間은 태극太極을 써서 인仁으로 행동行動해야 옳고 황극皇極을 써서 슬기(智)로 깨달아야 옳다고 하겠다. 공자孔子는 지자智者는 요수樂水하고, 인자仁者은 요산樂山이라 하였다. 천지天地도 또한 그러하므로 조석지리潮汐之理가 변동불거變動不居하는 것은 천지天地의 지智요 일월지도日月之道가 화육만물化育萬物하는 것은 천지天地의 인仁이다. 대학大學에 이른 바, 「古之欲明明德於天下者 先治其國 欲治其國者 先齊其家 欲齊其家者 先修其身 欲修其身者 先正其心」이라 한 것은 용도龍圖의 도생역성倒生逆成 선천태극先天太極의 원리를 본받아 쓴 것이라면 이어서 또 이른 바, 「心正以後 身修 身修以後 家齊 家齊以後 國治 國治以後 天下平」이라 한 것은 귀서龜書의 역생도성逆生倒成 후천무극后天无極을 본받아서 쓴 것이라고 풀이 된다.

龜書는 **旣濟之數**이 **而逆生倒成**하니 **后天无極**이라

낙서는 하나(一)에서 생겨서 열(十)에 가서 이루어지는 것이므로, 그러면 후천이 온다는 말이다.

正 기제지수〈旣濟之數〉: 일一에서 구九까지 가는 수數를 기제지수旣濟之數라 한다. 기제旣濟란 수화水火니, 수화水火란 일수一水·이화二火 즉, 一二三四五六七八九十 로 역逆하는 수를 뜻한다.

正 역생도성〈逆生倒成〉: 일一을 태극太極이라 하고 십十을 무극无極이라 하는 것은 체體의 자리에서 하는 말이요, 이 운용運用하는 자리에서 보면 일一로부터 행行하는 것을 역逆이라 하고, 십十에 달한 수를 도倒라 한다. 그러므로 역생逆生이란 일一에서 시작始作한다는 뜻이오, 도성倒成이란 십十에서 완성完成한다는 것이다. 즉 역생이도성逆生而倒成이다. 그러므로 선천이후천先天而后天이 되는 것이다.

正 후천무극〈后天无極〉: 태극太極은 후천后天의 체體요, 무극无極은 선천先天의 체體이다. 이를 도표로 하면 아래와 같다.

先天	龜書:	1	2	3	4	5	6	7	8	9	10
	太										后天
	極										无極
	一										十
	用	逆生							倒成		體
后天	龍圖:	1	2	3	4	5	6	7	8	9	10
	无										先天
	極										太極
	十										一
	用	倒生							逆成		體

五居中位하니 **皇極**이니라.

오五가 그 가운데에 거해서 황극皇極이 된다. "1 → 2 → 3 → 4 → 5…"의 순서로 나가는 것이 아니라, 이것은 하도의 순서로 "10 → 9 → 8 → 7

→ 6 →5…"으로 나간다. 하도는 반드시 첫째 손가락을 구부리면서 "10
→ 9 → 8 → 7 → "의 순서로 나가고, 낙서는 두 번째 손가락에서부터 "1
→ 2 → 3 → 4 → 5…"의 순서로 나간다. 왜냐하면 두 번째 손가락에서
부터 "유酉 → 술戌 → 해亥 → 자子 → 축丑…"으로 나가기 때문에 낙서도
두 번째 손가락에서부터 "1 → 2 → 3 → 4 → 5…"로 나가는 것이다.

正 중위〈中位〉: 중中에 위치한 것. 정역正易에는 정위正位와 중위中位가 있는데, 정
위正位는 바르게 위치한 것이며 중위中位는 중앙에 위치한 것이다. 정역正易은 중
中을 체體로 하고 정正을 쓰는 것이다. 그러므로 선후천先后天을 밝히는 원천原天을
말하고, 천지天地 지천地天을 밝히는 상원원원上元元元을 말하고 있다. 이 정위正位
는 상대적이相對的지만 중위中位는 절대적絕對的이라 할 수 있다.

正 황극〈皇極〉: 황극皇極이란 말은 서경書經의 홍범洪範편에서 비로소 보인다. 그
후 소강절邵康節이 황극경세서皇極經世書에서 논한 것이 대표적이다. 주역계사周易繫
辭에 삼극지도三極之道가 있는데 이 또한 무극无極과 태극太極 황극皇極을 말하는 것
으로 해석되고 있다. 정역正易에서 말하는 황극皇極은 거중오居中五한 것이며 오거
중위五居中位한 것이 황극皇極이라고 하였다. 무극无極은 태극太極과 체용관계體用關
係에 있다면 황극皇極은 무극无極과 체용관계體用關係에 있다고 하겠다. 그러므로
무극无極은 기위己位이며, 황극皇極은 무위戊位이다.

"五居中位하니 皇極이니라"라고 말하고 "居中五이니 皇極이니라"라는 말은
똑같은 말이다 왜 똑같은 말을 뒤집어서 말했느냐면 "居中五이니 皇極이니
라"는 무극无極·태극太極·황극皇極을 말하면서 나온 것이고, "五居中位하니
皇極이니라"는 말은 도서지리圖書之理를 말하면서 나온 것이다. 앞에서는
완전한 수數를 말하고 여기서는 수數에다 괘卦를 붙여서 말하는 것이다.
앞에서는 본체本體를 말한 것이고, 여기서는 시간과 공간을 합쳐서 조화
를 말하고 있는 것이다. 왜 그렇게 말했는지는 잘 모르겠다. 한 발짝만
더 들어가도 알지 못하는 부분이 몇군데 있다. 무극无極·태극太極·황극皇極
을 먼저 수數로만 말했는데, 왜 다시 거기에다 살을 붙여서 도서지리圖書
之理로 또 말을 했는지 그 이유를 알아야 하는 것이 우리의 숙제이다. 앞

에서 말한 삼극三極과 여기서 말하는 삼극三極이 어떻게 다른 것인지 그런 것을 알려고 따지는 것이 바로 학문이다.

우리가 지금 중점을 두고 가는 것은 360일이다. 지금의 365와 1/4에서 360일로 변화된다고 하는데 천지가 생긴 이래로 지금까지 변화하지 않은 때가 없다. 우리가 공부하는 것은 정역正易으로 360일이 되면 그 기미를 어떻게 알 것이며, 변화가 된 뒤에는 이 사회가 어떻게 될 것이며, 우리는 어떤 역할을 해야 할 것인지를 알기 위해서이다. 현세는 지구가 공전하는 속도로 변화하고 우리의 정신도 그와 똑같은 속도로 달리고 있다. 지구가 자전하는 것은 하루에 10만리를 가고, 공전하는 것은 600만리를 간다고 한다. 실제로는 600만리가 아니라 360일 동안에 540만리를 가는 것이다. 어떤 종교, 학술, 과학으로 보더라도 그곳으로 귀착되도록 되어 있다. 우리가 배우고 연구해서 그런 것을 세상에 알려주어야 한다.

인도차이나에서 해일로 인하여 수 만 명이 죽었을 때 모 교수는 그것이 후천으로 가는 길에 나타나는 현상이라고 알지도 못하는 소리를 한 적이 있다. 요즘의 교수들은 발표에 목말라 있다. 이상한 것이 나오면 그것을 연구할 생각은 안하고 그저 발표거리로만 여긴다. 알려면 철저히 알아야 한다. 어설프게 알면 아는 것이라고 할 수 없다. 또 알기만 한다고 해도 소용이 없다. 〈계사〉에 "苟非其人, 道不虛行."[76]이라고 했으니까 그 사람이 나와야 도道가 행해질 수 있는 것이다. 하늘의 기미를 가장 잘 보았던 사람이 공자이다. 《춘추》를 쓰고 있을 때에도 기린麒麟의 상한 다리를 보고 애공哀公 14년에 바로 절필을 했다. 《정역》을 공부할 때에도 너무 집착을 하면 안 된다. 후천에 이를 때까지 하나를 붙잡고 가는 것이지(允執厥中), 집착을 하면 안 된다.

"천지경위 2,800년天地傾危 二千八百年"이것이 중요한 것이다. 중국의 문

---

[76] 易之爲書也, 不可遠, 爲道也屢遷. 變動不居, 周流六虛, 上下无常, 剛柔相易, 不可爲曲要, 唯變所適, 其出入以度, 外內使知懼, 又明於憂患與故. 无有師保, 如臨父母, 初率其辭, 而揆其方, 旣有曲常, 苟非其人, 道不虛行.《周易》〈繫辭下〉

무성왕文武成王의 시대가 지나고 주나라가 동천東遷하여 공화정치를 하면서 세상이 어지러워졌다. 《맹자》[77]에 보면 "文武興則民好善, 幽厲興則民好暴"이라는 말이 있다. 그래서 탕무湯武 때부터 치면 3천년이 훨씬 넘고, 공화국 이후부터 따지면 지금이 거의 2,800년이 된다. 거의 되어 간다고 해서는 안 되고, 한 치라도 틀림없이 꼭 맞아야 한다. 그런 방법을 〈계사〉에 다 이야기 해놓았다. 〈계사〉에서는 중부中孚괘 이효의 "鳴鶴在陰, 其子和之, 我有好爵, 吾與爾靡之."라는 말을 인용하여 군자의 언행을 가지고 풀어서 설명을 했다.

우리나라는 육갑六甲나라요, 주역周易나라이다. 선비라고 하는 사람치고, 또 서원에 모신 어른치고 《주역》에 손을 안댄 사람이 하나도 없다. 우리나라의 이름 있는 선비들은 모두 《주역》보다 낫지는 못해도 평생 동안 《주역》에 주를 달고 《주역》을 희롱하다가 갔다. 그러니 우리나라는 주역周易나라라고 할 수 있다. 다행히 그 끝에 《정역》이 나와서 희망적이지 않던 것을 희망적으로 볼 수 있게 만들어 주었다.

《정역》에서는 '원력原曆'을 보았다. 선천과 후천 외에 원천原天이 있는데, 원천原天은 선천과 후천을 합한 것이다. 선천과 후천이 상대론으로 보는 것이라면 원천原天은 절대론으로 보는 것이다. 《정역》에 "원역하상용윤역原易何常用閏易"[78]이라고 말한 것을 보아도 틀림이 없는 것이다.

일부一夫 선생님이 180년 전에 나서 제자를 가르쳤는데 그 제자들 중에는 문장이 뛰어난 사람이 많았다. 그 때를 일차변一次變으로 보고, 우리 때를 이차변二次變으로 보는데 10여 명 중에서 육종철씨나 유승국씨(2011년 작고) 등 몇 명만 남고 다 죽었다. 그리고 지금 여러분들이 저와 어떤 인연으로 만나서 이렇게 속 썩이는 공부를 하기에 이르렀다. 후천이 언제 올 것이냐? 후천이 올 때까지 우리는 무엇을 해야 하는가? 이런 것이 우리

---

[77] 《孟子》〈離婁章句上〉
[78] 天地之數는 數日月이니 日月不正이면 易匪易이라 易爲正易이라사 易爲易이니 原易이 何常用閏易가. 《正易》〈正易詩〉

의 공부이지만 사실은 일부一夫 선생님이 다 해놓았기 때문에 우리가 할 일은 하나도 없다. 후천이 된 뒤의 책력을 치는 법까지 다 마련해 놓았는데, 우리는 어차피 하나로 통하게 될 것인데도 백가지로 염려를 하고 있는 것이다. 그러므로 공부 중에는 이 보다 더 크고, 보람 있는 공부가 없다. 이 공부가 이기일원론理氣一元論을 해결하는 계기가 될 수 있다.

우리나라 유가의 종장宗匠은 퇴율退栗이다. 퇴계退溪와 율곡栗谷을 가장 치기는 하지만, 이학지조理學之祖를 삼는 것은 정포은이다. 정포은과 같은 시대의 사람인 목은 이색이 정포은을 평하기를 "橫說竪說, 莫非當理"라고 했는데, 공자가 "七十, 從心所欲而不踰矩"라고 한 말과 같은 의미로 볼 수 있다. 정포은에서 조광조로, 조광조에서 하서 김인후로, 김인후에서 우암 송시열로 내려오는 것이 우리나라 도학道學의 도통연원이다. 우암 송시열은 38군데의 서원에 그 위패를 모셔놓고 있다. 서원이 너무 많아지고 세력이 커졌기 때문에 나라의 정치가 제대로 안된다고 해서 대원군이 서원을 48군데만 남기고 회철하였다. 그 다음에 성균관의 심산이 회철을 하였는데, 그 당시에는 공자에서부터 72인까지 다 위패位牌를 모시고 그 끝에 우리나라 위인의 위패를 모시고 해서 위位하는 분이 너무 많았기 때문에 공자, 맹자, 안연, 증자의 네 분만 남기고 모두 없애버렸다. 우리나라의 18현賢[79]은 공자와 사연을 다 제사지내고 나중에 지낸다. 그 때 공자만 남기고 나머지는 다 없애버렸어야 했다. 이제 와서는 그 것을 없애버리려고 해도 유가의 저항 때문에 할 수가 없다.

어쨌든 세월이 바뀌어서 《정역》이 세상에 나오게 되었지만, 지금까지는 빛을 보지 못하고 있다. 《정역》을 한다고 하면 미친 사람으로 취급하고, 상대에서는 저것을 어떻게 없애버릴 궁리만 하거나 《정역》을 팔아서 자기 배만 불리려는 사람들이 많았다. 그런 잘못 속에서 《정역》은 《정

---

79 한국의 18현(十八賢)은 설총(薛聰), 최치원(崔致遠), 안유(安裕), 정몽주(鄭夢周), 김굉필(金宏弼), 정여창(鄭汝昌), 조광조(趙光祖), 이언적(李彦迪), 이황(李滉), 이이(李珥), 성혼(成渾), 김장생(金長生), 송시열(宋時烈), 송준길(宋浚吉), 박세채(朴世采), 조헌(趙憲), 김집(金集), 김인후(金麟厚) 등이다.

역》대로 크는 것이다. 이제 어지간히 때가 되었다고 생각한다. 여명기를 거쳐서 태양이 떠오르듯이 이제 빛을 낼 때가 된 것 같다.

《정역》을 연구하는 방법이 여러 가지가 있는데, 첫째는 영가咏歌하는 방법이 있다. 영가咏歌는 「음(宮)·아(商)·어(角)·이(徵)·우(羽)」를 가지고 하는 것인데, 하심부河心夫라는 사람이 제일 잘 했다. 김항 선생님이 일부一夫라고 하니까 자기가 심부心夫라고 이름을 만들었다. 그리고 염삼화라는 사람이 있는데 도통을 해서 그런지 그 글을 보면 주옥같다. 소동파가 지금 나와서 글을 지어보라고 해도 그 보다 잘 지을 수는 없을 것이다. 〈공자찬양가〉, 〈일부찬양가〉, 〈예수찬양가〉 라는 글을 지었는데 나도 그것을 베껴 두었는데 어디다 두었는지 너무 잘 둬서 찾을 수가 없다. 두 번째로는 윷말 판을 가지고 연구하는 방법이 있어서 청탄이라는 분이 연구를 했었는데 지금은 흔적이 거의 없어지게 되었다. 세 번째로는 수지상수로 하는 방법이 있다. 김홍현이라는 분이 이어 받아서 내려오는 것인데, 이 분은 일부 선생님과 제자들을 봉양하다가 300석이나 하던 재산을 모두 탕진해서 후인들이 덕당이라는 호를 붙여 주었다. 이렇게《정역》을 연구해 오던 분들이 다 죽고, 실패도 하면서 세월이 많이 흘렀다. 그런 실패한 것들을 다 구경했으니까 이제 세상에 옳게 드러날 때가 오지 않았나 생각한다.

易은 逆也니 極則反하나니라.

역易이란 거스르는 것이니, 다하면 다시 돌아오는 것이다. 거스른다는 것은 하나(1)에서 열(10)로 가는 것이고, 다시 돌아오는 것은 열(10)에서 하나(1)로 돌아오는 것을 말한다.

正 역역야극즉반〈易易也極則反〉: 주역周易에서는, 「易窮則變 變則通 通則久」(周易繫下) 라 하고 또 「是故易逆數也」(周易說下)라고 하여 이 두 가지 뜻을 합合하여 이른 말이다. 역易은 역생逆生인 일一에서부터 수數가 극極에 즉 십十에 이르면

다시 일一로 돌아오는 것이라 한다.

正 극즉반〈極則反〉: 극하면 반한다. 즉 천하天下의 이치理致는 극極에 달하면 반드시 도로 반복反復된다는 것이다. 수리數理로 말하면 하나에서 열에까지 가면 도로 하나로 돌아온다는 것이다. 낙서구중洛書九宮이다라 하면 다시 하도십수河圖十數로 복귀復歸된다는 것이다.

土極하면 生水하고 水極하면 生火하고 火極하면 生金하고 金極하면 生木하고 木極하면 生土하니 土而生火하나니라.

正 토이생화〈土而生火〉: 토土는 화火에서 생生한 것이다. 화옹化翁은 무위无位시고 원천原天은 화火인지라 화생토火生土하니 토이생화土而生火라고 한 것이라 생각된다.

원래 오행론五行論을 보면 "토극수土克水, 수극화水克火, 화극금火克金, 금극목金克木, 목극토木克土"하는 것인데,《정역》에서는 토극土極하면 수水를 생하고, 수극水極하면 화火를 생한다고 했다. 왜 그런지 생각해보면 상극相克이라야 무엇이 생기는 것이지 상생相生으로는 아무것도 생기지 않기 때문인 것 같다. 의학醫學도 마찬가지이다. 상극이 되는 것을 찾아야지 치료가 되지, 상생이면 잘 낫지 않는다. 약 쓰는 방법이란 어떻게 상극을 조리 있게 만들 것인가를 연구하는 것이다. 정치에서 정政은 원리원칙대로 하는 것이고, 치治는 요령 있게 다스리는 것(律)이다. 치治가 중요하다. 천지는 뇌풍雷風으로 다스리고, 인간은 간태艮兌로 다스린다.

토극土極하면 수水를 생하고, 수극水極하면 화火를 생하고, 화극火極하면 금金을 생하고, 금극金極하면 목木을 생하고, 목극木極하면 토土를 생한다. 이것을 손으로 치면 손을 다 편 상태 십토十土이고, 엄지를 하나 구부리면 하나로 토극생수土極生水가 된다. 이렇게 하면 "토극생수土極生水 수극생화水極生火 화극생금火極生金 금극생목金極生木"까지는 잘 되는데 "목극생토木極生土"가 영 안된다. 이것은 "하나 둘 셋 넷 다섯 여섯 일곱 여덟"하면 생토生土가 된다. 그리고 토土에서 생화生火가 된다.

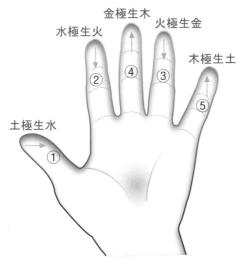

水極生火 　金極生木　火極生金

木極生土

土極生水

그림 53. 오행의 상극

　하늘의 사주는 "기사년己巳年 무진월戊辰月 기해일己亥日 무술시戊戌時"이고 땅의 사주는 "무술년戊戌年 기해월己亥月 무진일戊辰日 기사시巳時"이다. 하늘의 사주는 무극체위도수无極體位度數[80]이고, 땅의 사주는 황극체위도수皇極體位度數[81]로 보는 것이다. 《정역》에는 무극체위도수无極體位度數, 황극체위도수皇極體位度數, 월극체위도수月極體位度數,[82] 일극체위도수日極體位度數[83]가 나온다. 기사己巳는 토이생화土而生火에서 나왔고, 기사궁己巳宮은 선천과 후천의 하늘이다. 인간의 사주는 책력에 의한 것이지만, 하늘의 사주는 책력 밖의 법칙에 의해 붙박이로 존재한다. 무술戊戌에서 기사己巳까지는 32도度이고, 기사己巳에서 기사己巳까지는 61도이다. 하늘의 사주를 거꾸로 하면 땅의 사주가 되는데, 이것은 꼬리와 꼬리가 서로 맞물려 있어서 태극의 형상을 이루는 것과 같다. 태양의 꼬리는 태음이고, 태음의 꼬리는 태양이 된다.

---

80 己巳 戊辰 己亥 戊戌, 度逆道順, 而數六十一.《正易》〈无極體位度數〉
81 戊戌 己亥 戊辰 己巳, 度順道逆, 而數三十二《正易》〈皇極體位度數〉
82 庚子 戊申 壬子 庚申 己巳, 初初一度有而无, 五日而候, 而數三十.《正易》〈月極體位度〉
83 丙午 甲寅 戊午 丙寅 壬寅 辛亥, 初初一度无而有, 七日而復, 而數三十六.《正易》〈日極體位度〉

앞에서 반고화盤古化하기 전에 "기축己丑 ~, 무술戊戌 ~, 임인壬寅"까지 와서 반고화盤古化하게 된다고 했는데, 기축己丑이 어떻게 해서 나왔느냐 면 바로 기사己巳에서 나온 것이다. 기사己巳는 원천화原天火이고, 기사己巳에서 21도 가면 기축己丑이 된다. 즉, 기사己巳 경오庚午 신미辛未 임신壬申 계유癸酉 갑술甲戌 을해乙亥 병자丙子 정축丁丑 무인戊寅 기묘己卯 경진庚辰 신사辛巳 임오壬午 계미癸未 갑신甲申 을유乙酉 병술丙戌 정해丁亥 무자戊子 기축己丑까지 21도가 된다. 《정역》 전체의 우두머리가 선천과 후천을 포함한 원천原天이다. "化翁은 无位시고 原天火시니 生地十己土니라"는 말이 있는데, 그것이 바로 "토이생화土而生火"를 말하는 것이다.

일부一夫의 학문연원은 화무옹化无翁에서 시작되었고, 내력은 신라의 37왕의 후손이라고 하였다. 화무옹化无翁은 교육의 입장에서 말한 것이고, 주재主宰의 입장에서 말하면 상제上帝이고, 묘용妙用의 입장에서 말하면 신神이 된다. 신라의 37왕은 따져보니까, 38왕인데 그 중에서 경순왕은 왕이 아니다. 고려에서 만들어서 왕으로 만든 것이지 신라에서 왕으로 올려 모셔진 것이 아니다. 그래서 경순왕을 빼 놓고 37왕이라고 한 것이 아닌가 싶다.

일부 선생님이 먼저 나와서 학문의 연원을 화무옹化无翁이라고 밝히셨지만 일부 선생님만 그런 것이 아니고 누구든지 연원을 따지면 화무옹化无翁에서 시작된 것이다. "일호일부一乎一夫"라고 할 때 일부는 일부 선생님만 말하는 것이 아니라 누구든지 일부이다. 《주역》에서는 "만부지망萬夫之望"[84]이라고 했지만 《정역》에서는 "일호일부一乎一夫"라고 했다. 기독교인들은 하나님을 자기들만의 하나님이라고 하고, 예수의 문에 들어가야 하나님이 받아들인다고 하지만 만물과 모든 사람이 하나님의 아들이다. 그러므로 일부가 밝힌 것은 누구든지 연원을 따지면 화무옹化无翁이고, 누구든지 하나님 아들이고, 누구든지 일부의 제자라는 것이다.

---

84 《周易》〈繫辭下〉

※ 삼원지리(三元之理)와 무극(无極)·태극(太極)·황극(皇極)

무극无極·태극太極·황극皇極의 목적은 황극皇極으로 가는데 있다. 무극과 태극을 시초로 해서 황극으로 가는 것이다. 《황극경세서》라는 책이 있다. '경세經世'라는 것은 세상을 어떻게 경영할 것인가를 말하는 것이다. 경세經世와 비슷하게 쓰이는 말로 경략經略, 경륜經綸이라는 말이 있는데, 경략經略은 가령 전쟁을 해서 이기고 나면 장군이 그 땅을 어떻게 처리하고 다스릴 것인가를 말하는 것이다. 일본이 한일합병 이후에 36년 동안 우리나라를 강점하고, 나중에 일본이 전쟁에서 패했을 때 전쟁에서 진 당사자인 일본이 아니라 우리나라가 그 피해를 입었다. 무슨 역사를 그렇게 겪는지 모르겠다. 일본이 전쟁에서 졌는데, 미국과 소련이 우리나라를 38선으로 갈라놓았다. 말하자면 그런 것이 경략經略이다. 전시의 무공과 땅을 어떻게 가르느냐 하는 것이 경략經略이고, 잘 다스려지고 있는 것을 어떻게 하면 더 잘 다스릴 수 있을까 하는 것이 경세經世이다. 《주역》에서는 이 전체를 경륜經綸이라고 했다. 어쨌든 이런 경세經世든지 경략經略이든지 경륜經綸이든지 모두 황극皇極을 목적으로 두고서 세상을 어떻게 다스릴 것인가 하는 방법을 말하는 것이다. 《정역》의 〈금화일송金火一頌〉에 보면 "聖人垂道金火明, 將軍運籌水土平"라는 말이 있다. 수토평水土平이란 장량張良이 유방劉邦을 도와 세상을 평정할 때에 나온 말이다. '주籌'는 '산가지'를 뜻하는 글자이다. 지금의 컴퓨터가 있기 전에는 주판籌板이라는 것이 있었고, 주판이 있기 전에는 산가지(수가치)로 계산을 했다.

《황극경세서》를 보면 이 세상이 언제부터 생겨서 지금은 어떤 시대이고, 어디까지 갈 것인지를 모두 수數를 가지고 밝혔다. 십이지十二支를 가지고 세회歲會를 구분하였는데, 가령 지금이 오회운午會運라면 다음에는 미未로 가서, 전체가 129,600년이 된다고 하였다. 하루는 12시時이고, 30일

日이 1월月이 되고, 12월月이 1기朞가 되고, 30년年이 1세世가 되고, 12세世가 1운運이 된다. '세世'자는 30수數를 말하는 글자이다. 열은 '십十'이고, 스물은 '입(卄)'이고, 서른은 '세世'자를 쓴다. 그래서 우리나라의 족보에서도 연수年數를 나눌 때에 1 대代를 30년으로 보기 때문에 300년 전의 할아버지라면 10대조가 된다. 《논어》에도 자장子張의 "十世可知也?"라는 질문에 공자가 하은주夏殷周의 책력을 있다면 100세世가 지나도 모두 알 수 있다고 대답하는 내용이 있다.[85]

하夏나라는 인월寅月로 세수歲首를 삼았고, 은殷나라는 축월丑月로 세수歲首를 삼고, 주周나라는 자월子月로 세수歲首를 삼았다. 세수歲首란 한 해의 정월을 무엇으로 잡았는가를 말하는 것이다. '정월正月'이라고 할 때의 '정正'자는 '바르다'는 뜻이 아니라 '시작한다'는 뜻의 글자이다. '正은 定也'라 하여 표준을 세운다는 뜻을 가지고 있다. 정월正月이라고 쓸 때는 '정正'자는 평성平聲으로 읽고, 그 외의 경우는 모두 측성仄聲으로 읽는다. 지금 우리가 인월寅月을 정월로 쓰는 것은 하나라 때의 역법曆法을 쓰고 있는 것이다. 진시황秦始皇 때에는 해월亥月을 세수歲首로 삼아서 10월 상달로 높이기도 했었는데 그것은 잠깐 동안만 쓰고 폐지되었고, 그러다가 한나라 때에 와서 한무제漢武帝 태초원년부터 다시 인월寅月로 세수歲首를 삼았다. 한나라 때에 인월寅月로 세수歲首한 것은 공자가 그렇게 써야 옳다고 했기 때문이다. 《맹자》에 "七八月之間旱, 則苗槁矣."[86]라고 말한 것은 인월寅月로 세수歲首한 것이 아니라 주周나라의 자월子月로 세수歲首한 것을 기준을 말한 것이다. 《정역》에도 〈금화사송〉에 가면 그런 얘기가 있는데 나중에 보기로 하겠다.

85 子張問：十世可知也？ 子曰：殷因於夏禮, 所損益, 可知也； 周因於殷禮, 所損益, 可知也；其或繼周者, 雖百世可知也.《論語》〈爲政〉

86 孟子見梁襄王, 出, 語人曰：望之不似人君, 就之而不見所畏焉, 卒然問曰：天下惡乎定? 吾對曰：定于一. 孰能一之? 對曰：不嗜殺人者能一之, 孰能與之? 對曰：天下莫不與也. 王知夫苗乎? 七八月之間旱, 則苗槁矣. 天油然作雲, 沛然下雨, 則苗浡然興之矣. 其如是, 孰能禦之? 今夫天下之人牧, 未有不嗜殺人者也, 如有不嗜殺人者, 則天下之民皆引領而望之矣. 誠如是也, 民歸之, 由水之就下, 沛然誰能禦之?《孟子》〈梁惠王章句上〉

번호	歷代	歲首	備考
01	夏	寅月	
02	殷	丑月	
03	周	子月	
04	秦	亥月	
05	漢 以後	寅月	
06	正易	卯月	예정

표 29. 역대(歷代)의 세수지월(歲首之月)

"천지지리삼원天地之理三元"이라고 했으므로 천지의 운동하는 것은 모두 삼원三元의 원칙에 따라 움직이게 되어 있다. 무극·태극·황극의 삼극三極은 시간성을 말하는 것이다. 《주역》에서는 이런 생성의 시간적인 천지창조 원리에 대해 서문(易序)에 "先天下而開其物하고 後天下而成其務하니"라고 기록하였다. 《정역》〈금화일송〉에서는 "聖人垂道金火明, 將軍運壽水土平"이라고 하였는데 성인수도금화명聖人垂道金火明은 문文의 입장에서, 장군운주수토평將軍運壽水土平은 무武의 입장에서 문무文武를 대립시켜 말하고 있는 것이다.

삼척의 죽관도竹串島라는 섬에 허목許穆(1595~682)이 만든 '수토평비水土平碑'가 있다. 허목은 16세기 사람인데, 그 당시로부터 3,700년 전 하우夏禹 시대의 형산비衡山碑가 출토되었고, 그 형산비에서 77자를 집자해서 '수토평비'를 세운 것이다. 그리고 그 수토평비 옆에 '동해송비東海頌碑'가 있다 허미수가 좌천이 되어서 삼척으로 갔을 때 그 지방에 조수가 넘어들어오는 피해가 많았다고 한다. 그래서 그가 동해송비를 만들어서 거기에 세워놓으니까 마을까지 넘어오던 조수가 그 비석 앞까지만 오고 더 넘어가지를 않았다. 그런데 후세 사람 중에 그 따위 비석이 무슨 소용이 있느냐며 그 비를 부수어 버렸다. 그 후로 조수가 다시 넘어오는데 어떤 사당 밑에까지만 들어오고 더 이상은 넘어가지 않았다. 그래서 이상하다 생각하고 그 밑을 파보니까 거기에도 비석이 하나 있었다. 항간에는 그 비의 탁본을 가정에 걸어 놓으면 화재가 없다고 소문이 나서 우리 전 시대에는 많이 애용이 되었던 적도 있다.

시詩를 짓는 법 중에 '환골탈태換骨奪胎'라는 것이 있다. 환골換骨이란 것은 문체는 그대로 두고 다른 뜻을 취하는 방법을 말하고, 탈태奪胎란 것은 그 전체사상은 그대로 남겨두고 전혀 다른 말로 하는 것을 말한다.

무극·태극·황극을 대충 줄거리로만 읽었지만, 그 속에는 여러 가지 내용이 들어있다. 천지의 이치가 삼원三元의 원칙에 의해 다스려진다는 것은 불교에서도 볼 수 있다. 불교에서는 지금 현세의 부처를 '부처'라고 하고, 전생의 부처를 '전등불殿燈佛'이라고 하고, 내세의 부처를 '미륵불彌勒佛'이라고 부른다. 이것을 유가에서 하는 말로 하면 전등불殿燈佛이 무극에 해당하고, 현세의 부처는 태극에 해당하고, 미륵불彌勒佛은 황극에 해당하는 것으로 볼 수 있다. 부처가 어디(殿燈佛)로부터 왔으며 어디(彌勒佛)로 갈 것인가 하는 문제가 대강의 큰 길이다.

부처가 어디서 왔느냐면 바로 도솔천兜率天에서 왔다. 또 도솔천은 33천天 중의 하나인 도리천刀利天에서 왔다. 부처가 33천天중의 도리천에서, 그리고 그 중의 하나인 도솔천에서부터 이 사바세계로 온 것이다. 사바세계를 생지옥이라고 한다. 극락으로 가는 데에는 단계가 있다. 사바세계에서 조금 더 올라가면 욕계欲界라는 세계가 있고, 욕계欲界에서 조금 더 올라가면 색계色界가 있고, 극락은 무색계無色界이다. 사바세계에서는 몸을 섞어야 애가 나오지만, 욕계에서는 마음만 있으면 애가 나오고, 색계에서는 빛만 봐도 애가 나오고, 무색계인 극락에서는 색도 없는데 애가 나온다. 인간은 이 사바세계에서 교화되어 극락으로 가게 되어 있는 것이다. 이것이 불교세계의 전체적인 줄거리이다.

삼극三極도 마찬가지이지만, 그렇다고 해서 무극에서 태극으로 순차적으로 가는 것은 아니다. 무극이 곧 태극이요, 태극이 곧 무극이라. 둘이면서 하나이고 하나이면서 둘이다. 도서지리圖書之理로 보면 시간적인 것으로 하도河圖·낙서洛書가 되고, 천지지도天地之度는 공간적인 것으로 미제未濟·기제既濟의 괘가 된다.

그것을 "龍圖는 未濟之象而倒生逆成하니 先天太極이며, 龜書는 既濟之數而逆生倒成하니 后天无極이며, 五居中位하니 皇極이니라."라고 한 것이다. 그러므로 삼원지리三元之理에 의해서 시작된 원리를 수數의 극치로 말하면 무극·태극·황극이라는 말이다. 인간세계로 말하면 유불선儒佛仙, 불교식으로 말하면 전등불殿燈佛·부처·미륵불彌勒佛이고, 기독교식으로 말하면 성부聖父·성자聖子·성신聖神이다. 말을 하자면 그렇다는 것이다.

金火互宅은 倒逆之理니라.

금화호택金火互宅이란 금金과 화火가 서로 집짓는 것을 말한다. 하도의 순리順理와 낙서의 역리逆理를 손에 올리면 둘째 손가락에서 하도의 9·2와 낙서의 2·9가 같은 자리에 집을 짓고, 넷째 손가락에서 하도의 7·4와 낙서의 4·7이 같은 자리에 집을 짓는다. 도倒는 열(10)에서부터 하나(1)로 세어가는 것이고, 역逆은 하나(1)에서부터 세어가는 것을 말한다.

건괘와 곤괘를 볼 때에도 건乾의 원형이정元亨利貞을 손에 올릴 때는 엄지에서부터 차례대로 원元·형亨·이利·정貞으로 보지만, 곤坤은 두 번째 손가락에서부터 원元·형亨·이利·빈마지정牝馬之貞으로 본다. 낙서로 보면 "하나 둘 셋 넷 다섯 여섯 일곱 여덟 아홉"까지 가고, '열'자리에 가서 하도의 '열'로 다시 시작된다. 그러므로 낙서가 하도를 나은 것이라고 할 수 있다. 하도는 낙서를 바탕으로 "열 아홉 여덟 일곱 여섯 다섯 넷 셋 둘 하나"로 배포된 것이다. 또 하도의 열자리에서 다시 낙서의 하나로 연결된다. 이것을 《주역》〈계사〉에서는 "성성존존成性存存"이라고 하였다.

圖書	手指象數										倒逆
河圖	10	9	8	7	6	5	4	3	2	1	倒
洛書	1	2	3	4	5	無	6	7	8	9	逆
手指	1指	2指	3指	4指	5指	5指	4指	3指	2指	1指	
金火互宅		金火互宅		金火互宅							

표 30. 금화호택(金火互宅)

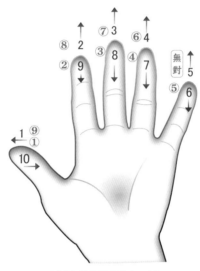

그림 54. 금화호택(金火互宅)

무극无極·태극太極·황극皇極을 손으로 올려보면, 손가락을 모두 편 상태로 들어 올린 것이 무극인데 이것을 《정역》에서는 "擧便无極이니 十이라"라고 하였다. 그리고 엄지손가락을 구부리면서 열(十)을 세기 시작하면 그 순간이 바로 태극太極인데 태극은 열(十)이면서 하나(一)이고, 같은 자리에 있다.《정역》에서는 그것을 "十便是太極이니 一이니라"라고 하였다.

正 금화〈金火〉: 금金에서 화火로 한다. 화火에서 금金으로 하면 선천수先天數요, 금金에서 화火로 하면 후천수后天數가 된다. 이는 구이착종九二錯綜이란 후천수后天數

의 금화金火를 말하는 것이니, 도표로 알아보자.

```
        金
十 九 八 七 六 五 四 三 二 一

一 二 三 四 五 六 七 八 九 十
        火
```

正 **도역지리〈倒逆之理〉**: 십十에서 일一로 도倒하고 일一에서 구九로 역逆하는 순간에 사구이칠四九二七인 금화金火가 한자리에서 놓이게 되므로 금화호택金火互宅하는 것은 도역倒逆. 즉 도생역성倒生逆成하는 데서 생긴 이치理致라 한다.

嗚呼至矣哉라 无極之无極이여 夫子之不言이시니라.

무극 중에 또 무극이 있는데, 공자가 말로 하지는 않고 뜻만 두었다.

正 **무극지무극〈无極之无極〉**: 무극无極의 무극无極이란 주렴계周易繫辭의 성성존존成性存存과 인이신지引而伸之 촉류이장지觸類而長之 등과 상통相通한다. 즉 십十이 선천先天에 닫힌 자리 다음(二指)에서 일이삼사오육칠팔구一二三四五六七八九까지 가면 구九는 십十자리에 구九하고 날리게 되는 즉 십이익지十而翼之가 되며 십十하면서 하나자리에 꽂히니 즉 일이관지一而貫之가 된다. 이것이 십십일일十十一一하는 중中의 공空이 되고 성성존존成性存存이 되는 현상을 무극지무극无極之无極이라고 표현表現이 된 것이다.

正 **부자지불언〈夫子之不言〉**: 공부자孔夫子가 뜻만 두고 말씀을 아니한 것이 다섯 군데나 있는데 모두 십무극十无極자리를 뜻한 것이다. 즉 무극지무극부자지불언无極之无極夫子之不言도 십十자리를 말한 것이오, 불언이신부자지도不言而信夫子之道도 십十자리를 뜻한 것이오, 부자지불언시금일夫子之不言是今日도 십十수세계 도래到來의 날을 두고 한 말이요, 성인소불언聖人所不言도 십十수 실현의 과정과 현상을 두고 한 말이요, 불언무극유의존不言无極有意存도 십十무극 자리를 가리킨 소리이다.

不言而信은 夫子之道시니라.

말을 안했지만 그냥 믿은 것이다. 공자의 도는 주로 행行하는 것이기 때문에 말을 하지 않은 것은 공자의 도道라는 말이다.

正 불언이신〈不言而信〉: 주역계사周易繫辭에도 말씀을 아니하고서 믿는 것은 덕행德行을 지녔음이니라고 하였다. 그러므로 덕행德行을 믿음의 표현이오, 믿음은 덕행德行의 본체本體이다. 주역周易에 이신사호순履信思乎順이라 하니 순順이 곧 덕행德行이다. 순천자존順天者存하고 역천자망逆天者亡이라 하니 천리天理를 순順하면 그 마음을 다하게 되니 맹자孟子에 이른 바, 「盡其心者 知其性也 知其性 則知天矣」라고 하니 이 모두가 불언이신不言而信하는 태도態度의 말씀인 것이다. 이러한 태도를 곧 정역正易에서는 공부자孔夫子의 도道라고 한 것이다.

晚而喜之하사 十而翼之하시고 一而貫之하시니 儘我萬世師신져.

그래서 공자는 늦게야 기뻐하여 열(十)로서 날개하고 하나(一)로서 꿰뚫으셨으니 만세의 스승이 될 만하시다. 십익十翼은 ① 계사전상繫辭傳上 ② 계사전하繫辭傳下 ③ 단전상彖傳上 ④ 단전하彖傳下 ⑤ 상전상象傳上 ⑥ 상전하象傳下 ⑦ 문언전文言傳(乾坤) ⑧ 설괘전說卦傳 ⑨ 서괘전序卦傳 ⑩ 잡괘전雜卦傳을 말한다.

正 십이익지 일이관지〈十而翼之 一而貫之〉: 공자孔子가 주역周易을 술한 십익十翼은 종래에 선유先儒들이 주역周易에서 1. 繫辭傳上 2. 繫辭傳下 3. 彖傳上 4. 彖傳下 5. 象傳上 6. 象傳下 7. 文言傳 乾·坤 8. 說卦傳 9. 序卦傳 10. 雜卦傳 이라고 한데서 말한 것이며, 일이관지一而貫之는 논어論語에서, 「孔子曰 參乎 吾道 一以貫之 曾子曰 唯……」라고 한데서 온 말이다. 이 말을 정역正易에서는 십이익지十而翼之는 열(十)로서 날개하고 일이관지一而貫之는 하나(一)로서 꿰뚫었다고 한 것이다. 다시 말하면 십수十數가 선천先天에 닫쳤던 것을 열(十)로서 날리고 하나로 꿴다는 것이니 도표하면 다음과 같다.

손度數	1	2	3	4	5	6	7	8	9	10	1	成性存
十而翼之 一而貫之	10	1	2	3	4	5	6	7	8 9 十 而 翼 之	9 10 一 而 貫 之	10	존 存

天四면 地六이요 天五면 地五요 天六이면 地四니라.
天地之度는 數止乎十이니라.

  천지이치의 음양은 다 열(十)속에 들어 있다. 열(10)이 전체이므로 천天이 4이면 지地는 6이 되고, 천天이 5면 지地도 5가 되고, 천天이 6이면 지地는 4가 된다. 천지운행天地運行은 그 범위를 넘어가지 않는다.

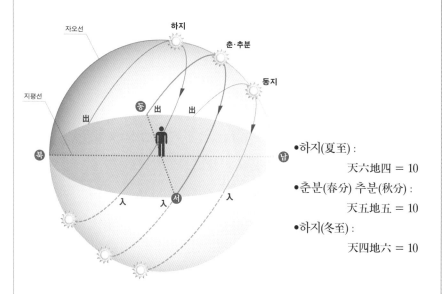

●하지(夏至) :
　　　　天六地四 = 10
●춘분(春分) 추분(秋分) :
　　　　天五地五 = 10
●하지(冬至) :
　　　　天四地六 = 10

그림 55. 주야 길이의 변화

  하지夏至에 낮의 길이가 아무리 길어져도 6/10을 넘지는 않고, 동지冬至에 낮의 길이가 아무리 짧아져도 4/10 이하로 짧아지지는 않는다. 하루도 꼭 24시간이 아니다. 24시간을 넘을 때도 있고 못될 때도 있는데, 평균해서 대략 24시라고 하는 것 뿐이다.

正 천지지도〈天地之度〉: 천지天地의 가는 도度는 그 수數가 무한한 것이 아니라 무한성无限性을 띈 십十에서 그친다고 한다.

正 수지호십〈數止乎十〉: 천지天地의 수數는 수일월數日月이라한 것은 일월日月이 365도 ¼로서 부정不正한 역수易數냐 360도로서 바른 역수易數냐를 론論하였고 천

正易 —— 정역

지天地의 도度는 수數가 십十에서 그친다고 하였으니 도度와 수數를 이에서 알 수 있다. 즉 도度는 무한无限한 것이라면 수數는 지호십止乎十이라 하였으므로 유한有限하다고 해석된다.

十은 紀요 二는 經이요 五는 網이요 七은 緯니라.

기강경위紀綱經緯는 투망그물을 두고 설명한 것이다. 그물의 꼭지를 기紀라 하고, 그물의 끝에 추가 달린 부분을 강綱이라 하고, 그물의 세로 줄을 경經이라 하고, 가로줄을 위緯라 한다. 〈계사하〉에 보면 "作結繩而爲網罟, 以佃以漁, 蓋取諸離."라는 말이 있듯이 복희씨 때부터 64괘가 모두 기강경위紀綱經緯로 구성되어 있었다. 기강紀綱을 세워서 경위經緯로 행하는 것이다. 십건천十乾天은 단건單乾이고 이천二天은 중천건重天乾이며, 오곤지五坤地는 단곤單坤이고 칠지七地는 중지곤重地坤이다.

戊位는 度順而道逆하여 度成道於三十二度하니 后天水金太陰之母시니라
己位는 度逆而道順하야 度成道於六十一度하니 先天火木太陽之父시니라

正 무위〈戊位〉: 정역正易에는 오행五行 운행運行의 주추主樞가 십十과 오五이며, 십十과 오五의 주동主動은 기위己位와 무위戊位이다. 그리하여 무위戊位가 황극皇極의 중추中樞라면 기위己位는 무극无極의 중추中樞라고 말할 수 있다. 그리고 기위己位는 후천后天이오 하늘인데 비해 무위戊位는 선천先天이오 땅이다. 무기위도戊己位圖에서 비교하여 보자. 이 또한 십오위十五位가 된다.

	无位	有位	往來位	體位	得失位	歸體位	道位	日月位	極位	體用位	用謝位	時位	理位	數位	進退位
雷原天火風	己位	泰來	己巳戊辰己亥戊戌		丑旺	政令己庚壬甲丙	火水未濟	太陽日	无極	无極而太極	卯宮用事	后天	龍圖	十	親政
	戊位	否往	戊戌己亥戊辰己巳		子退	呂律戊丁乙癸辛	水火旣濟	太陰月	皇極	皇極而无極	寅宮謝位	先天	龜書	五	尊空

正 도순이도역〈度順而道逆〉: 간지干支로는 무술 기해하니 간지도干支度는 순順하더라도 수數는 오五에서 십十으로 역逆한다 함.

正 성도〈成道〉: 성도成度는 거리를 측정測定한 도度라면 성도成道는 목적지에 간 수치數値를 말한다. 그리고 성도成道는 성덕成德과 아울러 지知와 행行의 합일合一한 극치極致이다. 도道를 완전完全히 깨달음이 성도成道요 덕德을 훌륭히 쌓는 것이 성덕成德이다. 천지天地도 역연亦然하여 천지天地에 수토水土가 이루어짐이 성도成道이다. 그리하여 기위己位는 육십일도六十一度에 가서야 성도成道되고, 무위戊位는 삼십이도三十二度에 가서야 성도成道되고 태양太陽은 삼십육도三十六度에 가서야 성도成道되고 태음太陰은 삼십도三十度에 가서야 성도成道되는 것이다.

正 후천수금태음지모〈后天水金太陰之母〉: 무위戊位는 후천무극后天无極을 체體한 일수一水 사금四金인 태음太陰의 어머니라 하니 즉 달의 모체母體를 말한다. 달은 수금水金 기운氣運을 지녔으니 이것을 도표로 하여보면 아래와 같다.

```
政令:   己
       庚 四金
       壬 一水   >   政 — 太陰의 魂魄
       甲 八木
       丙 七火   >   令 — 太陽의 氣體
```

正 **기위**〈己位〉: 기己는 십十이오 후천后天이며, 무戊는 오五이오 선천先天이다. 이 무戊와 기己는 오행五行의 대종大宗이 되며, 일월의 바탕이 된다. 기위己位는 기사己巳이며, 무위戊位는 무술戊戌이다.

正 **도역이도순**〈度逆而道順〉: 간지干支로는 기사己巳에서 무진戊辰으로 도度가 역逆하더라도 수(道)는 십十(기己)에서 오五(무戊)로 순順하다 함.

正 **선천화목태양지부**〈先天火木太陽之父〉: 기위己位는 선천先天의 화목기체火木氣體로서 태양太陽의 부父가 된다 하니 태양太陽의 기질氣質과 체질體質이 생生기는 것은 기위己位의 부계父系로서 된다는 것이다. 정령政令중에 선천先天의 화목火木 즉 병칠화丙七火의 기질氣質과 갑팔목甲八木의 체질體質로 태어나게 하는 태양太陽의 부계父系라고 하는 것이다.

무극·태극·황극의 삼원지리三元之理에 의해서 일월日月이 나오게 된다. 기위己位와 무위戊位가 있는데 기위己位는 태양이고, 무위戊位는 태음이다. 태음지모太陰之母는 곤坤이고, 태양지부太陽之父는 건乾이라고 해야 할 것 같은데 《정역》에서는 무위戊位를 태음지모太陰之母라 하고, 기위己位를 태양지부太陽之父라고 했다. 다른 곳에서는 무위戊位를 월극체위도수月極體位度數라고 하고, 기위己位를 일극체위도수日極體位度數라고 표현한 곳도 있다.

손도수로 치면 엄지손가락을 구부리면서 시작하여 "기己 경庚 신辛 임壬 계癸 갑甲 을乙 병丙 정丁 무戊"가 된다. 선천으로 따지면 엄지부터 "갑甲 을乙 병丙 정丁 무戊 기己 경庚 신辛 임壬 계癸"가 되지만, 후천에서는 '기己'에서 시작된다. 하도가 낙서를 바탕으로 되어 있는 것처럼 "갑甲 을乙 병丙 정丁 무戊 기己 경庚 신辛 임壬 계癸"하는 것은 "기己 경庚 신辛 임壬 계癸 갑甲 을乙 병丙 정丁 무戊"가 바탕으로 되어 있다.

사람의 몸으로 보면 엄지에서부터 "토土·금金·목木·화火·수水"의 순서로 배열된다. 이것을 오장五臟으로 보면 "비脾·폐肺·간肝·심心·신腎"이 되는데 이런 순서로 배열되는 것은 체體이고, 이것을 쓸 적에는 엄지에서부터 "간肝·심心·비脾·폐肺·신腎"의 순으로 용用한다.

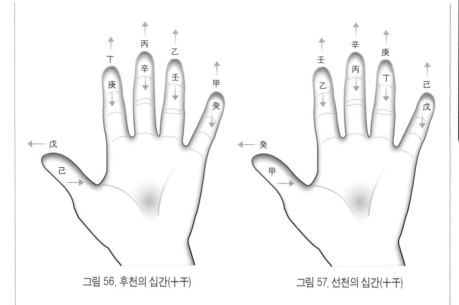

| 그림 56. 후천의 십간(十干) | 그림 57. 선천의 십간(十干) |

 나타나는 현상의 예를 보면, 허리가 아프면 간肝에 해당하는 엄지손가락이나 발가락에 심한 압통이 나타나고, 체하거나 비장이 고장 나면 가운데손가락에서 반응이 나타난다. 머리에서 손까지 횡격막 이상이 아프면 둘째 손발가락에, 배에서 발까지 횡격막이하가 아프면 넷째 손발가락에 민감한 반응이 나타난다.

手指	1指	2指	3指	4指	5指
體	脾	肺	肝	心	腎
	10	9	8	7	6
	5	4	3	2	1
用	肝	心	脾	肺	腎
	허리	격막이상	위	격막이하	신장

표 31. 오장의 체용과 수지상수

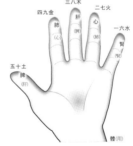

그림 58 오장의 체용

 도度는 육갑六甲으로 가는 것이고, 도道는 수數로 가는 것이다. 수數로 갈 때 열(10)에서 하나(1)로 가는 것은 순順이고, 하나(1)에서 열(10)로 가는 것은 역逆이라고 한다. 육갑六甲을 갈 때는 육갑의 순서대로 가는 것이 순順이고 거슬러 가는 것이 역逆이다.

무위戊位와 기위己位에 해당하는 하늘과 땅의 사주를 보면 다음과 같다.

四柱	年	月	日	時
戊位 太陰之母	戊戌	己亥	戊辰	己巳
己位 太陽之父	己巳	戊辰	己亥	戊戌

표 32. 천지(天地)의 사주(四柱)

무위戊位의 경우 무진戊辰에서 기사己巳로 가는 것은 도度가 순順한 것이다. 반면에 수數로 보면 5(戊五土)에서 10(己十土)으로 가는 것이므로 도道는 역逆이 된다. 그러므로 무위戊位는 도순이도역度順而道逆이라고 하였다.

오행五行은 다섯 행行하는 것을 말하는데, 그 행行하는 것이 바로 육갑六甲이다. 천지는 모두 육갑六甲을 행行하고 있다. 천간天干으로 보면 갑을甲乙·병정丙丁·무기戊己·경신庚辛·임계壬癸가 오행이며, 기후와 관계되어 있다.

우리가 눈으로 보지 못해서 그렇지 혜안으로 보면 갑을甲乙일은 천지가 푸른 기운으로 가득차고, 병정丙丁일에는 붉은 기운이 가득 차 있다. 그 다음에는 누런 기운, 흰 기운, 검은 기운이 순서대로 나타난다. KAIST에 김동헌金東憲 교수가 있는데 컴퓨터로 주역점을 보는 프로그램을 개발한 사람이다. 그 사람 말이 컴퓨터를 보면 빛깔이 나오는데, 처음에는 검은 것에서 흰 것이 나오고, 푸르고 붉고 누런 것이 합해지면 다시 흰 것이 된다고 한다. 움직이지 않을 때는 각각 하나의 색인데, 움직이면 순서대로 색이 변한다고 한다.

天干	甲乙	丙丁	戊己	庚辛	壬癸
五色	青	赤	黃	白	黑
五行	木	火	土	金	水

표 33. 오행(五行)과 오색(五色)

사람의 몸에 있는 비脾·폐肺·간肝·심心·신腎도 움직이지 않을 때는 따로 개별적으로 존재하지만 음식을 먹는다든지 운동을 한다든지 희노애락의 감정이 발동되면 모든 것이 하나로 움직이게 된다. 예를 들면 마음에 희노애락이 발동되면 모든 것이 그곳에 집중하게 되고, 심장이 기준이 되어서 그것을 중심으로 하나로 움직이게 된다는 말이다. 세상이 모두 마찬가지이다. 색깔도 제각각이지만 흰 것이 움직이면 모두 흰 것으로 집중이 된다고 한다.

사주를 볼 때에도 그렇다. 가령 사주가 '갑자甲子 · 경오庚午 · 병자丙子 · 기해己亥'라고 한다면, 어느 하나를 기준으로 상생 또는 상극이 어떻게 되는지를 보는 것이다. 연월일시年月日時에서 년年은 부모, 월月은 형제, 일日은 자기, 시時는 자손으로 보는 것이 일반적이다. 자기를 기준으로 부모 형제 자손의 간지干支를 따져서 상생이 되는지 상극이 되는지를 본다. 자신의 간지干支와 부모나 형제의 간지干支가 서로 동격이 되면 서로 피하기만 하고 어기지는 그런 상이 나오는데, 그것이 천간天干에 달렸다는 것이다.

동양천문학을 보면 청나라 때에 왕명에 의한 편찬된《관규집요官規輯要》라는 책이 있는데 72책이나 된다. 그리고《성경星鏡》이라는 책은 90책이 넘는데, 이 책에는 북두칠성 등의 별들이 각각 경도와 위도가 몇 도에 위치하는지를 적어 놓았다. 또《천문시사》라는 책도 10권이 되는데 우리나라 사람들이 이런 책들을 못보고, 대부분《보천가步天歌》를 위주로 보았다.

어쨌거나 천문을 볼 때 새벽 6시(卯時)를 기준으로 보는데, 먼동이 트기 시작할 때의 하늘의 기운을 살펴본다.《관규집요》를 보면 갑방甲方에서 묘방卯方으로 서쪽으로 기운이 떨치고 있다 그러면 그 기운에 의해서 유일酉日에 비가 올 것이라고 점을 친다.

천간天干의 "갑甲 을乙 병丙 정丁 무戊 기己 경庚 신辛 임壬 계癸"는 목화토금수木火土金水의 시간적인 순서대로 흘러가는 것이고, 지지地支는 방위方

位의 공간적인 것을 말한다. 우리나라 신라시대의 무열왕릉 같은데 보면 둘레에 12지신支神을 세워 놓은 것을 보면 육갑六甲이 얼마나 일찍부터 성했었는지를 알 수 있다.

십이지十二支 중에서 "자子·오午·묘卯·유酉"는 정위正位라고 하고, 나머지는 유위維位라고 한다. 또 "진辰·술戌·축丑·미未"는 사시四時의 주장이 된다. 그래서 술가에서는 사람이 죽었을 때 "진辰·술戌·축丑·미未" 일에 당하게 되면 '중상일重喪日'이라고 하여 장사를 안 지낸다. 토土가 둘이 겹쳐서 '동토同土'가 난다고 하여 삼일장三日葬이나 오일장五日葬을 못 치루고 하루를 줄이게 된다. 맞고 안 맞고는 몰라도 상식적으로 그렇게 되어 있다는 것은 알고 있어야 한다.

중상일重喪日을 치는 방법은 천간天干을 중심으로 보는데 정월에는 갑일甲日, 2월에는 을일乙日, 3월에는 무기일戊己日에 당하게 되면 중상일重喪日이 되어서 장사를 못 치르게 되어 있는데 이때에 장사를 지내면 쌍초상이 난다고 말한다.

重喪日											
1월	2월	3월	4월	5월	6월	7월	8월	9월	10월	11월	12월
甲	乙	戊己	丙	丁	戊己	庚	辛	戊己	壬	癸	戊己

표 34. 중상일(重喪日)

무위戊位는 무술戊戌 기해己亥 무진戊辰 기사己巳인데 육갑六甲인 도度는 순順하고 수數인 도道는 역逆으로 간다. 무술戊戌에서 기사己巳까지는 그 도수가 32도가 된다. 태음인 달은 수금水金기운으로 되어 있다. 기위己位는 기사己巳 무진戊辰 기해己亥 무술戊戌인데 도度는 역逆하고 도道는 순順으로 간다. 기사己巳에서 기사己巳까지는 그 도수가 61도가 된다. 태음은 무술戊戌에서 기사己巳까지 반 바퀴 밖에 못가지만 태양은 기사己巳에서 기사己巳까지 한 바퀴를 다 돈다. 그리고 태양은 화목火木기운으로 되어 있다. 태음과 태양이 각각 수금水金과 화목火木의 기운으로 되어 있다는 것을 손도수를 보면 다음과 같다.

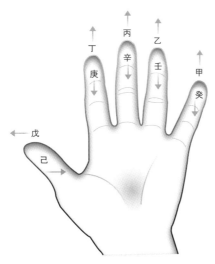

그림 59. 기위도수(己位度數)

그림 60. 정령(政令)

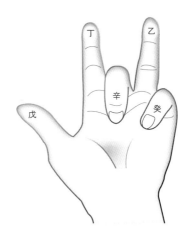

그림 61. 율려(律呂)

政令 律呂	天干		備考
政令	己 庚 壬 甲 丙		陽政陰令
律呂	戊 丁 乙 癸 辛		陽律陰呂
己 庚 辛 壬 癸 甲 乙 丙 丁 戊			

표 35. 정령(政令)과 율려(律呂)

1·2·4지指를 구부린 모양이 "기己 경庚 임壬 갑甲 병丙"을 치는 것인데 손 모양을 보면 양정음령陽政陰令을 확실하게 볼 수 있으며, 3·5지指를 구부린 모양이 "무戊 정丁 을乙 계癸 신辛"을 치는 것인데 손 모양을 보면 역시 양률음려陽律陰呂를 확실히 볼 수 있다.

"기己 경庚 임壬 갑甲 병丙"은 태양이 가는 정령수政令數이고, "무戊 정丁 을乙 계癸 신辛"은 태음이 가는 율려수律呂數이다. 또 "기己 경庚 임壬 갑甲 병丙"에서 경금庚金과 임수壬水는 달(태음)의 정령이고, 갑목甲木과 병화丙火는 태양의 정령이 된다.

太陰은 逆生倒成하니 先天而后天이요 旣濟而未濟니라. 一水之魂이요 四金之魄이니 胞於戊位成度之月初一度하고 胎於一九度하고 養於十三度하고 生於二十一度하니 度成道於三十이니라.
終于己位成度之年初一度하고 復於戊位成度之年十一度니라.
復之之理는 一八七이니라.
五日一候요 十日一氣요 十五日一節이요 三十日一月이요 十二月一朞니라.

태음太陰은 무위戊位라는 것과 같은 말이다. 역생도성逆生倒成하니 선천이로되 그것이 후천이고, 기제旣濟로되 또 그것이 미제未濟이다. 일수지혼一水之魂이란 임일수壬一水를 말하고, 사금지백四金之魄이란 경사금庚四金을 말한다. 태음은 일수一水와 사금四金의 기운이 뻗치는 것이고, 태양은 칠화지기七火之氣와 팔목지체八木之體의 기운이 뻗치는 것이다.

번호	구분	내용	六甲
01	胞	胞於戊位成度之月初一度	庚子
02	胎	胎於一九度	戊申
03	養	養於十三度	壬子
04	生	生於二十一度	庚申
05	成	度成道於三十	己巳
06	終	終于己位成度之年初一度	庚午
07	復	復於戊位成度之年十一度	己酉

표 36. 태음(太陰)의 포(胞) 태(胎) 양(養) 생(生) 성(成) 종(終) 복(復)

무위戊位는 "무술戊戌 기해己亥 무진戊辰 기사己巳"이므로 무위성도지월戊位成度之月이란 기해己亥이다. "포어무위성도지월초일도胞於戊位成度之月初一度"는 무위성도지월戊位成度之月인 기해己亥에서 1도를 더 간 경자庚子에서 포胞한다는 것이다. "태어일구도胎於一九度"는 기해己亥에서부터 9도인 무신戊申에서 태胎한다는 것이고, "양어십삼도養於十三度"는 기해己亥에서 13도인 임자壬子에서 길러진다는 것이고, "생어이십일도生於二十一度"는 기해己亥에서 21도인 경신庚申에서 생生한다는 것이고, "도성도어삼십度成道於三十"은 그 수數를 30도인 기사己巳에서 이룬다는 것이다. "종우기위성도지년초일도終于己位成度之年初一度"는 기위己位가 "기사己巳 무진戊辰 기해己亥 무술戊戌"이니까 기위성도지년己位成度之年은 기사己巳이고, 기위성도지년초일도己位成度之年初一度는 경오庚午가 되므로 경오庚午에서 마친다는 것이다. "복어무위성도지년십일도復於戊位成度之年十一度"는 무위성도지년戊位成度之年인 무술戊戌에서 11도인 기유己酉에서 회복한다는 것이다.

"복지지리일팔칠復之之理一八七"은 그 회복하는 이치가 일손풍一巽風 팔간산八艮山 칠지七地로 모두 칠지七地 자리에 있다. 5일이면 1후候가 되고, 10일이면 1기氣가 되고, 15일이면 1절節이 되고, 30일이면 1월이 되고, 12월이면 1기朞가 된다. 도度는 거리를 말하고, 도道와 수數는 값어치와 양을 말한다. 태음과 태양을 말하는 것은 정령政令이고, 율려律呂는 그 배경이 되는 것이다.

正 역생도성〈逆生倒成〉: 일一을 태극太極이라 하고 십十을 무극无極이라 하는 것은 체體의 자리에서 하는 말이요, 이 운용運用하는 자리에서 보면 일一로부터 행行하는 것을 역逆이라 하고, 십十에 달한 수를 도倒라 한다. 그러므로 역생逆生이란 일一에서 시작始作한다는 뜻이오, 도성倒成이란 십十에서 완성完成한다는 것이다. 즉 역생이도성逆生而倒成이다. 그러므로 선천이후천先天而后天이 되는 것이다.

正 일수지혼사금지백〈一水之魂四金之魄〉: 정령政令은 「己庚壬甲丙」이라고 한다. 이 중에서 일수一水란 임일수壬一水를 말하고 사금四金은 경사금庚四金을 말한다. 이것이 태음太陰의 겉에 나타난 혼백魂魄이다. 그러므로 달은 수금水金(一水四金)기운

으로 나타난다고 하는 것이다.

正복지지리〈復之之理〉: 해나 달이 본 자리로 회복回復하는 원리原理. 그 원동력原動力이 미치는 수리數理이다. 즉 태양太陽은 일칠사一七四를 원수原數로 한 포오함육包五含六자리니 황중皇中자리를 천추天樞로 하여 황심월皇心月에 당도하게 하고, 태음太陰은 일팔칠一八七을 본수本數로 한 십퇴일진十退一進자리니 복상復上자리를 지축地軸으로 삼아 천심월天心月에 당도하게 한다. 이것이 일日과 월月을 복復하게 하는 원리原理이다. 그러므로 일칠사一七四를 태양지정太陽之政이라 하고 일팔칠一八七을 태음지정太陰之政이라 한 것이다. 복復은 곧 일월日月의 복(輹)이라면 일팔칠一八七과 일칠사一七四는 곧 일월日月의 복(輹)이 된다고 할 수 있다. 주례周禮에도 윤복(輪輹)을 삼십三十으로 한 것은 일월日月을 상정想定하였기 때문이라고 한다. 복지지리復之之理를 이와 같은 것으로 생각해 보면 일팔칠一八七과 일칠사一七四가 일월日月 운행運行에 어떠한 역할役割을 하는 것인가를 짐작할 수 있다.

正일팔칠〈一八七〉: 태음太陰이 복復하는 이치理致가 일팔칠一八七이며 오구五九는 태음지정太陰之政이니 일팔칠一八七이라고 하였다. 손도수의 형상은 일一의 자리로서 이는 곤坤·원元·형亨·리利 빈마지정牝馬之貞의 상象이다. 일팔칠一八七은 또 십오十五(8+7=15)이기도 하다. 일칠사一七四는 손도수의 도생倒生으로 쳐 내려오는 도중 칠七과 사四가 합하는 같은 자리요, 일팔칠一八七은 괘수卦數로 쳐서 손도수의 칠지七地와 팔간八艮이 합合치는 자리이다. 이 모든 것이 복합적으로 일시一時에 나타나는 것이 일팔칠一八七의 효용效用이다.

正선천이후천〈先天而后天〉: 선천先天이로되 후천后天이란 말이 두곳이 있는데 기사궁己巳宮에 선천이후천先天而后天은 용사用事의 입장立場에서 말하는 것이라면 태음太陰의 선천이후천先天而后天은 본체本體의 입장立場에서 말하는 것이라고 풀이 된다. 즉 태음太陰에 선천이후천先天而后天은 「태음太陰은 역생도성逆生倒成하는 것이니」 선천先天이로되 체體는 후천后天이라는 말이오, 기사궁己巳宮에 선천이후천先天而后天은 선천先天이로되 용用은 후천后天이라고 뜻하는 것이다. 이를 도표로 표시하여 보면 다음과 같다.

位	用	體	用	體	用	體
己位	己巳宮	先天	而后天		地十己土生---	天五戊土
戊位	戊戌宮	后天	而先天		天五戊土生---	地十己土
太陰	逆生	倒成	先天	而后天	既濟	而未濟
太陽	倒生	逆成	后天	而先天	未濟	而既濟
龍圖	倒生	逆成		先天太極	未濟之象	
龜書	逆生	倒成		后天无極	既濟之數	
		先天	政於后天		火水	
		后天	政於先天		水火	

〈先天而后天 體用圖〉

太陽은 倒生逆成하니 后天而先天이요 未濟而旣濟니라. 七火之氣요 八木之體니 胞於己位成度之日一七度하고 胎於十五度하고 養於十九度하고 生於二十七度하니 度成道於三十六이니라.
終于戊位成度之年十四度하고 復於己位成度之年初一度니라.
復之之理는 一七四니라.
十五分一刻이요 八刻一時요 十二時一日이니라.

　태양은 도생역성倒生逆成의 원리에 의해 생성된다. 앞에서 "금화호택金火互宅, 도역지리倒逆之理"라고 했다. 금金과 화火가 같은 한 자리에 살기 때문에 이 둘을 구별하기가 어렵다. 선천은 화火·금金(7·4)이고 후천은 금金·화火(9·2)이다. 태양은 도생역성倒生逆成하니 후천이로되 선천이고, 미제未濟로되 기제旣濟이다. 열(10)에서 시작하면 후천이고, 하나(1)에서 시작하면 선천이다. 태음은 역생도성逆生倒成하므로 하나(1)에서 생해서 열(10)에서 이루는 것이므로 시작은 선천인데 결과는 후천이 된다. 반면에 태양은 도생역성倒生逆成이므로 열(10)에서 시작해서 하나(1)에서 이루어지므로 시작은 후천인데 결과는 선천이 되는 것이다. "칠화지기七火之氣, 팔목지체八木之體"는 병칠화丙七火와 갑팔목甲八木을 말한다. 겉으로는 칠화지기七火之氣가 있고 속으로는 팔목지체八木之體가 있는 것이다.

"포어기위성도지일일칠도胞於己位成度之日一七度"는 기위己位의 성도지일 成度之日인 기해己亥에서 7도인 병오丙午에서 포포胞하고, "태어십오도胎於十五度"는 기해己亥에서 15도인 갑인甲寅에서 태태胎하고, "양어십구도養於十九度"는 기해己亥에서 19도인 무오戊午에서 양양養하고, "생어이십칠도生於二十七度"는 기해己亥에서 27도인 병인丙寅에서 생생生하고, "도성도어삼십육度成道於三十六"은 그 수數를 36도인 신해辛亥에서 이루는 것이다. "종우무위성도지년십사도終于戊位成度之年十四度"는 무위성도지년戊位成度之年인 무술戊戌에서 14도인 임자壬子에서 마치고, "복어기위성도지년초일도復於己位成度之年初一度"은 기위성도지년己位成度之年인 기사己巳에서 제 1도인 경오庚午에서 회복하는 것이다.

번호	구분	내용	六甲
01	胞	胞於己位成度之日一七度	丙午
02	胎	胎於十五度	甲寅
03	養	養於十九度	戊午
04	生	生於二十七度	丙寅
05	成	度成道於三十六	辛亥
06	終	終于戊位成度之年十四度	壬子
07	復	復於己位成度之年初一度	庚午

표 37. 태양(太陽)의 포(胞) 태(胎) 양(養) 생(生) 성(成) 종(終) 복(復)

　태음太陰과 태양太陽이 이렇게 포포, 태태, 양양, 생생, 성성, 종종, 복복하는 것이 복잡해 보여도 아주 질서정연하게 이루어지고 있다.

正 태양〈太陽〉： 양기陽氣만 있고 음기陰氣가 조금도 없는 상태이다. 주역周易 이론에 의해 전개된 사상四象이 있는데 이것을 도표로 하면

	六 太陰	七 少陽	八 少陰	九 太陽
四 象	■		■	
兩 儀	■			
无極而太極				

위와 같다. 그러나 정역正易에서는 천지天地와 일월日月을 사상四象이라 하고, 일월

에 일日을 태양太陽, 월月을 태음太陰으로 표시한다.

正 **도생역성**〈倒生逆成〉: 십十에서 일一로 거꾸로 가는 수數를 도倒라 하고 일一에서 십十으로 거슬러 가는 수數를 역逆이라 하며, 시작始作을 생生이라 하고 끝남을 성成이라 한다. 그러므로 이에는 십十에서 시작始作하여 일一에서 끝난다는 말이다. 이것을 순수順數라고도 한다.

正 **후천이선천**〈后天而先天〉: 정역正易에 「后天而先天」이라는 말이 두 곳이 있는데 뜻은 다르다. 즉 「太陽 倒生逆成 后天而先天」이라 함은 후천后天이로되 선천先天을 체體한 것이라는 뜻이요, 또 「戊戌宮 后天而先天」이라 함은 후천后天을 체體한 것이로되 용用은 선천先天이라는 것이다. 무술궁戊戌宮에서 말하는 후천이선천后天而先天은 체體를 먼저 말하는 것이오, 태양太陽은 도생역성倒生逆成하니 후천이선천后天而先天이라 함은 용用을 먼저 말하는 것이다.

正 **미제이기제**〈未濟而旣濟〉: 미제기제未濟旣濟는 기제旣濟를 체體로 한 미제未濟라면 미제이기제未濟而旣濟는 후천后天에 쓰일 미제未濟로대 기제旣濟에 체體하였다고 하여 미제未濟로대 기제旣濟라고 한다. 그러므로 이는 태양정사太陽政事의 체계體系를 세운 도道이다.

正 **칠화지기 팔목지체**〈七火之氣 八木之體〉: 이는 태양太陽의 내체 구조인 바 병칠화丙七火의 기운과 갑팔목甲八木의 체위體位를 말한다. 이것은 정령政令의 기경임갑병己庚壬甲丙중 갑병甲丙을 두고한 말이다.

正 **일칠사**〈一七四〉: 태양太陽의 복지지리復之之理는 일칠사一七四라 하며 십오十五는 태양지정太陽之政이니 또한 일칠사一七四라고 하였다. 손도수 형상은 일이삼사一二三四는 꼽고 오五는 육六으로 펴 놓은 형상을 일칠사一七四의 상象이라 한다. 이는 바로 건乾, 원元·형亨·이利·정貞하는 상象이기도 하다. 일칠사一七四는 또 십일十一(7+4=11)이기도 하다. 십十에서 구팔칠육오九八七六五까지 가면 바로 일칠사一七四의 형상을 이루니 이는 태양太陽의 정政이라 하였다. 그리고 일칠사一七四의 상은 그대로 정역괘正易卦의 삼태택三兌澤의 상이다. 이런 여러 가지 뜻을 일칠사一七四의 상象에서 일시一時에 복합적으로 읽을 수 있다.

天地合德三十二요
地天合度六十一을
日月同宮有无地요
月日同度先后天을
三十六宮先天月이
大明后天三十日을

　이 구절은 앞의 포태양생胞胎養生을 하나의 시詩로 만든 것이다. 천지합덕天地合德하는 것은 무술戊戌에서 기사己巳까지로 32도가 되고, 지천합도地天合度하는 것은 기사己巳에서 기사己巳까지로 61도가 된다. 태음은 태양에 비해서 반밖에 못가지만 지천합도地天合度하면 기사己巳에서 기사己巳까지 61도가 된다.

　일월이 동궁同宮한다는 것은 무위戊位와 기위己位의 일월궁日月宮이 같다는 말이다. 태음의 월궁月宮이 기해己亥이고 태양의 일궁日宮도 기해己亥이다. 또 태음의 일궁日宮이 무진戊辰이고 태양의 월궁月宮도 무진戊辰이다. 그래서 일월이 동궁同宮이라고 말한 것이다. 그런데 또 유지有地와 무지无地가 있다. 태음은 유지有地인데 태양은 무지无地이다. 태양은 경자庚子에서 경오庚午까지 뛰었기 때문이다. "일월동도선후천日月同度先后天"은 월일이 동궁同宮에서 나왔으므로 가는 길이 같지만 하나는 선천이 되고 다른 하나는 후천이 된다는 말이다. "삼십육궁선천월三十六宮先天月 대명후천삼십일大明后天三十日"은 36궁宮은 선천월先天月이고, 후천이 되면 30일이 된다는 말이다.

正 천지합덕삼십이〈天地合德三十二〉: 선천先天의 천지합덕天地合德을 황극체위수皇極體位數 즉 무술戊戌에서 기사己巳까지의 32수에 합덕合德한다는 것이다. 이것으로 미루어 지천합도地天合道도 알 수 있다.

正 지천〈地天〉: 천지天地란 선천先天의 형形이오, 지천地天이란 후천后天의 상象이다. 천지天地와 지천地天이란 주역周易의 태泰 비괘否卦에서

☰ 天	☷ 地
☷ 地	☰ 天
否	泰

라 한데서 비롯된다.

正 일월동궁유무지〈日月同宮有无地〉: 태음太陰과 태양太陽이 생기는 궁宮이 같은데 포태胞胎하는 길만이 다르다. 태음太陰은 경자庚子에서 초1도로 포胞하지만 태양太陽은 병오丙午에서 일칠도一七度로 포胞한다. 그러니 초초일도初初一度는 태음太陰 태양太陽 모두가 기해己亥에서 동궁同宮을 하나 유지有地·무지无地가 다르다는 것이다. 태양太陽과 태음太陰이 어데서 근거根據를 하여 나오는가 하면 태양太陽은 기위성도지일己位成度之日에서, 태음太陰은 무위성도지월戊位成度之月에서 각각 생겨 나지만 모두 기해궁己亥宮이니 이것이 일월동궁日月同宮이라는 것이다. 이를 도표로 표시하면 다음과 같다.

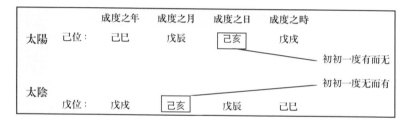

正 삼십육궁선천월〈三十六宮先天月〉: 이 삼십육三十六수는 사상분체도四象分體度 중의 태양太陽수 36도수에 당하는 신해辛亥를 뜻한다. 즉 신해辛亥는 무진戊辰의 초하루에서 14일日째 닿는 선보름인 선천先天달이 후천后天에 계미癸未 초하루에서 치면 29일日 후보름인 후천后天 30일日을 밝힌다는 것이다.

正 대명후천삼십일〈大明后天三十日〉: 후천后天에 30일日을 크게 밝힌다. 정역도수正易度數로 보면 30수數는 사상분체도四象分體圖 159(61+32+36+30)수數 중에 태음수太陰數(30)에 속하는 수數이다. 즉 36수數에 성도成道한 신해궁辛亥宮이 선천先天에서는 14일日째이던 선천先天(선보름)을 밝힌 달이던 것이 후천后天에서는 29일日째에서 30일日을 밝힌다함을 대명후천삼십일大明后天三十日이라 한 것이다. 이를 도표로 알아본다. 이를 대명후천삼십일大明后天三十日라 하였다.

〈大明后天三十日圖〉

癸未	甲申	乙酉	丙戌	丁亥	戊子	己丑	庚寅	辛卯	壬辰	癸巳	甲午	乙未	丙申	丁酉
軫	翼	張	星	柳	鬼	井	參	觜	畢	昴	胃	婁	奎	壁
癸丑	甲寅	乙卯	丙辰	丁巳	戊午	己未	庚申	辛酉	壬戌	癸亥	甲子	乙丑	丙寅	丁卯
一	二	三	四	五	六	七	八	九	十	十一	十二	十三	十四	十五
日														

后天初一日

十六	十七	十八	十九	二十	二十一	二十二	二十三	二十四	二十五	二十六	二十七	二十八	二十九	三十
戊戌	己亥	庚子	辛丑	壬寅	癸卯	甲辰	乙巳	丙午	丁未	戊申	己酉	庚戌	辛亥	壬子
室	危	虛	女	牛	斗	箕	尾	心	房	氐			亢	角
戊辰	己巳	庚午	辛未	壬申	癸酉	甲戌	乙亥	丙子	丁丑	戊寅	己卯	庚辰	辛巳	壬午
1	2	3	4	5	6	7	8	9	10	11	12	13	14	15

先天朔日

선천의 정월 초하루는 무진戊辰 무술戊戌인데, 후천의 정월 초하루는 계미癸未 계축癸丑이 된다. "대명후천삼십일大明后天三十日"은 처음에 무진戊辰 무술戊戌하면 선천으로 29일인데, 후천으로 가면 계미癸未 계축癸丑이 되어서 30일을 크게 밝혀준다는 말이다. 지금도 28수의 동서남북 중앙에 있는 방房·허虛·묘昴·성星은 항상 일요일이 된다. 우선은 그렇게만 알고 자세한 것은 28수를 공부할 때에 자세하게 하도록 하겠다.

四象分體度는 一百五十九니라.
一元推衍數는 二百一十六이니라.

체도體度를 넷으로 나눈 것을 모두 합하면 159가 된다. 앞에서 말한 천지합덕天地合德 32(戊位), 지천합도地天合度 61(己位), 삼십육궁선천월三十六宮先天月의 36, 대명후천삼십일大明后天三十日의 30을 모두 더한 수이다. 159는 곤도坤道이기 때문에 사상분체도수四象分體度數라고 하였다. 일원추연수一元推衍數는 63·72·81을 더한 216이 되며 이것은 건책수乾策數와 같다. 이 159와 216을 더하면 375가 된다. 저 아래의 〈금화오송金火五頌〉에 가면 "一夫之朞, 三百七十五度"라는 말이 나온다. 이 375도에서 15도가 날라가면 360이 된다. 그러니까 원수元數는 375도이고, 여기에서 15도가 없어진 것이 360도이다.

365와 1/4은 제순지기帝舜之朞이고 375도는 일부지기一夫之朞인데 여기에서 15를 존공尊空해서 360이 된 것이 공자기지孔子之朞이다. 일부지기一夫之

^彗인 375에서 선보름 15일을 떼느냐, 아니면 후보름 15일을 떼느냐 하는 것은 우리 학자들이 공부해야 할 숙제이다.

正 일원〈一元〉: 춘추번로^{春秋繁露}에서는 「謂一元者 大始也」라 하였고, 한서^{漢書}에서는 「春秋謂一元之意 一者 萬物之所終始也 元者 辭之所謂大也 謂一爲元者 始大始而欲正本也」 라고 하였다. 또 성리대전^{性理大全} 황극경세서^{皇極經世書} 경세일원소장지수도^{經世一元消長之數圖}에서는 일원^{一元}에 대하여 「邵伯溫曰 一元 統十二會 三百六十運 四千三百二十世 一世三十年則 一十二萬九千六百年」 이라 하였고, 서산채씨^{西山蔡氏}도 또한 일원^{一元}을 말한 바 「一元 有十二萬九千六百歲 一會 有十二萬九千六百月 一運 有十二萬九千六百日 一世 有十二萬九千六百辰 皆自然之數 非有所牽合也」 라고 하였다. 이에 129,600이란 수는 정역^{正易}에서 일세주천율려도수^{一歲周天律呂度數}의 10배수이니 어느 의미에서는 상통점^{相通点}이 있으리라고 본다. 일원^{一元}은 천지^{天地}의 단위수^{單位數}이다. 정역^{正易}에서 말한 일원^{一元}도 마찬가지이다. 216수로 추연^{推衍}하는 단위^{單位}의 일원^{一元}이 있는 경우가 있고 삼백^{三百}수를 대단위^{大單位}로 하는 대일원^{大一元}이 있는데 모두 구^九수를 기준^{基準}하였기 때문에 구^九가 한 머리(一元^{일원})로 되는 것이다. 일원^{一元}이 구^九수가 된다는 것을 도표로 살펴 보면

一元推衍數二百一十六 $(9 \times 9) + (9 \times 8) + (9 \times 7) = 216$
大一元三百數 $(90 + 80 + 70 + 60) = 300$

正 사상분체도〈四象分體度〉: 사상^{四象}은 천지^{天地}와 일월^{日月}이며 분체도^{分體度}는 체위도수^{體位度數}가 나누어진 것이니 이를 합하면 159(61+32+36+30)이다. 이를 도표하면 다음과 같다.

一夫之彗 375	一元推衍數 216	$7 \times 9 = 63$ $8 \times 9 = 72$ $9 \times 9 = 81$	15 尊空 = 360 當朞日
	四象分體度 159	无極體位度 61 皇極體位度 32 日極體位度 36 月極體位度 30	

后天은 政於先天하니 水火니라.
先天은 政於后天하니 火水니라.

선천과 후천이라는 말을 많이 했었는데, 지금까지 후천이라고 한 것은 선천에 정사政事를 할 것이니 수화기제水火旣濟이고, 지금까지 선천이라고 한 것은 후천에 정사政事를 할 것이니 화수미제火水未濟이다. 수화水火라고 한 것은 수화기제水火旣濟를 가리키고, 화수火水는 화수미제火水未濟를 가리킨다.

正 후천정어선천〈后天政於先天〉: 후천后天은 선천先天에 정사政事한다는 것이니 정역正易에는 선천先天을 후천后天이라고한 경우가 많으므로 이것을 밝혀두기 위하여 말한 것이다. 즉 후천后天이라고한 것은 선천先天에 용정用政하니 수화기제水火旣濟라한 것이다. 여기 선천先天을 후천后天이라고, 후천后天을 선천先天이라고한 것이 다섯 군데이니 先天을 后天이라고 한 것 1. 后天无極 2. 后天水金太陰之母 3. 后天而先天 4. 大明后天三十日 5. 后天政於先天 등으로 되어 있다. 이에서 선후천先后天의 체용體用에 따라 뜻이 달라짐을 볼 수 있는 것이다.

正 선천정어후천화수〈先天政於后天火水〉: 정역正易에는 후천后天을 선천先天이라고 한 것은 후천后天에 용정用政하는 것이니 화수미제火水未濟라고 한 것이다. 이에 후천后天을 선천先天이라고 또 선천先天을 후천后天이라고 한것이 몇곳인가 살펴보면 다음 표와 같으나 이는 체용體用에 따라 아와 같이 말한 것이다.

后天을 先天이라 한 것	先天을 后天이라 한 것
先天太極	后天无極
先天火木太陽之父	后天水金太陰之母
先天而后天	后天而先天
三十六宮先天月	大明后天三十日
先天政於后天	后天政於先天

〈십오일언〉에서 제일 중요한 것은 무극·태극·황극이라는 것이 무엇인가? 그것을 밝힌 것이다. 무극·태극·황극의 삼극三極에서 일월日月이 나온 것인데, 달(태음)은 무위戊位(戊戌 己亥 戊辰 己巳)를 기본으로 해서

나오고, 해(태양)는 기위己位(己巳 戊辰 己亥 戊戌)을 기본으로 해서 나온 것이다. 태음은 수금水金 기운에 의해서 무술戊戌이라는 태음지모太陰之母를 기본으로 해서 포胞 태胎 양養 생生 성成 종終 복復하게 되고, 태양은 화목火木 기운에 의해서 태양지부太陽之父를 기본으로 포胞 태胎 양養 생生 성成 종終 복復하게 되는 것이다. 결론적으로 태음은 무위戊位를 기본으로 해서 나오고, 태양은 기위己位를 기본으로 해서 나온 것이다.

결국 사상분체도四象分體度로 요약하면 "32 + 61 + 36 + 30 = 159"가 되고, 일원추연수一元推衍數는 "63 + 72 + 81 = 216"이 된다. '7×9 = 63'에서부터 '8×9 =72'와 '9×9 =81'까지 모두 더하면, '63+72+81 = 216'으로 건지책乾之策과 같다. 또 '1×9 = 9'에서부터 '6×9 = 54'까지 중에서 낙서수洛書數에 해당하는 '5×9 = 45'를 제외한 나머지를 모두 더하면, '9 + 18 + 27 + 36 + 54 = 144'로 곤지책坤之策과 같아진다. 이렇게 말하지 않은 것을 미루어서 알게 되는 것을 추연推演 또는 추리推理라고 한다.

數	乾之策	坤之策
	9×9 = 81 8×9 = 72 7×9 = 63	6×9 = 54 (5×9 = 45) 4×9 = 36 3×9 = 27 2×9 = 18 1×9 = 9
合	216	144

표 38. 건지책(乾之策)과 곤지책(坤之策)

십이지지十二地支가 시계방향과 같은 좌선방향으로 배열된 것은 방위를 나타내는 것이고, 실제로 일월日月이 운행하는 것은 반대방향이다. 28수宿에서 "각항저방심미기角亢氐房心尾箕는 동방창룡칠수, 두우녀허위실벽斗牛女虛危室壁은 북방현무칠수, 규루위묘필자삼奎婁胃昴畢觜參은 서방백호칠수, 정귀유성장익진井鬼柳星張翼軫은 남방주작칠수라고 한다.

	東方蒼龍七宿							北方玄武七宿							西方白虎七宿							南方朱雀七宿						
28宿	角	亢	氐	房	心	尾	箕	斗	牛	女	虛	危	室	壁	奎	婁	胃	昴	畢	觜	參	井	鬼	柳	星	張	翼	軫
星數	2	4	4	4	3	9	4	6	6	4	2	3	2	2	16	3	3	7	8	3	10	8	4	8	7	6	22	4
12月	8월		9월			10월		11월		12월			정월		2월		3월			4월		5월		6월			7월	

표 39. 28수(宿)와 12월의 대응

하늘에서 28수를 다 볼 수 있지만, 정월에 동방에서 해가 뜰 때는 실室과 벽璧의 별은 볼 수가 없고, 2월에는 규奎와 루婁의 별을 볼 수 없다. 태양이 그 방향에 있기 때문이다. 태양의 운행에 따라 항상 태양 쪽에 있는 2~3개의 별들은 볼 수가 없는 것이다. 28수는 황도를 따라서 등대처럼 나열되어 있으면서 북극성을 중심으로 돌고 있다. 28수는 별마다 그 수가 다르다. 위에 나와 있는 것처럼 모든 별을 다 합치면 165개가 된다.

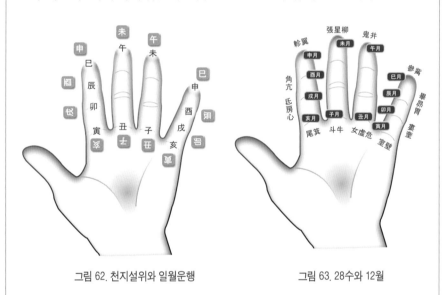

그림 62. 천지설위와 일월운행   그림 63. 28수와 12월

십이지지十二地支를 손에 올리면 방위는 넷째손가락 본절에서부터 자子로 시작하여 좌선하는 시계방향으로 자子, 축丑, 인寅 묘卯 등의 순서로 배열되지만, 실제로 달이 운행하는 순서는 둘째손가락 본절에서 해亥로 시작하여 반대방향으로 해亥, 자子, 축丑 등으로 돌아간다. 이렇게 해서 인寅

과 해亥가 합하고, 자子와 축丑이 같은 자리에서 합하게 되는 것을 '이합二
合'이라고 한다.

북극성을 중심으로 북두칠성이 있는 안쪽을 자미원紫微垣이라고 하는
데, '자紫'는 임금이 있는 북쪽을 가리킨다. 우리나라 대궐의 북쪽문을
자하문紫霞門이라고 하고, 사람이 처음 세상에 나올 적에 태胎를 쓰고 나
오는 것을 자하거紫河車라고 한다. 그래서 북극권을 자미원권紫微垣圈이라
고 부른다. 태미원太微垣, 천시원天市垣, 천진天津, 각도閣道, 오거五車, 헌원
軒轅의 6대 성좌가 이 자미원紫微垣을 옹호하고 있으며, 28수가 6대 성좌를
둘러싸고 있다.

모든 별의 이름에는 다 까닭이 있다. 천자나라의 서울을 잡을 때는 항
상 자미원紫微垣을 중심으로 하고, 제후나라는 태미원太微垣을 중심으로
자리를 잡는다. 자미원에는 북두칠성 외에 은하수銀河水가 있다. 우리나
라 서울의 '한漢'이라는 글자는 하늘의 은하수를 뜻한다. 한라산이라는
이름도 하늘의 은하수를 끌어당긴다는 의미가 들어 있다.

金火一頌
금　화　일　송

※ 문체론(文體論)

〈금화송金火頌〉이라고 할 때 '송頌'은 하나의 문체로서 성인의 덕화德
化를 찬양하는 글을 말한다. 그러므로 아무에게나 송頌을 할 수 없는 것
이다. 반면에 '명銘'은 '송頌'과는 달라서 누구든지 쓸 수 있는 글이며, 장
횡거張橫渠(1020~1077)가 쓴《서명西銘》이나 '묘지명墓誌銘' 같은 것이 있
다. 묘지墓誌에는 처음 1/3정도는 그 사람의 조상이 어떻고 내력이 어떤지
를 기록하고, 또 1/3정도는 살아 있을 동안에 무슨 일을 하고 어떤 공적
이 있었는지를 기록하고, 나머지 1/3에는 자손이 어떻게 되었다는 것을
기록하는 글이다. 그런 것을 다 쓰고 나서 맨 끝에 저자의 생각과 판단을
쓰는 것이 '묘지명墓誌銘'이다. 이 묘지명墓誌銘은 죽으면 땅 속에 같이 묻
는 것이 보통이지만 그것으로 묘비를 하는 사람도 있다. 그것을 '묘갈명
墓碣銘'이라고 한다.

사람의 이름에도 아명兒名, 관명冠名, 자字, 호號, 시호諡號 등이 있다. 시
호諡號는 살아 있을 때 도道가 높고 공적이 있으면 그 사람이 죽은 뒤에
임금이 주는 것이다. 사람이 죽었을 때 명정銘旌을 써서 관 위에 덮는 것
을 관상명정棺上銘旌이라고 한다. 보통 3자 6치가 되는 빨간 천에다가 글
씨를 쓰는데 시법에 따라 210자로 써 놓은 것이 있다. 명정銘旌에 "문정공
지구文正公之柩"와 같은 글귀가 들어가기도 하는데, '문정공文正公'이니 '문
순공文純公'이니 하는 것은 그 사람의 평생의 공적이 어디에 속해 있는지
를 말해주는 것이다. 퇴계 같은 사람은 문순공文純公이라 하고, 우암 동
춘 같은 사람은 문정공文正公이라고 했다. 그 사람의 공적이 어디에 속하
니까 '문文'자를 넣고 또 어디에 속하니까 '정正'자를 넣거나 '순純'자를
넣고 하는 것이 법도에 다 정해져 있다.

조선시대 28왕의 이름에도 다 뜻이 들어 있다. '세종대왕'이라고 부르는 것은 세종이 죽은 뒤에 당상관들로 구성된 장례위원회에서 정한 것이다. 왕의 이름을 보면 세조世祖처럼 '조祖'자를 쓰기도 하고 세종世宗처럼 '종宗'자를 쓰기도 한다. '종宗'은 선대 왕업을 이어 받아서 된 왕에게 붙이는 이름이고, '조祖'는 아버지 임금의 사업을 이어 받은 것이 아니라 쿠데타를 하거나 개혁이나 혁명을 통해서 자기의 사상대로 한 임금에게 붙이는 이름이다. 그래서 조선의 이성계나, 고려의 왕건처럼 창조왕업創肇王業[87]한 처음의 왕들은 모두 태조太祖라고 부른다. '태太'자는 태극에서 따온 글자이다.

이전부터 죽 내려오는 문체의 대표적인 것으로 사辭, 부賦, 표表, 책策 등이 있다. 사辭는 《귀거래사歸去來辭》처럼 노래에 속하는 것이고, 부賦는 《적벽부赤壁賦》와 같이 다른 글로 비유하거나 가미하는 것 없이 있는 사실을 그대로 서술하는 것을 말한다. 표表는 제갈량의 《출사표出師表》와 같은 것이고, 책策은 임금 앞에서 세상을 어떻게 다스려야 하는 지 말하는 것으로 유향劉向이 지은 《전국책戰國策》이 있다. 대신들이 임금 앞에서 치세治世하는 방법에 대해 말하는 것을 전책殿策이라고 한다. 우리가 흔히 춘추전국시대春秋戰國時代라고 말하는데, 춘추시대와 전국시대는 다르다. 공자나 노나라의 은공隱公 원년에서부터 애공哀公 14년까지의 242년 동안의 역사를 기록한 책이 《춘추》인데 이 242년간을 춘추시대라고 하고 《전국책》은 유향이 서주西周와 동주東周 시대부터 약 300년 동안의 역사적인 내용 사실을 기록한 것으로 이 기간을 전국시대라고 하는 것이다.

《정역》에는 《대역서》가 있다. 서序라고 하면 책 앞에 쓰는 것을 말하는데, 책머리에 썼다고 해서 다 서序가 아니다. 우리말로 하면 모두 '머리말'이지만 서序, 서언緖言, 인언引言, 서叙, 도인導引 등이 달라서 각각의 문체가 있다. '서序'는 이 책을 내는데 어떻게 해서 책을 내게 되었는지의 역사적

---

87 '創造'는 하나님이 하시는 일이고, 왕조를 처음 세운 것은 "創肇"라고 한다.

인 사실과 동기를 밝혀놓은 것이다. '서언緖言'이란 이 책을 읽으려면 이런 실마리가 있다는 것을 알려주어 풀어주는 말이다. 책을 읽으려면 이런 저런 것쯤은 상식으로 알아야 이 책을 읽을 수가 있다는 것을 말해주는 머리말이다. '인언引言'은 이 책의 원인이 어디서 흘러 내려와서 지금은 내가 이 책을 쓰지 않으면 안 되게 되어 있다는 말을 하는 것으로 '인引'은 '인因'과 똑같이 쓴다. '서叙'는 그런 조건 없이 저자가 한마디 하는 것을 말하고, '도인導引'은 서언緖言과 마찬가지로 이 책을 읽으려면 이런 것을 알아야 한다고 이끌어주는 것이다.

《정역》에는《대역서》가 있고, 〈일부사실一夫事實〉, 〈일부사적一夫事蹟〉이 있고, 〈십오일언十五一言〉, 〈십일일언十一一言〉이 있다. '일언一言'이란 '한 말씀'이다. 임금이 세상 사람들에게 일러주는 말을 '윤음綸音'이라고 한다. 음音이라는 것은 '소리'가 아니라 '말씀'이라는 뜻이다. 우리가 지금 보고 있는《훈민정음訓民正音》은 1945년 전형필이라는 사람이 경상도 어딘가에서 엿장수한테 산 것이 세상에 드러났다. 이 책을 샀을 때 앞장이 떨어져 있어서 알 수가 없다가 왕조실록을 뒤져 보니까 같은 내용이 적혀 있는 것을 보고《훈민정음》의 필체를 따라 첫 장을 써 넣어서 완성된 것이 오늘날 우리가 보고 있는《훈민정음》이다.

그런데 영조 때에 신경준申景濬(1712~1781)이라는 사람이《훈민정음》을 한글로 번역했는데,《훈민정음》을 '백성을 가르치는 바른 소리'라고 했다. 그렇게 번역한 것은 잘못된 번역이다.《훈민정음》의 처음내용에 "國之語音이 異乎中國하야~"라고 한 것은 "나라 말씀이 중국과 달라 ~"라고 번역한 것과 비교해보면 분명히 차이가 있다. '어음語音'이나 '정음正音'은 이두식 문체이다. 다시 말하면《훈민정음》에서 정음正音은 '바른 소리'가 아니라 '바름'이라고 번역해야 옳은 번역이다.《삼국사기》를 보면 "직은심음直隱心音"이라는 말이있는데, 이것은 '곧은 마음'이라는 뜻이다. '은隱'은 'ㄴ'의 형세를 하고 '음音'은 'ㅁ'의 행세를 하는 것이다. 그러므로 '정음正音'은 '바름'이라고 번역해야 옳은 것이다.

《정역》을 상하편上下篇으로 나눌 수 있는 것이 바로 〈십오일언〉과 〈십일일언〉이다. 십오일언十五一言, 십일일언十一一言, 화무상제언化无上帝言, 화무상제중언化无上帝重言, 금화송金火頌, 일부사실一夫事實, 일부사적一夫事蹟, 이런 것들이다 각각 다른 문체로 쓰여 있다. 《정역》은 얼마 안 되는 글이지만 여러 가지 다양한 문체로 구성되어 있다.

正 금화송〈金火頌〉: 금화송金火頌에는 일一·이二·삼三·사四·오송五頌이 있는데 이를 오행五行에 따라 아래 표와 같이 대비하여 보자.

頌別	五行	各頌要旨	金火說	主指	十一歸體數象
一頌	水	德符天皇·水土平	金火明	拇指	十一
二頌	火	庚金·丁火·交通	理金火	食指	九二
三頌	木	東山第一三八峯	赤赤白白	中指	八三
四頌	金	四九二七金火門	金火門	無名指	七四
五頌	土	다섯 指立	金火互易	小指	六五

표) 金火頌對比

聖人垂道하시니 金火明이오

성인이 도道를 내리시니 금화金火가 밝혀졌다. "성인수도聖人垂道"라는 것은 "10, 9, 8, 7, 6, 5, 4, 3, 2, 1"로 수數를 내린다는 것이고, 그럼으로써 금화金火(九二)의 후천세상이 밝아졌다는 말이다. 열(10)에서 하나(1)로 가니까 올려주는 것이 아니라 내려준다고 표현한 것이다. 글로만 보면 단지 "聖人이 道를 내리시니 金火가 밝아졌다"는 말이지만, 그 속에는 도수度數가 들어 있다.

正 성인수도금화명〈聖人垂道金火明〉: 수훈垂訓은 심법心法·윤리倫理·계명戒命 등을 내려서 가르친 것이어서 선천적先天的인데 반하여 수도垂道는 성리율력性理律曆 음률音律 등을 내려서 인도하는 것이어서 후천적后天的이라고 해석된다. 또 수도垂道
는 十九八七六五四三二一로 내리는 도道이므로 구금九金 이화二火로 되어 금화金火
_{십 구 팔 칠 육 오 사 삼 이 일}

가 밝혀졌다는 것이다. 이를 도표로 알아 보자.

金火明圖

將軍運籌_{하니} 水土平_{이라}

장군將軍이 수가치로 경략經略하니 수토水土가 평정되었다. 첫 번째 행의 "성인수도금화명聖人垂道金火明"과 대련對聯이 된다. 성인과 장군이 짝이 되고, 수도垂道와 운주運籌가 짝이 되고, 금화명金火明과 수토평水土平이 짝이 된다. 이런 것을 시詩의 대련對聯이라고 한다. 처음에는 성인수도聖人垂道라고 하여 "10, 9, 8, 7, 6, 5, 4, 3, 2, 1"로 내려왔는데, 밑에서는 대련이니까 장군운주將軍運籌하여 "1, 2, 3, 4, 5, 6, 7, 8, 9, 10"으로 올라간다. 운주運籌라는 것이 하나에서부터 수가치로 한 개씩 세어 올라가는 것을 말한다. 전쟁을 할 때에 장군이 운주運籌하는 것이 바로 경략經略이다. 하나(一水)에서 열(十土)로 가니까 수토평水土平이라고 말한 것이다.

正 장군운주수토평〈將軍運籌水土平〉: 전국시戰國時에 장군將軍의 전략戰略으로 평정平定한 약지略地를 이와 같이 말하여 왔다. 한漢나라 고조高祖가 이른 바「運籌帷幄 決勝千里 不如子房………」이라 하였고, 한서漢書에서도「運籌帷幄之中………」이라고 하여 운주運籌라는 말이 이에서 나왔다. 정역正易에서는 금화명金火明을 상대로 하여 문文과 무武를 대비시켜 수토평水土平을 말하고 있다. 이것은 수리로 보아 순역順逆의 관계를 나타내고 있다 하겠다. 도표로 하면

順數:	十	九	八	七	六	五	四	三	二	一
	土	金	木	火	水	土	金	木	火	水
					金火明					
逆數:	一	二	三	四	五	六	七	八	九	十
	水	火	木	金	土	水	火	木	金	土
					水土平					

이와 같이 정역正易에서 말하는 장군은 한고조漢高祖가 말한 것과 같은 장군이 아니라 즉 오행장군五行將軍으로 보는 것이 마땅하다. 그리하여 오행장군五行將軍이 운주運籌를 하되 무오토운戊五土運을 운운하고 계육수기癸六水氣를 기기氣하야 십일귀체十一歸體로 평정平定하는 것이 마치 장군운주수토평將軍運籌水土平한듯한 것과 같다.

正 수토평〈水土平〉: 성인聖人이 도道를 내려 전전하여 문덕文德으로 금화金火가 밝아졌다는 것은 도道의 일로서 수리數理로 치면 십十에서 순수順數로 十九(金) 八七六五四三二(火) 一하는 가운데 금화金火를 밝히는 것이요 수토평水土平은 장군將軍이 국가國家를 지키어 무공武功으로 수토水土를 평정平定하는 일이니 그 한 예例로서 우禹임금이 수토평水土平한 일이다. 우리나라에 미수허목眉叟許穆은 대한평수토찬비大韓平水土贊碑를 우禹임금 친필親筆로 쓴 형산비衡山碑에서 칠십칠七十七자를 집자集字하여 강원도 삼척三陟에 세워 오늘에 전전하니 이 또한 수토평水土平의 좋은 일례一例라 하겠다. 우禹임금이 세운 형산비衡山碑는 명明나라 가정嘉禎 때 매몰된지 사천년四千年만에 출토出土되었다하여 신기하게 여긴다고 허미수기언許眉叟記言에 기록記錄되어 있다.

우리나라 평수토찬비문平水土贊碑文을 보면,

大韓平水土贊碑 ^(大禹手篆七十七字中文正公許穆所撰四十八字 奉勅爰爲大韓平水土贊碑刻竪于陟州竹串島)
義旅忘家　翼報承帝　勞心營知　衰事興制
泰華之宗　池瀆其平　處水犇鹿　魚獸發形
而罔弗亨　伸盎疏塞　明門輿庭　永食萬國
　　　(許眉叟先生集字乎衡山碑大禹手篆而爲大韓平水土碑)

이와 같이 수토평水土平의 좋은 예例로 우리나라에 이 찬비贊碑가 있는 것은 그 의미意味 자못 심장深長한 바 있다 하겠다. 정역正易에 수토평水土平은 도수로 치면 一^일(水)二三四五(土)六(水)七八九十(土)에서 나온다.

農夫洗鋤하니 歲功成이오

농부農夫가 호미를 씻으니 한 해의 공이 이루어진다. 세서洗鋤는 칠석에 농부가 호미를 씻고 보너스를 받아서 즐겁게 노는 날이다.

正 농부세서세공성〈農夫洗鋤歲功成〉: 농부農夫가 호미를 씻으니 그해 농사農事일이 이루어졌다. 이 송구頌句에서 금화사송金火四頌의 가송칠월장歌頌七月章이 조응照應된 것이라면, 聖人垂道金火明은 금화이송金火二頌에서, 將軍運籌水土平은 금화삼송金火三頌에서, 農夫洗鋤歲功成은 금화사송金火四頌에서, 畵工却筆雷風生은 금화오송金火五頌에서 각각 전개展開된 것이라 볼 수 있다.

畵工却筆하니 雷風生을

화공畵工이 붓을 던지니 뇌풍雷風이 생긴다. 화공은 일부一夫를 말한다. 괘卦를 그렸기 때문에 화공이라고 말한 것이다. 또 뇌풍은 《주역》 64괘 중의 뇌풍항雷風恒으로 일부 선생님의 이름을 암시하고 있다. 일부 선생님의 이름은 본래 김재일金在一인데 《정역》을 쓰고 도통하고 나서는 이름을 '항恒'이라 하고 호를 '일부一夫'라고 했다. 그런데 본인도 일부가 누군지 몰라서 "일부一夫가 언제 오려나?"하고 기다렸다고 한다. 일부一夫는 일부 선생님 뿐만 아니라 누구든지 다 일부一夫이다. 《주역》에는 "만부지망萬夫之望"이라고 했지만 《정역》에서는 "일부지망一夫之望"이다

복희팔괘와 문왕팔괘는 선천이지만, 정역팔괘는 후천이다. 복희팔괘와 문왕팔괘는 안에서 밖을 보는 것이지만, 정역팔괘는 밖에서 안으로 보는 것이다. 복희팔괘와 문왕팔괘하고 정역팔괘는 보는 방향이 다르게 되어 있다. 선천은 성인이 가운데 들어서서 일인一人이 통치하는 식으로 본 것이, 후천은 만인萬人이 통치하는 것이다. 선천은 "장군운주수토평將軍運籌水土平"인데 후천은 "성인수도금화명聖人垂道金火明"이다. 화금火金이

금화金火세상으로 바뀌는 것이다.

正 **화공각필뇌풍생**〈畫工却筆雷風生〉: 팔괘八卦 그림 그리는 화공畫工이 붓을 물리치니 뇌풍雷風이 생겼다. 성인수도금화명聖人垂道金火明이 공자孔子를 뜻한 구절이라면 화공각필뇌풍생畫工却筆雷風生은 일부선생一夫先生을 뜻한 것이라고 해석된다.

德符天皇하니 不能名이오

　덕德이 천황天皇에 붙으니 능히 이름 할 수가 없다. 무위戊位의 덕이 기위己位의 천황에 부합되므로 무戊라고 해야 할 지 기己라고 해야 할지 이름 지을 수 없다는 말이다. "기己 경庚 신辛 임壬 계癸 갑甲 을乙 병丙 정丁 무戊"로 치면 무戊와 기己가 모두 엄지손가락의 같은 자리에 올라간다.

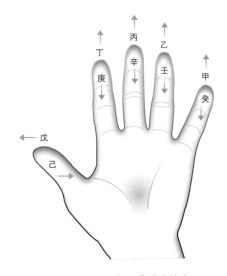

그림 64. 후천의 십간

　'부符'는 '병부 부'자인데 하나를 둘로 쪼개었다가 다시 맞추어 보는 것이다. 과거시험을 치를 때에도 시험지에다 호구단자戶口單子를 먼저 쓰고 글제를 해놓은 것을 똑 바르지 않게 칼로 잘라서 나중에 다시 맞추어 보는데, 이런 것을 부符라고 하는 것이다. 이 호구단자에는 출생내력, 아버지, 할아버지, 증조부, 외조부의 다섯 가지를 적게 되어 있는데 이 중에서 대과를 한 적이 없는 사람은 대과를 볼 자격을 주지 않았다. 임금의 입장에서는 이런 제도를 만든 이유는 그래도 사대부집 자손이면 충신이거나 효자일 가능성이 많으니까 역적은 되지 않겠다고 생각하였기 때문이다. 그래서 이 호구단자에서 먼저 추려가지고 시험을 보게 했던 것이다.

喜好一曲瑞鳳鳴을

아! 좋구나. 한 곡조가. 봉황鳳凰이 와서 우는 소리이구나.

正 희호일곡서봉명〈喜好一曲瑞鳳鳴〉: 희호喜好는 기쁘고 좋다는 것. 주역周易에 「鳴鶴在陰 其子和之 我有好爵 吾與爾靡之」 라고 한 바 주역周易의 명학鳴鶴이 정역正易에는 봉명鳳鳴으로 된다. 이것이 또한 「風三山而一鶴」 이라 함과도 상통한다. 간지도수干支度數로는 정역괘正易卦의 육진뢰六震雷가 손도수로 유酉(九자리)자리에 해당하니 팔간八艮을 거쳐 십건十乾까지 올라오면 닭이 하늘에서는 봉鳳이 학鶴이 되는 상象이다. 그래서 한 곡조曲調 서봉瑞鳳이 운다고 한 것이다. 서경書經에 이른 바 「簫韶九成 鳳凰來儀」 라 한 것과 다름이 없다. 일곡一曲은 무슨 곡曲일까? 이는 바로 영가咏歌인 것이다. 영가咏歌야말로 후천后天의 오행찬송가五行讚頌歌인 것이다. 오행가五行歌인지라 도인道人이 부르면 용음동해심龍吟東海深이요, 속인俗人이 부르면 여탄화유태如彈花柳態라. 영가咏歌에 대하여 시詩 한수를 읊어 본다.

咏歌由來久
龍吟東海深
勿爲花柳態
恐損閑邪心

瑞鳳鳴兮律呂聲이로다.

　서봉瑞鳳이 와서 우니 바로 율려성律呂聲이다. 중부中孚괘 2효에 "鳴鶴在陰, 其子和之, 我有好爵 吾與爾靡之."라는 말이 있다. 봉황새가 난다는 것은 성인이 난다는 말이다. '유술해酉戌亥'의 유酉가 바로 서봉瑞鳳이다.

正 서봉명혜율려성〈瑞鳳鳴兮 律呂聲〉: 서봉瑞鳳은 상서로운 봉황새이다. 논어論語에, 「鳳鳥不至 河不出圖 吾己矣夫」라고 한 바 봉새도 이르지 아니하고 하수河水에서 도圖도 나오지 아니하니 내 그만 두리로다라고 한탄恨歎한 것을 보면 서봉瑞鳳이 후천后天의 기상을 말한 것으로 생각된다. 「좋구나 한 곡曲의 노래에 서봉瑞鳳의 울음 운다. 서봉瑞鳳의 울음이여 율려律呂의 소리로다.」라고 읊은 금화金火 송시頌詩의 한 구절에 있는 말이다. 서경書經에 순舜임금의 음악音樂을 반주伴奏하니 봉황이 와서 춤추었다는 고사故事. 즉 「韶簫九成 鳳凰來儀」란 말이 있듯이 좋아하는 한 곡조曲調의 노래에 서봉瑞鳳이 울음운다는 그 소리. 율려律呂의 소리라고 한다.

　아래의 〈금화이송〉, 〈금화삼송〉, 〈금화사송〉, 〈금화오송〉 등은 모두 이 〈금화일송〉의 한 구절을 되짚어서 설명하는 것이다. 〈금화이송〉은 "성인수도금화명聖人垂度金火明"을, 〈금화삼송〉은 "장군운주수토평將軍運籌水土平"을, 〈금화사송〉은 "농부세서세공성農夫洗鋤歲功成"을, 〈금화오송〉은 "화공각필뇌풍생畵工却筆雷風生"을 설명하는 글이다.

※ 운(韻)에 대하여

　〈금화일송〉은 다른 송頌과는 달리 운韻을 달았다. 한글은 초성, 중성, 종성으로 구성되어 있는데, 운은 중성과 종성을 합한 것이다. '운韻'이라는 글자를 보면 'ㅇ'은 초성이고 'ㅜ'는 중성이고 'ㄴ'은 종성이다. 즉, 중성과 종성을 합한 '운'이 운이 되는 것다.

　중국에서는 사성四聲을 쓰고 있다. 현재의 중국에서는 사성을 "1성聲, 2성聲, 3성聲, 4성聲"으로 부르고 있고, 대만에서는 "평성平聲, 상성上聲, 거성去聲, 입성入聲"이라는 본래의 명칭을 그대로 사용하고 있다. 평성平聲은 입을 반쯤 벌리고서 힘 안들이고 길게 나오는 소리이고, 상성上聲은 평성보다 더 올라가는 소리이고, 거성去聲은 평성에서 내려가는 소리이고, 입성入聲은 거성去聲처럼 내려가다가 다시 오므려 당기는 소리이다. 지금 우리가 쓰고 있는 옥편에는 반드시 동그라미 속에 운韻을 표시하는 글자가 들어 있다. 지금 사람들은 그것을 모르고 쓰지를 않기 때문에 그냥 무심히 넘어가 버린다. 전혀 들어보지도 못한 것이라서 궁금증조차 일지 않는다.

　정조대왕이 만든 《규장전운奎章全韻》이라는 책이 있는데, 규奎는 28수 중에 있는 별로 문장지부文章之府를 맡고 있는 별이다. 규장각奎章閣이라는 이름도 이 별의 뜻을 따서 지은 것이다. 글자는 수만 자가 넘는다. 13경을 중복되는 글자는 제외하고 다 따져보면 6천 5백자가 되지만, 우리나라의 《육서심원六書尋源》에는 8만자가 넘는 글자가 수록되어 있고 《강희자전康熙字典》에는 6만 5천자가 들어 있다. 이 모든 글자에는 반드시 운韻이 있고 모두 33운韻으로 집약할 수 있다. 특히 시詩는 반드시 운韻을 가지고 있다.

　당나라 대의 시인 송지문宋之問(656?~712)이 지은 한시를 예로 들면,

　　馬上逢寒食 (마상봉한식)
　　途中屬暮春 (도중속모춘)
　　可憐江浦望 (가련강포망)
　　不見洛橋人 (불견낙교인)

이 시詩에서는 '춘春'과 '인人'의 글자가 운韻이 된다. 처음 행에는 운을 안 붙이고 두 번째 행에는 운을 붙이고, 세 번째 행에는 운이 없고, 네 번째 행에 다시 운을 붙인다. 그리고 첫 번째 행에 높은 소리의 '상上'을 썼으면 그 다음 행에는 낮은 글자인 '중中'을 쓴다. 또 첫 번째 행의 '한寒'이 이 평성이면 두 번째 행은 상성인 '모暮'자를 쓴다. 장구도 한쪽은 개 가죽으로 얇게 만들어 높은 소리를 내게 만들어서 '뚱~땅~'하는 소리가 나게 해서 음악이 되는 것이다. 시詩를 짓지는 못해도 이런 것을 알고는

있어야 한다.

8만 6천자나 되는 글자의 음운音韻을 간추려서 33가지로 집약해서 만들어 놓은 것이 《규장전운》이다. 맨 윗줄에 있는 것이 평성平聲이고, 그 다음이 상성上聲, 거성去聲, 입성入聲의 순으로 되어 있다. 한글을 "가나다라~" 순으로 하기전에는 이 33운韻으로 "東冬江支微魚~"를 사용했었다. 동녘 '동東'자에 딸린 글자가 '공公, 공工, 공功, 홍紅, 공空…'등으로 이렇게 많다. 옛날에 과거시험을 볼 때 글제목과 압운押韻만 정해주고 시를 지으라고 하면 그 운韻에 속한 글자로만 운韻을 삼아서 글을 지어야 하니까 선비들은 누구나 다 알고 있어야 했다.

〈금화일송〉을 보면 운이 '경庚'자로 되어 있다. 본래 시를 지으면 한 줄은 운을 안하고 한 줄은 운을 다하는 것이 보통인데 〈금화일송〉은 전부 운을 달았다. 이렇게 전체에 다 운을 단 것은 별로 없다. 《옥추경玉樞經》이나 《칠성경七星經》처럼 그런 식으로 운을 단 것도 있기는 하다. 시를 지을 때 칠언七言이나 오언五言으로 하는 이유는 사람의 기억력이 14자까지는 누구든지 잘 외우기 때문이다. 보통 재주가 넘으면 그 이상도 잘 외우지만, 보통 사람으로는 한 번 읽어보고 기억하기 쉬운 것이 14자까지이기 때문에 그렇게 하는 것이다.

중국에는 명나라 때 지은 《홍무정운洪武正韻》이 있고, 그 이전에는 《광운廣韻》이라는 것이 있었지만, 우리나라에는 세종 때에 지은 《동국정운》이 있다. 지금 우리가 한글을 "가나다라~"의 순으로 읽는 것은 세종대왕이 만든 것이 아니라 음운학자인 최세진崔世珍이 만든 것이다. 세종대왕 때에는 33운을 따라 되어 있었다. 그러던 것이 연산군 때 조대비의 사건으로 백성들이 한글을 알아서 모든 사람들이 알게 되었다고 여기고 한글을 읽는 사람을 귀향 보내고 한글로 된 책을 불사르게 하였다. 그래서였는지 《동국정운》이란 책이 1권과 마지막 6권만 남아서 전해져 오다가 근래 1970년대에 나머지가 강원도에서 발견되었다.

정조대왕 때에는 《어정시운御定詩韻》 또는 《규장전운》이라는 책을 만들었는데 구할 수가 없다가 이가운이 찾아내서 헌종 때에 발간된 책이 지금까지 내려오고 있다. 우리나라 조선의 28왕 중에서 가장 밝고 문화 사업을 많이 한 왕이 세종대왕과 정조대왕이다. 한글이 "가나다라~"순으로 되기 전까지는, 1935년 조선어학회 이전에 사전식으로 되어 있는 것은 모두 "동동강지미어~"의 순으로 되어 있다. 《만성통보萬姓統譜》나 《민속지民俗志》같은 책도 다 "동동강지미어~"운韻으로 되어 있는데, 그것을 모르니까 귀중한 자료인데도 불구하고 찾아 볼 수가 없어서 밀쳐놓고 있다. 조선 선조 때에 권문해라는 사람이 지은 《대동운부군옥大東韻府郡玉》이라는 책도 운자韻字에 따라 쓰여 있는데, 운을 모르니까 옆으로 밀쳐놓고 보지를 못하고 있다.

글에 운韻을 달아 놓으면 글을 읽을 때 혀가 잘 돌아가서 외우기도 쉽고 운치도 생긴다. 옛날에는 모든 선비들이 다 알고 있는, 말하자면 선비 생애의 연장도구였는데, 이젠 아무도 알려고도 안하고 알아도 쓸모가 없게 되었다. 겨우 일 년에 한 두 번 하는 전국 백일장에서나 한시인漢詩人들이 조금 쓰고 있을 뿐이다. 선비 노릇을 하려면 어느 때이건 반드시 33운韻을 외우고 있어야 한다. 이것을 모르면 선비궤도에 오를 수가 없다. "가나다라~"도 모르는 사람에게 사전을 찾아보라고 하는 것과 마찬가지이다.

최세진이 "가나다라마바사~", "거너더러머버서~"를 만든 것도 운韻에 따라 한 것이다. 그런데 한글을 역학적易學的으로 보면 더 묘한 것이 있다.

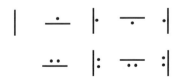

훈민정음 글자

  이것이 《동국정운》에 운韻을 다는 순서이다. 하도식河圖式으로 만들어
져 있다.《훈민정음혜례》에 보면 바로 하도 원리에 의해서 글자가 만들어
졌다는 내용이 있다.

金火二頌
금 화 이 송

吾皇大道當天心하니

정역팔괘의 이천二天자리를 천심天心이라고 하고, 칠지七地자리를 지심地心이라고 한다. 이천二天과 칠지七地는 천하의 추기樞機가 된다. 오황대도五皇大道가 천심天心에 닿아 있다는 말이다. 오吾는 오五와 통하는 글자이다.

正 오황대도당천심〈吾皇大道當天心〉: 내 황심대도皇心大道가 천심天心에 당도當到하였다는 것이니 황심대도皇心大道란 기위己位를 뜻하며 당심천當心天은 지십地十인 기己가 천天이 된다는 것이다. 십일귀체시十一歸體詩에 「地十爲天 天五地」라 하여 땅쪽에 있는 기십己十이 하늘 쪽으로 되어지고 하늘 쪽에 무오戊五는 땅쪽으로 된다는 것이니 이것이 오황대도당천심吾皇大道當天心이다. 이 시구詩句는 본시 송宋나라 주렴계周濂溪의 검문각시劍門閣詩 중에 「劍立溪峰信險深 吾皇大道當天心………」이라고 한데서 취한 것이니 이 시구詩句만 따서 위와 같은 뜻을 붙인 것이다. 정역正易에는 이러한 곳이 허다하다.

氣東北而固守하고 理西南而交通이라

기氣는 동북에서 굳게 지키고 있어서 변하지 않고, 리理는 서남에서 교통하여 변하게 된다. 후천이 되려면 동북東北은 변하지 않고 서남西南이 변한다. 왜냐하면 하도에서 낙서로 변화할 때에 동북쪽인 일육수一六水와 삼팔목三八木은 그 자리에 그대로 있지만 서남쪽의 이칠화二七

그림 65. 氣東北而固守 理西南而交通

火와 사구금四九金은 거꾸로 변했다. 사구四九가 남쪽으로 가고, 이칠二七이 서쪽으로 간다. 이것이 천지변화의 포인트이다.

正 **기동북이고수**〈氣東北而固守〉： 기氣는 동북東北에서 굳게 지킴. 정역正易의 리理와 기氣는 종래從來의 학자學者들이 말하는 이기설理氣說과는 좀 다르다. 정역正易의 이기理氣는 일이삼사오一二三四五와 같이 선천의 생장과정을 기氣라 하고 육칠팔구십六七八九十과 같이 후천의 성숙과정을 모두 리理라 하고 있다.

正 **이서남이교통**〈理西南而交通〉： 리理는 서남방西南方에서 교통交通한다는 것은 금화金火가 교통交通한다는 것이다. 낙서洛書의 사구이칠四九二七이 서남西南에서 교통交通하여 하도河圖로 복귀復歸하는 변화變化를 말한다.

庚金九而氣盈하고 丁火七而數虛로다

경금庚金은 본래 사금四金인데 구금九金이 되어서 기氣가 가득 차고, 정화丁火는 본래 이화二火인데 칠화七火가 되서 수數가 비었다. 후천의 도수로 "기己, 경庚, 신辛, 임壬, 계癸, 갑甲, 을乙, 병丙, 정丁, 무戊"로 치면 경사금庚四金이 구九의 자리에 오고, 정이화丁二火는 칠七의 자리에 온다.

理金火之互位하야 經天地之化權이라

구금九金과 이화二火로 서로 위位를 바꾼 것을 다스리고, 천지의 화권化權을 경영經營한다. 손도수로 치면 구금九金과 이화二火는 모두 둘째손가락에 올라간다.

正 **화권**〈化權〉： 천지天地 조화造化의 권능權能으로 감화感化하는 능력能力. 중국인 채양蔡襄이 군옥전사연시群玉殿賜宴詩에「叡藻敦風化 冥搜出化權⋯⋯⋯」이라고 하였다.「經天地之化權」이라 하니 이는 천지天地의 감화력을 경륜經綸하다고 한데서 있는 말이다.

風雲은 動於數象하고

풍운風雲은 일손풍一巽風과 사감수四坎水이다. 손도수로 치면 넷째 손가락에 일손풍一巽風과 사감수四坎水가 올라간다. 그것이 수상數象에서 움직이는 것이다. 1 2 3 4의 수數가 10이 되어 상象이 된다.

正 풍운동어수상〈風雲動於數象〉: 풍운風雲의 조화造化는 수數와 상象에서 변동變動된다는 것이다. 이것을 도표로 나타내어 생각해 보면,

```
              數              象
正 易 卦 :  1  +  2  +  3  +  4  =  10   風雲動於數象
          巽    天    兌    坎
          爲                爲
          風                雲
```

이라고 하여 천리天理나 인사人事에 변동變動될 때만이 풍운風雲이란 말을 쓴다.

歌樂은 章於武文이라

가악歌樂은 구리화九離火와 육진뢰六震雷이다. 손도수로 치면 둘째 손가락에 구리화九離火와 육진뢰六震雷가 올라간다. 뇌雷는 무武이고, 화火는 문文이다.

正 가악장어무문〈歌樂章於武文〉: 노래와 음악은 문武와 무文에서 문채를 이룬다. 즉 정역괘의 육진뢰六震雷는 무武, 구이화九離火는 문文이다. 이를 도표하면 아래와 같다.

手指象	1	2	3	4	5	6	7	8	9	10
正易卦	八艮	九離	十乾	一巽	二天	三兌	四坎	五坤	六震	七地
武文		(文)							(武)	

喜黃河之一淸이여

아! 좋구나, 황하黃河의 한 번 맑음이여, 황하수黃河水가 5백년 만에 한 번 맑아지는데 그 때에 성인이 난다고 한다. 이것은 건곤乾坤의 자리이다.

正 황하지일청〈黃河之一淸〉: 황하黃河는 중국에 있는 큰 강江인데 이 강물이 항상恒常 흐려 있지만 한 번 맑으면 성인聖人이 나서 태평성세太平盛世를 이룬다고 한다. 그러므로 고인古人이 세상이 흐림을 개탄慨嘆한 시중詩中에 「黃河何時盡………」 이라 하였다. 정역正易에서 「喜黃河之一淸 好一夫之壯觀」 이라 하였으니 이것은 「좋구나 황하黃河가 한 번 맑음이여! 일부一夫가 나와서 천지天地에 장관壯觀을 이룰 좋은 징조로다」 라고 한 것이다.

好一夫之壯觀이라

아! 좋구나. 일부一夫의 볼만한 것이라.

正 일부지장관〈一夫之壯觀〉: 고금천지古今天地에서 전무후무前無後無한 일은 일부一夫의 장관(一夫之壯觀)이라 한다. 그것은 바로 금화문金火門인 것이다. 금화문金火門 안에는 뇌풍궁雷風宮이 있다는 것이니 그것이 바로 천지장관天地壯觀이란 것이며, 일부一夫의 장관壯觀이라고도 한다. 또 장관壯觀에는 뇌천대장雷天大壯과 풍지관風地觀에서 취한 뜻도 있다. 정역正易에 이른 바 「喜黃河之一淸 好一夫之壯觀」 이라람은 황하黃河가 한 번 맑음은 성인聖人이 나오실 징조徵兆라 하므로 황하黃河가 한 번 맑음이여 일부一夫가 나신 장관壯觀이로다라는 뜻이다.

風三山而一鶴이오

바람이 세 번 산山으로 옮겨서 한 마리 학이 나오는 것이다. 육진뢰六震雷 칠지七地 팔간산八艮山으로 옮겨서 팔간산八艮山의 자리를 말한다. 육갑六甲으로 말하면 '유술해酉戌亥'의 자리이다. 풍삼산風三山은 진변위간震變爲艮을 형용한 말이다.

正 풍삼산이일학〈風三山而一鶴〉: 삼산三山을 풍동風動하는 한 마리 백학白鶴이 날

으고 삼벽三碧을 교화教化하는 한 마리 대관大觀이 보인다는 것이니 이것은 간태합 덕艮兌合德을 상징象徵하는 말이다. 풍삼산風三山은 진변위간震變爲艮을 형용한 것이요, 화삼벽化三碧은 손변이태巽變爲兌를 나타낸 글이라고 해석할 수 있다.

化三碧而一觀이라

삼벽三碧을 풀어서 한 마리 대관大觀(鶴)이 나온다. 일손풍一巽風 이천二天 삼태택三兌澤으로 변화해서 삼태택三兌澤의 자리를 말한다. 화삼벽化三碧은 손변위태巽變爲兌를 나타낸 글이다.

正 화삼벽이일관〈化三碧而一觀〉: 삼벽三碧을 화化하는 일관一觀이라는 것은 즉 정역괘正易卦로 일손一巽 이천二天 삼태三兌의 삼벽三碧을 화化하여 하나의 태兌로 나타내는 학鶴이다. 이것이 금화삼송金火三頌에서 말하는 바 「西塞山前白鷺飛」가 되는 것으로 생각된다.

觀於此而大壯하니 禮三千而義一이라

예禮는 3천 가지이지만 의義는 하나로 통한다. 《의례儀禮》가 3천 가지이고, 《예기禮記》는 3백편이다. 청나라 때에 유교의 경서를 13가지로 만들어서 13경이라고 불러왔다. 13경이 무엇인지 보면 다음과 같다.

번호	13경	비고
1	周易	周易·書經·詩經을 三經이라고 한다.
02	書經	
03	詩經	
04	周禮	周禮·儀禮·禮記를 三禮라고 한다.
05	儀禮	
06	禮記	
07	春秋左傳	春秋左傳·公羊傳·穀梁傳을 三傳이라고 한다.
08	春秋公羊傳	
09	春秋穀梁傳	
10	爾雅	爾雅는 周公이 썼다는 辭典
11	論語	
12	孟子	
13	孝經	

표 40. 13경(經) 일람표

《춘추좌전》은 좌구명左丘明이 쓴 것인데 왜 좌구명左丘明이냐면 오른쪽 눈이 실명되어서 왼쪽 눈만 밝고 해서 붙여진 이름이다. 우리나라에서는《춘추좌전》을 주로 읽어서 과거시험에도 늘《춘추좌전》만 썼다.《춘추공양전》은 문학적으로 보면 제일 좋고, 의리로 보면《춘추곡량전》이 제일 잘 되어 있고,《춘추좌전》은 사실이 제일 자세하게 기록되어 있다. 옛날에는 이 13경이 모두 필수과목 이었다.《주역》은 천지변화를 말하는 것이고《서경》은 고대의 전통, 가르침, 증언 등이 나오고《시경》은 민속사관이 들어 있다.《서경》에는 당우삼대唐虞三代의 전통이 내려오는데 당唐은 요임금 시대로《요전堯典》이라고도 하고, 우虞는 순임금 시대로《순전舜典》이라고도 하며, 삼대三代는 하은주夏殷周시대를 말한다. 원래《요순이전堯舜二典》 이전에 삼전三典이 더 있어서《오전五典》이라고 하였었는데, 공자가《춘추》를 지으면서 요순堯舜 이전에는 책력이 없기 때문에 역사를 쓸 수 없다고 하여 없애버렸다. 그래서《중용》의 맨 끝에도 "祖述堯舜하시고 憲章文武하시니 上律天時하고 下襲水土하니라"라는 말이 있다. 여기에서 "상률천시上律天時 하습수토下襲水土"는 공자를 두고 한 말이다.《정역》에는 이 글을 인용하여 "상율하습上律下襲 습우금일襲于今日"이라는 말을 하였다.

우리나라 선비들은 주자가 사서四書로 만든《논어》《맹자》《대학》《중용》과 삼경三經만 독실하게 공부했다. 그래서 우리나라 선비치고 사서삼경四書三經을 안 읽은 사람이 없다. 이것은 주자朱子 식이다. 주자가 맹자를 성인으로 대우하려면 맹자의 스승인 자사子思와 자사의 스승인 증자曾子를 놔두고 어떻게 그럴 수 있냐면서, 자사의《중용》과 증자의《대학》《맹자》와 함께 묶어서 사서四書로 만들었다.

우리나라는 주자朱子 일색으로 주자 이외에는 잘 보지 않았다. 왕필王弼은《주역》에 대해서 이야기를 많이 하고 주도 내었고,《노자》나《장자》에도 주를 내어《노자익老子翼》《장자익莊子翼》이란 책을 짓기도 했고, 소동파의《주역》은 알기 쉽고 일맥상통하게 되어 있으면서 재미도 있는데 그런 것은 읽히지 않았다. 우리나라의 실학자인 성호 이익은 7서書를 어떻게 해야 빨리 읽어서 알 수 있는지를 연구해서 단도직입적인 첩경捷徑으로《질서疾書》를 저술하였다. 그런데《성호질서》와 같은 책은 널리 읽히지를 못했다. 중국에서는 사서삼경四書三經을 만화로 만들어서 아이들에게까지 읽히고 있는데, 우리도 어려운 학문을 쉽게 풀어서 현대에 맞게 응용하고 쉽고 간편하게 만들어서 국리민복國利民福에 보탬이 되도록 하여야 할 의무가 있다.

요즘의 기독교인들은 조상을 알면 하나님을 모르고, 하나님을 알면 조상을 모른다고 한다. 하나님을 우리식으로 말하면〈계사〉에 나오듯이 "여림부모如臨父母"이다. 어디에든지 부모처럼 임림하는 것이 하나님이다. 그런 전통이《서경》에 다 들어 있다. 공자가 말하기를 "詩三百篇을 一言以蔽之하면 思無邪라"고 하였고, "禮三百篇을 一言以蔽之하면 無不敬이라"고 하였다. 일부一夫 선생님은《주례》를 읽으면 취할 것이 많다고 하셨는데, 거기에 보면 천자는 만승지국萬乘之國이고, 제후는 천승지국千乘之國이고, 천자의 대신은 백승지가百乘之家라고 하였는데 만약 제후가 만승지국萬乘之國을 이루려고 하면 반드시 천자를 넘보게 되고, 대신이 천승지국千乘之國을 이루려고 하면 반드시 제후를 넘보고 하기 때문에 이러한 제도를 두었던 것이다. 이런 표준은 모두《주례》에서 나오는 것이다.

앞으로 천지가 변하여 후천이 되면 어떻게 할 것인가? 이미《정역》에는 후천에 쓰일 책력까지 다 마련되어 있기 때문에 우리는 걱정할 일이 없지만, 그래도 제일 문제가 되는 것은 바로 예禮이다. "예삼천이의일禮三千而義一"이라 했는데 예禮가 제일 문제이다. 다른 것은 모두 일부 선생님이 만들어 놓았지만 후천이 되어 우리가 해야 할 일이 바로 예禮를 바로 세우는 일이다. 예禮라는 것은 누구든지 하기 쉽고 그렇게 해야 하는 것이어야 한다.

우리나라의《대전통편大典通編》을 보면 고조까지 제사를 지내는 것은 사대부, 지금의 차관급 이상이 하는 것으로 되어 있다. 선비들은 조부까지 지내고, 일반 백성들은 부모만 제사지내면 되는 것으로 되어 있다. 그런데 그런 것은 보지도 못하고 자기들 마음대로 하고 있다. 그런 것을 우리가 공부하고 의논해서 마련하는 것이 급선무이다.

민속의 예禮에서도 사물놀이를 예로 들면, 이 사물놀이는 환웅 단군 시대 때부터 하늘에 제사지내는 법이었다. 동쪽에는 뇌공雷公이 꽹과리를 들고, 남쪽에는 풍백風伯이 징을 들고, 북쪽에는 우사雨師가 장구를 들고, 서쪽에는 운사雲師가 북을 들고, 뇌공이 앞장서서 산에 올라가 하늘에 제사를 지내는 방법이었다. 뇌공雷公의 꽹과리 소리는 우레가 극도로 치는 소리이고, 징은 바람소리이고, 장구는 소나기가 내리는 소리이고, 북은 구름이 두둥실 떠가는 소리를 나타낸다. 색깔도 동쪽의 뇌공은 푸른색 띠를 두르고, 풍백은 붉은 색, 우사는 검은 색, 운사는 하얀 색의 띠를 두르고 간다. 중국에 가면 하늘에 제사를 지내는 천단天壇이 있는데 명나라 때에 우리 풍속을 가져다가 응용해서 만들어 놓은 것이다. 둥글게 만들어서 동쪽에는 뇌공지신雷公之神, 남쪽에는 풍백지신風伯之神, 북쪽에는 우사지신雨師之神, 서쪽에는 운사지신雲師之神을 세워 놓았다.

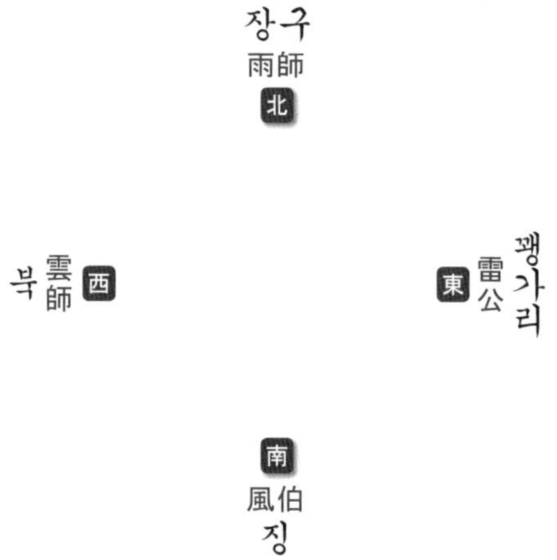

그림 66. 사물놀이와 동서남북

혼례도 마찬가지이다. 혼례는 유가에서 옛날식으로 하는 것이 가장 간략하다. 혼례음식 중에서는 미나리하고 부추가 주재이다. 천제를 지낼 때도 마찬가지인데, 다른 것은 일 년 중 한 때만 커서 먹을 수 있는데, 미나리하고 부추는 일 년 내내 커서 먹을 수 있는 것이라서 끊임없이 신에게 감사를 드린다는 정성을 나타낸다. 그리고 가정을 번창하게 해달라는 의미에서 대추를 올리고, 계대를 상징하는 밤을 놓아 장수를 기원하고, 교육을 위해 감을 놓고, 좀 더 좋게 하려면 두뇌를 좋게 하는 잣, 호도, 은행을 놓아 자신을 위한다. 이렇게 말로 무엇을 달라고 기원하는 것이 아니라 말없이 '이런 것을 원합니다.'하고 제물로 대신하는 것이다. 혼인을 해서 장모 앞에는 대추를 갖다 놓고, 장인 앞에는 밤을 놓게 하여 신랑신부에게 던짐으로써 자식 많이 낳고 건강하게 살라고 기원하는 것이다.

주례사를 보면 혼인의식이 얼마나 달라졌는지 알 수 있다. 1950년 이전에는 주례사가 고천문을 낭독하는 것이었다. 하늘에 대고 감사를 드리는 것이었는데, 1970년대에 들어와서는 하늘에 대한 감사와 기원이 신랑신부의 맹세로 바뀌었다. 평생토록 함께 하며 고락을 같이 할 것을 맹세하겠는가를 신랑신부에게 묻는다. 언제부터인지도 모르게 하늘에 하던 것이 신랑신부에게 온 것이다.

이런 예禮를 어떻게 할 것인지, 어떻게 고쳐야 할 것인지가 우리가 할 일이다. 후천이 오면 가장 시급하게 해결해야 할 것이 예禮인데, 예禮 중에서도 가장 중요한 것이 제례祭禮이다.

---

* 현재 통용되고 있는 『정역(正易)』의 판본이 나오게 된 것은 1923년 돈암서원에서 사계 문집을 낼 때에 남은 부분이 있어, 거기에 처음 실리게 된 것이다. 이때 나온 판본의 정역팔괘에는 2天7地의 위치가 乾아래에 2天, 坤아래에 7地로 배치되어있다.
그런데, 삼정 권영원선생이 소장하는 1909년(己酉)에 발간된 김정현의 『정역주의(正易註義)』필사본에는 乾아래에 7地, 坤아래에 2天이 배치되어 있다. 문헌고증상 가장 오래된 자료를 취할 수 밖에 없어 상생출판에서 발간된 『정역구해』(2011년)에서 정역팔괘도의 그림을 처음으로 수정했다. 여기에는 앞으로도 많은 연구가 필요하리라 여겨진다.

金火三頌
금 화 삼 송

北窓淸風에 暢和淵明无絃琴하고

　"북창청풍北窓淸風"은 《정역》의 건괘乾卦를 보고서 하는 말이다. 정역팔
괘에서는 북쪽에 건괘乾卦가 있고 남쪽에 곤괘坤卦가 위치한다. "연명무
현금淵明无絃琴"은 도연명이 줄 없는 거문고를 두드리면서 변죽을 치면서
술타령을 하던 것을 말한다. 건괘乾卦가 북쪽에 있어서 북창北窓의 청풍淸
風소리가 도연명의 줄 없는 거문고 가락과 잘 화합한다는 것을 표현한 말
이다. 이것은 괘도卦圖를 그려 놓고서 건괘乾卦를 보고 찬양하는 노래 가
락이다.

그림 67. 정역팔괘도

🈁북창청풍창화연명무현금〈北窓淸風暢和淵明无絃琴〉: 북창北窓의 맑은 바람에
도연명陶淵明의 줄없는 거문고 소리에 창화暢和한다. 창暢은 거문고의 가락이다. 풍
속통風俗通에서도 이른 바「命其曲曰暢 暢者 道之美暢」이라고 쓰여 있다. 여기서
는 곧 영가詠歌인 「음아이어우」를 비유해 하는 뜻인가 한다. 그리고 북창청풍北窓
淸風과 도연명陶淵明과의 관계를 읊은 시는 여기저기 많이 보인다. 즉 진서晉書의 도
잠전陶潛傳에 「高臥北窓 自謂羲皇上人」이라 하였고 또 소통簫統의 도정절전陶靖

節傳에 「淵明不解音律而蓄無絃琴一張」 이라 했으며 이서구李書九의 글에도 「積雨
初晴 臥念水榭風欞 披襟納涼之興 若非張志和西塞山前 政是陶淵明北窓枕上 不
覺神旺………」 이라고 하였다.

東山弟一三八峰을 次第登臨하야 洞得吾孔夫子小魯意를

　동산東山의 제일 높은 삼팔봉三八峰에 차례로 올라가 보니 공자가 노나
라가 작다고 한 뜻을 알게 되었다. 삼팔봉三八峰은 팔간산八艮山을 말한다.
공자가 동산에 올라가 보고 노魯나라가 작다는 것을 알았다는 말은《맹
자》[88]에 나온다.

正동산제일삼팔봉〈東山第一三八峰〉： 동東쪽나라에 있는 산山의 제일봉第一峯은
삼팔봉三八峯이라는 것. 삼팔三八은 목木이며, 목木은 동방東方을, 동방東方은 정역正
易의 팔간산八艮山을 뜻한다.

正차제등림〈次第登臨〉： 동산에서도 제일가는 삼팔봉三八峰에 차례 차례로 올라
간다는 말. 이는 팔간산八艮山을 뜻함.

正통득오공부자소노의〈洞得吾孔夫子小魯意〉： 맹자孟子는 이르기를 「孔子登東
山而小魯 登泰山而小天下 是故觀於海者 難爲水 遊於聖人之門者 難爲言………」
이라고 하였다. 이 뜻을 정역正易에 옮긴 바 동산제일東山第一 삼팔봉三八峯에 올라
보니 우리 공부자孔夫子께서 노魯나라 작게 여기신 뜻을 통득洞得하였다 함은 후
천后天을 통通해 보니 선천先天의 천지天地는 소천지小天地였음을 알았다는 것이다.

脫巾掛石壁하고 南望靑松架短壑하니

　수건을 벗어서 석벽石壁에 걸고 남쪽을 바라보니 푸른 소나무의 가지
가 곤괘坤卦의 형상을 띠고 있다. 오곤지五坤地를 말한다.

---

88 孟子曰, 孔子登東山而小魯, 登太山而小天下. 故觀於海者難爲水, 遊於聖人之門者難爲
言. 觀水有術, 必觀其瀾. 日月有明, 容光必照焉. 流水之爲物也, 不盈科不行; 君子之志於道也,
不成章不達.《孟子》〈盡心章句上〉

正 탈건괘석벽〈脫巾掛石壁〉: 이태백李太白의 하일산중시夏日山中詩에 「脫巾掛石壁 露頂灑松風」이라고 한 것을 취하였지만 그 뜻은 정역正易에서는 전연 달리하여 정역팔괘도正易八卦圖의 건괘乾卦가 남南에서 북北으로 이동하는 것을 상징象徵한 말이다.

正 석벽〈石壁〉: 언덕의 바위가 내려 질러서 바람벽같이 된 곳인데 이는 정역괘正易卦의 십건十乾과 팔간산八艮山을 그린 시구에서 나온 말이다.

西塞山前白鷺飛를

그리고 다시 서쪽 가를 보니까 산 앞에서 백로白鷺가 날고 있다. 이것은 삼태택三兌澤을 표현하는 말이다 '새塞'자는 가를 뜻하는 '새'로 읽는다.

正 서새산전백로비〈西塞山前白鷺飛〉: 정역괘正易卦의 서방西方 태괘兌卦를 그린 말인데 이르기를 「서西녘 갓의 산 앞에는 백로가 날른다」는 장지화張志和의 어부가漁夫歌를 빌어다가 태괘兌卦의 기상을 그리는 시詩로 읊은 구절이다.

正 산전〈山前〉: 산山 앞이란 팔간산八艮山 앞이란 뜻. 즉 서西쪽 새방塞方에서 팔간산八艮山 앞으로 해오라기가 나른다고 한 것이다.

懶搖白羽扇하고 俯瞰赤壁江하니

백우선白羽扇을 느릿느릿하게 펼쳤다 접었다 한다는 것은 서쪽의 일손 풍一巽風을 표현하는 말이다. 이렇게 엉뚱한 말을 갖다 놓고 전혀 다른 뜻을 나타내는 것을 시詩의 환골탈태법換骨奪胎法이라고 한다. 몸을 구부려서 적벽강赤壁江을 바라본다는 것은 사감수四坎水를 뜻한다.

正 나요백우선〈懶搖白羽扇〉: 정역正易에서 이는 금화이송金火二頌 중에 진손괘震巽卦를 의미意味하는 노래이다. 옛날 이태백李太白의 하일산중시夏日山中詩를 빌어다가 후천后天 정역괘正易卦를 노래한 것이지만, 나요懶搖란 진동振動하는 것으로 진震을 뜻하고, 백우선白羽扇이란 바람(風)으로서 손巽을 뜻한 것이다.

교 부감적병강〈俯瞰赤壁江〉：구부려 적벽강赤壁江을 본다는 말로서 정역괘正易卦의 사감수四坎水를 적벽강赤壁江으로 비유하고 구부러져 봄을 부감俯瞰이라고 하여 구이화九離火를 표현하였다. 이 구절의 앞에 나요백우선懶搖白羽扇이라한 나요懶搖는 정역괘正易卦의 육진뢰六震雷요, 백우선白羽扇은 일손풍一巽風을 의미意味한다. 이렇게 보면 이 두 구절은 뇌풍雷風과 일월日月을 나타낸 것이라 해석解釋된다. 대체로 금화삼송金火三頌에 들어 있는 정역괘중正易卦中 건곤간태乾坤艮兌는 문덕양심文德養心을 의미意味하니 도연명陶淵明의 무현금无絃琴이라든지 공부자孔夫子의 소노의小魯意라든지 탈건脫巾하고 청송青松을 바라보는 것이라든지 백로白鷺가 팔간산八艮山을 향하여 날아드는 것이라든지 모두가 문덕양심文德養心의 기상이 아닌 것이 없다. 다음 진손감리괘震巽坎離卦는 무공평위武功平胃를 의미意味하니 백우선白羽扇으로 촉한蜀漢의 제갈량諸葛亮이 삼군三軍을 지휘指揮한 사실事實이라든지 적벽강赤壁江에서 오吳나라 주유周諭가 위魏나라 조조曹操를 대파大破한 적벽대전赤壁大戰의 사실이라든지 계명산 추야월에 옥통소를 불러대서 항우군졸項羽軍卒을 허치고 사면초가四面楚歌를 일으킨 장자방張子房의 취소농명월吹簫弄明月이라든지 등이 모두가 무공평위武功平胃 아닌 것이 없다. 그리하여 정명금화리正明金火理는 금화사송金火四頌에서 시금일是今日로 나타나고 율려조음양律呂調陰陽은 금화오송金火五頌에서 조화공용造化功用으로 입증立證되었다고 생각된다. 다음 실장삼십육室張三十六을 금화이송金火二頌에서 하물능청각何物能聽角을 금화일송金火一頌에서 의의擬議해 보면 대체의 구상을 짐작되리라 생각된다.

赤赤白白互互中에 中有學仙侶하야 吹簫弄明月을

적적赤赤은 이칠화二七火이고 백백白白은 사구금四九金이다. 구이九二와 사칠四七이 서로 섞이어 있는 중에 학學·선仙·려侶가 있어서 퉁소를 불면서 명월明月을 희롱하고 있는 것이다. 퉁소는 육진뢰六震雷이고, 명월은 사감수四坎水이다. 학學·선仙·려侶는 각각 유가·도가·불가를 말한다. 삼국지의 적벽강 싸움에서 장자방이 옥퉁소를 불어서 병사들이 감동되어 다 흩어져 버려서 평화가 왔다는 것을 이야기하고 있다.

교 적적백백호호중〈赤赤白白互互中〉：이는 금화삼송金火三頌의 손도수로 삼팔三八

중지中指자리를 중심으로 하여 사구이칠四九二七 금화문金火門을 다음의 도표와 같이 쳐보면 그 관계를 쉽게 짐작할 수 있다.

食指	中指	藥指	
九二 白赤	三八 中	四七 —————— 白赤	二七四九 赤赤白白
互互　中			

正 백백〈白白〉 : 백白은 서방색西方色이오 적赤은 남방색南方色이다. 수리數理로는 이 칠二七이 적적赤赤이라면 사구四九가 백백白白이라 하겠다.

正 중유학선여 취소농명월〈中有學仙侶 吹簫弄明月〉 : 이 시는 구단丘丹의 시에 「中有學仙人 吹簫弄明月」이라고 한데서 취한 말이지만 그 글뜻과는 전연 다른 것으로서 가운데에는 유儒·선仙·불佛인 학선여學仙侶가 있어서 통소를 불고 명월明月을 노래한다고 하였다. 이에서 정역正易에 「中有學仙侶」란 일부一夫선생 자신을 가리킨 것으로 생각된다. 그것은 무위시无位時에 「道乃分三理自然 斯儒斯佛又斯仙 誰識一夫眞踏此 无人則守有人傳」이라고하는 바 이것은 일부선생一夫先生이 유儒·불佛·선仙 삼도三道를 다 밟아 온 것을 의미하므로 여기 유불선儒佛仙이 곧 중유학선여中有學仙侶라는 말과 상통하기 때문이다.

　우리나라 삼대악성三大樂聖을 들면 고구려의 왕산악, 신라의 우륵, 그리고 조선의 박연이 있다. 이 중의 박연은 세종대왕과 아주 막역한 사이라서 박연이 세종대왕이 없어도 안 되고, 세종대왕도 박연이 없으면 일을 못하는 그런 사이였다. 그런데 소인배들의 모함으로 박연이 쫓겨나게 되었다. 박연이 한강을 건너는 배위에서 호때기를 불면서 신세타령을 했는데 옥통소를 얼마나 잘 부는지 배 위에 있는 사람 중에 울지 않은 이가 하나도 없었다고 한다.

《정역》에도 음악이 있는데 그것을 '영가咏歌'라고 한다. "궁宮·상商·각角·치徵·우羽"의 오음에 해당하는 "음·아·어·이·우"하는 소리로 노래를 하는 것이다. 일부 선생님이 그것을 정해서 만들었고, 국사봉에서 덕당德堂선생님과 함께 6년 동안 노래를 했다고 한다. 그런 노래를 처음에 "북창청풍北窓清風"으로 시작해서 "취소농명월吹簫弄明月"로 〈금화삼송〉을 마친 것이다. 시詩나 송頌에는 글 밖에 따로 뜻이 있다. 이것은 팔괘를 노래하는 송頌이다.

金火四頌
금　화　사　송

四九二七金火門은 古人意思不到處라

사구四九와 이칠二七은 "10, 9, 8, 7, 6, 5, 4, 3, 2, 1"로 셀 때, 손으로 보면 사구四九와 이칠二七이 2지指와 4지指에 자리하여 금화문金火門을 형성한다. 고인古人들 중에서 이런 식으로 보고 생각이 미친 사람이 아무도 없다.

正 금화문〈金火門〉: 금화金火의 문. 즉 천지도 이 금화문金火門에 출입出入하고, 일부一夫도 이에 출입出入하니, 금화문金火門은 삼재문三才門과 같이 크다는 것. 주역에서는 역易을 천지天地와 같이 크다고 강조하는 말에서 易與天地準 故能弥綸天地之道 라고 하였고 정역에서는 금화문金火門이 천지인天地人(三才)보다 크다고 강조하는 말에서 大哉金火門 天地出入 一夫出入 三才門 라고 하였다.

正 고인의사부도처〈古人意思不到處〉: 옛 사람들의 의사意思에는 도달到達치 못한 곳이다. 즉 생각지도 못하던 곳이다. 금화문金火門이라는 것을.

四九二七金火門

그림 68. 四九二七金火門

一六三八左右分列

그림 69. 一六三八左右分列

我爲主人次弟開하니 一六三八左右分列하여

내가 주인이 되어서 차례대로 열어보니 일육삼팔一六三八이 좌우로 나뉘어 늘어져 있다. 일손풍一巽風·육진뢰六震雷·삼태택三兌澤·팔간산八艮山이 금화문金火門을 중심으로 좌우로 분열分列되어 있다. 지금까지 괘卦가 이렇게 꼭 들어맞은 적이 없다. 복희팔괘나 문왕팔괘도 이렇게는 꼭 들어맞지 않는다. 사구이칠四九二七은 사감수四坎水·구리화九離火·이천二天·칠지七地를 말한다.

正 **아위주인차제개**〈我爲主人次第開〉: 내가 주인主人이 되어 차례로 전개展開하였다는 것으로 만고萬古에 없던 새 광경光景이 전개展開되다는 뜻이다.

正 **좌우분열**〈左右分列〉: 좌우左右로 나누어 벌려 놓음. 즉 일육수一六水와 삼팔목三八木을 좌우로 나누어 벌려 놓았다는 말.

古今天地一大壯觀이요 今古日月弟一奇觀이라.

옛날부터 지금까지로 보면 하나의 큰 장관壯觀이고, 지금부터 옛날까지로 보면 제일가는 기이奇異한 볼거리라는 말이다. 대장大壯과 관觀괘를 일대장관一大壯觀이라는 말로 바꾸어서 표현했다.

正 **고금천지일대장관**〈古今天地 一大壯觀〉: 예부터 이제까지. 이 천지에서 (고금천지에서 없는 일) 하나의 큰 장관壯觀. 고금천지古今天地에서 제일가는 큰 장관壯觀이라는 말. 여기서는 뇌천장관雷天大壯과 풍지관風地觀을 합合하여 일컬은 것이니 그 속 뜻은 뇌풍雷風이 주동主動이 되어 금화문金火門이 열리는 장관壯觀과 기관奇觀을 말한 것이다. 그러면 뇌풍雷風은 누구일까? 이는 독자讀者에게 맡긴다.

歌頌七月章一篇하고 景慕周公聖德하니

《시경》의 〈빈풍豳風〉에 주공周公이 어린 성왕成王을 위해서 백성들이 나라를 위해서 농사를 짓는 것을 알아야 한다는 이야기를 노래한 것이 나오는데 그것이 바로 〈칠월장七月章〉이다. 이런 내용을 담고 있는 〈칠월장〉한 편을 노래(頌)하여서 주공의 성덕聖德을 경모敬慕한다는 뜻이다. 맹자는 주周나라 역曆을 썼는데, 주공周公은 오히려 주나라 역법曆法을 쓰지 않고 하夏나라의 역법을 썼다. 경景은 경敬과 같은 뜻이다.

正 **가송칠월장**〈歌頌七月章〉: 칠월장七月章을 찬송하는 것. 칠월장七月章은 시경詩經의 빈풍豳風편에 있는 글로서 주공周公이 성왕成王을 위하여 지은 성덕聖德을 노래한 것이나, 이에는 칠월七月의 뜻이 따로 있다.

"七月流火 九月授衣 一之日 䉌發 二之日 栗烈 無衣無褐 何以卒歲 三之日 于耜 四之日 擧趾 同我婦子 饁彼南畝 田畯至喜"(詩經 豳風七月章)

於好夫子之不言이 是今日이로다

아! 부자夫子가 말씀하지 않으신 것이 바로 오늘이로다. '어於'는 감탄사로 쓰일 때는 '오'로 읽는다. 〈계사〉에 "불언이신不言而信 존호덕행存乎德行"이라는 말도 오늘날 후천으로 변하는 것을 보고서 하신 말씀이라는 것이다.

正 **부자지불언**〈夫子之不言〉: 공부자孔夫子가 뜻만 두고 말씀을 아니한 것이 다섯군데나 있는데 모두 십무극十无極자리를 뜻한 것이다.

무극지무극부자지불언无極之无極夫子之不言도 십十자리를 말한 것이오,
불언이신부자지도不言而信夫子之道도 십十자리를 뜻한 것이오,
부자지불언시금일夫子之不言是今日도 십十수세계 도래到來의 날을 두고 한 말이요,
성인소불언聖人所不言도 십十수 실현의 과정과 현상을 두고 한말이요,
불언무극유의존不言无極有意存도 십十무극 자리를 가리킨 말이다.

正 **시금일**〈是今日〉: 이것이 바로 후천后天이 되는 오늘(今日)의 일이다. 일부一夫가 시경詩經의 빈풍칠월장豳風七月章 한편을 송頌할 때에 주공周公의 성덕聖德을 경모景慕하는데 공부자孔夫子가 말씀 아니하신 것이 「이러한 금일今日이였구나」하는 데서 한 말이다.

金火五頌
금 화 오 송

〈금화오송〉은 〈금화일송〉의 "화공각필뇌풍생畵工却筆雷風生"을 설명하면서 금화송金火頌 전체를 맺는 노래이다.

鳴呼라 金火互易은 不易正易이니 晦朔弦望과 進退屈伸은 律呂度數와 造化功用이 立이라 聖人所不言이시니 豈一夫敢言이리오마는 時요 命이시니라.

"오호鳴呼"는 금화송金火頌을 끝맺음이기 때문에 하는 소리이다. 금화호역金火互易은 이구二九가 자리바꿈을 하는 것이다. 정역正易이 되면 다시 바뀌지 않을 역易이 되어 영구히 가는 것이다. 회삭현망晦朔弦望은 달의 운동이고, 진퇴굴신進退屈伸은 조수의 변화를 말한다. 이와 같이 되면 율려도수律呂度數와 조화공용造化功用이 다 선 것이다. 성인은 공자를 말한다. 공자가 말씀하지 않으셨으니 어찌 일부가 감히 말하리오마는 천시天時요 천명天命이기 때문에 이런 말을 하게 되었다는 뜻이다.

正 불역정역〈不易正易〉：다시 바뀌지 않을 정역正易이다. 금화金火가 한곳에서 서로 호역互易하는 것이 불역정역不易正易인 것이다. 이는 구이착종九二錯綜을 말할 경우에 금화호역金火互易이오 불역정역不易正易이라고 한 것이다.

正 회삭현망 진퇴굴신〈晦朔弦望 進退屈伸〉：회삭현망晦朔弦望은 달의 운행運行에 따라 일어나는 현상現象이요, 진퇴굴신進退屈伸은 지구地球의 자전自轉 공전公轉과 달의 인력引力에 따라 일어나는 조류潮流현상이다. 즉 호상진퇴互相進退하고 호상충격互相衝激함을 말하니 충격衝激은 곧 굴신屈伸이라 생각된다.

正 조화공용〈造化功用〉：조화란 온 세상世上 만물萬物을 낳고 죽이고 하는 자연自然의 힘과 재주. 열자列子에 「老耼曰 造化之所始」라고 하였다. 그 후 조물주造物主에 대하여는 조화옹造化翁으로도 쓰여왔다. 조화공용造化功用은 자연自然의 힘과 재

주를 인공ㅅ功으로 하여 쓰는 것을 말한다.

正 성인소불언〈聖人所不言〉: 이에 성인聖人은 공자孔子를 가르킨 말이다. 불역정역 不易正易은 성인聖人이 말씀 아니하신 바인데 어찌 일부一夫가 감히 말하리오마는 지 금 말하게 됨은 천시天時요 천명天命인 까닭이라고 한것이다.

正 일부감언〈一夫敢言〉: 후천后天으로 변變하는 원리原理는 공자孔子도 뜻만 두시고 말하지 아니한 바이며 고인古人들은 생각도 못한 것인데 일부一夫가 감히 말한 것은 천지天時가 되었고 천명天命이 있었기 때문이라는 것이다.

正 시명〈時命〉: 천시天時와 천명天命. 어찌 일부一夫가 감히 회삭현망晦朔弦望과 진퇴 굴신進退屈伸과 율려도수律呂度數와 조화공용造化功用이 새롭게 정립定立되어 불역정 역不易正易이 성립成立하는 일을 말하리오마는 이는 천시天時요 천명天命이 이르러서 말한다는 것이다. 불경佛經에서도 무상无上한 묘법妙法은 백천만겁百千萬劫에서도 때 를 만나기가 어렵다 하였다. 그러므로 일부一夫를 배우는 자者(一夫之徒일부지도)들은 이 시명時命에 유의하여 새시대의 사명使命을 깨달아 오늘날의 당무지사當務之事에 헌 신獻身하여야 할 것은 물론勿論이다.

嗚呼라 日月之德이여 天地之分이니 分을 積十五하면 刻이요 刻을 積 八하면 時요 時를 積十二하면 日이요 日을 積三十하면 月이요 月을 積 十二하면 朞니라.

아! "일월지덕日月之德"이라는 것은 "생생지위역生生之謂易"이라고 한 것처 럼 돌아가면서 나타나는 것인데, 그 효과를 덕德이라고 한다. 남의 효력 을 내가 보는 것을 덕德이라고 한다. 이런 일월日月의 덕德은 천지에서 나 뉘어진 것이다.

분分을 적십오積十五하면 일각一刻이 된다. 분分은 마지막 단위인데, 시각 時刻이 15분에서 나왔다는 말이다. 그래서 십오十五가 중요하다. 십(10)은 건乾이고, 오(5)는 곤坤이므로 십오(15)에서 나왔다는 것은 건곤乾坤(天 地)에서 나왔다는 말과 같다. 그래서 십오十五가 모든 것의 기준이 된다.

사람이 밥을 먹는 것도 15분이면 충분하고, 무지하게 먹는 코끼리도 15분이면 한 끼의 식사를 충분히 한다. 각刻을 적팔積八하면 일시一時가 되고, 시時를 적십이積十二하면 일일一日이 되고, 일日을 적삼십積三十하면 일월一月이 되고, 월月을 적십이積十二하면 일기一朞가 된다.

正 **일월지덕**〈日月之德〉: 천지天地가 합덕合德한 것이 일월日月이라고 하면 일월日月의 덕德은 곧 천지天地가 나뉘운 바 생생生生하는 현상이다. 주역周易에 덕德을 말하여 생생지위덕生生之謂德이라고 하였다. 그러므로 일월日月의 덕德을 말하는데 「朞生月 月生日 日生時 時生刻 刻生分 分生空 空无位」라고 하여 생생生生하는 일월日月의 덕德을 말하고 있다.

正 **천지지분**〈天地之分〉: 일월日月의 생생生生하는 덕德은 천지天地의 나뉘움에서 이룬다는 것이다. 다시 말하면 천지天地에서 나뉘어진 것이 일월日月의 덕德이라는 것이다. 그러므로 분分을 십오十五 건곤수乾坤數를 한 단위로 하여 쌓은 것이 십오분十五分 일각一刻이 되는 것이다.

朞는 生月하고 月은 生日하고 日은 生時하고 時는 生刻하고 刻은 生分하고 分은 生空하니 空은 无位니라.

수數를 《정역》에서는 무량无量까지 가고도 더 가고 싶어서 "막막막무량莫莫莫无量"이라는 말을 쓰고, 공허空虛에서 무위无位까지 가고도 더 가고 싶어서 "화옹무위化翁无位"라는 말을 사용하였다 수數의 단위를 보면 아래의 도표와 같다.

大小	01	02	03	04	05	06	07	08	09	10	11	12	13	14	15	16	17	18	19	20	21
小	分	釐	毛	絲	忽	微	纖	沙	塵	俊	渺	漠	模湖	逡巡	須臾	瞬息	彈指	刹那	六德	清淨	空虛
大	單	十	百	千	萬	億	兆	京	垓	秭	壤	溝	澗	正	載	極	恒河沙	阿曾底	那有他	不可思議	无量

표 41. 수(數)의 단위

正 공무위〈空无位〉: 공空하므로 일정한 위치가 있을 수 없다. 공空되니 원圓이오 원원圓圓하니 수는 36이다 36은 율려律呂의 수요 360은 기朞의 수이라. 공空과 기朞를 추연推衍하면 여러 가지 미묘한 원리가 나온다. 주역에서는 방위가 없는 것은 신神이라 했고 본체가 없는 것을 역易이라 했다. 이것이 정역에 와서는 신神은 공空[律呂]으로 통하고, 역易은 기朞[曆]로 통한다.

帝堯之朞는 三百有六旬有六日이니라
帝舜之朞는 三百六十五度四分度之一이니라
一夫之朞는 三百七十五度니 十五를 尊空하면 正吾夫子之朞當
朞三百六十日이니라.

　제요지기帝堯之朞는 366일이고, 제순지기帝舜之朞는 365도와 1/4이다.《서경》에 보면 이런 말이 나온다. 하나는 쓰는 것으로 말하는 것이고, 다른 하나는 수리數理로 세는 것으로 말한 것이다. 일부지기一夫之朞는 375도인데 여기서 15를 존공尊空하면 공자지기夫子之朞 360과 같아진다. 요堯와 순舜을 합해서 말하고, 공자와 일부를 함께 말하고 있다.

正 제요지기〈帝堯之朞〉: 요堯임금의 기朞는 366일日이라 하니, 이는 서경書經에서 「帝曰 咨 汝羲曁和 朞三百有六旬有六日 以閏月定四時成歲 允釐百工 庶績咸熙」라고 한 것을 취한 말이다.

正 제순지기〈帝舜之朞〉: 제순帝舜의 기朞는 365도度¼이니 현재까지 쓰이고 있는 책력冊曆이다.

正 존공〈尊空〉: 공空은 무위无位라하니 공空자리를 존귀尊貴하게 모심.

正 십오존공〈十五尊空〉: 정역正易에는 십오귀공十五歸空과 십오존공十五尊空이 있는데 귀공歸空은 빈 공(○)자리로 돌아가게 하는 것이오 존공尊空은 공(○)자리에 높여 모셔 두는 것이다. 십오十五는 무기戊己 건곤乾坤 뇌풍용정수雷風用政數 등을 뜻한다.

正 정오부자지기〈正吾夫子之朞〉: 바로 우리 공부자孔夫子의 기朞 360일日을 말한다. 공자孔子의 기朞는 후천后天에야 알게 되니 진실로 자공子貢이 말한 바 「夫子

天縱之將聖」이라고한 데서 알 수 있다 하겠다.

正 당기삼백육십일〈當朞三百六十日〉: 일년一年에 360일이 한 돐이 당한 것이 기朞를 공부자孔夫子의 기朞라고 한다. 일부一夫의 기朞는 375도度니 이에서 15 건곤수乾坤數를 존공尊空시키면 공부자孔夫子의 기朞인 당기삼백육십일當朞三百六十日 이라는 것이다.

五度而月魂生申하니 初三日이요 月弦上亥하니 初八日이요 月魄成午하니 十五日이 望이니 先天이니라

위의 이치를 가지고 한 달을 나누어 본 것이다. 28일이 월굴우진月窟于辰하므로 "五度而月魂生申하니 初三日이요"라는 것은 진辰에서 사巳·오午·미未·신申으로 5도를 가면 신申이 되고, 그 때가 바로 초삼일初三日이라는 말이다.

"月弦上亥하니 初八日이요"는 월굴우진月窟于辰에서 8일을 더 가면 진辰·사巳·오午·미未·신申·유酉·술戌·해亥해서 해亥가 된다. "月魄成午하니 十五日이 望이니"는 마찬가지로 월굴우진月窟于辰에서 15일을 더 가면 오午가 되는데 이 전前 15일을 선천이라고 하는 것이다.

正 월혼생신〈月魂生申〉: 이십팔일二十八日 무진庚辰에 달이 굴窟하니 이에서 오도五度를 가면,

1	2	3	4	5
辰	巳	午	未	申

하고 신申에 당하니 이날이 곧 초삼일初三日이다. 이것을 월혼月魂이 신申에서 생긴다고 한 것이다.

正 월현상해〈月弦上亥〉: 달이 반달이 된것을 현월弦月이라고 한다. 그리고 초팔일初八日을 상현上弦 이십삼일二十三日을 하현下弦이라고 하는데 여기서 말한바 「月弦上亥 初日」이란 달이 을해일乙亥日에 상현上弦이 되니 초팔일初八日이 되는 날이라 하니 여기 을해乙亥란 선천先天의 무진戊辰 초하루에서 제第 팔일八日째 되는 날

을 말한다.

西 월백성오〈月魄成午〉: 달의 형체形體, 즉 체백體魄이 무진戊辰 선천先天 초하루에서 세이며 임오壬午가 십오일十五日에 당하므로 달의 형체形體가 오午에서 성형成形하여 십오일十五日이 보름달이 된다는 것이다. 이를 도표로 살펴보면

1	2	3	4	5	6	7	8	9	10	11	12	13	14	15
戊	己	庚	辛	壬	癸	甲	乙	丙	丁	戊	己	庚	辛	壬
辰	巳	午	未	申	酉	戌	亥	子	丑	寅	卯	辰	巳	午

月魄成午
十五日望先天

西 십오일망〈十五日望〉: 십오일十五日이 보름이 되니 이를 선천先天이라고 하니 한 달에도 선천先天 후천后天으로 나누어 선보름은 선천先天, 후보름은 후천后天으로 되어 있다.

月分于戌하니 **十六日**이요 **月弦下巳**하니 **二十三日**이요 **月窟于辰**하니 **二十八日**이요 **月復于子**하니 **三十日**이 **晦**니 **后天**이니라.

"**月分于戌**하니 **十六日**이요"는 계미癸未를 초하루로 하면 16일째의 실室에서 무술戊戌이 되므로 월분우술月分于戌이라 한 것이고, "**月弦下巳**하니 **二十三日**이요"는 사巳까지 내려가면 23일이 되는 것이다. "**月窟于辰**하니 **二十八日**이요"는 계축癸丑을 초하루로 쳤을 때 경진庚辰까지가 28일이 되고, "**月復于子**하니 **三十日**이 **晦**니"는 다시 계미癸未에서 쳐서 30일이 임자壬子가 된다. 이 후後 15일을 후천이라고 한다. 이것은 모두 〈이십팔수운기도二十八宿運氣圖〉를 보고 헤아리는 것이다.

西 월분우술〈月分于戌〉: 달이 십오일十五日에 가서 망望이 되었다 함은 일월日月이 서로 맞바라보는 상태에서 둥글게 보인다는 뜻이다. 후천后天에는 계미癸未 초初하루에서부터 십육일十六日이 무술戊戌이므로 술戌에서 나뉘었다는 것이다.

西 월현하사〈月弦下巳〉: 달이 을사일乙巳日인 이십삼일二十三日에 가서 하현下弦이 된다는 것이니 을사乙巳란 후천后天의 계미癸未 계축癸丑 초初하루에서 이십삼일二十三

日에 당하는 날이다.

正 월굴우진〈月窟于辰〉: 후천력后天曆으로 계미癸未 계축癸丑이 초하루가 되니 계축癸丑에서 경진庚辰까지 세어 28일日이 경진庚辰이다. 28일日 달은 이 경진庚辰에서 굴窟한다는 것이다. 소강절邵康節이 대역음大易吟에서 「耳目聰明男子身 洪鈞賦予不爲貧 須探月窟方知物 未攝天根豈識人 乾遇巽時觀月窟 地逢雷處見天根 天根月窟閒來往 三十六宮都是春」이라고 하였으니 이 시는 복희팔괘伏羲八卦의 태극상太極象을 읊은 것이라고 하지만 천근월굴한래왕天根月窟閒來往하니 삼십육궁도시춘三十六宮都是春이라 함은 정역후천正易后天에서야 이루어지는 일이니 소요부邵堯夫가 정녕 후천后天을 내다본 것이 분명하다. 아무튼 월굴月窟이란 이 시구詩句에서 유래한 말이다.

正 월복우자〈月復于子〉: 달이 자子에서 복復한다는 것으로서 복復이란 「復之之理」라고 하는 복復과 비슷한 상태이다. 달이란 본시 자체自體에서 광光을 발휘하는 것이 아니라 태양太陽의 빛을 받아 영허소장盈虛消長의 형태形態를 이루는 것이므로 달의 자체自體는 어두운 것이다. 달의 혼魂이 초삼일初三日에 생긴 후 초팔일初八日에 상현上弦, 십오일에 망望 이십삼일二十三日에는 하현下弦 이십팔일二十八日에 가서야 월굴月窟하여 삼십일三十日에 달의 본체本體로 복復하는 것을 「月復于子」라고 한 것이다. 그리고 자子에서 복復한다는 것은 후천后天 달력으로 계미癸未 계축癸丑에서 초初하루가 되어 삼십일三十日에 가면 임오壬午 임자壬子가 되는 임자壬子에 복復한다는 것이다.

月合中宮之中位하니 一日이 朔이니라

언제든지 계미癸未·계축癸丑을 초하루로 쓸 때, 즉 후천에서는 무진戊辰·무술戊戌이 16일이면서 중궁지중위中宮之中位가 되고, 무술戊戌·무진戊辰을 초하루로 쓸 때, 즉 선천에서는 계미癸未·계축癸丑이 16일이면서 중궁지중위中宮之中位가 된다. 월月은 중궁지중위中宮之中位에 가서 합合하고, 그 날 하루가 삭朔이 된다는 소리이다.

正 월합중궁지중위일일삭〈月合中宮之中位一日朔〉: 선천先天이든 후천后天이든 초

初하루가 되는 원리, 즉 그 까닭을 밝힌 바 달이 중궁中宮의 중위中位에서 합合하는 때가 初하루가 된다는 것인데 이는 이십팔수운기도二十八宿運氣圖의 운기運氣가 바로 그것이다. 즉 선천先天의 초하루는 계미癸未 계축癸丑 으로부터 삼십일三十日 임오壬午 임자壬子까지의 중궁中宮의 중위中位는 무진戊辰 무술戊戌이 初하루가 되고, 후천后天의 초初하루 또한 무진戊辰 무술戊戌에서 삼십일三十日인 정묘丁卯 정유丁酉까지의 중궁中宮의 중위中位는 계미癸未 계축癸丑이 된 위치가 후천后天 초하루가 되는 때이다. 중궁中宮의 중위中位를 도표하면 다음과 같다.

〈中宮之中位平圖〉

癸甲乙丙丁戊己庚辛壬癸甲乙丙丁戊己庚辛壬癸甲乙丙丁戊己庚辛壬
未申酉戌亥子丑寅卯辰巳午未申酉戌亥子丑寅卯辰巳午未申酉戌亥子

癸甲乙丙丁戊己庚辛壬癸甲乙丙丁戊己庚辛壬癸甲乙丙丁戊己庚辛壬
丑寅卯辰巳午未申酉戌亥子丑寅卯辰巳午未申酉戌亥子丑寅卯辰巳午

↓
中宮之中位一日朔

戊己庚辛壬癸甲乙丙丁戊己庚辛壬癸甲乙丙丁戊己庚辛壬癸甲乙丙丁
辰巳午未申酉戌亥子丑寅卯辰巳午未申酉戌亥子丑寅卯辰巳午未申酉

戊己庚辛壬癸甲乙丙丁戊己庚辛壬癸甲乙丙丁戊己庚辛壬癸甲乙丙丁
戌亥子丑寅卯辰巳午未申酉戌亥子丑寅卯辰巳午未申酉戌亥子丑寅卯

↓
中宮之中位一日朔

六水九金은 會而潤而律이니라
二火三木은 分而影而呂니라

"기己 경庚 신辛 임壬 계癸 갑甲 을乙 병丙 정丁 무戊"에서 육수六水는 계육수癸六水를 말하고 구금九金은 신구금辛九金을 말하며, 이것이 모인다는 것은 손가락을 구부려서 율律이 된다는 말이다. 또 이화二火와 삼목三木은 정이화丁二火와 삼갑목三甲木을 말하며, 이것이 나뉜다는 것은 손가락을 펴서 려呂가 된다는 말이다. 율려律呂는 그렇게 만들어 진다.

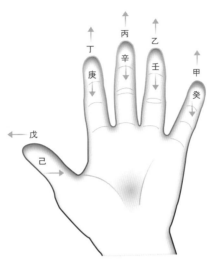

그림 70. 후천 십간의 수지상수

■ 육수구금회이윤이율〈六水九金 會而潤而律〉: 정역正易의 십일귀체시十一歸體詩에 「政令 己庚壬甲丙 呂律 戊丁乙癸辛」이라고 하였다. 여율呂律에서 율律에 속한 계(癸六)와 신(辛九)을 육수六水 구금九金이라 하여 손으로 꼽은 쪽을 회會라 하고, 펴인 쪽을 분分이라 하였다. 이윤而閏은 수금水金의 작용作用으로 일어나는 현상을 말하며, 화목火木은 영影이라 하였다. 이 관계를 도표하면 아래와 같다.

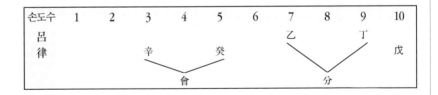

이와 같이 보는 근거根拠는 뇌풍정위용정수雷風正位用政數에 「地數方 丁乙癸辛 天度圓 九七五三」이라고 한 데 있다. 실지로 쳐보면 알 수 있으리라 믿는다.

■ 율려도수〈律呂度數〉: 율려律呂의 도수度數는 하루에 36분인데 일년一年이 쌓이면 12,960분이 된다. 그리고 또 율律은 육수구금六水九金이 회윤會潤한 것이고, 여呂는 이화삼목二火三木이 분영分影한 것이라고 한다. 또 여율呂律은 무정을계신戊丁乙癸辛으로서 이를 뇌풍정위용정수雷風正位用政數에서 「地數方 丁乙癸辛 天道圓

九七五三」이라고 하였다. 이 모든 것이 율려도수律呂度數라고 하는데 율려律呂에 대해서 필자는 또 아래 도표와 같이 구분하고자 한다.

律呂體位度數

六水九金	癸辛	五三	(律)
二火三木	丁乙	九七	(呂)
	地數方	天度圓	

律呂運用度數

分은 12,960   刻은 864   時는 108   日은 9

1日 36分 × 360日 = 12,960分 (1歲)

이렇게 볼 때 율려체위도수律呂體位度數에서 육수구금六水九金인 계신(癸六辛九)은 태양太陽의 칠화七火의 기(七火之氣)와 팔목의 체(八木之體) 속이라면, 이화삼목二火三木인 정을丁乙은 태음太陰의 일수의 혼(一水之魂)과 사금의 백(四金之魄) 속이 되는 율려律呂의 체위도수體位度數가 되는 셈이다. 율려운용도수律呂運用度數에서 1일日 36분分이 1년年 360일日이 쌓이면 12,960분分이 되니 이를 각刻으로 치면 864각刻, 시간時間으로 치면 108시간時間 날자로 치면 9일日이다. 그러면 1일日의 36분分과 1년年의 9일日은 지구운행地球運行에 어떠한 영향을 미치는가? 관견管見에 의하면 1일日 36분分은 1일日 조수潮水가 36분分씩 시차時差로 늦어간다는 것이오 또 1년年 9일日은 주야晝夜의 장단長短이 9일日마다 1각刻(15分)씩 길어지거나 짧아지거나 한다는 것이다. 이와 같이 볼 때 1각刻은 15분分으로서 15수數는 건곤수乾坤數요, 15존공수尊空數니 기본수이다. 이것이 율려도수律呂度數의 율려체위도수律呂體位度數와 율려운용도수律呂運用度數가 나타내는 하나의 현상이라고 여겨진다.

一歲周天律呂度數

일 세 주 천 율 려 도 수

正 일세주천율려도수〈一歲周天律呂度數〉: 1일日의 율려도수律呂度數는 36분이다. 이 36분을 36×360=12,960분이 되니 이것이 1세歲의 하늘을 주회周回하는 율려도수律呂度數가 되는 것이다. 이 12,960분을 각刻으로 또 시時로 일日로 환산하여 표시하고 있다. 이것을 도표하여 보면

分	12,960분 (36分 × 360日 = 12,960分)
刻	864각 (12,960分 ÷ 15分 = 864刻)
時	108시 (864刻 ÷ 8刻 = 108時)
日	9일 (108時÷12時=9日)

표) 〈律呂一年周回度數〉

그러면 일세주천율려도수一歲周天律呂度數는 12,960분分이지만 이 수를 일日로 환산換算하면 9일日이 되니 이 일日일은 일월운행日月運行에 어떠한 영향影響이 있으며 36분分은 또 어떠한 현상으로 나타나는가? 이 36분分은 조수간만시潮水干滿時와 관계가 있는 것 같다. 조수潮水의 진퇴시간進退時間은 하루에 36~40분分씩 늦어가서 15일日이 되면 아침 조수潮水가 저녁 조수潮水로 저녁 조수가 아침 조수로 바뀐다. 이것이 율려도수律呂度數의 영향影響인 것 같다. 그리고 9일日(12,960분分)은 태양太陽의 일조日照 장단長短이 9일日이 되면 1각刻(15분分)씩 변變하니 이러한 현상으로 운행되는 일월日月 및 조수潮水의 변화變化를 나타내는 원동력도수인 것 같다.

分은 一萬二千九百六十이니라
刻은 八百六十四니라
時는 一百八이니라
日은 一九니라

율려도수律呂度數는 어떻게 되느냐? 태음 태양은 정령政令에서 났는데, 정령은 율려律呂를 바탕으로 해서 나오는 것이다. 하루를 분分으로 치면

36인데 360을 곱하면 12,960이 된다. 각刻으로 치면 864가 되고, 시時로
치면 108이 되고, 일日로 치면 9가 된다.

理會本原原是性이오 **乾坤天地雷風中**을
歲甲申六月二十六日戊戌에 **校正書頌**하노라

지금까지 본《정역》의 내용을 정리해보면, 처음에는 "盤古化, 天皇无
爲, 地皇載德, 人皇作, 有巢旣巢, 燧人乃燧, 神哉伏羲劃結, 聖哉神農耕
市, 黃帝甲子星斗, 神堯日月甲辰, 帝舜七政玉衡, 大禹九疇玄龜, 殷廟可以
觀德, 箕聖乃聖, 周德在玆二南七月, 麟兮我聖, 乾坤中立, 上律下襲, 襲于
今日"까지 십오성인十五聖人을 들어 역사를 말하고, 무극 태극 황극의 삼
극三極과 책력策曆을 말하고, 문학적인 것으로 금화송金火頌을 이야기했
다. 〈십오일언〉 이므로 십오성인을 이야기했는데 그것이 바로 도통연원
道統淵源이다.

시부詩賦를 짓는 방법에는 앞에서 이야기한 사辭·부賦·표表·책策과 송
頌 이외에도 종류가 매우 많은데, 내가 조사한 것으로 보면 시詩를 쓰는
문체가 235가지나 된다. 지금은 종류가 다양하다고 해도 예전에 비하면
오히려 많이 간략해진 것이라고 할 수 있다.

水土之成道는 **天地**요 **天地之合德**은 **日月**이니라

수토水土라는 것은 열(10)과 하나(1)을 말한다. 〈십일일언〉 에는 "十土
六水는 不易之地니라, 一水五土는 不易之天이니라"라는 말이 있다. 천지라
는 것은 십토十土와 일수一水가 만들어낸 것이다. 그 천지가 합덕合德하여
일월日月이 된다. 일월은 천지의 합덕合德에 의해서 만들어지고, 천지는
수토水土의 성도成道로 만들어졌다는 천지일월天地日月의 생성원리를 말하
고 있다. 천지일월天地日月이 이러한 원리로 생겼다는 것을 전제로 말해 놓
고, 아래에서는 일월日月이 대체 어떤 운동을 하고 있는지에 대하여 밝히

고 있다.

교 수토지성도천지〈水土之成道天地〉：수토水土는 천지天地를 성도成道시킨다면 금화金火는 일월日月을 성도成道시킨다고 생각된다. 그러므로 이금화지호위理金火之互位하야 경천지지화권經天地之化權이라고한 것이다. 수토水土가 천지天地를 성도成道시키므로 이는 곧 일태극一太極 십무극十无極 오황극五皇極 수數인 일수一水 십토十土 오토五土인 수토水土라고도 해석된다.

교 천지지합덕일월〈天地之合德日月〉：천지天地의 나뉘움(分)은 일월日月의 덕德이라 하였고, 천지天地의 합덕合德은 일월日月이라고 하였으니, 천지지분天地之分이든, 천지지합天地之合이든 모두 일월日月로 인한 것이기 때문에 천지天地가 일월日月이 없으면 빈 껍질이라고한 것이다. 정역正易에 이른 바 「天地合德」과 「天地之合德」은 같은 말이 아니라 천지합덕天地合德은 지천합도地天合道와 상대되는 선후천先后天의 뜻이 있지만 천지지합덕天地之合德은 하늘과 땅이 합덕合德한다는 현상저명縣象著明을 말한 것이다.

太陽恒常은 性全理直이니라
太陰消長은 數盈氣虛니라

태양이 항상恒常된 것은 성전이직性全理直하기 때문이고, 태음이 줄었다 커졌다하는 것은 수영기허數盈氣虛하기 때문이다 태양은 빛 자체이기 때문에 밝다(明)는 표현을 하지 않는다. 밝다거나 어둡다고 말할 수 있는 것은 태양이 아니라 달이다. 우리말을 보면 지구가 태양을 한 바퀴 도는 것을 '한 해'라고 하고, 달이 지구를 한 바퀴 도는 것을 '한 달'이라고 한다.

태양은 그 리理가 곧기 때문에 항상恒常한 것이고, 직直은 무한하게 뻗어나가는 것인데 곧게 나아가면 그것이 바로 원圓이 된다. 반면에 곡曲은 유한하다는 뜻이다. 오늘날의 TV와 Radio로 비유하면, TV는 눈으로 보는 것으로 시공을 통하여 곧게(直) 나아가기 때문에 중간에 가로막는 것이 있으면 볼 수가 없다. 반면에 라디오는 귀로 듣는 것이고 그 전파가 용수철처럼 굽어(曲) 있어서 지하실에서도 들을 수 있다. 곡曲과 직直이 이렇게 다른 것이다.

正**태양항상**〈太陽恒常〉: 태양太陽은 영허소장盈虛消長이 없이 항상恒常한 것이다. 그 까닭은 태양太陽은 본성本性이 온전하고 도리道理가 순직純直하기 때문이다.

正성전이직〈性全理直〉: 정역正易에서는 성리性理는 태양太陽에서 말했고 영허소장盈虛消長은 태음太陰에서 말하고 있다. 주역周易에서는 성性을 성지자成之者라고 하니 성전性全을 주역周易에서 말하는 성성존존成性存存이라 한다면 이직理直은 성선性善이 정직正直한 도의道義라고 해석된다. 인간人間에 성성존존成性存存한 도의道義는 항상恒常 떳떳한 것이며 태양太陽의 성전이직性全理直은 또한 항상恒常 존존存存한 것이다. 우리 인간人間도 항상恒常 태양太陽과 같이 성품性品이 온전하고 도리道理가 곧고 바르게 하는 것이 후천后天사람의 일인가 한다.

盈虛는 氣也니 先天이니라
消長은 理也니 后天이니라

수數가 가득 찼어도 기氣는 비어 있으니 선천이고, 소장消長은 리理이니 후천이다. 영허盈虛는 선보름의 형태이고, 소장消長은 후보름의 형태가 그렇다는 말이다. 그러니까 선천과 후천은 태양에서 나오는 것이 아니라 달에서 나오는 것이다. 선천에는 윤閏이 있지만 후천에는 윤閏이 없다. 365도와 1/4이 선천 윤閏의 도수인데, 5와 1/4이 떨어져 나가고 360의 후천이 되면 윤閏이 없어진다.

물론 달이 차오르고 이지러지는 것은 지구가 태양을 가려서 그림자가 생기기 때문이다. 선천은 빈 데서 차오른다. 해가 서쪽으로 넘어가자마자 달이 떠오르는데 동쪽에서부터 차오르는 것을 상현上弦(初八日, ◗)이라고 하고, 서쪽에서 커가는 것을 하현下弦(二十三日, ◖)이라고 한다. 그래서 달은 "삼팔정사三八政事"라고 한다. 팔간산八艮山과 삼태택三兌澤이 위주가 돼서 영허소장盈虛消長의 변화를 일으킨다. 28일에 월굴우진月窟于辰했다가 3일에 나오기 시작해서 8일에 상현上弦이 되고, 15일 망望을 거쳐서

23일 하현下弦이 되고 28일에 다시 월굴月窟하게 된다. 이것을 〈금화오송〉에서 "五度而月魂生申 初三日. 月弦上亥 初八日, 月魄成午 十五日望 先天. 月分于戌 十六日, 月弦下巳 二十三日, 月窟于辰 二十八日, 月復于子 三十日 晦 后天"라고 말한 것이다.

여자의 자궁이 달의 영허소장盈虛消長과 주기가 같이 하기 때문에 월경月經이라고 부른다. 28일이 되면 '굴窟'해서 초삼일初三日이 될 때까지의 5일 동안 아이가 생길 수 있는 배란일이 된다. 물론 월경이 29일 형도 있고 30일 형도 있지만 대표적인 것이 28일 형이다. 그래서 달과 똑같은 변화 주기를 갖고 있기 때문에 월경이라고 하는 것이다.

正 영허기야〈盈虛氣也〉: 먼저는 찼다(영盈)가 뒤에 허虛한 것은 기운때문이니 이는 선천先天이라는 것이다. 천지天地의 영허盈虛도 여시소식與時消息이란 영허盈虛는 성쇠지리盛衰之理를 말하는 것이오, 정역正易의 영허소장盈虛消長은 생성지의生成之義를 뜻한 것이다.

正 소장〈消長〉: 쇠衰하는 것과 성盛하는 것인데 이에는 사라졌다가 자라는 것이다. 즉 달의 소장消長으로 훗보름 십육일十六日에서부터 달이 사라지다가 다음달 초삼일初三日부터 보름까지 자라가는 달의 소장消長을 말한다.

后天之道는 屈伸이요 先天之政은 進退니라

正 후천지도굴신〈后天之道屈伸〉: 후천后天의 천도정사天道政事는 동서東西로 굴신屈伸하는 지구地球의 자전운동自轉運動을 뜻하기도 한다. 그러나 달의 굴신屈伸으로 보면 16일日은 달이 굴屈한데서 시작始作하여 다음달 보름까지 되면 신伸하는 것이니, 이것 또한 굴신屈伸이라 한다. 선천지정先天之政은 진퇴進退라 함을 달의 현상으로 볼 때 초初하루에서 보름까지는 달이 커져가서 진전進展되지만, 16일日부터 30일日까지는 사려져가서 퇴소退消하므로 선천先天은 진퇴進退라고 한다.

正 선천지정진퇴〈先天之政進退〉: 선천先天의 천도天道 정사政事는 진퇴進退라 하니 진퇴進退는 지구地球 공전公轉운동이 남진南進 북퇴北退한다는 뜻이다. 지구地球에서

발생發生하는 춘하추동春夏秋冬은 지구地球의 남북진퇴南北進退로 인하여 발생하는 연고緣故이다. 후천后天이 되면 사시장춘四時長春이 되는 것이므로 진퇴進退가 아니라 굴신屈伸이라고 하였다.

달은 8일째의 상현과 23일째의 하현의 기준으로 삼팔정사三八政事에 의해서 운동하지만, 조수는 그렇지 않다. 물의 조수는 태양과 태음의 인력에 의해서 '십오정사十五政事'에 의해서 움직인다. 십오정사十五政事라는 것은 십건천十乾天과 오곤지五坤地를 의미한다. 조석潮汐을 우리말로 하면 '사리와 조금'이라고 하는데, '사리'는 '리괘離卦를 쏜다(射離)'는 말이고 '조금'은 '조감朝坎'이 변해서 된 말이다.

30일 주기로 보면, 1~3일은 바닷물이 묘시卯時에 차오르고, 4~6일은 진시辰時에 물이 차오르고, 7~9일은 사시巳時에 사리가 되고, 10일째인 오일午日에는 물이 빠지지도 않고 들어오지도 않는다. 11~13일은 미시未時에 물이 들어오고, 14~15일은 신시申時에 물이 들어오고, 16일이 되면 유시酉時에 물이 들어와서 아침조수가 저녁조수로 바뀌게 된다. 16일째에는 아침조수와 저녁조수가 뒤바뀔 뿐이어서 결국 초하루 묘시卯時에 물이 들어오는 것과 똑같아진다.

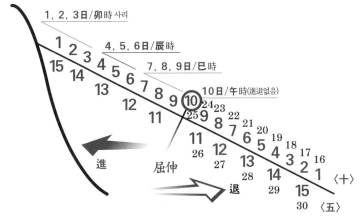

그림 71. 조석(潮汐)의 굴신진퇴(屈伸進退)

이렇게 하루에 두 번씩 6시간은 물이 나가고 6시간은 물이 들어와서, 24시간동안 두 번씩 사리와 조금이 생기게 된다. 보름이 되면 아침조수가 저녁조수가 되고, 초하루에서 10일째까지는 물이 점차 빠져서 낮아지고, 11일부터 15일까지는 물이 점차 높아진다. 그렇기 때문에 이것을 십오정사十五政事라고 하는 것이다. 우리나라의 변산이나 군산 앞바다에 가보면 이런 조수의 운동을 분명하게 알 수 있다. 이런 조석의 변화를 노래로 한 것이 "三卯三辰三巳一午라 未三申亦二하니 月黑復如斯라"이다. 월흑月黑은 달이 찌그러지는 것을 말한다. 조수가 10일째 되는 날에 들어오지도 않고 나가지도 않으면서 잘름잘름하고 있는 것이 바로 굴신屈伸이고, 들어왔다 나갔다 하는 것이 진퇴進退이다. 조수가 빠지는 속도하고 들어오는 속도는 다르다.

'게'라는 동물이 달의 운동에 감응하는 것을 보면 아주 신비롭다. 호주의 크리스마스 섬에 가보면 게가 물속에서 지내다가 초팔일(上弦)이 되면 섬전체가 새빨갛게 될 정도로 수 억 만 마리가 뭍으로 올라온다. 차가 지나가면서 밟아도 아랑곳하지 않고 계속해서 올라온다. 뭍에 올라와서 보름을 지내다가 23일(下弦)이 되면 다시 한 마리도 남지 않고 전부 물속으로 내려간다. 언제 그 많은 게가 올라왔었던지 알아볼 수 없게 하나도 남김없이 깨끗하게 없어져 버린다. 그러다가 28일에 월굴우진月窟于辰하면 모두 알을 까고, 초팔일初八日이 되면 다시 뭍으로 올라온다. 왜 게가 이런 생태를 갖고 있느냐?《주역》〈설괘전〉[89]에 보면 게가 리괘離卦에 해당하는 것으로 되어 있다.

進退之政은 月盈而月虛니라
屈伸之道는 月消而月長이니라

진퇴지정進退之政은 달이 차고 달이 비는 것으로 선보름을 이야기하고,

---

89 離爲火, 爲日, 爲電, 爲中女, 爲甲冑, 爲戈兵, 其於人也, 爲大腹, 爲乾卦, 爲鱉, 爲蟹, 爲蠃, 爲蚌, 爲龜, 其於木也, 爲科上槁.《周易》〈說卦傳〉

굴신지도屈伸之道는 달이 줄어들었다 자랐다하는 것으로 후보름을 이야기하는 것이다.

정 진퇴지정〈進退之政〉: 진퇴進退하는 정사政事는 달이 차는데서 달이 비어가는 데까지를 말하여 태음지정太陰之政이라하고 이와 반대로 달이 사라져 가는데서 달이 자라가는데까지 (16日→다음달 15日까지)를 굴신지도屈伸之道라하여 태양지정太陽之政이라 한다.

정 월영이월허〈月盈而月虛〉: 달이 차오르는 데서 시작하여 달이 비어가는데까지를 말하는데 이는 진퇴進退하는 선천先天의 달의 운행을 말하는 것이다.

정 월소이월장〈月消而月長〉: 후천后天달의 굴신屈伸하는 도道로서 선천先天을 표준標準하여 보면 십육일十六日에 계미癸未 계축癸丑이 당하므로 후천后天달은 사라져 가는 쪽에서부터 달이 자라가는 형태形態로 간다는 것이다. 이는 후천后天의 굴신屈伸하는 달의 운행運行하는 형태形態를 나타낸 말이다.

抑陰尊陽은 先天心法之學이니라.
調陽律陰은 后天性理之道니라

억음존양抑陰尊陽해서 여자는 억누르고 남자는 존중해주는 것은 선천의 심법지학心法之學이다. 반면에 후천은 조양율음調陽律陰해서 남자와 여자가 구분 없이 똑같이 평등하게 될 것이다. 그것이 후천의 성리지도性理之道이기 때문이다.

정 억음존양선천심법지학〈抑陰尊陽先天心法之學〉: 음陰을 누르고 양陽을 높이는 것은 선천先天에서 마음을 닦는 법을 배우는 것이다. 주역周易에서는 이를 한사존성閑邪存誠이라고 하여 간사한 일은 억눌러 막고 정성스러운 마음을 지니는 것이라고 하였다.

정 조양율음〈調陽律陰〉: 정역正易에 율려律呂가 조음양調陰陽이라 하니 이것이 바로 조양율음調陽律陰인 것이다. 양陽을 조리調理하고 음陰을 율화律和하는 것은 후천后天의 성리性理의 길이라는 데서 나온 말이다.

正 후천성리지도〈后天性理之道〉：음陰과 양陽을 자율적自律的으로 조화調和하는 일은 후천后天의 성리性理의 도道라고한 것이다. 선천先天은 억음존양抑陰尊陽인데 이것을 잘 실천하여 알악양선遏惡揚善하면 올바른 심법心法의 학學이 될 것이다. 주역周易에서 이른 바「閑邪存誠」이라고 한 것이 이것이다. 후천后天에는 모든 일이 다 개물성무開物成務로 성성존존成性存存이 되니 도의문道義門이 활짝 열려 성리性理의 도道가 온전히 실현될 것이다.

天地는 匪日月이면 空殼이요 日月이 匪至人이면 虛影이니라

천지는 일월이 아니면 빈껍데기와 같고, 일월은 지인至人이 아니면 헛된 그림자와 같다. 사람이 나서 괘상卦象을 만들고 책력을 만들어야 그것이 실제 그림자가 되는 것이지, 그렇지 않으면 헛된 그림자에 불과하다는 말이다.

正 일월비지인허영〈日月匪至人虛影〉：이 천지天地에 일월日月이 없었다면 빈 꺼풀이었을 것이다. 일월日月도 지인至人이 없으면 헛된 그림자일 것이다. 이에서 지인至人이란 후천后天 작역성인作易聖人인가 한다.

潮汐之理는 一六壬癸水位北하고 二七丙丁火宮南하야 火氣는 炎上하고 水性은 就下하여 互相衝擊하며 互相進退而隨時候氣節은 日月之政이러라.

여기서부터는 조석지리潮汐之理에 대한 설명이다. 조석潮汐의 이치도 달의 영허소장盈虛消長과 마찬가지이다. "기경신임계己庚辛壬癸"에서 임계壬癸가 일육수一六水이고, "갑을병정무甲乙丙丁戊"에서 병정丙丁이 이칠화二七火이다. 이 글은 조석지리潮汐之理가 생기는 이유를 설명하고 있다. '조석潮汐'이라는 말에서 '조潮'는 아침조수이고 '석汐'은 저녁조수라는 뜻도 되지만, '조潮'는 사리, '석汐'은 조금이라는 뜻으로 사용되기도 한다.

지구의 자전으로 인해 바닷물이 적도를 중심으로 동쪽에서 서쪽으로만 흘러가는 것을 해류海流라고 한다. 해류는 언제나 일정하기 때문에 시

간이 없다(無時). 그러나 조류潮流는 시간에 따라 변화한다(有時). 앞에서 말한 것처럼 1·2·3일은 묘시卯時에 물이 들어왔다가 다시 나가게 되어 있다. 달은 술시戌時를 표준으로 하고, 조석潮汐은 묘시卯時를 표준으로 본다. 저녁 9시경을 황혼黃昏이라고 하고, 아침 6시경을 여명黎明이라고 하는데, 이때를 '땅금'이라 하기도 한다. 땅에 금이 있다는 말이다. 저녁 9시에 황혼이 되면 잠깐 동안(15분간) 천지가 새까맣게 깜깜해졌다가 다시 훤해지고 나서야 밤이 된다. 아침에도 날이 샐 때에 잠깐(15분간)동안 깜깜해졌다가 다시 훤해지는데 그것을 여명, 또는 계명啓明이라고 한다.

달은 술시戌時를 표준으로 삼고, 태양은 묘시卯時를 표준으로 삼고 있다. 《정역》에서는 묘술卯戌을 공空이라고 했다. 공空은 하나의 center 이다. 천지가 움직이는데 일정한 공식이 있어서, 그 공식에 의해 운행되는데 조수도 이처럼 꼭 들어맞게 되어 있다. 그래서 북반구에서는 북극 쪽을 "일육임계수위북一六壬癸水位北"이라고 하고, 적도 부근을 "이칠병정화궁남二七丙丁火宮南"이라고 한다. 남반구는 북반구와 반대가 된다. 북반구가 겨울이면 남반구는 여름이고, 북반구가 가을이면 남반구는 봄으로 정반대이다. 그러므로 남반구에서는 적도부근이 일육임계수一六壬癸水이고, 남극 쪽이 이칠병정화二七丙丁火가 된다. 이런 원리에 의해서 지구가 움직이고 조석潮汐이 발생되는 것이다.

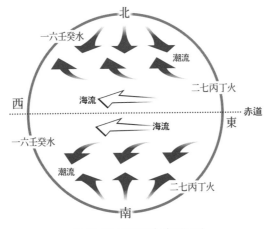

그림 72. 조류(潮流)와 해류(海流)

한열寒熱이 생기는 것을 북쪽의 한寒과 남쪽의 열熱이 있기 때문이다. 한열寒熱이 생기고 시후기절時候氣節을 따라 진퇴하는 것이 모두 일월지정日月之政에 의한 것이다. 다시 말하면 일월지정日月之政에 의해서 한열寒熱과 절기節氣가 생기게 되는 것이다.

正 조석지리〈潮汐之理〉: 해조론海潮論에 조석潮汐을 설명說明하여 「地浮與大海 隨氣出入上下 地下則 滄海之水 入江謂之潮 地上則 江湖之水 歸之滄海謂之汐」이라고 하여 조수물이 들어오는 것을 조潮라 하고 바다로 빠지는 것을 석汐이라 하였다. 밀물(潮)이란 간조干潮에서 만조滿潮에 걸쳐 해면이 상승하고 육지陸地로 향하여 조수가 밀려오는 것을 말하고, 썰물(汐)이란 조수潮水가 밀려 나가서 해면海面이 낮아지는 현상을 말하니 달의 인력引力으로 인한 바닷물의 주기적인 현상이다. 이를 날물이라고도 한다. 정역正易에서는 이와 같이 일어나는 조석潮汐의 간만干滿하는 이치理致를 「一六壬癸水位北 二七丙丁火宮南 火氣炎上 水性就下 互相衝激 互相進退而隋時候氣節 日月之政」이라고 하였다. 이것을 도표로 표시하면 아래와 같다.

손도수	指屈(東北方)					指伸(西南方)				
	1	2	3	4	5	6	7	8	9	10
	己	庚	辛	壬	癸	甲	乙	丙	丁	戊
				一	六			七	二	
				水(位北)				火(宮南)		

正 화기염상수성취하〈火氣炎上水性就下〉: 화기火氣는 이칠二七 병정화丙丁火요, 수성水性은 일육一六 임계수壬癸水이다.

正 수성취하〈水性就下〉: 물의 성질은 아래로 내려가는 것이라 하고 불의 기운은 불꽃이 위로 올라가는 것이라 하니, 조석潮汐의 간만干滿은 이 취하就下 염상炎上하는 일육一六과 이칠二七이 남북南北에서 위치하여 임계壬癸는 북北에서 남南으로, 병정丙丁은 남南에서 북北으로 호상충격互相衝激하고 호상진퇴互相進退함에 따라 시후기절時候氣節이 생긴다는 것이다. 조석潮汐에 수성취하水性就下하는 묘리妙理를 알면

수석북지水汐北地의 판별判別을 짐작하리라 한다.

正 일월지정〈日月之政〉：기생월朞生月・월생일月生日・일생시日生時 등 생생生生하는 것을 일월지덕日月之德이라 하고, 조석潮汐의 간만干滿과 일조日照의 장단長短에 따라 생기는 시후기절時候氣節을 일월지정日月之政이라고 하였다.

正 호상진퇴〈互相進退〉：서로 상대하여 나가고 물러가고 함. 진퇴進退는 십퇴일진十退一進의 기운으로써 태음太陰의 복지지리復之之理 일팔칠一八七의 운행도수와 관계가 있다.

正 시후기절〈時候氣節〉：시時는 팔각八刻이 일시一時도 되지만 춘하추동春夏秋冬 사시四時도 되며, 후候는 오일五日 일후一候요 기氣는 십일十日 일기一氣요 절節은 십오일十五日 일절一節이 된다. 이러한 시후기절時候氣節은 일월日月의 정사(日月之政)로 나타난 것이다.

嗚呼라 日月之政이여 至神至明하니 書不盡言이로다

일월지정日月之政이 지극히 신비스럽고 밝기 때문에 글로 다 말할 수가 없다. 지구에서 태양까지의 거리가 1억5천만km이고, 이것을 우리나라의 리수里數로 환산하면 3억7천5백만리가 된다. 지구가 365와 1/4日 동안에 태양을 한 바퀴 돌고 있는데, 이것을 초속으로 환산하면 1초에 75km를 가고 있는 것이다. 지구가 하루에 자전으로 10만리를 가고, 공전으로 600만리를 간다. 이렇게 먼 거리를 공전하여 갈 수 있는 것은 자전이 있기 때문이다. 총탄도 자전이 있기 때문에 멀리 날아갈 수 있는 것이다. 빨리 자전할수록 멀리 날아갈 수 있다. 이와 같이 자전이 없는 공전은 없다. 자전이 있어야 공전이 있고 공전이 있어야 자전이 있는 것이다. 이런 공전과 자전운동으로 인해 동서로 해류가 생기고, 남북으로 조류가 생기는 것이다. 그래서 남쪽에 있던 물이 북쪽으로 이동하는데 500년이 걸린다고 한다. 이와 같이 지극히 신비로우면서도 지극히 분명한 일월지정日月之政을 글로 다 할 수가 없다는 말이다.

区 지신지명〈至神至明〉: 지극히 신비롭고 지극히 명확明確한 것. 일월日月의 정사政事는 지극히 신비神秘하고 또 지극히 밝은 것이어서 그 얼마나 신비神秘하며 얼마나 밝은가에 대해서 글로서는 이루 다 형용해 말할 수 없다는 말이다. 이 지신지명至神至明에 대하여 주역周易에서는 「神而明之 存乎其人」이라고 하였다. 신이명지神而明之가 정역正易에서 지신지명至神至明으로 존호기인存乎其人이 정역正易에서 지인至人으로 나타나 있다.

嗚呼라 天何言哉시며 地何言哉시리오마는 一夫能言하노라

　　그렇다고 하늘과 땅이 무엇을 말하리오마는 일부一夫가 능히 말한다는 뜻이다. 임계壬癸는 일육수一六水로 한寒이고, 병정丙丁은 이칠화二七火로 열熱이다. 선천에서는 "갑을병정무 기경신임계甲乙丙丁戊 己庚辛壬癸"로 치지만, 후천에서는 "기경신임계 갑을병정무己庚辛壬癸 甲乙丙丁戊"로 친다.

区 천하언재〈天何言哉〉: 논어미자論語微子에 자공子貢이 공자孔子에 대해 「子如不言則 小子何述焉」고 이라고 하였다. 이에 대하여 공자孔子는 「天何言哉 四時行焉 百物生焉 天何言哉」리오 라고 하였다. 정역正易에서는 「天何言哉 地何言哉 一夫能言」이라고 하였다. 일부一夫의 능언처能言處는 수남수북水南水北의 조석변화潮汐變化에 있다.

区 지하언재〈地何言哉〉: 하늘이 무엇을 말하며, 땅이 무엇을 말하리오마는 일부一夫가 능能히 말하노라고 하였다. 이것은 하늘도 땅도 말씀하지 않는 바를 일부一夫가 홀로 능能히 말한다는 뜻을 강조한 것이다.

一夫能言兮여 水潮南天하고 水汐北地로다

　　후천이 되면 "수조남천水潮南天"하고 "수석북지水汐北地"하게 될 것인데, 이 중에서 문제가 될 것은 "수조남천水潮南天"보다 "수석북지水汐北地"하는 것이다. 지금 선천의 365와 1/4의 도수에서 후천의 360으로 가고 있는데, 후천이 되려면 어떤 변화가 생길 것인지를 설명하고 있다. 수석북지水

汐北地라는 말은 북극에 있는 찬 얼음덩어리가 녹아야 한다는 것이다. 지구의 3/4이 물로 덮여 있는데 북빙北氷이 녹아내리면 엉뚱하게 된다. 일본이 물속으로 다 들어가고, 태평양 한가운데에 커다란 육지가 생긴다고 한다. 글로는 기록되어 있지 않지만 구전으로 이런 이야기가 내려오고 있다. 그러니까 태양열에 의해서 그런 변화가 생기는 것이 아니라 조수에 의해서 북빙北氷이 녹아버린다는 것이다. 지구온난화로 북빙北氷이 녹아서 수석북지水汐北地가 되어야 365와 1/4에서 5와 1/4를 떼내고 360이 된다는 말이다. 그러므로 "일부능언一夫能言"한 "수조남천水潮南天 수석북지水汐北地"에서 문제가 되는 것이 수석북지水汐北地이다.

일방적으로 물은 높은데서 낮은 데로 흐르는 것이 상식이지만 그렇지 않은 곳도 있다. 가령 화란 같은 곳은 육지가 바다의 수면보다 무려 450m나 더 내려가 있다. 그래서 비가 오면 다른 곳은 물이 다 바다로 흘러 내려가는데, 화란에서는 물이 바다로 흘러가지 못하고 사해死海로 흘러 들어간다. 사해는 염분이 너무 많기 때문에 생물이 살아 있을 수가 없다. 그래서 사해死海라고 부른다.

적도와 황도가 이루는 각이 23.27°이다. 왜냐하면 지구의 북극과 자석의 북극이 다르기 때문이다. 자석의 북극은 북극성을 가리키고, 지구의 북극은 직녀성을 가리킨다. 지구의 축이 기울어져 있는 것이 23.27°이다. 북극성을 동양에서는 천황대제天皇大帝라고 한다. 없을 '무無'자를 고대에는 '무无'자로 썼다. 이 글자는 서북쪽이 굴屈한 상태를 의미한다. 그래서 무극无極이란 서북쪽으로 기울어진 것을 말한다.

正 일부능언〈一夫能言〉: 후천后天이 되는 때에 지구地球의 변화變化가 인간人間에 미치는 영향影響은 무엇보다 중요한 것은 조류潮流의 형상이다. 조수潮水의 변화變化는 태양太陽 태음太陰의 인력引力 변화變化 또는 그 인력引力으로 말미암아 일어나는 변동變動이지만 이것이 변화變化될 가능성可能性을 능能히 말한다는 것이다. 이것은 하늘도 땅도 말하지 않는 것인데 오직 일부一夫만이 능能히 말한다고 한 것이다.

正 수조남천수석북지〈水潮南天水汐北地〉: 조석潮汐이 되는 이치理致는 조수潮水는 남南쪽 이칠병정화二七丙丁火에서 석수汐水는 북北쪽 일육임계수一六壬癸水에서 밀고 (潮) 썰고(汐)하는 것이다. 그리고 또 아침 조수를 조潮라 하고 저녁 조수를 석汐이 라고도 하였다. 황극경세서皇極經世書에는 「海潮者 地之喘息也 頤月消長 早則潮 晚 則汐」이라하여 아침 일찍오는 조수를 조潮라하고 저녁 늦게오는 조수를 석汐이 라한 것을 보아도 알 수 있는 것이다.

正 남천〈南天〉: 남南쪽 하늘. 정역괘正易卦에서 보면 남천南天과 북지北地로 되어있 다. 그런데, 남천南天과 북지北地라 한 것은 복희괘伏羲卦를 뜻한 것이다. 이에는 복 희괘伏羲卦가 정역괘正易卦로 변變하는 것을 가르킨 것이다. 그러므로 수화기제혜水火 旣濟兮 화수미제火水未濟라고 해설解說한 것이다. 수석북지水汐北地가 조모난판早暮難辦 이라 하였으니 복희괘伏羲卦가 정역괘正易卦로 변하는 데는 남천南天이 변하는 것이 아니라 북지北地가 변하는 것이다. 즉 하늘이 변變하는 것이 아니라 땅이 변變하는 것이며 태양이 변變하는 것이 아니라 태음이 변變하는 것이다. 그러므로 태양太陽 은 항상恒常이라 하였고 태음太陰은 소장消長이라 하였다.

水汐北地兮여 朝暮難辦이로다

수석북지水汐北地가 언제 이루어질 것인지 알 수가 없다. 그래서 아침에 될지 저녁에 될지 판단하기 어렵다고 말한 것이다. 마치 예수가 감람나 무의 비유를 든 것과 같다. 언제 올지 아무도 모른다. 일부 선생님 당시에 도 제자들이 자기들 세대에 후천을 볼 줄 알고 기다렸다고 한다. 일부 선 생님은 항상 깨어 있어야 한다고 〈구구음九九吟〉에서 "誠意正心하여 終始 无怠하면 丁寧 我化化翁이 必親施教하시리니"라고 말씀하셨다.

正 수석북지〈水汐北地〉: 조수에 썰물을 석汐이라하고 밀물을 조潮라 한다. 그런 데 수석水汐이란 즉 썰물은 북지北地에서 임계수壬癸水인 일육수一六水의 운동運動이 며 수조水潮란 즉 밀물은 남천南天에서 병정화丙丁火인 이칠화二七火의 운동이라고 한다. 후천后天이 될 고동은 천일임수天一壬水의 변동變動이 북지北地에서 일대一大 썰물이 격동激動함으로써 지구地球의 축軸이 변變하여 지구공전地球公轉의 궤도軌道 가 360도로서 정역正易이 된다는 것으로 생각된다.

正조모난판〈早暮難辨〉: 이를는지 늦을는지 판단하기가 어렵다는 것. 수석북지水汐北地의 변화變化를 말하는 것이다. 또 아침 때에 할지는 저녁 때에 할지는 판단하기 어렵다는 것이다.

水火旣濟兮여 火水未濟로다

그렇다면 도대체 무슨 이치로 후천으로의 변역이 일어나는 것인가? 비록 조모난판朝暮難辨이라고 말했지만 결국 그 이치는 돌아오고야 말 것인데, 그것이 바로 수화기제水火旣濟였다가 화수미제火水未濟가 될 것이라는 말이다. 수화기제水火旣濟는 "1̇ 2 3 4 5 6̇ 7 8 9 10"에서 '1·2'와 '6·7'이고, 화수미제火水未濟는 "10 9 8 7̇ 6 5 4 3 2̇ 1̇"에서 '2·1'과 '7·6'을 말한다.

正수화기제혜화수미제〈水火旣濟兮火水未濟〉: 기제旣濟와 미제未濟는 육십사괘六十四卦의 마지막 괘卦인 것이다. 이를 상象으로 보여서 말할 경우에 수화기제水火旣濟 또는 화수미제火水未濟라고 말한다. 그런데 정역正易에서는 수화水火 또는 화수火水를 괘상卦象을 내세우는 말이 아니라 수數로 상징한다.

大道從天兮여 天不言가
大德從地兮여 地從言이로다

대도大道라는 것은 하늘을 따르는 것이므로 하늘이 말씀을 하지 않으시겠는가? 인간의 입장에서 보면 조모난판朝暮難辨으로 알기 어렵지만 이런 대도大道가 하늘을 따르는 것이므로 하늘이 말씀을 해주실 것이다. 또 대덕大德이 땅을 따르는 것이니 땅도 하늘을 쫓아 말씀하실 것이다.

正대도종천〈大道從天〉: 대도大道는 하늘로 쫓아 나온다. 정역正易에서는 지십위천地十爲天이란 말로서, 땅에(六指) 있던 기위(己位·大道)가 하늘(一指)로 쫓아 시작이 되니 하늘이 말씀하지 아니하시랴? 한 것이다.

正천불언〈天不言〉: 하늘이 말씀을 아니하신다는 말이 아니라 대도大道가 하늘로 쫓아 나왔으니 하늘이 말씀이 없으랴 하는 말이다. 정역正易에「天何言哉 地何言

哉」라고한 말을 뒤집어 반어사로 썼으니 문장기법으로 보아 흥미興味있는 표현이다.

正 대덕종지〈大德從地〉: 주역周易에서도 천덕天德은 군덕君德인지라 우두머리가 되지 못한다고 하였다. (天德不可爲首也) 대덕大德은 땅으로 쫓아 나온다는 말이다. 즉 무위戊位는 지심(地心·皇心)자리에 놓인다는 뜻이다.

正 지종언〈地從言〉: 주역周易에 천지天地의 대덕大德은 생生이라하니 그 생생生生하는 대덕大德은 지정地政을 따라나고 지정地政은 또 말씀대로 따른다는 것이니 이에 말씀이란 대도大道의 말씀인 것이다. 다시 말하면 정역正易에 이른 바「大道從天 天不言」가 하는 말씀인 것이다. 이는 바로「一夫言 天地言」이라함과 상통相通하니 이를 도표해 보면 아래와 같다.

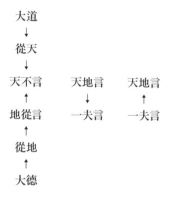

天一壬水兮여 萬折必東이로다
地一子水兮여 萬折于歸로다

"만절필동萬折必東"은 황하黃河가 아무리 꾸불거리고 물길의 중간이 어디로 가는지 알아볼 수 없다하더라도 결국은 동쪽으로 향하게 된다는 뜻이다. 이 말은 소동파가 사람의 일이란 아무리 많은 시비곡직이 있더라도 결국은 사필귀정이 된다는 것을 황하黃河에 비유해서 한 말이다. 이 말을 엉뚱하게 그 문장만 빌려다가 썼다.

화양동에 가보면 숙종대왕이 친필로 쓴 "만절필동萬折必東"이라는 글씨

가 있다. 명나라가 우리나라를 구해준 은혜를 기리기 위해서 명의 신종
황제의 위패를 모시고 거기에다 숙종대왕이 직접 "만절필동萬折必東"이
라는 글귀를 써놓았다. 그런데 굳이 망해가는 명나라의 마지막 황제를
우리나라에 모시고 이런 글을 써놓은 것을 명나라의 도道가 청淸나라로
넘어가지 않고 우리나라로 넘어온 것이라고 해석하기도 한다.

正 만절필동〈萬折必東〉: 황하黃河가 여러 번 꺾여 흘러가도 필경 동東쪽 황해黃海
로 흘러든다는 뜻으로 곡절이 있으나, 필경은 본뜻대로 나간다는 중국中國의 순
재학苟在鶴의 시구詩句를 빌어다가 정역正易에서는 북방北方의 천일임수天一壬水가
만번이나(수없이) 격절激折하여 반드시 동東쪽으로 흐른다는 것이니 이는 일부一夫
가 능언能言한 수조북지水汐北地의 격동激動현상의 수數를 뜻한 것이다.

正 만절우귀〈萬折于歸〉: 신부가 처음으로 시집에 들어가는 일을 우귀于歸라 하듯
이 지일자수地一子水가 만번이나 꺾이어서 결국 천일임수天一壬水에로 들어가 합친
다는 뜻이다.

歲甲申 流火六月七日에 大聖七元君은 書하노라

칠원군七元君이 일부 선생님을 말하는 것인지 칠원군七元君이 따로 있는
것인지 모르겠지만 어쨌든 달력을 보니까 그 때에 윤유월閏六月이 들어
있다. "유화流火"는 본래 7월을 말하는 것이고, 28수 중에서 심수心宿를
불로 비유한 것이다. 《시경》〈빈풍豳風〉〈칠월장七月章〉에 "七月流火, 九
月授衣"라는 말이 있다. 7월이 되면 불기운도 사그라지어서 대화심수大火
心宿가 남방에서 서쪽으로 기울어진다. 《정역》에서 "유화유월流火六月"이
라고 한 것은 아마 윤달이 들어있어서 그랬던 것 같다.

〈빈풍·칠월장〉은 주공이 13살 밖에 되지 않아서 천자에 오른 조카 성
왕을 위해서 지은 글이다. 성왕이 워낙 나이가 어리고 철부지라서 백성
들이 얼마나 힘들게 농사를 지어서 나라에 바치고 있는지 알게 하고 백
성을 사랑하는 어진 임금으로 만들기 위해서 쓴 글이다. 그런데 성왕이

正易 ── 정역

주공을 이해하지 못하고 소인들이 모략하는 대로 주공을 귀향 보낸 일이 있었다. 주공을 귀향 보냈더니 천지가 요동을 치고 벼락이 내리치고 해서, 다시 주공을 데리고 왔더니 천지가 조용해졌다는 얘기가 《시경》에 적혀있다.

正 유화유월〈流火六月〉: 서기 1884년年 갑신甲申 유월六月 칠일七日 기묘일己卯日이다. 유화流火란 이십팔수二十八宿중에 심수心宿를 대화심성大火心星이라 하여 여느 때는 음력陰曆 칠월七月이 되면 초初저녁에 남중南中에 위치位置하여 서녁으로 흘러가는 장관壯觀을 칠월유화七月流火라 하여 시경詩經의 빈풍칠월장豳風七月章에, 「七月 流火 九月授衣………」 라고 하였다. 그런데 유화칠월流火七月을 왜 유화유월流火六月이라고 하였는가 하면 이 해 음력陰曆 오월五月에 윤달이 들었으므로 천도天道의 유행流行은 유월六月이 칠월七月마침으로서 이 때 대화심수大火心宿가 남중南中하였기 때문이다.

正 대성칠원군〈大聖七元君〉: 일부 선생先生의 별다른 존칭尊稱. 즉 칠원성군七元聖君이니 이는 북두칠성北斗七星의 정기正氣로 나시어 북두칠성北斗七星에 의한 사명使命을 띠시었다고 보여진다. 북두칠성北斗七星을 보면 밤하늘 술시戌時(21시~22시)를 표준標準하여 보이는 방향方向에 따라 춘하추동春夏秋冬 사시四時와 일년一年 십이월十二月의 월건月建이 가름된다. 북두칠성北斗七星이 술시戌時 기준基準하여 동東쪽에 있으면 봄이요, 남南쪽에 있으면 여름이요, 서西쪽에 있으면 가을이요, 북北쪽에 있으면 겨울이다. 또 북두칠성北斗七星의 자루(斗柄)가 인방寅方을 가르치면 정월正月이요, 묘방卯方을 가르치면 이월二月이요, 진방辰方을 가르치면 삼월三月이요, 사방巳方을 가르치면 사월四月………십이지지十二地支 가르치는데 따라 그달 그달을 가르킨다. 이러한 북두칠성北斗七星의 력수曆數의 사명使命을 띤 일부一夫인지라 칠원군七元君이라고 한 것이 아닌가 한다.

嗚呼라 天地无言이시면 一夫何言이리오 天地有言하시니 一夫敢言하노라

아! 천지가 말씀이 없으시면 일부一夫가 무슨 말을 하리오마는 천지가 말씀이 있으시니 일부가 감히 말을 한다는 뜻이다. 앞의 "일부능언一夫能

言"에 대해 죄송스러우니까 이런 말을 하는 것이다.

正 천지무언〈天地无言〉: 천지天地는 본시 말이 없이 행한다. 그러나 여기서는 천지天地가 말씀이 없으면 일부一夫가 어찌 말하겠는가라 하였다.

正 일부하언〈一夫何言〉: 천지天地가 말씀이 없었으면 일부一夫가 무엇을 말하리오만 천지天地가 말씀이 있으니 일부一夫가 감히 말하노라라는 데서 일부一夫가 무슨 말을 하겠느냐하는 뜻이다.

天地言一夫言하시니 一夫言天地言하노라

천지는 일부가 말할 것을 말하는 것이니, 일부의 말이 바로 천지의 말이다. 일부의 입만 빌려서 대신 말한 것인지, 그 말이 곧 천지의 말이라는 뜻이다.

正 천지언 일부언 일부언 천지언〈天地言 一夫言 一夫言 天地言〉: 기독교基督敎 성경聖經에 보면 하나님 속에 내가 있고, 내속에는 하나님이 항상 계신다고 예수님이 말씀하셨다. 이에 있다는 말은 곧 말씀인 것이다. 또 말씀은 곧 진리眞理요, 생명生命이오, 길이라는 것이다. 맹자孟子도 말씀에 대하여 「我知言」이라고 하였다. 공자孔子가 논어論語에서 「不知言 不知人也」라고 하였으니 이 말을 배우기 위해 학이시습學而時習으로 논어論語는 시작始作하여 지언知言으로 끝난다. 이 사상思想을 이어서 맹자孟子는 아지언我知言이라고 말한 것일까? 주역周易 계사繫辭는 기사其辭로 끝을 내려했지만(十而翼之) 정역正易에서는 일언(十五一言십오일언·十一一言십일일언·吾一言오일언)으로 일관(一而貫之일이관지)된다. 그리하여 「天地无言 一夫何言」이라는 말씀이며 「大道從天 天不言」이라는 등 말씀이 천지天地 말씀으로서 이에 일호일부一乎一夫로 집약된다. 그러므로 천지天地의 말을 일부一夫라고 말하니, 일부一夫라고 한 말은 천지天地라는 말이다.

大哉라 金火門이여 天地出入하고 一夫出入하니 三才門이로다

"기경신임계 갑을병정무己庚辛壬癸 甲乙丙丁戊"해서 구이착종九二錯綜으로 사구四九와 이칠二七이 금화문金火門이 된다. 천지天地가 그곳으로 출입하고 일부一夫도 그곳으로 출입하니 삼재문三才門이 되는 것이다. 출입한다는 것은 "유술해酉戌亥 자축인子丑寅 묘진사卯辰巳 오미신午未申"으로 천지가 육갑六甲을 밟고 지나가는 것이다.

正 금화문〈金火門〉: 금화金火의 문. 즉 천지도 이 금화문金火門에 출입出入하고, 일부一夫도 이에 출입出入하니, 금화문金火門은 삼재문三才門과 같이 크다는 것. 주역에서는 역易을 천지天地와 같이 크다고 강조하는 말에서 易與天地準 故能弥綸天地之道 라고 하였고 정역에서는 금화문金火門이 천지인天地人(三才삼재)보다 크다고 강조하는 말에서 大哉金火門 天地出入 一夫出入 三才門 라고 하였다.

正 천지출입〈天地出入〉: 금화문金火門이 얼마나 큰지를 여기서 알 수 있다. 천지天地도 출입出入하고 일부一夫도 출입出入하니 삼재문三才門이 된다는 것이다. 주역周易에 역易을 찬讚하여 여천지준與天地準이라 하였다. 정역正易의 금화문金火門은 여천지준與天地準이 아니라 천지天地가 그 문門으로 출입出入한다 하니 얼마나 큰가를 가히 짐작할 수 있다. 이것이 이른 바「天地无形之景」이라고 하는 것일까. 그러므로 정역팔괘도正易八卦圖외에 금화정역도金火正易圖가 있어서 천리天理가 금화문金火門으로 출입하는 모습을 보여주는 것이라고 생각된다.

正 삼재문〈三才門〉: 천지인天地人을 삼재三才라 하니 재才란 크다(대大)는 뜻이오, 문門이란 금화문金火門으로써 천지天地도 이 문에 출입出入하고 사람도 이 문門에 출입出入하여 천지인天地人 삼재문三才門이라고 한다.

日月星辰이 氣影하고 一夫氣影하니 五元門이로다

일월성신日月星辰과 일부一夫가 가니까 그것을 오원문五元門이라고 한다.

正 일월성신기영〈日月星辰氣影〉: 일월성신日月星辰이란 말은 서경書經에서「曆象日月星辰………」이라 하였고, 그 주소注疏에는「四方中星 總稱二十八宿也………每月之朔 月行及日而與之會 其必在宿 分二十八宿 是日月所會之處 辰 時也 集會有時故 謂之辰日月所會 與四方中星 俱是二十八宿 擧其人目所見 以星言之 論其日月所會 以辰言之 其實一物故 星辰共文」이라고 하였다. 왜 성신星辰인가?하면 매

正易과 天文曆

월 초初하루마다 달이 운행運行하다가 태양太陽에 미치게 되면 태양太陽과 더불어 회합會合하게 되니 이 때를 반드시 성수星宿에 있다고 하여 이십팔수二十八宿로 나누니 이래서 이십팔수二十八宿는 일월日月이 회합하는 곳이라 하였다. 신辰이란 때란 말이다. 집회集會하는 것은 때가 있으므로 신辰이라고 말한 것이라 한다. 그리하여 사람의 눈으로 보이는 것은 성星이라하고, 일월日月이 회합하는 곳, 별자리를 논論할 때를 신辰이라 하니 그 실지에 있어서는 하나의 물체物體이므로 성신星辰은 함께 쓰이는 것이라고 하였다. 이러한 일월성신日月星辰이 기영氣影한다 함은 금화호역金火互易에 따라 일월성신日月星辰도 새기운이 영동影動한다는 뜻이다.

正 일부기영〈一夫氣影〉: 영影이란 열자列子에서 말한 바 「形動不生形而生影」이라 하여 형체는 움직이는데 형상은 아직 생기지 아니한 상태를 영影이라고 하였다. 영생수影生數 또한 영影으로 생하는 수라 한 것이며 여기서 기영氣影이란 기운氣運이 영생影生한다는 것이니 일월성신日月星辰의 기운이 움직여 영影이 생기고 일부一夫가 또한 기영氣影하니 후천后天이 될 오원문五元門이 이루어진다는 말이다. 영동影動이나 영생影生이나 기영氣影이 변화變化의 시초로 움직이는 순간을 형용한 것이다. 수리數理로는 일이삼사오一二三四五를 영생수影生數라 하니 이는 복상기월復上起月의 경우요, 간지干支로는 무술戊戌에서 임인壬寅하고 변變하는 형상을 영동影動이라 하니 이는 천심天心의 경우에서 한 말이다.

八風이 風하고 一夫風하니 十无門이로다

복희팔괘에서 문왕팔괘로, 문왕팔괘에서 정역팔괘로 변역되는 것을 말하고 있다.

正 팔풍풍〈八風風〉: 여덟 방면의 바람. 이는 팔괘八卦에 의한 방위로써 팔풍八風의 이름이 시대에 따라 다르니 이를 도표로 살펴보면 아래와 같다.

東北	北	西北	西	西南	南	東南	東	方位
融風	廣莫風	不周風	閶闔風	涼風	景風	清明風	明庶風	說文
調条風	廣莫風	不周風	閶闔風	涼風	景風	清明風	明庶風	易緯通卦驗
炎風	寒風	厲風	飂風	淒風	巨風	熏風	滔風	呂覽有始覽
炎風	寒風	麗風	醪風	涼風	巨風	惠風	条風	淮南子地形訓

표) 八風異秤

백호통白虎通에는 「風之爲言 萌也 養物成功」이라고 하였고, 회남자淮南子 사훈훈汜訓訓에는 「德有盛衰 風先萌焉 (注)風氣也」라 하였고, 논어論語 선진先進에는 「風乎舞雩」라 하였고, 좌전左傳에는 「如馬牛之風」이라고 하여 풍風을 싹이 튼다, 바람을 쏘인다, 바람이 났다는 등의 뜻으로도 썼지만 정역正易에서 「八風風 一夫風 十无門」이라고 한 것은 좌전左傳에 「節八音而行八風」이라든지, 한서漢書에 「理八風而節八政」이라한 뜻과 상통하는 점이 있다고 하겠다. 그리하여 팔풍(八卦風)이 풍風하면 구궁九宮이 되어 이에 또 일부一夫가 풍風하니 십무문十无門이 되는 것이라고 생각된다.

正 일부풍〈一夫風〉: 풍風은 풍동風動한다는 뜻이며 기氣라는 뜻도 있다. 회남자淮南子 범론훈汜論訓에 「德有盛衰 風先萌焉 (注)風氣也」이라고 하였다. 정역正易에서 「風三山而一鶴 化三碧而一觀」「風雲動於數象 歌樂章於武文」이라고 하는 풍風과 같이 일부一夫가 풍風한다는 풍風은 백호통白虎通의 팔풍八風 설명說明에서 말한 바 「風之爲言 萌也 養物成功」이라는 뜻과 같은 것으로 해석할 수 있다. 팔풍八風이 풍風하여 구궁풍九宮風이 되었고, 그 구궁풍九宮風에 또 일부一夫가 풍風하니 십무문十无門이 되었다는 데서 한 말이다.

正 십무문〈十无門〉: 십무극十无極의 문門. 장자莊子는 대도무문大道无門이라고 하였다. 정역正易에서는 십수대도十數大道의 무문无門이라고 하여도 뜻이 통通하리라고 생각된다. 즉 팔풍八風에 일풍一風하면 구풍九風이오, 구풍九風에 일부풍一夫風하면

십풍十風인데 십풍十風이라 아니하고 십무문十无門으로 통通하는 것은 십무문十无門은 곧 금화문金火門이 되기 때문이다.

日月은 大明乾坤宅이요 天地는 壯觀雷風宮을 誰識先天復上月이 正明金火日生宮가

일월日月은 사감수四坎水와 구리화九離火인데 이 일월이 건곤택乾坤宅을 크게 밝혔다. 천지는 씩씩하게 뇌풍궁雷風宮을 보고 누가 선천의 복상월復上月이 바로 금화일金火日이 궁宮에서 생김을 알 것인가?

正 일월대명건곤택〈日月大明乾坤宅〉: 일월日月은 건곤乾坤집을 크게 밝힌다 하니 이는 후천后天 정역팔괘正易八卦를 보면서 읊은 노래의 한 구절이다. 정역팔괘正易八卦를 손도수로 볼 때 건곤乾坤이 중지中指에 놓이고 감리일월坎離日月이 사구이칠四九二七자리에서 건곤乾坤을 싸고 있으니 이것이 일월대명건곤택日月大明乾坤宅이라는 형상이 된다.

正 건곤택〈乾坤宅〉: 건곤의 집. 흔히 사가私家를 택宅이라 하고, 왕가王家를 궁宮이라 하는데 정역괘에서 건곤을 택宅이라 하고, 뇌풍을 궁宮이라 하니 뇌풍이 건곤보다 더 높인 것은 정역의 특이한 이론이다.

正 천지장관뇌풍궁〈天地壯觀雷風宮〉: 천지天地에 웅장雄壯한 것은 뇌풍雷風의 집이라는 것으로서 천지天地가 바로 뇌풍궁雷風宮이 되니 그 형상이 웅장雄壯하여 보기에 장관壯觀이라는 뜻이다. 장관壯觀은 뇌천대장雷天大壯·풍지관風地觀을 말한다. 천지장관天地壯觀에 뇌풍雷風이 정위正位하니 이것이 곧 뇌풍궁雷風宮이다.

正 선천복상월〈先天復上月〉: 선천先天에서 위로만 복復하는 달. 손으로 형상하면 일이삼사오一二三四五(甲乙丙丁戊)까지 꼽은 상象이다.

正 정명금화〈正明金火〉: 금화金火의 이치理致를 정대正大하게 밝힘. 정역正易에는 대명大明과 정명正明이 있는데 일월日月이 후천后天에 크게 밝은 것은 대명大明이라 하고, 금화金火가 정대正大하게 밝은 것을 정명正明이라고 한다. 주역周易에 뇌천대장雷天大壯에서 「大壯 大者 正也 正大而天地之情 可見矣」라고 한 대정大正과 정대

正大의 뜻을 보고 정역正易의 대명大明과 정명正明을 살펴보면 알 수 있다.

正 정명금화일생궁〈正明金火日生宮〉: 선천先天의 복상월復上月이 후천后天이 되어 금화金火가 날로 생기는 궁宮을 바로 밝힐 줄을 알겠는가 하는 말.

일부一夫 선생님의 제자들 중에는 영가咏歌를 한 사람들을 있는데, 그 중에 염삼화라는 분이 영가咏歌에 통해서 〈공자찬영가〉, 〈일부찬영가〉, 〈예수찬영가〉, 〈석가찬영가〉 등의 주옥같은 노래를 만들었는데 그 문장이 참 좋다. 그 중의 〈공자찬영가〉와 〈일부찬영가〉를 한 번 보도록 한다.

〈공자성존찬영가(孔子聖存讚詠歌)〉

稽首敬讚孔夫子여 乾坤中立天縱일세[90]

金聲玉振大成이요 上律下襲至聖이사[91]

闕里講堂三千弟子 敦仁博義遊於藝라[92]

轍環天下盛德이여 萬古倫綱扶植하사

否往泰來先后天에 泰終泰始時中이사[93]

大和原性和樂이여 明德新民教化로다[94]

---

90 '天縱'은 孟子가 孔子에 대해서 '天縱之聖'이라고 한 것을 두고 하는 말이다.

91 孟子曰: 伯夷, 聖之淸者也; 伊尹, 聖之任者也; 柳下惠, 聖之和者也; 孔子, 聖之時者也. 孔子之謂集大成. 集大成也者, 金聲而玉振之也. 金聲也者, 始條理也; 玉振之也者, 終條理也. 始條理者, 智之事也; 終條理者, 聖之事也. 智, 譬則巧也; 聖, 譬則力也. 由射於百步之外也, 其至, 爾力也; 其中, 非爾力也.《孟子》〈萬章章句下〉

92 '闕里'는 공자가 거하던 곳을 말한다.

93 '否往泰來'는 선천인 否가 가고 후천인 泰가 온다는 말이다.

94 '明德新民'은《大學》의 첫 장에 나오는 말이다.

〈일부종사찬영가(一夫宗師讚詠歌)〉

경찬 일부대종사　　개벽 후천대도주
敬讚一夫大宗師여　開闢后天大道主라
자비 청정본체　　성지 원통성행
慈悲淸淨本體시고　聖智圓通性行일세
천근 월굴부앙　　금화정역성도
天根月窟俯仰하사　金火正易成道로다[95]
우극 미화선천　　반극 상생후천
遇克未化先天이여　反極相生后天이라
십무극혜일태극　　오황극　일체
十无極兮一太極과　五皇極이一體로다
홍몽이전불　　부판지초선
鴻濛以前佛이시고　剖判之初仙이시라[96]
생민이후유　　삼교본무이기
生民以后儒가되니　三交本无二岐로다
선불성현출세　　인천무량합덕
仙佛聖賢出世하사　人天無量合德일세
옥금백팔주매삼천　　예삼천이의일
玉金百八柱梅三千　禮三千而義一이라[97]
화무상제감화　　오화율려자동
化无上帝感化하사　五化律呂自動일세
용가봉무춘풍중　　만국함녕대화
龍歌鳳舞春風中에　萬國咸寧大化로다

　사람의 두뇌라는 것은 여러 가지로 통하게 되어 있다. 국사봉에서 공부할 적에 이런 사람들을 겪어 보았는데 이 '신명神明글'이라는 것이 참 묘하다. 한 번 읊기 시작하면 며칠이고 쉬지 않고 읊조리다가 정신이 들면 자신이 무슨 말을 했는지 기억조차 못한다. 우리나라의 고유한 도학이 서화담으로부터 이토정, 이서구 등으로 내려오는데 염삼화라는 사람도 이런 부류에 속한다.

---

95 '天根月窟'은 소강절의 시를 따서 하는 말이다.
96 鴻濛以前에 천지가 생기기 전에 일부선생님이 전생에 佛을 겪었다는 말이다.
97 玉金百八柱梅三千 : 후천이 되면 108군자가 나와서 세상을 다스리게 될 것이라는 말이 전해져 내려오고 있다.

化无上帝言
화 무 상 제 언

주재하는 입장에서 말하면 상제上帝이고, 묘용이라는 입장에서 말하면 신神이고, 선생님이라는 입장에서 말하면 화무옹化无翁이다.

正 상제〈上帝〉 : 인류人類의 맨 첫 부모父母는 반고盤古로 나타나시고 인류人類에 없이계신(无位) 스승은 화옹化翁으로 뵈이시매 일월日月과 천지天地의 용정用政은 상제上帝가 하시니 모두 한 분이시다. 이 천지天地에는 반고盤古가 인류人類의 씨를 퍼뜨린 이래 화옹化翁이 도통연원道統淵源을 주시어 인류人類를 가르쳐 왔으며 이 기반 위에서 이에 상제上帝가 내림來臨하시어 이 세상을 기리 비치신다는 일이 모두 이르기를 십오일언十五一言이라 하는 것이다. 그러므로 이 세상은 인류人類의 팽창, 자원의 고갈, 공해의 극심에서 인류人類가 전멸全滅될 것 같지만 그래도 기망기망其亡其亡 상태에서 상제上帝의 조림照臨으로 인하여 온 세계를 비추니 호호무량好好无量 좋고 또 좋은 일이 무량无量이라는 것을 정역正易에서는 분명히 밝히고 있다. 그러므로 주역周易에서는 이 세상을 마침내 구원할 길이 없다는 미제未濟로 종終을 하였지만 공자孔子가 말씀을 아니하신 것이지 뜻은 속에 지니어 두고 말씀을 「이 세상은 절망絶望으로 끝이 날 뿐인데, 신비롭다」는 것으로 속말을 그윽히 묻어 두고 말하기를, 「神也者 妙萬物而爲言……」 이라고 하였다. 이 말씀이 정역正易으로 이어져 이제 상제上帝가 이 세계世界에 조림照臨하니 절망絶望에서 희망希望으로, 사경死境에서 환생還生으로, 종말終末에서 시작始作으로 새하늘과 새땅이 열리며 새 일월日月이 비치고 새인류人類의 마음이 험악險惡에서 지선至善으로 이어진다는 것이니 좋은 일이 무량无量할 뿐이라 하겠다.

正 화무상제언〈化无上帝言〉 : 화무옹化无翁이란 스승격인 지위地位에서라면 화무상제化无上帝는 임금격인 지위에서 말씀한다는 것이니, 말씀이란 후천后天 황중월皇中月을 분부하신 것이다.

復上에 起月하면 當天心이요
皇中에 起月하면 當皇心이라
敢將多辭古人月하여
幾度復上當天心고

　선천에서 "갑을병정무甲乙丙丁戊"하여 이천二天자리에서 기월起月하면 천심天心에 당하는 것이며, 후천에서 "기경신임계己庚辛壬癸"하고 다시 "갑을병정무甲乙丙丁戊"하여 칠지七地자리에서 기월起月하면 황심皇心에 당하는 것이다. 감히 말 많은 고인월古人月(책력)을 가져다가 몇 번이나 복상復上을 건너 천심天心을 당當하게 할 것인가? 유사 이래로 책력을 여러 번 고쳤기 때문에 말이 많은 고인월古人月이라고 하였다. 하은주夏殷周 때에 인월寅月로 세수하기도 하고, 축월丑月로 세수歲首하기도 하고, 자월子月로 세수歲首하기도 하면서 책력을 여러 번 고쳤었다. 역사를 뒤적여 보면 하夏나라 때부터 지금까지 책력을 고친 것이 140번이나 된다.

교복상〈復上〉 : 복復은 거듭(重)된다는 뜻이다. 위로만 거듭하면 천심天心에만 당도한다고 하였다. (復上起月當天心) 그리고 일一에서 오五까지 생수生數와 갑甲에서 무戊까지 갑甲의 위치를 복상復上이라 한다. 육六에서 십十까지 성수成數와 기己에서 계癸까지의 기己의 위치는 황중皇中이라 한다.

교복상기월당천심〈復上起月當天心〉 : 위로 복復하여 달을 일으키면 천심天心에 당도한다고 하니 천심天心이란 주역周易 복괘復卦에 복기견천지지심復其見天地之心과 비슷한 말이지만 정역괘正易卦의 이천二天자리가 천심天心인 것이다. 따라서 손도수는 갑甲에서 무戊, 일一에서 오五까지를 말한다.

교기월〈起月〉 : 달을 시작한다는 것이니, 즉 갑甲을 일지一指에서 시작하면 복상기월復上起月이라 하고, 갑甲을 육지六指에서 시작하면 황중기월皇中起月이라 한다.

교기도복상당천심〈幾度復上當天心〉 : 몇 번이나 복상復上을 건너 천심天心을 당當하게 할 것인가? 즉 복상復上이란 갑을병정무甲乙丙丁戊인 갑甲에 해당하는 자리이니, 지상指象으로 일一자리이다. 무戊가 소지小指 오五인 이천二天자리에 닿으니, 이를 천심天心이라 한다.

月起復上하면 天心月이요
月起皇中하면 皇心月이로소이다
普化一天化翁心은
丁寧分付皇中月이로소이다

　달을 복상復上에서 일으키면 천심월天心月이라 하고, 황중皇中에서 일으키면 황심월皇心月이라 한다. 손도수에서 복상復上은 손가락을 모두 모은 상태이고 황중皇中은 손가락을 모두 편 상태이다. 한 하늘을 보화普化하시는 화옹化翁의 마음은 정녕丁寧코 황중월皇中月을 분부分付하시는 것이다. 하늘을 선생님의 입장에서 볼 때 화옹化翁이라 한다. 화옹化翁의 마음이 결국은 황심皇心으로 하게 될 것이라는 말이다.

正 월기복상천심월〈月起復上天心月〉: 달이 복상復上을 기점起點으로 할 때면 천심월天心月이 된다 함은 손을 다 꼽은 형상으로 될 때의 말이다. 이와 반대로 「月起皇中 皇心月」이라 함은 달이 황중皇中을 기점起點으로 할 때면 황심월皇心月이 된다고 할 때는 손을 다 펴진 형상이다. 이에서 월기月起와 기월起月이 다른 점點을 분석하면 월기月起는 달이 일어나는 상태니 달이 주체요, 기월起月은 달을 일으키는 상태니 달이 객체客體이다. 이것은 대학大學에 수신修身과 신수身修를 말한 것과 같은 경우라 하겠다.

正 보화〈普化〉: 맹자孟子는 세상을 보천지하普天之下라 하였고 주역周易에서는 현룡재전見龍在田은 덕시보야德施普也라 한다. 이 뜻으로 미루어 보면 보화일천普化一天은 넓은 감화監化란 뜻이다. 그리고 후천后天 미월未月 십팔일十八日의 절후명이기도 하다.

正 보화일천화옹심〈普化一天化翁心〉: 넓은 감화監化로 한 하늘을 거느리시는 조화옹造化翁의 마음은 분명코 황중皇中에 숨은 달을 분부하시는 마음이라고 한다.

正 정녕분부황중월〈丁寧分付皇中月〉: 한서원보漢書原涉에 「具記衣被 棺木下至 飯舍之物 分付諸客 諸客奔走市買………」라고 한 것으로 보면 분부分付는 사람들에게 물건을 나누어 주는 것을 말하기도 하였지만, 정역正易에서는 분부分付를 명령命令을 내리는 말로 쓰였다. 보화일천화옹普化一天化翁님의 마음은 정녕코 황중월皇中月을 분부分付하심이로소이다라고 하는 말이다. 이에 황중월皇中月이란 후천后天

초初생달을 말하는 것으로서 선천先天 초初생달을 복상월復上月이라 한데 대하여 후천后天 초初생달을 황중월皇中月이라 하고, 선천先天 보름달을 천심월天心月이라 한데 대하여 후천后天 보름달을 황심월皇心月이라고 한다. 황중皇中은 오五자리요, 황심皇心은 십十자리를 가리킨다.

化无上帝重言
화 무 상 제 중 언

正 화무상제중언〈化无上帝重言〉: 화무상제化无上帝께서 거듭 말씀하심. 논어論語에 「天之曆數在爾躬 允執厥中 四海困窮 天祿永終」 이라고 하여 천지력수天之曆數가 그대에게 있노라고 함과 같이 정역正易에 「推衍 无或違正倫 倒喪天理父母危」 라고 하여 이 또한 천지력수天之曆數가 일부一夫에게 있음을 말한다.

推衍에 无或違正倫하라 倒喪天理면 父母危시니라

추연推衍하는데 혹시라도 정륜正倫을 어기지 말아야 한다고 말씀하신다. 만약 천리天理를 거꾸로 상喪하게 하면 부모가 위태해질 것이다. 추연推衍은 복서卜筮를 말하고, 정륜正倫은 천지와 인간사회의 바른 질서를 말하며, 부모父母는 천지부모를 의미한다.

正 추연무혹위정륜〈推衍 无或違正倫〉: 이치理致를 미루어 불리는데 혹시 올바른 윤리倫理에 위배違背됨이 없게 하라는 상제上帝의 말씀이시다. 정윤正倫에 대하여 서는 서경書經의 기자홍범箕子洪範에 「箕子乃言曰 我聞在昔 鯀陻洪水 汩陳其五行 帝乃震怒 不畀洪範九疇 彝倫攸斁. 鯀則殛死 禹乃嗣興 天乃錫禹洪範九疇 彝倫攸 敍.」 라 하였다. 이는 옛날 우禹임금이 홍범구주洪範九疇를 상제上帝에게서 받을 때의 일을 기자箕子가 들은대로 말한 것이다. 서경書經의 이륜彝倫이나 정역正易의 정윤正倫이나 그 의의義는 한가지이다.

正 도상천리부모위〈倒喪天理父母危〉: 천리天理를 거꾸로 훼상毁喪하면 천지부모가 위태롭다.

不肖敢焉推理數리오마는 只願安泰父母心하노이다

화무상제化无上帝의 거듭되는 말씀에 대한 화답이다. 불초가 어찌 감히 리수理數를 미루리오마는 다만 원컨대 부모의 마음이 안태하기를 원할 뿐이다.

校 추리수〈推理數〉: 도수度數를 추리推理하는 것. 즉 360도를 알기 위하여 천지天地의 도수를 추리推理하는 것. 여기서는 다만 천지天地 부모父母의 마음을 편안케 하여 드릴 뿐이오 불초不肖가 감히 어찌 도수度數를 추리推理하겠나이까라고 하는 말이다.

校 안태〈安泰〉: 평안하고 태평함. 다만 부모父母의 마음을 「편안히 하고 태평하게」하기만 월할 뿐이라는 데서 하는 말.

歲甲申七月十七日己未에 不肖子金恒은 感泣奉書하노라

화무상제化无上帝가 말씀하신 것이므로 감읍봉서感泣奉書한다고 말한 것이다.

化翁親視監化事
화 옹 친 시 감 화 사

화옹化翁이 친히 감화感化하는 일을 보이신다는 말이다. 지금 세상이 변화하는 그런 이치가 있는데 그것이 무슨 목적과 무슨 수단으로 잘 되어가는지를 하나님이 친히 보여주는 감화사感化事라는 말이다. 이 감화사感化事에는 다섯 가지가 있다.

正 화옹친시감화사〈化翁親視監化事〉: 조화옹造化翁이 친親히 감화感化하는 일을 보이심. 조감照監하면 곧 화化하는 일은 화옹化翁의 조화造化이다.

嗚呼라 金火正易하니 否往泰來로다

화옹化翁이 친히 보여주시는 감화사感化事이므로 자연이 움직이는 것이고, 수단이 아니라 목적이 된다. 금화정역金火正易이 된다는 것은 천지비天地否는 가고 지천태地天泰가 오는 것이다. 비색否塞한 것이 안태安泰한 것으로 되는 것이 금화정역金火正易이다.

正 금화정역〈金火正易〉: 정역에는 금화정역金火正易 외에 금화호역金火互易 금화이역金火而易 불역정역不易正易 중위정역中位正易과 십역十易 원역原易 윤역閏易 교역지역交易之易 변역지역變易之易 등이 있다. 오행五行을 중심한 정역正易은 금화정역金火正易이라 하고, 팔괘八卦를 중심한 정역은 중위정역中位正易이라 하고, 수리數理로 중심한 정역은 십역만력十易萬曆이라 한다. 그리고 선후천先后天을 통通하여 말하는 정역正易을 원역原易이라 하였다.

正 비왕태래〈否往泰來〉: 주역周易에 천지비괘天地否卦는 대왕소래大往小來요, 지천태괘地天泰卦는 소왕대래小往大來라 하였으니 비왕태래否往泰來란 비운否運이 가고 태운泰運이 온다는 것인데 더 세밀히 살펴보면 비운否運에는 대왕大往하고 태운泰運에는 대래大來한다는 것이니 대大는 양陽을 말한다.

嗚呼라 己位親政하니 戊位尊空이로다

후천에는 십무극十无極 기위己位가 친히 정사를 하고, 선천에 정사하던 무위戊位는 존공尊空으로 모셔 두게 된다. 기위己位가 친정親政한다는 것은 "기경신임계己庚辛壬癸 갑을병정무甲乙丙丁戊"로 한다는 것이다. 선천에서는 "갑을병정무甲乙丙丁戊 기경신임계己庚辛壬癸"로 쓰지만, 후천이 되면 "기경신임계己庚辛壬癸 갑을병정무甲乙丙丁戊"로 바뀌게 된다. 천지가 그렇게 바뀐다는 말이다. 그렇게 되려면 기위己位가 친정親政하고 무위戊位를 존공尊空하여야 한다. 존공尊空이라는 말이 여기에 처음 나오는 말인데, 하나를 위에 두는 것을 존공尊空이라고 한다.

正 기위친정〈己位親政〉: 십수十數인 기위己位가 친친親親히 정사政事를 함. 상제조림上帝照臨과 같은 뜻이다. 그러므로 기위己位는 상제上帝님의 자리라 하겠다. 기己는 몸기자니 몸은 곧 나의 몸인 동시同時에 상제上帝의 몸으로 통通하는 기위己位이다.

正 무위존공〈戊位尊空〉: 후천后天에는 십무극十无極 기위己位가 친친親親히 정사政事를 하고, 묘궁卯宮으로 용사用事하기 때문에 선천先天에 정사政事하던 무위戊位는 존공尊空으로 모셔두고, 인궁寅宮으로 쓰던 일도 물러간다. 존공尊空에는 네가지가 있는데 십오존공十五尊空은 항각이수존공亢角二宿尊空과 선천先天 십오十五일에서 맞추는 것으로 상응相應되는 것이라면, 무위존공戊位尊空은 술오戊五 묘팔卯八의 무戊와 술戌로 상조相照되는 것이라고 말할 수 있다.

"기경신임계 갑을병정무己庚辛壬癸 甲乙丙丁戊"의 순으로 도수를 치는 것은 《정역》에만 있는 독특한 방법이다. 지금까지 아무리 높은 술가라 하더라도 "갑을병정무甲乙丙丁戊 기경신임계己庚辛壬癸"는 하지만 "기경신임계己庚辛壬癸 갑을병정무甲乙丙丁戊"로 하는 데는 없다. 십이지十二支도 "자축인묘진사오미신유술해子丑寅卯辰巳午未申酉戌亥"하는 것은 많지만 "유술해酉戌亥 자축인子丑寅 묘진사卯辰巳 오미신午未申"으로 치는 데는 아무데도 없다. 말하자면 우리의 발명특허라고 할 수 있다.

이런 도수를 치는 것은 그런 화권化權을 가지고 그런 경지를 당해서 천지가 응해주어야 이런 소리를 할 수 있는 것이지 아무렇게나 하는 것이 아니다. 그렇지 않으면 어떻게 우리가 이런 소리를 할 수 있겠는가? 하늘보다 먼저 했더라도 하늘이 응해주어 따르고, 하늘보다 뒤에 했더라도 내가 그것을 따라야 한다. 《주역》의 건괘乾卦에 "先天而天弗違, 後天而奉天時."라고 한 것이 이 말이다. 그런 이적을 가지고 있는 사람이 세상에 얼마나 되겠는가?

종교라는 것은 복을 달라고 비는 것이 아니라 자기가 희생하는 것이 종교이다. 희생이 없는 종교는 있을 수 없다. 요堯임금 때에 너무 가물어서 비가 오게 하려고 나무를 쌓아놓고 그 위에서 요堯임금이 하늘에 기도를 올렸다. 나무에 불을 붙이고 비가 올 때까지 타죽어도 좋다는 마음으로 하늘에 기도를 드린 것이다. 그래서 비가 오기는 했는데 너무 많이 와서 구년지수九年之水가 되었다. 순舜임금도 칠년대한七年大旱으로 자기를 희생할 각오를 가지고 천제天祭를 드렸다. 사실인지는 몰라도 기록이 그렇게 되어 있으니까 그렇게 믿을 뿐이다. 이 감화사感化事도 마찬가지로 그대로 믿을 뿐이다.

嗚呼라 丑宮得旺하니 子宮退位로다

후천에는 축궁丑宮이 왕사旺事하니 자궁子宮이 퇴위退位하게 된다. 운運으로 보면 축궁丑宮이 자궁子宮을 물려받는 것이다. 〈상원축회간지도上元丑會干支圖〉에서 보이는 것처럼 후천에서는 육갑이 기축궁己丑宮에서 시작하여 무자戊子에서 마치게 된다.

正 축궁득왕〈丑宮得旺〉: 선천先天에는 천정天政이 자子에서 열렸으나 후천后天에는 지정地政으로 바뀌어 축궁丑宮이 왕운旺運을 얻는다는 것이다.

正 자궁퇴위〈子宮退位〉: 후천后天에는 정월正月을 묘월卯月에서부터 시작始作하여 이를 묘궁용사卯宮用事라 한다. 이 묘궁용사卯宮用事를 하게 되는 체제體制는 축궁丑宮이 왕운旺運을 얻어야 되는 것이다. 이렇게 되면 선천先天에 인궁용사寅宮用事하던

자궁子宮의 체體가 그 위치에서 물러간다고 하였다.

嗚呼라 卯宮用事하니 寅宮謝位로다

선천은 인월세수寅月歲首하였는데, 후천이 되면 묘월卯月로 세수歲首를 하게 될 것이다. 후천이 되면 천지가 이처럼 변한다는 것을 설명하고 있는데 우리가 감을 잡지 못하고 있는 것이다.

북극성은《논어》에서는 '북신北辰'[98]이라고 하였다. 북극성은 움직이지 않고 가만히 있는 별이고, 북두칠성이 천황대제를 중심으로 오른쪽으로 도는데, 하루에 한 바퀴하고 13도와 7/19를 더 돈다. 360도를 돌고서 13도와 7/19를 더 돈다. 하夏나라 때에는 인월寅月로 세수歲首한 것은 '인생어인人生於寅'의 의미를 담고 있고, 은殷나라 때에는 축월丑月로 세수歲首를 한 것은 '지벽어축地闢於丑'의 의미를 담고 있고, 주周나라 때에 자월子月로 세수歲首한 것은 '천개어자天開於子'의 의미를 상징한다.

술시戌時를 표준으로 하여 북두칠성의 두병斗柄이 인방寅方을 가리키면 정월이고, 묘방卯方을 가리키면 2월, 진방辰方을 가리키면 3월이라는 것을 알 수 있다. 지금이 몇 월인지를 달력을 보고서 아는 것이 아니라, 달력이 없더라도 술시戌時에 북두칠성이 어디를 가리키는 지를 보고서 지금이 몇 월인지를 알 수가 있는 것이다. 북두칠성이 인방寅方을 가리키고 있는 것을 "두병건인두斗柄建寅頭"라고 한다. 이것을 말한 것이 바로 "묘궁용사卯宮用事 인궁사위寅宮謝位"이다. 간략하게 말한 것 같아도 그 속에는 이런 내용이 다 들어 있다. "축궁득왕丑宮得旺 자궁퇴위子宮退位"는 운運을 말하는 것이고, "묘궁용사卯宮用事 인궁사위寅宮謝位"는 세수歲首를 말하는 것이다.

묘월卯月로 세수歲首를 하려면 축궁丑宮이 득왕得旺하고 자궁子宮이 퇴위退位해야 한다. 이것을 방위로 설정하는 것으로 축丑이 자子가 되고 자子

---

98 子曰 爲政以德, 譬如北辰居其所, 而衆星共之.《論語》〈爲政〉

가 축丑이 된다. 좌선하는 방향의 "자축인묘진사오미신유술해子丑寅卯辰 巳午未申酉戌亥"는 천지설위天地設位로 방위를 말하고, 우선하는 방향의 "해 자축인묘진사오미신유술亥子丑寅卯辰巳午未申酉戌"은 실제의 운행을 말한다. 그래서 인해寅亥가 합하고, 자축子丑이 합하는 이합二合관계가 형성된다.

正 묘궁용사 인궁사위〈卯宮用事 寅宮謝位〉: 후천에는 정월세수正月歲首를 묘궁卯 궁이 행사行事하여 쓰이니 선천에 세수歲首로 쓰이는 인궁寅宮은 본 위位에서 물러 간다.

正 묘궁용사〈卯宮用事〉: 후천은 세수歲首를 묘월卯月로 하므로 묘궁卯宮이 정사政事 에 쓰인다 함.

嗚呼라 五運運하고 六氣氣하여 十一歸體하니 功德无量이로다

오운육기五運六氣는 무오戊五와 계육癸六을 말하는데 5 자리에 있던 무오 戊五가 10 자리로 운운運運하여 내려가고 10자리에 있던 계육癸六이 5자리로 기氣하여 올라와서 십일귀체十一歸體가 된다.

"오운운五運運 육기기六氣氣"에서 오운五運이라는 것은 천간天干으로 육 갑六甲의 지지地支가 다섯 번 돈다는 것이고, 육기六氣는 지지地支로 육갑六 甲의 천간天干을 여섯 번 돈다는 말이다. 모든 것이 오운육기五運六氣가 돌 아서 십일귀체十一歸體하기 때문에 그 공덕이 한량이 없다고 하였다. 무량 無量과 공허空虛는 수의 극치이며, 양극은 서로 통하게 되어 있다.

正 오운운육기기〈五運運六氣氣〉: 오운육기五運六氣에 대해서는 그 종래 학설學設 이 분분紛紛하나 대체로는 운운運運은 천운天運이니 오운五運은 금목수화金木水火土의 오 행五行을 기본基本하여 천간天干이 그 오행五行에 운용運用이 되며 기氣는 지기地氣니 육기六氣는 풍한서습조화風寒暑濕燥火의 육기六氣를 기본基本하여 지지地支가 그 육기 六氣에 쓰인다고 한다. 그리하여 오운五運의 기본基本은 천간天干이 되고 육기六氣의 기본基本은 지지地支가 되어 오행五行의 묘용妙用을 하고 있다는 것이다. 또 사물기 원통력事物紀原通曆에는 오운五運을 말하여「太昊木德王 始有甲曆五運」이라 하였

고, 좌전소공원년左傳昭公元年에는 육기六氣를 말하여 「天有六氣曰 陰陽風雨晦明也 分爲四時序爲五節」 이라고 하였다. 정역正易에서 말하는 오운육기五運六氣는 무오 戊五와 계육癸六을 말하여 5자리에 있던 무오戊五가 10자리로 운운하여 내려 가고 10자리에 있던 계육癸六이 5자리로 기운氣하여 올라와서 십일귀체十一歸體가 된다. 이 변화變化로 인하여 계해(癸亥⋯干支가 모두 六)로 용구用九하고 무진(戊辰⋯ 干支가 모두 五)으로 용육用六하게 되니 그 공덕功德이 무량无量하다는 것이다.

正 공덕무량〈功德无量〉: 성덕盛德의 공로가 한량이 없다. 공功과 덕德이 그지 없다. 즉 오운육기五運六氣의 운기運氣가 결국 십일十一로 귀체歸體됨은 그 공덕功德이 그지 없다는 것이다.

正 십일귀체〈十一歸體〉: 십일十一은 즉 삼팔三八이오 삼팔三八은 즉 십오十五의 중中 이다. 오운五運이 운운하고 육기六氣가 기운氣하야 십일十一이 귀체歸體된다 하고 포오 함육包五含六도 십일十一의 뜻이 있는가 하면 십퇴일진十退一進도 십일十一이다. 수數 로 보는 십일十一을 도표로 알아보자.

손도수	1	2	3	4	5	6	7	8	9	10	
順 數	十	九	八	七	六	五	四	三	二	一	
逆 數	一	二	三	四	五	六	七	八	九	十	
上下合數	11	11	11	11	11	11	11	11	11	11	(十一歸體)

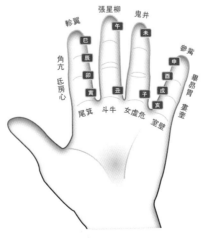

그림 73. 천지설위와 28수

새끼손가락의 본절本節에서부터 시작하는 "해자축亥子丑, 인묘진寅卯辰, 사오미巳午未, 신유술申酉戌"은 방위를 나타내는 것으로 천지설위天地設位라고 한다. 땅의 방위는 이렇게 우회전으로 가지만, 하늘은 좌회전으로 간다. 달의 운행은 해亥의 방위에서 인월寅月이 시작된다.

28수를 손에 올리면 각항저방심미기角亢氐房心尾箕는 동빙 청룡칠수, 두우녀허위실벽斗牛女虛危室壁은 북방현무칠수, 규루위묘필자삼奎婁胃昴畢觜參은 서방백호칠수, 정귀유성장익진井鬼柳星張翼軫은 남방주작칠수라고 한다. 손에 올린 28수는 해가 떠오르는 방향을 말한다. 예를 들면, 8월에는 해가 각항角亢이 있는 쪽에서 떠오르기 때문에 8월에는 하늘에서 각항角亢을 볼 수가 없게 된다. 한 달에 28수의 별을 두 개 또는 세 개씩 배치하는데 자子, 오午, 묘卯, 유酉의 사정방四正方에는 별을 3개씩 배치하고, 그 이외에는 모두 두 개의 별을 배치한다. 이렇게 28수와 해와 달을 손에 올려놓으면 깜깜한 방에 앉아 있어도 태양이 지금 어디에 있는지, 달이 어디 있는지를 알 수 있다.

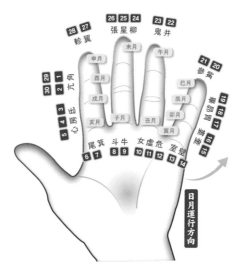

그림 74. 28수와 일월(日月)의 합삭(合朔)

또 합삭合朔이라는 것이 있다. 날짜는 28수宿 별 하나에 하루를 친다.

예를 들면 8월에는 태양이 각항角亢의 위치에 있고, 8월 1·2일에는 달도 역시 각항角亢의 위치에 있다. 즉, 8월 1·2일에는 해와 달이 같은 위치에 있게 되는데 이것을 합삭合朔이라고 한다. 즉, 합삭合朔은 일월교회처日月交會處이다.

달은 술시戌時를 표준으로 하고, 태양은 묘시卯時를 표준으로 한다. 말하자면 달은 하루를 세는 분침이고, 태양은 달을 세는 시침으로 만들어진 시계와 같다. 분침이 한 바퀴 돌면 태양은 한 자리를 옮겨간다. 시계가 이 원리를 이용한 것이다.

태양은 항상 일정한 궤도를 돌지만, 달은 궤도가 일정하지 않다. 나선형처럼 불규칙한 궤도가 마치 뱀이 똬리를 친 것 같다고 해서 '사행蛇行'한다고 한다. 달이 사행蛇行하다가 제자리로 돌아오려면 19년이 걸리는데 그것을 '십구세일장十九歲一章'이라고 한다. 3년에 1윤閏하고, 5년에 2윤閏하고, 19년에 7윤閏하면 1장章이 되는 것이다.

달이 28수를 어떻게 지나느냐에 따라서 길흉吉凶이 달라진다. 《서경》[99]에 그런 내용이 있다. 28수 중에서 기성箕星은 동북간에 있어서 우리나라 별에 해당한다. 기箕는 키를 뜻하는 글자인데, 키는 바람을 이용해서 곡식을 까부는 도구이다. 달이 운행을 하다가 이 기수箕宿에 와 있으면 큰 바람이 분다고 한다. 반드시 그렇다고는 말하지 못해도 큰 태풍이 있을 때 따져보면 달이 기수箕宿에 있는 경우가 많다. 그리고 달이 필수畢宿에 있으면 비가 많이 오는데, 그것을 "기호풍箕好風, 필호우畢好雨"라고 하였다. 이런 변화는 모두 달의 조화로 생기는 것이다.

《정역》에서도 "太陽恒常은 性全理直이니라. 太陰消長은 數盈氣虛니라."라고 하여 태양은 일정하여 변화가 없고, 선천과 후천의 길흉은 모두 달의 영허소장盈虛消長에 의해 나타난다고 하였다. 그래서 달이 중요한 것이다. 달이 지구에서 96만리 밖에 떨어져 있지만, 태양은 3억 7천 5백만리나 떨

---

99 庶民惟星 星有好風 星有好雨. 日月之行 則有冬有夏. 月之從星 則以風雨. 《書經》〈洪範〉

어져 있기 때문에 지구에서 보면 태양과 달이 똑같은 크기로 보인다. 이런 변화를 좌견천리坐見千里하듯이 손바닥 안에서 볼 수 있으니 얼마나 좋은 공부인지 모른다.

요즈음에 기후를 관측하는 과학기술이 엄청나게 발달했다. 날이 흐리고 비오는 것은 알 수 있지만 구름의 양을 보고 비가 몇 mm나 올 것인지는 알 수가 없다고 한다. 비구름이 아무리 두껍게 쌓여 있더라도 꼭 짜봐야 5mm를 넘지 못한다. 기후관측으로 알 수 있는 것은 흐렸다 개었다 하는 것만 알지, 비가 몇 mm나 올 것인지는 알 수 없다. 그런데도 기상대에서 비가 몇 mm 오겠다고 발표하는 것은 알면서도 거짓말을 하는 것이다. 거짓말인 줄 뻔히 알면서도 하지 않을 수 없는 것이다. 몇 백 mm나 되는 비를 내리게 할 구름은 무거워서 떠있지도 못한다. 그러니까 그것은 전혀 알 수가 없는 것을 가지고 국민에게 거짓말을 하는 셈이다.

※ 좌수(左手)와 우수(右手)

오른손은 밥 먹는 손이고, 왼손은 공부하는 손이다. '좌우左右'라는 글자를 보아도 알 수 있다. '𠂇'는 손 모양을 뜻하고, '좌左'의 속에는 '공工'이 있어서 손으로 공부하라는 뜻이 되고, '우右'속에는 '구口'가 있어서 밥을 떠먹으라는 뜻이 된다.

중국이나 호주와 같은 대평원지대하고 우리나라는 기후가 아주 다르다. 또 우리나라에서도 골짜기마다 기후가 다르고, 말도 다르다. 같은 기후와 말이 100리를 가지 못한다. 간방艮方이라는 것이 그렇게 다르다. 오행이라는 것은 그렇게 쉬운 것이 없으면서도, 또 오행같이 어려운 것이 없다. 음양은 상대적인 것이고, 음양이 행行하려면 오행을 얻어야 한다. 오행을 얻는다는 것은 육갑六甲을 얻는다는 것과 같은 말이다.

《서경》의 〈홍범〉에서도 제일 첫머리에 오행을 들어 "一五行, 一曰水, 二曰火, 三曰木, 四曰金, 五曰土"라고 말했다. 모든 것이 거기에서 시작하는 것이다.

正易과 天文曆

无極體位度數
무 극 체 위 도 수

己巳 戊辰 己亥 戊戌이니라
度는 逆하고 道는 順하니라
而數는 六十一이니라

皇極體位度數
황 극 체 위 도 수

戊戌 己亥 戊辰 己巳니라
度는 順하고 道는 逆하니라
而數는 三十二니라

正 **무극체위도수**〈无極體位度數〉: 무극无極이 체위體位한 무극无極 도수度數를 말한다 이를 기사己巳 무진戊辰 기해己亥 무술戊戌이라고 하였다. 즉 기사궁己巳宮은 무극无極이 체위體位한 궁宮이라면 무술궁戊戌宮은 황극皇極이 체위體位한 궁宮이라 할 것이니 그러면 태극체위太極體位를 찾는다면 어디일까? 그것은 바로 상원축회上元丑會인 기축己丑일 것이다. 그러므로 반고화盤古化를 기축己丑에서 무술戊戌하니, 무술戊戌은 황극체위皇極體位로서 다시 무술戊戌로 기해己亥 경자庚子 신축辛丑 임인壬寅하게 되면 반고오화盤古五化인 것이다. 화옹무위化翁无位 원천화原天火 생지십기토生地十己土라는 것은 기사궁己巳宮이 만들어 지는 순서順序를 분해하여 보인 것이다.

正 **황극체위도수**〈皇極體位度數〉: 황皇으로 극極을 세운 것은 무위戊位이다. 체위도수體位度數는 「戊戌 己亥 戊辰 己巳」라고 하였으니 이 수數는 무술戊戌에서 기사己巳까지 삼십이三十二라고 하였다.

여기서 무극체위도수无極體位度數, 황극체위도수皇極體位度數, 일극체위도수日極體位度數, 월극체위도수月極體位度數로 나누어서 설명하고 있는데 체위도수體位度數는 사주와 같은 것이다. 하늘의 사주가 무극체위도수이고, 땅의 사주가 황극체위도수이다. 그런데 이 사주는 현대의 역법曆法으로는 맞지 않는다. 아마도 천지天地의 틀이기 때문에 일반 사주와는 다른 것 같다. 〈십오일언〉에 "土極生水 水極生火 火極生金 金極生木 木極生土 土而生火"라는 말이 있는데, "토이생화土而生火"의 화火가 바로 '기사己巳'이다.

태양은 무극체위도수의 "기사己巳 무진戊辰 기해己亥 무술戊戌"을 기본으로 해서 나오고, 태음은 황극체위도수의 "무술戊戌 기해己亥 무진戊辰 기사己巳"를 기본으로 해서 나온다. 태양과 태음은 일월의 성정性情이고, 일월은 태양과 태음의 형체形體이다. 팔괘에서 건곤이 천지의 성정性情이고, 천지가 건곤의 형체形體인 것과 마찬가지이다.

成度之朞	无極體位度數	皇極體位度數
	己位(太陽 · 日)	戊位(太陰 · 月)
成度之年	己巳	戊戌
成度之月	戊辰	己亥
成度之日	己亥	戊辰
成度之時	戊戌	己巳

표 42. 무극(无極)과 황극(皇極)의 체위도수(體位度數)

무극체위도수의 "己巳 戊辰 己亥 戊戌" 속에는 황극체위도수인 "戊戌 己亥 戊辰 己巳"가 들어 있고, 마찬가지로 황극체위도수 속에는 무극체위도수가 들어 있다. 이런 이치가 어떤 근거를 두고 하는 말이냐면 하도와 낙서를 두고 하는 말이다.

하도라는 것은 "10, 9, 8, 7, 6, 5, 4, 3, 2, 1"로 순順하는 것이고, 낙서는 "1, 2, 3, 4, 5, 6, 7, 8, 9"의 역逆으로 가는 것이다. 무엇이든지 홀로 가는 것

은 없다. 수數라는 것은 "1, 2, 3, 4, 5, 6, 7, 8, 9, 10"이라고 할 때는 그 속에 반드시 "10, 9, 8, 7, 6, 5, 4, 3, 2, 1"이 들어 있는 것이다.

《정역》에서는 이것을 "체원용방體圓用方", "체방용원體方用圓"이라고 했다. "1, 3, 5, 7, 9"는 낙서이고, "10, 8, 6, 4, 2"는 하도이다. "1, 3, 5, 7, 9"는 원圓이고, "10, 8, 6, 4, 2"는 방方이다. 체體가 원圓이면 용用은 방方을 쓰고, 체體가 방方이면 용用은 원圓을 쓴다는 말이다. 체위도수體位度數로 말하면 "己巳 戊辰 己亥 戊戌"이 있는가 하면 그 속에는 "戊戌 己亥 戊辰 己巳"가 들어 있는 것이고, 수數로 말하면 "1, 3, 5, 7, 9"속에는 "10, 8, 6, 4, 2"가 들어 있는 것이다. 서로 떨어져서 따로 있을 수가 없다. 그것을 윤리로 보면 한 가정을 이루는 부부夫婦와 같다. 밖에 남자가 있으면 안에는 여자가 있고, 부인의 바깥에는 반드시 남자가 있다. 즉, 이러한 원리를 윤리화한 것이 바로 한 가정이다. 그것을 다시 일반화하여 이화세계理化世界를 만드는 것이 체위도수體位度數이고 수리數理이고 체용體用이다.

그런데 무극체위도수의 "己巳 戊辰 己亥 戊戌"은 도도度는 역逆하고 도道는 순順하다고 했다. 도도度라는 것은 자로 재듯이 일정하게 하나씩 나아가는 것이고 도道는 거기까지 간 값어치를 말한다. 그렇기 때문에 도덕道德이라고 말하는 것이다. 도덕道德을 수數로 표현하면 도道는 십(10)이고 덕德은 오(5)이다. 무극체위도수는 육갑으로 가는 도도度는 기사己巳에서 무술戊戌로 가기 때문에 역逆으로 가는 것이고, 수數로 가는 도道(값어치)는 기십己十(10)에서 무오戊五(5)로 가기 때문에 순順이라고 하였다. 반면에 황극체위도수는 육갑으로 가는 도도度는 무술戊戌에서 기사己巳로 가서 순順이 되고, 수數로 가는 도道는 무오戊五(5)에서 기십己十(10)으로 가서 역逆이 된다.

"이수而數"는 거기까지 간 값어치로서의 그 수數라는 말이다. 그러므로 무극체위도수의 이수而數는 기사己巳에서 기사己巳까지 간 것으로 61도이고, 황극체위도수의 이수而數는 무술戊戌에서 기사己巳까지 32도가 된다.

月極體位度數
월 극 체 위 도 수

庚子 戊申 壬子 庚申 己巳니라

初初一度는 有而无니라

五日而候니라

而數는 三十이니라

日極體位度數
일 극 체 위 도 수

丙午 甲寅 戊午 丙寅 壬寅 辛亥니라.

初初一度는 无而有니라

七日而復이니라

而數는 三十六이니라

正 월극체위도수〈月極體位度數〉: 월극체위도수月極體位度數는 庚子(1度) 戊申(9度) 壬子(13度) 庚申(21度) 己巳(30度) 라 하였고, 그 도수度數의 간격 차이差異는 주역의 구덕괘九德卦와 같으니 태음太陰·태양太陽의 도수度數와 구덕괘九德卦를 비교하기 위하여 다음과 같이 도표하여 보자. 구덕괘九德卦란 즉 계사繫辭 제칠장第七章에서,「易之興也 其於中古乎 作易者 其有憂患乎 是故 履 德之基也 謙 德之柄也 復 德之本也 恒 德之固也 損 德之修也 益 德之裕也 困 德之辨也 井 觀之地也 巽 德之制也……」라 함을 말한다. 정역正易에는 무극无極 외에 9가지 극極이 있는데 열거하여 보면 다음과 같다.

1. 无極	6. 土極生水
2. 太極	7. 水極生火
3. 皇極	8. 火極生金
4. 月極	9. 金極生木
5. 日極	10. 木極生土

正 **일극체위도수〈日極體位度數〉**: 일극체위日極體位는 「丙午 甲寅 戊午 丙寅 壬寅 辛亥」라고 한 바 그 수數는 360이다.

월극체위도수月極體位度數의 "경자庚子 무신戊申 임자壬子 경신庚申 기사己巳"는 앞의 〈십오일언〉에서 말한 도수度數에 의해서 나오게 된 것이다. 즉 달(태음)은 일수지혼一水之魂과 사금지백四金之魄을 타고 나는 것으로 무위도수戊位度數를 기본으로 하여 胞胎·胎胎·養養·生生·成成의 과정을 거치게 된다. "太陰은 逆生倒成하니 先天而后天이요 旣濟而未濟니라. 一水之魂이요 四金之魄이니, 胞於戊位成度之月初一度(庚子), 胎於一九度(戊申), 養於十三度(壬子), 生於二十一度(庚申), 度成道於三十(己巳)"

일극체위도수의 "병오丙午 갑인甲寅 무오戊午 병인丙寅 임인壬寅 신해辛亥"도 마찬가지이다. 해(태양)는 칠화지기七火之氣와 팔목지체八木之體를 타고 난 것으로 기위도수己位度數를 기본으로 하여 胞胎·胎胎·養養·生生·成成의 과정을 거치게 되지만, 월극체위도수와 다른 점은 병인丙寅에서 임인壬寅으로 36도를 건너뛰는 것이 있다는 점이다. 태양은 건괘 오효와 관계가 있는데, "운종룡雲從龍 풍종호風從虎"라고 한 것이 바로 병인丙寅과 임인壬寅을 뜻하는 것이다. "太陽은 倒生逆成하니 后天而先天이요 未濟而旣濟니라. 七火之氣요 八木之體니, 胞於己位成度之日一七度(丙午), 胎於十五度(甲寅), 養於十九度(戊午), 生於二十七度(丙寅→壬寅), 度成道於三十六(辛亥)"

번호	구분	월극체위도수(태음)		일극체위도수(태양)	
		胞胎養生成	六甲	胞胎養生成	六甲
01	胞	胞於戊位成度之月初一度	庚子	胞於己位成度之日一七度	丙午
02	胎	胎於一九度	戊申	胎於十五度	甲寅
03	養	養於十三度	壬子	養於十九度	戊午
04	生	生於二十一度	庚申	生於二十七度	丙寅 壬寅
05	成	度成道於三十	己巳	度成道於三十六	辛亥

표 43. 태음과 태양의 포(胞) 태(胎) 양(養) 생(生) 성(成)

正易 ── 정역

태음은 일수사금지기一水四金之氣로 혼백魂魄이라고 했고, 태양은 칠화팔목지기七火八木之氣로 기체氣體라고 했다. 즉, 태양은 화목지기火木之氣에서 나왔고 태음은 수금지기水金之氣에서 나온 것이다. 손으로 태음·태양의 정령政令을 보면 태양은 병칠화丙七火와 갑팔목甲八木의 기체氣體를 타고났으므로 갑병甲丙이 태양의 정정政이 되고, 태음은 임일수壬一水와 경사금庚四金의 혼백魂魄을 타고났으므로 경임庚壬은 태음의 령令이 된다. 이러한 해와 달의 정령은 기위己位의 "기경임갑병己庚壬甲丙"에서 온 것이다.

그런데 이 정령政令을 움직이는 것이 뭐냐하면 바로 율려律呂이다. 율려는 무위戊位에서 나오는 "무정을계신戊丁乙癸辛"인데, 태양은 병칠화丙七火와 갑팔목甲八木의 정령을 타고났지만 그 속에는 신구금辛九金과 계육수癸六水의 율려가 들어 있고, 태음은 임일수壬一水와 경사금庚四金의 정령을 타고났지만 그 속에는 정이화丁二火와 을삼목乙三木의 율려가 들어 있다.

그림 75. 己位의 政令

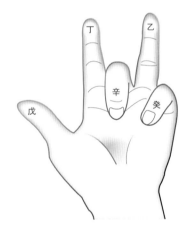

그림 76. 戊位의 律呂

다시 말하면 태음은 일수사금지혼백一水四金之魂魄인데 그 속에는 이화삼목二火三木이 들어있고, 태양은 칠화팔목지기체七火八木之氣體인데 그 속에는 육수구금六水九金이 들어있다는 것이다. 이렇게 태음은 속에 이화삼목二火三木이 들어있지만 생수生數로만 형성되었고 겉으로는 금수지기金水之氣로 타나나므로 자체에는 아무런 열熱이 없게 된다. 반면에 태양은 성수成數로 형성되었고 기체氣體가 칠화팔목지기七火八木之氣로 나타나므로 열熱이 6천도이상 올라갈 수 있는 것이다.

政令 律呂		太陽 七火之氣 八木之體		太陰 一水之魂 四金之魄	
政令	己位	丙 (七火)	甲 (八木)	壬 (一水)	庚 (四金)
律呂	戊位	癸 (六水)	辛 (九金)	丁 (二火)	乙 (三木)

표 44. 태양(太陽)과 태음(太陰)의 정령(政令)과 율려(律呂)

월극체위도수의 "初初一度는 有而无니라"에서 그냥 초일도初一度라고 하지 않고 초초일도初初一度라고 한 것은 기해己亥에서 나왔기 때문에 경자庚子를 초초일도初初一度라고 한 것이다. 기해己亥에서 나왔는데도 기해己亥는 치지 않고 경자庚子를 치기 때문에 기해己亥는 있어도 있는 것이 아니라고 하는 것이다.

반면에 일극체위도수의 "初初一度는 无而有니라"에서 초초일도初初一度는 병오丙午인데 이것은 기위성도지일己位成度之日인 기해己亥에서부터 7도가 된다.

기해己亥에서 병오丙午까지 간 이 7도는 치지 않아도 있는 것이나 마찬가지이다. 즉, 육갑六甲은 없어도 있는 것으로 치라는 말이다.

正 초초일도〈初初一度〉: 태음太陰과 태양太陽이 생기는데 포궁胞宮 초일도初一度의 터전이 되는 도수度數, 즉 태음太陰의 경우 초일도初一度인 경자庚子에서 포胞하므로 초초일도初初一度는 경자庚子의 1도전인 기해己亥가 되는 것이다. 태양太陽의 경우는 일칠도一七度인 병오丙午에서 포胞하므로 초초일도初初一度는 역시 기해己亥가 된다. 그런데 태음太陰의 경우는 초일도初一度 경자庚子에서 포胞하니 초초일도初初一度는

있어도 없는 것이라 하였고, 태양太陽의 경우는 일칠도一七度 병오丙午에서 포胞하니 초초일도初初一度는 없어도 있는 것이라 하였다.

正 유이무〈有而无〉: 황극이무극皇極而无極이라고 하였듯이 여기서 유이무有而无라고 함은 있다 하여도 없는 것으로 간주한다는 것이다.

正 오일일후〈五日一候〉: 일년一年을 칠십이후七十二候로 나눈 절후節氣를 말한다. 이는 위서율력지魏書律歷志에 있는 말을 취한 것이다.

正 무이유〈无而有〉: 없이도 있는 것은 태양太陽의 초초일도初初一度를 말하는 것인데 무극이태극无極而太極이란 말과 상통相通한다고 보아진다.

正 칠일이복〈七日而復〉: 주역周易 복괘復卦에는 「反復其道 七日來復」이라고 하였다. 정역正易에서는 칠일七日만에 복復한다 하였고, 현재現在도 일주정사一週政事를 하고 있는 것은 칠일이복七日而復하는 이치理致를 쓴 것이라 하겠다. 이 칠七이라는 수數를 불가佛家에서도 인간人間의 사후死後에 49제齋를 칠칠제七七齋라 하여 말하기도 한다. 「七七齋 人命終復 未受報之間 是中有也 中有之壽命 但極於七日而死 死而復生 未得生緣則 至七七日 七七日罪業審定 方受其報 此間親屬爲亡者 修追福則 傳劣而爲勝云(佛學大辭典七七齋條)」이와 같이 칠七수는 인간人間에도 사후死後에 행용하고 있다.

化翁은 无位시고 原天火시니 生地十己土니라

지금까지는 무극无極 황극皇極 월극月極 일극日極 등의 체위도수體位度數가 어떤 것인가를 말했는데, 이 아래에는 이 체위도수들이 어떤 역할을 하는 것인지를 밝히는 말이다.

正 원천화〈原天火〉: 화옹化翁은 무위无位시고 원천原天은 무량无量이라 하였는데 무량无量이란 무궁无窮 무극无極한 것이다. 그러므로 무극체위无極體位는 기사궁己巳宮으로서 사화巳火가 있는 기십己十의 원천화原天火이다.

己巳宮은 先天而后天이니라

地十己土는 生天九辛金하고

天九辛金은 生地六癸水하고

地六癸水는 生天三乙木하고

天三乙木은 生地二丁火하고

地二丁火는 生天五戊土니라

　　"무정을계신戊丁乙癸辛"과 "1, 3, 5, 7, 9"의 형상을 말한다.

正 기사궁〈己巳宮〉: 기사궁은 경오庚午 신미辛未 임신壬申⋯⋯⋯⋯ 무인戊寅까지를 말한다. 그리고 기사궁己巳宮은 선천先天이로되 후천后天이라는 원천화原天火의 하늘을 상징象徵한다. 이에 대비對比하는 무술궁戊戌宮과 하도河圖·낙서洛書의 수數를 이루니, 기사궁己巳宮은 하도河圖요, 무술궁戊戌宮은 낙서수洛書數가 된다.

戊戌宮은 后天而先天이니라

天五戊土는 生地四庚金하고

地四庚金은 生天一壬水하고

天一壬水는 生地八甲木하고

地八甲木은 生天七丙火하고

天七丙火는 生地十己土니라

　　"기경임갑병己庚壬甲丙"과 "2, 4, 6, 8, 10"의 형상을 말하는 것이다.

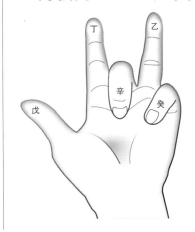

그림 77. 戊位의 律呂

그림 78. 己位의 政令

地十己土는 生天九庚金하고

天九庚金은 生地六癸水하고

地六癸水는 生天三甲木하고

天三甲木은 生地二丙火하고

地二丙火는 生天五戊土니라

天五戊土는 生地四辛金하고

地四辛金은 生天一壬水하고

天一壬水는 生地八乙木하고

地八乙木은 生天七丁火하고

天七丁火는 生地十己土니라

地十己土는 成天一壬水하고

天一壬水는 成地二丁火하고

地二丁火는 成天九辛金하고

天九辛金은 成地八乙木하고

地八乙木은 成天五戊土니라

天五戊土는 成地六癸水하고

地六癸水는 成天七丙火하고

天七丙火는 成地四庚金하고

地四庚金은 成天三甲木하고

天三甲木은 成地十己土니라.

丙甲庚三宮은 先天之天地니라.

丁乙辛三宮은 后天之地天이니라.

先天은 三天兩地니라

后天은 三地兩天이니라

　　정령政令과 율려律呂의 손도수에서 손가락을 구부린 것이 천天이고, 손가락을 편 것이 지地이다. 그러므로 정령政令은 삼지양천三地兩天이고, 율려律呂는 삼천양지三天兩地이다. 또 손가락을 편 것이 후천이고, 구부리면 선천이다.

正 **선천지천지**〈先天之天地〉: 선천先天의 천지天地라 하니 선천先天을 천지天地라 하고 후천后天을 지천地天이라 함은 천지비괘天地否卦와 지천태괘地天泰卦에서 연유된 말이라 풀이 된다.

正 **후천지지천**〈后天之地天〉: 후천后天의 지천地天이라 하니 선천先天을 천지天地라 하고 후천后天을 지천地天이라 함은 주역周易의 비괘否卦와 태괘泰卦에서 유래한 것이다. 수리數理로 보면 일삼오칠구一三五七九인 삼천양지三天兩地를 천지天地라 했고, 이사육팔십二四六八十인 삼지양천三地兩天을 지천地天이라 하였다. 정을신丁乙辛 삼궁三宮에서 정을丁乙은 지地쪽이요, 신辛은 천天쪽이므로 「丁乙辛三宮 后天之地天」이라고한 것이다.

正 **삼지양천**〈三地兩天〉: 이사육팔십二四六八十을 손으로 꼽아보면 육팔십六八十은 삼지三地가 되고 이사二四는 양천兩天이 된다. 이는 후천后天의 상象이다.

正 **선천삼천양지**〈先天三天兩地〉: 선천先天이란 수로 상징象徵하면 일삼오칠구一三五七九로서 일삼오一三五를 삼천三天 • 칠구七九를 양지兩地로 한다. 후천后天은 삼지양천三地兩天이다. 삼대이三對二의 비례比例는 다음 표와 같은 것이 있음을 미루어 알아둠이 좋겠다.

三天兩地 三地兩天	天六地四	用九用六	乾坤之策	當朞日	先后天周回度數	
三 二	六 四	九 六	216 144	360	324萬里 216萬里	540 萬 里

위 도표와 같이 삼대이三對二의 비례比例의 원리原理가 실제 천도에 미치는 일을 살펴보면 일년중一年中 하지夏至와 동지冬至에 주야晝夜의 차差, 즉 하지夏至때의 밤 길이가 가장 짧고 낮 길이가 가장 길지라도 결국 육대사六對四의 비율比率이다. 그러므로 천육지사天六地四 천사지육天四地六이라는 범주範疇 내內에서 운행한다. 동지冬

至 때에도 마찬가지이다.

正 **삼천양지**〈三天兩地〉: 일삼오칠구一三五七九를 손으로 쳐보면 일삼오一三五는 삼천三天이 되고 칠구七九는 양지兩地가 된다. 이는 선천先天의 상象이다.

子寅午申은 先天之先后天이니라
丑卯未酉는 后天之先后天이니라

正 **선천지선후천**〈先天之先后天〉: 선천先天의 선천先天과 후천后天이란 선천先天을 선후천先后天으로 나눈 것이다. 즉 자인오신子寅午申에서 자인子寅은 선천先天의 선천先天이오 오신午申은 선천先天의 후천后天이다. 후천后天의 선후천先后天도 이와 같은 논법論法으로 풀이 한다. 이를 도표로 알아보면 수지手指를 꼽은 쪽을 선천先天이라 하고 수지手指를 편면을 후천后天이라 한다.

先天(子寅午申)			先天之先天						先天之后天				
		子	丑	寅	卯	辰	巳	午	未	申	酉	戌	亥
手指象		9	10	1	2	3	4	5	6	7	8	9	10	1	2
后天(丑卯未酉)	亥	子	丑	寅	卯	辰	巳	午	未	申	酉	戌	
		后天之先天						后天之后天					

표) 子寅午申과 丑卯未酉 先后天圖

上元丑會干支圖
상 원 축 회 간 지 도

상원〈上元〉: 상원上元이 원천原天의 기틀이라면 원천原天은 상원上元의 길(道)이다. 그러므로 화금금화火金金火라든지 선천후천先天后天이라는 길(道)은 원천原天의 길이며 삼원오원三元五元이라든지 기제미제旣濟未濟라는 기틀은 상원上元의 리理라고 해석된다. 상원上元은 또한 무위无位로서 기위己位와 무위戊位를 생生하는 것이며 따라서 육갑六甲이 나오는 곳이라 생각된다.

己丑宮은 庚寅 辛卯 壬辰 癸巳 甲午 乙未 丙申 丁酉 戊戌이니라
己亥宮은 庚子 辛丑 壬寅 癸卯 甲辰 乙巳 丙午 丁未 戊申이니라
己酉宮은 庚戌 辛亥 壬子 癸丑 甲寅 乙卯 丙辰 丁巳 戊午니라
己未宮은 庚申 辛酉 壬戌 癸亥 甲子 乙丑 丙寅 丁卯 戊辰이니라
己巳宮은 庚午 辛未 壬申 癸酉 甲戌 乙亥 丙子 丁丑 戊寅이니라
己卯宮은 庚辰 辛巳 壬午 癸未 甲申 乙酉 丙戌 丁亥 戊子니라

상원축회上元丑會는 기축己丑에서 시작한다. 기축己丑에서 시작해서 무자戊子까지 간 것으로 이것은 기위친정己位親政의 형상을 나타낸다. 여기에서 중요한 것은 기己에서 시작해서 무戊까지 간다는 것이다. 선천은 그렇지 않고 갑甲에서 먼저 시작하는데 후천에서는 기己에서부터 시작된다. 이 상원축회간지도上元丑會干支圖는 나중에 책력을 만들 때에 사용된다.

正**기축궁〈己丑宮〉**: 기축己丑은 기십己十 축십丑十. 즉, 십十·십十이니 주역계사周易繫辭에서 말하는 바 成性存存 道義之門 이라 함과 상통相通한다. 도의道義의 문門에서 반고화盤古化가 시작始作 되듯이 기축궁己丑宮에서 상원上元이 시작된다. 그러므로 반고盤古는 즉 기축己丑이오, 기축己丑은 곧 상원上元의 원원元元인 것이다. 기축궁己丑宮은 경인庚寅 신묘辛卯 임진壬辰 계사癸巳 ……… 무술戊戌이다.

399

正 기사궁〈己巳宮〉 : 기사궁은 경오庚午 신미辛未 임신壬申········ 무인戊寅까지를 말한다. 그리고 기사궁己巳宮은 선천先天이로되 후천后天이라는 원천화原天火의 하늘을 상징象徵한다. 이에 대비對比하는 무술궁戊戌宮과 하도河圖·낙서洛書의 수數를 이루니, 기사궁己巳宮은 하도河圖요, 무술궁戊戌宮은 낙서수洛書數가 된다.

二十八宿運氣圖
이 십 팔 수 운 기 도

癸未	軫	癸丑	戊戌	室	戊辰
甲申	翼	甲寅	己亥	危	己巳
乙酉	張	乙卯	庚子	虛	庚午
丙戌	星	丙辰	辛丑	女	辛未
丁亥	柳	丁巳	壬寅	牛	壬申
戊子	鬼	戊午	癸卯	斗	癸酉
己丑	井	己未	甲辰	箕	甲戌
庚寅	參	庚申	乙巳	尾	乙亥
辛卯	觜	辛酉	丙午	心	丙子
壬辰	畢	壬戌	丁未	房	丁丑
癸巳	昴	癸亥	戊申	氐	戊寅
甲午	胃	甲子	己酉		己卯
乙未	婁	乙丑	庚戌		庚辰
丙申	奎	丙寅	辛亥	亢	辛巳
丁酉	壁	丁卯	壬子	角	壬午

正 이십팔수운기도〈二十八宿運氣圖〉： 하늘은 본시 체위體位가 없고 방위方位도 없다. 그런데 북신北辰 또는 천황대제天皇大帝를 중심中心으로 북두칠성北斗七星이 천추天樞가 되어 모든 천체天體를 운전運轉하는 듯 천지장관天地壯觀을 이룬다. 초저녁에 맑은 하늘을 바라볼 때 북두칠성北斗七星의 자루가 동東쪽을 가리키면 봄이요, 남南쪽을 가리키면 여름이요, 서西쪽을 가리키면 가을이요, 북北쪽에 돌아가면 겨울이다. 이와 같이 1년年 사시四時(春夏秋冬)를 가리키는 것은 곧 하늘의 말씀이다. 그런데 이 북극성北極星을 중심한 북두칠성北斗七星 범위 안을 둘러 싸고 있는 별자리들을 자미원紫微垣이라고 한다. 마치 한 나라에 비하면 수도권首都圈과 같다. 그리고 이 자미원紫微垣을 둘러싼 육대성좌六大星座가 있어 자미원紫微垣을 보호하는듯 장관을 이루고 있으니 즉 북두칠성北斗七星의 자루인 요광搖光쪽에서부터 태

미원太微垣·천시원天市垣·천진天津·각도閣道·오거五車·헌원軒轅이라는 여섯 성좌星座가 나열하여 있고, 이 육대성좌六大星座들을 싸고 있는 별들이 이십팔수二十八宿이다. 마치 인간人間이 나라를 세워 정치政治를 함에 수도권首都圈을 중심으로 각 주州를 정定한듯이 우주宇宙도 이와같이 일대장관一大壯觀을 이루고 있는 것이다. 그러므로 공자孔子가 《논어論語》에 「爲政以德 譬如北辰 居其所 而衆星共之」 라고 한 것이 아니겠는가. 왜냐하면 하늘은 체體나 위位가 없으나 북극성北極星을 천황대제天皇大帝로 하여 하늘의 정사로 간주하니 이것을 인간人間이 본받는 것은 성인聖人의 일(事業)인 것이다. 그리하여 체방體方은 이십팔수二十八宿로 하여 해와 달과 여러 혹성惑星의 위치를 밝히기 위해 황도黃道와 적도赤道에 따라서 천추天樞를 이십팔二十八로 구분하니 이십팔수二十八宿의 명칭名稱을 다음의 도표와 같이 사정四正으로 칠수七宿씩 나눈 것이다. 東方蒼龍七宿 角亢氐房心尾箕 北方玄武七宿 斗牛女虛危室璧 西方白虎七宿 奎婁胃昴畢觜參 南方朱雀七宿 井鬼柳星張翼軫 《명사지明史志》에 있는 이십팔수二十八宿의 위치와 서양西洋에서 말한 성좌星座와 비교比較하여 밝혀 보면 이와같은 이십팔수二十八宿가 선후천先后天의 운기運氣를 정定하는 바 선천先天에는 무진戊辰·무술戊戌의 중궁지중위中宮之中位로 하여 초하루로 정하고 후천后天에는 계미癸未·계축癸丑을 중궁지중위中宮之中位로 위치하여 초하루로 정定하게 하는 것이다. 그리하여 선천先天에는 각角·항亢으로 시작始作하던 것을 후천后天에는 항亢·각角으로 마치게 되니 이것이 이십팔수二十八宿의 운기運氣이다. 그리고 이십팔수二十八宿의 도수를 헤아려보면 각수角宿에서 실수室宿까지는 144도度 《주역周易》의 곤지책坤之策에 당하고, 벽수璧宿에서 진수軫宿까지는 216도度니 《주역周易》의 건지책乾之策에 당한다.

황도와 적도가 교차하는 곳에 28수宿중의 각角이 있고 황도를 따라 28수가 배열되어 있다. 동쪽에는 "각·항·저·방·심·미·기"의 동방창룡칠수東方蒼龍七宿가 있고, 북쪽에는 "두·우·녀·허·위·실·벽"의 북방현무칠수北方玄武七宿가 있고, 서쪽에는 "규·루·위·묘·필·자·삼"의 서방백호칠수西方白虎七宿가 있고, 남쪽에는 "정·귀·유·성·장·익·진"의 남방주작칠수南方朱雀七宿가 있다. 우리가 《정역》을 배우려면 하늘과 친해져야 한다(親天). 하늘에 반짝거리는 것이 별이라고만 생각하지 말고 그 별이 어떤 별이고 서로 무슨 상관관계가 있는지를 알아야 한다. 방房 허虛 묘昴

성星은 동서남북의 중심에 있는 별이다.《서경》〈우서虞書·요전堯典〉에
보면 천자가 순수巡狩할 때에 방房 허虛 묘昴 성星은 들은 달에 순수巡狩를
하였다.[100]

28수宿의 중심에는 자미원紫微垣이 있다. 북쪽을 자미紫微라고 하는데,
천자가 있는 곳을 말한다. 북극권의 중심에 천황대제天皇大帝가 있기 때
문에 이곳을 자미원권紫微垣圈이라고 부른다. 자미원을 둘러싸고 있는 것
이 6대성좌이고, 6대성좌를 28수가 둘러싸고 있다.

6대성좌는 ① 태미원太微垣 ② 천시원天市垣 ③ 천진天津 ④ 각도閣道 ⑤
오거五車 ⑥ 헌원軒轅을 말하고, 은하수가 자미원을 가로지르고 있다. 세
계 밖을 우주라고 하는데, 우주는 한이 없다. 그래서 우리가 살고 있는
우주를 은하계 우주라고 부르기도 한다. 우리나라의 한강이나 한라산은
은하수의 이름을 본 딴 것이다. '한漢'이 은하수를 뜻한다. 자미원에 은
하수가 가로지르고 있듯이 서울의 한 가운데를 한강이 흐르고, 한라산
은 은하수를 끌어들인다는 뜻을 가지고 있다. 중국도 그 수도를 북경으
로 잡으면서 황하수를 한강(은하수)로 삼았었다. 황제가 거하는 곳은 자
미원처럼 생겨야 하고, 제후나라는 태미원太微垣 같이 생겨야 한다. 천진
天津은 은하수에 걸쳐져 있는데, 바로 은하의 나루터이다. 각도閣道는 서
양천문학에서 말하는 카시오페아 자리이다. 북극성을 중심으로 북두칠
성의 상대편에 카시오페아가 있다.《보천가》라는 책은 하늘을 걸어가면
서 부르는 노래를 칠언구七言句로 부른 것이다. 일월이 하늘의 28수 사이
를 걸어가는 것에 따라서 길흉이 어떻게 생기는지를 알 수 있다.

지구의 북극과 자석을 가리키는 북극이 다르다. 자석학상의 북극은 북
극성을 가리키고, 지구의 북극은 직녀성을 향해 있다. 천황대제와 북두
칠성은 군신관계를 나타내지만 직녀와 견우성은 부부관계를 나타낸다.

---

100 歲二月 東巡守于岱宗 柴. 望秩于山川 肆覲東后. 五玉三帛二生 一死贄. 協時月 正日.
同律度量衡. 修五禮 如五器 卒乃復 五月 南巡守. 至于南岳 如岱禮. 八月 西巡守. 至于西岳 如
初. 十有一月 朔巡守. 至于北岳 如西禮. 歸格于藝祖用特. 五載一巡守 羣后四朝. 敷奏以言 明
試以功 車服以庸.《書經》〈虞書·堯典〉

직녀성은 세 개의 별로 이루어져 있고 견우성은 28수에서 북방칠수北方七宿 중의 '우牛'이다. 이렇게 지구의 북극과 자석학상의 북극이 23°27 차이가 나기 때문에 적도와 황도도 23°27 만큼 기울어지게 된다. 즉, 지구가 서북쪽으로 23°27 기울어져 있는 것이고, 그렇기 때문에 윤閏이 생기는 것이다. 양력은 360일을 표준으로 해서 4년에 한 번씩 하루를 윤閏으로 뺀다. 하지만 음력은 윤閏이 있으면 384일이고 윤閏이 없으면 354일로 해서 3년에 1윤閏, 5년에 재윤再閏해서 19년에 7윤閏해서 "십구세일장十九歲一章"이라고 한다.

바닷물의 흐름에도 해류海流와 조류潮流가 있다. 해류는 지구의 운동 때문에 생기는 것으로 언제든지 동쪽에서 서쪽으로 일정하게 흐른다. 그러므로 해류에는 시간이 없다. 반면에 조류潮流는 남북으로 흐르고 시간에 따라 흐름이 달라진다. 매월 초하루부터 초삼일까지는 묘시卯時에 물이 들어오고(1일—卯時初, 2일—卯時中, 3일—卯時末), 3·4·5일에는 진시辰時에 물이 들어오고, 7·8·9일에는 사시巳時에 물이 들어오고, 10일째에는 오시午時에 해당되지만 잘름잘름하기만 하고 물이 들어오거나 나가지 않는데 이때를 조금이라고 한다. 그러다가 11일이 되면 미시未時에 다시 물이 들어오기 시작하여 16일이 되면 다시 묘시卯時에 물이 들어오게 된다. 16일째에 들어오는 아침 조수는 초하루 때에 저녁조수와 같은 물이다.

견우와 직녀는 부부역할을 하는데 칠월칠석七月七夕이 견우와 직녀가 합하고, 7월 15일이 되면 조수가 가장 많이 들어오기 때문에 이때를 '백중사리'라고 한다. 물이 가장 많이 차오르기 때문에 이때에 사고도 많이 난다. 《주역》의 64괘중에서 12월을 나타내는 괘를 '소식괘消息卦'라고 한다. 11월에 지뢰복地雷復에서 시작해서 12월은 지택림地澤臨, 정월은 지천태地天泰가 되고, 7월은 천지비天地否가 된다.

번호	陰陽消長	卦象	卦名	十二月
01	一陽生	䷗	復	11월
02	二陽長	䷒	臨	12월
03	三陽長	䷊	泰	1월
04	四陽長	䷡	大壯	2월
05	五陽長	䷪	夬	3월
06	六陽成	䷀	乾	4월
07	一陰生	䷫	姤	5월
08	二陰長	䷠	遯	6월
09	三陰長	䷋	否	7월
10	四陰長	䷓	觀	8월
11	五陰長	䷖	剝	9월
12	六陰成	䷁	坤	10월

표 45. 소식괘(消息卦)[십이벽괘(十二辟卦)]

견우와 직녀가 만나는 7월은 천지비天地否이고, 정월은 반대로 지천태地天泰이다. 즉, 원래 시작은 천지비天地否인 7월부터 시작해서 지천태地天泰인 정월에 마치는 것이다. 이렇게 조수의 변화가 생기는 것은 무엇이 작용해서 그런 것인가? 바로 바람이다. 우리가 음식을 먹는 것은 피를 만들기 위해서이다. 피를 만든다는 것은 결국 화기를 올려서 바람을 일으키기 위한 것이다. 100근이나 되는 몸뚱이를 지탱할 수 있는 것은 바람 때문이다.

지구상의 바람이란 것이 참 묘한 것이다. 똑같은 바람이라도 낮과 밤에 부는 바람이 다르다. 밤에는 산위에서 바람이 밑으로 내려오는데 이것을 산풍山風이라고 하고, 낮에는 아래에서 산위로 바람이 올라가는데 이것을 곡풍谷風이라고 한다. 또 바다와 육지에서도 낮에는 바다에서 육지로 해풍海風이 불고, 밤에는 육지에서 바다로 육풍陸風이 분다. 이런 바람을 순풍順風이라고 하고, 이것과 반대로 부는 바람을 역풍逆風이라고 한다. 예를 들어 큰 비가 오려면 3일 전부터 바람이 산에서 계속해서 내려온다. 밤에만 산풍山風이 불어 내려오고 낮에는 곡풍谷風이 불어서 바람이 올라가야 하는데 계속해서 산풍山風으로 바람이 내려오기만 하면 3일을 가지 못해서 비가 온다.

달이 필수畢宿 가까이를 지나가면 큰 비가 온다. 태양은 동쪽에서 시작해서 서쪽으로 가지만, 달은 서쪽에서 시작해서 동쪽으로 가서 끝난다. 한편 기수箕宿는 동북간에 있기 때문에 우리나라에 속하는 별이다. 그래서 우리나라의 지도를 기성도箕城圖라고 한다. 1년을 365도 1/4이라고 할 때 1/4의 짜투리를 기箕에 넣는다. 《서경》〈홍범〉에 보면 "畢은 好雨하고, 箕는 好風한다"는 말이 있다.[101] "우순풍조雨順風調"라는 말이 여기에서 나온 말이다. "비가 때 맞추어 알맞게 내리고 바람이 고르게 분다"는 뜻으로 농사에 알맞게 기후가 순조로움을 이르는 말이다.

28수 중에서 비를 주관하는 별이 필수畢宿다. 28수는 항성으로 한결같이 때문에 길흉이 없다. 언제든지 유성이 고장을 내고 거기서 길흉이 나타나는 것이다. 군자는 많을수록 좋지만 군자는 적고 항상 소인이 문제를 일으키는 것이다. 유성 중에 지구에 가장 가까운 것이 태백성인데, 태백성은 지금의 금성으로 샛별이라고 부르고 별이고, 새벽에 보이면 계명성啓明星이라고 하고 초저녁에 보이면 장경성長庚星이라고 한다.

72책으로 되어 있는 《관규집요》라는 책에 이런 내용이 들어있다. 한 달에 두 번 씩 걸러서 우순풍조雨順風調가 오는데, 달이 어떻게 돌아가느냐에 따라서 길흉이 다르게 나타난다. 달이라는 것은 일정한 궤도가 없이 나선형으로 돌아가는데 그 궤도가 뱀이 똬리를 튼 것 같다고 해서 '사행蛇行'이라고 한다. 이렇게 돌다가 19년에 7윤閏이 되어야 제자리로 돌아간다. 달이 이렇게 사행蛇行하다가 필수畢宿에 가까이 가면 비가 많이 오고, 기수箕宿에 가까이 가면 바람이 많이 불게 된다.

그 해에 풍년이 될지 흉년이 될지를 보는 방법도 있다. 28수 중에 삼수

---

101 庶民惟星 星有好風 星有好雨. 日月之行 則有冬有夏. 月之從星 則以風雨 《書經》〈洪範〉

參宿와 묘수昴宿가 있는데, 해마다 정월 8일에 삼수參宿와 달의 위치를 보고, 2월 6일에는 묘수昴宿와 달의 위치를 보고 그 해에 흉년이 될지, 풍년이 될 지를 점 칠수 있다. 삼수參宿는 서양 별자리 오리온자리이다. 정월 8일이면 달은 반달(下弦)이고, 술시 이후에 눈으로 보았을 때 달이 5m 정도 삼수參宿의 앞으로 지나가면 정상적인 것으로 그 해에는 풍년이 들고, 달이 삼수參宿의 앞이라도 너무 멀리 지나가거나, 뒤로 지나가면 그 해에는 한재旱災가 많이 든다고 한다. 그리고 묘수昴宿는 우리말로 '좀생이 별'이라고 하는데 작은 별 7개가 옹기종기 모여 있는 것처럼 보이지만 망원경으로 보면 그 속에는 수백 개의 별이 모여 있다. 2월 6일 술시戌時에 달이 묘수昴宿의 앞으로 5m 정도 거리를 두고 지나가면 역시 풍년이 들고, 너무 멀리 또는 묘수昴宿의 뒤로 달이 지나가면 그해에는 한재旱災가 많이 든다고 한다. 실제로 정확하게 일치하는지는 알 수 없지만 그렇게 쓰여 있으니가 그런 줄 아는 것뿐이지만, 대개는 맞는 것 같다.

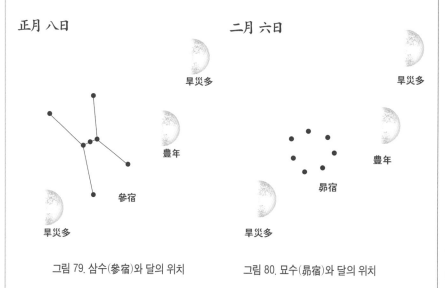

正月 八日

二月 六日

旱災多

旱災多

豊年

豊年

參宿

昴宿

旱災多

旱災多

그림 79. 삼수(參宿)와 달의 위치

그림 80. 묘수(昴宿)와 달의 위치

우리나라 선비들은 심수心宿를 제일 좋아했다. 심수心宿는 세 개의 별로 되어 있다.《시경》〈빈풍·칠월장〉에 보면 "七月流火어든 九月授衣니라"라는 말이 있다. 〈빈풍·칠월장〉은 주공周公이 13살 된 철부지 조카인 성왕成王을 위해서 백성들이 얼마나 고생을 하고 있는지를 알려주는 노래이다. 그런데 주나라는 자월子月로 세수歲首를 하였는데, 여기에 나오는 월령月令은 인월세수寅月歲首의 하력夏曆을 쓰고 있다. 7월에 대화심수大火心宿가 남에서 서쪽으로 흘러가거든 9월에 두꺼운 옷을 준비하여야 한다는 뜻이다.

"해자축, 인묘진, 사오미, 신유술"로 시계방향으로 배열된 것은 방위중심으로 천지설위天地設位라고 한다. 방위는 이렇게 정해져 있지만, 실제로 운행하는 것은 시계방향과는 반대방향으로 "해자축, 인묘진, 사오미, 신유술"로 움직인다. 예를 들면 8월이면 태양이 진방辰方에 오기 때문에 각角, 항亢을 볼 수 없고, 9월이면 태양이 묘방卯方이 오므로 저氐, 방房, 심心을 볼 수 없다. 손으로 볼 때 태양은 다음과 같이 달마다 한 마디씩 옮겨간다.

달의 운동은 28수 하나가 하루가 된다. "1일—각角, 2일—항亢, 3일—저氐, 4일—방房, 5일—심心, 6일—미尾,………, 27일—익翼, 28일—진軫, 29일—각角, 30일—항亢"으로 운행한다. 그래서 달에는 합삭合朔이라는 것이 생긴다. 8월을 예로 들면 태양이 각角 항亢에 있고, 달이 8월 초하루와 초이틀에는 태양과 같은 위치에 있게 되므로 일월日月이 합삭合朔하게 되는 것이다. 시계와 작동하는 원리가 똑같다. 분침이 한 바퀴 돌면 시침이 한 눈금 나아가는 것처럼, 달이 한 바퀴 돌아 한 달 지나면 태양이 한 마디 나아가는 것이다.

12월	酉月	戌月	亥月	子月	丑月	寅月	卯月	辰月	巳月	午月	未月	申月
방위	辰	卯	寅	丑	子	亥	戌	酉	申	未	午	巳
28수	角亢	氐房心	尾箕	斗牛	女虛危	室壁	奎婁	胃昴畢	觜參	井鬼	柳星張	翼軫

표 46. 12월과 28수상에 오는 태양의 위치

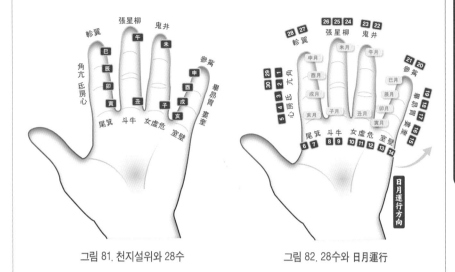

그림 81. 천지설위와 28수   그림 82. 28수와 日月運行

이십팔수二十八宿에 대해서 좀 더 자세히 보도록 하자. 세종대왕이《훈민정음》을 만들어서 28일에 발표한 것을 보면 그것도 28수와 관계가 있어 보인다. 과거에 우리나라 선비들은 모두 28수에 대해 상식적으로 알고 있었다. 지금도 일력日曆에는 28수를 기록하고 있는데, 〈계사〉에 "백성일용부지百姓日用不知"[102]라고 한 것처럼 요즈음에는 28수가 어떤 역할을 하는 것인지 거의 모르고 있다. 지리地理를 보는 것도 모두 하늘에 있는 좌청룡左靑龍 우백호右白虎 북현무北玄武 남주작南朱雀의 28수, 즉 하늘의 이치를 땅에 응용한 것이다.

'세歲'자를 보면 '무戊'자속에 '보步'자가 들어 있다. 무오토戊五土인 땅이 걸어가는 것이 '해'라는 뜻이다. 옛날의 선비들은 대부분《보천가》를 알았다. 28수를 "각항저방심미기 두우여허위실벽 규루위묘필자삼 정귀류성장익진"의 순으로 외우고 있었을 뿐만 아니라 거꾸로 "진익장성류 귀정 삼자필묘위루규 벽실위허여우두 기미심방저항각"의 역으로도 외우고 있었고, 일반 생활화되어 있었다.

---

102 一陰一陽之謂道, 繼之者善也, 成之者性也. 仁者見之謂之仁, 知者見之謂之知, 百姓日用不知. 故君子之道鮮矣.《周易》〈繫辭上〉

이십팔수二十八宿의 위치는 황도黃道를 중심으로 배열되어 있다. 천문도를 보면 한 가운데에 천황대제가 있고 그 주위를 좌추左樞(8星)와 우추右樞(7星)가 둘러싸고 있으면서 자미원紫微垣을 형성한다. 그리고 그 가에 북두칠성이 있다. 이 천황대제와 자미원을 포함한 북극권을 자미원권紫微垣圈이라고 한다. 하늘에는 삼원三垣이 있는데 자미원이 그 중의 중원中垣이 되고, 태미원太微垣을 상원上垣, 천시원天市垣을 하원下垣이라고 한다. 자미궁紫微宮을 보호하고 있는 것이 ① 태미원太微垣 ② 천시원天市垣 ③ 천진天津 ④ 각도閣道 ⑤ 오거五車 ⑥ 헌원軒轅의 6대성좌이다.

- 상원上垣 — 태미원太微垣

- 중원中垣 — 자미원紫微垣

- 하원下垣 — 천시원天市垣

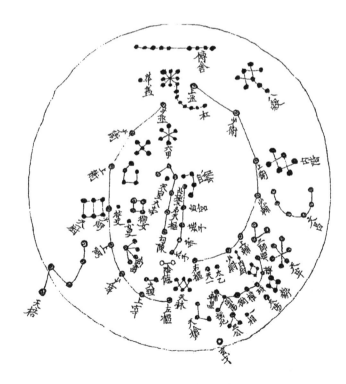

그림 83. 자미원도《보천가》

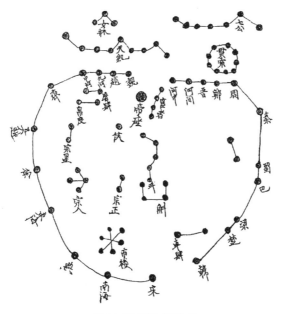

그림 84. 천시원도《보천가》

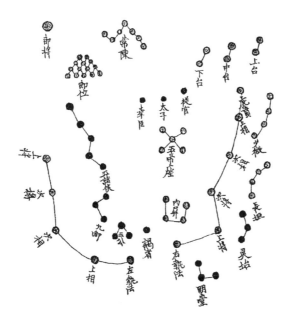

그림 85. 태미원도《보천가》

6대 성좌의 하나인 태미원太微垣은 11개의 별로 구성되어 있는데 좌측의 5개별은 문文을 상징하고 우측의 6개별은 무武를 상징한다. 그 안에는 오제좌五帝座와 오제후五諸侯, 삼공三公, 구경九卿 등의 별이 있다 천시원天市垣도 마찬가지로 좌측에 11개와 우측에 11개로 도합 22개의 별로 구성되어 있는데 각각의 별에는 중국의 나라이름이 붙여져 있다. 천진天津은 9개별로 '하늘나루'라는 뜻인데 은하수가 지나는 곳에 위치해 있기 때문에 붙여진 이름이다. 그리고 천황대제를 중심으로 북두칠성의 맞은편에 각도閣道가 있다. 서양천문학에서 카시오페아라고 부르는 것이 바로 이 별이다. 각도閣道는 천자가 드나드는 길이다. 오거五車는 5개의 별로 임금이 타고 다니는 수레이다. 마지막으로 헌원軒轅이 있는데 '헌원황제軒轅黃帝'라는 말이 여기서 유래되었다.

천황대제를 좌추左樞와 우추右樞가 둘러싸고 있으면서 자미원紫微垣을 형성하고, 6대 성좌가 자미궁紫微宮을 보호하고 있고, 또 28수가 6대 성좌를 보호하듯이 둘러싸고 있다. 이렇게 하늘의 별들이 조직화된 것을 보고 공자가 〈위정편爲政篇〉에서 한마디로 "爲政以德, 譬如北辰居其所, 而衆星共之"라고 하였다. 일월성신日月星辰에서 일월은 해와 달이고, 신辰은 북신北辰을 말하고, 성星은 중성衆星을 말한다. 북신北辰은 그 자리에 가만히 있고 다른 모든 별들이 가까운 곳은 가까운 대로 원을 그리면서 돌고 있고, 먼 곳은 먼대로 원을 그리면서 돌고 있다.

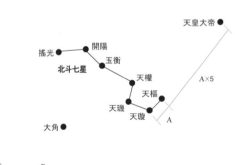

그림 86. 북두칠성에서부터 角宿를 찾는 방법

《보천가步天歌》는 하늘을 걸어가면서 28수를 보고 칠언시七言詩로 부르는 노래이다. 하늘을 그냥 보면 어느 쪽이 동서남북인지도 알 수 없고,

게다가 각수角宿가 어디에 있는지도 찾을 수가 없다. 28수를 찾으려면 우선 누구든지 알아 볼 수 있는 북두칠성北斗七星을 먼저 찾고, 북두칠성의 두병斗柄이 가리키는 방향으로 죽 따라가면 대각大角이라는 큰 별이 보인다. 이 별은 1등성이기 때문에 북극성보다 훨씬 더 밝다. 대각大角을 지나서 활처럼 계속 이어 가면 황도와 적도가 만나는 지점 근처에 각수角宿가 있다. 이 각수角宿를 기점으로 해서 황도를 따라 왼쪽으로 돌아가면서 28수를 순서대로 찾아 볼 수 있다.

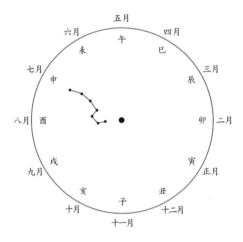

그림 87. 두병건월도(斗柄建月圖)

북두칠성北斗七星은 책력을 만드는 기준 역할을 하고 있다. 북두칠성의 두병斗柄에 있는 요광搖光이 바로 시계의 시침時針역할을 하는 것이다. 저녁 술시戌時(8~9시, 黃昏)를 기준으로 요광搖光이 가리키는 방위를 보고 지금이 무슨 월月인지를 알 수 있다. 정월이면 인寅을 가리키고, 2월이면 묘卯를 가리키고, 3월이면 진辰을 가리킨다. 오른쪽 그림은 신申을 가리키고 있으므로 7월이라는 것을 알 수 있다.

각성角星 다음에는 항亢·저氐·방房·심心·미尾·기箕가 있다. 이 7개 성좌의 별을 동방창룡칠수東方蒼龍七宿라고 한다. 이 중에 기箕는 동북방에 있기 때문에 우리나라의 별이라고 한다. 그래서 우리나라 지도를 기성도 箕城圖라고 부르기도 한다. 일 년은 365도와 1/4인데 이 1/4日 짜투리를 이 기성箕星에 붙인다. 동북방은 간방艮方이고, 간艮은 "종만물시만물終萬物始萬物"[103]하는 곳이기 때문이다.

땅에서 가장 크게 보이는 별은 태백성太白星이다. 지금의 금성이 바로 태백성이며, 초저녁에 보이는 것을 장경성長庚星이라 하고, 새벽에 보이는 것을 계명성啓明星이라 한다. 태백성의 1주년은 280일이다. 28수는 항성이기 때문에 문제를 일으키지 않지만, 태백성과 달이 항상 문제를 일으킨다. 태양을 기준으로 하면 1년이 365일인데, 달을 기준으로 할 때는 윤閏이 들은 해는 384일이 되고, 윤閏이 들지 않은 해는 354일이 된다. 이렇게 불규칙하기 때문에 황도를 중심으로 나열되어 있는 28수를 지나면서 길흉吉凶을 일으키게 되는 것이다. 달은 일정한 궤도가 없이 사행蛇行하면서 19년만에야 7윤閏하고 제자리에 돌아가기 때문에 어디를 지나갈지 알 수가 없다. 달이 지나가다가 기수箕宿에 닿으면 바람이 많이 불고, 필수畢宿를 지나가면 비가 많이 오게 된다. 《서경》의 〈홍범〉에 "箕好風하고 畢好雨"한다는 말이 바로 이것을 말한다. 다른 별도 영향이 있지만 홍수가 난다든지 큰 바람이 분다든지 할 때에는 기수箕宿와 필수畢宿를 기준으로 보는 것이 보통이다. 이런 것을 두고 《주역》의 산화비山火賁괘[104]에서는 천문天文을 보고 시변時變을 살핀다고 하였다.

동양천문학과 서양천문학을 비교해서 알기 쉽게 해놓은 것으로 《동양천문학총서東洋天文學叢書》라는 책이 있다. 1944년경에 일본사람이 쓴 책인데 이 보다 더 자세한 책이 없다. 전에 내가 천문학을 공부할 적에 큰

---

103 神也者, 妙萬物而爲言者也. 動萬物者莫疾乎雷, 橈萬物者莫疾乎風, 燥萬物者莫熯乎火, 說萬物者莫說乎澤, 潤萬物者莫潤乎水, 終萬物始萬物者莫盛乎艮. 故水火相逮, 雷風不相悖, 山澤通氣然後, 能變化, 旣成萬物也. 《周易》〈說卦傳〉

104 彖曰, 賁, 亨, 柔來而文剛, 故亨, 分剛上而文柔, 故小利有攸往. 天文也, 文明以止, 人文也. 觀乎天文, 以察時變, 觀乎人文, 以化成天下. 《周易》山火賁

덕을 보았다. 서양천문학을 공부하는 사람들이 흔히 동양천문학을 무시하는데 제대로 알기만 하면 동양천문학을 공부하는 사람들한테 도리어 무시당할 것이다.

동양천문학은 청나라 때 가장 발달했다. 강희황제 이후에 《성경星鏡》이라는 책이 발간되었는데, 북두칠성을 비롯한 거의 모든 별의 위치를 경도와 위도로 표시해 놓았다. 육합六合이란 동서남북과 상하를 말하는 것인데, 동서남북의 경계를 어떻게 나누겠는가? 사람의 손으로 간단하게 경계를 지을 수 있다. 두 손을 모아서 눈앞에 대고 양쪽 손의 새끼손가락 사이에 북극성이 위치하도록 하여 바라보면, 양쪽 손의 안쪽으로 보이는 부분이 바로 북쪽이며 그 범위가 정확하게 90도가 된다. 손안의 서쪽 끝이 북쪽 하늘의 서쪽경계가 되고, 손안의 동쪽 끝이 북쪽 하늘의 동쪽 경계가 되는 것이다. 이것이 바로 손으로 만든 '선기옥형璇璣玉衡'이다.

다음은 《보천가步天歌》에 수록된 이십팔수二十八宿의 성도星圖에 대한 간략한 설명이다.

[東方蒼龍七宿]

1. 각수(角宿)

角 兩星南北正直看

각수도角宿圖를 보면 2개의 별이 남북으로 곧게 뻗어 있는데 북극에서 남쪽으로의 거리가 97도반이 된다고 적혀 있다. 평도平道가 각성角星의 중간에서 가로 질러 있고, 그 위에는 천전天田이 있다. 그리고 하나의 별이 별도로 있는데 진현進賢이라고 한다.

2. 항수(亢宿)

亢 四星恰以彎弓狀 大角一星直上明

항九은 4성星인데 남쪽의 제이성의 거리가 북극에서 96도가 된다. 4개의 별이 일직선으로 곧게 뻗어 있지 않고 활처럼 약간 휘어 있다. 항성亢星에서 일직선으로 올라가면 하나의 별인 대각大角이 있다. 그리고 항성亢星의 아래로는 7개의 벼로 구성된 절위折威가 비껴 있다.

3. 저수(氐宿)

氐 四星似斗側量朱 天乳氐上黑一星

저수氐宿는 4성으로 서남쪽에 있고, 북극에서 거리가 104도이다. 4개의 별이 말박같이 생겼다. 북두칠성北斗七星을 왜 북두北斗라고 했냐면, 북두칠성의 맞은편에 팔곡八穀이라는 별이 동그랗게 있는데, 이 팔곡八穀을 되박이로 되는 형상이기 때문에 그런 이름이 붙은 것이다. 저성氐星의 위로 가면 천유天乳라는 검은 별이 있는데 세인들은 그것을 기록하지 않고 이름 없는 것으로 칭한다고 하였다.

4. 방수(房宿)

房 四星直下主明堂 鍵閉一黃斜向上

방房은 4개의 별인데 이 그림처럼 곧지 않고 약간 휘어져 있다. 그 옆에는 일日이라는 별이 있고, 4성을 곧바로 내려다보면 명당明堂이 있다. 지리地理를 보면서 명당을 찾는 것도 역시 천문天文의 별자리를 응용한 것이다. 산이 있고 앞에 물줄기가 흐르는 이런 자리를 명당이라고 하는데 위에만 명당이 아니라 상명당上明堂, 중명당中明堂, 하명당下明堂이 있어서 천지인天地人 셋이 똑같이 다 명당이 된다.

5 심수(心宿)

心 三星中央色最深 下有積卒共十二

심수心宿는 동양의 학자들이 좋아해서 심수心宿와 관련된 시詩가 많이 남아 있다. 심수心宿는 하늘의 마음이다.《시경》의 〈빈풍 칠월장〉에 "七月流火어든 九月授衣라"라고 했는데 칠월유화七月流火는 바로 대화심성大火心星을 말하는 것이다. 심수心宿는 5~6월이면 남중南中하였다가 7월이 되면 서쪽으로 기울어진다.《좌전》같은데에 대화大火라는 말이 많이 나온다. 그리고 실제로는 세 개의 별이 이 그림보다는 약간 더 벌어져 있다.

28수를 손에 올릴 때 방위方位는 오른쪽으로 돌아가지만 운행運行은 왼쪽으로 돌아간다. 술가들이 이것을 응용해서 '인해합寅亥合'이니 '자축합子丑合'이니 하는 말을 한다. 달은 술시戌時를 표준으로 하고, 태양과 조수는 묘시卯時를 표준으로 한다. 방房 허虛 묘昴 성星이 동서남북의 4정방에 해당되어 3개의 별이 배속되고 나머지 방위에는 각각 2개의 별이 배속되어 28수가 12방위에 올라가게 된다. 육안으로 별을 볼 때에 6효에 의해서 1등성에서 6등성까지 구분하는데 저氐·방房·심心·미尾·기箕는 모두 1등성하고 2등성이어서 그림같이 보기가 참 좋다. 이 별들을 보고 있으면 마치 미성尾星을 중심으로 따로 원을 그리며 돌고 있는 것 같은 느낌이 든다.

6.미수(尾宿)

尾 九星如鉤蒼龍尾 下頭五點號龜子

7. 기수(箕宿)

箕 一日天鷄 四星形狀如簸箕 箕下三星名木杵

미수尾宿는 9개의 별이 갈고리처럼 생겨서 창룡蒼龍의 꼬리부분이 된다. 미수尾宿의 밑에는 다섯 점이 있는데 거북성이고 위에는 4개의 별이 비껴있는데 천강天江이라 한다. 기수箕宿는 키 같이 생겼다. 기箕를 천계天鷄라고도 한다. 기수箕宿 아래에 삼성三星은 목저木杵이다.

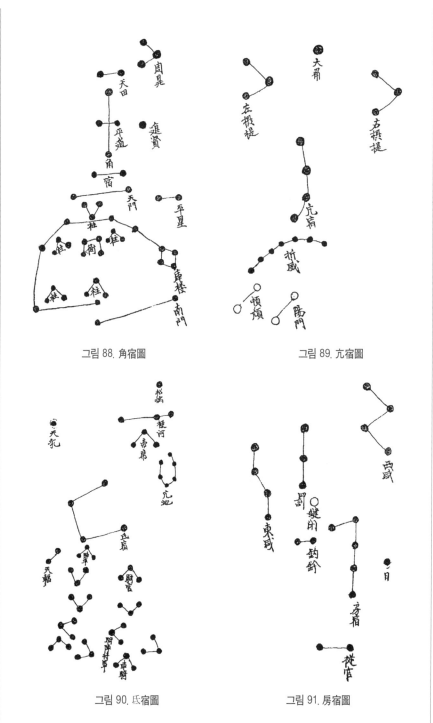

그림 88. 角宿圖

그림 89. 亢宿圖

그림 90. 氐宿圖

그림 91. 房宿圖

그림 92. 心宿圖

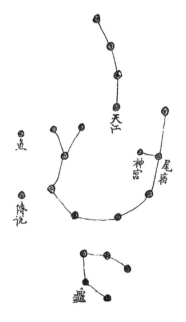

그림 93. 尾宿圖

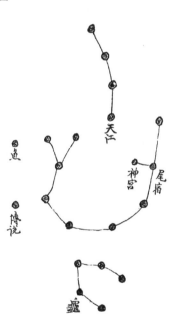

그림 94. 箕宿圖

[北方玄武七宿]

1. 두수(斗宿)

斗 六星其狀似北斗 魁上建星六相守

두수斗宿는 소동파가 참 좋아했던 별이다. 6개의 별이 북두칠성하고 비슷하게 생겼다. 반은 은하수 속에 걸치고 있고, 실제는 이것보다 큰데 이 그림은 좀 작게 그려져 있다.

2. 우수(牛宿)

牛 六星近在河岸頭 頭上雖然有兩角

우수牛宿는 이 그림보다 더 길게 되어 있다. 6개의 우수牛宿는 하안河岸별 근처에 있다. 우수牛宿의 아래에는 천전天田이라는 별이 있다. 우牛가 있으니까 발갈이하는 천전天田이 옆에 있는 것이다. 직녀성織女星은 '짚신할머니'라고 부르기도 한다.

직녀성은 북극성하고 대등하다. 북극성은 천황대제라고 하고 북두칠성이 그 신하가 된다. 그래서 북극성과 북두칠성이 군신지상君臣之象를 이루고 있다. 견우와 직녀는 매월 7월 초엿새가 되면 일 년에 한 번씩 서로 만난다고 하는데, 실제로는 만나는 것이 아니라 칠월칠석七月七夕이 되면 일 년에 한 번씩 제 자리에 돌아오는 것이다. 7월 15일을 백중百中이라고 하는데 이때가 한 해의 시작이 된다. 이 견우성과 직녀성은 부부지상夫婦之象가 된다. 《주역》에서도 건乾은 임금이고 곤坤은 신하로 건곤乾坤이 군신의 관계를 이루지만, 함咸과 항恒은 부부의 관계를 이루고 있다.

농가에서는 지금도 그때가 되면 큰비가 내리는 것을 보고 견우직녀의 눈물이라고 얘기한다. 이처럼 묘성昴星을 좀생이라고 부른다든지, 직녀성을 짚신할머니라고 부른다든지 하는 것은 우리나라에만 있지 다른 나라에는 별로 없다. 이런 것을 보면 우리나라의 천문이 얼마나 오래전부터 일반에 보편화되었는지를 짐작할 수 있다.

3. 여수(女宿)

女 四星如箕主嫁娶 十二諸國在下陳

여수女宿는 이 그림처럼 생기지 않았다. '여女'는 '수녀須女'이다. '여女'는 시집을 가건 안가건 모든 여자를 총칭하는 말이고, '수녀須女'는 시집 안 간 여자를 말한다. 처녀處女에는 여자가 할 도리를 다 했다는 뜻이 있다. 24절기 중의 처서處暑도 더위가 끝났다는 뜻을 가지고 있고, 처서處暑가 되면 나무의 껍질이 더 이상 벗겨지지 않는다.

여자는 소양수인 7수數로 자라고, 남자는 소음수인 8수數로 자란다. 여자는 7세가 되면 영구 치아가 생기고, 남자는 8세가 되어야 영구 치아가 생긴다. 여자는 14세가 되면 생리가 나오고, 남자는 16세가 되면 정충이 생긴다. 이팔청춘이라고 하는 말은 남자를 중심으로 하는 말이다. 남자는 32세가 되면 어디에 나던 흰 머리 2개가 난다고 한다. 그래서 남자 32세를 '이모지년二毛之年'이라고 한다.

여자는 49세가 되면 생리가 끝나게 된다. 개인의 따라서는 60세까지 생리를 하기도 하지만 대개는 49세면 생리가 끝이 난다. 반면에 남자는 64세가 넘어도 자식을 나을 수가 있다. 그러니까 여자는 유한한 것이고, 남자는 무한한 것이다.

4. 허수(虛宿)

虛 上下各一如連珠 命祿危非虛上星

북극의 자방子方에 있는 별이 허虛인데, 상하로 둘이 구슬처럼 연해 있다

5. 위수(危宿)

危 三星不直是危形 危上五黑號人星

위수危宿 옆에 있는 별들을 보면 사람같이 생겼다고 인성人星, 조부造
父 같은 별들이 있다. 위수危宿은 3성이 곧게 있지 않고 이렇게 구부러
져 있다.

6. 실수(室宿)

室 兩星上有離宮出 繞室三雙有六星

7. 벽수(壁宿)

壁 兩星下頭是霹靂 霹靂五星橫着行

경서經書를 예전에는 벽경壁經이라고 하였고, 지금의 서울대학교 도서
관을 규장각奎章閣이라고 하는데, 규奎·벽璧이 모두 문장지부文章之府에 속
하기 때문이다. 규수奎宿는 다 떨어진 짚신처럼 생겼다. 별들에 왜 그런
이름이 붙게 된 것인지는 연구를 해 볼 필요가 있다.

그림 95. 斗宿圖   그림 96. 牛宿圖

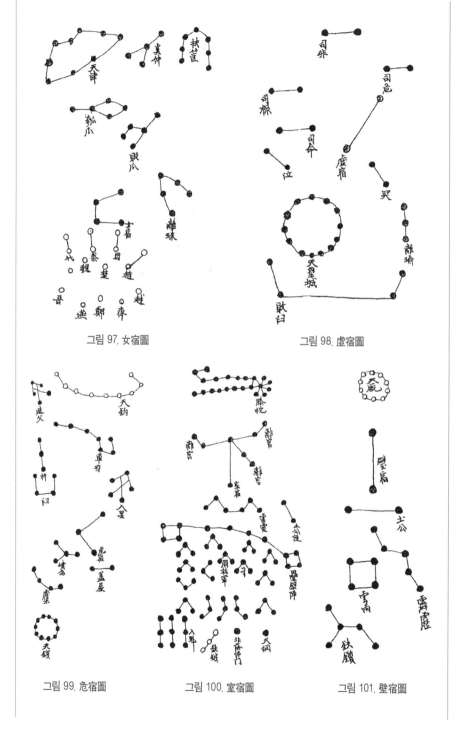

그림 97. 女宿圖

그림 98. 虛宿圖

그림 99. 危宿圖

그림 100. 室宿圖

그림 101. 壁宿圖

正易 정역

[西方白虎七宿]

1. 규수(奎宿)

奎 腰細頂尖似破鞋 一十六星繞鞋生

2. 루수(婁宿)

婁 三星不勻近一頭 右更左更烏夾婁

　루수婁宿는 세 별이 한 머리를 가까이 하고 있는데 한쪽은 가깝고 다른 한 쪽은 멀리 있다.

3. 위수(胃宿)

胃 三星鼎足河之次 天廩胃下斜四星

　위수胃宿는 이 그림대로 생겼다. 적수積木니 천선天船이니 하는 이름은 은하수가 여기를 지나가기 때문이다. 《정역》에 "무공평위산武功平胃散"이라 할 때의 위수胃宿이다.

4. 묘수(昴宿)

昴 七星一聚實不少 阿西月東各一星

　묘성昴星은 좀생이 별이라고 한다. 그 옆에는 월月이라는 별이 있다.

5. 필수(畢宿)

畢 恰似了叉八星出 附耳畢股一星光

　"畢은 好雨고 箕는 好風한다"고 하였다. 필수畢宿는 실제로 이 그림처럼 생기지 않았고, 9개의 별이 'y'자 모양으로 되어 있다. 부이附耳라는 별이 필畢의 다리가 되어 빛나고 있다.

6. 자수(觜宿)

觜 三星相近作參蕊 觜上座旗直指天

7. 삼수(參宿)

參 總有三星角相侵 兩肩雙足三爲心 伐有三腹裏深

   자수觜宿는 3개의 별인데, 삼수參宿 옆에 조그마하게 붙어 있다. 삼수參宿와 같은 궁宮에 있으면서 삼수參宿의 꽃술처럼 보인다.

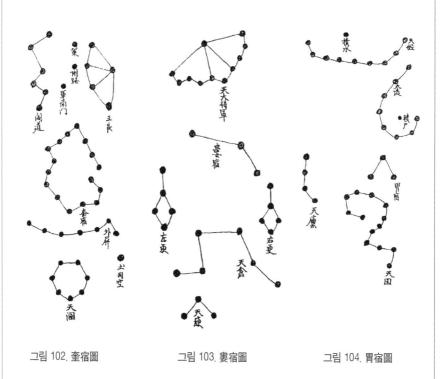

그림 102. 奎宿圖   그림 103. 婁宿圖   그림 104. 胃宿圖

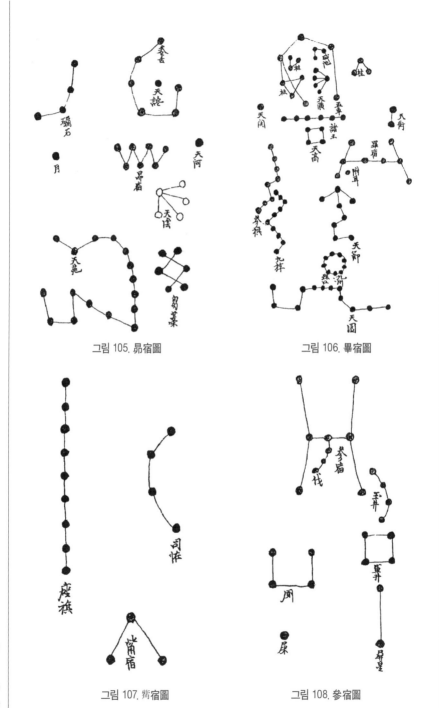

그림 105. 昴宿圖

그림 106. 畢宿圖

그림 107. 觜宿圖

그림 108. 參宿圖

[南方朱雀七宿]

1. 정수(井宿)

井 八星横列河中靜 一星名鉞井過安

2. 귀수(鬼宿)

鬼 四星册方似木櫃 中央白者積尸氣

3. 류수(柳宿)

柳 八星曲頭垂似柳 近上三星號爲酒

　정수井宿는 8개 별인데 은하수 속에 있고, 달이 이곳을 지나면 큰 비가
온다.

　귀성鬼星은 이 그림과 똑같이 생겼다. 그 속에 적시기積尸氣라는 것이 있
는데 하나의 별로 보이는 것이 아니라 뽀얗게 보인다. 이것이 선악善惡을
가리키고, 천하지이목天下之耳目이 되는 별이다. 류수柳宿는 8개 별로 머리
가 고부라져서 버들같이 늘어져 있다.

4. 성수(星宿)

星 七星如鉤柳下主 星上十七軒轅形

　성수星宿는 이 그림대로 생겼고, 육대성좌의 하나인 헌원軒轅이 성수星
宿 바로 위에 있다.

5. 장수(張宿)

張 六星似軫在星傍 張下是有天廟光

　장수張宿는 이렇게 펼쳐져 있지 않고 아래의 그림처럼 되어 있다. 6개의

별이 성수星宿의 옆에 펼쳐져 있다.

6. 익수(翼宿)

翼 二十二星太難識 上五下五橫着行

7. 진수(軫宿)

軫 四星恰張翼相近, 中間一個長沙子

　달이 익수翼宿를 지나가면 바람이 많이 분다. 22개의 별이 날개가 펼쳐진 것처럼 있어서 어디서부터 어디까지가 익성翼星인지 알기가 어렵다. 진軫은 전쟁할 때 타는 수레이다.

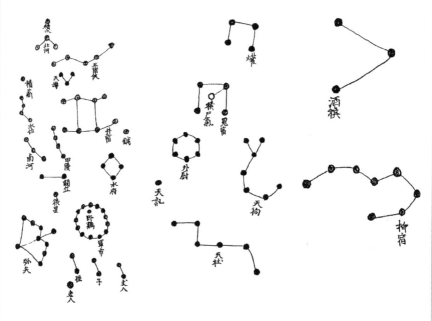

그림 109. 井宿圖　　　　그림 110. 鬼宿圖　　　　그림 111. 柳宿圖

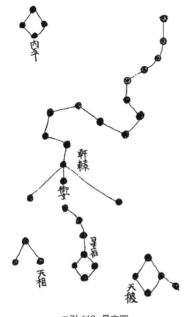

그림 112. 星宿圖

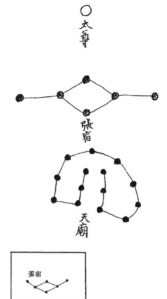

그림 113. 張宿圖

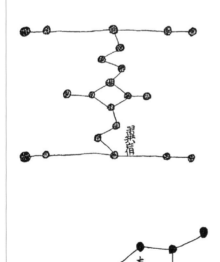

그림 114. 翼宿圖

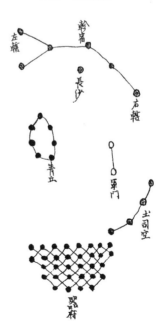

그림 115. 軫宿圖

正易 —— 정역

지금까지 28수에 대해 이렇게 자세하게 이야기한 것이 없었다. 28수에 대한 것은《정역》을 공부하는데 반드시 필요한 참고사항이다.

《관규집요》라는 책을 보면, 음력 정월 초팔일에 삼수參宿를 보았을 때 달이 삼수參宿의 앞으로 목측目測 5m 정도 앞서가는 것이 표준이다. 적당한 거리를 두고 달이 삼수參宿 앞을 지나가면 그해에는 풍년이 든다고 한다. 그런데 달이 너무 멀리, 목측目測으로 10m이상 앞으로 지나가면 수재水災가 들고, 삼수參宿보다 뒤로 쳐져서 달이 지나가면 그 해에는 한재旱災가 든다고 한다. 달이라는 것이 일정한 궤도가 없이 사행蛇行하기 때문에 이러한 변화가 나타나는 것이다. 또 음력 2월 6일에는 묘수昴宿를 보고 한 해의 풍년과 흉년을 점칠 수 있다. 삼수參宿에서와 마찬가지로 달이 묘수昴宿를 지날 때에도 목측目測 5m 정도를 앞서 가는 것이 정상으로 그렇게 되면 풍년이 들지만, 달이 너무 멀리서 앞서가거나 묘수昴宿보다 뒤 쳐져

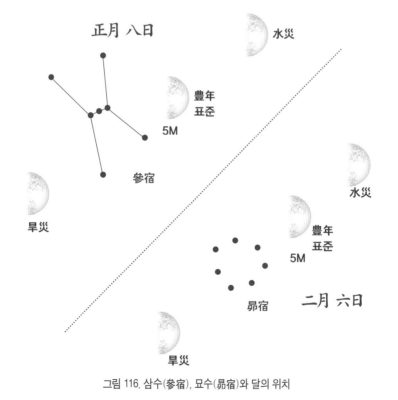

그림 116. 삼수(參宿), 묘수(昴宿)와 달의 위치

서 지나가면 역시 수재水災나 한재旱災가 든다고 한다.

하늘에서 제일 큰 별이 있는데, 그것이 무엇이냐면 삼수參宿에서 목측目測으로 10m 정도 떨어져 있는 천랑성天狼星이다. 이 별은 1등성인데 평상시에 반짝거리지 않고 흐릿하게 보여야 되는데, 전쟁이 난다든지 하면 이 별이 빛이 나서 반짝거린다. 천랑성天狼星의 옆에는 호시弧矢라는 별이 있는데 천랑성을 향하여 화살을 쏘고 있는 형상을 하고 있다.

삼수參宿라는 별은 하늘에 장관으로 보이는데, 이 별은 오붓하게 보여야지 빛이 나면 전쟁이 난다. 북극성도 은은해야지 천하가 태평하지, 너무 밝게 보이면 세상이 어지러워진다. 임금이 좀 어수룩해야 세상이 편한 것이다. 천자가 면류관을 쓰는 것도 '나는 이렇게 어둡다'고 말하는 것이다. 마찬가지로 북극성은 밝지 않아야 한다. 북극성은 본래 2등성인데 그것이 너무 밝으면 세상이 어지러워진다고 보는 것이다. 별을 자주 봐야지 비교해서 알 수가 있지, 어쩌다 한 번 보면 비교할 것이 없어서 알 수가 없다.

별이라는 것에는 그런 운기가 있기 때문에《정역》에 〈이십팔수운기도二十八宿運氣圖〉라고 한 것이다.《정역》의 후천 초하루는 '계미癸未 계축癸丑'이고, 선천의 초하루는 '무진戊辰 무술戊戌'이다. 그것은 판에 박힌 것이기 때문에 피할 수가 없다. 후천이 언제 올 것인지 모르는 것은 우리 지혜가 모자라서 모르는 것이다. 후천이 될 때 지구의 변화는 수석북지水汐北地가 문제인데, 과학적으로도 이미 증명이 되고 있다. 신비스러운 것은, 본래 물은 아래로 내려가는 것인데 화란 같은 곳은 물이 육지보다 450m나 높다. 육지가 바닷물보다 450m나 낮기 때문에 물이 고이면 바다로 흘러가지 못하고 내륙으로 흘러가서 사해로 모이게 된다. 사해는 염분이 너무 많아서 사람이 가만히 있어도 떠오르고, 어떤 생물도 살지 못하기 때문에 사해死海라고 하는 것이다.

우리가《정역》을 공부하고 연구하는 목적은《주역》의 〈계사전〉에 "君

子所居而安者, 易之序也"[105]라고 한 것처럼 다가올 미래를 알아서 편안해질 수 있도록 대비하고자 하는 것이다. 군자가 거居하는 바에 편안히 한다는 것은 역易의 차례를 알기 때문에 가능한 것이다. 하루가 24시간으로 낮과 밤이 교대로 온다는 것을 알고 있기 때문에 밤이 되어 어두워져도 두려워하지 않고 편안할 수 있는 것이다. 주야晝夜의 도道를 알고 있기 때문에, 즉 천지의 질서를 우리가 알고 있기 때문에 편안히 거할 수 있는 것이다.

또 성인聖人이 역易을 만든 것은 기제旣濟 괘에서 말하고 있는 것처럼 "사환이예방思患而豫防"[106]하기 위함이다.《서경》에서는 그것을 "유비무환有備無患"[107]이라고 하였다.《서경》의 "유비무환有備無患"과《주역》의 "사환이예방思患而豫防"을 합해서 "역지서易之序"라고 한 것이다. 이런 방향으로 연구하는 학문 분야가 다른 곳에는 없다.《주역周易》을 알아도 점치는 것이나 배워서 길흉吉凶을 아는 그런 것은 역易이라고 할 수 없다. 역易이라는 것은 역易의 차례를 알아서 백성을 구제하는 구민지도救民之道를 어떻게 취할 것인지를 연구하는 것이다.

'과학科學'이라는 말은 일본사람이 번역한 말인데 잘못된 번역이다. 고증하는 것이 과학이다. 이제마는 그것을 '격치고格致考'라고 하였다.《시경》에 "迨天之未陰雨, 徹彼桑土, 綢繆牖戶"[108]라는 말이 있는데, 비가 안 올 때에 미리 다듬어서 준비해야지 비가 온 다음에 하는 도道가 아니라는 말이다.

예禮라고 하는 것이 인간사회에 어떤 필요가 있어서 그렇게 긴요한 것

---

105 是故, 君子所居而安者易之序也, 所樂而玩者爻之辭也, 是故 君子居則觀其象而玩其辭, 動則觀其變而玩其占, 是以自天佑之, 吉無不利.《周易》〈繫辭上〉

106 象曰 水在火上, 旣濟, 君子以思患而豫防之.《周易》〈旣濟卦〉

107 惟事事 乃其有備 有備無患.《書經》〈說命中〉

108 鴟鴞鴟鴞 旣取我子 無毀我室 恩斯勤斯 鬻子之閔斯
　　迨天之未陰雨 徹彼桑土 綢繆牖戶 今女下民 或敢侮予
　　予手拮据 予所捋荼 予所蓄租 予口卒瘏 曰予未有室家
　　予羽譙譙 予尾翛翛 予室翹翹 風雨所漂搖 予維音嘵嘵.《詩經》〈豳風·鴟鴞〉

일까? 방죽이 쓸모가 없다고 방치해두면 홍수가 날 때는 어떻게 하는가? 홍수를 대비하기 위해서 방죽을 만드는 것이다. 그것과 마찬가지로 예절이 필요가 없다고 방치해두면 백성들이 방탕할 때에는 어떻게 하겠는가? 백성의 방탕을 예비하여 막기 위해서 예禮가 필요한 것이다. 가정이나 국가가 질서를 잡기 위해서도 옛날 예禮가 필요하지만 미래의 방탕을 막기 위해서 필요한 것이다.

《정역》을 공부하면서 우리가 대비해야 할 것은 천지의 변화에 대한 것이다. 후천이 될 때에는 수조남천水潮南天하고 수석북지水汐北地한다고 하였다. 수석북지水汐北地라는 것은 북빙양北氷洋이 녹아내린다는 말인데, 그 물을 어떻게 감당하겠는가? 물이 지구전체의 3/4인데, 북빙양北氷洋이 다 녹아내리면 수면이 얼마나 더 올라갈 것인가? 이런 말을 우리가 믿기도 힘들지만, 그렇게 되지 않을 것이라고 믿을 수도 없다. 이런 변화가 올 것이라고 일부一夫가 말하면서 〈금화오송金火五頌〉에서 성인聖人도 말씀하지 않으신 것을 일부一夫가 감히 말할 수 있는 시時이고 명命이기 때문이라고 하였다. 그러니까 일부一夫 선생님이 말씀하신 것을 한 번 믿어 볼 뿐이다.

변화를 보는 방법은 삼수參宿가 어떻고, 천랑성天狼星이 어떻고 한 것처럼 알아 볼 수 있는 것도 있지만,《관규집요》에 나와 있는 것이나 별 마다 나타나는 변화를 일일이 다 알 수는 없다. 다만 옛날 사람들이 말해 놓은 것을 가지고 그 변화를 파악해 보는 것이다. 운기運氣라는 것이 사람으로 치면 맥박과 같은 것인데, 맥박이 어떻게 될 것인가를 짐작해 보는 것이다. "箕好風하고 畢好雨한다"고 했는데 그런 것이 얼마나 잘 맞는지, 삼수參宿와 천랑성天狼星의 변화가 어떤 것을 상징하는지, 그런 것을 보고 천지의 변화를 파악해 보는 것이다.

〈계사〉에 보면 옛날 포희씨包羲氏가 왕천하王天下할 때에 우러러서는 천문天文을 보고 엎드려서는 지리地理를 살피고, 가까이는 몸에서 취하고 멀리는 물物에서 취하였다고 하였다.[109] 복희씨가 정치를 할 때에 천문과 지리에 근거하였다는 말이다.

천문과 정치가 어떻게 관계되는지 그런 것을 알아야 한다.《논어》에도 "爲政以德, 譬如北辰居其所, 而衆星拱之"라는 말이 있다. 정치를 덕德으로써 하여야 하는데 비유하자면 천황대제인 북신北辰이 자리를 잡아서 거居하면 모든 별들이 북신北辰을 중심으로 돌면서 받든다는 말이다.

천문도天文圖를 보면 중앙에 북극성北極星이 있는데 이것을 천황대제라

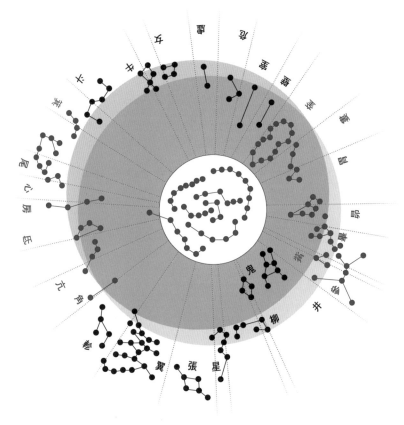

그림 117. 자미원(紫微垣)과 이십팔수(二十八宿)

---

109 古者包犧氏之王天下也, 仰則觀象於天, 俯則觀法於地, 觀鳥獸之文, 與天地之宜, 近取諸身, 遠取諸物, 於是始作八卦, 以通神明之德, 以類萬物之情, 作結繩而爲網罟, 以佃以漁, 蓋取諸離.《周易》〈繫辭下〉

고 한다. 이 북극성을 중심으로 모든 별들이 호위하면서 돌고 있다. 가까이는 자미원紫微垣이 있고, 자미원을 6대 성좌가 감싸고 있고, 다시 6대 성좌를 28수가 보호하듯이 나열되어 있다. 북극성이 하나의 축軸이 되는 것이다.

북두칠성은 북극성과 군신지의君臣之義를 이루고 있는데 제일 앞머리에 있는 별을 천추天樞라고 한다. 천추天樞는 북두칠성을 끌고 가는 역할을 한다. 그 다음에 천선天璇가 있고, 순서대로 천기天璣 천권天權 옥형玉衡 개양開陽 요광搖光이 있다. 천문을 관측하는 도구인 '선기옥형璇璣玉衡'이라는 이름은 여기에서 따온 것이다.

하늘에 별이 너무 많기 때문에 어느 별이 북극성인지, 어느 별이 28수에 해당하는 별인지 알기가 어렵다. 북극성과 28수를 쉽게 찾으려면 우선 누구든지 알아 볼 수 있는 북두칠성을 찾은 다음에 천기天璣와 천추天樞의 5배 떨어진 곳에서 북극성을 확인하고, 북두칠성의 두병斗柄을 따라서 죽 이어나가면 대각大角이라는 큰 별을 찾을 수 있다. 대각大角을 지나서 계속 이어가면 황도와 적도가 만나는 부분에 각수角宿가 있는 것을 볼 수 있다. 여기에서부터 황도를 따라가면 항수亢宿 4성이 있고, 저수氐宿 4성, 방수房宿 4성, 심수心宿 3성 등이 있다. 각角·항亢·저氐·방房·심心·미尾·기箕는 동방창룡칠수東方蒼龍七宿라고 하는데 각角은 용의 뿔, 항亢은 용의 목, 저氐는 용의 가슴, 방房은 용의 배, 심心은 용의 심장, 미尾는 용의 꼬리가 된다. 미수尾宿는 정말로 꼬리처럼 생겼다.

천문도天文圖에서 28수의 배열을 보면 각角 항亢 저氐 방房 심心 미尾 기箕를 비롯한 동북쪽의 별들이 약간 밖으로 늘어져 있는 것을 볼 수 있는데, 그것은 태미원太微垣과 천시원天市垣이 넓게 자리를 잡고 있기 때문에 밖으로 약간 늘어져서 배열되어 있는 것이다

하도와 낙서를 보면 서남방西南方에서 변화가 일어난 것을 볼 수 있다. 하도는 동방에 삼팔목三八木, 남방에 이칠화二七火, 서방에 사구금四九金,

正易 —— 정역

북방에 일육수一六水, 중앙에 오십토五十土가 있다. 하도라는 것은 처음에 중앙의 오토五土에서부터 한 점이 움직여서 만들어진 것이다. 중앙의 한 점이 동쪽으로 가서 생生한 것이 삼三이고, 한 번 더 움직여서 성成한 것이 팔八이다. 다른 방위도 역시 마찬가지이다. 하도는 하수河水에서 나온 용마龍馬의 등에 새겨진 것을 보고 복희가 그린 것이라는 이야기가 신화처럼 내려오고 있다. 낙서洛書도 마찬가지로 중中의 한 점이 움직여서 만들어진 것인데 하도와 비교를 해보면 남방의 이칠화二七火와 서방의 사구금四九金이 자리가 바뀌어 있다. 남방에 있던 이칠화二七火가 서쪽으로 가고, 서방에 있던 사구금四九金이 남쪽으로 갔다. 남서南西가 뒤바뀐 것이다. 그러니까 선천에서 후천으로 간다는 것은 사구四九와 이칠二七이 자리를 바꾸는 것이다. 남서南西만 바뀌고, 동북東北은 변화하지 않고 그대로 있다. 이것을 《주역》〈곤괘〉에서는 "서남득붕西南得朋, 동북상붕東北喪朋"[110]이라고 하였고, 《정역》에서는 "기동북이고수氣東北而固守, 리서남이교통理西南而交通"[111]이라고 하였다.

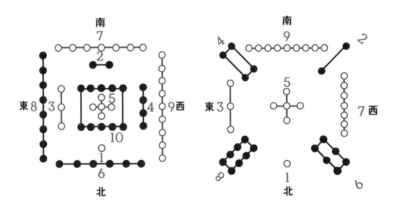

그림 118. 하도와 낙서 … 기동북이고수(氣東北而固守) 리서남이교통(理西南而交通)

---

[110] 坤元亨利牝馬之貞. 君子有攸往, 先迷, 後得主利. 西南得朋, 東北喪朋. 安貞吉. 彖曰 至哉坤元, 萬物資生, 乃順承天. 坤厚載物, 德合无疆, 含弘光大, 品物咸亨. 牝馬地類, 行地无疆, 柔順利貞. 君子攸行, 先迷失道, 後順得常. 西南得朋, 乃與類行, 東北喪朋, 乃終有慶. 安貞之吉, 應地无疆.《周易》〈坤卦〉

[111] 吾皇大道當天心 氣東北而固守 理西南而交通 庚金九而氣盈 丁火七而數虛 理金火之互位 經天地之化權 風雲動於數象 歌樂章於武文 喜黃河之一淸 好一夫之壯觀 風三山而一鶴 化三碧而一觀 觀於此而大壯 禮三千而義一.《正易》〈金火二頌〉

이렇게 서남에서 변화가 일어나고 동북은 그대로인 이유가 바로 천문天文에 있다. 별자리가 그렇게 형상되어 있기 때문이다. 하늘의 동북방은 자미원紫微垣을 비롯해서 태미원太微垣과 천시원天市垣이 있고, 그 안에는 모두 '제帝'가 있다. 제帝는 바뀌지 않는 것이다. 반면에 서남방에는 천진天津 각도閣道 오거五車 헌원軒轅이 있다. 천진天津은 은하수를 왕래하는 나루이고, 각도閣道는 천황대제가 드나드는 길이고, 오거五車와 헌원軒轅은 천자가 타고 다니는 수레이다. 그래서 서남쪽은 모두 움직이는 것들이다. 그렇기 때문에 동북東北은 그대로 있고 서남西南이 움직여서 변화를 일으키는 것이다. 그것을 한마디로 하면 "기동북이고수氣東北而固守, 리서남이교통理西南而交通"이라는 말이 된다. 하도와 낙서의 그런 이치가 천문天文에 그대로 형상화되어 있고, 하늘의 조직이 그렇게 생겨있기 때문에 그것으로써 정치를 한다는 말이다.

우리나라의 《훈민정음》도 하도의 이치를 응용해서 만들어졌다. 하나의 점이 가운데에 있어서 그것이 움직이면서 글자를 만들어낸다. 이 하나의 점이 동방으로 가면 '아'가 되고, 북방으로 가면 '오'가 되고, 서방으로 가면 '어'가 되고, 남방으로 가면 '우'가 된다. 삼팔목三八木 이칠화二七火 사구금四九金 일육수一六水 오십토五十土의 하도와 똑같은 원리로 만들어진 것이다. 이와 같은 내용이 정인지가 쓴 《훈민정음해례본》에 그대로 나와 있다.

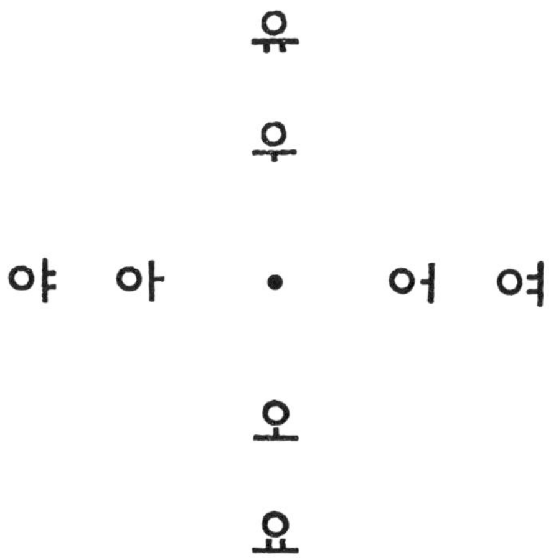

유

우

야　아　•　어　여

오

요

그림 119. 훈민정음의 하도원리

선천에서는 28수가 "각角 항亢 저氏 방房 심心 미尾 기箕 / 두斗 우牛 여女 허虛 위危 실室 벽壁 / 규奎 루婁 위胃 묘昴 필畢 자觜 삼參 / 정井 귀鬼 류柳 성星 장張 익翼 진軫"의 순서로 간다. 28수와 12방위를 손도수를 치

면 다음의 그림과 같다. "해자축亥子丑, 인묘진寅卯辰, 사오미巳午未, 신유술
申酉戌"로 좌선左旋하는 것은 고정적인 방위를 나타내는 것으로 천지설위
天地設位라고 한다. 천지설위天地設位란 방위를 설치했다는 말이다. 그러나
실제의 운행은 "유술해酉戌亥, 자축인子丑寅, 묘진사卯辰巳, 오미신午未申"
으로 우선右旋한다.

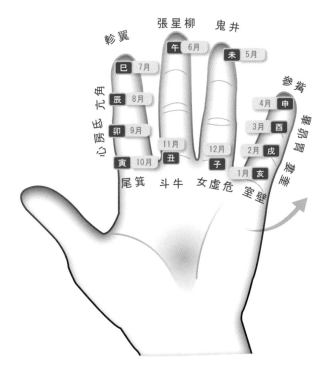

그림 120. 천지설위와 일월의 운행

동서남북의 정위인 자子 오午 묘卯 유酉에는 각각 3개씩의 별이 배열되
고, 나머지 방위에는 2개의 별이 배열된다. 오늘이 음력 7월 9일이면 태양
이 사방巳方에 있고, 28수 중에서 익翼·진軫은 태양의 빛에 눌려서 보이지
않게 된다. 7월의 초하루에는 여기에서 달과 합삭合朔을 하고, 오늘이 9일
이면 달은 기수箕宿가 있는 곳에 있다. 《주역》에 "시승육룡時乘六龍"이라

는 말이 있는데 '시時'라는 것이 육갑六甲을 타고 간다는 뜻이다.

날짜는 달이 28수를 하나씩 타고가면서 진행하는데, 각角(1일) 항亢(2일) 저氐(3일) 방房(4일) 심心(5일) 미尾(6일) 기箕(7일) 두斗(8일) 우牛(9일) 여女(10일) 허虛(11일) 위危(12일) 실室(13일) 벽壁(14일) 규奎(15일) 루婁(16일) 위胃(17일) 묘昴(18일) 필畢(19일) 자觜(20일) 삼參(21일) 정井(22일) 귀鬼(23일) 류柳(24일) 성星(25일) 장張(26일) 익翼(27일) 진軫(28일)까지 가고 29일째가 되면 한 방위를 넘어가게 된다. 각角(29일) 항亢(30일)이 되고, 다음 달에는 다시 저(氐, 1일) 방(房, 2일)………로 넘어 간다. 그러니까 7월에는 사방巳方에서 일월이 합삭合朔하고, 8월에는 진방辰方에서 일월이 합삭合朔을 하게 되는 것이다. 태양과 달이 마치 시계의 시침과 분침처럼 분침이 한 바퀴 돌고 나면 시침이 한 눈금을 가는 것과 같다. 마찬가지로 달이 한 바퀴 돌아 한 달이 되면 태양이 한 방위를 행한다.

달의 수명은 29일밖에 없다. 그래서 29일을 '월령月令'이라고 한다. 29일이 되면 달은 죽어버리는 것이다. 달이 죽는 것을 '월굴우진月窟于辰'이라고 한다. 28일에 들어가서 없어지는 것은 자기 수명을 다한 것이다. 《정역》〈금화오송〉에 "五度而月魂生申하니 初三日이요"라 하고 "月窟于辰하니 二十八日이요"라 하였다. 28일에 들어가서 초삼일에 나오는 "29일, 30일, 1일, 2일, 3일"까지의 5일동안을 '수태월受胎月'이라고 한다. 또한 여자의 생리주기가 달의 주기와 일치하기 때문에 여자의 생리를 '월경月經'또는 '경도經度'라고 한다.

《서경》의 〈홍범〉에 보면 "箕好風하고 畢好雨한다"라는 말이 있다. 달이 기수箕宿 근처에 가면 큰 바람이 불고, 필수畢宿 근처에 가면 큰 비가 내린다는 뜻이다. 태양의 궤도는 일정하지만 달의 궤도는 사행蛇行하기 때문에 기수箕宿에 가까이 갈 수도 있고, 멀리 갈 수도 있다. 19년이면 7번의 윤閏을 돌아서 1장章이라고 하는데, 19년마다 제자리로 돌아간다. 그런 도중에 기수箕宿에 바싹 다가가면 바람이 일고, 필수畢宿에 가까이 닿으면 폭우가 오는 것이다.

왕조실록의 기록을 보면 나라에 큰 난리가 나면 태백성太白星이 변한다고 기록되어 있다. 태백성(샛별)은 지금의 금성을 말하는데, 280일을 주기로 태양을 한 바퀴씩 돌고 있다. 지구는 365일이 1년인데 태백성은 280일이 1년이다. 금성이 초저녁에 보이는 것을 장경성長庚星이라고 하고, 새벽에 보이는 것을 계명성啓明星이라 하고, 이 두 가지를 합쳐서 태백성太白星이라고 한다. 이런 변화를 가지고 점을 치는데, 그것이 꼭 맞는지는 모르겠지만 옛날에는 그런 식으로 천문을 보았다는 것은 알고 있어야겠다. 다음은 28수에 관한 자료이다.

星辰考

성 신 고

　맹자는 〈이루離婁〉에서 "規矩는 方圓之至也오, 聖人은 人倫之至也라"했
다. 그에 "規矩는 方圓之至也"란 어원은 《주비산경周髀算經》에서 나온 것이
다. 《주비산경》이란 주공周公이 그의 대부大夫 상고商高와 천문산법天文
算法을 문답한 것으로 그 유래는 포희씨包羲氏의 천문산법에서 온 것이라
한다. 《주비산경》에서

"圓出於方. 方出於矩 矩出於九九八十一 故折矩 以爲句廣三 股脩四
徑隅五 環而共盤得成三四五 兩矩共長二十有五 是謂積矩 故禹之所
以活天下者, 此數之所生也." 〈卷上一〉

　라고 하였다. 또 《주비산경》에서 말하기를,

"冬至晝極短 日出辰而入申 陽照三不覆九 東西相當正南方

夏至晝極長 日出寅而入戌 陽照九不覆三 東西相當正北方

日出左而入右南方行

故冬至從坎 陽在子 日出巽而入坤 見日光少故曰寒

夏至從離 陰在午 日出艮而入乾 見日光多故曰暑

日月失度而寒暑相姦

往者詘 來者信也 故詘信相感

故冬至之後 日右行 夏至之後 日左行 左者往 右者來

故月與日合爲一月(從會至會則爲一月)

日復日爲一日(從旦至旦則爲一日也)

日復星爲一歲(冬至日出在牽牛 從牽牛周牽牛則爲一歲)

外衡冬至（日在牽牛）

內衡夏至（日在東井）

六氣復返 皆謂中氣（中氣月中也 言日月往來 中氣各六 博日 先天之
正時 履端於始 舉正於中 歸餘於終 謂中氣也）

陰陽之數 日月之法（謂陰陽之度數 日月之法）

十九歲爲一章（章條也）

四章爲一蔀 七十六歲（爲蔀之言齊月 日月之分爲一蔀也）

二十蔀爲一遂 遂千五百二十歲（遂子竟也 言五行之得一終 竟極日月
辰終也）

三遂爲一首 首四千五百六十歲（首始也 言日月五集 終而復始也）

七首爲一極 極三萬一千九百二十歲 生數皆終 萬物復始（極終也 言日
月星辰 弦望晦朔 寒暑推移 萬物生育皆復始 故謂之極）……”〈卷下三〉

　　라고 하였다.

　　《고공기考工記》에도 방원方圓에 대해서 말하기를,

“圓者中規 方者中矩 立者中縣 衡者中水 直者始生焉 繼者如附焉”

　　이라고 하였다. 또 천원지방天圓地方에 대하여는《대대례大戴禮》〈천원天
圓편에도 보인 바

“單居離 問曾子曰 天圓而地方 誠有之乎 曾子曰 如天圓而地方 則是
四角之不揜也 參嘗聞之 夫子曰 天道曰圓 地道曰方”

　　이라고 하였다. 또《여씨춘추呂氏春秋》〈계춘기季春紀〉제삼第三에는 이
른바

“天道圓 地道方 聖王法之 所以立上下 何以說天道圓也 精氣一上一
下　圓周復雜 無所稽留 故曰天道圓 何以說地道方也 萬物殊類殊形

皆有分 不能相爲 故曰地道方"

이라고 하였다. 또《백호통白虎通》에도

"天鎭也 其道曰圓 地諦也 其道曰方"이라고 하였다.

※ 견우(牽牛)와 직녀설(織女說)

해마다 칠월칠석七月七夕이 되면 견우직녀설牽牛織女說이 고래古來로부터 유명하다. 그 까닭은 견우牽牛는 28수 중에서 아홉 번째 별자리가 되는데 이 별자리는 저녁의 남중南中이 되는 표준으로 삼는다. 정월이 되면 이 별자리는 태양太陽의 회會에 첫째 자리로 여기는 별자리이다. 그리고 천황대제인 북극성北極星이 적도를 중심한 별자리가 되고 직녀성織女星은 황도를 중심한 별자리이다. 그러므로 땅의 중심에 표준별은 견우직녀성牽牛織女星이 되기 때문에 예부터 전설로 일컬어 오는 것이다.

자방子方의 분야分野는 견우牽牛가 분기점이 되기에 견우육성牽牛六星을 일컬어 천지관량天之關梁이라 하였고, 또

"乃七曜所從起 曆數之元 三正之始 易傳亦云 日月五星起於牽牛 古曆以牛上星爲距 太初曆改用中星入古曆牛太半……"

이라 하였다. 또《관규집요》에서는

"織女星 在河北 當天紀之東端 乃天孫貴女也

按牛宿本位居丑之次 吳越楊洲之分 凡七度十二月旦在卯 正月旦在辰 二月旦在巳 三月旦在午 巳月旦在未 五月旦在申 六月旦在酉 五月昏在卯 六月昏在辰 七月昏在巳 八月昏在午 九月昏在未 十月昏在申 十一月昏在酉"

라 하였다.

견우직녀牽牛織女에 대해 장형張衡은

"牽牛織女也 七月七日 渡河相見者 卽此故杜詩云 牛女謾悲思 秋期
獨渡河"

　라 하였다. 견우성牽牛星은 이와 같이 표준도表準度이므로 28수의 도수
를 측정함에 있어서 견우牽牛가 남중南中을 중심으로 서로 흘러감에 다
음 여수女宿가 남중南中함에 몇 도가 되는지를 헤아려 상거팔도相去八度라
하였다.

　견우성牽牛星의 남중으로 보고 180도가 태양太陽이 있다는 자리이다. 28
수의 견우牽牛가 남중을 기준으로 이에 따라 정북방正北方에서 서西, 남南,
동東의 순차로 우牛 녀女 허虛 위危 실室……과 같이 28수가 배열되어 있다.
그리하여 일日이 있는 곳을 아는 것은 야반夜半에 태양은 북방의 중심에
처處하는 것이 야반夜半의 남중한 성星을 측정하여 180도로 떨어졌음을
알 수 있다. 그러므로

"以東井夜半中 牽牛之初 臨子之中"

　이라 함은 일 년의 어느 때의 계절이 당當하고 있는 것을 기재할 수 있
는 것이다. 이러한 기사로서 동지의 야반夜半에 동정東井이 남중함에는 태
양은 견우牽牛의 초初가 자방子方에 가까워졌음을 알 수 있다. 일 년을 통
해 지상地上의 십이진十二辰에 있어서의 이십팔수二十八宿와 천상天上의 이
십팔수소재二十八宿所在가 상응相應된다.

　태양이 견우牽牛에 있을 때의 거극도去極度를 구하는 것이 동지冬至이다.
더 정확히 말하면 두斗 6성 위에 건建 6성이 있는데 태양이 건建 6성에 있
을 때가 동지冬至이다. 그러므로 《주비산경》에 월구기건성月俱起建星에 대
해 조군경趙君卿이 주注하기를

"建六星 在斗也 日月起建星 謂十一月朔旦冬至日也 爲歷術者 度起
牽牛前五度 則建星其近也"

　라고 하여 낮에는 일日이 주主하고 밤에는 월月이 주主하여 주야를 일일

로 하였다. 다음으로 동지날은 일월이 모두 건성建星으로 시작하여 월행도수月行度數는 빠르고 일행도수日行度數는 더디어서 29일이나 30일 사이에 합삭合朔하는 것이다.

　태양이 4년마다 1윤閏으로 되는 것은(366일) 4년이면 도합 1461일이 되었기 때문에 이를 4로 제除하면 1세歲가 365°1/4이 되는 것이다. (1461÷4=365.25=365¼) 윤법도수閏法度數를《주비산경》에서 밝힌 바 다음과 같이 말하고 있다.

"月與日合爲一月 日復日爲一日 日復星爲一歲

外衡冬至 內衡夏至 六氣復返 皆謂中氣

陰陽之數 日月之法

十九歲爲一章

四章爲一蔀 七十六歲

二十蔀爲一遂 遂千五百二十歲

三遂爲一首 首四千五百六十歲

七首爲一極 極三萬一千九百二十歲

生數皆終 萬物復始

天以更元作紀曆

何以知天三百六十五度四分度之一 而日行一度 而月後天十三度十九分度之七 二十九日九百四十分之四百九十九爲一月 十二月十九分月之七爲一歲

周天除之 或不足除者 如合朔

古者包犧神農制作爲歷度元之始 見三光 未如其則 日月列星未有分度 日主畫 月主夜 晝夜爲一日 日月俱起建星 月度疾 日度遲 日月相遂於

二十九日 三十日間而日行天 二十九度餘 未有定分 於是三百六十五日 南極影長 明日反短 以歲終日影反長故知之

三百六十五日者三 三百六十六日者一 故知一歲三百六十五日四分日之一歲終也

月積後天十三閏 又與百三十四度餘 無慮後天十三度十九分度之七未有定

於是 日行天七十六周 月行天千一十六周 及合於建星 置月行後天之數 以日後天之數除之 得一十三度十九分度之七 則一日行天之度 復置七十六歲之積月 以七十六歲除之 得十二月十九分度之七 則一歲之月 置周天度數 以十二月十九分月之七除之 得二十九日九百四十分日之四百九十九 則一月日之數"

라고 하였다.

월月과 일日이 회합하여 1월이 되고, 일日이 다시 일日이면 1일이 되고, 일日과 성星이 회복하면 1세歲가 된다.

그리하여 3년에 1윤閏이오,

5세歲면 두 번 윤閏이오,

19세歲면 7윤閏이 되어 1장章이라 한다.

19세歲가 1장章이 되고,

4장章이 1부蔀가 되니 부蔀는 76세歲오,

20부蔀가 1수遂가 되니 수遂는 1,520세歲오,

3수遂가 1수首가 되니 수首는 4,560세歲오,

7수首가 1극極이 되니 극極은 31,920세歲이다.

※천원지방설(天圓地方說)

《주역》〈설괘전〉에

"參天兩地而倚數"

라 하였고,《대대례》〈천원편^{天圓篇}〉에는

"單居離問曾子曰 天圓而地方 誠有之乎

曾子曰 如天員而地方 則是四角之不揜也

參嘗聞之 夫子曰 天道曰圓 地道曰方"

라고 하였고,《여씨춘추》〈계춘기〉제삼에는

"天道圓 地道方 聖王法之 所以立上下

何以說天道圓也 精氣一上一下　圜周復雜 無所稽留 故曰天道圓

何以說地道方也 萬物殊類殊形皆有分職 不能相爲 故曰地道方"

라고 하였다.

24기^氣란 중기^{中氣}와 절기^{節氣}를 이루는 24절기에서 중기^{中氣}란 동지에서 다음 동지까지 사이를 12등분하여 구분한 점을 말하는 것이다. 절기^{節氣} 란 그 사이를 12등분한 것이다.

번호	01	02	03	04	05	06	07	08	09	10	11	12	13	14	15	16	17	18	19	20	21	22	23	24
二十四節氣	立春	雨水	驚蟄	春分	淸明	穀雨	立夏	小滿	芒種	夏至	小暑	大暑	立秋	處暑	白露	秋分	寒露	霜降	立冬	小雪	大雪	冬至	小寒	大寒
中氣와 節氣	正月節氣	正月中氣	二月節氣	二月中氣	三月節氣	三月中氣	四月節氣	四月中氣	五月節氣	五月中氣	六月節氣	六月中氣	七月節氣	七月中氣	八月節氣	八月中氣	九月節氣	九月中氣	十月節氣	十月中氣	十一月節氣	十一月中氣	十二月節氣	十二月中氣

표 47. 24절기의 중기(中氣)와 절기(節氣)

이에서 윤^閏을 어느 달에 드는가 알아보려면 중기^{中氣}가 들지 않는 달

이 윤달을 쓰게 된다.

이지二至인 동지·하지와 이분二分인 춘분·추분에 태양太陽의 소재는 밤중에 남중南中하는 별자리가

동지에는 두수斗宿 21도

춘분에는 규수奎宿 13도 소강少强

하지에는 정수井宿 25도

추분에는 각수角宿 5도 약弱이다.

이를 손쉽게 보이기 위해 도표하면 다음과 같다.

번호	01	02	03	04	05	06	07	08	09	10	11	12
方位	亥	戌	酉	申	未	午	巳	辰	卯	寅	丑	子
月建	寅	卯	辰	巳	午	未	申	酉	戌	亥	子	丑
12月	正月	二月	三月	四月	五月	六月	七月	八月	九月	十月	十一月	十二月
28宿	室壁	奎婁	胃昴畢	觜參	井鬼	柳星張	翼軫	角亢	氐房心	尾箕	斗牛	女虛危

표 48. 12월(月)과 28수(宿)

28수를 12방위에 배열함에 있어서 자子 묘卯 오午 유酉는 3수宿씩 하고 나머지는 2수宿씩 배치하면 정월은 해방亥方에서, 2월은 술방戌方에서, 3월은 유방酉方 등으로 따져 나가면서 12월로 배열한다. 이것으로 태양의 소재를 알 수 있다.

달의 운행은 정월에 해당하는 실室을 1일 합삭合朔으로 따져 벽壁은 2일, 규奎는 3일, 루婁는 4일, 이와 같이 추산해가면 28일로 마치고 29일·30일은 한 방위 옮겨서 합삭合朔이 되는 것이다.

이와 같이 하여 실지로 별자리에 달이 어느 별자리에 있으며, 태양은 어느 별자리에 있는 가를 술시戌時(黃昏)를 표준으로 해서 보면 여합부

절<ruby>如合符節<rt>여합부절</rt></ruby>하듯이 꼭꼭 맞아 도는 것을 알 수 있다.

北斗七星으로 12月을 아는 방법

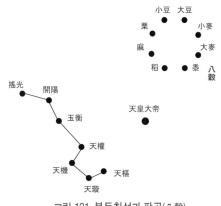

그림 121. 북두칠성과 팔곡(八穀)

북두北斗란 북쪽에 있는 말박이란 뜻이니 팔곡八穀(稻, 黍. 大麥, 小麥, 大豆, 小豆, 粟, 麻)이 있음으로써 팔곡八穀을 되는 말박이라 한 것이다. 그리하여 두병北柄이란 말박자루라 하며 북두칠성이란 북쪽에 있는 말박은 칠성七星이라는 뜻이다.

이 북두칠성이 술시戌時에 동쪽에 있으면 봄이오, 서쪽에 있으며 가을이오, 남쪽에 있으면 여름이오, 북쪽에 있으면 겨울이다.

그리고 십이지十二支를 설위設位하여 자子, 오午 묘卯, 유酉를 정방에 위치하고 보면 요광搖光이 가리킴에 따라 술시戌時에 정월이면 인방寅方을 가리키고, 묘방卯方을 가리키면 2월, 진방辰方을 가리키면 3월, 이와 같이 세어 보면 12월을 두병斗柄이 가는데 따라 무슨 월月인지 알 수 있는 것이다.

아래의 그림은 술시戌時에 보이는 하늘을 12개로 나열해 본 것이다.

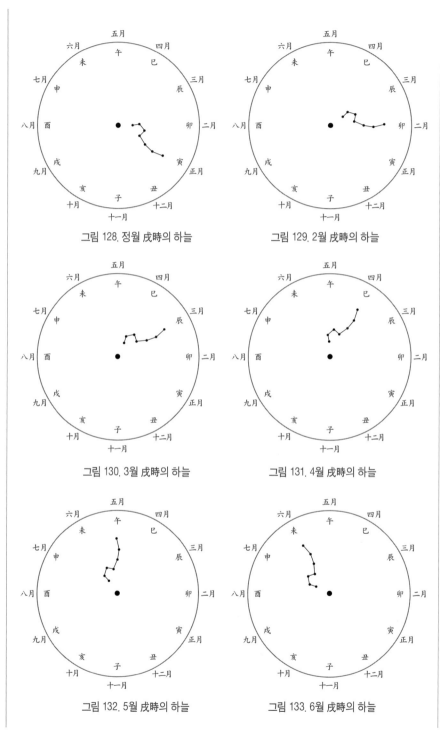

그림 128. 정월 戌時의 하늘

그림 129. 2월 戌時의 하늘

그림 130. 3월 戌時의 하늘

그림 131. 4월 戌時의 하늘

그림 132. 5월 戌時의 하늘

그림 133. 6월 戌時의 하늘

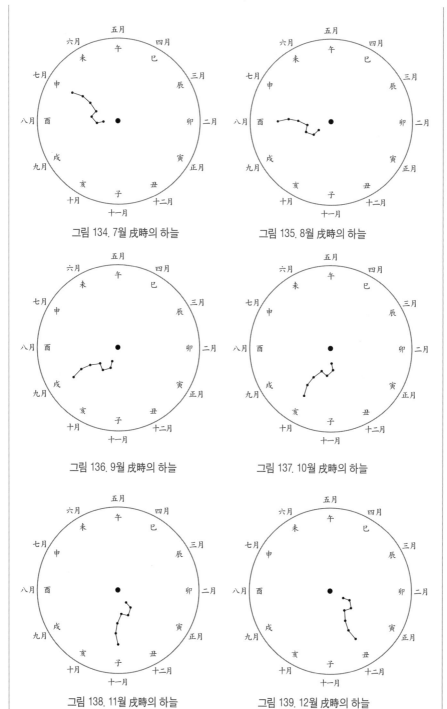

그림 134. 7월 戌時의 하늘

그림 135. 8월 戌時의 하늘

그림 136. 9월 戌時의 하늘

그림 137. 10월 戌時의 하늘

그림 138. 11월 戌時의 하늘

그림 139. 12월 戌時의 하늘

이상과 같이 태양의 소재가 달마다 한 방위를 옮김에 그곳에서 달이 합삭合朔하여 달이 한 바퀴를 주周하면 일日은 한 방위를 옮기게 되니 마치 시계의 분침分針과 시침時針과 같은 운동을 하게 된다. 달은 시계의 분침과 같다면 해는 시침과 같이 운동한다. 즉, 달이 태양과 만나 합삭合朔하면 그것을 기점 삼아 달이 한 바퀴를 돌아오면 해는 한 방위 즉 1/2의 한 방위를 옮기게 된다.

《예기》〈월령〉에는 12월정령十二月政令의 행行하는 바를 기록하고 있다.

그에 각 달에 첫머리에 반드시 태양의 소재 및 혼단昏旦에 당하는 중성中星을 들었는데 그것을 기록하면 다음과 같다.

1. 孟春之月	日在營室	昏參中	旦尾中
2. 仲春之月	日在奎	昏弧中	旦建星中
3. 季春之月	日在胃	昏七星中	旦牽牛中
4. 孟夏之月	日在畢	昏翼中	旦娿女中
5. 仲夏之月	日在東井	昏亢中	旦危中
6. 季夏之月	日在柳	昏火中	旦奎中
7. 孟秋之月	日在翼	昏建星中	旦畢中
8. 仲秋之月	日在角	昏牽牛中	旦觜觿中
9. 季秋之月	日在房	昏虛中	旦柳中
10. 孟冬之月	日在尾	昏危中	旦七星中
11. 仲冬之月	日在斗	昏東壁中	旦軫中
12. 季冬之月	日在娿女	昏軫中	旦氐中

이는 〈요전〉에 보인 바와는 다른 점이 있다.《서경》의 〈요전〉에 보면

日中星鳥 以殷仲春

日永星火 以正仲夏

日中星虛 以殷仲秋

日旦星昴 以正仲冬

라고 하였다. 이는 제帝가 순수巡狩함에도 방房, 허虛, 묘昴, 성星을 따라 춘하추동 중정中正으로 행行하였다.

이십사기二十四氣 명칭을 뜻을 《공소孔疏》에서 보면

謂之雨水者 言雪散爲雨水也

謂之驚蟄者 蟄蟲驚而走出

謂之穀雨者 言雨以生百穀

謂之淸明者 謂物生淸淨明潔

謂之小滿者 言物長於此小得盈滿

謂之芒種者 言有芒之穀可稼種

謂之小暑大暑者 就極熱之中 分爲小大 月初爲小 月半爲大

謂之處暑者 謂暑旣將退伏而潛處

謂之白露者 陰氣漸重 露濃色白

謂之寒露者 言露氣寒 將欲凝結

謂之小雪大雪者 以霜雨凝結而雪 十月猶小 十一月轉大

謂之小寒大寒者 十二月極寒之時 相對爲大小 月初寒爲小 月半寒爲大

라고 하였다. 자세히 해설하면

우수雨水란 눈이 바람에 해터져 빗물이 되었다는 말이다.

경칩驚蟄이란 땅 속에서 겨울잠을 잔 벌레가 놀래서 나온다는 것이다.

곡우穀雨란 비가 오기 때문에 온갖 곡식이 난다는 말이다.

청명淸明이란 물건이 나서 맑고 밝아 깨끗하다는 것이다.

소만小滿이란 만물이 이에 자라서 조금 가득참을 얻는 것이다

망종芒種이란 까스랑이 있는 곡식을 심는 것이다.

소서小暑와 대서大暑란 극히 더운 속에 나가는데 작고 큰 것으로 나누어서 월초月初에는 더위가 작은 것이 되고 월반月半에는 큰 것이 된다.

처서處暑란 더위가 이미 물러가고 엎드려서 잠긴 곳이다.

백로白露란 음기가 점차 거듭되면 이슬이 짙어 빛이 흰 것이다.

한로寒露란 이슬 기운이 차서 장차 응결한 것이다.

소설小雪과 대설大雪이란 서리와 비가 응결하여 눈이 되어 10월은 작고 11월은 큰 것이다.

소한小寒과 대한大寒이란 12월 극히 차가운데 월초月初는 조금 차고 월반月半은 크게 차다.

※이십팔수(二十八宿)

이십팔수二十八宿는 황도 주위를 중심으로 나열하여 있는 항성恒星이다. 마치 배가 항해航海를 함에 등대가 있는 것처럼 일월日月의 소재가 어느 별자리에 있다고 하는 표시점을 이십팔수二十八宿로 정하여 왔다.

천체天體에는 북신北辰 즉 북극성을 중심으로 북두칠성을 한계점으로 삼아 그 주위를 자미원紫微垣이라 하니 자미원은 북극성을 천황대제天皇

大帝라 하는 바 천황대제는 모든 중성衆星을 거느리고 도는 상象을 이루고, 모든 중성衆星은 북신北辰을 공지拱之하고 도는 형形을 이루니 그래서 마치 임금이 한 곳에 처處하면 백관들이 옹립하여 있는 형상과 같다고 하여 공자는 이르기를, "爲政以德이 譬如北辰이 居其所어든 衆星共之니라" 라고 하였다. 즉

"덕德으로써 정치를 하는 것을 비유해 말한다면 북신北辰이 그곳에 계시면 여러 뭇별들이 옹립하고 있는 것과도 같다."

고 하였다. 서양천문학은 서로의 맥락이 없이 각기 상관관계가 없이 북극성을 중심하여 작은곰, 큰곰, 사자좌, 카시오페아 등등으로 전설적인 이야기를 하였다. 그러나 동양천문학은 앞에서 공자가 말한 것처럼 덕으로 정치를 함에는 비유해 말하기를 마치 북신北辰이 그곳에 있으면 중성衆星이 공지拱之라고 하였듯이 종합적으로 정치적 맥락에서 설명하였다.

이에 28수는 황도를 중심으로 천체 주위를 싸고 있는 대상이 6대 성좌가 있으니 즉, 북신北辰이 거하는 곳은 자미원紫微垣이라 하고 자미원권紫微垣圈을 옹위하는 별자리는 태미원太微垣, 천시원天市垣, 천진天津, 각도閣道, 오거五車, 헌원軒轅 등이다. 이 6대 성좌를 둘러 나열한 별이 28수이다. 이에 28수와 관련한 별을 알기 위하여 주위의 별을 일컬어 보는 바

四獸：蒼龍 · 玄武 · 白虎 · 朱雀

四陸：東陸 · 北陸 · 西陸 · 南陸

十二辰：子 · 丑 · 寅 · 卯 · 辰 · 巳 · 午 · 未 · 申 · 酉 · 戌 · 亥

十二次：壽星 · 大火 · 析木 · 星紀 · 玄枵 · 娵訾 · 降婁 · 大樑 · 實沈 · 鶉首 · 鶉火 · 鶉尾.

라고 하여 28수는

東宮蒼龍：角 · 亢 · 氐 · 房 · 心 · 尾 · 箕

北宮玄武：斗·牛·女·虛·危·室·壁

西宮白虎：奎·婁·胃·昴·畢·觜·參

南宮朱雀：井·鬼·柳·星·張·翼·軫

　　이와 같은 28수는《예기》중에도 보이고 기타《상서尙書》〈요전堯典〉,
《이아爾雅》〈석천釋天〉,《좌전左傳》,《국어國語》,《사기史記》〈율력律曆〉, 및
〈천관서天官書〉 등에도 보인다.

　　주천周天에서는 28수를

角 12도, 亢 9도, 氐 15도, 房 5도, 心 5도, 尾 18도, 箕 11¼도 東 75도

斗 26도, 牛 8도, 女 12도, 虛 10도, 危 17도, 營室 16도, 壁 9도　北 98도

奎 16도, 婁 12도, 胃 14도, 昴 11도, 畢 16도, 觜 2도, 參 9도　西 80도

井 33도, 鬼 4도, 柳 15도, 星 7도, 張 18도, 翼 18도, 軫 17도　　　南 112도

　　라고 28수끼리의 상거도수相距度數를 들었다.《명사明史》〈지제일志第一〉
에 보면 28수도거성宿度距星을 다음과 같이 기록하고 있다.

	赤道經度(從春分起算)	赤道緯度
角	195度半弱	南9度少弱
亢	208度少弱	南8度半弱
氐	217度半	南14度半弱
房	234度少弱	南25度弱
心	239度太弱	南24度半強
尾	245度太強	南36度太強
箕	264度強	南30度弱

斗	275度太弱	南27度少
牛	300度强	南16度弱
女	307度弱	南10度太强
虛	318度	南7度少弱
危	326度太弱	南2度强
室	341度半强	北13度少
壁	358度半强	北12度太强
奎	9度强	北25度少弱
婁	23度半强	北18度太强
胃	35度半强	北26度强
昴	51度少强	北23度弱
畢	21度太	北18度少强
觜	78度太	北9度太弱
參	78度少强	南初度太弱
井	90度强	北22度太弱
鬼	122度弱	北19度少强
柳	124度半强	北7度弱
星	137度少强	南7度弱
張	143度少弱	南12度半
翼	160度半弱	南16度少强
軫	181度弱	南15度半弱

正易
——
정역

이것은 명明 숭정초崇禎初(1628) 무진戊辰에 서광계徐光啓 등이 새로운 관측으로 하였다. 이와 같은 28수의 도수度數를 정한 명明나라 서광계 등의 관측에 이어 청淸나라 도광道光 년간에 28수를 중심으로《성도보천가星圖步天歌》를 만들었는데 이는 수隨나라 단원자丹元子가 지었다고 전하는가 하면 혹은 당唐나라 왕희명王希明이 지었다고도 한다.《보천가》란 28수를 지어 말하는데 칠언시七言詩로 되어 있다. 이에 대해서는 따로 이후에 이야기하기로 하고, 28수에 대하여 당唐나라 월령月令을 묘반림茆泮林이 당인唐人과 송인宋人의 류서類書를 수집하여 12월의 절기節氣와 중기中氣로 나누어 기록하였다. 예를 들면 다음과 같다.

正月之節	日在虛	昏卯中	曉心中	斗建寅位之初
正月中氣	日在危	昏畢中	曉尾中	斗建寅位之中
二月之節	日在營室	昏東井中	曉箕中	斗建卯位之初
二月中氣	日在奎	昏東井中	曉南斗中	斗建卯位之中
三月之節	日在婁	昏柳中	曉南斗中	斗建辰位之初
三月中氣	日在胃	昏張中	曉南斗中	斗建辰位之中
四月之節	日在昴	昏翼中	曉牽牛中	斗建巳位之初
四月中氣	日在畢	昏軫中	曉須女中	斗建巳位之中
五月之節	日在參	昏角中	曉危中	斗建午位之初
五月中氣	日在東井	昏亢中	曉營室中	斗建午位之中
六月之節	日在東井	昏氐中	曉東壁中	斗建未位之初
六月中氣	日在柳	昏尾中	曉奎中	斗建未位之中
七月之節	日在張	昏尾中	曉婁中	斗建申位之初
七月中氣	日在張	昏箕中	曉昴中	斗建申位之中

八月之節	日在翼	昏南斗中	曉畢中	斗建酉位之初
八月中氣	日在軫	昏南斗中	曉東井中	斗建酉位之中
九月之節	日在角	昏牽牛中	曉東井中	斗建戌位之初
九月中氣	日在氐	昏須女中	曉柳中	斗建戌位之中
十月之節	日在房	昏虛中	曉張中	斗建亥位之初
十月中氣	日在尾	昏危中	曉翼中	斗建亥位之中
十一月之節	日在箕	昏營室中	曉軫中	斗建子位之初
十一月中氣	日在南斗	昏東壁中	曉角中	斗建子位之中
十二月之節	日在南斗	昏奎中	曉亢中	斗建丑位之初
十二月中氣	日在須女	昏婁中	曉氐中	斗建丑位之中

1. 角星歌

兩星南北正直着 中有平道上天田

總是黑星兩相連 別有一烏名進賢

平道右畔獨淵然 最上三星周鼎形

角下天門左平星 雙雙橫於庫樓上

庫樓十二屈曲明 樓中柱有十五星

三三相聚如鼎形 其中四星別名衡

南門樓外兩星橫

角宿本居辰之次

　　九月旦在卯 二月昏在卯

十月旦在辰 三月昏在辰

十一月旦在巳 四月昏在巳

十二月旦在午 五月昏在午

正月旦在未 六月昏在未

二月旦在申 七月昏在申

三月旦在酉 八月昏在酉

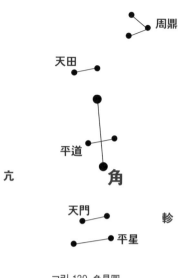

그림 139. 角星圖

2. 亢宿歌

四星恰似彎弓狀 大角一星直向上

折威七子亢下橫 大角左右攝提星

三三相連鼎足形 折威下左頡頏星

兩個斜安黃色精 頡下二星號陽門

色若頡頏直下存

亢宿本位居辰之次凡九度

九月旦在卯 二月昏在卯

十月旦在辰 三月昏在辰

十一月旦在巳 四月昏在巳

十二月旦在午 五月昏在午

正月旦在未 六月昏在未

二月旦在申 七月昏在申

三月旦在酉 八月昏在酉

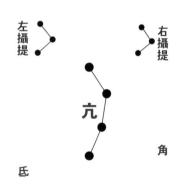

그림 140. 亢宿圖

3. 氐宿歌

四星似斗側量米 天乳氐上黑一星

老人不識稱無名 一個招搖梗河上

梗河橫列三星狀 帝席三黑河之西

亢池六黑近攝提 氐下衆星騎官出

騎官之衆二十七 三三相通十次一

陣車氐下騎官次 騎官之下三車騎

天輻兩星立陣傍 將軍陣裏肅威霜

氐宿本位居卯之次

      九月旦在卯 二月昏在卯

      十月旦在辰 三月昏在辰

      十一月旦在巳 四月昏在巳

      十二月旦在午 五月昏在午

      正月旦在未 六月昏在未

      二月旦在申 七月昏在申

      三月旦在酉 八月昏在酉

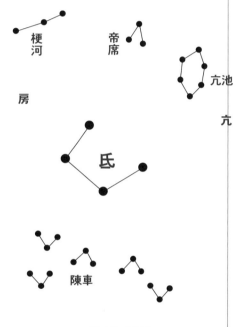

그림 141. 氐宿圖

4. 房宿歌

四星直下主明堂 鍵閉一星斜向上

鉤鈐兩個近其傍 罰有三星直鍵上

兩咸夾罰似房狀 房下一星號爲日

從官兩星日下出

房宿本位居卯之次

　　　　　　十月旦在卯　三月昏在卯

　　　　　　十一月旦在辰　四月昏在辰

　　　　　　十二月旦在巳　五月昏在巳

　　　　　　正月旦在午　六月昏在午

　　　　　　二月旦在未　七月昏在未

　　　　　　三月旦在申　八月昏在申

　　　　　　四月旦在酉　九月昏在酉

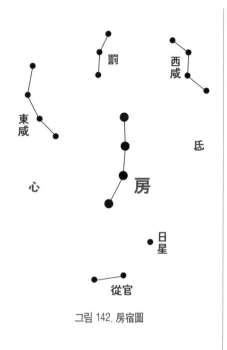

그림 142. 房宿圖

5. 心宿歌

三星中央色最深

下有積卒共十二

三三相聚心下是

心宿本位居卯之次

　　　　　　十月旦在卯　三月昏在卯

　　　　　　十一月旦在辰　四月昏在辰

　　　　　　十二月旦在巳　五月昏在巳

　　　　　　正月旦在午　六月昏在午

　　　　　　二月旦在未　七月昏在未

　　　　　　三月旦在申　八月昏在申

　　　　　　四月旦在酉　九月昏在酉

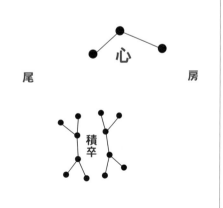

그림 143. 心宿圖

6. 尾宿歌

九星如鉤蒼龍尾 下頭五點號龜星

尾上天江四橫是 尾東一個名傳說

傳說東畔一魚子 尾西一星是神宮

所以列在后妃中

尾宿本位居寅之次

十月旦在卯 三月昏在卯

十一月旦在辰 四月昏在辰

十二月旦在巳 五月昏在巳

正月旦在午 六月昏在午

二月旦在未 七月昏在未

三月旦在申 八月昏在申

四月旦在酉 九月昏在酉

天江

心

魚

傳說

神宮

尾

龜

그림 144. 尾宿歌

7. 箕宿歌

四星形狀如簸箕

箕下三星名木杵

箕前一粒星糠皮

箕宿本位居寅之次

十一月旦在卯 四月昏在卯

十二月旦在辰 五月昏在辰

正月旦在巳 六月昏在巳

斗

箕

糠

尾

杵

그림 145. 箕宿圖

二月旦在午 七月昏在午

三月旦在未 八月昏在未

四月旦在申 九月昏在申

五月旦在酉 十月昏在酉

8. 斗宿歌

六星其狀似北斗

魁上天建六相守 天弁何中建上九

斗下圓安十四星 雖然名鱉貫索形

天雞建背雙黑星 天籥柄前八黃精

狗國四方雞下生

天淵十星鱉東邊 更黑兩狗斗魁前

農家丈人斗下眠 天淵色黃狗色玄

斗宿本位居艮丑之次 夏秋見於南
方故謂南斗

十一月旦在卯 四月昏在卯

十二月旦在辰 五月昏在辰

正月旦在巳 六月昏在巳

二月旦在午 七月昏在午

三月旦在未 八月昏在未

四月旦在申 九月昏在申

五月旦在酉 十月昏在酉

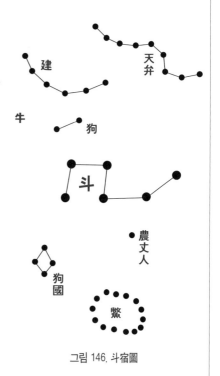

그림 146. 斗宿圖

9. 牛宿歌

六星近在河岸頭 頭上雖然有兩角

腹下從來欠一脚 牛下九黑是天田

田下三三九坎連 牛上直建三河鼓

鼓上三星號織女 左旗右旗各九星

河鼓兩畔左邊明 更有四黃名天桴

河鼓直下如連珠 羅堰三烏牛東居

漸臺四星如口形 輦道東足連五丁

輦道漸臺在何許 欲得見時近織女

牛宿本位居丑之次

　　十二月旦在卯 五月昏在卯

　　正月旦在辰 六月昏在辰

　　二月旦在巳 七月昏在巳

　　三月旦在午 八月昏在午

　　四月旦在未 九月昏在未

　　五月旦在申 十月昏在申

　　六月旦在酉 十一月昏在酉

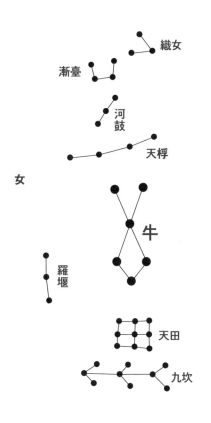

그림 147. 牛宿圖

10. 女宿歌

四星如箕主嫁娶 十二諸國在下陳

先從越國向東論 東西兩周次二秦

雍州南下雙燕門 代國向西一晉中

韓魏各一晉北輪 楚之一國魏西屯

楚城南畔獨燕軍 燕西一郡是齊鄰

齊北兩邑平原君 欲知鄭在越下存

十六黃星細區分 五箇離珠女星上

敗瓜之上匏瓜生 兩箇各五匏瓜明

天津九箇彈弓形 兩星入牛河中橫

四箇奚仲天津上 七箇仲側扶筐星

女宿本位居子之次

正月旦在卯 六月昏在卯

二月旦在辰 七月昏在辰

三月旦在巳 八月昏在巳

四月旦在午 九月昏在午

五月旦在未 十月昏在未

六月旦在申 十一月昏在申

七月旦在酉 十二月昏在酉

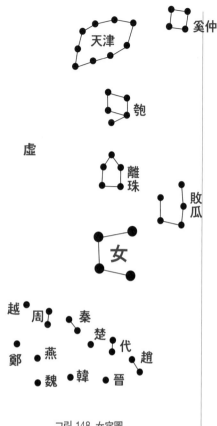

그림 148. 女宿圖

11. 虛宿歌

上下各一如連珠 命祿危非虛上星

虛危之下哭泣星 哭泣雙雙下壘城

天壘團圓十三星 敗臼四星城下橫

臼西三個璃瑜明

虛宿本位居子之次

正月旦在卯 六月昏在卯

二月旦在辰 七月昏在辰

三月旦在巳 八月昏在巳

四月旦在午 九月昏在午

五月旦在未 十月昏在未

六月旦在申 十一月昏在申

七月旦在酉 十二月昏在酉

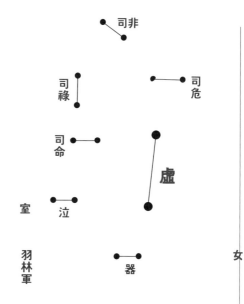

그림 149. 虛宿圖

12. 危宿歌

三星不直是危形 危上五黑號人星

人畔三四杵臼形 人上七烏號車府

府上天鉤九黃昌 鉤下五鴉字造父

危下四星號墳墓 墓下四星斜虛梁

十個天錢梁下橫 墓傍兩星名蓋屋

身着烏衣危下宿

危宿本位居亥之次

二月旦在卯 七月昏在卯

三月旦在辰 八月昏在辰

四月旦在巳 九月昏在巳

五月旦在午 十月昏在午

六月旦在未 十一月昏在未

七月旦在申 十二月昏在申

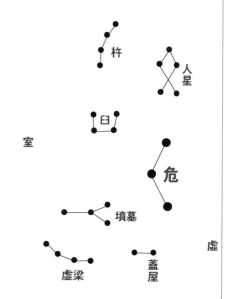

그림 150. 危宿圖

八月旦在酉 正月昏在酉

13. 室宿歌

兩星上有離宮出

繞室三雙有六星 下頭六個雷電形

壘壁陳次十二星 十二兩頭大似井

陳下分布羽林軍 四十五卒三爲群

軍西四星兩難論 仔細歷歷着區分

三粒黃金名鈇鉞 一顆眞珠北落門

門東八魁九個子 門西一宿天綱是

雷傍兩星土公吏 室上騰蛇二十二

室宿本位居亥之次

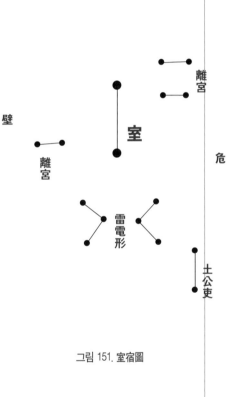

그림 151. 室宿圖

　　二月旦在卯 七月昏在卯

　　三月旦在辰 八月昏在辰

　　四月旦在巳 九月昏在巳

　　五月旦在午 十月昏在午

　　六月旦在未 十一月昏在未

　　七月旦在申 十二月昏在申

　　八月旦在酉 正月昏在酉

14. 壁宿歌

兩星下頭是霹靂

霹靂五星橫着行

雲雨之次曰四方

壁上天廐十圓黃

鐵鑕五星羽林傍

土公兩星壁下藏

壁宿本位居亥之次

　　三月旦在卯 八月昏在卯

　　四月旦在辰 九月昏在辰

　　五月旦在巳 十月昏在巳

　　六月旦在午 十一月昏在午

　　七月旦在未 十二月昏在未

　　八月旦在申 正月昏在申

　　九月旦在酉 二月昏在酉

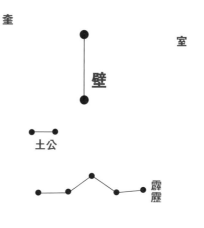

그림 152. 壁宿圖

15. 奎宿歌

腰細頂尖似破鞋

一十六星繞鞋生

外屏七烏奎下橫

屏下七星天溷明

司空左畔土之精

奎上一宿軍南門

河中六個閣道形

附路一星道傍明

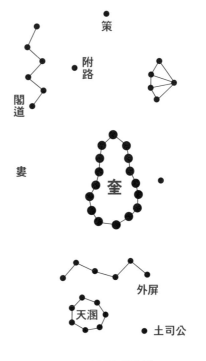

그림 153. 奎宿圖

五個吐花王良星

良星近上一策名

奎宿本位居戌之次

    三月旦在卯 八月昏在卯

    四月旦在辰 九月昏在辰

    五月旦在巳 十月昏在巳

    六月旦在午 十一月昏在午

    七月旦在未 十二月昏在未

    八月旦在申 正月昏在申

    九月旦在酉 二月昏在酉

16. 婁宿歌

三星不均近一頭

右更左更烏來婁

天倉六個婁下投

天庾三星倉東脚

婁上將軍十一侯

婁宿本位居戌之次

    四月旦在卯 九月昏在卯

    五月旦在辰 十月昏在辰

    六月旦在巳 十一月昏在巳

    七月旦在午 十二月昏在午

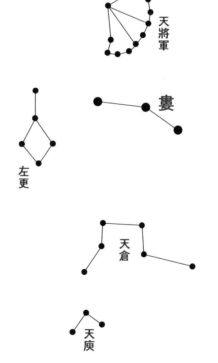

그림 154. 婁宿圖

八月旦在未 正月昏在未

九月旦在申 二月昏在申

十月旦在酉 三月昏在酉

17. 胃宿歌

三星鼎足河之次

天廩胃下斜四星

天囷十三如乙形

河中八星名大陵

陵北九個天船名

陵中積尸一黑星

積水船中一黑精

胃宿本位居酉之次

四月旦在卯 九月昏在卯

五月旦在辰 十月昏在辰

六月旦在巳 十一月昏在巳

七月旦在午 十二月昏在午

八月旦在未 正月昏在未

九月旦在申 二月昏在申

十月旦在酉 三月昏在酉

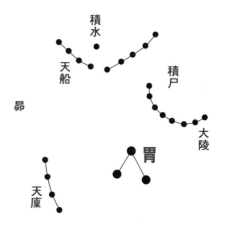

그림 155. 胃宿圖

18. 昴宿歌

七星一聚實不少

阿西月東各一星

阿下五黃天陰名

陰下六烏蒭藁營

營南十六天苑形

阿中六星名卷舌

舌中黑默天讒星

礪石舌傍斜四丁

昴宿本位居酉之次

　　四月旦在卯 九月昏在卯

　　五月旦在辰 十月昏在辰

　　六月旦在巳 十一月昏在巳

　　七月旦在午 十二月昏在午

　　八月旦在未 正月昏在未

　　九月旦在申 二月昏在申

　　十月旦在酉 三月昏在酉

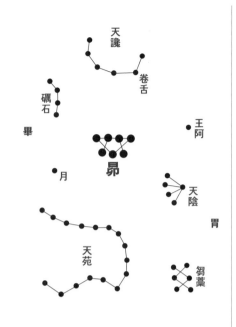

그림 156. 昴宿圖

19. 畢宿歌

恰似了叉八星出 附耳畢股一星光

天街南星畢觜旁 天節耳下八烏幢

畢上橫列六諸王 王下四皂天高星

節下團圓九州城 畢口斜對五車口

車有三柱任縱橫 車口五個天潢精

潢畔咸池三黑星 天關一星半脚邊

參旗九個參車間 旗下直建九斿連

斿下十三烏天園 九斿天園參脚邊

畢宿本位居申之次

　　　五月旦在卯 十月昏在卯

　　六月旦在辰 十一月昏在辰

　　七月旦在巳 十二月昏在巳

　　八月旦在午 正月昏在午

　　九月旦在未 二月昏在未

　　十月旦在申 三月昏在申

　十一月旦在酉 四月昏在酉

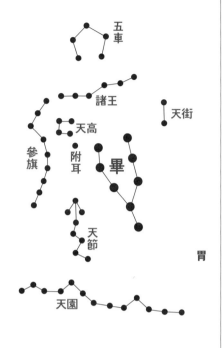

그림 157. 畢宿圖

20. 觜宿歌

三星相近作參蕊

觜上坐旗直指天

尊卑之位九相連

司怪曲立座旗邊

四烏太近井鉞前

觜宿本位居申之次

　　　五月旦在卯 十月昏在卯

六月旦在辰 十一月昏在辰

七月旦在巳 十二月昏在巳

八月旦在午 正月昏在午

九月旦在未 二月昏在未

十月旦在申 三月昏在申

十一月旦在酉 四月昏在酉

그림 158. 觜宿圖

21. 參宿歌

總有三星角相侵 兩肩雙足三爲心

伐有三腹裏深 玉井四星右足陰

屏星兩扇井南襟 軍井四星屏上吟

左足下四天厠臨 厠下一物天屎流

參宿本位居申之次

五月旦在卯 十月昏在卯

六月旦在辰 十一月昏在辰

七月旦在巳 十二月昏在巳

八月旦在午 正月昏在午

九月旦在未 二月昏在未

十月旦在申 三月昏在申

十一月旦在酉 四月昏在酉

正月八日夜看參星 卜一歲之水旱

若參過月西多旱

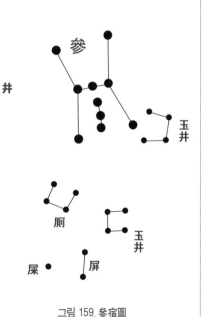

그림 159. 參宿圖

22. 井宿歌

八星橫列河中淨

一星名鉞井過安 兩河各三南北正

天罇三星井上頭 罇上橫列五諸侯

侯上北河西積水 欲覓積薪東畔是

鉞下四星名水府 水位東畔四星序

四瀆橫列南河裏 南河下頭是軍市

軍市團圓十三星 中有一箇野鷄精

孫子丈人市下列 各立兩星從東設

闕丘兩星南河東 丘下一狼光蓬茸

左畔九箇彎弧弓 一矢擬射頑狼腦

有箇老人南極中 春秋出入壽無窮

井宿本位居未之次

　　六月旦在卯 十一月昏在卯

　　七月旦在辰 十二月昏在辰

　　八月旦在巳 正月昏在巳

　　九月旦在午 二月昏在午

　　十月旦在未 三月昏在未

　　十一月旦在申 四月昏在申

　　十二月旦在酉 五月昏在酉

參

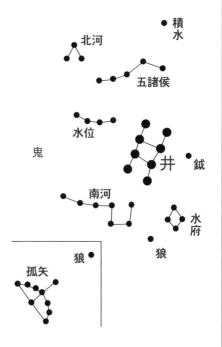

그림 160. 井宿圖

23. 鬼宿歌

四星册方似木櫃

中央白者積尸氣

鬼上四星是爟位

天狗七星鬼下是

外廚之星柳星次

天社六星弧東倚

社東一星是天紀

鬼宿本位居午之次

六月旦在卯 十一月昏在卯

七月旦在辰 十二月昏在辰

八月旦在巳 正月昏在巳

九月旦在午 二月昏在午

十月旦在未 三月昏在未

十一月旦在申 四月昏在申

十二月旦在酉 五月昏在酉

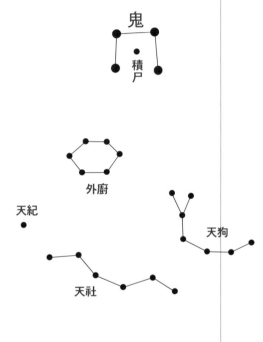

그림 161. 鬼宿圖

24. 柳宿歌

八星曲頭垂似柳

近上三星號爲酒

享宴大酺五星守

柳宿本位居午之次

七月旦在卯 十二月昏在卯

八月旦在辰 正月昏在辰

九月旦在巳 二月昏在巳

十月旦在午 三月昏在午

十一月旦在未 四月昏在未

十二月旦在申 五月昏在申

正月旦在酉 六月昏在酉

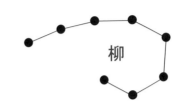

그림 162. 柳宿圖

25. 星宿歌

七星如鉤柳下主

星上十七軒轅形

上頭四個名內平

平下二星名天相

星下天稷橫五靈

星宿本位居午之次

七月旦在卯 十二月昏在卯

八月旦在辰 正月昏在辰

九月旦在巳 二月昏在巳

十月旦在午 三月昏在午

十一月旦在未 四月昏在未

十二月旦在申 五月昏在申

正月旦在酉 六月昏在酉

그림 163. 星宿圖

477

26. 張宿歌

六星似軫在星傍

張下只有天廟光

十四之星冊四方

長垣少微雖向上

數星倚在太微傍

太尊一星直上橫

張宿本位居巳之次

    七月旦在卯 十二月昏在卯

      八月旦在辰 正月昏在辰

      九月旦在巳 二月昏在巳

      十月旦在午 三月昏在午

    十一月旦在未 四月昏在未

    十二月旦在申 五月昏在申

      正月旦在酉 六月昏在酉

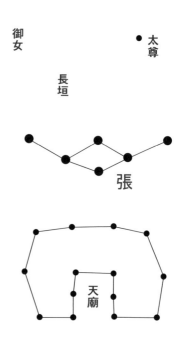

그림 164. 張宿圖

27. 翼宿歌

二十二星大難識 上五下五橫着行

中心六個恰似張 更有六星在何處

三三相連張畔附 五個黑星翼下遊

欲知名字是東甌

翼宿本位居巳之次

七月旦在卯 十二月昏在卯

八月旦在辰 正月昏在辰

九月旦在巳 二月昏在巳

十月旦在午 三月昏在午

十一月旦在未 四月昏在未

十二月旦在申 五月昏在申

正月旦在酉 六月昏在酉

張

軫

翼

그림 165. 翼宿圖

28. 軫宿歌

四星恰與翼相近 中間一個長沙子

左轄右轄附兩星 軍門兩黃近翼是

門西四個土司空 門東七烏靑丘子

靑丘之下名器府 器府之星三十二

以上便是太微宮 黃道向上看取星

軫宿本位居辰之次

角

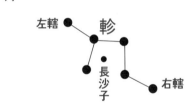

軫

八月旦在卯 正月昏在卯

九月旦在辰 二月昏在辰

十月旦在巳 三月昏在巳

十一月旦在午 四月昏在午

十二月旦在未 五月昏在未

正月旦在申 六月昏在申

二月旦在酉 七月昏在酉

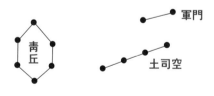

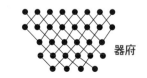

器府

그림 166. 軫宿圖

靑丘 東方三韓之國 南夷蠻貊之星也

正易 정역

479

二十八宿總論

<small>이 십 팔 수 총 론</small>

東方七宿總論

晉時列宿起角, 唐時列宿起虛.

俗傳, 角爲天門, 亢爲天庭, 氐爲天府, 房爲天駟, 心爲天王, 尾爲天鷄, 箕
　　爲天律, 此乃東方七宿.

角星論 角兩星一南一北. 星經曰, 去極93度半. 宋天文志云, 角距南去極97
　　度半. 角爲蒼龍之首, 鳥獸生角, 艸木甲析, 言萬物皆有枝如角也.

亢宿論 四星, 爲天子之府, 總攝天下奏事, 聽訟理獄錄功者也.

亢宿說 亢四星, 去極81度半, 主天子內朝天下之禮法也. 月犯亢, 兵起.

氐宿論 氐四星, 爲后妃, 休解之府也.

氐宿說 氐四星, 去極98度.

氐宿考 氐四星, 天之宿官也. 一名天根. 日月在氐蝕, 天子以疾死. 月犯氐,
　　天子兵起.

房宿論 房四星, 爲明堂. 天子布政之宮, 四輔也.

房宿說 房四星, 去極110度半. 赤道5度60分. 黃道5度48分.

房宿考 日月犯房中, 王者昏亂, 臣專權.

心宿論 心三星, 天王正位也.

心宿說 心三星, 去極11度. 宋志云, 114度半. 赤道6度50分. 黃道6度27分.
公羊傳曰, 大辰心星也. 孫炎云, 龍星明者, 以爲時刻, 故大辰. 心在
中間最明, 時刻主焉. 又爲大火, 乃火廟也. 建辰之月, 昏見東方故曰,
三星在天, 六月之昏見於地之南方, 爲昏中星. 建甲之月, 下而西流故
曰, 七月流火.

心宿考 月在心蝕, 石氏曰, 人主易之, 太子庶子俱憂.

尾宿論 尾九星, 爲後宮后妃之府也.

尾宿說 尾九星, 去極124度. 宋志云, 127度半. 赤道19度10分. 黃道17度95分.

尾宿考 月犯尾, 君臣不和.

箕宿論 箕四星, 一曰天律, 一曰風口, 一曰天鷄. 主八風, 日月五星, 在箕東
壁翼軫者, 風起.

箕宿說 箕四星, 距西北星, 去極121度半. 赤道10度40分. 黃道9度59分. 尾而
受之以箕, 示婦道也. 字書云, 女執箒爲婦.

箕宿考 一名女相.

日月變異占 月在箕食, 大風爲災. 月暈於箕, 五穀以風傷.

北方七宿總論

共25星. 屬陰天鉤, 止70座, 共372星. 其精玄武.

俗傳云, 斗爲天廟, 牛爲天機, 女爲天女, 虛爲天卿, 危爲天鑄, 室爲天廩, 壁爲天市.

斗宿論 南斗六星, 天廟也. 丞相太宰之位.

　　月五星干犯占 月入南斗, 大臣失位. 月宿斗, 有風雨.

牛宿論 牽牛六星, 天之關梁也.

牛宿說 牛宿六星, 中央大星, 去極108度半.

月犯牛占 月犯牛, 牛疫, 牛羊暴貴. 月暈於牛, 小兒多死, 五穀不成.

占曰, 陽氣始於牽牛, 日月五星常貫之爲中道. 中央大星, 七政之始, 七曜之行, 牽起於此牛. 移於河中. 織女三星, 在天市垣東, 一曰天女, 一曰東橋, 天帝之女也. 歲星守織女, 天下有女憂, 兵起不出其年.

女宿論 須女四星, 天少府也. 須, 賤妾之稱.

女宿說 女四星, 去極104度半. 赤道11度35分. 黃道11度12分. 黃道 自女2度60分38秒 入子. 赤道2度13分7秒.

女宿考 女四星, 一名婺女, 其北織女天孫女也. 杜預云, 婺女爲旣嫁之女, 織女爲處女.

虛宿論 虛二星, 冢宰之官也. 主北方扈居廟堂 祭祀禱祝之事.

虛宿考 虛二星, 一名玄枵, 一名北陸, 一名臨官, 一名卿中, 一名甲官. 死喪
　　哭泣之事, 又主廟堂祭祀之事.

日月變異占 月犯虛. 天下大虛, 虛邑復盛, 天下政亂.

危宿論 危三星, 天府也. 一曰天市. 主營建受藏之事.

危宿說 危三星, 距南星 去極96度. 今測在虛6度半. 赤道 15度40分. 黃道 15
　　度96分. 黃道自危13度64分91秒 入亥, 赤道自危12度26分16秒 入亥.
　　其下7尺, 爲天中逆行.

危宿考 危三星. 墳墓四星 17度. 距危南星 去極98度. 在黃道內9度, 大土星也.

日月變異占 日在危蝕, 宮廟崩陷, 大臣亂, 天下改作, 人主哭泣, 兵起. 月犯
　　胃, 有哭泣.

室宿論 營室二星, 天之宮也. 一曰玄宮, 一曰天廟, 又爲軍糧之府, 及土工
　　之事.

室宿說 室二宿, 南星 去極80度半. 赤道70度10分. 黃道18度32分. 其下3尺,
　　爲天之中道. 十月農子已畢, 此星昏而正中於星時, 可以營制宮室故,
　　謂之營室.

室宿考 室二星, 一曰玄宮, 一曰清廟, 謂之定. 定. 正也.

壁宿論 東壁二星, 主文章天下圖書之府也.

壁宿說 壁二星, 南星 80度半. 赤道5度60分. 黃道9度34分. 其下14尺, 爲天
　　之中道. 在天門之東, 故云東壁. 天下國王之秋府, 所以學文法也.

　　月犯壁, 大臣爲亂, 人多死.

西方七宿總論

西方七宿 共47星, 共屬49座, 共205星.

其精白虎, 奎象虎, 婁胃昴, 虎之三子也, 畢象虎, 觜參象麟, 觜爲首, 參爲
　　身也. 白虎亦端獸也, 爾雅謂之魕.

俗傳, 奎爲天將, 婁爲天獄, 胃爲天倉, 昴爲天目, 畢爲天耳, 觜爲天屏, 參
　　爲天水.

奎宿論 奎十六星. 天之武庫也. 一曰天豕, 一曰封豕.

奎宿說 奎十六星, 去極72度. 赤道16度60分, 黃道17度87分, 黃道自奎1度73
　　分63秒 入戌, 赤道自奎1度59分97秒 入戌. 主溝瀆故曰奎. 十六星16
　　度 距奎西南天星 去極76度 在黃道內.

奎宿總叙 奎十有六星, 曰封豕, 一曰天豕, 一曰天庫, 一曰天邊, 奎星也.

　　月在奎食, 大臣憂, 月犯奎, 大臣爲亂. 太白守奎, 大水傷五穀, 不出
　　八十日有大兵起, 終不成武.

婁宿論 婁三星, 爲天獄, 主苑牧犧牲

婁宿說 婁三星, 去極75度半. 赤道11度80分. 黃道12度36分.

日月變異占 月在婁食, 寅主有憂, 宮中有亂, 皇后憂, 民饑. 月犯婁, 人君多淫.

胃宿論 胃三星, 天之儲藏也. 主倉廩五穀之府.

胃宿說 胃三星, 去極67度半. 赤道15度60分

胃宿總叙 胃三星, 一曰天梁, 一曰天中付, 一曰天中庫. 胃者五穀之府.

昴宿論 昴七星, 天之耳目也. 在西方, 主獄事. 黃道之所徑者昴.

昴宿說 昴七星, 去極70度. 赤道11度30分. 黃道11度8分. 天之耳也.

昴宿考 昴七星, 天之耳也. 有在卯食邊, 兵起.

客星干犯占 客星守昴, 中亂不出180日, 臣稱天命.

○ 月星. 月一星, 在星東. 女主大臣之象. 主太陰. 亦主死喪之事. 其星明大
　　則女主專政, 大臣用事. 金火星犯守月星, 天下兵起. 日月行畢東北,
　　入箕則多風, 月行西南入畢則多雨, 所謂日之從星以爲風雨也.

畢宿論 畢七星. 主邊兵戈獵. 其大星曰天高, 主邊將爲四夷之尉也.

畢宿說 畢八星, 去極76度. 赤道17度40分. 自7度17分59秒 入申.

○ 五車. 五大星. 在諸王上, 乃五帝座. 五星三柱共九星, 合十四星, 在畢
　　東北軍器兵車所藏, 故以柱之出入車內外, 知兵之出入也.

畢宿考 月食行離畢則雨. 一曰月在畢失行, 全陽則風, 全陰則雨.

客星犯五車, 兵起滿野, 天下傾, 徒居去其鄉土.

觜宿論 觜三星, 白獸之體也. 爲行軍之藏府. 座旗九星主別尊卑, 星明則國
　　有體.

觜宿說 觜三星, 去極82度半. 黃赤道 皆止5分. 在參之右角.

月五星干犯占 月犯觜, 將有叛者, 一曰小戰吏多死, 道路亦有叛者.

參宿論 參七星, 一日參伐, 一曰大辰, 一曰天市, 一曰鈇鉞. 主斬刈爲天
　　獄. 主殺伐. 白白獸之體也. 其中三星横列則三將也, 東北曰左足主
　　左將, 西北曰右肩主右將, 東北曰左足主後將軍, 西南曰右肩主偏將
　　軍, 中央三小星曰伐, 天之都尉也. 主胡鮮卑戎狄之國, 故不欲其明,
　　七星皆明, 天下兵精.

參宿說 參七星, 去極92度牛. 宋志以爲十星者, 兼伐三小星而言之也.

　　斗牛爲河之首, 參畢爲河之尾, 首在北方, 若夏則河首

　　轉在南而畢參反在北矣.

　　○ 正月初八日夜, 看參星卜一歲之水旱, 若參四月西多旱.

參宿考 參七星, 一曰參伐, 一曰大辰, 一曰天市.

　　參七星, 伐三星, 參七星爲虎身, 伐爲虎尾, 觜爲首. 共爲白虎, 主西方.

日月變異占. 月在參食, 其分大飢. 月暈參伐, 不出歲中天下亂.

南方七宿總論

南方七星, 共五十九星, 其屬專太陰四十座, 共一百八十七星.

其精朱鳥, 井爲首. 鬼爲目, 柳爲啄, 星爲頸, 張爲嗉, 翼爲翮, 軫爲尾.

王奕曰, 朱鳥, 其以羽蟲之長, 稱而曰鶉首, 鶉火, 鶉尾, 何也. 鶉, 鳳也. 青
　　鳳謂之鶊, 赤鳳謂之鶉, 白鳳謂之鷂, 紫鳳謂之鸑, 黃鳳生於丹穴, 鶉
　　又鳳之赤者, 故南方七宿取象焉.

井宿論 東井八星, 天之南門也. 黃道所終, 天之亭候, 主水衡事, 法令所以

和平也.

王者用法平則星明而瑞列, 月五星宮慧守犯, 主兵主水.

井宿說 井八星, 去極69度. 赤道33度30分. 日月五星, 貫之爲中道.

井宿總叙 東井八星, 一曰天府, 一曰東陵, 一曰天井, 一曰天國, 一曰天門,
一曰天梁. 一曰天亭, 一曰天候, 一曰天齊, 一曰己氷, 水星也. 主水
泉. 亦爲天之南門. 日月五星貫之爲中道. 又酒舍女主之象.

日月變異占. 月食于井, 大臣有誅, 皇后憂.

月犯井, 刑政不平, 兵起, 人主憂.

鬼宿論 興鬼四星. 天目也. 主視明察奸謀, 東北星主積馬, 東南星主積兵.

鬼宿說 鬼四星, 去極69度牛. 赤道2度20分. 黃道2度21分.

積尸一星, 在鬼宿之內. 一曰天尸. 主葬埋祠祀之千.

日月食鬼中, 貴臣有憂, 天下不安.

鬼宿考 鬼四星, 一曰天目, 主察奸僞, 又主疾病死亡.

柳宿論 柳八星. 天之廚宰也, 主尙食和滋味.

柳宿說 柳八星. 去極82度牛. 赤道13度30分, 自4度21秒 入午. 黃道13度, 自
3度86分80秒 入午. 其上乃天之中道也. 主莫木雷雨, 時至於夏, 雲行
雨施, 品物流行. 左傳咮爲鶉火, 南方柳星也.

柳宿考 柳八星, 天之廚宰也. 主飮食倉庫, 酒醋之位.

日月變異占 月在柳食, 大臣有憂.

星宿論 星七星. 一名天都, 文繡衣裳.

星宿說 星七星, 去極96度. 赤道6度30分. 黃道6度31分.

　　張衡云, 七星爲朱雀之頸.

星宿考 軒轅十有七星, 在七星北, 黃帝之神, 黃龍之體. 主雲雨, 又后宮后
　　妃之舍.

日五星干犯占 月犯七星, 有兵在外, 戰海中.

張宿論 張六星, 主珍寶, 御用之物及衣服. 又主天廚飲食之事.

張宿說 張六星, 去極102度半. 中四星爲朱鳥味, 外二星爲翼. 此來不取膺
　　前爲距錯取翼.

張宿考 張六星, 爲嗉鳥受食虔.

日月變異占 月暈於張, 大水.

翼宿論 翼二十二星. 天之樂府也. 主俳優, 又主夷狄負海.

翼宿說 翼二十二星. 去極104度. 赤道18度75分. 黃道20度9分. 朱子云, 鶉
　　無尾, 故以翼爲尾

翼宿考 翼二十二星. 月食翼中, 皇后朱禮寵衰.

日月變異占 月在翼食, 忠臣誅. 一曰正言者殃.

軫宿論 軫四星. 冢宰輔弼也.

軫宿說 軫四星, 去極103度半. 赤道17度30分, 自9度27分83秒 入辰. 黃道18
　　度75分, 自10度7分97秒 入辰. 其上3尺 七曜所徑也.

○ 靑丘7黑星, 在軫東南, 主閩蠻三韓等國, 與東甌同上.

軫宿考　軫四星, 一名天車, 主任載征伐之事. 一名喪車, 主死喪.
　　以上南方七宿之星, 按離南方爲飛鳥象朱雀也. 又爲日中之鳥, 牛爲
　　鶉火之次.

日五星干犯占　月犯軫, 兵車用. 月入軫中, 大風爲敗.

○ 靑丘七星, 在軫東南, 主東方三韓之國, 南夷蠻貊之星也.

箕好風 畢好雨之異

箕畢尙妻之所好 中央土氣爲風 東方木氣爲雨 木剋土爲妃故, 箕星好風.

是尙妃之所好也. 畢屬西方金氣, 爲陰剋, 東方之木爲妃故, 好雨而尙妻之
　　所好. 又申寅雨相沖破, 申來逆寅, 寅被逆故爲颱風, 寅來破申, 申破
　　逆故爲暴雨.

雨晴備占
우 청 비 점

乾坤秘錄曰

子日東風 卯日雨	又甲子日雨 丙寅止	甲午日雨 即止
丑日東風 辰日雨	乙丑日雨 丁卯止	乙未日雨 丁酉止
寅日東風 巳日雨	丙寅日雨 即日止	丙申日雨 夕止
卯日東風 午日雨	丁卯日雨 夕止	丁酉日雨 己亥止
辰日東風 未日雨	戊辰日雨 夜半止	戊戌日雨 辛丑止
巳日東風 申日雨	己巳日雨 立止	己亥日雨 即止
午日東風 卯日雨	庚午日雨 辛未止	庚子日雨 甲辰止
未日東風 申日雨	辛未日雨 戊寅止	辛丑日雨 壬寅止
申日東風 子日雨	壬申日雨 即止	壬寅日雨 即止
酉日東風 丑日雨	癸酉日雨 甲戌止	癸卯日雨 即止
戌日東風 寅日雨	甲戌日雨 即止	甲辰日雨 即止
亥日東風 辰日雨	乙亥日雨 即日止	乙巳日雨 丙午止
	丙子日雨 辛止	丙午日雨 即止
	丁丑日雨 夕止	丁未日雨 即止
	戊寅日雨 即止	戊申日雨 庚戌止
	己卯日雨 立止	己酉日雨 辛亥止
	庚辰日雨 即止	庚戌日雨 即止
	辛巳日雨 癸未止	辛亥日雨 癸丑止
	壬午日雨 即止	壬子日雨 癸丑止
	癸未日雨 甲申止	癸丑日雨 即止
	甲申日雨 即止	甲寅日雨 即止
	乙酉日雨 丙戌止	乙卯日雨 丙辰止
	丙戌日雨 夕止	丙辰日雨 丁巳止
	丁亥日雨 即止	丁巳日雨 即止
	戊子日雨 庚寅止	戊午日雨 即止
	己丑日雨 壬辰止	己未日雨 即止
	庚寅日雨 即止	庚申日雨 甲子止
	辛卯日雨 癸巳止	辛酉日雨 即止
	壬辰日雨 辛丑止	壬戌午日雨 即止
	癸巳日雨 夕止	癸亥日雨 即止

又曰	子日雨	亥止	不止	寅日止
	丑日雨	寅日止	不止	卯日止
	寅日雨	立止	不止	卯日止
	卯日雨	立止	不止	巳日止
	辰日雨	立止	不止	戌日止
	巳日雨	未日止	不止	申日止
	午日雨	立止	不止	至十日陰
	未日雨	申日止	不止	戌日止
	申日雨	夕止	不止	見日久陰
	酉日雨	立止	不止	久陰
	戌日雨	立止	不止	久陰
	亥日雨	立止	不止	久陰

雷

雷于天地爲長子, 主生發. 二月出地百八十日, 雷出則萬物出.

八月入地百八十日, 雷入則萬物入.

入則除害, 出則興利, 人君止柄也. 人君發號施令, 上合天道, 則雷以時而入, 若有不當發而發, 當發而不發, 則有號令失常所致. 凡雷聲, 初發和大雅, 其歲善, 雷聲激烈, 歲惡人災.

春雷起于東方, 五穀皆熟, 夜雷, 半熟.

正易 — 정역

起南方, 歲小旱. 夜雷, 大旱. 粟倍貴禾不成.

起西方, 穀半熟, 多蟲. 一曰其分穀糶貴, 牛馬大災. 夜雷, 五穀蟲災, 人民多疾. 一曰穀貴大旱.

起北方, 海溢山湧, 五穀不成, 夜雷, 百川溢.

起西方, 牛馬疫, 國有暴驚, 流民滿野. 夜雷赤地千里.

非時而發存子日, 君側有讒臣盜, 起有水災, 死喪災泣事.

　　丑日, 將相不安, 兵出外丑金庫震動之兵必出也.

　　寅日, 狄兵起, 有妖惑衆津梁不通, 有讒臣, 後宮不安, 其所發之地兵災.

　　卯日, 天子宮中不安, 大臣災, 萬物不成.

　　辰日, 兵起, 天子憂失地, 有水災.

　　巳日, 蠻夷兵動, 其地有兵饑.

　　午日, 天子宴樂無度, 其地有火災, 有死喪. 來日有大水, 有說詛事, 大臣誅, 庫藏有火, 其地有死喪兵疫.

　　申日, 地動, 將軍有憂.

　　酉日, 燕趙有兵起, 狄兵動.

　　戌日, 土工輿或爲樓臺. 又爲火, 庫有火災, 官舍甓動, 倉粟出.

　　亥日, 有大火水寒殺物, 兵起, 變爲六陰之極故, 爲水爲寒, 亥爲在乾故爲兵起.

凡遇啓蟄而不雷, 政弛臣慢, 國勢將危.

一月當雷不雷, 君弱臣强, 臣奪君定.

二月雷不鳴, 五菓不實, 小兒多死.

三月雷不鳴, 秋多賊盜.

四月雷不鳴, 君令不行, 臣專政.

五月雷不鳴, 大臣卒, 五菓滅半.

六月雷不鳴, 蝗蟲生冬, 民不安.

　　夏三月不聞雷, 五穀不成, 人疾病.

　　春正月雷, 民不炊, 爲喪爲疫, 應在所發之方.

　　一曰, 正月大雷, 王者擧事不時.

　　秋雷大鳴, 五穀不實.

諺曰, 秋雷硺硺, 有稻無穀.

　　七月雷吼, 有急令.

　　冬雷震動, 萬物不成, 蟲不藏, 兵起.

　　冬雷山崩, 其國亡, 所當之鄉, 骸骨盈野, 夜雷尤甚.

　　冬至日雷, 天下大兵, 盜賊橫行.

　　雷鳴大作, 不出五年國亡.

凡雷冬起者, 陽氣不藏也.

　　以雷鳴之日, 知何方. 亦曰各以其辰爲方.

　　春雷不發, 冬雷不藏, 兵起國.

雷聲連日不止, 謂之失信, 人君號令不止, 下人多怨.

雷聲連廷不絶, 人君行令不合于民, 民不知畏, 號令不行.

雷聲或東或西或南或北, 君令無恒, 下不知法, 大亂將起, 喪國絶嗣.

春三月, 甲子, 乙丑, 戊寅, 辛卯, 戊午之日, 有雷擊物, 且有兵, 大雷大兵.

春夏, 甲子, 丙寅, 戊子, 兵起, 期不出三日

夏三月, 甲子, 乙巳, 戊寅, 辛卯之日, 有疾風大雷, 有軍在外大戰, 城壤無兵.

春 乙丑, 丁丑, 夏 甲午 壬戌 己亥 丁未, 冬 甲寅. 又曰, 春 戊寅, 夏 戊申, 冬戊子日, 不雨而有雷, 黿其聲所爲有死將有血

秋 庚午日雷, 其地兵起, 不出一月.

秋三月, 冬三月雷鳴, 兵起, 客利主人不利.

凡甲子大雷, 不出其月兵起.

庚子日大雷, 不出一月有惡令, 亦爲兵起.

戊子日雷雨二日不止, 其下大戰, 不雨而雷, 外兵歸兵起.

電

電者, 陽精之發也. 先電而後雷, 隨之者正當.

先雷而後電者, 陰勝陽也.

其占爲人君失德, 賊臣將起.

電色黃, 有黿色, 赤白有大風.

霜

京房曰, 欲候霜下早晚者, 正月一日雷則, 七月有霜.

二月二日雷則, 八月有霜.

雨

雨者, 陰陽和而天地氣交之所爲也.

大淸之地, 十日一雨, 雨不破塊.

京房曰, 太平時一歲, 三十六雨, 是謂休微時光之應.

凡雨三日以上爲霖, 久雨謂之霪.

天無雲而雨. 謂之天泣. 其占爲國易政, 若云軍逢之其軍不還.

正月一日有風雨, 三月穀貴, 一曰其年大惡, 微風小雨, 其年小惡.

風悲鳴疾作災起.

又正月一日有風雨. 米貴蟲傷, 風雨從西來, 兵起.

正月晦日有風雨, 穀禾貴蟲.

正月一日無風雨, 歲中下田麥成, 禾黍小貴.

正月上旬雨, 穀貴一倍. 中旬雨, 穀貴十倍.

二月一日有風雨, 穀貴禾惡.

二日七日八日, 當雨不雨, 九月道中有餓死人.

九日至十五日, 當雨不雨, 兵起.

十七日十八日, 當雨不雨, 冬蟲不蟄.

十九日二十日, 當雨不雨, 三月大旱.

二十六日至二十八日, 當雨不雨, 有逆風從東來, 損物

二月晦日有風雨, 多疾病死亡.

三月一日有風雨, 井泉空.

二日有雨, 澤無餘.

三日有雨, 水旱不時.

四日有雨, 變易治.

五日有雨, 溝瀆勞.

六日有雨, 壞垣墻.

七日有雨, 決堤防.

八日有雨, 乘船行.

九日有雨, 難可期.

三月一日有風雨, 民疾病, 百蟲生, 其日風雨, 有旱.

三月一日至三日, 當雨不雨, 秋多大霧, 道有餓死人.

七日, 當雨不雨, 穀貴.

九日至十五日, 當雨不雨, 兵在外者罷.

十八日至二十日, 當雨不雨, 角蟲死, 天下民有怨.

二十三日至二十七日, 當雨不雨, 冬蟲不蟄, 民痛.

三月辰日雨, 百蟲生. 未日雨, 百蟲死.

三月十六日雨, 桑柘賤.

春甲寅乙卯日有雨, 入地五寸. 穀小貴, 若不貴, 至夏大貴, 春甲申至己丑日有雨,

庚寅至癸巳日有雨, 皆爲穀大貴. 春雨甲申, 其年五穀熟. 春乙日俱不雨, 民不耕.

四月一日有風雨, 米貴麥惡, 赤地千里.

四月二日三日有雨, 其年五穀熟.

四月四日至七日, 當雨不雨, 蟄蟲冬出, 民怨, 客不安其處.

十一日至十四日, 當雨不雨, 歲惡.

十八日, 當雨不雨, 大旱.

二十一日, 當雨不雨, 兵起東方千里.

三十日, 當雨不雨, 大風傷物.

四月四日有雨, 五穀貴.

五日六日有雨, 宜旱麥. 四日至八日風, 大豆熟.

四月晦日有雨, 至五月朔日, 大饑, 其年大水, 麥惡蝗生.

五月一日有風雨, 米大貴, 人食草木. 一曰牛貴.

五月四日至七日, 當雨不雨, 大旱蟲生.

十一日至十七日, 當雨不雨, 西方千里, 外人疾病.

二十日, 當雨不雨, 草木枯死.

二十三日, 當雨不雨, 乳母多病.

二十六日, 當雨不雨, 大旱風, 至秋九月多雨.

二十九日三十日, 當雨不雨, 大暑熱.

五月上辰日有雨, 蝗蟲發. 一曰虫隨雨下食禾. 巳日雨同.

五月晦日有風雨, 米貴, 不利在其中.

六月一日有風雨, 米貴.

三日四日六日, 當雨不雨, 角蟲多死.

七日至二十日, 當雨不雨, 牛貴.

二十日至二十二日, 當雨不雨, 下曰水多人死少食.

二十三日至二十四日, 當雨不雨, 十月河凍.

二十七日, 當雨不雨, 下田水人餓.

六月晦日有風雨, 來年穀貴.

夏甲乙丙丁日, 俱無雨, 人不畎. 甲申至己丑日有雨, 麥貴. 夏甲申日有雨, 米大貴. 丙寅丁卯日有雨, 穀貴一倍. 夏甲子庚辰辛巳日有雨, 蟲死, 有雷亦然. 夏三月, 丙辰日有雨, 百蟲生, 未日有雨, 蟲死.

七月一日有大風雨, 米貴, 人多癰疽者. 一曰來年穀貴.

七月七日有風雨, 雜貴, 小雨糠大貴.

七月二十二日, 當雨不雨, 有大水.

二十三日二十四日, 當雨不雨, 大風害物.

二十五日, 當雨不雨, 兵起外國.

七月晦日有風雨, 穀貴.

八月一日有風雨, 穀貴. 其日陰雨, 宜麥布黃麻子大貴. 至三日而止, 其日晴無雲, 麥不實.

八月一日, 當雨不雨, 有大雷.

二日至五日, 當雨不雨, 秋大霜民病.

八日至十五日, 當雨不雨, 多大風寒.

十九日, 當雨不雨, 民多妖言.

二十一日, 當雨不雨, 牛貴二倍.

二十六日, 當雨不雨, 冬大雷.

二十八日二十九日有雨, 牛貴.

八月晦日有風雨, 來年有水有旱.

京房曰, 八月晦日昏, 錦布貴. 人定時雨, 貴人賤, 賤人貴. 夜半雨, 米貴, 嬰兒多損. 啓明時雨, 兵起, 一日夜半雨, 雨所下寇賊起. 鷄鳴雨, 兵事急, 民徒其鄕.

九月一日有風雨, 麻子貴十倍. 二日有雨, 貴五倍. 一曰, 九月一日有風雨, 來年春旱夏水.

九月一日, 當雨不雨, 霜旱降殺物, 人棄妻子.

十二日, 當雨不雨, 民多死.

二十日, 當雨不雨, 天下有怨

九月晦日有風雨, 有水歲惡.

十月一日有風雨, 年旱. 來年夏多水, 麻子貴, 其歲惡.

十月一日大雨, 米大貴, 小雨, 米小貴.

二日雨, 麻子貴五倍.

三日, 當雨不雨, 兵起西北方.

七月十日, 當雨不雨, 江河淶水逆流.

十三日至十五日, 當雨不雨, 多大風寒.

十九日, 當雨不雨, 小兒病.

二十五日, 當雨不雨, 冬溫無水, 連年民病.

十月晦日有風雨, 穀貴五倍. 人多死.

十一月一日有風雨, 人多死.

四日, 當雨不雨, 大旱.

八日至十一日, 當雨不雨, 乳母多死.

十六日, 當雨不雨, 民不安居.

二十二日, 當雨不雨, 江海決魚行.

二十九日, 當雨不雨, 民多死亡, 貧者富, 富者貧.

十一月晦日有風雨, 春旱, 穀貴五倍.

十一月晦日雨水橫流, 天下饑, 又曰, 冬大雨水君死國亡.

十二月一日有風雨, 來年穀貴, 春旱夏多雨.

四日至六日, 當雨不雨, 大旱.

九日至十二日, 當雨不雨, 多大霧.

二十日, 當雨不雨, 有角蟲爲賊.

二十七日, 當雨不雨, 有大風雷.

十二月晦日有風雨, 春旱.

冬壬寅癸卯有雨, 春穀大貴, 甲申日至乙丑日雨, 來大貴, 庚寅日至癸巳日有風雨, 米賤收穀者折 春雨甲子六十日旱

夏雨甲子四十日旱

秋雨甲子四十日洪水

冬雨甲子二十七日寒雲

春雨甲申五穀熟

夏雨甲申五禾美

秋雨甲申六畜多死

冬雨甲申人多病

春雨乙卯夏糴貴

夏雨乙卯秋糴貴

秋雨辛卯冬糴貴

冬雨癸卯春糴貴 大旱兵起其方.

黃帝占曰, 春乙卯, 夏丁卯, 秋辛卯, 冬癸卯, 此四日占民安否. 若其日雨則民疾疫. 凡四時卯日雨, 皆主穀貴. 一卯斛二百文, 二卯斛二百文, 三卯斛三百文, 四卯斛四百文.

正五九月殺在丑,

二六十月殺在戌,

三七十一月殺在未,

四八十二月殺在辰, 以此日雨, 所逮賊犯之六十日.

京房曰, 諸寅卯有小雨, 小饑, 大雨, 大饑.

丙午日雨, 有國城. 戊午日霜雨, 其下大戰.

立春日雨, 傷害五穀.

凡太和之世, 風雨必作巳午. 陰生之後, 至夜而至者吉.

若作於子丑寅卯, 至午而暗者, 爲亂爲兵, 民亡失國.

凡先風後雨爲順, 先雨後風爲逆, 雨止而風不止, 霧不散者, 國亂人災.

凡先雷後雨, 其雨水小. 先雨後雷者, 雨水大也.

凡候雨, 以朔晦弦望, 雲氣四塞皆雨, 東風則當日雨.

黑雲氣如牛形者, 有暴雨.

黑雲如馬者, 三日內大風.

黑雲氣如浮船者, 雨蒼.

黑雲細如擲綿蔽日月, 五日內雨.

京房曰, 六甲日有運四合皆當日雨, 多雲多雨, 少雨少雲, 萬無一失. 六甲日無雲, 一旬少雨.

雲漢

雲漢, 一曰天漢, 一曰天河, 一曰河漢. 起東方尾箕之間, 乃分二道.

其南經, 傳說, 角星, 天淵, 天籥, 天弁, 河鼓. 其北經, 龜星, 貫箕 次終南斗魁, 座旗, 至天律, 下而合南道, 乃西南行. 又分而夾瓠瓜, 絡人星, 杵星, 造父, 螣蛇, 王良, 附路, 閣道, 北端經. 大陸, 天船, 卷舌而南行, 絡五車, 經北河之南入東井, 水位而東南行, 絡南河, 闕丘, 天狗, 天紀, 天稷, 至七星南而沒月經十九宿.

天文志曰, 河漢, 自坤抵艮爲地之紀.

又曰, 漢者金之氣也, 其本曰水, 漢中星多則多水, 星小則多旱

雨占

凡占雨之法. 每日平旦看候東方, 靑雲甲乙日雨

　　　　　　　　　　有赤雲丙丁日雨

　　　　　　　　　　黃雲戊己日雨

　　　　　　　　　　白雲庚申日雨

　　　　　　　　　　黑雲壬癸日雨

占雨之法. 又以甲申日, 視其諸方, 若東方有雲甲乙日雨

　　　　　　　　　　南方有雲丙丁日雨

　　　　　　　　　　中方有雲戊己日雨

　　　　　　　　　　西方有雲庚辛日雨

　　　　　　　　　　北方有雲壬癸日雨

凡春甲子日雨, 六十日旱.

夏甲子日雨, 損穀.

秋甲子日雨, 六十日水果貴.

冬甲子日雨, 夏日不收. 凡正月甲乙先雨, 春有大水.

丙丁先雨, 夏有大水.

庚辛先雨, 秋有大水.

壬癸先雨, 冬有大水.

戊己先雨, 季夏有水.

月占雨法

正月一日至八日, 當雨不雨, 春風太白逆行, 入房米貴.

十一十九, 當雨不雨, 旁星不明, 二十五日, 當雨不雨, 有兵起.

二月七日九日, 不雨, 九月道中有餓死.

十九二十八日不雨, 三月旱. 三十日不雨, 太白逆行十二度.

三月一日三日不雨, 秋多人餓. 九日十五日不雨, 角蟲傷天下有怨.

二十五日二十七日不雨, 蟄蟲冬行.

四月十七日不雨, 人不安. 十八日不雨, 天旱冬溫.

二十五日不雨, 兵起東北二千里. 三十日不雨, 有大風.

五月七日不雨, 大旱. 十五日二十日不雨, 西方千里外多疾病.

二十三日二十六日不雨, 旱. 三十日不雨, 有兵起.

六月七日十二日不雨, 牛畜貴. 二十四日不雨, 夏日人少食.

二十七日不雨, 客星入井. 三十日不雨, 九月米貴.

七月四日不雨, 角蟲死. 十二日不雨, 有大水東不收

二十五日不雨, 兵起外國. 二十八日不雨, 仲冬有大雪.

八月一日不雨, 有大雷. 五日十二日不雨, 霜爲害.

十九日不雨, 人多訛言. 二十五日不雨, 冬有雷.

九月二日不雨, 兵起西方北方. 二十三日不雨, 人多死. 二十六日不雨, 米貴.

二十七日不雨, 人自恐. 三十日不雨, 有水.

十月三日不雨, 兵起 十日三十日不雨, 河水逆流. 二十三日不雨, 穀貴.

二十八日不雨, 冬溫不凍.

十一月四日八日不雨, 乳母多死. 十六日二十日不雨, 人不安.

二十五日二十八日不雨, 貧者致富.

十二月六日十日不雨, 有大雷. 二十日不雨, 角蟲賤. 二十三日不雨, 米貴.

二十七日三十日不雨, 有大風雷.

一年之中, 合當雨雪, 先後一日, 皆同占若不雨有風陰應之亦吉.

이상은《주비산경》[112]과《관규집요》 등에서 발췌한 것임

112《주비산경》은 주공(周公)과 그의 스승인 주비(周髀)의 문답을 기록한 책.《서전(書傳)》주(注)는 채침(蔡沈)의 주(注)로 알려져 있으나, 실은 주공(周公)과 주비(周髀)의 문답에서 취한 것임.

亢角二宿尊空詩
각 항 이 수 존 공 시

항각이수존공시〈亢角二宿尊空詩〉：이십팔수二十八宿의 운기運氣가 진軫·익翼에서 시작하니 각角·항亢으로 하던 것은 존공尊空이 되고 27일日 28일日은 신명神明자리라 저氐까지만 하고 항각亢角은 29일日 30일日로 놓아서 존공尊空시킨다는 말이다.

何物能聽角ュ 神明氐不亢을 室張三十六은 莫莫莫无量을

正 하물능청각〈何物能聽角〉：어느 물건이 능能히 뿔소리를 들을 수 있는가? 하는 말이니, 용龍은 뿔로 소리를 듣는다고도 한다. 각수角宿는 동방 창용칠수蒼龍七宿중에 바로 뿔에 해당하고 또 진방辰方에 위치하였으니 각角은 곧 용각龍角이라 하겠다. 또 각성角聲은 오성五聲 중에서 동방의 목성木聲이다.

正 능청각〈能聽角〉：소리를 능能히 뿔로 듣는다하니 원람原覽에도 용龍은 뿔로 소리를 듣고, 소는 코로 듣고, 뱀과 자라는 눈으로 듣는다고 전傳한다. 선천先天 맨 초하루 일진은 무진戊辰이었다. 무진戊辰 용룡龍에 각수角宿가 당해서 용사用事하던 각角을 가져다가 임자壬子 쥐(鼠)에다 각角을 당하게 하니, 그러므로 하물능청각何物能聽角고 한 것이라 이를 다음 도표에서 보인다. 각角은 또 오청五聲중 동방목東方木의 소리이다.

日	一	二	三	四	五	六	七	八	九	十	一一	一二	一三	一四	一五	一六	一七	一八	一九	二十	二一	二二	二三	二四	二五	二六	二七	二八	二九	三十
先天辰	戊辰	己巳	庚午	辛未	壬申	癸酉	甲戌	乙亥	丙子	丁丑	戊寅	己卯	庚辰	辛巳	壬午	癸未	甲申	乙酉	丙戌	丁亥	戊子	己丑	庚寅	辛卯	壬辰	癸巳	甲午	乙未	丙申	丁酉
星	角	亢	氐	房	心	尾	箕	斗	牛	女	虛	危	室	壁	奎	婁	胃	昴	畢	觜	參	井	鬼	柳	星	張	翼	軫	角	亢

| 后天辰 | 星日癸未 | 軫甲申 | 翼乙酉 | 張丙戌 | 星丁亥 | 柳戊子 | 鬼己丑 | 井庚寅 | 參辛卯 | 觜壬辰 | 畢癸巳 | 昴甲午 | 胃乙未 | 婁丙申 | 奎丁酉 | 壁戊戌 | 室己亥 | 危庚子 | 虛辛丑 | 女壬寅 | 牛癸卯 | 斗甲辰 | 箕乙巳 | 尾丙午 | 心丁未 | 房戊申 | 氐己酉 | | 亢庚戌 | 角辛亥 |

正 신명저항각〈神明氐亢角〉：신명저불항神明氐不亢이라고 한 것을 보면 어느 물건이 능能히 각角으로 들을 수 있는가? 신명神明은 낮(氐)은데서 하고 높(亢)은데서는 아니한다고 하니 이는 이십팔수二十八宿의 각角을 뜻하는 말이다. 창룡칠수蒼龍七宿

중에 각角은 용뿔(龍角)이 되고 용龍은 소리를 뿔로 듣는다하니 신비神秘롭고 청명聰明한 것이다.

正 막막막무량〈莫莫莫无量〉: 더 없고 없는 한량없는 무량无量수임. 무량无量이란 한 수의 단위單位이다.

선천에서는 〈홍범〉에 나와 있는 것처럼 "기호풍箕好風, 필호우畢好雨" 하여 기수箕宿와 필수畢宿가 풍우風雨를 담당하는 것으로 보았는데, 후천이 되면 실수室宿와 장수張宿가 그 역할을 하게 될 것이다. 어느 물건이 뿔로 소리를 들을 수 있는가? 그것은 용龍이다. 용은 본래 귀가 없고 뿔로 소리를 듣는다. 그래서 '귀먹을 롱聾'자를 쓸 때도 용龍자를 쓴다.

선천인 지금은 28수를 헤이릴 때 "각항저방심미기, 두우녀허위실벽, 규루위묘필자삼, 정귀유성장익진"의 순으로 나가지만, 후천이 되면 거꾸로 "진익장성류귀정軫翼張星柳鬼井, 삼자필묘위루규參觜畢昴胃婁奎, 벽실위허여우두壁室危虛女牛斗 기미심방저항각箕尾心房氐亢角"의 순으로 나아간다. 후천의 책력에서는 26일까지 가다가 27일과 28일은 신명神明 자리가 되서 건너뛰고, 29일에 다시 항亢으로 가고 각角에서 마치게 된다. 36이나 360이나 모두 한 바퀴를 돈 것이다.

武功平胃散이요 文德養心湯을 正明金火理하니 律呂調陰陽을

명나라의 구선懼僊이 《활인심活人心》이라는 의서를 냈는데 양심탕養心湯과 평위산平胃散이 나오고, 거기에 가감법까지 적어 놓았다. 이 약은 실제 약물로 처방을 한 것이 아니라 마음으로 먹는 약이다. 구선은 명태조의 14째 아들이다. 평위산平胃散은 위수胃宿를 말하고, 양심탕養心湯은 심수心宿를 가리킨다. 선천에서는 무술戊戌 무진戊辰이 초하루였는데, 후천에서는 계미癸未 계축癸丑이 초하루가 된다. "무공평위산武功平胃散"이란 위수胃宿에서 갑오甲午 갑자甲子가 12일과 27일이기 때문에 끝자리를 따서 이칠화二七火를 뜻한다. 또 "문덕양심탕文德養心湯"이란 것은 심수心宿에서 병오

丙午 병자丙子는 9일과 24일이기 때문에 사구금四九金을 뜻한다. 그래서 이 칠화二七火와 사구금四九金으로써 금화문金火門의 이치를 밝힌 것이다.

어쨌거나 그런 글을 따다가 이렇게 이용하는 것을 시詩 짓는 법에 환골탈태법이라고 한다. 여기서는 '산散', '탕湯', '양陽'이 운韻이다. 우리나라에서는 시를 지을 때 고저를 '렴簾'이라고 한다. 발을 뜻하는 글자인데, 발이 꼬여서 엮어져 있는 것처럼 구절마다 음의 높낮이가 있어야 한다는 말이고, '평측平仄'이라고 말하기도 한다. 낮은 글자는 평성平聲이라 하고, 높은 자는 측성仄聲이라 한다. 사성四聲 중에서 상성上聲 거성去聲 입성入聲이 모두 측성仄聲에 해당하고, 평성平聲은 그대로 평성平聲이라고 한다.

武功平胃散
2 4
平聲   仄聲

시詩를 지을 때 글자의 높낮이를 배분하는 법칙이 있다. '이사부동二四不同'이란 것은 오언시五言詩에서 두 번째 글자와 네 번째 글자의 높낮이가 반드시 달라야 한다는 것이다. 앞의 글자가 높으면 뒤의 글자는 반드시 낮아야 하고, 앞의 글자가 낮으면 뒤의 글자는 반드시 높은 글자라야 한다. 앞의 두 번째 글자가 측성仄聲으로 시작하면 '측기식仄起式'이라 하고, 평성平聲으로 시작하면 '평기식平起式'이라고 한다. 또 '이육대二六對'가 있는데, 이것은 칠언시七言詩에서 두 번째 글자와 여섯 번째 글자의 높낮이가 같아야 한다는 것이다. 첫 글자와 세 번째 글자는 높낮이를 보지 않는다. 이런 것이 시詩를 짓는 법칙이다.

두보를 시성詩聖이라고 하는데, 그는 그런 실수가 하나도 없다.《시전》에도 다 운韻이 있는데, 모두 사언시四言詩이다. 진나라 때에 와서는 사언시四言詩가 다 없어지고, 도연명 같은 이가 오언시五言詩를 지었고, 그 다음에 칠언시七言詩가 생겼다. 사람의 두뇌는 14자까지는 잘 외우는데 14자가 넘으면 자꾸 잊어버린다. 그래서 처음에는 사언시四言詩에서 오언시五言詩로 했다가 칠언시七言詩로 발전되고, 그 이상은 더 나아가지 않는 것이다.

正 **무공평위산**〈武功平胃散〉: 이 시詩(尊空詩)는 양운陽韻을 써서 읊은 시이다. 이를 읊어 보면, 武功平胃散 文德養心湯 正明金火理 律呂調陰陽(陽韻) 무공武功은 평위산平胃散이라야 하고, 문덕文德은 양심탕養心湯이라야 한다. 금화金火가 바뀌는 이치理致를 바로 밝혔으니, 율려律呂로는 음양陰陽을 고르게 (調陽律陰)하리라. 이 시詩의 지침指針은 율려조음양律呂調陰陽에 있다. 그리고 평위산平胃散과 양심탕養心湯은 한약명漢藥名으로서 배속(坤爲腹)이 불화不和한데는 평위산平胃散이어야 하고, 머릿속(乾爲頭)이 불안不安한데는 양심탕養心湯이어야 한다는 좀 이채로운 말이다. 그 속 뜻은 평위산平胃散은 이십팔수二十八宿의 위수胃宿을 가르키고, 양심탕養心湯은 이십팔수二十八宿의 심수心宿을 뜻한다. 이 위胃와 심心은 사구이칠四九二七 금화金火의 변화變化를 뜻한다. 그러면 위胃는 선천先天 27일日이, 후천后天 12일日이 되는 이二와 칠수七數 화火에 당하고, 심心은 선천先天 9일日이 후천后天 24일日이 되는 사四와 구수九數 금金이 당하여 사구이칠四九二七 금화金火가 나타나 있으므로 다음 시구詩句에 정명금화리正明金火理란 금화金火가 나오게 되는가 한다. 이 평위산平胃散이나 양심탕養心湯이라고 하는 것처럼 고인古人들이 쓰인 것을 상고해 보면 홍만종洪萬鐘의 순오지旬五志에서, 保和湯 方은 思無邪 行好事 莫欺心 行方便 守本分 莫嫉妬 除狡詐 務誠實 順天道 知命限 淸心 寡慾 忍耐 柔順 謙和 知足 兼謹 存仁 節儉 處中 知機 保愛 恬退 守靜 陰騭 戒殺 戒暴 戒怒 戒貪 愼獨 右三十味 咬咀爲末 用心火一斤 腎水二碗 煎至五分 不拘時溫服. 修身方은 孝順十分 好肚腸 一条 慈悲心一斤 溫柔半兩 老實頭一箇 道理三分 忠直一塊 陰德全用 方便不拘多少. 右藥用寬大鍋 不可焦了火性取出爲末 用波羅蜜爲丸 如菩提子大 每日三思 用平心湯送下 百病立 切忌利己損人言淸行濁暗中 用箭笑裏藏刀撥草尋蛇無風起浪 凡百惡味切須忌之 라고 한 바와 같이 평심탕平心湯으로 먹는다는 등 말은 당시 흔히 쓰이던 말이다.

正 **문덕양심탕**〈文德養心湯〉: 한서漢書에 보면 문덕文德은 제왕帝王의 이기利器라 하였다. 주역周易에도 의문덕懿文德이라 하니 모두 심법心法을 기르는 덕德을 말한 것이다. 의서醫書에 양심탕養心湯은 우수번뇌憂愁煩惱에 상심傷心이 된 데는 처방약處方藥이 양심탕養心湯이 제일이라 하였다. 주역周易에 건乾은 머리(首)가 되고 곤坤은 배(腹)가 된다고 하니, 우주宇宙를 근취저신近取諸身한 비유이다. 이 뜻을 비약해서 배속이 고장이 나서 소화기능이 약하면 평위산平胃散 약藥이 제일이듯이 세상이 어지러운데는 장군운주수토평將軍運籌水土平으로 무공武功은 평위산平胃散이다. 머리

에 뇌신경腦神經 고장故障이 나서 정신기능精神機能이 없으면 양심탕약養心湯藥이 제일이듯이 세상에 도덕심道德心이 희미稀微한데는 성인수도금화명聖人垂道金火明으로 문덕文德은 양심탕養心湯이라야 한다.

正 **정명금화〈正明金火〉**: 금화金火의 이치理致를 정대正大하게 밝힘. 정역正易에는 대명大明과 정명正明이 있는데 일월日月이 후천后天에 크게 밝은 것은 대명大明이라 하고, 금화金火가 정대正大하게 밝은 것을 정명正明이라고 한다. 주역周易에 뇌천대장雷天大壯에서 「大壯 大者 正也 正大而天地之情 可見矣」 라고 한 대정大正과 정대正大의 뜻을 보고 정역正易의 대명大明과 정명正明을 살펴보면 알 수 있다.

正 **율려조음양〈律呂調陰陽〉**: 율려律呂로 음양陰陽을 조리調理한다 하니 이는 금화金火를 다스리고 바로 밝히는 바 후천后天의 조양율음調陽律陰을 말하는 것이다.

九九吟
구 구 음

凡百滔滔儒雅士아 聽我一曲放浪吟하라

"도도滔滔"는 한번 흘러가면 다시 돌아오지 않는 것을 말한다. 우리나라 상투쟁이 선비들은 고집만 많고 타협하려고 하지 않는 경향이 있는데 그것을 "범백도도유아사凡百滔滔儒雅士"라고 부르고, 내가 방랑放浪하게 읊는 영가咏歌 한 곡조를 들어 보라는 뜻이다. 일부一夫 선생님의 노래는 "음(宮)·아(商)·어(角)·이(徵)·우(羽)"의 오음성五音聲을 말한다. 음(宮)·아(商)·어(角)·이(徵)·우(羽)는 각각 군君·신臣·민民·사事·물物을 의미하기도 한다.

正 범백도도유아사〈凡白滔滔儒雅士〉: 유아사儒雅士는 바르고 품위品位가 있는 선비를 말한다. 온갖으로 세속 유행에 흘러서 돌이킬 줄 모르는 선비들이란 뜻이다. 맹자孟子도 유이망반流而忘反을 도滔라 하였으니 이는 시경詩經에 문수도도汶水滔滔에서 유래된 말이다.

正 청아일곡방랑음〈聽我一曲放浪吟〉: 나의 한 곡조曲調 방랑放浪하게 읊은 노래를 들어보라는 것이니 이는 구구음九九吟을 가리킨 말이다.

讀書學易先天事라 窮理脩身后人誰오

《서경》을 읽고《주역》을 배우는 것은 다 선천의 일이다. 이치를 궁구하고 몸을 닦는 일을 후세에 할 사람이 누구인가? 사람의 일생도 선천과 후천으로 나눌 수 있다. 어릴 때는 책을 읽고 공부하는 것은 선천의 일이고, 어른이 되어 이치를 궁구하고 몸을 닦는 것은 후천의 일이다.

正 독서학역선천사〈讀書學易先天事〉: 서경書經을 읽고, 주역周易을 배우는 것은 선천先天의 이미 지나간 옛 일이라는 것이다. 즉 시대時代의 조류潮流에 도도滔滔히

흐르는 유사儒士들처럼 서경書經을 읽고, 주역周易을 배우기만 하던 일은 선천先天 유아사儒雅士들이 하던 일이다. 그러면 이치理致를 궁구窮究하고 몸을 수양修養하는 이는 후천사람 누구인가? 라고 하는 노래의 한 구절句節이다.

교 궁리수신후인수〈窮理修身后人誰〉: 사물의 이치를 연구研究하고 수양하여 몸을 닦고 행실을 올바르게 하는 자. 후천 사람 누구인가?

三絕韋編吾夫子는 不言无極有意存을

공자가 《주역》을 하도 많이 읽어서 가죽 끈이 세 번이나 끊어졌다는 이야기가 사마천의 《사기》에 기록되어 있다. '위韋'는 가죽에서 기름을 빼고 부드럽게 만들어진 것을 말한다. 옛날에는 종이가 없었기 때문에 대나무에 글자를 써서 아래위를 가죽으로 엮어서 글을 읽었는데 그것을 '책冊'이라고 한다. '책策'이라는 글자도 같은 뜻을 가지고 있다.

예전에 천안에 이연담李蓮潭 후손 집에 가서 '죽서竹書'라는 것을 본 적이 있다. 대나무의 겉대를 얇게 만들어서 거기에다가 글을 써넣고 아래위를 가죽으로 엮은 것이다. 위에서부터 《주역》《시전》《서전》《논어》《맹자》《대학》《중용》 등을 써 넣었는데, 전부 글자 수를 계산해서 처음부터 같이 시작해서 끝날 때도 똑같이 끝나도록 해놓았다. 글자가 많은 것은 조금 적게 쓰고, 글자가 적은 것은 글자를 맞게 써서 똑같이 끝나도록 맞춰서 써넣었는데 참 신통하게 생각되었었다.

공자가 《주역》을 가죽 끈이 세 번이나 끊어질 정도로 많이 읽었지만 무극에 대해서는 뜻만 두고 말은 하지 않았다. 이를 두고 《주역》〈계사전〉에는 "默而識之, 不言而信, 存乎德行"라고 한 것이다.

교 삼절위편오부자 불언무극유의존〈三絕韋編吾夫子 不言无極有意存〉: 공부자孔夫子가 늦게서야 역易을 좋아하여 얼마나 많이 읽었는지 가죽끈으로 엮은 간책簡冊이 세 번이나 끊어졌다고 사기史記에 보인다. 가죽끈으로 엮어진 역易을 세 번이나 닳아서 끊어뜨린 우리 공부자孔夫子는 무극无極을 뜻으로만 속에 지녀두시고 말씀을 아니하셨다고 한 말이다.

敎**불언무극유의존〈不言无極有意存〉**: 십무극十无極은 뜻에만 지녀두고 말씀은 아니하였다함은 아직 후천后天의 시명時命이 없기 때문이다. 이 뜻은 논어論語의 「鳳鳥不至 河不出圖 吾已矣夫」 라고 한 말과도 상통하는 바 시명時命이 없음을 깊이 탄식한 나머지 십무극十无極에 대하여는 일체 말씀을 아니한 것이다.

六十平生狂一夫는 自笑人笑恒多笑를 笑中有笑笑何笑오 能笑其笑笑而歌를

60평생의 광일부狂一夫는 스스로 웃고 사람들도 웃어서 항상 웃음이 많고, 그 웃음 중에 또 웃음이 있는데 그 웃음은 무슨 웃음일까? 이 구절은 삼절위편三絕韋編의 300수數와 육십평생六十平生의 60수數가 합하여 360이 된다. 능히 웃을 만한 것을 보고 웃고 웃으면서 노래를 한다.

敎**육십평생광일부〈六十平生狂一夫〉**: 일부一夫선생이 정역正易을 육십六十세 되던 해 을유년乙酉年에 끝마치었다. 그러므로 육십六十평생이란 말을 썼으며 광일부狂一夫란 선생이 도道에 심취心醉하여 영가무도咏歌舞蹈로 자신도 모르게 수무족도手舞足蹈하므로 당시 사람들이 미쳤다고 하였다 한다 이래서 자신도 광일부狂一夫라고 한 것이다.

敎**능소기소소이가〈能笑其笑笑而歌〉**: 능能히 그 웃을만한 것을 생각하면서 웃고 그 웃음으로 노래한다. 그 웃음노래란 음아어이우唔呀唹咿吁노래이다. 음아어이우란 오행가五行歌로서 아악雅樂중의 기본基本 아악雅樂이라 한다. 그리고 웃음 소(笑)자가 열자이고, 실지로 웃는 웃음은 다섯자이니 이 또한 십오十五가 아닌가 한다.

三百六十當朞日을 大一元三百數는 九九中에 排列하고 无无位六十數는 一六宮에 分張하여 單五를 歸空하면 五十五點昭昭하고 十五를 歸空하면 四十五點斑斑하다

360당기일當朞日은 공자지기孔子之朞이고 일부지기一夫之朞이다. 대일원삼백수大一元三百數는 일 년에 달이 비치는 날이 300일이고, 월굴우진月窟于

辰하여 달이 비치지 않는 날(无无位)은 한 달에 5일씩 도합 60일이 된다. 이것을 구구중九九中에 배열한다고 말한 것이다. "무무위육십수无无位六十數"는 달이 뜨지 않는 날이 한 달에 5일이니까 12개월이면 60일이 된다는 것을 말한다. 달이 없는 것을 '무무위无无位'라고 했다. 60에서 5를 빼서 귀공歸空하면 55로 하도수河圖數가 되고, 15를 빼서 귀공歸空하면 45로 낙서수洛書數가 된다. 60은 원천수原天數이다.

손도수	四時	排列數	當碁之日	大一元數
1	元·春	(9×9=81)+(1×9=9)	90	90
2	亨·夏	(9×8=72)+(2×9=18)	90	90
3	利·秋	(9×7=63)+(3×9=27)	90	90
4	貞·冬	(9×6=54)+(4×9=36)	90	90
합계			360	360

표 49. 대일원삼백수(大一元三百數)와 구구중(九九中)의 배열

正 **대일원〈大一元〉**: 정역正易에는 일원一元과 대일원大一元·상원上元과 원원元元·삼원三元·오원五元 그리고 원강성인元降聖人의 원元 또는 칠원七元 등 원元이 있다. 하늘을 상징象徵해 말할 때는 원강성인元降聖人의 원元이며, 선후천先后天을 말할 때의 원元은 삼원三元·오원五元이며, 천지天地의 기운氣運의 원천을 말할 때는 원원元元이며, 원元이 맨 처음 운행運行을 시작하는 것을 상원上元이라 하며, 크게 불리는 원元을 대일원大一元이라 하며, 건도乾道를 불리는 수數를 일원一元이라 한다.

正 **대일원삼백수〈大一元三百數〉**: 300(90+80+70+60) 수數는 크게 하나로 되는 원元이다.

正 **구구중배열〈九九中排列〉**: 구구법에 의한 적積중에 질서있게 늘어 놈. 즉 원형이정元亨利貞을 형상한 손도수에 따라 배열한 것을 도표로 보이면 다음과 같다.

손도수	1	2	3	4
四時	元	亨	利	貞
排列數	(9×9+1×9)+	(8×9+2×9)+	(7×9+3×9)+	(6×9+4×9)+=360
大一元數	90 +	80 +	70 +	60 =360

正　**무무위육십수**〈无无位六十數〉：영동천심월影動天心月이라 함을 보면 영影은 즉 무무위无无位는 천심월天心月에서 즉 육십수六十數에서 발동發動하는 것이므로 육십수六十數는 천도天度의 대단위大單位라 하겠다. 그러므로 육십갑자六十甲子가 있고 육십六十일을 한 단원單元으로 하였으니 이십팔수운기도二十八宿運氣圖를 참조參照하면 짐작해 알 수 있다.

正　**일륙궁분장**〈一六宮分張〉：일육궁一六宮은 육六자리로써 도생倒生하면 오五자리니 즉 포오함육包五含六자리이다. 이곳에 나누어 벌린다는 것은 360수를 삼백三百과 육십六十으로 분해하여 볼 때 삼백三百은 구구중九九中에, 육십六十은 일육궁一六宮에 배열排列 또는 분장分張한다는 것이다. 그러므로 이 일육궁一六宮에서 하도河圖와 낙서洛書가 생긴다는 것이다. 여기서 말하는 일육궁一六宮은 북위北位를 뜻하는 일육수一六水자리도 되지만 포오함육包五含六하는 무무위无无位자리를 의미意味하고 있는 것이다.

正　**단오귀공오십오점소소**〈單五歸空五十五點昭昭〉：육십수六十數에서 단 오五를 공空에 돌리면 오십오五十五점인 하도수河圖數에 밝혀진다. 이를 도표로 보자. 무무위귀공도无无位歸空圖라고 하였다.

〈无无位歸空圖〉			
三百六十當朞日　大一元三百數九九中排列　无无位六十數一六宮分張			
(1指)	(2指)	(3指)	(4指)
元	亨	利	貞
(9×9+1×9)+	(8×9+2×9)+	(7×9+3×9)+	(6×9+4×9)+　=360(當朞日數)

$$┌九九中┐$$
$$春\ 夏\ 秋\ 冬$$

360(當朞日)	300(大一元)	=(90+80+70+60)	
	60(无无位)	一 5(單五歸空) = 55点 (河圖) 昭昭	
		一15(十五歸空) = 45点 (洛書) 斑斑	
	(6指)		
	(一元宮)		

正　**십오귀공**〈十五歸空〉：십오十五는 건곤乾坤수요, 뇌풍雷風의 용정수用政數로서 무무위无无位수인 육십六十에서 이 십오十五수를 공제한다는 말이니 이렇게 하면 낙서洛書수가 나오는 까닭을 밝힌 것이다.

正　**사십오점반반**〈四十五点斑斑〉：반반斑斑은 점점点点의 동의어同意語니 무무위无

无位 60수에서 15수를 귀공歸空시키면 낙서수洛書數 45가 점점点点이 놓인다는 것.

我摩道正理玄玄眞經이 只在此宮中이라 誠意正心하여 終始无怠하면 丁寧我化化翁이 必親施教하시리니 是非是好吾好아

아마도我摩道는 우리말의 이두식吏讀式 표현인데,《정역》에는 몇 군데 이런 말이 나온다. '정녕丁寧'은 '기필코', '반드시'라는 뜻이고, '분부分付'라는 말도 있다. 이두식 표현은《훈민정음》에도 나타나는 데 '정음正音'은 '바른 소리'가 아니라 '바름'이라는 뜻이고, "국지어음國之語音"에서 '어음語音'도 '말과 소리'라는 뜻이 아니고 '말씀'을 뜻하는 이두식 표현이다.

정리正理는 유가, 현현玄玄은 도가, 진경眞經은 불가를 뜻하는데 세 가지 모두가 이 가운데에 들어 있다. 그러므로 성의정심誠意正心하여 종시토록 게으름이 없게 한다면 정녕코 우리 화화옹化化翁께서 친히 가르침을 베푸실 것이니 나의 좋은 것같이 좋지 않겠느냐는 말이다.

正 아마도〈我摩道〉: 확실確實히 단정斷定할 수는 없으나 어느 정도의 개연성蓋然性이 있는 말의 앞에 「아마」를 더 강조强調하여 아마도我摩道 또는 아마두我馬頭라고 이두문자吏讀文字와 같이 쓴다.

正 정리현현진경〈正理玄玄眞經〉: 정역正易을 오묘奧妙한 이치理致가 있는 진경眞經이라고 형용하여 하는 말이다. 정리正理는 정명금화리正明金火理의 뜻이요, 현현玄玄은 현지우현玄之又玄이란 노자老子의 말에서 빌어다 쓴 것으로 생각된다.

正 지재차궁중〈只在此宮中〉: 역도易道는 다른데 있는 것이 아니라 다만 이 중궁宮中에 있다는 말이다. 즉 역수易數는 하도河圖・낙서洛書가 나오는 무무위无无位 육십수六十數를 분장分張한 일육궁一六宮과 대일원삼백수大一元三百數를 배열한 구구중九九中이라 하는 이 궁중宮中에 있다는 것이다.

正 성의정심종시무태〈誠意正心終始无怠〉: 뜻을 성실誠實히 하고 마음을 바르게 갖어서 종시終始로 게으름이 없게 한다면 반드시 우리 화화옹化化翁님이 친히 가

르쳐 주실 것이라는 말이다. 대학大學에도 이른 바,「欲正其心者 先誠其意」라고 하였다. 성의정심誠意正心이란 이에서 나온 말이다.

正정녕아화화옹 필친시교〈丁寧我化化翁 必親施教〉: 뜻을 정성껏 하고, 마음을 바루어서 종시終始 게으름이 없이 한다면 정녕丁寧코 우리 화화옹化化翁이 반드시 친히 가르쳐 주실 것이라는 말이니, 정녕丁寧코에 또 반드시라고 확실確實한 것을 다짐하여 하는 말이다.

正호오호〈好吾好〉: 논어論語에는「從吾所好」라고 하여 공자孔子가 내 좋아하는 바를 좇는다고 했다. 정역正易에 나의 좋아하는 것을 좋아한다는 것도 이와 흡사하다.

十五歌
십 오 가

십오가〈十五歌〉: 십오일언十五一言을 노래한 것. 십오十五는 십일十一에 대하여 체體가 되고, 십일十一은 십오十五에 대하여 용用이 된다.

水火旣濟兮여 火水未濟로다

旣濟未濟兮여 天地三元이로다

未濟旣濟兮여 地天五元이로다

天地地天兮여 三元五元이로다

三元五元兮여 上元元元이로다

上元元元兮여 十五一言이로다

十五一言兮여 金火而易이로다

金火而易兮여 萬曆而圖로다

萬曆而圖兮여 咸兮恒兮로다

咸兮恒兮兮여 十兮五兮로다

수화기제水火旣濟는 선천이고, 화수미제火水未濟는 후천이다.

기제미제旣濟未濟는 천지天地의 선천으로 삼원력三元曆을 쓰고,

미제기제未濟旣濟는 지천地天의 후천으로 오원력五元曆을 쓴다.

천지天地에서 지천地天으로 가면 삼원수三元數가 오원수五元數가 된다.

삼원三元과 오원五元이 상원上元의 원원元元이로다.

상원上元의 원원元元이여 십오일언十五一言이로다.

십오일언十五一言이여 금화金火로 밝힌 것이로다.

금화金火로 밝힘이여 만력萬曆의 그림이로다.

만력萬曆의 그림이여 함咸과 항恒이로다.

함咸과 항恒이여 십十과 오五로다.

正기제미제〈旣濟未濟〉: 수화기제水火旣濟와 화수미제火水未濟. 즉 기제旣濟에서 미제未濟하는 천지天地의 가는 길을 말한다. 선천先天은 기제旣濟가 용사用事하고 후천后天은 미제未濟가 용정用政한다. 정역正易에 기제미제旣濟未濟란 말이 세군데 있는데, 각기 의미하는 바가 다르다. 이를 구분해 보면, 天地之道 旣濟未濟란 말은 천지天地의 도道는 기제旣濟(水火旣濟)에서 미제未濟(火水未濟)로 변하는 현상을 말하는 것이며, 다음으로 旣濟未濟兮 天地三元이란 말은 기제旣濟면서 미제未濟함이여! 천지삼원天地三元인 선천先天이란 말이요, 다음 咸恒旣濟未濟란 말은 함咸과 항恒과 기제旣濟와 미제未濟란 말이다.

正천지삼원〈天地三元〉: 선천先天의 삼오착종三五錯綜 삼원수三元數를 천지삼원天地三元이라고 하니 여기서 천지天地는 지천地天과 상대되는 선천先天의 천지天地를 말한다. 천지지리삼원天地之理三元과는 다르다.

正미제기제〈未濟旣濟〉: 기제미제旣濟未濟는 선천先天의 도道요, 미제기제未濟旣濟는 후천后天의 도道이다. 용도龍圖는 미제지상未濟之象이라 하고 귀서龜書는 기제지수旣濟之數라 하였으니 도서지리圖書之理와 비교해 보기 위해 도표로 대조하여 본다. 미제기제未濟旣濟란 기제旣濟를 체體한 미제未濟이다.

〈未濟旣濟體用圖〉

	用	體	用 體	
時間 空間	先天 旣濟	后天 未濟	先天而后天 旣濟而未濟	先天三元數
時間 空間	后天 未濟	先天 旣濟	后天而先天 未濟而旣濟	后天五元數

正천지지천〈天地地天〉: 선천先天을 천지天地, 후천后天을 지천地天이라 한다. 왜냐하면 일삼오칠구一三五七九는 선천先天의 삼천양지三天兩地로서 삼천三天이란 천天과 양지兩地라는 지地와 결합하여 천지天地라 하였고, 이사육팔십二四六八十은 후천后天

의 삼지양천三地兩天으로서 삼지三地란 지地와 양천兩天이란 천天과 결합하여 지천地天이라 하였기 때문이다. 이를 도표로 보자.

三　天　兩　地	三　地　兩　天
○　　　○	○　　　○
天　　　地	地　　　天

🈁삼원오원〈三元五元〉: 선천先天의 삼원三元과 후천后天의 오원五元.

🈁상원원원〈上元元元〉: 본원本原에도 또 원原이 있어서 원시성原是性이라 했는가 하면, 무无에도 또한 무无가 있어서 무무无无라 했고, 무형无形에도 또 무형无形이 있어서 무형외无形外라 하여 궁신지화窮神知化의 현묘리玄妙理를 유무有无한 중극中極에서 캐내고 있다. 상원원원上元元元 또한 마찬가지로 원元에 또 원원元元이 있다는 것이니, 이에서 반고盤古도 서려있고 성인聖人도 내리신다는 것이며 하도河圖와 낙서洛書도 보인다는 것이다.

🈁금화이역〈金火而易〉: 이에서 금화역金火易이란 역易을 력曆으로 볼 수 있으니, 정역에 이른 바, 金火而易兮 萬曆而圖 라 하여 대역서大易序에 易 曆也 라는 해석이 된다. 이而는 이에(乃)와 같으니, 즉 금화金火가 이에서 역易[曆]이 된다는 것이다.

🈁만역이도혜 함혜항혜〈萬曆而圖兮 咸兮恒兮〉: 만세의 책력册曆으로 된 그림이여, 함咸이며 항恒의 그림이로세, 십이월十二月 이십사절二十四節 절후도수氣候度數를 보면 원화元和·중화中化 등 화和와 화化로 일관一貫되었으니 이는 함괘咸卦의 천하화평天下和平과 항괘恒卦의 천하화성天下化成의 화和와 화化를 취한 절후節侯 이름으로서 만력도萬曆圖를 만든 것이 아닌가 한다.

先后天正閏度數
선 후 천 정 윤 도 수

선천은 윤도수閏度數를 쓰고, 후천은 정도수正度數를 쓰기 때문에 선후천정윤도수先后天正閏度數라고 하였다.

正 선후천정윤도수〈先后天正閏度數〉: 선천先天은 윤도수閏度數 27 삭朔만에 윤閏이 드는 도수요, 후천后天은 정도수正度數 삼백육순三百六旬(360)에서 정正하는 도수度數이다.

先天은 體方用圓하니 二十七朔而閏이니라

"2, 4, 6, 8, 10"은 방方이고, "1, 3, 5, 7, 9"는 원圓이다. 선천은 "2, 4, 6, 8, 10"의 방方을 체體로 하고, 원圓을 용用으로 쓴다. 그래서 27삭朔을 윤閏으로 한다.

우리나라의 상례喪禮에는 소상小喪과 대상大喪이 있다. 소상은 1년 만에 죽은 날이 돌아온다고 해서 소상小喪이라 하고, 죽은 날이 두 번 돌아오는 것을 대상大喪이라고 한다. 삼년상三年喪이라고 하지만 실제로 24개월이면 소상小喪 대상大喪을 다 치르게 된다. 그런데 대상大喪이 지났다고 다 끝나는 것이 아니라, 대상大喪이 끝나고 나면 '담제禫祭'라는 것을 지낸다. 담제禫祭는 검은 갓(玄冠)을 쓰고 검은 띠(玄帶)를 두르고 간일월間日月에 지내는 것이다. 가령 8월에 죽었으면 9월을 건너뛰고 10월에 담제禫祭를 지내는데, 날짜는 정일丁日을 받아서 지낸다. 정일丁日 아니면 해일亥日에 지내는 것을 "혹정혹해或丁或亥"한다고 말한다. 정일丁日을 받아서 제사를 지내는 이유는 병정丙丁이 화火이고 귀신이 하늘에서 화火를 타고 내려오기 때문에 정일丁日을 택해서 제사를 지내는 것이다.

우리나라의 서원이나 향교, 대성전에서 공자를 제사지낼 때에도 정일

丁日을 받아서 지내는데, 정일丁日이 한 달이면 세 번 있다. 초순에 있는 정일을 상정上丁, 중순에 있는 정일을 중정中丁, 하순에 있는 정일을 하정下丁이라고 한다. 남녀 간에 합궁하는 것도 병정일丙丁日은 피하는 것이 좋다. 그 날은 화火가 있어서 수태가 되면 불효자가 난다고 한다. 그래서 궁중의 교태전交泰殿에서는 태자가 합궁하는 날을 제한하기도 하였다. 해일亥日은 '해(태양)'와 같은 음音이라서 그렇다. '사四'자를 죽을 사死자와 같은 음音이라고 꺼리는 것이나, 돼지 '돈(豚)'자가 돈(錢)과 같은 음이기 때문에 길몽이라고 하는 것과 똑같다. 별 것도 아닌 것이 풍속화 된 것이다.

그래서 대상大喪 24개월과 담제禫祭 간일월間日月까지 지내면 26개월이 되는데, 그 다음에 27개월 만에 다시 상복喪服을 다 벗고 정상 옷을 입고서 '길제吉祭'를 지낸다. 길제吉祭도 역시 "혹정혹해或丁或亥"한다. 지금은 그런 예법禮法을 다 몰라서 못하는 것이지, 옛날 우리 조상들은 그런 것을 다 지켜서 지냈다. 그래서 1년 360일은 정正이고, 27삭朔은 윤閏이라고 한 것이다.

正 체방용원〈體方用圓〉: 이사육팔십二四六八十을 방方이라 하고, 일삼오칠구一三五七九를 원圓이라 한다. 그리하여 방方은 하도河圖요, 원圓은 낙서洛書이다. 체방용원體方用圓은 선천先天의 상象으로서 이사육팔십二四六八十을 체體로 하고, 일삼오칠구一三五七九를 쓰는 것이다.

正 이십칠삭이윤〈二十七朔而閏〉: 3년年에 1윤閏인 바 실지의 윤일閏日은 32일日이며 5년年에 재윤再閏인 바 실지의 윤일閏日은 54일日이다. 이 54일日을 두 달로 나누면 한달에 27일日이 되어 27일日을 한 삭朔으로 하여 이에 윤閏을 한다고 한다. 부모父母가 죽으면 삼년상三年喪을 입는데 실지實地는 27삭朔만에 길제吉祭를 지내고 상복喪服을 면하는 것은 이러한 윤중閏中의 예절禮節을 지킨 것이다.

后天은 **體圓用方**하니 **三百六旬而正**이니라

原天은 **无量**이니라

　선천과 후천을 합친 것을 원천原天이라고 한다.

正체원용방〈體圓用方〉：일삼오칠구一三五七九를 낙서洛書의 수數이오, 또 원圓이며 이사육팔십二四六八十은 하도河圖의 상상象이오, 또 방方이다. 일삼오칠구一三五七九를 체體로 하고, 이사육팔십二四六八十을 쓰는 것은 후천后天의 상상象이다. 다시 말하여 낙서洛書를 배경하여 하도河圖를 쓰인다는 것이니 이것이 360일日로 바룬다는 길이다.

正삼백윤순이정〈三百六旬而正〉：360일日로서 정역正易이 된 것.

正원천무량〈原天无量〉：선천先天은 유한有限하고, 후천后天은 무한无限한 것이므로 원천原天은 무량无量한 것이다.

先后天周回度數
선 후 천 주 회 도 수

正 **선후천주회도수**〈先后天周回度數〉: 주회周回라 함은 지구地球가 태양太陽의 주위를 공전公轉하는 것을 말한다. 지구地球가 일일一日 공전公轉하는 이정里程은 약約 육백만리六百萬里나 된다. 이에서 십분十分의 일一을 귀공歸空하면 오백사십만리五百四十萬里 선후천先后天 주회도수周回度數의 합계수合計數에 당當하니 이 오백사십만리五百四十萬里를 육대사六對四로 나누면 324만리萬里 대對 216만리萬里에 당한다. 이러한 추리推理 근거根據는 어디서 시작始作되었는가 하면 역시 3대對 2라는 수數에서 나왔다고 생각된다. 이를 도표로 알아 보자.

先天	后天	先后天合計
360,000	360,000	2,160,000
× 6	× 9	+ 3,240,000
2,160,000	3,240,000	5,400,000
2,160,000里	+ 3,240,000里	= 5,400,000里

표)〈先后天周回圖〉

先天은 二百一十六萬里나라
后天은 三百二十四萬里나라
先后天合計數는 五百四十萬里나라

이것은 지구가 태양을 밤낮으로 한 바퀴 도는 공전도수를 말한 것이다. 밤은 선천이고 낮은 후천이다. 밤에는 216만리를 가고, 낮에는 324만리를 가서, 도합 540만리가 된다.

216만리와 324만리의 대비는 '2 : 3'이다. 결국 삼천양지三天兩地를 뜻한다.

공전도수는 실제로 600만리인데 1/10은 자전하는 것이므로 540만리가 된다. 지구가 1초 동안 공전하여 가는 거리가 75km나 된다. 이렇게 빨리 가고 있는데 아무 소리도 없고 느낌도 없다.

正 **선후천합계수**〈先后天合計數〉: 선천주회先天周回 216만리萬里와 후천주회后天周

回 324만리萬里를 합슴한 540만리萬里의 수數이다.

盤古五化元年壬寅이 至大淸光緖十年甲申하야 十一萬八千六百四十三年이니라

앞에서는 지구와 태양의 공전거리를 두고 말하였고, 여기에서는 시간을 두고 말하였다. 반고오화원년盤古五化元年이 임인壬寅에서부터 대청大淸 광서光緖 10년인 갑신甲申까지 118,643년이 되었다.

正 반고오화원년임인〈盤古五化元年壬寅〉: 반고화盤古化는 기축己丑에서 무술戊戌까지의 십十을 형상한 것이라면 반고오화盤古五化는 기축己丑에서 무술戊戌까지의 십十과 무술戊戌에서 무술戊戌 기해己亥 경자庚子 신축辛丑 임인壬寅까지 오五이니 이 오五를 오화五化라 한다. 이 오화五化인 임인壬寅을 태초太初의 원년元年으로 삼은 것이다. 고래古來에 음양가陰陽家들이 말한 바 천개어자天開於子 지벽어축地闢於丑 인생어인人生於寅이란 말이 있듯이 그 뜻이 곁드려진 임인壬寅이 아닌가 한다. 그러나 다음 글에 나오는 년수年數 대청광서大淸光緖 십년十年 갑신년甲申年까지 118,643년年이라 했는데 이 임인壬寅에서 갑신甲申까지 118,643수數에 21수數가 더 많다. 그러므로 실지는 임인壬寅이 아니라 임술壬戌에서부터 쳐야 수數가 맞는다. 이에는 깊은 다른 뜻이 있다고 본다.

우리는 각자 나이를 세는 방법이 있다. 금년이 병술년丙戌年이니까 술戌이 기준이 된다. 술戌에서 시작해서 11세면 쥐띠, 21세면 범띠. 31세면 용띠, 41세면 말띠가 된다. 그리고 41년 전의 간지干支는 병오丙午가 된다.

45세 된 사람이 무슨 해에 태어났는지 알려면, 10년 단위로는 한 칸씩 건너가면서 '1(戌) → 11(子) → 21(寅) → 31(辰) → 41(午)'이 되고, 1년씩 갈 때는 다시 반대방향으로 '41(午) → 42(巳) → 43(辰) → 44(卯) → 45(寅)'로 가서 범띠가 된다. 천간天干은 41(午)를 갑甲으로 45(寅)을 닿을 때까지 추산하면 '갑오甲午 → 을미乙未 → 병신丙申 → 정유丁酉 → 무술戊戌 → 기해己亥 → 경자庚子 → 신축辛丑 → 임인壬寅'이므로 45세 된 사람이 태어난 해의 간지干支는 임인壬寅이 된다.

345년 전의 육갑六甲을 추산해보면 '1(戌) → 11(子) → 21(寅) → 31(辰) → 41(午) → 51(申) → 61(戌) → 71(子) → 81(寅) → 91(辰) → 101(午) → 201(寅) → 301(戌) → 311(子) → 321(寅) → 331(辰) → 341(午) → 342(巳) → 343(辰)→ 344(卯) → 345(寅)'해서 지지는 인寅이 되고, 천간은 341(午)에서 갑甲으로 시작해서 우선하여 인寅까지 추산하면 '갑甲(午) → 을乙(未) → 병丙(申) → 정丁(酉) → 무戊(戌) → 기己(亥) → 경庚(子) → 신辛(丑) → 임壬(寅)이 되므로 천간은 임壬이다. 그러므로 345년 전의 육갑六甲은 임인壬寅이 된다.

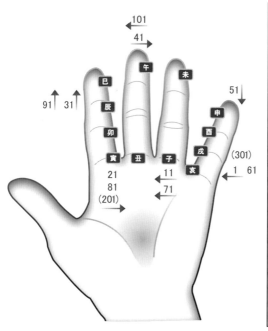

그림 167. 나이 세는 법

추산법과 회전방향
1년 단위의 地支 :
한 칸씩 右旋
10년 단위의 地支 :
두 칸씩 左旋
100년 단위의 地支 :
네 칸씩 右旋
三合 寅午戌
申子辰
巳酉丑
亥卯未
天干 : **1년에서 해당 地支에 닿을 때까지 左旋

표 50. 나이를 추산하는 법

또 예수가 태어난 해의 육갑은 2006년 전이니까 같은 방법으로 계산하면 '1(戌) → 11(子) → 21(寅) → 31(辰) → 41(午) → 51(申) → 61(戌) → 71(子) → 81(寅) → 91(辰) → 101(午) → 201(寅) → 301(戌)

→ 401(午) → 501(寅) → 601(戌) → 701(午) → 801(寅) → 901(戌) → 1001(午) → 2001(寅) → 2002(丑) → 2003(子) → 2004(亥) → 2005(戌)→ 2006(酉)'해서 지지는 유酉가 되고, 천간은 2001(寅)에서 갑甲으로 시작해서 우선하여 유酉까지 추산하면 '갑甲(寅) → 을乙(卯) → 병丙(辰) → 정丁(巳) → 무戊(午) → 기己(未) → 경庚(申) → 신辛(酉)이 되므로 천간은 신辛이다. 그러므로 예수가 태어난 기원 1년은 신유년辛酉年이 된다. 올해가 단기檀紀 4339년이니까 단군檀君 원년을 같은 방법으로 계산해보면 무진戊辰이 된다. 이것은 소강절이 추산하는 논법이다.

대청광서십년大淸光緖十年 갑신甲申에서 118,643년을 계산하면 반고오화盤古五化 원년이 임인壬寅이라는 말인데, 실제로 계산해보면 임인壬寅이 아니라 임술壬戌이다. 임인壬寅에서 임술壬戌까지는 21도 차이가 난다. 이것은 임술壬戌에서 개벽을 하려면 임술壬戌 이전의 임인壬寅에서부터 태음·태양이 생성되는 21도의 과정을 거친 뒤에라야 되는 것이라고 해석한다. 이런 것을 대연수大衍數라고 한다. 수數를 크게 불려서 가는 것이다.

余年三十六에 始從蓮潭李先生하니 先生이 賜號二字日觀碧이라하시고 賜詩一絶日

일부一夫 선생이 36세 때에 비로소 연담蓮潭 이선생을 따랐는데, 연담蓮潭선생이 관벽觀碧이라는 두 글자의 호를 주시고, 다음과 같은 시詩 한 구절을 주셨다.

正 시종연담이선생〈始從蓮潭李先生〉: 일부선생一夫先生이 비로소 연담이선생蓮潭李先生을 쫓았다. 연담선생蓮潭先生은 전주이씨全州李氏 담양군潭陽君의 후예後裔로서 일찍이 후천대도后天大道의 영동천심월影動天心月을 깨달아 지금의 논산군양촌면모촌리論山郡陽村面茅村里 띠울에서 지냈다 한다. 선생先生의 휘諱는 운규雲圭라고 전傳하며 그 후예後裔들은 한미寒微하게 흩어져 산다. 필자筆者가 지난 병진년丙辰年에 연담선생蓮潭先生집 족보族譜로 고증考證한 바에 의依하면 선생先生의 휘諱는 수증守曾이며 문참판文參判으로 승지承旨벼슬을 한 것으로 나타났지만 한편에서 구전口傳

하는 바로는 족보族譜가 틀린다 하니 이 문제問題는 후일에 올바른 고증考證이 있기를 기다린다. 일부선생一夫先生의 나이 삼십육세三十六歲(신유년辛酉年)에 비로소 연담蓮潭 이선생李先生을 쫓았다는 것은 정역正易에만 있을 뿐이다.

正 사호이자왈관벽〈賜號二字曰觀碧〉：연담선생蓮潭先生이 도호道號 두 자를 주었는데 이르기를 관벽觀碧이라고 한다. 벽觀碧이란 무중벽无中碧을 정관靜觀하라는 뜻으로 해석된다.

正 사시일절〈賜詩一絶〉：시詩에는 고시古詩 율시律詩 절구시絶句詩가 있는데 고시古詩는 구수句數가 제한이 없지만 율시律詩와 절구시絶句詩는 구수句數가 제한되어 율시律詩는 팔구八句, 절구시絶句詩는 사구四句로 되어 있다. 일부선생一夫先生 36세시에 연담蓮潭 이선생李先生을 비로소 좇은 바 선생先生이 도호道號를 관벽觀碧이라고 지어 주시면서 그 관벽觀碧이란 뜻을 시詩 한절구로 나타내 지니게 해 주었다.

「觀淡莫如水요 담박(淡泊)을 觀察함에는 물같음이 없듯이
好德宜行仁을 德을 좋아 함에는 仁을 行함이 옳도다.
影動天心月하니 影이 天心月에서 動하니
勸君尋此眞하소. 그대에게 觀하노니 이 眞理를 찾아 보소.」

관담막여수觀淡莫如水는 기갑야반생계해己甲夜半生癸亥의 계해수癸亥水를 뜻한 것이요, 호덕선행인好德宜行仁은 무극이태극无極而太極하는 십十(존덕存德)에서 일一(행인行仁)로 용구用九하는 것을 말하며, 영동천심월影動天心月은 황극이무극皇極而无極하는 오五에서 십十으로 변變하는 황중월皇中月의 동태를 읊은 시詩라고 해석된다.

觀淡莫如水요
好德宜行仁을
影動天心月하니
勸君尋此眞하소

한시漢詩에는 율시律詩가 있고, 절구시絶句詩가 있다. 율시律詩라는 것은 8구句로 되어 있다. 오언율시五言律詩, 칠언율시七言律詩와 같은 것을 율시律詩라고 한다. 율시律詩는 반드시 기승전결起承轉結이 있다. 그런데 절구絶句, 絶詩는 끊어져서 4구句로만 되어 있는 것을 말한다. 또 고시古詩라는 것이

正易과 天文曆

있는데, 이 시는 16구절句節 이상이 되는 것을 말한다. 그래서 고시古詩는 운韻만 보지 렴簾은 보지 않는다. 렴簾이 있어도 되지만 없어도 괜찮다.

시일절詩一絶을 주었다는 것은 절구시絶句詩 한 수를 주었다는 말이다. 이 시詩에서 인仁과 진眞이 운韻이고, 이사부동二四不同의 원칙을 다 지켰다.

예를 들면 다음과 같다.

亢角二宿尊空詩
何物能聽角 神明氏不亢韻　　　기(起)
室張三十六 莫莫莫无量韻　　　승(承)
武功平胃散 文德養心湯韻　　　전(轉)
正明金火理 律呂調陰陽韻　　　결(結)

正 관담막여수〈觀淡莫如水〉: 맑은 것을 봄에는 물만 같음이 없다 하니, 담수淡水는 즉 기갑야반생계해己甲夜半生癸亥인 계해수癸亥水를 말함.

正 호덕〈好德〉: 서경書經 홍범洪範에 인간의 오복五福을 말하는 데서 「一曰壽 二曰康寧 三曰富 四曰攸好德 五曰考終命」이란 말이 있다. 이 호덕好德이 인간人間의 오복五福중에 하나이다. 사람이 덕망德望이 얼마나 높으냐함은 덕德을 얼마나 좋아하느냐에 따라 평가되는 것이라 하겠다. 덕德을 주역周易에서는 「天地之大德曰生 聖人之大寶曰 位 何以守位曰仁………」이라고 하였다. 정역正易에 호덕好德은 바로 이 천지天地의 대덕大德이다. 정역正易에 이른 바,「德符天皇不能名」이라고 한 덕德이요, 수리數理로 말하면 기위己位인 십十이다. 주역周易에서는 이것을 「安土敦乎仁」이라고 하였다.

正 영동천심월〈影動天心月〉: 천심天心달의 그림자가 움직임. 후천后天의 기미가 움직이는 순간. 소강절邵康節은 이러한 순간을,「月到天心處 風來水面時」라고 하였으니 이는 복희괘伏羲卦의 진손震巽자리를 가리키는 말이며 지뢰복괘地雷復卦의 처지處地를 말한 것이다. 정역正易에서는 천심天心은 이천二天자리이니 이에서 삼태三兌로 넘어가는 순간을 영동影動이라고 한다. 손을 꼽은 쪽은 영생影生이라 하고 손을 펴진 쪽을 체성體成이라고 하였다.

正 권군심차진〈勸君尋此眞〉: 그대에게 권하는 것이니(一夫^{일 부}에게) 천심월天心月의 빛이 움직이는 이 진리眞理를 찾아 보소.

立道詩
입　도　시

正입도시〈立道詩〉：도도를 성립成立한 시詩. 1879년年 기묘己卯, 선생先生의 나이 54세歲되던 해, 어느날 도도를 통관通觀하시니 후천后天 정역팔괘도正易八卦圖가 안전안전眼前에 나타나 보였다고 구전口傳한다. 이 사실은 아마도 이해부터인가 한다. 입도立道란 성덕盛德 이후에 입도立道가 되는 것이매 주역周易 건초구乾初九에 「君子盛德爲行」이라 하니 이는 입도지초立道之初요, 「聖人作而萬物睹」라 하니 이는 성도지시成道之時라 또 운행우시雲行雨施라든지 이상견빙지履霜堅氷至는 역도易道의 점진漸進을 뜻하는 것인즉 입도立道의 완사玩辭를 음미하기 바란다.

靜觀萬變一蒼空하니
六九之年始見工을
妙妙玄玄玄妙理는
无无有有有无中을

　고요히 만변萬變하는 하늘의 푸른 공중을 보다가 6×9=54 때에 비로소 천공天工을 보았다는 것은 정역팔괘正易八卦를 보았다는 말이다. 일부一夫 선생님이 괘卦를 보았을 때는 눈만 감으면 공중에 괘卦가 날라 다녀서 몸이 허한 줄 알고 개고기를 자주 잡수셨다고 한다. 일가 집에 김영철이라는 분이 있어서 불러다가 '내가 이런 것이 보이니 한 번 그려 보아라' 해서 그려진 것이 정역팔괘正易八卦이다. 현묘玄妙란 리理가 없다면 없고 있다면 있는, 있고 없는 그 가운데에 있다.

正정관만변일창공〈靜觀萬變一蒼空〉：수없이 변화變化하는 한 창공蒼空을 우러러 고요히 관찰觀察한 것은 내 나이 54세歲 때이니 이 때에 비로소 천공天工의 조화섭리造化攝理를 알아 보았다는 것이다.

正육구지년시견공〈六九之年始見工〉：육구六九란 6×9=54를 뜻한다. 일부선생一

夫先生 오십사五十四세 때(1879年 己卯^{년 기 묘})에 비로소 천공天工을 보았다는 것이다. 그 밖에 기묘己卯에는 또 다른 깊은 뜻도 있는 것 같다.

正 묘묘현현현묘리〈妙妙玄玄玄妙理〉: 묘묘妙妙는 미묘微妙한 중에 더 신묘神妙한 것. 현현玄玄은 현오玄奧한 중에 더 현오玄奧한 것.

正 유유〈有有〉: 정역正易에는 무무위无无位가 있는 바 유유위有有位는 말한 데 가 없지만 무무위无无位가 육십수六十數라 하였으니 유유위有有位는 삼백수三百數 (大一元三百數^{대 일 원 삼 백 수})라 하여도 일리一理는 있는 것이다. 그렇게 본다면 유무중有无中은 바로 360수數가 된다고 하겠다. 그러나 이것은 어디까지나 하나의 해석解釋에 불 과함을 덧붙여 둔다.

正 유무중〈有无中〉: 유有는 유형지리有形之理요, 무无는 무형지경无形之景이라 하겠 다. 유무중有无中이란 유有와 무无의 중中이란 말인데 이것이 곧 유형有形의 리理와 무형无形의 경景을 공관共觀·통관通觀하는 것이니 곧 중中인 동시에 공空인 것이다. 곧 황극皇極자리라고 할 수도 있다.

无位詩
무　위　시

道乃分三理自然이니
斯儒斯仸又斯仙을
誰識一夫眞蹈此오
无人則守有人傳을
歲甲申月丙子日戊辰二十八에 書正하노라

　도道가 셋으로 나뉘는 것은 이치理致의 자연한 것인데, 그것이 바로 이유儒와 이 불仸과 또 이 선仙이다. 그런데 일부一夫가 이런 것의 참을 다 밟은 것을 누가 알겠는가? 사람이 없으면 지켰다가 사람이 있으면 전할 것이다.

　'불仸'자가 일반 옥편에는 안 나오는데《육서심원》을 보니까 이 글자가 들어 있다.《육서심원》은 권병훈이라는 사람이 일정시대 때에 만든 사전인데 무려 8만 5천자가 들어 있다. 중국의《강희자전》에는 4만 5천자가 들어 있는데, 이 책은 8만 5천자의 글자가 들어 있을 뿐만 아니라 매 글자마다 어디에 쓰인 글자인지를 다 밝혀 놓았다. 30권 되는 책으로 우리나라의 보배로 여길만한 세계적인 책이다. 충북대 도서관에 보관되어 있다. 글자가 잘 안보이고 해서 새로 출판을 했으면 좋겠는데 이런 책이 있는 줄도 잘 모르고 있다.

正 이자연〈理自然〉: 이치理致란 본시 자연自然한 것이지 꾸미거나 가식이 없는 법法이다. 인간人間의 학문學問하는 길 또한 예외例外일 수는 없다. 인간人間의 학문學問하는 도道가 셋으로 갈라져 내려옴에도 자연한 이치理致가 있으니 그 내용內容인즉 유도儒道며 불도仸道며 선도仙道인 것이다. 이것이 셋으로 갈라진 때가 있었으나 언젠가는 다시 합할 때도 있을 것이다. 변증법辨證法에 정正·반反·합合이라는 법칙法則이 있는 이상 자연自然한 이치理致를 운용運用하는 도道가 셋으로 갈라짐이 자연自然한 이치理致라면 셋이 하나로 합合하는 일도 또한 이치理致의 자연한

것이라 하겠다. 정역正易에 「道乃分三理自然 斯儒斯佽又斯仙 誰識一夫眞踏此 无
人則守有人傳」이라 한 것은 이 유儒·불佽·선仙 삼도三道의 자연한 이치理致를 내
가 한 몸에 밟고 있으니 사람이 없으면 지키고 있다가 사람이 있으면 전傳해 주
리라는 것이다. 그것이 또한 자연自然한 일이라 하겠다.

正 사유사불우사선〈斯儒斯佽又斯仙〉: 이 유도儒道며 이 불도佽道며 또 이 선도仙
道이다. 유불선儒佽仙의 세가지 도道는 원리는 하나인데 도道는 셋으로 나누어진
것은 자연스런 이치理致라는 것.

正 무인즉수유인전〈无人則守有人傳〉: 사람은 군자다운 사람이다. 군자다운 사람
이 없으면 지키다가 군자다운 사람이 있으면 학문學問을 전傳하리라는 말이다.

正易詩
정 역 시

天地之數는 數日月이니
日月이 不正이면 易匪易라
易爲正易이라사 易爲易이니
原易이 何常用閏易가

천지지수天地之數는 일월日月을 수數하는 것이다. 일월이 바르지 못하면
역易이 역易이라 할 수 없다. 역易은 역曆자와 똑같다. 역易은 정역正易이라
야 역易이 역易 노릇을 할 수가 있다. 그러니 원역原易이 어찌 항상 윤역閏易
만 쓰겠는가? 정역正易을 쓴다는 말이다.

正 천지지수〈天地之數〉: 천지天地의 수數라 함은 즉 일월日月을 수數로 친다는 것
이니, 즉 360도 수와 365도¼ 수 따위는 바로 천지天地의 수가 된다고 하겠다.

正 일월부정역비역〈日月不正易匪易〉: 현재現在 쓰이고 있는 윤역閏易은 일월日月의
착행錯行이 23도度 27부가 기울어져 행行하기 때문에 360일日이 되지 못하고 365
도¼의 주위로 운행하여 일월日月이 부정不正하다고 하니 우환憂患의 역易이요, 정
역正易은 아닌 것이라는 말이다.

正 비역〈匪易〉: 역易이 아니라 함은 윤역閏易이란 뜻이다. 사람도 온당한 사람이
아닐 때 비인匪人이라 하여 비匪자를 쓴다. 선천先天에는 360일日이 아닌 360도¼
의 력曆으로서 지구地球의 황경黃經이 23도 27분으로 기울어 돌기 때문에 비역匪易
이라고 한 것이다.

正 역위정역역위역〈易爲正易易爲易〉: 역易은 바로 력曆을 뜻하니 력曆은 360일日
정역正易이 되어야 력曆이 력曆이라고 할 수 있는 것이라고 한다. 원천역原天易에서
볼 때 윤역閏易은 항상恒常 장구하게 쓰일 수가 없다고 한다.

正易과 天文曆

布圖詩
포　도　시

正 포도시〈布圖詩〉: 금화정역도金火正易圖를 펴는 시詩를 말한다.

萬古文章日月明하니
一張圖畵雷風生이라
靜觀宇宙无中碧하니
誰識天工待人成가

　만고문장萬古文章이 일월같이 밝아 있으니, 한 번 그림을 펼치니까 뇌풍
雷風이 일어난다. 고요히 우주의 무중벽无中碧을 관찰해보니, 누가 있어 천
공天工이 사람을 기다려서 이루는 것을 알겠는가?

　무중벽无中碧이라는 것은 〈금화정역도〉의 한 가운데에 아무것도 없이
비어있는 것을 말한다. 《주역》〈계사〉에는 "구비기인苟非其人, 도불허행
道不虛行"[113]이라는 말이 있고, 《정역》에는 "무인즉수유인전无人則守有人傳"
이라는 말이 있는데 모두 같은 뜻이다.

正 만고문장일월명〈萬古文章日月明〉: 일월日月같이 밝은 천만고千萬古의 문장文章이
여하면 주어主語가 문장文章을 말하는 것이지만 이 글에는 주어主語가 일월명日月明
이요 이어서 뇌풍생雷風生인듯 싶다. 포도시布圖詩를 한번 읊어 본다.

　萬古에 裝飾한 文彩는 日月로 밝혀 졌고
　한번 베푼 그림에 우뢰와 바람이 일어났네.
　고요히 저 宇宙 无中碧을 觀察하니
　뉘 알리오 天工도 사람을 기다려 이루는 줄을?

正 일장도화뇌풍생〈一張圖畵雷風生〉: 한폭 그림을 펼치니 뇌풍雷風이 생겼다는

---

113 易之爲書也, 不可遠, 爲道也屢遷. 變動不居, 周流注虛, 上下无常, 剛柔相易, 不可爲典
要, 唯變所適, 其出入以度, 外內使知懼, 又明於憂患與故. 无有師保, 如臨父母, 初率其辭, 而
揆其方, 旣有曲常, 苟非其人, 道不虛行.《周易》〈繫辭下〉

말로서 금화일송金火一頌에서 「畵工却筆雷風生」 이라고한 말과 같은 뜻이다.

正 정관우주무중벽〈靜觀宇宙无中碧〉: 육상산陸象山이 우주宇宙를 정관靜觀하는 말에서 「宇宙內事 己分內事」 라고 하였다. 정역正易에 우주의 무중벽无中碧을 고요히 관찰觀察하였다함은 역시 우주내사宇宙內事이지만 그 정관靜觀의 핵심 역시 천공天工을 보고 지인至人을 기다리는 기분내사己分內事이었다.

正 천공〈天工〉: 서경書經에 「天工人其代之」 라고 하였으니 천공天工이란 이에서 비롯한 말로서 하늘의 조화작용을 의미한다. 일부선생一夫先生이 54세歲 때에 시견공始見工하였다는 것도 이 천공天工을 말하는 것이라 하겠다. 중용中庸에도 「待其人而後行」 이라 하니 이 또한 천공天工을 두고 뜻한 말이다.

金火正易圖
금 화 정 역 도

그림 168. 금화정역도(金火正易圖)

사방이 팔방이 되고, 팔방이 십이방이 되고, 십이방이 더 나아간 것이 이십사방이고, 이십사방이 더 나가간 것이 이십팔방이다. 후천의 24방위는 "갑건해甲乾亥 자감축子坎丑 을간인乙艮寅 묘손진卯巽辰 경곤사庚坤巳 오리미午離未 신태신辛兌申 유진술酉震戌"순으로 읽는다. 일日은 기己이고, 월月은 무戊이다. "一六壬癸水位北하고 二七丙丁火宮南하여 火氣는 炎上하고 水性은 就下하여 互相衝擊하며 互相進退而隨時候氣節은 日月之政이러라"라는 말이 앞에 있었다. 선천의 24방위는 "임자壬子 계축癸丑 간인艮寅 갑묘甲卯 을진乙辰 손사巽巳 병오丙午 정미丁未 곤신坤申 경유庚酉 신술辛戌 건해乾亥"의 순으로 되어 있다.

시계를 가지고 방위를 알 수 있는 방법도 있다. "태양—시계—나"를 일직선으로 위치하게 하고, 시계의 시침이 태양을 가리키게 한다. 이렇게 하면 현재의 태양이 있는 방향과 시계의 12시가 가리키는 방향의 중간이 정남향正南向이 된다. 가령 지금이 3시인 경우를 예로 들어 보면 다음 그림과 같다.

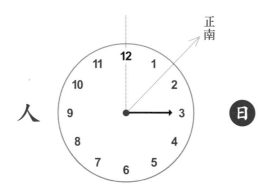

그림 169. 시계로 정남향을 찾는 방법

正 십일일언〈十一一言〉: 십오일언十五一言이 상편上篇이라면 십일일언十一一言은 하편下篇이 된다. 십오일언十五一言은 생생生生하는 원리原理를 말하는 것이므로 반고화생盤古化生에서 시작始作하여 태음太陰 태양太陽의 포태양생胞胎養生, 금화金火가 밝아서 나오는 송頌이며, 일월日月의 덕(日月之德)으로 생생生生하는 기월일시각분朞月日時刻分이며, 조석潮汐이 생기는 일월지정日月之政이며, 원천화原天火가 생생生生하는 기사궁己巳宮과 무술궁戊戌宮의 생성도수生成度數가 들어 있고, 십일일언十一一言은 성성成成하는 원리原理를 말하는 것이므로 십토육수十土六水를 비롯하여 하도河圖·낙서洛書의 생성生成, 십일귀체十一歸體의 생성生成 뇌풍용정雷風用政의 생성生成 등이 있다.

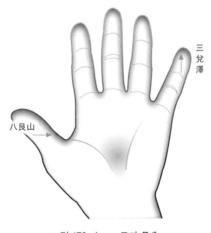

그림 170. 十一一言과 艮兌

《정역》은 〈십오일언〉과 〈십일일언〉의 상하편으로 구성되어 있다. 〈십오일언〉이 건곤의 수라면 〈十一一言〉은 간태艮兌(八艮山과 三兌澤)의 수數이다. 팔간산八艮山하면 십十의 자리이고, 삼태택三兌澤하면 오五의 자리가 되어 간태艮兌가 곧 십오十五의 자리에 위치하게 된다. 십오十五는 건곤이 삼팔三八은 간태艮兌인데, 십오十五의 건곤이 삼팔三八하고 대가 되어서 후천에서는 간태艮兌가 선천의 건곤을 대신하여 그 위치를 갖게 되는 것이다. 괘卦로 간태艮兌(三八)인데 수數로는 십오十五이다. 간艮·태兌는 소남少男·소녀少女이고, 미국이 태兌라면 한국은 간艮이 된다.

〈십오일언〉에서는 건곤의 수에서 역사가 시작되었다. "盤古化하시니 天皇无爲하시고 地皇載德하시니 人皇作이로다."에서부터 "一乎一夫"까지는 전부 도통연원을 말했다. 동양에서는 도통연원을 말할 때 요순堯舜, 우탕禹湯, 문무주공文武周公, 공자孔子로부터 시작하는 것이 보통인데,《정역》의 〈십오일언〉에서는 반고盤古부터 시작했다.

〈십오일언〉과 〈십일일언〉은 상하편제가 되는 동시에 건곤乾坤과 간태艮兌의 관계를 설명하는 말이다. 〈십오일언〉은 육갑의 도수度數를 위주로 말하였고, 〈십일일언〉은 수數를 가지고 주로 말했다. 〈십일일언〉에서는 육갑을 가지고 책력을 만드는 구체적인 방법과 그 쓰이는 도수를 말하였다.

十土六水는 不易之地니라
一水五土는 不易之天이니라

　십토육수十土六水와 일수오토一水五土는 바뀌지 않을 땅과 하늘이다.

正 불역지지〈不易之地〉: 일월日月은 천지天地가 합덕合德한 상이오 천지天地는 수토水土가 성도成道한 것이니 그 수水와 토土의 성수成數로 이루어진 십토육수十土六水는 바뀌지 아니할 땅이란 것이다.

正 일수오토불역지천〈一水五土不易之天〉: 임일수壬一水와 무오토戊五土는 변역될 수 없는 하늘 수이다. 십토육수十土六水는 불역지지不易之地의 대對이다.

正 불역지천〈不易之天〉: 하늘도 땅과 마찬가지로 수토水土가 성도成道한 것이 천지天地니 그 수水와 토土의 생수生數로 이루어진 일수一水 오토五土는 바뀌지 아니할 하늘인 것이다.

天政은 開子하고 地政은 闢丑이니라

하늘의 정치는 자子에서 열리고, 땅의 정치는 축丑에서 열린다.《천기대요天機大要》같은 책을 보아도 "天開於子, 地闢於丑, 人生於寅"이라고 되어 있다. 천정개자天政開子는 선천이고, 지벽어축地闢於丑은 후천이다. 그래서 〈상원축회간지도〉에서도 기축己丑으로 시작한 것이다.

⬛ 천정개자〈天政開子〉: 하늘은 정사政事를 자子에서부터 열었다. 그러므로 소강절邵康節이 황극경세서皇極經世書에서 「天開於子 地闢於丑 人起於寅 卯生萬物」이라 한 것을 정역正易에서 취하였지만 강절康節이 말하는 천개어자天開於子 지벽어축地闢於丑과는 개념槪念이 약간 다르다. 강절康節은 천운天運을 자회운子會運 10,800년 축회운丑會運 또한 10,800년, 이렇게 寅卯辰巳午未申酉戌亥까지 모두 12회會를 1원元으로 하여 129,600년이 되는 기계적인 산법算法을 썼지만, 정역正易에서는 천개어자天開於子를 선천先天을 운행하는 자운子運이라 하고, 후천後天을 운행하는 것은 축운丑運이라 하여 그 수는 무량无量이라 하였다.

⬛ 지정벽축〈地政闢丑〉: 소강절邵康節의 황극경세서皇極經世書에 「天開於子 地闢於丑 人生於寅 卯生萬物」이라 한데서 취한 바 지정地政은 축丑에서 열리었다고 한다. 이것이 이른 바 「丑宮得旺 子宮退位」라는 것이다. 축丑이란 바로 상원上元 축회丑會인 기축己丑인 것이다. 그러므로 반고화盤古化도 기축己丑에서 비롯되어 십오일언十五一言은 임인壬寅에 성립成立하니 이것이 반고오화盤古五化요, 인생어인人生於寅이다. 그러므로 반고오화원년盤古五化元年은 임인壬寅이 되는 것이다. 이러한 천지창조天地創造는 기축己丑에서 시작이 되었다가 다시 후천後天에 와서 원시반종原始反終으로 지정地政은 벽축闢丑하는 것이다.

丑運은 五六이요 子運은 一八이니라

축운丑運은 후천으로 오륙五六에서 시작하고, 자운子運은 일팔一八에서 시작한다.

⬛ 축운오륙자운일팔〈丑運五六 子運一八〉: 천정개자天政開子한 자운子運은 일팔一八자리에서 하고, 지정벽축地政闢丑한 축운丑運은 오륙五六자리에서 한다는 것으

로서 일팔一八이란 복상월復上月의 빛이 비로소 생하는 수(生數)요, 오육五六이란 황중월皇中月의 실체가 비로소 성하는 수(成數)이다. 일팔一八은 태음太陰의 복지지리復之之理 일팔칠一八七의 상象을 나타내고, 오육五六은 태양太陽의 복지지리復之之理 일칠사一七四의 상象을 보인다.

一八은 復上月影生數요 五六은 皇中月體成數니라

일팔一八은 복상월復上月이고 선천으로 생수生數이며, 오륙五六은 황중월皇中月이고 후천으로 성수成數이다.

〈십오일언〉에서 "地는 載天而方正하니 體요, 天은 包地而圓環하나니 影이니라. 大哉라. 體影之道여 理氣囿焉하고 神明萃焉이니라"라는 말이 있었다. 복상월復上月은 체體가 아니라 영影이고 생수生數이므로 하나에서 시작한다. 오륙五六이라는 것은 황중월皇中月로 체體이고 성수成數이므로 오륙五六에서 시작한다. "1, 2, 3, 4, 5"는 생수이고, "6, 7, 8, 9, 10"은 성수이다. 일육수一六水라고 하면 생수와 성수를 모두 포함하는 것이다. 처음에는 "1, 2, 3, 4, 5"는 생수이고 "6, 7, 8, 9, 10"은 성수라고 구분해서 보지만, 다 읽고 나면 생수와 성수를 한꺼번에 "일육수一六水 이칠화二七火 삼팔목三八木 사구금四九金 오십토五十土"로 보는 것이다.

《정역》을 볼 때도 처음부터 여기까지 왔으면 이제는 전체로 볼 줄 알아야 한다. 《맹자》를 읽을 때에도 처음에는 〈양혜왕장〉부터 차례대로 읽어 보지만 다 읽은 후에는 전체로 볼 줄 알아야 한다. 그래야 그 속에 들어있는 사상을 파악할 수 있다. 《논어》나 《주역》을 읽을 때도 마찬가지이다. 사람을 볼 때도 처음 만났을 때는 눈이 어떻게 생겼고 코가 어떻게 생겼는지 하나씩 뜯어보지만, 그 사람을 알고 나면 전체의 하나로 보고 그 사람의 됨됨이를 알게 되는 것과 마찬가지이다.

교일팔〈一八〉: 정역팔괘正易八卦를 손으로 형상할 때 팔간산八艮山이 일一의 자리에 오고, 또 이 일一자리에 팔八이라는 수가 선천先天 간지干支 갑자甲子의 자子로 시작시作始되는 곳에 회합會合되어 자운子運은 일팔一八이라 하였다. 그러므로 이는 복상월復上月로 되어 영생수影生數라고 하기도 한다. 그리고 이것은 일팔칠一八七의 상象이기도 하다.

正 **복상월**〈復上月〉: 선보름 달이다. 즉 30일에 월복月復했다가 초하루에 합삭合朔하고 초삼일初三日에 월혼月魂이 생생生하는 달.

正 **영생수**〈影生數〉: 일이삼사오수一二三四五數를 생수生數라 하고 육칠팔구십수六七八九十數를 성수成數라 한다. 손을 꼽는 쪽은 영影이 되고 손을 편 쪽은 체體가 되니 영생수影生數는 손을 꼽은 쪽 일이삼사오一二三四五의 나는 수(生數) 즉 일一자리를 일컬어 영생수影生數라고 하였다.

正 **체성수**〈體成數〉: 일이삼사오一二三四五를 생수生數라 하고, 육칠팔구십六七八九十을 성수成數라 하니 체성수體成數는 육칠팔구십六七八九十인 성수成數를 이루는 수數 즉 6자리를 말한다. 이 상象은 재천이방정載天而方正한 체형體形, 즉 지地를 형성한다. 이것이 축운丑運이며 오육五六(包五含六 포오함육) 황중월皇中月의 체성수體成數라는 것이다.

九七五三一은 奇니라 二四六八十은 偶니라

"9 7 5 3 1"은 기수奇數이고, "2 4 6 8 10"이 우수偶數라는 것은 따지고 말고 할 것이 없다.

奇偶之數는 二五니 先五는 天道요 后五는 地德이니라

홀수와 짝수가 각각 다섯씩 있으니 먼저 말한 다섯 홀수는 천도天道이고 나중에 말한 다섯 짝수는 지덕地德이라는 뜻이다. 이런 것이 입에만 발리는 것이 아니라 손에도 발려야 한다.

正 **기우지수**〈奇偶之數〉: 일삼오칠구一三五七九를 기수奇數라 하고 이사육팔십二四六八十을 우수偶數라 한다. 주역周易에서는 이를 천지지수天地之數라 하여 기수奇數는 천수天數 우수偶數는 지수地數라 하여 천지天地의 수가 도합 오십오五十五인데 이로써 변화變化를 이루며 귀신鬼神이 행하는 것이라고 한다.

正 천도〈天道〉: 도度와 도道를 시계時計로 비유하면, 도度는 시침時針과 같고 도道는 글자 판과 같다. 그러므로 천도天道는 하나의 이정표里程標이다. 인간人間의 상도常道도 마찬가지다. 인간이 걸어 가는데 하나의 표준標準이 되는 것이다.

正 지덕〈地德〉: 덕德은 주역周易에 「天地之大德曰 生」이라한 데서 비롯되니 지덕地德은 즉 천도天道에 응하는 생육生育의 덕德이다. 정역正易에서 말하는 지덕地德은 아래와 같다.

地德 天道	方 圓	二四六八 庚壬甲丙	后五地德 先五天道	(二四六八十) (一三五七九)	十一地德而天道

一三五次는 度天이요 第七九次는 數地니 三天兩地니라

홀수 중에서도 "1, 3, 5"는 하늘을 말하는 도度이고, "7, 9"는 땅을 수數한 것이니 그것을 삼천양지三天兩地라고 한다. 이 구절에는 짝수 "2, 4, 6, 8, 10"은 삼지양천三地兩天이라는 말이 숨겨져 있다.

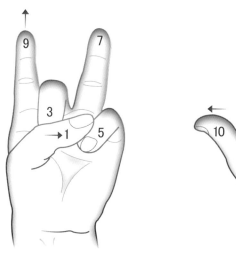

그림 171. 三天兩地

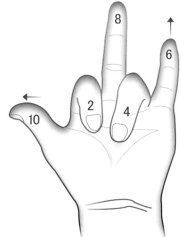

그림 172 三地兩天

正 수지〈數地〉: 손을 꼽는 쪽을 복상復上 또는 도천度天이라고 하였으며 손을 펴진 쪽을 황중皇中 또는 수지數地라 하였다. 그러므로 일삼오一三五로 된 것은 도度요

천天이며 칠구七九로 된 곳을 수數요 지地라 한 것이다. 이에서 손으로 치는 형상에 따라 다른 명칭名稱을 들어서 도표로 표시하여 본다.

指屈象					指伸形				
陽	而	陰			陰	而	陽		
三	天				兩	地			
兩	天				三	地			
先	天				后	天			
復	上				皇	中			
天	心				皇	心			
屈					伸				
進					退				
夜					晝				
一	三	五	度	天	七	九	數	地	
影					體				
氣					理				
一	二	三	四	五	六	七	八	九	十
十	九	八	七	六	五	四	三	二	一
甲	乙	丙	丁	戊	己	庚	辛	壬	癸
己	庚	辛	壬	癸	甲	乙	丙	丁	戊
己	庚	辛	壬		甲	丙			
癸	辛				戊	丁	乙		
天					地				

天地地天하니 后天先天이니라

천지天地했다가 지천地天하는 것은 후천선천이다. 천지天地는 선천이고 지천地天은 후천이다.

正 천지지천〈天地地天〉: 선천先天을 천지天地, 후천后天을 지천地天이라 한다. 왜냐하면 일삼오칠구一三五七九는 선천先天의 삼천양지三天兩地로서 삼천三天이란 천天과 양지兩地라는 지地와 결합하여 천지天地라 하였고, 이사육팔십二四六八十은 후천后天의 삼지양천三地兩天으로서 삼지三地란 지地와 양천兩天이란 천天과 결합하여 지천地天이라 하였기 때문이다.

先天之易은 交易之易이니라 后天之易은 變易之易이니라

역易은 반드시 역曆하고 통한다. 선천의 역易은 교역지역交易之易이고 후

正易 ── 정역

천의 역易은 변역지역變易之易이다. 교역交易은 아래위가 바뀌는 것으로 물리적인 변화이고, 변역變易은 전체가 뒤바뀌는 화학적인 변화이다.

本卦	變易·交易	易卦	屬性
䷂ 水雷屯	變易 ⇨	䷧ 雷水解	물리적 변화
	交易 ⇨	䷃ 山水蒙	화학적 변화

표 51. 괘卦의 교역(交易)과 변역(變易)의 일례

正 선천지역교역지역〈先天之易交易之易〉 : 선천先天의 역易은 교역交易한 역易이라 하니, 교역交易을 주역周易에서는 교역이퇴交易而退라 하여 물물物物교역을 말하지만 정역正易의 교역交易은 선천先天에 있어서 전례前禮를 인因해서 이른 바 「殷因於夏禮 周因於殷禮………」라 함은 역서曆書의 세수歲首를 바꾸는 일이니 즉 하夏나라는 인월세수寅月歲首, 은殷나라는 축월세수丑月歲首, 주周나라는 자월세수子月歲首, 진秦나라는 해월세수亥月歲首하다가 한漢나라 무제武帝 때에 와서 도로 인월세수寅月歲首하였으며 우리나라 또한 동사강목東史綱目에 보면, 「武后天册萬世元年)(新羅孝昭王4年)乙未四年 以建子月爲正………」「(武后久視元年)(新羅孝昭王 9年)庚子九年春正月復以寅月爲正……」〈東史綱目第四下〉이라 하여 오늘에 이른 것이나 천도天度는 365도¼의 범주範疇에서 역曆만 바뀌고 있으니 이것이 교역지역交易之易이다.

正 교역지역〈交易之易〉 : 주역周易에는 교역交易·변역變易·간이簡易라 하여 삼의三義가 있다고 하는데 정역에서는 교역交易·변역變易·호역互易·불역不易·비역匪易·정역正易 등이 있는데 360일로 바뤄진 역易을 정역正易이라 하고, 360일이 되지 않으면 역易이 역 될 수 없다 하여 비역匪易이라 하고, 360일이 되면 또 다시 바뀌지 아니한다 하여 불역不易이라 하고, 360일이 된 정역正易은 금화金火가 남서南西에서 서로 되바뀐 것이라 하여 호역互易이라 하고, 365도¼이 360도로 변화變化한 것을 변역變易이라 하며, 복희선천역伏羲先天易에서 문왕文王후천역后天易으로 괘의 위치만 바뀌는 것을 교역交易이라 한다.

正 후천지역 변역지역〈后天之易 變易之易〉 : 후천后天의 역易은 변역變易한 역易이라 하니 변역變易은 물리적物理的 변화變化가 아니라 화학적化學的 변화變化와 같은 것이다. 변역變易에 대하여는 정이천程伊川이 역전서易傳序에서 「易 變易也 隨時變易 以從道也」라고 하였으나 이는 어디까지나 선천先天의 안목眼目에서 말하는 변

正易과 天文曆

546

역變易이기 때문에 실지實地는 교역交易인 것이며, 정역正易에서 말하는 변역變易은 아닌 것이다. 정확히 말하면 복희괘伏羲卦가 문왕괘文王卦로 변變하는 것은 교역交易이요, 문왕괘文王卦가 정역괘正易卦로 변變하는 것이 변역變易인 것이다.

正 **변역지역〈變易之易〉**: 교역交易의 역易은 선천先天의 역易이오, 변역變易의 역易(變易之易)은 후천后天의 역易이다.

易易九宮하고 易易八卦니라

선천의 역易은 복희팔괘에서 문왕괘文王卦인 구궁九宮으로 바뀌고, 후천의 역易은 정역팔괘正易八卦로 바뀌었다.

正 **역역구궁〈易易九宮〉**: 복희팔괘역伏羲八卦易이 문왕구궁역文王九宮易으로 교역交易된다는 것. 이것은 복희선천伏羲先天에서 문왕후천文王后天으로 되는 것이다.

正 **역역팔괘〈易易八卦〉**: 복희팔괘역伏羲八卦易이 정역팔괘역正易八卦易으로 변역變易한다는 것이다.

卦之离乾은 數之三一이니 東北正位니라
卦之坎坤은 數之六八이니 北東維位니라
卦之兌艮은 數之二七이니 西南互位니라
卦之震巽은 數之十五니 五行之宗이요 六宗之長이니 中位正易이니라

구체적으로 보면 복희팔괘에서 리괘離卦의 수는 3이고 건괘乾卦의 수는 1이며, 리괘離卦는 정동방이고 건괘乾卦는 정남방에 위치한다. 그런데 복희팔괘에서 문왕팔괘로 바뀔 때에 복희괘의 3(三離火)이 문왕괘에서는 동방정위東方正位의 진震(3)으로 가고, 복희괘의 1(一乾天)이 문왕괘에서는 북방정위北方正位의 감坎(1)으로 가서 위치가 바뀌게 되므로 동북정위東北正位라 한 것이다.

마찬가지로 복희괘의 6(六坎水)은 문왕괘에서는 서북유위西北維位의

건乾(6)으로 가고, 복희괘의 8(八坤地)은 문왕괘에서는 동북유위東北維位의 간艮(8)로 위치가 바뀌게 되므로 북동유위北東維位라 하였다. 또 복희괘의 2(二兌澤)는 문왕괘에서는 서남유위西南維位의 곤坤(2)으로 가고, 복희괘의 7(七艮山)은 문왕괘에서는 서방정위西方正位의 태兌(7)로 위치가 바뀌게 되므로 서남호위西南互位라 하였다. 복희괘의 진震 손巽은 수로 보면 4와 5인데 십오十五라 한 것은 정역正易으로 뛰기 때문이다.

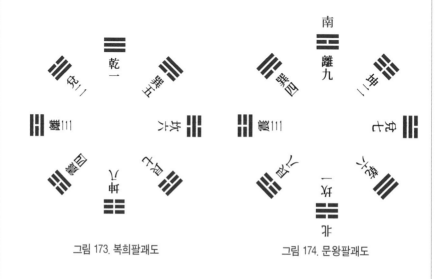

그림 173. 복희팔괘도   그림 174. 문왕팔괘도

正 **동북정위**〈東北正位〉: 정동正東과 정북正北으로 정위正位함.

正 **북동유위**〈北東維位〉: 유維는 모퉁이의 뜻으로서 문왕팔괘文王八卦의 서북西北과 동북東北을 북北과 동東의 모퉁이에 있는 괘卦를 가리킨다.

正 **서남호위**〈西南互位〉: 이칠화二七火가 서西쪽에서, 사구금四九金이 남南쪽에서 있던 낙서洛書가 하도河圖로 변變하는 데는 사구이칠四九二七이 호위互位된다고 한다.

正 **오행지종**〈五行之宗〉: 뇌풍雷風은 십오十五인 중앙토中央土로서 이 토土는 오행五行의 종宗이 된다는 것이다.

正 **육종지장**〈六宗之長〉: 육종六宗이란 종래 여러 가지 설이 있지만 여기서는 건

곤육자乾坤六子를 말한다. 즉 진(震 長男)·손(巽 長女)·감(坎 中男)·리(離 中女)·간(艮 少男)·태(兌 少女)이니 이 육종六宗의 장장長은 진손震巽이다. 정역正易에서 말한 「卦之震巽 數之十五 五行之宗 六宗之長 中位正易」이라고 하여 진손震巽과 십오十五를 한데 묶어 말하였으니 십오十五는 오행五行에 토土이므로 오행五行의 종宗이라 하였고, 진손震巽은 육자六子(震巽坎離艮兌)의 장장長이므로 육종지장六宗之長이라한 것이다.

干之庚辛은 數之九四니 南西交位니라

문왕괘의 간지경신干之庚辛은 수지구사數之九四이니 남서교위南西交位니라.

正 남서교위〈南西交位〉: 남南쪽과 서西쪽에서 서로 위치함. 즉 금화교역金火交易 자리에서 위치함.

洛書九宮生成數
낙 서 구 궁 생 성 수

正 낙서구궁생성수〈洛書九宮生成數〉: 낙서洛書는 일一에서 구九까지 이루어진 수數라서 구궁九宮이라 하니, 이 구궁九宮의 용수用數는 일삼오칠구一三五七九인데 천일생임수天一生壬水하면 지일성자수地一成子水등의 생성生成을 말한다.

天一生壬水하고 地一成子水니라
天三生甲木하고 地三成寅木이니라
天七生丙火하고 地七成午火니라
天五生戊土하고 地五成辰土하니 戌五는 空이니라
天九生庚金하고 地九成申金이니라

　"술오공戌五空"이라 한 것은 땅에서 술戌이 표준이 된다는 말이다. 공空이란 center 라는 것과 같다. 이러한 생성의 원리에 의해서 〈삼오착종오원수〉가 만들어진다.

三五錯綜三元數
삼 오 착 종 삼 원 수

正 삼오착종삼원수〈三五錯綜三元數〉: 건곤교乾坤橋라고 하는 지변간지至變干支가 있는데 변화變化의 지도리가 되는 것이다. 이것으로 쳐서 삼오착종三五錯綜이란 갑진甲辰이 무진戊辰으로 변變하는 것. 즉 갑삼甲三이 무오戊五수로 변變하는 것이니 이는 선천先天의 삼원三元이다. 이를 주역周易에서는 삼오이변參伍以變이라 말하고 있다.

甲己夜半에 生甲子하니 丙寅頭니라
乙庚夜半에 生丙子하니 戊寅頭니라
丙辛夜半에 生戊子하니 庚寅頭니라
丁壬夜半에 生庚子하니 壬寅頭니라
戊癸夜半에 生壬子하니 甲寅頭니라

〈삼오착종삼원수〉란 선천의 책력을 만드는 방법이다. 야반夜半은 날짜변경선을 뜻하며 주周 나라 때에 정해진 것이다. 하夏 나라 때에는 인시寅時로 하였는데, 세성歲星(목성)을 기준으로 세성歲星이 넘어갈 때까지를 하루라고 했었다. 날이 새고 밝아져도 세성이 완전히 없어져야 날짜가 바뀌는 것으로 보았다. 별을 기준으로 날짜변경선을 정했던 것이다. 그러나가 은殷 나라에 와서는 축시丑時에 닭이 우는 것을 날짜변경선의 기준으로 삼았는데, 이것을 계명축시鷄鳴丑時라고 한다. 닭이 울기 전에 제사를 지내야 한다는 풍습이 여기에 기원한 것이다. 그러다가 주周 나라에 와서야 야반夜半 자시子時를 날짜변경선으로 삼게 되었다.

"甲己夜半에 生甲子하니 丙寅頭니라"를 예로 들어 보면 갑일甲日이나 기일己日의 야반 자시는 항상 갑자시甲子時로 시작되고, 갑년甲年이나 기년己年의 정월은 항상 병인월丙寅月로 시작된다는 말이다. "생갑자生甲子"는 시

時를 말하고, "병인두丙寅頭"는 월건月建을 말하는 것이다. 선천의 달력은 이것으로 만들어져서 쓰고 있으며, 이렇게 책력이 만들어지는 원리가 바로 〈낙서구궁생성수〉이다. "삼원수三元數"라는 것은 "甲己夜半에 生甲子하니 丙寅頭니라"에서 보면 갑자甲子에서 병인丙寅까지의 육갑 도수가 3도이기 때문에 삼원수三元數라 한 것이다. ("甲子 乙丑 丙寅")

河圖八卦生成數
하 도 팔 괘 생 성 수

正 하도팔괘생성수〈河圖八卦生成數〉: 하도河圖는 십수팔괘十數八卦의 생성生成한 수數이다. 천간天干을 지地라 하고, 지지地支를 천天이라 한 것이 낙서구궁생성수洛書九宮生成數와 정반대이다. 하도팔괘河圖八卦는 십수팔괘十數八卦를 말한다.

地十生己土하고 天十成丑土니라
地四生辛金하고 天四成酉金이니라
地六生癸水하고 天六成亥水니라
地八生乙木하고 天八成未木하니 卯八은 空이니라
地二生丁火하고 天二成巳火니라

후천의 책력은 〈하도팔괘생성수〉에 의해서 말들어진다. 선천에서는 술오戌午가 공空(center)이라고 했는데 후천에서는 묘팔卯八이 공空(center)이 된다.

九二錯綜五元數
구 이 착 종 오 원 수

正 구이착종오원수〈九二錯綜五元數〉: 정역에는 삼원三元과 오원五元이 상대적으로 되어 삼원三元은 선천수요, 오원五元은 후천수다.

己甲夜半에 生癸亥하니 丁卯頭니라
庚乙夜半에 生乙亥하니 己卯頭니라
辛丙夜半에 生丁亥하니 辛卯頭니라
壬丁夜半에 生己亥하니 癸卯頭니라
癸戊夜半에 生辛亥하니 乙卯頭니라

후천의 야반夜半은 자시子時가 아니라 해시亥時가 되고, 월건月建은 인월寅月이 아니라 묘월卯月로 세수歲首하게 될 것이다.

"己甲夜半에 生癸亥하니 丁卯頭니라"를 예로 들어 보면, 기일己日과 갑일甲日의 야반은 계해시癸亥時가 되고, 기년己年과 갑년甲年의 월건月建은 정묘월丁卯月이 된다는 말이다. "오원수五元數"라고 한 것은 "己甲夜半에 生癸亥하니 丁卯頭니라"에서 보면 계해癸亥에서 정묘丁卯까지의 육갑 도수가 5도이기 때문에 오원수五元數라고 한 것이다. ("癸亥 甲子 乙丑 丙寅 丁卯")

〈삼오착종삼원수〉와 〈구이착종오원수〉를 모르면 야반夜半의 시간과 정월의 육갑을 알 수가 없다. 일日에서 시時를 알고, 년年에서 월건月建을 알 수 있다.

十一歸體詩
십 일 귀 체 시

火入金鄉金入火요 金入火鄉火入金을
火金金火原天道라 誰遣龍華歲月今고

　화금火金은 선천이고, 금화金火는 후천이다. 향鄉이라는 것은 본래 있던 자리를 말한다. 그러니까 화火는 고향이 금金이고, 금金의 고향은 화火이다. 이것은 평면적으로 본 것이고, 손에 올려서 입체적으로 볼 때 제 2지의 유酉자리가 중요하다. 선천에서는 "해亥·자子·축丑·인寅·묘卯·진辰·사巳·오午·미未·신申·유酉·술戌"하던 것을 후천에서는 제 2지에서부터 "유酉·술戌·해亥·자子·축丑·인寅·묘卯·진辰·사巳·오午·미未·신申"으로 도수를 치게 된다. "해자축亥子丑~"으로 하는 것은 건乾의 원형이정元亨利貞을 말할 때 치는 것이고, "유술해酉戌亥~"로 하는 것은 곤坤의 원형이빈마지정元亨利牝馬之貞을 말할 때 치는 것이다. 〈금화오송〉에서 "嗚呼라 金火互易은 不易正易이니"라고 밝힌 것처럼 제 2지의 유酉자리는 바뀌지 않는 자리이다.

	數										鄉
하도수	10	9	8	7	6	5	4	3	2	1	
낙서수	1	2	3	4	5	6	7	8	9	10	鄉
		火入金鄉							金入火鄉		

표 52. 화입금향금입화(火入金鄉金入火) 금입화향화입금(金入火鄉火入金)

　"화입금향금입화火入金鄉金入火"는 "甲己夜半에 生甲子하고 丙寅頭"하는 선천을 말하고, "금입화향화입금金入火鄉火入金"은 "己甲夜半에 生癸亥하고 丁卯頭"하는 후천을 말한다. 화금火金했다가 금화金火하는 것은 원천도原

正易 ── 정역

天道이다. 원천原天은 선천과 후천을 통틀어서 하는 말이다. 선천과 후천은 상대적인 것이고, 원천原天은 절대적인 것이다.

용화龍華는 미륵彌勒을 말한다. 불가佛家에서는 이 세상에 사계四季가 있다고 하는데, 우리는 그 중에서 사바세계(생지옥)에서 살고 있는 것이다. 사바세계는 감정의 세계이며, 성性이 아니라 정情을 가지고 사는 세계이다. 만물지정萬物之情을 표현한 것이 바로《주역》인데, 함괘咸卦에 보면 "천지만물지정가견의天地萬物之情可見矣"라는 말이 있다.[114] 그것을 괘로 표현한 것이 팔괘이다.

우리나라의 선비치고《주역》을 건드리지 않는 사람이 없다.《주역》에 관한 학문을 '성학聖學'이라고 하는데, 퇴계의《성학십도》도《주역》에 관한 책이다. 성인聖人은 창작하는 것이므로 성경聖經이라 하고, 현인賢人은 전傳할 분이므로 현전賢傳이라고 한다.

번호	08	07	06	05	04	03	02	01
八卦	坤 ☷	艮 ☶	坎 ☵	巽 ☴	震 ☳	離 ☲	兌 ☱	乾 ☰
四象	太陰 ⚏		少陽 ⚎		少陰 ⚍		太陽 ⚌	
兩儀	陰 --				陽 ―			
太極	太極							

표 53. 복희팔괘차서지도(伏羲八卦次序之圖)

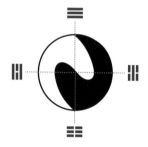

그림 175. 태극도와 건곤감리

우리나라의 태극도太極圖를 보면 복희팔괘에서 사정위四正位에 있는 건乾 곤坤 감坎 리離만 그려 넣었다. 정위正位에서 천지일월天地日月만 그려 넣

---

114 象曰, 咸, 感也, 柔上而剛下, 二氣感應以相與. 止而說, 男下女, 是以亨, 利貞, 取女吉也. 天地感而萬物化生, 聖人感人心而天下和平, 觀其所感, 而天地萬物之情可見矣.《周易》〈咸卦第三十一〉
象曰, 恒, 久也. 剛上而柔下, 雷風相與, 巽而動, 剛柔皆應, 恒. 恒, 亨, 无咎, 利貞, 久於其道也. 天地之道, 恒久而不已也. 利有攸往, 終則有始也. 日月得天而能久照, 四時變化而能久成, 聖人久於其道而天下化成, 觀其恒, 而天地萬物之情可見矣.〈恒卦第三十二〉
象曰, 萃, 聚也, 順以說, 剛中而應, 故聚也. 王假有廟, 致孝享也, 利見大人亨, 聚以正也, 用大牲吉, 利有攸往, 順天命也. 觀其所聚, 而天地萬物之情可見矣.〈萃卦第四十五〉

었지만, 그 속에는 유위維位에 있는 진震(雷) 손巽(風) 간艮(山) 태兌(澤)가 다 들어 있는 것이다. 평면적으로 보면 태극太極에서 양의兩儀가 생하고, 양의에서 사상四象이 생하고, 사상에서 팔괘八卦가 생하는 형상을 자세히 볼 수 있다. 이것을 다시 입체적으로 본 것이 바로 태극도太極圖이다.

제사를 지낼 때 차리는 음식을 보면 제일 앞줄에는 과실果實을 놓고, 두 번째 줄에는 채소菜蔬, 세 번째 줄에는 탕湯, 네 번째 줄에는 적炙, 다섯 번째 줄에서는 병餅, 여섯 번째 줄에는 반갱飯羹을 놓는데 이것도 역시 육효六爻에 의해서 제도를 만든 것이다. 본래 제사를 지내는 목적은 점을 치기 위한 것이다. 소족을 삶아서 적炙줄에 올려놓는데,《삼국유사》에 보면 삶은 소족이 "합즉길合則吉, 분즉흉分則凶"하다고 하여 전쟁이나 대사를 치룰 때에 제사를 지내면서 하늘에 길흉을 물어보았다고 한다.

맨 앞에 놓는 과줄에는 조棗·율栗·시柿가 기본이 된다. 대추는 번식을 상징한다. 다른 나무는 암수가 다른데, 대추는 암수가 같이 있으면서 꽃이 피고 난 뒤에 헛꽃이 하나도 없이 열매를 맺는다. 혼인할 때에 대추를 신랑신부에게 던져주는 것도 잘 번식하게 해달라는 뜻이 있다 밤은 계대繼代를 상징한다. 다른 것은 열매를 맺으면 씨가 곧 썩고 다시 싹이 나는데 밤은 3년, 4년이 되도록 썩지 않고 맛도 변하지 않고 있다가 자기와 같은 나무가 자라는 것을 보고 나서야 썩어 들어간다. 마찬가지로 자기와 같은 씨인 손자를 보고 나서야 죽게 해달라고 기원하는 것이다. 그래서 신주도 밤나무로 한다. 산신주를 만들 때에도 돌밤나무를 정해서 신주로 삼고, 남북을 정해서 남쪽이 앞으로 가게 자리를 잡고 제사를 지낸다. 또 밤나무는 주周 나라의 국목國木이기도 하다. 하夏 나라는 잣나무가 국목이고, 은殷 나라는 소나무가 국목이다. 감은 교육을 상징한다. 감은 아무리 좋은 씨라도 그냥 심어 놓으면 자라면서 뾰쪽이가 되버린다. 2~3년 된 나무를 반드시 접붙여서 바꿔주어야만 좋은 씨가 만들어진다. 교육은 공자도 "역자이교지易子而敎之"하였다.

이 세 가지 대추(棗)·밤(栗)·감(柿)를 올려놓은 것은 번식과 계대와 교육이 잘 되도록 해달라고 무언으로 비는 뜻이 담겨 있는 것이다. 보다 큰 제사상이나 여유가 있는 경우에는 이 외에도 잣·호두·은행을 올려 놓기도 하는데 그것은 자신의 두뇌를 좋게 해달라고 비는 것이다. 제사 상에는 아무리 없더라도 이 삼색실과는 꼭 올려 놓아야 한다고 말한다. 과줄 옆에는 식혜와 포를 놓는데, 이 두 가지는 다른 음식이 없더라도 식 혜나 포 한 가지만 가지고서도 제사를 지낼 수 있다.

예禮라는 것이 그렇게 중요한 것이다. 요즈음에는 제사지내는 법도 모르고, 혼인하는 법도 모르고, 더군다나 향교나 서원제사는 전문가들이나 알지 일반인들은 전혀 모르고 알려고 하지도 않는다. 향교의 제사나 천제를 지내려면 반드시 미나리와 부추가 들어간다. 다른 채소는 춘하 추동을 구분해서 자라고 죽는데, 미나리는 사계절 내내 자라기 때문에 수시로 캐먹을 수 있다. 그러니까 사계절 내내 자라는 것처럼 끊임없는 정성을 나타내는 것이다. 미나리의 '근芹'은 '근謹'자와 통한다.

혼례에서도 우리나라 60년대 이전까지만 해도 주례사가 고천문을 낭독하는 것이었다. 혼례가 바로 천제나 다름없었던 것이다. 그런데 60년대 이후에는 하늘에 바라는 것을 신랑신부에게 다짐을 받는 것으로 바뀌었다. 어떤 것이 잘 하는 것인지는 모르겠지만 하늘 중심이었던 것이 인간 중심으로 바뀐 것이다.

政令은 己庚壬甲丙이요 呂律은 戊丁乙癸辛을

"기경임갑병己庚壬甲丙"에서 경庚 임壬은 태음으로 일수지혼一水之魂과 사금지백四金之魄이고, 갑甲 병丙은 태양으로 칠화지기七火之氣와 팔목지체八木之體를 말한다. 그것을 정령政令이라고 한다.

○ 정政 ━ 태음(달), 경庚 임壬, 일수지혼一水之魂 사금지백四金之魄

○ 령令 ─ 태양(해), 갑甲 병丙, 칠화지기七火之氣 팔목지체八木之體

"무정을계신戊丁乙癸辛"에서 정丁 을乙은 이화삼목二火三木이고, 계癸 신辛은 육수구금六水九金을 말한다.

○ 려呂 ─ 정丁 을乙, 이화삼목二火三木

○ 율律 ─ 계癸 신辛, 육수구금六水九金

무위戊位와 기위己位가 그렇게 나뉘어서 정령政令과 려율呂律이 된 것이다. 도는 것은 일월의 정령政令이지만 그것을 돌게 하는 것은 속에 있는 려율呂律이다.

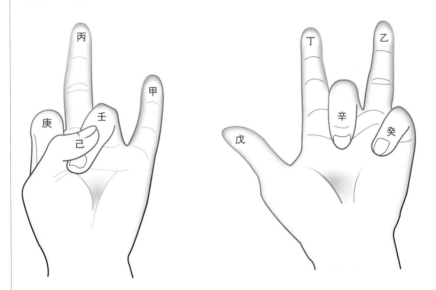

그림 176. 政令   그림 177. 律呂

그림 178. 정령과 율려

正　**기경임갑변**〈己庚壬甲丙〉：정역正易에는 정령政令인 기경임갑병己庚壬甲丙과 여율呂律인 무정을계신戊丁乙癸辛이 있어, 이 정령政令은 태음太陰·태양太陽의 표상表象을 이루는 것이다. 이 상象은 뇌풍정위용정수雷風正位用政數에 잘 묘사돼 있다. 이를 정령도政令圖로 표시하면 다음과 같다. 그리고 금화정역도金火正易圖에 견줘보면 정령政令은 남북南北으로 있고 여율呂律은 동서東西로 놓여 있는 것을 알 수 있다.

<table>
<tr><td colspan="5" align="center">政令圖</td></tr>
<tr><td>指象</td><td>天干</td><td>數</td><td>日月</td><td>政令</td></tr>
<tr><td>一</td><td>己</td><td>十</td><td></td><td></td></tr>
<tr><td>二四</td><td>庚壬</td><td>四一</td><td>四金之魄 一水之魂 ㉕月</td><td>政</td></tr>
<tr><td>六八</td><td>甲丙</td><td>八七</td><td>八木之體 七火之氣 ㉔日</td><td>令</td></tr>
</table>

<table>
<tr><td colspan="5" align="center">呂律圖</td></tr>
<tr><td>呂律</td><td>五行</td><td>數</td><td>天干</td><td>指象</td></tr>
<tr><td></td><td>土</td><td>五</td><td>戊</td><td>十</td></tr>
<tr><td>汐分呂</td><td>火木</td><td>二三</td><td>丁乙</td><td>九七</td></tr>
<tr><td>潮會律</td><td>水金</td><td>六九</td><td>癸辛</td><td>五三</td></tr>
</table>

正　**무정을계신**〈戊丁乙癸辛〉：여율呂律의 구성構成으로서 구칠오삼九七五三을 가리킨다.

正　**정령 기경임갑병**〈政令己庚壬甲丙〉：정령政令이란 주례周禮에서 「以治王宮之政令」이라는 데서 비롯된 말이다. 정역正易에서 정령政令은 태음太陰과 태양太陽의 혼백魂魄과 기체氣體가 된 경임갑병庚壬甲丙을 말한다. 이를 도표하면 아래와 같다.

日月	太陰		太陽
干支	己	庚壬	甲丙
象		四一 金水 之之 魄魂	八七 木火 之之 體氣
손도수	一	二四	六八
政令		政	令

〈政令圖〉

🔳 **여율무정을계신**〈呂律戊丁乙癸辛〉: 여율呂律은 무정을계신戊丁乙癸辛이라 하니 정이丁二와 을삼乙三은 여呂가 되고, 계육癸六과 신구辛九는 율律이 된다. 정령政令과 여율呂律에 대하여 도표하면,

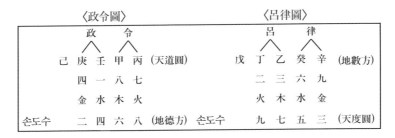

地十爲天天五地요 卯兮歸丑戌依申을

지십위천地十爲天은 지십기토地十己土가 올라가서 하늘이 되고, 천오天五가 내려와서 지地가 된다. 묘술卯戌은 오팔존공五八尊空할 때의 술오戌五와 묘팔卯八이다.

🔳 **지십위천천오지**〈地十爲天天五地〉: 이는 선천先天에서 후천后天으로 변變하는 도道의 추기樞機라고 할만하다. 후천后天이 되는 요건要件은 십수十數가 올라오는 현상이니 십十이란 천지天地의 기紀가 되기 때문이다. 이를 손도수로 알아보기 위해 도표로 그려보자.

손도수	十	九	八	七	六	五	四	三	二	一
先天	甲	乙	丙	丁	戊	己	庚	辛	壬	癸
后天	己	庚	辛	壬	癸	甲	乙	丙	丁	戊
			地十爲天				天五爲地			

육六자리에서 지십地十하던 기己가 일一자리로 천天이 되어 올라오니 천天이요, 오五자리에서 무戊한 오五가 땅의 십十자리로 내려간 것이다. 다시 말하면 甲乙丙丁戊己庚辛壬癸가 己庚辛壬癸甲乙丙丁戊로 뒤바뀐 것이다. 이것이 후천后天되는 까닭이다.

🔳 **묘혜귀축술의신**〈卯兮歸丑戌依申〉: 정역正易에 오팔존공五八尊空이란 무오戊五

묘팔卯八을 말한다. 이 묘술卯戌인 공空이 어디로 귀의歸依하는가 하면 묘卯는 축丑에 돌아가고, 술戌은 신申에 의지한다고 하니, 귀의歸依하는 축신丑申은 무슨 상수象數일까? 축丑은 십十이니, 미제지상未濟之象에 당當하는 것이라면, 신申은 구九로서 기제지수旣濟之數에 당當하는 것이 아닌가 한다.

十은 十九之中이니라

九는 十七之中이니라

八은 十五之中이니라

七은 十三之中이니라

六은 十一之中이니라

五는 一九之中이니라

四는 一七之中이니라

三은 一五之中이니라

二는 一三之中이니라

一은 一一之中이니라

10세어 1까지의 수를 기우지수奇偶之數로 나누어서 각각 합하면 55와 45가 된다. 짝수의 합인 55는 하도수河圖數가 되고, 홀수의 합인 45는 낙서수洛書數가 된다. 하도는 십수十數라 하고 낙서는 구궁九宮이라 한다.

奇偶	十	八	六	四	二	九	七	五	三	一
中	十九之中	十五之中	十一之中	一七之中	一三之中	十七之中	十三之中	一九之中	一五之中	一一之中
河圖 洛書	都合 : 五十五 〈河圖〉					都合 : 四十五 〈洛書〉				

표 54. 기우지수(奇偶之數)의 합과 하도, 낙서

🔲 일일일지중〈一一一之中〉 : 일一은 일一과 일一과의 중中이다. 중中이란 또 십십十十과 일일一一의 공空이라 하니 공空은 중中이 없으면 용用이 없고 중中은 공空이

없으면 체體가 없다. 세종대왕世宗大王은 훈민정음訓民正音을 이러한 원리原理에 의하여 창제創製한 것 같다. 즉 중中은 하나의 점(·)이요, 공空은 하나의 권(圈,○)이다. 점(·)과 권(○)은 다같이 무한无限하며 둥근 상象이지만, 중中은 쓰임이요, 공空은 쓰일 수 있게 하는 체體이다. 그러므로 권(圈, ○) 즉 공空은 목구멍을 상징象徵한다. 소리가 나올 수 있는 근본根本을 형상形狀하여 그곳에서 비로서 소리가 형성形成되니 이것이 점(·)이다. 그리하여 ○은 소리가 없고 이에서 ㆁ에 이르매 비로소 이응 소리가 나온다. 이것이 공空과 중中의 체용體用관계이다. 역易의 원리原理는 이와 같이 그 공덕功德이 무량(功德无量)한 것이라 하겠다. 이것이 바로 일이관지一而貫之의 원리이다. 정역正易에 「──之中 中十十──之空」이라 하였으니 이 원리原理를 체득體得한다면 천하天下에 무슨 일이나 막힐 것이 없다고 하겠다. 공空은 전체全體요 중中은 그 핵심核心이기 때문이다.

中은 十十一一之空이니라
堯舜之厥中之中이니라
孔子之時中之中이니라

　중정中正이란 말이 있는데, 《주역》은 정중지도正中之道가 아니라 중정지도中正之道이다. 건괘의 제5효는 "비룡재천飛龍在天"이고, 제2효는 "현룡재전見龍在田"이라고 하였다. 비룡飛龍은 외괘外卦의 중中이고, 현룡見龍은 내괘內卦의 정正이다. 2효는 정正이고 5효는 중中이 되는데, 중中은 정正을 포용할 수 있지만 정正은 중中을 포용하지 못한다. 중정中正이라는 것은 중용中庸이라는 말고 같다. 사람도 마찬가지로 건강하다고 하는 것은 수승화강水升火降이 잘 된다는 말과 같다. 화火는 위에 있고 수水는 아래에 있으면서 수승화강水升火降이 잘 되어야 건강한 것이다. 겸괘謙卦의 대상大象을 보면 "칭물평시稱物平施"라는 말이 있는데, 너무 지나치면 깎아내고 부족하면 보태주어서 평화스럽게 만드는 것이 우리가 사는 사회의 극치라고 할 수 있다.

　어쨌든 십十에서 일一까지 중中이 아닌 것이 없는데, 그러면 그 중中이

무엇일까? 중中은 십십일일지공十十一一之空이다.《맹자》는 책의 끝머리에
가서 "見而知之, 聞而知之"하고는 끝이 나고,[115]《논어》도 처음에는 "子
曰 學而時習之 不亦說乎, 有朋自遠方來 不亦樂乎, 人不知而不慍 不亦君
子乎."로 시작해서 끝에 가서는 "子曰 不知命 無以爲君子也, 不知禮 無
以立也, 不知言 無以知人也."로 끝을 맺었다. 이런 것이《논어》《맹자》를
《주역》과 하나로 보는 방법이다.

　이것이 바로 "칭물평시稱物平施"이다. 중中이라는 것은 바로 공空이다.
하도가 시작하는 열(10)자리는 자체가 만들어내는 것이 아니라 낙서가
"1, 2, 3, 4, 5, 6, 7, 8, 9"해서 열(10)을 만든 것이다. 낙서가 시작하는 하나
(1)도 마찬가지로 하도가 "10, 9, 8, 7, 6, 5, 4, 3, 2, 1"해서 하나(1)가 만들
어지는 것이다. "거변무극십擧便无極十, 십변시태극일十便是太極一"이라는
것이 바로 이것을 형용한 말이다.

中	數									
堯舜之闕中之中	1	2	3	4	5	6	7	8	9	10
孔子之時中之中	10	9	8	7	6	5	4	3	2	1
合	11	11	11	11	11	11	11	11	11	11

표 55. 궐중지중(厥中之中)과 시중지중(時中之中)

正 궐중지중〈厥中之中〉: 그 중의 중이니, 정역에 시중時中과 궐중厥中이 있는데 이
를 구별해보면, 궐중의 중은 일일一一의 중을 뜻하고 시중의 중은 십십十十의 중
을 말한다. 그러므로 중中을 십십일일十十一一의 공空이라고 하였다. 입도시立道詩에
서는 공空에서 중中을 보았고, 십일귀체시十一歸體詩에서는 중中에서 공空을 보았다.
이를 유의하여 주기 바란다.

正 시중지중〈時中之中〉: 중中은 십십일일十十一一의 공空이다. 요순堯舜은 궐중지중

---

115 孟子曰, 由堯舜至於湯, 五百有餘歲, 若禹 皐陶, 則見而知之; 若湯, 則聞而知之. 由湯至
於文王, 五百有餘歲, 若伊尹 萊朱則見而知之; 若文王, 則聞而知之. 由文王至於孔子. 五百有
餘歲, 若太公望 散宜生, 則見而知之; 若孔子, 則聞而知之. 由孔子而來至於今, 百有餘歲, 去聖
人之世, 若此其未遠也; 近聖人之居 若此其甚也. 然而無有乎爾, 則亦無有乎爾.《孟子》〈盡心
章句下〉

厥中之中이라 하고 공자孔子는 시중지중時中之中이라 하니 궐중厥中은 서경書經의 윤집궐중允執厥中이란 말이며 시중時中은 주역간괘周易艮卦에서 이른 바,「時止則止 時行則行 動靜不失其時」라 한 데서와 또 맹자孟子에「可以仕則仕 可以止則止………聖之時者也」라 한 데서 온 것이다. 정역正易에서 보면 궐중지중厥中之中은 무극이태극无極而太極 십十에서 일一을 말하는 것이요, 시중지중時中之中은 황극이무극皇極而无極 오五에서 십十을 뜻한 것이라고 생각된다.

一夫所謂包五含六은 十退一進之位니라

다섯과 여섯이 제 5지에서 이루어진다. 손가락을 다 굽힌 것이 오五이고, 제 5지를 편 것이 육六이다. 포오함육包五含六하는 이 자리가 중중中中의 공空하는 자리이다. 오육五六은 태양지정太陽之政이고, 십일十一은 태음지정太陰之政이다.

數	運動	손도수(位)	政	備考
五六	包五含六	第 5指	太陽之政	一七四
十一	十退一進	第 1指	太陰之政	一八七

표 56. 포오함육(包五含六)과 십퇴일진(十退一進)의 자리

正 십퇴일진지위〈十退一進之位〉: 포오함육包五含六은 오육五六자리에서 십퇴일진十退一進은 십일十一자리에서 즉 간태艮兌에 위치한다는 것이다. 이는 중中과 공空을 뜻한 것이다.

正 포오함륙 십퇴일진지위〈包五含六 十退一進之位〉: 오五를 싸고 육六을 머금은 것은 손의 일육궁一六宮자리에서 십十은 물러가고 일一이 나가는 것은 오십토五十土 자리에서 위치하였다는 말이다. 이것을 도표하면 다음과 같다.

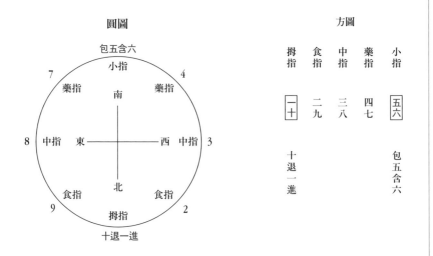

손으로 본 包五含六 十退一進之位方圓圖

小子아 明聽吾一言하라. 小子아

　소자小子들아 내 한마디를 분명하게 들어보라. 소자小子는 오육五六을
말하고서 후천지도后天之道가 태양지정太陽之政으로 간다는 것을 뜻한다.

正 소자명청오일언소자〈小子明聽吾一言小子〉: 소자小子는 스승이 제자를 부르
는 말. 공자孔子도 그 제자를 일컬어 오당지소자吾黨之小子 즉 「우리 마을의 소자小
子들」이라고 하였다. 이에서는 「제자들아, 나의 한마디 말하는 것을 밝게 들어 보
라 소자小子들아」라고 한 말이다.

雷風正位用政數
뇌 풍 정 위 용 정 수

하늘의 정사政事는 뇌풍雷風이 하고, 인간의 정사政事는 간태艮兌가 한다. 뇌풍雷風은 중위中位가 아니고 정위正位이기 때문에 "뇌풍정위용정수雷風正位用政數"라고 하였다. 정正은 하나의 용用이고, 중中은 하나의 체體이다.

正 뇌풍정위용정수〈雷風正位用政數〉: 괘卦중에 진손震巽은 수數로는 십오十五라 하였다. 수數의 십오十五란 기위己位 십수十數와 무위戊位 오수五數를 말한다. 이래서 이 십오十五가 중위정역中位正易이 되어 뇌풍雷風이 정위正位하여 정사政事를 한다 하니, 천지天地의 정사政事는 뇌풍雷風으로 하고, 인간人間의 정사政事는 호령號令으로 한다함은 양자법언揚子法言에도 이미 말하기를 鼓舞萬物者雷風乎 鼓舞萬民者號令乎 라 하였다.

己位는 四金一水八木七火之中이니 无極이니라
无極而太極이니 十一이니라
十一은 地德而天道니라
天道라 圓하니 庚壬甲丙이니라
地德이라 方하니 二四六八이니라

기위己位는 "경임갑병庚壬甲丙"이니까 그것을 수數로 말하면 사금四金 일수一水 칠화七火 팔목八木이 되고, 그것이 바로 무극无極이 된다. 십수十數인 기위己位로 시작했으니까 무극이라는 말이 나오는 것이다. 무극이면서 태극이니 그 수는 십일十一이 되고, 십일十一은 지덕地德이면서 천도天道가 된다. 천도天道는 원圓하니 경임갑병庚壬甲丙이고, 지덕地德은 방方하니 이사육팔二四六八이 된다.

正 무극이태극〈无極而太極〉: 무극无極이로대 태극太極. 우주宇宙에 선행先行하여 존재存在한 원시原始의 근본根本을 이루는 무극无極에서 우주宇宙 만물萬物 구성構成

의 근원根源이 되는 본체本體. 즉 태극太極을 수리數理로 말하면 십일十一이라 한다. 무극이태극无極而太極이란 말은 일찍이 송나라 주렴계周濂溪도 말한 바이지만 주렴계周濂溪가 말한 무극이태극无極而太極은 정역正易에서 말하는 무극이태극无極而太極과는 말은 같으나 개념概念이 다르다. 주렴계周濂溪가 일컬은 무극이태극无極而太極은 태극太極 이전以前에 무극无極이 있었다는 순서順序를 말한 것이며, 정역正易에 무극이태극无極而太極은 십변시태극十便是太極 즉 무극无極이 바로 이 태극太極이라는 뜻이다. 무극无極은 무방无方이오 무체無體인데 비하여 태극太極은 유방有方이오 유체有體라고 할 수 있다면 그 무无와 유有, 무극이태극无極而太極은 즉 무이유无而有로 통通한다.

正 천도원〈天道圓〉: 천도원天道圓이란 말은 여람呂覽〈呂氏春秋〉에서도 이르기를 「天道圓 地道方 聖人法之 所以立上下 精氣一上一下 圜周複雜 無所稽留故曰 天道圓 萬物殊類殊形 皆有分職 不能相爲故曰 地道方」 이라고 하였다. 정역正易에서 천도天道는 일삼오칠구一三五七九를 말하는가 하면 천간天干으로는 경임갑병庚壬甲丙으로 말하고 있다.

正 지덕〈地德〉: 덕德은 주역周易에 「天地之大德曰 生」 이라한 데서 비롯되니 지덕地德은 즉 천도天道에 응하는 생육生育의 덕德이다. 정역正易에서 말하는 지덕地德은 아래와 같다.

地德 天道	方 圓	二四六八 庚壬甲丙	后五地德 先五天道	(二四六八十) (一三五七九)	十一地德而天道

戊位는 二火三木六水九金之中이니 皇極이니라

皇極而无極이니 五十이니라

五十은 天度而地數니라

地數라 方하니 丁乙癸辛이니라

天度라 圓하니 九七五三이니라

　무위戊位는 정을계신丁乙癸辛인데 그것을 수數로 말하면 이화二火 삼목三木 육수六水 구금九金이 되고, 그것이 바로 황극皇極이 된다. 오수五數인 무위戊位에서 시작했으니까 황극皇極이라는 것이고, 황극皇極이면서 무극无極이므로 오십五十이 된다는 것을 열(10)자리에 다섯(5)이 있다는 것이다. 오십五十은 천도天度이면서 지수地數가 되는데, 지수地數는 방方하니 정을계신丁乙癸辛이고, 천도天度은 원圓하니 구칠오삼九七五三이 된다.

正 황극이무극〈皇極而无極〉 : 황극皇極이로되 무극无極이니 오십五十이라고 하여 주로 무위戊位로 작용作用한다. 황극체위도수皇極體位度數가 작용作用하는 경우에는 황극이무극皇極而无極이라고 말한다. 이것이 귀서龜書 운용설명運用說明하는데서 나온다. 이른 바 「龜書 旣濟之數而逆生倒成 后天无極」이라고 함은 귀서龜書의 묘용妙用에 있어 황극이무극皇極而无極을 구체화具體化해서 말한 것이다.

正 천도원〈天度圓〉 : 천도天道 즉 하늘이 가는 도度는 무한하므로 원圓하니 도수로는 구칠오삼九七五三의 형상을 한다. 이는 바로 정을계신丁乙癸辛이 닿는 손도수를 가리킨다.

正 지수〈地數〉 : 도度를 덕德에 비한다면 수數는도道에 비할 수 있다. 이는 태음太陰 태양太陽의 포태도수胞胎度數를 밝히는 데서 「度順而道逆」「度逆而道順」「度成道於三十」「度成道於三十六」이라고 한 것을 봐도 알만하다. 즉 도度는 거리를 말하는 것이오, 수數는 그 가치를 말하는 것이다. 그러므로 지수地數는 땅에 속하는 가치를 나타내는 수數이다. 천도天度와 지수地數를 도표하면 아래와 같다.

天度　圓 地數　方	九七五三 丁乙癸辛	度天 數地	一三五次 第七九次	五十天度而地數

正易 ── 정역

569

四正七宿用中數

사 정 칠 수 용 정 수

　사정칠수용중수四正七宿用中數란 28수중에서 4 정방正方에 위치한 방房, 허虛, 묘昴, 성星 을 말한다.

正 사정칠수용중수〈四正七宿用中數〉: 이십팔수二十八宿가 동서남북東西南北 사방四方으로 도열된 것을 정력正曆과 윤력閏曆에 따라 이십팔수二十八宿도 중中을 맞추어 쓰는 것이니, 즉 춘하추동春夏秋冬의 사중월四仲月인 묘월卯月·오월午月·유월酉月·자월子月에는 이십팔수二十八宿의 사정중수四正中宿인 방허묘성房虛昴星을 맞추어 쓰는 수數를 말한다. 이십팔수二十八宿의 중성中星을 도표로 알아 본다.

四正七宿 및 中星			方位宿名	書經用中
軫翼張	星	柳鬼井	南方朱雀七宿	日中星鳥以殷仲春
參觜畢	昴	胃婁奎	西方白虎七宿	日短星昴以正仲冬
壁室危	虛	女牛斗	北方玄武七宿	霄中星虛以殷仲秋
箕尾心	房	氐亢角	東方蒼龍七宿	日永星火以正仲夏
	中星			

사정칠수四正七宿 용중用中에 대해서는 《서경書經》〈요전堯典〉에 나타나 보인다.

先天은 五九니 逆而用八하니 錯이라 閏中이니라
后天은 十五니 順而用六하니 合이라 正中이니라

　책력을 만드는 방법 중에 '오구법五九法'이 있다. 금년의 달력을 만들 때에는 9년 전의 달력을 가지고 만든다.

○ 대월大月(30일) : 간오지구干五支九

○ 소월小月(29일) : 간사지팔干四支八

○ 24 절후節候 : 간삼지칠干三支七

이 세 가지 공식에 의해서 매월의 삭일朔日에 해당하는 간지干支를 정한다. 가령 9년 전의 정월이 큰 달이면서 초하루의 간지干支가 갑자甲子일이면, 간오지구干五支九의 원칙에 따라 천간은 '갑甲·을乙·병丙·정丁·무戊'로 5번째인 무戊가 되고, 지지는 '자子·축丑·인寅·묘卯·진辰·사巳·오午·미未·신申'으로 아홉 번째인 신申이 되므로 금년의 정월 초하루는 무신戊申일이 된다. 만약 9년 정월이 작은 달이면서 간지干支가 갑자甲子일이면 간사지팔干四支八의 원칙에 따라 천간은 '갑甲·을乙·병丙·정丁'으로 네 번째인 정丁이 되고, 지지는 '자子·축丑·인寅·묘卯·진辰·사巳·오午·미未'로 여덟 번째인 미未가 되므로 금년 정월 초하루는 정미丁未가 되는 것이다.

이런 방법으로 12개월의 초하루를 간오지구干五支九와 간사지팔干四支八의 공식에 의해 모두 정해 놓고, 날짜를 세어보아서 30일이 되면 큰 달이라고 하고 29일이 되면 작은 달이라고 한다.

절후節候는 무조건 간삼지칠干三支七의 원칙에 따른다. 9년 전의 입춘立春이 갑자甲子이면 금년의 입춘은 간삼지칠干三支七의 원칙에 따라 천간은 '갑甲·을乙·병丙'으로 세 번째인 병丙이 되고, 지지地支는 '자子·축丑·인寅·묘卯·진辰·사巳·오午'로 일곱 번째인 오午가 되므로 병오丙午가 된다. 그런데 후천은 열에서 다섯으로, 즉 십十과 오五로 다 정해져 있어서 정중正中이 된다는 것이다.

正 **선천오구 역이용팔 착윤중**〈先天五九 逆而用八 錯閏中〉: 선천先天은 오五에서 구九까지 가는 오五를 육六자리에서 오육칠팔五六七八로 거슬러서(逆) 팔八을 쓰니 어겨진 수이므로 윤閏으로 맞추어 쓴다. 이를 도표로 설명해 보자.

자리 수	一	二	三	四	五	六	七	八	九	十	十
치는 수		1	2	3	4	5	6	7	8	⑨	+①

逆而用八

閏中

: 후천后天은 십十에서 오五로 순順히 내려와 육六을 쓰게 되니 오五와 육六이 합合하는지라 정역正易으로 중中한다는 것이다. 이것을 도표로 표시하면 아래와 같다.

	十	➝				五			
后天十五:	十	九	八	七	六	五	四	三	二	一
	1	2	3	4	5	6	7	8	9	10

順而用六合

五九는 太陰之政이니 一八七이니라
十五는 太陽之政이니 一七四니라

오구五九는 태음지정太陰之政이니 일팔칠一八七에서 유래했고, 십오十五는 태양지정太陽之政이니 일칠사一七四의 수數에서 유래한 것이다.

正 오구태음지정일팔칠〈五九太陰之政一八七〉 : 오五에서 구九까지 가는 것은 태음太陰의 정사이니 일팔칠一八七이라는 것이다.

正 십오태양지정일칠사〈十五太陽之政一七四〉 : 태음太陰의 정사는 오구五九. 즉 오五에서 구九로 거슬리는 수니 일팔칠一八七이라 하였고, 태양太陽은 십오十五 즉 십十에서 오五로 순順하게 내려오는 수니 일칠사一七四가 된다고 하였다. 일팔칠一八七과 일칠사一七四가 정역正易의 간태艮兌자리에서 일월日月의 추기樞機가 되는 것이다.

易은 三이니 乾坤이요 卦는 八이니 否泰損益咸恒旣濟未濟니라

역易이 셋이라는 것은 건곤乾坤 속에 세 가지 방법이 있다는 것이고, 괘卦가 여덟이라는 것은 비否·태泰·손損·익益·함咸·항恒·기제旣濟·미제未濟를 말하는 것이다. 이 8괘를 그려 놓으면 정역팔괘正易八卦가 만들어진다.

正 비태손익함항기제미제〈否泰損益咸恒旣濟未濟〉 : 주역周易 64괘卦중에 정역괘

正易卦와 관련關聯이 있는 괘卦 여덟괘卦를 추려놓은 것이다. 이를 도표로 하여 보면 정역괘正易卦와 같다. 안쪽에서 보면 비괘否卦가 주장主張이 되고 바깥쪽에서 보면 태괘泰卦가 주장이 되어 정역괘正易卦를 재미있게 음미吟味할 수 있다. 그야말로 내외內外가 없다.

嗚呼라 旣順旣逆하여 克終克始하니 十易萬曆이로다

기순旣順이라는 것은 "10 9 8 7 6 5 4 3 2 1"이고, 기역旣逆이라는 것은 "1 2 3 4 5 6 7 8 9 10"을 말한다. 능히 그것으로 마치고 시작한다는 것은 선천 달력을 끝마치고 후천달력으로 시작한다는 것이다. 그 후천달력이 십수역十數易이고, 만력萬曆으로 갈 것이다.

복희팔괘와 문왕팔괘는 모두 안에서 밖으로 보는 입장이지만, 정역팔괘는 밖에서 안으로 보는 것이다. 안(內)은 위(上)와 같다. 옛날에는 위에서 아래로 보았는데, 정역에 오면 아래에서 위를 보게 된다. 세상이 그렇게 바뀐다는 것이다.

正 기순기역극종극시〈旣順旣逆 克終克始〉: 정역正易에서는 순역順逆하는 리理와 종시終始·종복終復하는 기氣가 서로 체용體用을 이룬다. 순역順逆의 리理는 태음지모太陰之母·태양지부太陽之父의 문구에서 보이고, 종시終始의 기氣는 태음太陰과 태양太陽의 종복終復을 말하는 데서 나타난다. 그리고 기순기역旣順旣逆은 용도龍圖에서 보이고, 극종극시克終克始는 귀서龜書에서 그 이치理數가 담겨 있다.

正 십역만력〈十易萬曆〉: 십역十易은 십무극역十无極易, 즉 십수역十數易이며 만력萬曆은 만세萬世나 내려가면서 쓰일 력曆. 이에서 역易은 력曆이라고 한 것을 알 수 있다. 능종능시能終能始하였으니 십역十易이오, 만력萬曆이라고 한 것이다. 이것이 주역周易에 이른 바 천하天下의 능사能事가 필筆한 것이라고 할 것이다.

正易 — 정역

573

十一吟
십 일 음

〈십오일언〉에 〈십오가〉가 있는 것처럼, 〈십일일언〉에 〈십일음〉이 있다.

十一歸體兮여 五八尊空이로다
五八尊空兮여 九二錯綜이로다
九二錯綜兮여 火明金淸이로다
火明金淸兮여 天地淸明이로다
天地淸明兮여 日月光華로다
日月光華兮여 琉璃世界로다
世界世界兮여 上帝照臨이로다
上帝照臨兮여 于于而而로다
于于而而兮여 正正方方이로다
正正方方兮여 好好无量이로다

　오팔존공五八尊空은 술오 묘팔戌五卯八을 말하고, 세계세계世界世界는 동방
세계와 서방세계를 말하고, 상제조림上帝照臨은 기위친정己位親政을 말한
다. 상제上帝를 의인화한 것이 아니라 도수度數가 그렇다는 것이다. 우우
이이于于而而는 선仙이고, 정정방방正正方方은 유儒, 호호무량好好无量은 불
佛을 말한다.

正 십일귀체〈十一歸體〉: 십일十一은 즉 삼팔三八이오 삼팔三八은 즉 십오十五의 중中
이다. 오운五運이 운운運運하고 육기六氣가 기기氣하야 십일十一이 귀체歸體된다 하고 포오
함육包五含六도 십일十一의 뜻이 있는가 하면 십퇴일진十退一進도 십일十一이다.

正 오팔존공〈五八尊空〉: 오팔五八은 술오戌五 묘팔卯八을 뜻하는 말이다. 즉 묘팔卯
八은 손도수로 정역괘正易卦 이천二天에서 천심天心으로 존공尊空하고, 술오戌五는 칠
지七地에서 황심皇心으로 존공尊空한 것이라고 생각된다.

正구이착종〈九二錯綜〉：신구辛九와 정이丁二가 한 곳에서 뒤섞임이다. 즉 건곤교乾坤橋에서 신유(第九指) 임술(第十指) 계해(第一指) 갑자(第二指) 을축(第三指) 병인(第四指) 정묘(第五指), 정묘가 정유(第九指·辛酉자리)로 변하니, 신구辛九와 정이丁二가 한자리에 뒤섞인 것을 구이착종九二錯綜이라 한다.

正화명금청〈火明金清〉：화명火明은 이칠二七 병정화丙丁火요, 금청金清은 사구四九 경신금庚辛金이다. 선천先天의 화금火金이 후천后天에 금화金火가 되므로 화명금청火明金清이 되는 것이다.

正천지청명〈天地清明〉：청명清明은 화명금청火明金清의 뜻이니 또한 금화金火의 속성屬性을 나타낸다. 청명清明은 또 일월日月로 연결되어 광화光華라 하였다.

正일월광화〈日月光華〉：일월日月의 아름다운 광채光彩를 형용하여 노래하니 이는 상서대전尚書大全 우하전虞夏傳에서 순舜임금을 노래하는 글에 「於時俊乂 百工相和而歌卿雲 帝乃倡之曰 卿雲糷兮 糺縵縵兮 日月光華 旦復旦兮」라고한 데서 일월광화日月光華의 문구文句를 취한듯 하다. 그러나 정역正易에 일월광화日月光華는 후천일월后天日月의 아름다움을 유리세계琉璃世界로 형상하였다.

正유리세계〈琉璃世界〉：본래 불교佛教에서 말하는 약사유리광여래藥師琉璃光如來가 지배하는 밝고 깨끗한 평화平和의 세계世界를 일컫던 것인데 여기서는 고도高度로 발달發達된 천하대동天下大同의 문화적文化的 복지사회福祉社會를 지칭指稱한 말이다.

正상제조림〈上帝照臨〉：상제上帝께서 이 세계世界로 비쳐 임하심. 즉 신神이 세상世上을 굽어 봄.

正우우이이〈于于而而〉：장자莊子에 「其覺也 于于………」라 하였으니 우우于于는 만족滿足스러운 모양이다. 이이而而는 기쁜 모양이다.

正정정방방〈正正方方〉：조리條理가 발라서 조금도 어지럽지 않은 것.

正호호무량〈好好无量〉：좋고 좋은 일이 무량无量하다. 공덕무량功德无量은 십일十一이 귀체歸體한 운기運氣의 공덕功德을 말한 것이요, 호호무량好好无量은 십일十一이 귀체歸體한 상제의 조림(上帝照臨)이 좋아라고 한 말이다.

乙酉歲癸未月乙未日二十八에 不肖子金恒은 謹奉書하노라

河圖와 洛書
하 도 낙 서

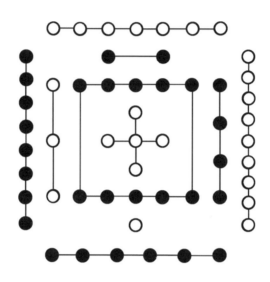

그림 179. 하도(河圖)

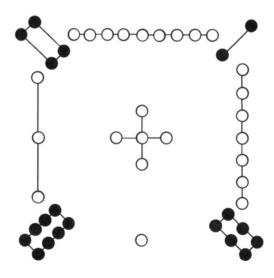

그림 180. 낙서(洛書)

伏犧八卦圖와 文王八卦圖
복희팔괘도   문왕팔괘도

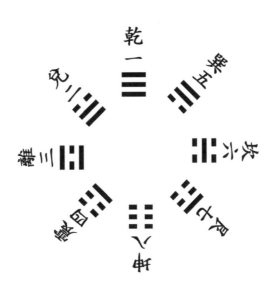

그림 181. 복희팔괘도(伏犧八卦圖)

그림 182. 문왕팔괘도(文王八卦圖)

正易 ── 정역

正易八卦圖와 十干原度數
정역팔괘도 　 십간원수도

그림 183. 정역팔괘도(正易八卦圖)

그림 184. 십간원도수(十干原度數)

十二月二十四節氣候度數
십 이 월 이 십 사 절 기 후 도 수

卯月	初三日	乙酉酉正一刻十一分	元和
	十八日	庚子子正一刻十一分	中化
辰月	初三日	乙卯卯正一刻十一分	大和
	十八日	庚午午正一刻十一分	布化
巳月	初三日	乙酉酉正一刻十一分	雷和
	十八日	庚子子正一刻十一分	風化
午月	初三日	乙卯卯正一刻十一分	立和
	十八日	庚午午正一刻十一分	行化
未月	初三日	乙酉酉正一刻十一分	建和
	十八日	庚子子正一刻十一分	普化
申月	初三日	乙卯卯正一刻十一分	淸和
	十八日	庚午午正一刻十一分	平化
酉月	初三日	乙酉酉正一刻十一分	成和
	十八日	庚子子正一刻十一分	入化
戌月	初三日	乙卯卯正一刻十一分	咸和
	十八日	庚午午正一刻十一分	亨化
亥月	初三日	乙酉酉正一刻十一分	正和
	十八日	庚子子正一刻十一分	明化
子月	初三日	乙卯卯正一刻十一分	至和
	十八日	庚午午正一刻十一分	貞化
丑月	初三日	乙酉酉正一刻十一分	太和
	十八日	庚子子正一刻十一分	輟化
寅月	初三日	乙卯卯正一刻十一分	仁和
	十八日	庚午午正一刻十一分	性化

正易 ——정역

후천이 되면 절후節候 이름을 모두 바꾸고 윤閏이 없어진다. 모든 절후의 이름에 '화和'와 '화化'를 넣었는데, '화和'는 절節이고, '화化'는 중中에 해당한다. 그리고 화和는 함괘咸卦(天下和平), 화化는 항괘恒卦(天下化成)의 뜻이 들어 있다. 함괘와 항괘는 부부지도夫婦之道를 이루고 있다. 선천은 건곤乾坤에서부터 시작하고 군신지도君臣之道에서 시작되지만, 후천은 함항咸恒의 부부지도夫婦之道에서 시작된다. 그래서 화和와 화化를 쓰는 것이다. 왜 그런가 하면 그것은 천문天文이 그렇게 생겼기 때문이다.

지구에는 지구의 북극과 자석학상의 북극이 다르다. 자석학상의 북극이 가리키는 하늘은 비어 있지만 천황대제가 가장 가까이 있기 때문에 천황대제를 자석학상의 북극으로 보는 것이다. 지구학상의 북극은 직녀성을 가리킨다. 후천에서는 지구학상의 북극인 직녀성을 중심으로 움직이게 된다. 따라서 7월이 중심이 된다. 7월의 백중百中이나 칠월칠석七月七夕에 견우와 직녀가 만나는 것이 우연한 일이 아니다. 선천에서는 지천태地天泰(정월正月)가 한 해의 시작이지만, 후천이 되면 천지비天地否(七月)이 한 해의 기준점이 될 것이다. 십이월十二月을 나타내는 소식괘消息卦를 보면 다음과 같다.

12월	11월	12월	01월	02월	03월	04월	05월	06월	07월	08월	09월	10월
卦象	䷗	䷒	䷊	䷡	䷪	䷀	䷫	䷠	䷋	䷓	䷖	䷁
卦名	地雷復	地澤臨	地天泰	雷天大壯	澤天夬	重天乾	天風姤	天山遯	天地否	風地觀	山地剝	重地坤

표 57. 소식괘(消息卦)

《주역》에 "神也者, 妙萬物而爲言者也."[116]라는 말이 있는데 《정역》은 그런 것을 힌트로 삼아서 여러 가지 설명을 하였다. 《주역》을 해석하는 방법이 여러 가지가 있는데 한강백은 《주역》에서 운韻을 발견하고 문학

---

[116] 神也者, 妙萬物而爲言者也, 動萬物者莫疾乎雷, 橈萬物者莫疾乎風, 燥萬物者莫熯乎火, 說萬物者莫說乎澤, 潤萬物者莫潤乎水, 終萬物始萬物者莫盛乎艮. 故水火相逮, 雷風不相悖, 山澤通氣然後, 能變化, 旣成萬物也. 《周易》〈說卦傳〉

적인 입장에서 설명하였고, 청대에 와서는 고염무顧炎武(1613~1682)라는 사람이 운韻을 중심으로 설명한 것이 있다.

심청전은 순舜 임금의 효孝[117]를 모델로 해서 쓰여 졌다. 순임금의 아버지가 고수瞽瞍이고 그 아들이 상象인데, 이 둘이 순임금을 죽이려고 여러 방면으로 꾀를 썼지만 나중에 순임금이 고수를 잘 달래서 화해하고, 고수를 잘 섬겼다고 한다. 심청이는 순임금에 비유하고, 고수는 심봉사, 상은 뺑덕어미아들에 비유해서 소설로 만든 것이다. 이런 소설을 우화寓話라고 한다. 우화를 잘 쓰는 사람에 장자莊子가 있다. 장자의 이야기도 모두 우화, 거짓말이다. 공자와 도척이는 한 때에 살았던 사람들이 아닌데도 공자가 도척이에게 혼이 나는 이야기도 있다. 우화로서 국민을 교화시키는 이야기가 많이 있다.

소설과 역사가 다른 것은 소설은 순전히 거짓말이지만 그 거짓말 속에 사실이 들어 있고, 역사라는 것은 모두 참 말 같은데 그 참 말 속에 거짓말이 섞여 있는 것이다. 일반 관청 공무원들이 다 그렇다. 일을 하려면 명분이 있어야 하는데, 그 명분을 지키려면 일이 잘 되지를 않는다. 그러니 말로만 명분을 내세우고 실제로는 다르게 행동하는 것이다. 어떤 나라라든지 마찬가지이다. 맹자는 그것을 "이력가인以力假仁[118]이라고 하였다. 힘으로 하면서도 힘을 자랑할 수 없으니까 인仁을 가장해서 명분으로 내세우는 것이다. 왕도王道의 표준으로는 하은주夏殷周를 내세워 놓고, 오패

---

117 舜年二十以孝聞. 三十而帝堯問可用者, 四嶽咸薦虞舜, 曰可. 於是堯乃以二女妻舜以觀其內, 使九男與處以觀其外. 舜居嬀汭, 內行彌謹. 堯二女不敢以貴驕事舜親戚, 甚有婦道. 堯九男皆益篤. 舜耕歷山, 歷山之人皆讓畔 ; 漁雷澤, 雷澤上人皆讓居 ; 陶河濱, 河濱器皆不苦窳. 一年而所居成聚, 二年成邑, 三年成都. 堯乃賜舜絺衣, 與琴, 爲築倉廩, 予牛羊. 瞽瞍尙復欲殺之, 使舜上塗廩, 瞽瞍從下縱火焚廩, 舜乃以兩笠自扞而下, 去, 得不死. 後瞽瞍又使舜穿井, 舜穿井爲匿空旁出. 舜旣入深, 瞽瞍與象共下土實井, 舜從匿空出, 去, 瞽瞍·象喜, 以舜爲已死. 象曰 : 本謀者象. 象與其父母分, 於是曰 : 舜妻堯二女, 與琴, 象取之. 牛羊倉廩予父母. 象乃止舜宮居, 鼓其琴. 舜往見之. 象鄂不懌, 曰 : 我思舜正鬱陶! 舜曰 : 然, 爾其庶矣! 舜復事瞽瞍愛弟彌謹. 於是堯乃試舜五典百官, 皆治.《史記》卷一.〈五帝本紀第一〉

118 孟子曰 : 以力假仁者霸, 霸必有大國, 以德行仁者王, 王不待大. 湯以七十里, 文王以百里. 以力服人者, 非心服也, 力不贍也 ; 以德服人者, 中心悅而誠服也, 如七十子之服孔子也. 詩云 : 自西自東, 自南自北, 無思不服. 此之謂也.《孟子》〈公孫丑章句上〉

正易──정역

五覇들이 실제로는 전부 패도覇道를 하면서 백성들에게는 점잖은 명분을 내세우는 것을 "이력가인以力假仁"이라고 말한 것이다. 그것은 지금도 마찬가지 이다.

《논어》는 '인仁'을 표시하려고 쓴 책이고, 이 책의 주인공은 '안연顔淵'이다. 여러 가지 이야기를 했지만 결국 나타내고자 한 것은 한마디로 하면 안연顔淵과 인仁이다.《논어》라는 책이《주역》과는 어떤 관계 속에서 씌어 졌는지 그런 것을 공부해야 한다.《논어》에도 주역周易이라는 말은 없지만 그 속에는 역易이 들어 있다.

《주역》은 전체가 다 비유이다. 예수도 다가올 다음 세상을 말로 다 형용할 수가 없어서 비유로 설명을 했다. 마찬가지로《주역》도 비유로 서술되어 있는데, 그 속에는 뜻이 따로 들어있다. 우리가《주역》을 배우는 이유는 세상에 잘못된 일들이 많은데 그런 것을 어떻게 좋게 변화시킬 수 있을까? 64괘와 384효가 다 다르지만 역경을 어떻게 처리했는가? 그런 것을 배우는 것이다. 〈계사하〉에 "易之興也, 其於中古乎! 作易者, 其有憂患乎!"라는 말이 있다. 복희 때에 64괘가 다 만들어지기는 했지만, 역易이 흥한 것은 중고中古인 문왕文王 때부터이다. 어쨌든 역易을 만든 것은 우환憂患을 면하기 위해서이다. 주자朱子는 이런 것을 보고 '길흉吉凶'이라는 소리가 많으니까,《주역》은 점占에 관한 책이라 보고 해석을 하였다. 그보다 앞선 정자程子는《주역》을 인간의 성정性情을 다스리는 방법을 논한 책이라고 보았다. 길흉吉凶은 결과일 뿐이고, 길흉을 결정하는 것은 회린悔吝이라고 하였다. 참회는 길吉로 가는 길이고, 인색함은 흉凶으로 가는 길이다. 〈계사〉에도 "吉凶生而悔吝著也니라"[119]고 하였다.

소강절邵康節은 수數로 보았다.《주역》은 하도와 낙서를 기본으로 해서 만들어진 것이고, 천지지수天地之數는 어쩔 수 없이 그렇게 되게 되어 있는 이치가 있다는 것이다. 소강절은 점도 잘치고 하였지만 천지의 모든

---

119 是故, 易者象也, 象也者像也, 彖者材也, 爻也者效天下之動也. 是故, 吉凶生而悔吝著也.《周易》〈繫辭下〉

이치를 수數로 설명하였다.《황극경세서》를 만들어서 이 세상은 선천에서 후천으로 가게 되어 있다고 주장하였다. 선천인 "자축인묘진사子丑寅卯辰巳"의 운은 이미 지나갔고, 지금은 후천인 "오미신유술해午未申酉戌亥"의 오운午運의 시대라고 하였다.《주역》의 서문序文에도 "先天下而開其物, 后天下而成其務"라는 말이 있는데, 역도易道를 한 마디로 하면 바로 '개물성무開物成務'라고 할 수 있다. 사람도 뱃속에 있을 때는 선천이고, 뱃속에서 나오면 후천이다.

뱃속에 280일 동안 있는 것은 나중에 후천으로 나가서 해야 할 것을 갈고 닦는 것이다. 얼마 전에 이동민李東旼이라는 사람이《태교》라는 책에서 재미있는 이야기를 했다. 하도·낙서의 원리와 비슷하다. 우리나라의 형무소에 있는 범죄자들을 조사해서 얻은 결과인데, 40세경에 살인을 한 사람은 그 어머니가 임신한지 4개월째에 누군가를 죽이고 싶고 누군가와 싸우는 그런 행동을 했다는 것이다. 또 30대에 연애를 한 사람은 그 어머니가 임신 3개월 때에 누군가를 그리워하였다는 것이다. 그런 것을 통계를 내서 다음과 같은 결과를 얻었다.

그래서 여자 교육을 잘 시키면 착한 사람들이 많아지겠다고 이야기했는데, 우리나라에서는 별 반응이 없으니까 일본에서 이 사람을 데리고 갔다. 일본에 가서 여학교를 다니면서 그런 교육을 했다. 그러니까 남자는 씨나 퍼트리면 그만이지만, 여자는 그런 재창조를 하는 효과를 가지고 있다는 것을 알 수 있다. 이런 것이 우스운 것 같아도 그 속에는 다 진리가 있다.

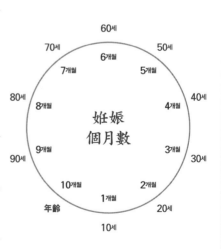

그림 185. 胎教와 月令

맹자도 〈진심장盡心章〉에서 "莫非命也, 順受其正."[120]이라고 했다. 명命 아닌 것이 없으니 그 정正을 순순히 따를 뿐이라는 말이다. 우리가 《정역》을 배우는데, 후천이 되면서 변화하는 것을 우리가 어떻게 대처할 수 있을까? 글로 보면 우리가 대비하기에는 너무 벅찬 일이다. 수만 명이 똑같이 배워서 통했다고 하더라도 천지변화天地變化에는 어떻게 대처할 힘이 없다. 선천의 365도와 ¼이 360도가 된다고 하는데 알아도 그냥 당하고 있을 뿐이지 어떻게 해볼 도리가 없는 것이다. 알아보는데 그치는 것이지 우리가 무슨 화권化權을 가져서 해 볼 수 있는 것이 없다. 그렇다고 모르고 있을 수도 없는 것이다.

공자는 생이지지生而知之하는 사람도 있고, 학이지지學而知之하는 사람이 있고, 곤이학지困而學之하여 아는 사람이 있다[121]고 하였지만 알고 나면 다 마찬가지이다. 먼저 알았다고 해서 앞지르는 것도 아니고, 모두 아는데 그칠 뿐이다. 알고나면 행동을 해야 한다. 그래서 왕양명王陽明 같은 사람들이 지행합일知行合一을 주장한 것이다. 주자학朱子學과 양명학陽明學이 대비되는 것 같지만 지행합일知行合一이나 존호덕성存乎德性이나 다 같은 말이다. 알기만 하면 되는 것이 아니라 덕성德性을 가져서 사회질서에 이바지할 수 있어야 한다.

《정역》은 도수度數를 치는 것이 많다. 언어로는 형용할 수 없는 것이 많기 때문에 손으로 도수를 치는 것이다. 《정역》에서 기제미제旣濟未濟의 괘를 말할 때는 공간적인 것이고, 도서지리圖書之理를 말할 때는 시간적인 면을 말한 것이다. "10, 9, 8, 7, 6, 5, 4, 3, 2, 1"로 가는 것은 하도河圖이고, "1, 2, 3, 4, 5, 6, 7, 8, 9"로 올라가는 것이 낙서洛書이다. 하도의 열(10)은 낙서의 "1, 2, 3, 4, 5, 6, 7, 8, 9"에서 만들어지고, 낙서의 하나(1)는 하도의 "10, 9, 8, 7, 6, 5, 4, 3, 2, 1"에서 만들어지는 것이다. 언제든지 하도는 낙서

---

120 孟子曰 : 莫非命也, 順受其正, 是故知命者, 不立乎巖牆之下. 盡其道而死者, 正命也. 桎梏死者, 非正命也. 《孟子》〈盡心章句上〉
121 孔子曰, 生而知之者上也, 學而知之者次也, 困而學之又其次也, 困而不學民斯爲下矣. 《論語》〈季氏〉

正易과 天文曆

를 기본으로 하고, 낙서는 하도를 기본으로 해서 서로 통하고 있는 것이
지 따로 있는 것이 아니다. 마찬가지로 공간이 있으면 반드시 시간이 있
고, 시간이 있으면 반드시 공간이 있는 것이지 시간과 공간이 따로 있는
것이 아니다. 《정역》에서 '십일귀체十一歸體'라고 하는 것이 바로 그것을
말한다. 복희팔괘를 볼 때에도 일건천一乾天이라고 하면 일一은 수數이고
시간을 나타내며, 천天은 하늘이라는 공간을 나타낸다.

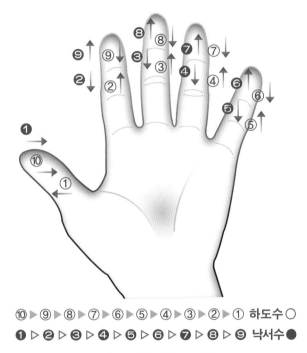

⑩ ▶ ⑨ ▶ ⑧ ▶ ⑦ ▶ ⑥ ▶ ⑤ ▶ ④ ▶ ③ ▶ ② ▶ ① 하도수 ○
❶ ▷ ❷ ▷ ❸ ▷ ❹ ▷ ❺ ▷ ❻ ▷ ❼ ▷ ❽ ▷ ❾ 낙서수 ●

그림 186. 십일귀체(十一歸體)

　이치理致라는 것은 어려우면 이치가 아니다. 따르기 어렵고 알기 어려
운 것은 이치가 될 수 없다. 알기 쉽고 간략해야 하기 때문에 '이간지도易
簡之道'라고 한다. 《주역》이 하도와 낙서를 기본으로 하는 것과 마찬가지
로 《정역》은 건곤교乾坤橋를 기본으로 한다. 건곤교乾坤橋가 아니면 도수

를 칠 수 없다. 건책수乾策數는 216이고, 곤책수坤策數는 144이다. 최소공배수로 하면 '2 : 3'이 되는 데 이것이 "삼천양지이의수參天兩地而倚數"[122]라는 것이고, '6 : 9'에서 6은 음陰으로 용육用六하는 것이고 9는 양陽으로 용구用九하는 것을 말한다. 더 나아가서 최대공배수로 한 것이 '144 : 216'이다. 천지지수天地之數가 이렇게 대립이 된다. 흩어 놓으면 수 만 가지로 다 다르지만, 하나로 통해서 도道에 있으면 둘이 없다. (散之在理則有萬殊, 統之在道則無二致)

---

[122] 昔者聖人之作易也, 幽贊於神明而生蓍, 參天兩地而倚數, 觀變於陰陽而立卦, 發揮於剛柔而生爻, 和順於道德而理於義, 窮理盡性, 以至於命.《周易》〈說卦傳〉

咏歌와 舞蹈
영가 무도

영가(咏歌)에 대하여

우리나라의 아악雅樂은 궁상각치우宮商角徵羽가 오음五音의 용用이 되고 금석사죽포토혁목金石絲竹匏土革木인 팔음八音이 음체音體가 되어 곡조曲調의 음색체音色體를 이룬다.

이 궁상각치우는 바로 토금목화수土金木火水로서 일부一夫선생이 발탁한 음조音調가 바로 '음아어이우'이다. '음아어이우'는 고저청탁이 없이 임의대로 불러서 자기 소리로 오래 부르게 되면 자신의 선악善惡으로부터 저절로 본선本善이 발로되어 소리가 절로 순하게 불러진다.

이러한 모음체母音體 영가咏歌는 그대로 전하여지지 않고 다만 궁상각치우宮商角徵羽라는 글만 있고 음색체音色體이나 음정音情이 저절로 솟아나 자신을 수선修善하게 되는 음조音調가 자신을 가리키는 순리順理가 된다. 이러한 아악雅樂을 김일부 선생이 창조創調하여 공부하는 데는 영가咏歌를 함으로써 명덕明德을 밝히는 음악이요, 친민親民하는데 화음和音이 되고, 지선至善하는데 숨결이 되는 것이 바로 영가이다.

그러므로 《대학》에 명명덕明明德하며 재친민在親民하며 재지어지선在止於至善함으로써 사물事物을 알 수 있는 방법이 바로 영가咏歌이다. 이것이 극에 이르면 수무手舞 족도足蹈를 알지 못하는 데 이르게 되니, 즉 치지致知의 근본이 바로 아악雅樂인 것이다. 그러기에 이것을 도묘무영道妙無影이라 신인이화神人以和라고 한 것이며 이것이 바로 '음아어이우'이다. 이것이 바로 오행가五行歌요, 토금목화수土金木火水요, 몸에 비기면 비폐간심신脾肺肝心腎의 소리이다. 이것을 읊어서 천지자연의 도심道心의 소리에 합하고, 비폐간심신脾肺肝心腎의 정감情感에 화합하고, 희노애락喜怒哀樂의 인덕人德

을 기르고, 순화의 덕음이 초목草木 금수禽獸에 감화感化되어 백수솔무百獸率舞가 가능하게 되는 것이다.

도심道心은 유미惟微한데서 나오고 인덕人德은 유위惟危한데서 생기듯이 음악의 소리는 순수한데서 생긴다.

《악기樂記》에 이르기를

"凡音之起는 由人心生也라 人心之動이 物使之然也며 感於物而動故로 形於聲이라. 人生而靜은 天之性也요 感於物而動은 性之欲也라. 大樂은 與天地同和하고 大禮는 與天地同節이라"라고 하였다.

> "무릇 소리의 시초는 인심人心으로 말미암아 생기니 인심人心이 움직이는 데서 물건이 그렇게 된 것이다. 물건은 감정에 따라 움직이므로 소리에 형상하고 인생에 고요함은 자연한 성질이니 물건에 감동됨에 움직이는 것은 본질의 의욕이라. 큰 음악은 천지자연과 같이 화하고 큰 예절은 천지자연과 같이 절조를 행한다."

이것만 보아도 음악의 대체를 알 수 있다. 사람은 누구나 감성感性이 울리면 명경지수明鏡止水의 고요함에서도 희노애락喜怒哀樂의 소양所養대로 제 소리가 나오게 되니 이것이 '음아어이우'의 발로이다. 이 '음아어이우'를 손에 보이면 다음 형상과 같다.

인간의 소리에는 감정에 따라 달리 표현된다. 애심감자哀心感者는 그 소리가 뼈겹고, 그 락심감자樂心感者는 그 소리가 화하고, 기쁜 소리에 감동된 자(喜心感者)는 그 소리가 산만하고, 노심감자怒心感者는

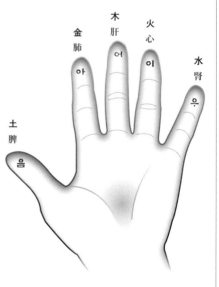

그림 187. 오음(五音)의 수지상수

그 소리가 뻑뻑하고 힘들다고 하였다. 소리만 알고 그 음절을 모르는 자는 금수禽獸가 그렇고, 또 음音만 알고 운韻을 알지 못하는 자는 대중들이 그렇다.

〈乾坤橋〉

천간수	9	10	1	2	3	4	5	6	7	8	9	10	합
	酉	戌	亥	子	丑	寅	卯	辰	巳	午	未	申	
	辛酉	壬戌	癸亥	甲子	乙丑	丙寅	丁卯[7]	甲辰[15]	己巳[17]	庚午[18]	辛未[19]	壬申	(30)
	【丁酉】[1]	戊戌[9]	己亥[10]	庚子[11]	辛丑[12]	壬寅[13]	癸卯[14]	丙辰[16]	辛巳[29]	壬午[30]	癸未[31]	【甲申】[20] / 庚申[33]	(24)
	癸酉[21]	甲戌[22]	乙亥[23]	丙子[24]	丁丑[25]	戊寅[26]	己卯[27]	庚辰[28]	乙巳[43]	丙午[44]	丁未[45]	戊申[46]	(36)
	辛酉[34]	壬戌[35]	癸亥[36]	甲子[37]	乙丑[38]	丙寅[39]	丁卯[40]	甲辰[41] / 【丙辰】[42]	乙巳[63]	丙午[64]	丁未[65]	戊申[66]	(9×9=81)+(9×1=9) = 90
	己酉[47]	庚戌[48]	辛亥[49]	壬子[50]	癸丑[51]	甲寅[52]	乙卯[53]	【甲辰】[62]	丁巳[75]	戊午[76]	己未[77]	庚申[78]	36
	丁酉[55]	戊戌[56]	己亥[57]	庚子[58]	辛丑[59]	壬寅[60]	癸卯[61]	丙辰[74]	己巳[87]	庚午[88]	辛未[89]	丙申[54]	40
	己酉[67]	庚戌[68]	辛亥[69]	壬子[70]	癸丑[71]	甲寅[72]	乙卯[73]	戊辰[86]	癸巳[91]	甲午[92]	乙未[93]	壬申[90]	
	辛酉[79]	壬戌[80]	癸亥[81]	甲子[82]	乙丑[83]	丙寅[84]	丁卯[85]		丁巳[95]	戊午[96]	己未[97]	丙申[94]	20
									辛巳[99]	壬午[100]	癸未[101]	庚申[98]	20
												甲申[102]	20
	乙酉[103]	丙戌[104]	丁亥[105]	戊子[106]	己丑[107]	庚寅[108]	辛卯[109]	【壬辰】[110]	癸巳[111]	甲午[112]	乙未[113]	丙申[114]	20
									丁巳[115]	戊午[116]	己未[117]	庚申[118]	
	辛酉[119]	壬戌[120]	癸亥[121]	甲子[122]	乙丑[123]	丙寅[124]	丁卯[125]	【丙辰】[126]	己巳[127]	庚午[128]	辛未[129]	壬申[130]	20
									癸巳[131]	甲午[132]	乙未[133]	丙申[134]	20
									丁巳[135]	戊午[136]	己未[137]	庚申[138]	20
	乙酉[143]	丙戌[144]						庚辰	辛巳[139]	壬午[140]	癸未[141]	甲申[142]	

— — —
=216

易韻
………
역운

역운(易韻)

《주역》의 괘효사(卦爻辭)와 단상전(彖象傳)에는 운(韻)이 들어 있는 부분이 많다. 그 압운(押韻)을 검토하는 것은 고운(古韻) 연구에 반드시 필요할 뿐만 아니라 역에 대한 이해를 돕는 역할도 적지 않다. 필자는 본서 제8장에서 역의 본문에 대한 비판을 시도하는데 있어 누차 그 압운(押韻)에 대해 언급하였으나 아직까지 역 전체의 운(韻)을 고려하지 못했기 때문에 고염무(顧炎武)의 《역운(易韻)》과 강유고(江有誥)의 《군경운독(群經韻讀)》을 참고해서 여측(蠡測:필자의 얕은 지식)도 함께 논하면서 괘효사(卦爻辭) 및 단상전(彖象傳)의 운(韻)을 검출하기로 하였다.

왼쪽 표의 상단은 역의 괘사(卦辭)와 효사(爻辭)를, 하단은 단전(彖傳)과 상전(象傳)을 옮겨 놓았으며, 괘사의 아래에 단전을, 효사의 아래에 상전을 안배해서 경(經)과 전(傳)을 일목요연하게 나타나게 하였다. 동시에 운각(韻脚)에 해당하는 문자는 우방에 테두리를 추가하여 운(韻)이 변하는 곳은 백권(白圈)과 흑권(黑圈)을 번갈아 사용하는 한편, ㄴ추가해서 이를 표시하기로 하였다.

괘효사(卦爻辭)에는 운문(韻文)과 산문(散文)이 혼재해 여러 가지 재료를 합하고 검토하여 만들어진 흔

적이 남겨져 있으나 단전과 상전은 전체가 운문(韻文)으로 처음부터 합쳐져서 만들어진 것인 듯하다. 다만, 단전의 곳곳에 후세 사람들의 글이 잘못 섞여 들어간 것으로 여겨지는 부분이 있으나 이 부분들은 방격(方格)으로 둘러싸게 표시하여 의문을 남기기로 하였다.

상전은 괘상을 설명한 부분과 효사를 해석한 부분으로 나뉘는데 전자를 대상(大象), 후자를 소상(小象)으로 불러 구별하고 있다. 소상(小象)은 전부 운이 있는 문장으로 단전과 비슷하나 대상(大象)은 산문으로, 그 해석도 단전이나 소상과 모순되는 부분도 있다. 그래서 이 표에서는 대상을 삭거하고 소상만을 실었다.

고운(古韻) 연구는 청나라 초의 학자인 고염무(顧炎武)이 시작하여 강영(江永)·대진(戴震)·단옥재(段玉裁)·강유고(江有誥) 등에 의해 계승되어 있다. 일본에서도 야마나시 도센(山梨稻川), 오오야 도오루(大矢透), 오오시마 마사타케(大島正健)씨 등의 전문 학자들이 있지만 아직까지 결정적인 결론에는 도달하지 못했다. 따라서 여기에 표시된 역운(易韻)도 아직 토론할 여지는 존재하겠지만 그렇다 하더라도 역의 경전비판과 그 해석에 잇어서는 한 줄기의 빛이 될 것이다.

三

乾上
乾下

乾元亨利貞、

初九、潛龍勿用、○

九二、見龍在田、利見人、●

九三、君子終日乾乾、夕惕若厲、无咎、

九四、或躍在淵、无咎、●

九五、飛龍在天、利見大人、

上九、亢龍有悔、●

用九、見羣龍无首、○吉、

上彖傳・上象傳

大哉乾元、萬物資始、乃統天、雲行雨施、品
物流形、大明終始、六位時成、時乘六龍以
御天、乾道變化、各正性命、保合大和、乃
利貞、首出庶物、萬國咸寧、」

潛龍勿用、陽在下也、●

見龍在田、德施普也、●」

終日乾乾、反復道也、

或躍在淵、進无咎也、

飛龍在天、大人造也、

亢龍有悔、盈不可久也、

用九、天德不可爲首也、」

五

坤元亨、利牝馬之貞、君子有攸往、先迷後得、
主利、西南得朋、東北喪朋、安貞吉、

初六、履霜堅冰至、

六二、直方大、不習无不利、

六三、含章可貞、或從王事、无成有終、

六四、括囊、无咎无譽、

六五、黃裳、元吉、

上六、龍戰于野、其血玄黃、

六

至哉坤元、萬物資生、乃順承天、」坤厚載物、
德合无疆、含弘光大、品物咸亨、牝馬地類、
行地无疆、柔順利貞、君子攸行、先迷失道、
後順得常、西南得朋、乃與類行、東北喪朋、
乃終有慶、安貞之吉、應地无疆、」

履霜堅冰、陰始凝也、馴致其道、至堅冰
也、」　　堅冰二字衍

六二之動、直以方也、
不習无不利、地道光也、」

含章可貞、以時發也、或從王事、知光大也、

括囊无咎、愼不害也、」

黃裳元吉、文在中也、

龍戰于野、其道窮也、

用六、利永貞、

䷂
震下
坎上

屯元亨利貞、勿用有攸往、利建侯、

初九、磐桓、利居貞、利建侯、

六二、屯如邅如、乘馬班如、「匪寇婚媾、」女

子貞不字、十年乃字、

六三、卽鹿无虞、惟入于林中、君子幾不如

舍、往吝、

六四、乘馬班如、求婚媾、往吉、无不利、

九五、屯其膏、小貞吉、大貞凶、

上六、乘馬班如、泣血漣如、

用六永貞、以大終也、●

屯、剛柔始交而難生○動乎險中、大亨貞○雷

雨之動滿盈、天造草昧、宜建侯而不寧、

雖磐桓、志行正也○以貴下賤、大得民也、

六二之難、乘剛●也○十年乃字、反常也、

卽鹿无虞、以從禽也○君子舍之、往吝窮也、

求而往明也●

屯其膏、施未光也●

泣血漣如、何可長也、●

坎下
艮上

蒙亨、匪我求童蒙、童蒙來求我、初筮告、再三
瀆、瀆則不告、利貞、」

初六、發蒙、利用刑人、用說桎梏以往吝、
九二、包蒙、吉、納婦吉、子克家、
六三、勿用取女、見金夫不有躬、无攸利、
六四、困蒙、吝、
六五、童蒙、吉、
上九、擊蒙、不利爲寇、利禦寇、」

乾下
坎上

需、有孚光亨、貞吉、利涉大川、

蒙、山下有險、險而止、蒙。蒙亨、以亨行
時中也、匪我求童蒙、童蒙求我、志應也、瀆
初筮告、以剛中也、再三瀆、瀆則不告、瀆
蒙也、蒙以養正、聖功也、」
利用刑人、以正法也、
子克家、剛柔接也、
勿用取女、行不順也、
困蒙之吝、獨遠實也、
童蒙之吉、順以巽也、
利用禦寇、上下順也、

需、須也、險在前也、剛健而不陷、其義不困窮
矣、需有孚光亨、貞吉、位乎天位、以正中也
、利涉大川、往有功也、」

初九、需于郊、利用恒、无咎、

九二、需于沙、小有言、終吉、

九三、需于泥、致寇至、

六四、需于血、出自穴、

九五、需于酒食、貞吉、

上六、入于穴、有不速之客三人來、敬之終吉、

坎下
乾上

訟、

有孚窒、惕中吉、終凶、利見大人、不利涉大川、

初六、不永所事、小有言、終吉、

九二、不克訟、歸而逋、其邑人三百戶、无眚、

六三、食舊德、貞厲終吉、或從王事无成、

需于郊、不犯難行也、利用恒无咎、未失常也、

需于沙、衍在中也、雖小有言以吉終也、

需于泥、災在外也、自我致寇、敬慎不敗也、

需于血、順以聽也、

需酒食貞吉、以中正也、

不速之客來、敬之終吉、雖不當位、未大失也、

訟、上剛下險、險而健訟、訟有孚窒、惕中吉、剛來而得中也、終凶、訟不可成也、利見大人、尚中正也、不利涉大川入于淵也、

不永所事、訟不可長也、雖小有言、其辯明也、

不克訟、歸逋竄也、自下訟上、患至掇也、

食舊德、從上吉也、

九

九四、不克訟、復卽命、渝安貞、吉、

九五、訟、元吉、

上九、或錫之鞶帶、終朝三褫之、

師、坤上坎下

師、貞、丈人、吉无咎、

初六、師出以律、否臧凶、

九二、在師中、吉无咎、王三錫命、

六三、師或輿尸、凶、

六四、師左次、无咎、

六五、田有禽、利執言、无咎、長子帥師、弟子輿尸、貞凶、

上六、大君有命、開國承家、小人勿用、

復卽命、渝安貞、不失也、

訟元吉、以中正也、●

以訟受服、亦不足敬也、●

師衆也、貞正也、能以衆正、可以王矣、剛中而應、行險而順、以此毒天下、而民從之、吉又何咎矣、」

師出以律、失律凶也、

在師中吉、承天寵也、王三錫命、懷萬邦也、

師或輿尸、大无功也、

左次无咎、未失常也、

長子帥師、以中行也、弟子輿尸、使不當也、

大君有命、以正功也、小人勿用、必亂邦也、

比吉、原筮元永貞无咎、不寧方來、後夫凶

坤下
坎上

初六、有孚比之、无咎、有孚盈缶、終來有他
吉、
六二、比之自內、貞吉、
六三、比之匪人、
六四、外比之、貞吉、
九五、顯比、王用三驅、失前禽、邑人不誡、
吉、
上六、比之无首、凶、

乾下
巽上

比吉也、比輔也、下順從也、原筮元永貞无
咎、以剛中也、不寧方來、上下應也、後夫
凶、其道窮也○

常在原
筮之上

朱子云、比吉也三字衍、王引之云、
比吉也字涉下文而衍、比吉二字

比之初六、有他吉也○
比之自內、不自失也●
比之匪人、不亦傷乎○
外比於賢、以從上也○
顯比之吉、位正中也●舍逆取順、失前禽也●
邑人不誡、上使中也、
比之无首、无所終也、

小畜、柔得位而上下應之曰小畜、健而巽、

小畜、亨、密雲不雨、自我西郊、

初九、復自道、何其咎、吉、」

九二、牽復、吉、

九三、輿說輻、夫妻反目、●

六四、有孚血去惕出、无咎、

九五、有孚攣如、富以其鄰、

上九、既雨既處、尚德載、婦貞厲、月幾望、
君子征凶、

☰ 兌下
☰ 乾上

履虎尾、不咥人、亨、

初九、素履、往无咎、

九二、履道坦坦、幽人貞吉、

剛中而志行、乃亨。密雲不雨、尚往也、自我
西郊、施未行也、」

復自道、其義吉也、●

牽復在中、亦不自失也、

夫妻反目、不能正室也、」

有孚惕出、上合志也、

有孚攣如、不獨富也、

既雨既處、德積載也、君子征凶、有所疑也、
·

履、柔履剛也。說而應乎乾、是以履虎尾不咥人
、亨。剛中正履帝位而不疚光明也、」

素履之往、獨行願也、

幽人貞吉、中不自亂也、」

一二

六三、眇能視、跛能履、履虎尾咥人凶、武人
爲于大君、

☷☰
乾下
坤上

上九、視履考祥、其旋元吉、
九五、夬履、貞厲、
九四、履虎尾、愬愬終吉、

泰、小往大來、吉亨、
初九、拔茅茹以其彙、征吉
九二、包荒、用馮河、不遐遺、朋亡、得尙于
中行、」

眇能視、不足以有明也、跛能履、不足以與行
也、咥人之凶、位不當也、武人爲于大君、
志剛也、

愬愬終吉、志行也、
夬履貞厲、位正當也、
元吉在上、大有慶也、

泰、小往大來、吉亨、則是天地交而萬物通也、
上下交而其志同也、」內陽而外陰、內健而
外順、內君子而外小人、君子道長、小人道
消也、

拔茅征吉、志在外也、
包荒、得尙于中行、以光大也、

九三、无平不陂、无往不復、艱貞无咎、勿恤、
其孚于食、有福、

六四、翩翩、不富以其鄰、不戒以孚、

六五、帝乙歸妹、以祉、元吉、

上六、城復于隍、勿用師、自邑告命、貞吝、

坤下
乾上

否之匪人、不利君子貞、大往小來、

初六、拔茅茹以其彙、貞吉亨、

六二、包承、小人吉、大人否亨、

六三、包羞、

九四、有命无咎、疇離祉、

无往不復、天地際也、●

城復于隍、其命亂也、」

以祉元吉、中以行願也○

翩翩不富、皆失實也、不戒以孚、中心願也、

否之匪人、不利君子貞、大往小來、則是天地
不交而萬物不通也、上下不交而天下无邦也、內
陰而外陽、內柔而外剛、內小人而外君子、小
人道長、君子道消也、

大人否亨、不亂羣也、●

包羞、位不當也、

拔茅貞吉、志在君也、

有命无咎、志行也、

九五、休否、大人吉、其亡其亡繫于苞桑、

上九、傾否、先否、後喜、

䷌
離上
乾下

同人于野、亨、利涉大川、利君子貞、

初九、同人于門、无咎、

六二、同人于宗、吝、

九三、伏戎于莽、升其高陵、三歲不興、

九四、乘其墉、弗克攻、吉、

九五、同人先號咷而後笑、大師克相遇、

上九、同人于郊、无悔、

大人之吉、位正當也、

否終則傾、何可長也、

同人、柔得位得中而應乎乾、曰同人、

同人曰、

同人于野、亨、利涉大川、乾行也、文明以健

、中正而應、君子正也、唯君子爲能通天下

之志、

出門同人、又誰咎也、

同人于宗、吝道也、

伏戎于莽、敵剛也、三歲不興、安行也、

乘其墉、義弗克也、其吉則困而反則也、

同人之先、以中直也、大師相遇、言相克也、

同人于郊、志未得也、

乾下
離上

大有、元亨、

初九、无交害、匪咎、艱則无咎、

九二、大車以載、有攸往、无咎、

九三、公用亨于天子、小人弗克、

九四、匪其彭、无咎、

六五、厥孚交如、威如、吉、

上九、自天祐之、吉无不利、

艮下
坤上

謙亨、君子有終、

大有、柔得尊位大中、而上下應之、曰大有、其
德剛健而文明、應乎天而時行、是以元亨、」

大有初九、无交害也、●

大車以載、積中不敗也、●

公用亨于天子、小人害也、●

匪其彭无咎、明辯晢也、●

厥孚交如、信以發志也、威如之吉、易而无備、
也、

大有上吉、自天祐也、」

謙亨、天道下濟而光明、地道卑而上行、」天道
虧盈而益謙、地道變盈而流謙、鬼神害盈而
福謙、人道惡盈而好謙、」謙尊而光、卑而不
可踰、君子之終也、

初六、謙謙、君子用涉大川、吉、

六二、鳴謙、貞吉、

九三、勞謙、君子、有終吉、

六四、无不利、撝謙、

六五、不富以其鄰、利用侵伐、无不利、 （富服通）

上六、鳴謙、利用行師、征邑國、

豫、利建侯行師、

坤下
震上

初六、鳴豫、凶、

六二、介于石、不終日、貞吉、

六三、盱豫悔、遲有悔、

謙謙君子、卑以自牧也、

鳴謙貞吉、中心得也、

勞謙君子、萬民服也、

无不利撝謙、不違則也、

利用征伐、征不服也、

鳴謙、志未得也、可用行師征邑國也、

豫、剛應而志行、順以動豫、豫順以動、故天地
如之、而況建侯行師乎、天地以順動、故日月
不過、而四時不忒、聖人以順動、則刑罰清而
民服、豫之時義大矣哉、」

初六鳴豫、志窮凶也、

六二、不終日貞吉、以中正也、 （中正當 作正中）

盱豫有悔、位不當也、

九四、由豫、大有得、勿疑朋盍簪、
六五、貞疾、恒不死、
上六、冥豫、成有渝、无咎、

震下
兌上
隨、元亨、利貞、无咎、
初九、官有渝、貞吉、出門交有功、
六二、係小子、失丈夫、
六三、係丈夫、失小子、隨有求得、利居貞、
九四、隨有獲、貞凶、有孚在道以明、何咎、
九五、孚于嘉、吉、
上六、拘係之、乃從維之、王用亨于西山、

巽下
艮上

由豫大有得、志大行也、
六五貞疾、乘剛也、恒不死、中未亡也、
冥豫在上、何可長也、

隨、剛來而不柔、動而說隨、大亨貞无咎、而天下隨時、隨時之義大矣哉、
官有渝、從正吉也、出門交有功、不失也、
係小子、弗兼與也、
係丈夫、志舍下也、
隨有獲、其義凶也、有孚在道、明功也、
孚于嘉吉、位正中也、
拘係之、上窮也、

蠱、剛上而柔下、巽而止蠱、蠱元亨、而天下治。

初六、幹父之蠱、有子考无咎、厲終吉、
九二、幹母之蠱、不可貞、
九三、幹父之蠱、小有悔、无大咎、
六四、裕父之蠱、往見吝、
六五、幹父之蠱、用譽、
上九、不事王侯、高尚其事、

兌下
坤上

臨、元亨、利貞、至于八月有凶、
初九、咸臨、貞吉、
九二、咸臨、吉无不利、
六三、甘臨、无攸利、既憂之无咎、

也、利涉大川、往有事也、先甲三日、後甲三
日、終則有始、天行也、」 江有誥云、天
行二字疑衍
幹父之蠱、意承考也、
幹母之蠱、得中道也、
幹父之蠱、終无咎也、
裕父之蠱、往未得也、
幹父用譽、承以德也、
不事王侯、志可則也、

臨、剛浸而長、說而順、剛中而應、大亨以正、
天之道也、至于八月有凶、消不久也、」
咸臨貞吉、志行正也、
咸臨吉无不利、未順命也、」
甘臨、位不當也、既憂之、咎不長也、

六四、至臨、无咎○

六五、知臨、大君之宜、吉、

上六、敦臨、吉无咎、

觀、盥而不薦、有孚顒若、

坤下
巽上

初六、童觀、小人无咎、君子吝、

六二、闚觀、利女貞、

六三、觀我生進退、

六四、觀國之光、利用賓于王○

九五、觀我生、君子无咎、

上九、觀其生、君子无咎、

至臨无咎、位當也○

大君之宜、行中之謂也、」

敦臨之吉、志在內也○」

大觀在上、順而巽、中正以觀天下○觀盥而不薦

有孚顒若、下觀而化也、」觀天之神道、而四

時不忒、聖人以神道設教、而天下服矣、」

初六童觀、小人道也、

闚觀女貞、亦可醜也、

觀我生進退、未失道也、」

觀國之光、尚賓也○

觀我生、觀民也●

觀其生、志未平也●

震下
離上　噬嗑

噬嗑、亨、利用獄、

初九、屨校滅趾、无咎、

六二、噬膚滅鼻、无咎、

六三、噬腊肉遇毒、小吝无咎、

九四、噬乾胏得金矢、利艱貞、吉、●

六五、噬乾肉得黃金、貞厲无咎、

上九、何校滅耳、凶、

離下
艮上　賁

賁、亨、小利有攸往、

初九、賁其趾、舍車而徒、

頤中有物曰噬嗑、噬嗑而亨、剛柔分動而明、雷電合而章、柔得中而上行、雖不當位、利用獄也、

何校滅耳、聰不明也、

貞厲无咎、得當也、

利艱貞吉、未光也、

遇毒、位不當也、

噬膚滅鼻、乘剛也、

屨校滅趾、不行也、

賁、亨、柔來而文剛、故亨、分剛上而文柔、小利有攸往、天文也、文明以止、人文也、觀乎天文以察時變、觀乎人文以化成天下、

舍車而徒、義弗乘也、

六二、賁其須、

九三、賁如濡如、永貞吉、

六四、賁如皤如、白馬翰如、匪寇婚媾、

六五、賁于丘園、束帛戔戔、吝終吉、

上九、白賁、无咎、

皤一本作蹯

剝

坤下
艮上

剝、不利有攸往、

初六、剝牀以足、蔑貞凶、

六二、剝牀以辨、蔑貞凶、

六三、剝之、无咎、

六四、剝牀以膚、凶、

六五、貫魚以宮人寵、无不利、

上九、碩果不食、君子得輿、小人剝廬。

賁其須、與上興也、

永貞之吉、終莫之陵也、

六四當位疑也、匪寇婚媾、終无尤也、

六五之吉、有喜也、

白賁无咎、上得志也、

剝剝也、柔變剛也、不利有攸往、小人長也、順
而止之、觀象也、君子尙消息盈虛、天行也、

剝牀以足、以滅下也、

剝牀以辨、未有與也、

剝之无咎、失上下也、

剝牀以膚、切近災也、

以宮人寵、終无尤也、

君子得輿、民所載也、小人剝廬、終不可用。

震下
坤上

復亨、出入无疾、朋來无咎、反復其道、七日來
復、利有攸往、

初九、不遠復、无祗悔、元吉、

六二、休復、吉、

六三、頻復、厲无咎、

六四、中行獨復、

六五、敦復、无悔、

上六、迷復、凶、有災眚、用行師終有大敗、
以其國君凶、至于十年不克征、

震下
乾上

也、王引之云、用當讀爲以、用與以聲近義同、
故用可讀爲以、而以字與災眚載爲韻也、

復亨剛反、動而以順行、是以出入无疾、朋來无
咎、反復其道、七日來復、天行也、利有攸往、
剛長也、」復其見天地之心乎、

不遠之復、以脩身也●

休復之吉、以下仁也、

頻復之厲、義无咎也、●

中行獨復、以從道也、

敦復无悔、中以自考也○

迷復之凶、反君道也、」

无妄、剛自外來、而爲主於內、動而健、剛中而○

无妄、元亨、利貞、其匪正有眚、不利有攸往、

初九、无妄、往吉、

六二、不耕穫、不菑畬、則利有攸往、

六三、无妄之災、或繫之牛、行人之得、邑人之災、

九四、可貞、无咎、

九五、无妄之疾、勿藥有喜、

上九、无妄、行有眚、无攸利、

乾下
艮上

大畜、利貞、不家食、吉、利涉大川、

應、「大亨以正、天之命也、其匪正有眚、不利有攸往、无妄之往、何之矣、天命不祐、行矣哉、」

无妄之往、得志也、

不耕穫、未富也、

行人得牛、邑人災也、

可貞无咎、固有之也、

无妄之藥、不可試也、

无妄之行、窮之災也、

大畜、剛健篤實、輝光日新、其德剛上而尚賢、能止健、大正也、不家食吉、養賢也、利涉大川、應乎天也、

釋文鄭以日新句節、其德連下句讀、江有誥云鄭讀韻協

初九、有厲利已、

九二、輿說輹、

九三、良馬逐、利艱貞、曰閑輿衛、利有攸往、

六四、童牛之牿、元吉、

六五、豶豕之牙、吉、

上九、何天之衢、亨、

頤貞吉、觀頤、自求口實、

䷚
震下
艮上

初九、舍爾靈龜、觀我朵頤、凶、

六二、顛頤拂經、于丘頤、征凶、

六三、拂頤、貞凶、十年勿用、无攸利、

六四、顛頤、吉、虎視耽耽其欲逐逐、无咎、

有厲利已、不犯災也、●

輿說輹、中无尤也、●

利有攸往、上合志也、

六四元吉、有喜也、

六五之吉、有慶也、●

何天之衢、道大行也、

頤、貞吉、養正則吉也、觀頤、觀其所養也、自求口實、觀其自養也、天地養萬物、聖人養賢以及萬民、頤之時大矣哉、觀我朵頤、亦不足貴也、六二征凶、行失類也、●十年勿用、道大悖也、●

顛頤之吉、上施光也、●

六五、拂經、居貞吉、不可涉大川、

上九、由頤、厲吉、利涉大川、

☴下☱上
巽下
兌上

大過、棟橈、利有攸往、亨、

初六、藉用白茅、无咎、

九二、枯楊生稊、老夫得其女妻、无不利、

九三、棟橈、凶、

九四、棟隆、吉、有它吝、

九五、枯楊生華、老婦得其士夫、无咎无譽、

上六、過涉滅頂、凶、无咎、

☵下☵上
坎下
坎上

習坎、有孚維心亨、行有尚、

居貞之吉、順以從上也、

由頤厲吉、大有慶也、

大過大者過也、「棟橈本末弱也、」剛過而中、巽
而說行、利有攸往乃亨、大過之時大矣哉、

藉用白茅、柔在下也、

老夫女妻、過以相與也、

棟橈之凶、不可以有輔也、

棟隆之吉、不橈乎下也、

枯楊生華、何可久也、老婦士夫、亦可醜也、

過涉之凶、不可咎也、

習坎重險也、「水流而不盈、行險而不失其信、

維心亨、乃以剛中也、行有尚、往有功也、

初六、習坎入于坎窞。凶、

九二、坎有險、求小得、

坎下
坎上

上六、係用徽纆、寘于叢棘、三歲不得、凶、

九五、坎不盈、祗既平、无咎、

六四、樽酒、簋貳、用缶、納約自牖、終无咎、

六三、來之坎坎、險且枕、入于坎窞、勿用、

離利貞、亨、畜牝牛吉、

初九、履錯然、敬之、无咎、

六二、黃離、元吉、

天險不可升也、地險山川丘陵也、王公設險以
守其國、險之時用大矣哉、〔國虞翻作邦、則
與升陸爲韻也〕

習坎入坎、失道凶也、

求小得、未出中也、

來之坎坎、終无功也、

樽酒簋貳、剛柔際也、

坎不盈、中未大也、

上六失道、凶三歲也、

離麗也、日月麗乎天、百穀草木麗乎土、重明以
麗乎正、乃化成天下、柔麗乎中正、故亨、

是以畜牝牛吉也、

履錯之敬、以辟咎也、

黃離元吉、得中道也、

二七

九三、日昃之離、不鼓缶而歌、則大耋之嗟、

凶、」

九四、突如其來如、焚如死如棄如、

六五、出涕沱若、戚嗟若、吉、」

上九、王用出征、有嘉折首、獲匪其醜、无咎、」

日昃之離、何可久也、」

突如其來如、无所容也、

六五之吉、離王公也、

王用出征、以正邦也、」

二八

咸亨、利貞、取女吉、

艮下
兌上

初六、咸其拇、
六二、咸其腓、凶、居吉、
九三、咸其股、執其隨、往吝、
九四、貞吉悔亡。憧憧往來。朋從爾思、」
九五、咸其脢、无悔、
上六、咸其輔頰舌、

巽下
震上

恒亨、无咎、利貞、利有攸往、

下象傳・下象傳

咸感也、柔上而剛下、二氣感應以相與、止而
說、男下女、是以亨、利貞、取女吉也、」天
地感而萬物化生、是以感人心而天下和平、
觀其所感、而天地萬物之情可見矣、」
咸其拇、志在外也、
雖凶居吉、順不害也、
咸其股、亦不處也、志在隨人、所執下也、
貞吉悔亡、未感害也、憧憧往來、未光大也、
咸其脢、志末也、
咸其輔頰舌、滕口說也、
恒久也、剛上而柔下。雷風相與、」巽而動、剛
柔皆應、恒、」恒亨无咎利貞、久於其道也、

二九

初六、浚恒、貞凶、无攸利、
九二、悔亡
九三、不恒其德、或承之羞、貞吝
九四、田无禽、
六五、恒其德貞、婦人吉、夫子凶、
上六、振恒、凶、

䷟

艮下
乾上

遯亨、小利貞
初六、遯尾厲、勿用有攸往、

天地之道、恒久而不已也、利有攸往、終則有
始也、」日月得天而能久照、四時變化而能久
成、聖人久於其道而天下化成、觀其所恒、
而天地萬物之情可見矣、」

浚恒之凶、始求深也、
九二悔亡、能久中也、
不恒其德、无所容也、
久非其位、安得禽也、
婦人貞吉、從一而終也、夫子制義、從婦凶也、
振恒在上、大无功也、」

遯亨、遯而亨也、剛當位而應與時行也、小利貞
浸而長也、遯之時義大矣哉、」
遯尾之厲、不往何災也、

六二、執之用黃牛之革、莫之勝說、

九三、係遯、有疾厲、畜臣妾吉、

九四、好遯、君子吉、小人否、

九五、嘉遯、貞吉、

上九、肥遯、无不利、

䷡ 乾下
　震上

大壯利貞、

初九、壯于趾、征凶有孚、

九二、貞吉、

九三、小人用壯、君子用罔、貞厲、羝羊觸

藩、羸其角、

九四、貞吉悔亡、藩決不羸、壯于大輿之輹、

六五、喪羊于易、无悔、

執用黃牛、固志也、

係遯之厲、有疾憊也、畜臣妾吉、不可大事也、

君子好遯、小人否也、

嘉遯貞吉、以正志也、

肥遯无不利、无所疑也、

大壯大者壯也、剛以動、故壯、大壯利貞、大者正

也、正大而天地之情可見矣、

壯於趾、其孚窮也、

九二貞吉、以中也、

小人用壯、君子罔也、

藩決不羸、尚往也、

喪羊于易、位不當也、

上六、羝羊觸藩、不能退、不能遂、无攸利、
艱則吉、

晉　坤下
　　離上

晉、康侯用錫馬蕃庶、晝日三接、

初六、晉如摧如、貞吉、罔孚裕无咎、
六二、晉如愁如、貞吉、受茲介福于其王母、
六三、眾允、悔亡、
九四、晉如鼫鼠、貞厲、
六五、悔亡、失得勿恤、往吉、无不利、
上九、晉其角、維用伐邑、厲吉无咎、貞吝

離下
坤上

不能退、不能遂、不詳也、艱則吉、咎不長
也、」

晉進也、明出地上。順而麗乎大明。柔進而上行。

明出地上四字
又見大象

、是以康侯用錫馬蕃庶、晝日三接也、

晉如摧如、獨行正也、裕无咎、未受命也、
受茲介福、以中正也、」
眾允之志、上行也、
鼫鼠貞厲、位不當也、
失得勿恤、往有慶也、
維用伐邑、道未光也、」

明入地中明夷、內文明而外柔順、以蒙大難、

明夷利艱貞、

初九、明夷于飛垂其翼、君子于行、三日不食。

六二、明夷夷于左股、用拯、馬壯吉、

九三、明夷于南狩、● 得其大首、不可疾貞、

六四、入于左腹、獲明夷之心于出門庭、

六五、箕子之明夷、利貞、

上六、不明晦、初登于天、後入于地、

　　　離下
　　　巽上

家人、利女貞、

文王以之、利艱貞、晦其明也、內難而能正其
志、箕子以之、」　六十四卦象傳皆有韻、
　　　　　　　　　　此卦獨無、可疑也、
君子于行、義不食也、

六二之吉、順以則也、

南狩之志、乃大得也、

入于左腹、獲心意也、

箕子之貞、明不可息也、

初登于天、照四國也、後入于地、失則也、」

家人、女正位乎內、男正位乎外、男女正、天地
之大義也、家人有嚴君焉、父母之謂也、」父
父子子、兄兄弟弟、夫夫婦婦、而家道正、正
家而天下定矣、」

三三

初九、閑有家、悔亡、

六二、无攸遂、在中饋、貞吉、

九三、家人嗃嗃、悔厲吉、婦子嘻嘻、終吝、

六四、富家、大吉、

九五、王假有家、勿恤吉、

上九、有孚、威如、終吉、

睽、小事吉、

☲ 兌下
　 離上

初九、悔亡、喪馬、勿逐自復、見惡人无咎、」

九二、遇主于巷、无咎、

閑有家、志未變也、

六二之吉、順以巽也、」

家人嗃嗃、未失也、婦子嘻嘻、失家節也、」

富家大吉、順在位也、

王假有家、交相愛也、

威如之吉、反身之謂也、」

睽、火動而上、澤動而下、二女同居、其志不同行、說而麗乎明、柔進而上行、得中而應乎剛、是以小事吉、天地睽而其事同也、男女睽而其志通也、萬物睽而其事類也、睽之時用大矣哉、」

初九、悔亡、喪馬、勿逐自復、見惡人、以辟咎也、」

九二、遇主于巷、未失道也、

六三、見輿曳、其牛掣、其人天且劓、无初有終、

九四、睽孤、遇元夫、交孚厲无咎、」

六五、悔亡、厥宗噬膚、往何咎、

上九、睽孤、見豕負塗、載鬼一車、先張之弧
、後說之弧、」匪寇婚媾、往遇雨則吉、

䷦

艮下
坎上

蹇利西南、不利東北、利見大人、貞吉、

初六、往蹇來譽、

六二、王臣蹇蹇、匪躬之故、

九三、往蹇來反、

六四、往蹇來連、

見輿曳、位不當也、无初有終、遇剛也、

交孚无咎、志行也、

厥宗噬膚、往有慶也、

遇雨之吉、羣疑亡也、

蹇難也、險在前也、」見險而能止、知矣哉、」

蹇利西南、往得中也、」不利東北、其道窮也、

利見大人、往有功也、當位貞吉、以正邦也、

蹇之時用大矣哉、」

往蹇來譽、宜待也、

王臣蹇蹇、終无尤也、

往蹇來反、內喜之也、」

往蹇來連、位當實也、

三五

九五、大蹇、朋來、

上六、往蹇來碩、吉、利見大人、

坎下
震上

解、利西南、无所往、其來復吉、有攸往夙吉、

初六、无咎、

九二、田獲三狐、得黃矢、貞吉、

六三、負且乘、致寇至、貞吝、

九四、解而拇、朋至斯孚、

六五、君子維有解吉、有孚于小人、

上六、公用射隼于高墉之上、獲之、无不利、

大蹇朋來、以中節也、

往蹇來碩、志在內也、利見大人、以從貴也、

解、險以動、動而免乎險、解、解、利西南、往得衆也、其來復吉、乃得中也、有攸往夙吉、往有功也、天地解而雷雨作、雷雨作而百果草木皆甲坼、解之時大矣哉、

剛柔之際、義无咎也、

九二貞吉、得中道也、

負且乘、亦可醜也、自我致戎、又誰咎也、

解而拇、未當位也、

君子有解、小人退也、

公用射隼、以解悖也、

兌下
艮上

損、有孚元吉、无咎、可貞、利有攸往。
、二簋可用享、

初九、已事遄往、无咎、酌損之、
九二、利貞、征凶、弗損益之、
六三、三人行則損一人、一人行則得其友、
六四、損其疾、使遄有喜、无咎、
六五、或益之十朋之龜、弗克違、元吉、
上九、弗損益之、无咎、貞吉、有攸往、得臣
无家、

震下
巽上

益、利有攸往、利涉大川、

損、損下益上、其道上行、損而有孚、元吉、无
咎可貞、利有攸往、曷之用、二簋可用享、二
簋應有時、損剛益柔有時、損益盈虛、與時偕
行、」

已事遄往、尚合志也、
九二利貞、中以爲志也、●
一人行、三則疑也、●
損其疾、亦可喜也、
六五元吉、自上祐也、
弗損益之、大得志也、●

益損上益下、民說无疆、自上下下、其道大光、
利有攸往、中正有慶、利涉大川、木道乃行、

初九、利用爲大作、元吉无咎、

六二、或益之十朋之龜、弗克違、永貞吉、王

用享于帝、吉、

六三、益之用凶事、无咎、有孚中行、告公用

圭、

六四、中行告公從、利用爲依遷國、

九五、有孚惠心、勿問元吉、有孚惠我德、

上九、莫益之、或擊之、立心勿恒、凶、

䷪
乾下
兌上

夬、揚于王庭、孚號、有厲、告自邑、不利卽戎

、利有攸往、

益動而巽、日進无疆、天施地生、其益无方、

凡益之道、與時偕行、」

元吉无咎、下不厚事也、

或益之、自外來也、

益用凶事、固有之也、

告公從、以益志也、

有孚惠心、勿問之矣、惠我德、大得志也、

莫益之、偏辭也、或擊之、自外來也、」

夬決也、剛決柔也、健而說、決而和、揚于王庭

、柔乘五剛也、孚號有厲、其危乃光也、」告

自邑、不利卽戎、所尙乃窮也、利有攸往、剛

初九、壯于前趾、往不勝、爲咎、

九二、惕號、莫夜有戎、勿恤、

九三、壯于頄、有凶、君子夬夬、獨行遇雨
若濡有慍、无咎、

九四、臀无膚、其行次且、牽羊悔亡、聞言不
信、

九五、莧陸、夬夬中行、无咎、

上六、无號、終有凶、

䷫
巽下
乾上

姤、女壯、勿用取女、

初六、繫于金柅、貞吉、有攸往見凶、羸豕孚

長乃終也、

不勝而往、咎也、

戒勿恤、得中道也、

君子夬夬、終无咎也、

其行次且、位不當也、聞言不信、聰不明也、

无號之凶、終不可長也、

中行无咎、中未光也、

姤遇也、柔遇剛也。

地相遇、品物咸章也、剛遇中正、天下大行
也
、姤之時義大矣哉、

姤遇也、柔遇剛也、勿用取女、不可與長也、天

繫于金柅、柔道牽也、

蹢躅、

九二、包有魚、无咎、不利賓、

九三、臀无膚、其行次且、厲无大咎、

九四、包无魚、起凶、

九五、以杞包瓜、含章有隕自天、

上九、姤其角、吝、无咎、

☱ 兌上
坤下

萃、亨、王假有廟、利見大人亨、利貞、用大牲

吉、利有攸往、

初六、有孚不終、乃亂乃萃、若號一握爲笑、

勿恤往无咎、

六二、引吉无咎、孚乃利用禴、

包有魚、義不及賓也、

其行次且、行未牽也、●

无魚之凶、遠民也、●

九五含章、中正也、有隕自天、志不舍命也、

姤其角、上窮吝也、」

萃聚也、順以說、剛中而應、故聚也、」王假有

廟、致孝享也、利見大人亨、聚以正也、用

大牲吉、利有攸往、順天命也、觀其所聚、

而天地萬物之情可見矣、」

乃亂乃萃、其志亂也、●

引吉无咎、中未變也、●

六三、萃如嗟如、无攸利、往无咎、小吝、
九四、大吉无咎、
九五、萃有位、无咎、匪孚元永貞悔亡、
上六、齎咨涕洟、无咎、

䷭
巽下
坤上
升、元亨、用見大人、勿恤、南征吉、
初六、允升、大吉、
九二、孚乃利用禴、无咎、
九三、升虛邑、
六四、王用亨于岐山、吉无咎、
六五、貞吉升階、
上六、冥升、利于不息之貞、

往无咎、上巽也、」
大吉无咎、位不當也、
萃有位、志未光也、
齎咨涕洟、未安上也、」

柔以時升、巽而順、剛中而應、是以大亨、用見
大人、勿恤、有慶也、南征吉、志行也、」
允升大吉、上合志也、
九二之孚、有喜也、
升虛邑、无所疑也、
王用亨于岐山、順事也、
貞吉升階、大得志也、
冥升在上、消不富也、」

坎下
兌上

困、亨貞、大人、吉无咎、有言不信、

初六、臀困于株木、入于幽谷、三歲不覿、

九二、困于酒食、朱紱方來、利用享祀、征凶
无咎、

六三、困于石、據于蒺藜、入于其宮、不見其
妻、凶、

九四、來徐徐、困于金車、吝有終、

九五、劓刖、困于赤紱、乃徐有說、利用祭
祀、

上六、困于葛藟于臲卼、曰動悔、有悔征吉、

困剛揜也、險以說、困而不失其所亨、其唯君子
乎、貞大人吉、以剛中也、有言不信、尚口乃
窮也、

入于幽谷、幽不明也、

困于酒食、中有慶也、

據于蒺藜、乘剛也、入于其宮不見其妻、不祥
也、

來徐徐、志在下也、雖不當位、有與也、

劓刖、志未得也、乃徐有說、以中直也、利用
祭祀、受福也、

困于葛藟、未當也、動悔有悔、吉行也、

巽下
坎上

巽乎水而上水井、井養而不窮也、改邑不改井、

井、改邑不改井、无喪无得、往來井井、汔至、

亦未繘井、羸其瓶、凶、

初六、井泥不食、舊井无禽、

九二、井谷射鮒、甕弊漏、

九三、井渫不食、爲我心惻、可用汲、王明並

受其福、

六四、井甃、无咎、

九五、井洌寒泉食、

上九、井收勿幕、有孚元吉、

離下
兌上

革、己日乃孚、元亨利貞、悔亡

乃以剛中也、汔至亦未繘井、未有功也、羸

其瓶、是以凶也、

井泥不食、下也、舊井无禽、時舍也、

井谷射鮒、无與也、

井渫不食、行惻也、求王明、受福也、

井甃无咎、脩井也、

寒泉之食、中正也、

元吉在上、大成也、

革、水火相息、二女同居、其志不相得曰革、

己日乃孚、革而信之、文明以說、大亨以正、

革而當、其悔乃亡、天地革、而四時成、湯

武革命、順乎天而應乎人、革之時大矣哉、

初九、鞏用黃牛之革、

六二、己日乃革之、征吉无咎、

九三、征凶、貞厲、革言三就有孚、

九四、悔亡、有孚改命、吉、

九五、大人虎變、未占有孚、

上六、君子豹變、小人革面、征凶、居貞吉、

☲

巽下
離上

鼎、元吉亨、

初六、鼎顛趾、利出否、得妾以其子、无咎、

九二、鼎有實我仇有疾、不我能卽、吉、

九三、鼎耳革、其行塞、雉膏不食、方雨虧悔、

鞏用黃牛、不可以有爲也、

己日革之、行有嘉也、

革言三就、又何之矣、

改命之吉、信志也、

大人虎變、其文炳也、 （說文引易炳作彪 彬聲、與君爲韻、從虎）

君子豹變、其文蔚也、小人革面、順以從君也、 （說文斐字下引易、君子豹變 其文斐也、斐與君協韻。）

鼎象也、以木巽火亨飪也、

大亨以養聖賢、巽而耳目聰明、柔進而上行、

得中而應乎剛、是以元亨、 （象當作養）

鼎顛趾、未悖也、利出否、以從貴也、

鼎有實、愼所之也、我仇有疾、終无尤也、

鼎耳革、失其義也、

、終吉、

九四、鼎折足、覆公餗、其形渥、凶、」

六五、鼎黃耳金鉉、利貞、

上九、鼎玉鉉、大吉无不利、

䷲

震下
震上

震、亨、震來虩虩、笑言啞啞、震驚百里、不喪

匕鬯、

初九、震來虩虩、後笑言啞啞、吉、

六二、震來厲、●億喪貝、●躋于九陵、勿逐七日

得、」

六三、震蘇蘇、震行无眚、

九四、震遂泥、

覆公餗、信如何也、●」

鼎黃耳、中以爲實也、

玉鉉在上、剛柔節也、」

震亨、震來虩虩、恐致福也、笑言啞啞、後有則

也、」震驚百里、驚遠而懼邇也、出、可以守

宗廟社稷以爲祭主也、●

下脫不喪匕鬯四字、
朱子出卽鬯字之誤、

江有誥云、懼邇當作邇懼、懼與主韻、○程子云、此

震來虩虩、恐致福也、笑言啞啞、後有則也、

震來厲、乘剛也、

震蘇蘇、位不當也、

震遂泥、未光也、

六五、震往來厲、億无喪有事、

上六、震索索、視矍矍、征凶、震不于其躬、

于其鄰、无咎、婚媾有言、

艮下
艮上

艮有背、不獲其身、行其庭、不見其人、无咎、

初六、艮其趾、无咎、利永貞、

六二、艮其腓、不拯其隨、其心不快、

九三、艮其限、列其夤、厲薰心、

六四、艮其身、无咎、

六五、艮其輔、言有序、悔亡、

上九、敦艮、吉、

震往來厲、危行也、其事在中、大无喪也、●

震索索、中未得也、雖凶无咎、畏鄰戒也、●

艮止也、時止則止、時行則行、動靜不失其時、

其道光明、「艮其止、止其所也、上下敵應、

不相與也、●是以不獲其身、行其庭、不見

其人、无咎也、」

艮其趾、未失正也、●

不拯其隨、未退聽也、●

艮其限、危薰心也、●

艮其身、止諸躬也、●

艮其輔、以中正也、(江有誥云、中正當作正中)

敦艮之吉、以厚終也、」

艮下
巽上

漸、女歸、吉、利貞、

初六、鴻漸于干、小子厲、有言、无咎、

六二、鴻漸于磐、飲食衎衎、吉、

九三、鴻漸于陸、夫征不復、婦孕不育、凶、利禦寇、

六四、鴻漸于木、或得其桷、无咎、

九五、鴻漸于陵、婦三歲不孕、終莫之勝、吉、

上九、鴻漸于陸、其羽可用爲儀、吉、

兌下
震上

歸妹、征凶、无攸利、

漸之進也、女歸吉也、進得位、往有功也、進以
正、可以正邦也、其位、剛得中也、止而巽
動不窮也、

小子之厲、義无咎也、

飲食衎衎、不素飽也、

夫征不復、離羣醜也、婦孕不育、失其道也、

利用禦寇、順相保也、

或得其桷、順以巽也、

終莫之勝吉、得所願也、

其羽可用爲儀、吉、不可亂也、

歸妹天地之大義也、天地不交、而萬物不興、歸
妹人之終始也、說以動所歸妹也、征凶、位不

初九、歸妹以娣、跛能履、征吉、

九二、眇能視、利幽人之貞、

六三、歸妹以須、反歸以娣、

九四、歸妹愆期、遲歸有時、

六五、帝乙歸妹、其君之袂、不如其娣之袂

良、月幾望、吉、

上六、女承筐无實、士刲羊无血、无攸利、

豐

離下
震上

豐、亨、王假之、勿憂、宜日中、

初九、遇其配主、雖旬无咎、往有尚、

當也、无攸利、柔乘剛也、

歸妹以娣、以恒也、跛能履、吉相承也、

利幽人之貞、未變常也、

歸妹以須、未當也、

愆期之志、有待而行也、

帝乙歸妹、不如其娣之袂良也、其位在中、以

貴行也、

上六无實、承虛筐也、

豐大也、明以動、故豐、王假之、尚大也、勿憂

、宜日中、宜照天下也、日中則昃、月盈則食

、天地盈虛、與時消息、而況於人乎、況於

鬼神乎、

雖旬无咎、過旬災也、

六二、豐其蔀、日中見斗、往得疑疾、有孚發
若、吉、

九三、豐其沛、日中見沬、折其右肱、无咎、

九四、豐其蔀、日中見斗、遇其夷主、吉、

六五、來章、有慶譽、吉、

上六、豐其屋、蔀其家、闚其戶、闃其无人、
三歲不覿、凶、

旅、小亨、旅貞吉、

初六、旅瑣瑣、斯其所取災、

六二、旅即次、懷其資、得童僕貞、

有孚發若、信以發志也、

豐其沛、不可大事也、折其右肱、終不可用
也、　用即
　　　以字

豐其蔀、位不當也、日中見斗、幽不明也、

遇其夷主、吉行也、

六五之吉、有慶也、

豐其屋、天際翔也、闚其戶、闃其无人自藏
也、

旅 小亨、柔得中乎外而順乎剛、止而麗乎明、
是以小亨、旅貞吉也、旅之時義大矣哉、

旅瑣瑣、志窮災也、

得童僕貞、終无尤也、

四九

九三、旅焚其次、喪其童僕、貞厲、

九四、旅于處、得其資斧、我心不快、●

六五、射雉一失亡、終以譽命、

上九、鳥焚其巢、旅人先笑後號咷。喪牛于易

、凶、

䷸ 巽下
巽上

巽、小亨、利有攸往、利見大人、

初六、進退、利武人之貞、

九二、巽在牀下、用史巫紛若、吉无咎、

九三、頻巽、吝、

六四、悔亡、田獲三品、

九五、貞吉、悔亡、无不利、无初有終、先庚

三日、後庚三日、吉、

旅焚其次、亦以傷矣、以旅與下、其義喪也、

旅于處、未得位也、得其資斧、心未快也、●

終以譽命、上逮也、●

以旅在上、其義焚也、喪牛于易、終莫之聞。

也、

重巽以申命、剛巽乎中正而志行。柔皆順乎剛、

是以小亨、利有攸往、利見大人、●

進退、志疑也、利武人之貞、志治也、●

紛若之吉、得中也、

頻巽之吝、志窮也、

田獲三品、有功也、

九五之吉、位正中也、

上九、巽在牀下、喪其資斧、貞凶、

兌下
兌上
兌、亨、利貞、

上六、引兌、」

九五、孚于剝、有厲、

九四、商兌、未寧、介疾有喜、

六三、來兌、凶、

九二、孚兌、吉悔亡、

初九、和兌、吉、

坎下
巽上
渙、亨、王假有廟、利涉大川、利貞、

巽在牀下、上窮也、喪其資斧、正乎凶也、」

兌說也、剛中而柔外、說以利貞、是以順乎天
而應乎人、」說以先民、民忘其勞、說以犯難、
民忘其死、說之大、民勸矣哉、

和兌之吉、行未疑也、

孚兌之吉、信志也、

來兌之凶、位不當也、●

九四之喜、有慶也、●

孚于剝、位正當也、

上六引兌、未光也、」

渙亨、剛來而不窮、柔得位乎外而上同、王假有
廟、王乃在中也、」利涉大川、乘木有功也、」

初六、用拯、馬壯、吉、
九二、渙奔其机、悔亡、
六三、渙其躬、无悔、
六四、渙其羣、元吉、渙有丘、匪夷所思、
九五、渙汗其大號、渙王居无咎、
上九、渙其血去逖出、无咎、

䷻
坎上
兌下

節、亨、苦節不可貞、
初九、不出戶庭、无咎、
九二、不出門庭、凶、
六三不、節若則嗟若、无咎、
六四、安節、亨、

初六之吉、順也、
渙奔其机、得願也、
渙其躬、志在外也、
渙其羣元吉、光大也、
王居无咎、正位也、
渙其血、遠害也、 程子云、血下脫去字

節亨、剛柔分而剛得中、苦節不可貞、其道窮也、
、說以行險、當位以節、中正以通、天地節而
四時成、節以制度、不傷財、不害民、
不出戶庭、知通塞也、
不出門庭、失時極也、
不節之嗟、又誰咎也、
安節之亨、承上道也、

九五、甘節、吉、往有尚。

上六、苦節、貞凶、悔亡。

䷼
兌下
巽上

中孚、豚魚吉、利涉大川、利貞、

初九、虞吉、有他不燕、

九二、鳴鶴在陰、其子和之、我有好爵、吾與
爾靡之、

六三、得敵、或鼓或罷、或泣或歌、」

六四、月幾望、馬匹亡、无咎、」

九五、有孚攣如、无咎、

上九、翰音登于天、貞凶、

甘節之吉、居位中也、●

苦節貞凶、其道窮也、」

中孚、柔在內、而剛得中。說而巽、孚乃化邦也、
」豚魚、信及豚魚也、利涉大川、乘木舟
虛也、●」中孚以利貞、乃應乎天也、

初九虞吉、志未變也、

其子和之、中心願也、」

或鼓或罷、位不當也、

馬匹亡、絶類上也、

有孚攣如、位正當也、

翰音登于天、何可長也、」

五三

艮下
震上

小過、亨、利貞、可小事、不可大事、飛鳥遺之
音、不宜上、宜下、大吉、
初六、飛鳥以凶、
六二、過其祖、遇其妣、不及其君、遇其臣。
无咎、」
九三、弗過防之、從或戕之、凶、」
九四、无咎、弗過遇之、往厲、必戒、勿用永貞、
六五、密雲不雨、自我西郊、公弋取彼在穴、
上六、弗遇過之、飛鳥離之、凶、是謂災眚、

離下
坎上

既濟、亨小、利貞、初吉終亂、

小過小者過而亨也、過以利貞、與時行也、柔得
中、是以小事吉也、剛失位而不中、是以不可
大事也、有飛鳥之象焉、飛鳥遺之音、不宜上
宜下、大吉、上逆而下順也、
飛鳥以凶、不可如何也、
不及其君、臣不可過也、
從或戕之、凶如何也、
弗過遇之、位不當也、往厲必戒、終不可長也、
密雲不雨、已上也、
弗遇過之、已亢也、

既濟亨、小者亨也、利貞剛柔正而位當也、
初吉、柔得中也、終止則亂、其道窮也、」

初九、曳其輪、濡其尾、无咎、

六二、婦喪其茀、勿逐、七日得、

九三、高宗伐鬼方、三年克之、小人勿用、

六四、繻有衣袽、終日戒、

九五、東鄰殺牛、不如西鄰之禴祭、實受其福、

上六、濡其首、厲、

䷿
坎下
離上

未濟亨、小狐汔濟濡其尾、无攸利、

初六、濡其尾、吝、

九二、曳其輪、貞吉、

六三、未濟征凶、利涉大川、

曳其輪、義无咎也。○

七日得、以中道也、」

三年克之、憊也、

終日戒、有所疑也、

東鄰殺牛、不如西鄰之時也、●實受其福、吉大
來也、」●

濡其首、厲、何可久也、○

未濟亨、柔得中也。○小狐汔濟、未出中也、濡
其尾、无攸利、不續終也、雖不當位、剛柔
應也、」

濡其尾、亦不知極也、●

九二貞吉、中以行正也、」

未濟征凶、位不當也、

極當作亟、廣韻亟敬也、
敬聲相近、與正爲韻也、
亟

九四、貞吉悔亡、震用伐鬼方、三年有賞于大

國、

六五、貞吉、无悔、君子之光、有孚吉、﹂

上九、有孚于飲酒、无咎、濡其首、有孚失

是、﹂

貞吉悔亡、志行也、﹂

君子之光、其暉吉也、

飲酒濡首、亦不知節也、﹂

易韻 ········

역운

正易句解
초고 權寧遠 著

근본으로
돌아가라

수부實錄
고판례

당태종李世民과
이십사장

팔괘

上帝·侍天主·東學
잃어버린
상제문화
찾아나
동학

경평의시대
19세기
조선의
생활모습

易
正易과 周易

帝
道

周易

원한을
넘어
해원으로

어머니하느님

하도낙서의
삭역괘도

일본고대사의
한민족

인류 원형의 뿌리
단주

三神

천국문명을
건설하는
마테오
리치

인류문명의 뿌리
東夷

神戰

천지공사와
조화
선경

일본의
고神道와
한민족

서양의
제왕문화
The Western Monarchy
in Historical Perspective

전봉준 상균과
동학혁명

홍산문화

천주는
天主
상제
다

증산도 상생문화연구소 도서목록

당태종唐太宗과이십사장二十四將

이십사장은 이연李淵을 도와 당 왕조를 건립하고, 또 현무문玄武門의 정변에서 진왕秦王 이세민李世民을 도와 그가 황제로 등극하는데 결정적인 공을 세운 24명의 공신을 말한다.

이재석 저 / 512쪽 / 값 20,000원

광무제光武帝와 이십팔장二十八將

이십팔장은 후한 광무제 유수劉秀가 정권을 수립하는데 큰 공을 세운 스물여덟 명의 무장을 말한다.

이재석 저 | 478쪽 | 값 20,000원

잃어버린 상제문화를 찾아서 동학

상제관이 바로 서지 않으면 우주만물의 원 주인도 제자리를 잡지 못한다. 그래서 이 책은 최수운이 창도한 동학에서 상제관 바로 세우기의 일환으로 집필되었다.

증산도상생문화연구소 | 255쪽 | 값 15,000원

격동의 시대 19세기 조선의 생활모습

이 책은 19세기의 사회상을 리얼하게 보여주려는 자료집이다. '증산상제의 강세를 전후한 모습, 곧 선후천의 갈림길에 선 19세기 조선의 모습'이다.

김철수 저 / 311쪽 / 값 20,000원

정역구해

김일부의 『正易』을 한 구절씩 낱낱이 풀이한 입문서에 해당한
다. 정역을 전문으로 연구하는 사람들은 물론, 처음 배우는 사
람들을 대상으로 삼고 있다.

권영원 지음 | 500쪽 | 값 25,000원

근본으로 돌아가라–원시반본, 보은, 해원, 상생

개벽을 극복하고 후천선경을 건설하기 위해 인간은 어떠한 삶
을 살아야 하는가를 증산 상제님의 행적과 가르침이 담긴 『증
산도 도전』을 중심으로 설명

유 철 지음 | 301쪽 | 20,000원

정역과 주역

김일부선생의 생애와 학문적 연원에 대해 쉽게 설명을 하고있
으며, 정역을 공부할 수 있게 대역서의 구성원리와 서괘원리,
중천건괘와 중지곤괘에 대한 해석을 하고있다.

윤종빈 지음 | 500쪽 | 값 20,000원

인류의 어머니 수부首婦 고판례

강증산 상제님의 종통을 계승한 고판례 수부님의 숭고한 사랑
과 은혜의 발자취.

노종상 저 | 454쪽 | 값 20,000원

인류문명의 뿌리, 東夷

인류문명의 시원을 연 동방 한민족의 뿌리, 동이東夷의 문명 개척사와 잃어버린 인류 뿌리역사의 실상을 밝혔다.

김선주 저 | 112쪽 | 6,500원

인류원한의 뿌리 단주

강증산 상제에 의해 밝혀진 반만 년 전 요임금의 아들 단주의 원한, 단주의 해원 공사를 바탕으로 전개되고 있는 상생문명건설의 실상을 보여준다.

이재석 저/ 112쪽/ 값 6,500원

일본고대사와 한민족

수많은 백제인의 이주와 문화전파에 따른 문화혁명, 그리고 문화 선생국 백제의 멸망. 그 때마다 일본이 보여준 태도는 모두 한가지 사실로 모아진다. 곧 '일본 고대사는 한민족의 이주사'라는 사실이다.

김철수 저/ 168쪽/ 값 6,500원

생명과 문화의 뿌리 삼신三神

삼신은 만유생명의 창조와 문화의 뿌리이며 한민족의 정서에는 유구한 정신문화로 자리매김 되어 있음을 보게 된다.

문계석 저/ 196쪽 /값 6,500원

천국문명을 건설하는 마테오리치

살아서 뿐만 아니라 죽어서도 새 시대 새 문명을 여는데 역사하고 있는 마테오리치의 생애를 집중조명한다.

양우석 저/ 140쪽 /값 6,500원

일본의 고古신도神道와 한민족

우리가 왜 일본의 고대사에 주목하는가? 그것은 일본 고대사의 뿌리가 한민족에 있기 때문이다.

김철수 저 | 239쪽 | 6,500원

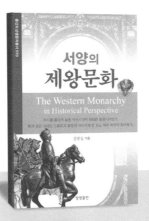

서양의 제왕문화

역사를 돌이켜보면 역사시대의 태반은 왕정시대였다. 이 책은 고대로부터 현대에 이르기까지 이러한 서양 왕정의 역사를 간략히 조망한 책이다.

김현일 저/ 215쪽 /값 6,500원

만고萬古의 명장名將, 전봉준 장군과 동학혁명

전봉준의 혁명은 동학의 창도자 최수운이 노래한 세상, 곧 후천 오만년 운수의 새 세상을 노래한 것이었다.

김철수 저 | 192쪽 | 6,500원

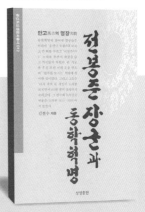

천지공사와 조화선경

증산상제가 제시한 우주문명의 새로운 틀짜기와 판짜기의 프로그램이 바로 '천지공사天地公事'이다.

원정근 저/ 136쪽 /값 6,500원

홍산문화 – 한민족의 뿌리와 상제문화

홍산문화의 주인공은 동이족의 주체세력이며, 적석총·제단·여신묘의 제사유적군은 상제문화를 대표로 하는 한민족의 뿌리문화를 보여주는 것이다.

김선주 저/ 144쪽 /값 6,500원

천주는 상제다

『천국문명을 건설하는 마테오 리치』의 자매편으로 동서양의 종교를 대표하는 기독교와 신교의 신인 천주와 상제가 결국은 동일하다는 사상을 주제로 삼는다.

양우석 저/ 151쪽 /값 6,500원

주역周易과 만나다

주역 64괘중 기본괘인 건괘, 곤괘, 감괘,
리괘와 겸괘, 사괘, 대유괘, 혁괘를 정리한
주역입문서.

양재학 저 / 285쪽 / 값 6,500원

도道와 제帝

개벽사상에 대한 새 담론은 도道와 제帝의
관계에서 출발하며, 인류문명의 패러다임
의 전환이 어떻게 가능한가 하는 물음이
담겨 있다.

원정근 저 / 188쪽 / 값 6,500원

하도낙서와 삼역괘도

인류문명의 뿌리인 하도와 낙서의 세계와
복희팔괘, 문왕팔괘, 정역팔괘를 쉽게 정
리한 입문서.

윤창열 저 / 197쪽 / 값 6,500원

원한을 넘어 해원으로

140여 년 전 증산상제가 밝혀 준 해원 문제
의 '코드'를 현대인들이 보다 쉽게 이해할
수 있도록 재조명 하였다. 원리적 접근과
역사적 경험적 접근으로 다가간다.

이윤재 저 / 186쪽 / 값 6,500원

한민족 문화의 원형, 신교

신교는 상고 이래 우리 겨레의 삶을 이끌
어 온 고유한 도로써 정치, 종교, 예술 등
이 길어져 나온 뿌리가 되는 원형문화다.

황경선 저 / 191쪽 / 값 6,500원

어머니 하느님-정음정양과 수부사상

상제의 수부이자 만 생명의 어머니인 태모
사상을 통해서 어머니 하느님 신앙의 새로
운 의미를 되살펴보고, 진정한 여성해방
의 길이 무엇인지를 모색하고 있다.

유 철 지음 | 189쪽 | 값 6,500원